郭志坤 陈雪良 著

中华一万年

上册

远古时代

秦 朝

上海人民出版社　上海书店出版社

目 录
CONTENTS

中华一万年

目　录
CONTENTS

目 录
CONTENTS

目 录
CONTENTS

目 录
CONTENTS

目 录
CONTENTS

目 录
CONTENTS

目 录
CONTENTS

历史序曲

  这是一片古老而神奇的土地。我们，中华儿女，世代生息在这片土地上。

  它位于欧亚大陆的东方，西部有帕米尔高原，西南有青藏高原和喜马拉雅山，有世界之巅珠穆朗玛峰，西北有阿尔泰山，北部有戈壁沙漠，东北有兴安岭和长白山，东面和东南则为海洋所环抱。大山、大海、大戈壁，把这块被称为中华古土的大地组建成一个相对独立的地理单元。

  在这地理单元内部，有东流万里的大江、大河，有沃野千里。

  在这片古老而神奇的土地上，1.45 亿年前，曾经盛开过地球上最早的花朵——"中华古果"。当这"最早的花朵"绽放在美国权威的《科学》杂志的封面上时，整个世界都为之惊叹！

  在这片古老而神奇的土地上，1.3 亿年前，曾经活跃着角龙家族的早期代表——"辽宁角龙"。当"中国龙"的图像在同样权威的英国《自然》杂志上露面时，地球上早期生物演化的奥秘也随之"浮出水面"了。

  盘古开天辟地的神话故事是美丽的，它比西方世界的创世说更美丽。神话故事向我们展示的是这样一个旷世大英雄：当时宇宙一片混沌，没有天，也没有地。盘古为了开天辟地，辛劳了整整一辈子。在告别生命的最后一刻，盘古许下了一个宏大的心愿：愿呼气成风云，愿声音为雷霆，愿耳目为日月，愿肢体为五岳，愿血液为江河，愿筋脉为地脉，愿肌肉为田土，愿须发为星辰，愿皮毛为草木，愿齿骨为金石，愿骨髓为珠玉，愿汗流为雨泽，愿……愿……愿……这是一个多么美丽的神话！盘古开天辟地的精神，盘古死后献出自己一切的精神，不正是我们民族惟妙惟肖的精神映象吗？

  在这片古老而神奇的土地上，早就有人类栖息、居处、繁衍。淮南八公山发现的一颗古人类牙齿化石以铁一般的事实告诉人们，这里的人类发展史至少有 300 万—350 万年之久，与非洲大陆的早期人类发展进程大致上并驾齐驱。我们可以毫无愧色地说：中华大地是人类起源的摇篮之一。

原始人迈出的每一步，都是十分艰辛的。他们取得在现代人看来似乎是微不足道的进步，都要作出巨大的努力。从最原始的"八公山人"，到懂得使用和制作粗石器的长江流域的"巫山人"、云贵高原上的"元谋人"，时间整整流淌过了 100 多万年。

从"元谋人"到"北京人"，时间又流淌了 100 多万年。在这漫长的历史阶段，神州大地发生了哪些具体的变化，我们的远古祖先又是怎样奋斗生存下来的，尽管现在还说不太清楚，但是，从"北京人"身上，我们看到了远远超越于他们前代祖先的地方。

"北京人"的体质结构已经完全具备了人的基本特征。与现代人比起来，身材要矮些，面部较现代人稍短而向前伸出，前额低平，不像现代人那样隆起。牙齿比现代人粗大。脑容量比类人猿大了一倍以上。由于劳动，上肢骨发展飞快，已经与现代人相近。也可以说，"北京人"已经有了自己的"手"。

"北京人"的最大成就是火的使用。他们可以说是神话传说中"燧人氏"的真正原型。走进当年"北京人"居住的洞穴，最醒目的是厚达几十厘米到几米的草木燃烧后遗存下来的灰烬层。呵！这该是多少代"北京人"使用火积淀留下的尘埃啊！透过这厚厚的灰烬层，我们似乎看到了当年人们生活的一个个鲜活的画面：白天，一些"北京人"忙着把一捆捆晒干的枯草和树木枝条拉进洞中。晚上，天黑下来，气温也骤然下降，"北京人"们就在洞中燃起一堆堆篝火。这样既可驱赶野兽的来袭，又可暖和身子。同时，"北京人"的丰盛晚餐也就开始了。植物的果实或根茎，分给大家享用。捕获到的牛、羚羊和野鹿，用石刀分割成大小不一的块状物，放在火上烤着吃。这些都有被烧烤的石器上满布着的龟裂纹和烧过而有裂纹的鹿角为证。渴了，就将兽血倒在植物的果壳或其他天然盛器里喝起来，这就叫"茹毛饮血"。

从"北京人"，到生活在同一地域的"山顶洞人"，时间之河又静静地

山顶洞遗址

流淌了大约 50 多万年。

　　大约距今 1.8 万年前，曾经长期作为"北京人"家园的北京周口店地区，自然环境发生了很大的变化。原来从龙骨山下流过的那条河流，虽然仍旧存在，但水势小了，变成了一条孱弱的小溪，到了冬天，常会出现干涸现象。以前曾是湖泊或沼泽的地方，变成了一处处小水塘，水塘里生长着青鱼等淡水鱼类。平原上出现了干旱多沙的地区，时常可以看到鸵鸟在那里昂首阔步。龙骨山上的树木稀疏了，但不太远处还生长着森林，斑鹿、狍子、野猪出没在森林之中。山下辽阔的草地上，奔驰着野马、羚羊、野兔。生活在周口店龙骨山的山顶洞中的"山顶洞人"，他们并没有被变得相对恶劣的气候条件所吓倒。他们用更为精致的石器、弓箭，猎取了比他们的前辈更为丰盛的食物。特别值得注意的是，他们以开放的姿态走向了异地他乡，生活的地域和人生的眼界大大开阔了。在山顶洞中，发现有海蚶、厚壳蚌和赤铁矿石。海蚶产于东海和南海之中，厚壳蚌产于黄河以南，赤铁矿石产于距周口店约 300 里的宣龙地区。"山顶洞人"的神通广大，真让人难以想象。在没有任何交通工具的情况下，他们能步行到数百里乃至千里之外，应该说是个奇迹。

"山顶洞人"有着一个美好的"家"。这是一座分为上、下、地下的"三层楼"。上层是他们日常生活、栖息的地方。下室是他们的墓葬之处。最下是他们的冬暖夏凉的天然贮藏室。在山顶洞中，发现有一枚相当精致的骨针。针体光滑，可以想见是用过无数次的缝纫工具。这时的原始人，已懂得了羞涩和美观，懂得了用衣服来蔽体。他们把树皮、树叶、兽皮，用犀利的骨针缝制成一件件形态各异的衣服，从而结束了几百万年赤身裸体的生活。这在人类发展史上无疑是一件具有划时代意义的大事。

从 300 万年前的"八公山人"，到 1.8 万年前的"山顶洞人"，我们的远古祖先已经艰难地走过了至今为止历史的 99.99% 以上的行程。这个行程是缓慢的，曲折而艰辛，同时也是极为伟大的。当"山顶洞人"的脖子上挂上叮当作响的兽骨项链的时候，他们的饱经风霜的脸上一定是绽放着充满自信和自豪的灿烂的笑容。抬头远望，人类文明的曙光已经依稀可见了。

再过些时候，到距今 1 万年时，这里的人们将是怎样的呢？我们要跟大家一起巡视的就是这块古老的土地上的人们近万年来走过的艰难而又辉煌的历程。

第一卷　陶铸文明

　　历史的长河缓缓地流淌过了几百万年，把中国的历史推进到了距今 1 万年的崭新时期。这时，世代居处于这块古老土地上的中华先民，用他们那聪明的脑袋和灵巧的双手，取一方净土，制作出了第一块陶片。中国被世人称为"陶瓷王国"，其起点就应该在 1 万年前的远古。

　　这是一件惊天动地的大事。

　　这是人类第一件称得上真正创造的大事。历史因这一创造而显得格外的精彩。这是一个新的时代的开端。[1] 人类第一次通过改变外在之物的属性，创造出一种自然界原本不存在的全新的物质。这是人类特有的、充满睿智的人文创造。揭开中华历史 1 万年的第一章，我们首先要讴歌的就是这种真正称得上"伟大"两字的创造。

　　由于"陶"的发明，我们的先民一下子脱离了稚嫩的婴儿阶段，进入了童趣横生、活泼可爱的童年。陶品是一种特殊的"世界语"和人类"通用语"，研读先民留下的陶品，能使我们直面其天真未凿的天性，了然其纯真无邪的心灵。

华夏第一"陶" /

在江西省万年县，有个大源镇。在大源镇的一座不太高的小山上，有个宽敞深邃的仙人洞。仙人洞中烟气升腾，自有一番神仙境象，难怪人们要以此命名了。

20 世纪 60 年代，考古学家在这个洞穴中发掘和采集到了 200 余块陶器的残片。经碳-14 测定，这是 1 万多年以前留存下来的陶片，专家断言这是中华最为古老的陶器残片，可称为华夏第一"陶"。[②]

华夏第一"陶"（江西万年仙人洞出土）

这是一些十分古朴的破碎陶片，它也许是那个时代的原始人将若干件陶品器物砸碎后弃置的物件。经过考古工作者的努力，现在已经将其中的一些碎片，修复成为一只古朴的圆底陶罐，使人得以重睹 1 万多年前先民的杰作。这种圆底陶罐的底部比较平直，重心很稳，不易翻倒。它的容量不算大，大致够盛一个人一顿食物的容量。据此，专家认为这是最原始的食器，相当于后来的碗，既可盛各种食物，又可盛水，因为陶器口大，食用起来十分方便。可见，陶器的发明是直接与人类的饮食等生活相关联的。

当时的原始人还居住在洞穴中，洞穴既是他们居住的场所，又是他们制作陶器的工场。中华先民在洞穴中制作了陶器的毛坯后，再到洞前的场地上进行烧制，然后又将成品藏在洞中，因为洞里避开了阳光雨水，不易风化。最早的陶制品能保存在洞穴中，正是这个道理。

万年县仙人洞中出土的陶片呈赤红色，上有疏密不等的不规则的绳纹状图案。可见，当时还没有特定的制陶工具。正像小孩子玩家家差不多，随意得很。发明创造从来不会是刻意而为，远古的先民更是这样。仔细看，陶片上还有不少大小不一的孔洞，可见这些陶片是相当的疏松和粗糙。尽管如此，它既是生活之工具，也是一种艺术。这些绳纹粗细不一。粗的有半根手指头那么粗,细的像一根头发丝那样细。绳纹的排列也交错混杂,没有一定的规则。据考古学家推断,这无规则花纹正是那时的原始美学。

在陶片的表层有明显的泥条盘筑痕迹。原始先民先是将淘稠了的黏土搓成泥条,然后一圈一圈地盘成器皿的形状,再用手抚平,最后是烧制成器。居处在"仙人洞"中的先民显然还是制陶生手,他们搓成的泥条粗的粗、细的细,用手抚平时能用就行了,制出的陶器的器壁高低不平、厚薄不均。但是,就那样的随意,更可见其制作时的浑然天成和盎然童趣了。

制陶源起的猜想

陶器的发明,对人类来说,实在太重要了。面对1万年前留存下来的十分简陋的古陶片,后世的人们想象着当时人们的生活情景,猜度着制陶源起的历程,解读着隐藏在陶片背后的活生生的历史故事,甚至连恩格斯这样的伟人也作过有趣的猜度。[3]凭借这些陶片,人们可以大致勾勒出1万年前先民的生活画面——

一群原始人围坐在火堆旁,正津津有味地享用着他们的猎获物,忽然有人惊叫起来:"着火了!"原来,离火堆不远处安放着两只用竹片和绳索编织起来的篮子,篮子被火熏烤后燃烧了起来,里面存放的一些果品和其他食物也随着篮子的被烧毁而滚向火堆。

大家七手八脚地把火中的果品抢了出来,同时也扑灭了篮子上的火。一场惊吓就这样很快地平息了,人们又津津有味地咬嚼起自己手中的食物来。

大家都没有注意到,这时有一个中年模样的人没有同大家一起咬嚼。他侧着头,在认真地思考着什么。

少顷,中年人站了起来,用很大的声音说:"大家注意到没有,两只篮子同样离火那么近,一只着火了,被烧毁了,另一只为什么没着火?"

这下,大家停住了咬嚼,齐刷刷地瞪起眼望着他。

"你们看,"中年人把篮子拎在手里,比划着,"这篮子的外面涂满了泥巴，火烧在泥巴上，只会使它发硬，却不会使它着火。泥巴是不会着火的，是不是？"

"是，是。"众人齐声应和着。

中年人把篮子往地上随意地一放，这时，奇迹发生了。被烧得发硬发黄了的泥巴整个儿脱了下来，活脱脱是一个原先篮子的样子。

中年人想起了什么似的，把从竹篮上脱下来的烧硬了的泥巴篮子再放到火里烤。烤着烤着，泥巴变成了赤黄色，而且越发的坚硬了。再把它放在水里，溶不了，也不透水。

"嘿，这东西可好，以后就不用每天要饮水时再去打水了，可以用它盛水。"一个年岁大一点的说。

"还可以用它盛粮食，盛其他吃的用的物品。"另一个人又说。

大家兴奋着。

忽然有人提醒道："就那么一个，能盛多少呢？"

"是呵！能盛多少呢？"大家叹息起来。

一阵沉默。

"有了，有了！"还是那个发现带泥的篮子烧不着的中年人，他兴奋地叫了起来，"我们不可以依葫芦画瓢，先在篮子外涂泥，然后再在火上烤，烤硬了把泥篮子脱下来吗？"

众人欢呼起来，都说这办法好。

就这样，在1万年前的原始人的平平常常的生活中，他们用自己的勤劳和智慧，创造出了最伟大的奇迹：发明了陶器！

应该相信，这一生活画面的复原，是合乎科学发明的逻辑的。各国的考古学家和人类学家都大致这样认为。

殉陶者宁封子 /

陶器的发明和制作，对处于远古时代的人们来说是一件惊天动地的大事。人们必然要付出巨大的代价，以至于整个的生命。传说是最早口头叙

女娲抟（tuán）黄土造"人"

事文学之一，由神话演变而来又具有一定的历史真实性。

传说中的宁封子就是一个感人的殉陶者。④

宁封子是远古时代部落群体中专门负责制作陶器的人。当时陶器刚被发明出来，大家都不熟悉。宁封子日夜守护在烧制陶器的大窑旁，研究着制陶的诀窍。

有一天，宁封子像往常一样在窑中架火烧陶。可是奇怪，该是到这一窑陶器烧成的时候了，但从窑中冒出的烟气看，陶还没有烧成。

"是什么道理？是不是火力不足呢？"宁封子像是自语，又像是向身边的同事发出询问。

一个有经验的同事回答："好像是火力不足。"

宁封子站起身来，说："那我到窑顶上去看看吧。如果真的火力不足，就得再添上一把柴。"

"不行，不行，那太危险了！"众人都上前阻拦。

"没事的。"年轻力壮的宁封子笑笑，挣脱了众人的阻拦，一纵身上了窑顶。

"怎么样？要小心啊！"众人在窑下焦急地叮咛。

还没来得及听到回应，只听到轰然一声巨响，宁封子从窑顶掉进了窑内，五色火光在窑顶冲天而起。

人们呼唤着他的名字，只听到风吹火苗"霍霍"作响，那似乎就是他回答众人呼唤的声音。

许久，许久，火光才渐渐地熄灭下来。

人们围在窑边一看，只见这次烧出的一窑陶品非同一般，显得特别的光泽闪亮，陶品的表面还显现有五彩纹饰，恰好与刚才窑顶冒出的五色火光相辉映。人们凑近去再仔细看看，发觉就在那些窑品的旁边，有一堆烧得有点儿发焦的白骨灰。人们的心一下揪紧了，刚才还是生龙活虎的宁封子，顷刻间已化成了灰烬。

关于宁封子的死，流传着两个版本：一种认为，当他上窑添柴时，窑顶已经烧空，一受重力马上就塌了下来，于是宁封子就不经意间葬身火海了。另一种说法则认为，宁封子爬上窑顶一看，发觉窑中的陶品还处于半成品状态，而这时柴草又不够了，如果任其自然，一窑陶品很有可能全数报废。在情急之中，他就奋不顾身地纵身一跳，投入了火海，以自己身体的热量来熔铸这一窑陶品。

不论哪种说法，宁封子都是个令世人尊敬的殉陶者。

为了纪念这位伟大的殉陶者，人们将他葬于宁北山中，时时加以供奉祭祀。

也有人说，宁封子根本就没有死，后世每当陶窑中生火的时候，你都隐隐然可以在火烟中看到宁封子庄重的形影。他一直守护在陶窑的旁边，让每一窑陶品都能安然出窑，造福于人世。

传说终归是传说，我们不必把宁封子看成是一个具体的个人化的人。其实，他是为人类最早的一大发明——制陶——献身的无数个体的一个集合形象。世间所有伟大的发明，都要付出巨大的，甚至是血的代价的啊！

陶中乾坤

陶和陶纹，是一对孪生兄妹。陶纹与陶一样地古老和永恒。

人类每发明一种物件，首先当然是为了物质的享用，同时也必然是为了精神的愉悦。人天生就是艺术家。简陋和粗劣从来不属于人类。

对陶纹的起源，考古学界有种种猜测，但较为一致的看法是，陶纹最初产生于偶然的触发。原始先民偶然间把编织纹压印在了还没有定型硬化的陶器上，这样，无意间就有了篮纹、席纹、绳纹和刻划纹。这偶然的触发，却勾起了原始先民必然的情怀——以陶品为平台，用坦诚的童真和朴实的笔触来描写世界，描写自我。我们完全可以说，陶中有世界，陶中见乾坤。透过对蛙、鸟、蛇、鱼这些生物的描绘，可以看到万年前先人生活的一些情状。

先民对大腹便便的青蛙是情有独钟的。在青海乐都县柳湾遗址出土的陶器上，蛙的头部，蛙的四肢，都被简化了，唯独蛙腹被无限夸大，直到画成一个个满月状的圆。圆是同一画面的最大值，仿佛蛙腹中贮存着大量的蛙子。把蛙腹画成圆寄寓了人们在自身繁衍上的希望。

太有趣了，原始先民是将蛙的大腹多子同女性的大腹多产联系在一起的。他们希望通过陶器这一取自大地母亲的灵物，来传递自我的心声。蛙肢陶纹实际上是人类心灵的最真实、最生动的写照之一。一只青蛙产下的一泡子，可以孵化出成千上万只小青蛙来，人如果能像青蛙那样繁衍，那自己的那个氏族、那个部落，该是多么的兴旺发达啊！

有些蛙肢形纹饰，又将蛙的整个肢体简化成一根根生动的舞动着的线条。这些线条的折叠处又显得十分的刚劲有力。在原始人的视野中，蛙是唯一水陆两栖类生物，它们在水中能游、能跳、能捕食，而在陆地上同样十分活跃。把蛙的肢体线条化，正是为了充分表现蛙的强劲的生命力。在创作者心目中，一定在想：人如果能像蛙那样水陆两栖，该多好啊！

原始人不只把自己想象成水陆两栖的蛙，还把自己遐想成能飞的鸟。

鸟是陶纹的一大主题。当人们劳作之暇，仰视万里长空的时候，会看到一行行飞鸟在天空中自由自在地飞翔，真是"天高任鸟飞"，要是人有这样的本领，该多好呵！怀着对鸟的崇拜之情，原始先民在陶制器物上绘画出了生意盎然的种种飞鸟图。

在河南陕县庙底沟出土的一只陶制器皿上，绘有十分生动的飞鸟图。

鸟通体如一抹剪影，墨黑色的鸟头上轻轻点出了溜圆而富有神韵的双眼，鸟嘴微微张开，让人似乎能隐隐听到它的鸣叫声，像是在飞行中不断呼唤着自己的同伴。这样，画面上展现的虽然是一只鸟，表现的却是飞鸟的群体。鸟的双翅、双腿、剪状的尾，一式向后倾斜，强化了鸟飞行过程中的动感，似乎画面周围的空气也被振动了似的。

更为有趣的是，在鸟身的上端，画一圆日。后世的人们对此作出了种种猜想和理解。其实，如果作最直白的理解，那就是：当人们仰视长空时，如果有一飞鸟在人的头顶掠过，看到的不正是太阳在上飞鸟在下的图景吗？

看来，原始人想飞的念头是十分强烈的，因此，有时，他们干脆把鸟幻化为似鸟非鸟、似人非人的飞行物。在马家窑出土的一个陶钵上，就绘有这种飞行物。

马家窑文化彩陶鸟纹壶

四周呈圆环形滚动着的流畅的陶纹，象征着不断流变着的世界。其中飞行着的是人化了的飞鸟。我们的先民是多么希望变成一只鸟，融入壮阔的太空中去啊！当然，对原始人来说，理想只能是理想。这一理想的真正实现，是他们多少世代后子孙的事。

透过这些画面，人们看到的是一个充满童趣的先民世界。

还有一只制作于7000多年前的被学术界称为"人蛇共舞图"陶罐。

在陶罐的外壁的四周，等距离地用生动的线条绘制着四个鲜活的人物。人物的头被画成略略拉长了的圆形，显得饱满而富有生气。四个人物的四肢以不同的形态舞动着，自然而舒放。在四个人物的中间，又各个等距离地绘画着四条长蛇，蛇显得十分灵动，而且都作向上蜿蜒爬行的情状。

人体的舞动，与蛇的爬行的情状十分协调。这是否在讴歌人与自然的和谐发展呢？

中国古代传说中的伏羲和女娲，相传是生于成纪这个地方的，成纪就是今天的甘肃秦安县，也就是绘有"人蛇共舞图"的陶品出土的地方。在秦安县陇城还存有女娲庙呢！而传说中的伏羲、女娲，又都是人首蛇身的。这又似乎在告诉我们，人蛇共舞是人蛇一体的前导，甚至与中国的龙文化有着某种内在的联系呢！

中华文化把蛇看成是人类伴侣的文化观念，和西方文化中把蛇看成恶的象征的文化观念，是截然不同的。⑤

鱼也是陶纹的重要内容。"人面鱼纹盆"的图案是这样的：在该盆内底部绘有一条大鱼，鱼旁绘有人的脸形。有趣的是，人脸上的两耳是以两条鱼来表示的。两条鱼的鱼嘴正对着人的双耳穴，好像是要游进人的耳中似的。人面的嘴微张着，两条鱼从嘴角的两边插入，似乎正要游进嘴中似的。人头下部的空间也隐隐然有鱼在跃动着。人的头上戴有尖顶的饰物，似为一帽，细细辨识，乃是一条鱼，但又与一般的鱼不同，给人以一种十分神秘的感觉。

细读这一"人面鱼纹盆"，它的主题仍然是"人"。

通过这一陶品的画面，先民似乎在告诉后人们：圆形的盆子，好似一个世界。在这个世界里，人与鱼，谁都离不开谁，只有共存，才能共荣。

人面鱼纹彩陶盆局部（陕西西安半坡遗址出土）

从一定意义上说，人比鱼更离不开对方，没有像鱼这样的"衣食父母"，人就一天也活不了。可不是吗？图案中的人，双眼注视着鱼，嘴中享用着鱼，耳中传来的也是鱼的信息。这是一种多么亲切而又多么写实的情怀啊！据考古发掘的确切统计，当时的原始人食用过的水生动物有 50 多种，再加上各种贝类、蟹类，还有各种龟、鳖、鳄鱼之类的爬行动物，就有 100 种之多了。大量鱼类进入远古人类的庖厨，名副其实地成了中华原始人的主食。原始先民对此怎么会不满怀感激之情呢？

女娲抟黄土造"人"

女娲抟黄土造人的故事，历来被诠释成一则"创世"故事，作如此解释当然未尝不可。但是，更实际地说，或者说从原本意义上加以读解，它该是一则以人的自身形体制作陶器的神话传说故事。因此，"女娲抟黄土造人"的"人"，应加上引号，它指的是人形的陶制器物。

神话传说是这样告诉人们的——

女娲先是将黄土加上水，反复搅拌和合，使泥土发黏，成糊状。然后把糊状的泥巴搓成条状，再盘旋成神态各异的种种人形器物（即传说中的所谓"抟黄土"）。加以烧制后，就是人形的陶制品了。因为是"人形"的，因此在许多人心目中就有了人的灵性，在语词的使用过程中有时就直接名之为"人"了。

女娲伏羲图

女娲用黄土抟造出人形的陶制器物以后，大受当时人们的青睐，也就是神话传说中写到的"剧务，力不暇供"，"不暇供"，明明说的是"人"形陶品供不应求。

"供不应求，怎么办呢？"女娲的心中有点急。

她与另外一些人一起商量之后，终于创造了一种全新的、更为先进的制作人形陶器的方法，那就是挖出一个大坑，把坑中的黄泥和上水，再用一根大绳子在里面上下搅动，等泥浆比较黏稠以后，再拿这些黄土制作成一批批人形陶器。这就相当于批量生产了。

另外有"女娲补天"的神话故事，实际上说的也是制陶过程中的事。在制陶过程中，有时难免会将"人"形陶器打碎。那时的人们制作一件陶器很不容易，就调制出一种可以修补破碎陶器的黏合剂。破了，就将这种黏合剂涂上，可以凑合着使用，这个过程就称之为"女娲炼五色石以补苍天"。⑥五色石不就是制作陶器用的掺和有各种色料的黄土吗？

甘肃秦安县大地湾遗址出土的一只陶瓶，整个儿模仿人体塑成。它可以看成是女娲造人的典型作品。

因为是一只陶瓶，在塑造人体时故意省略了双手和双腿。人体塑造得挺拔、富有生气，头部与整个身段的比例得宜，强化了直立人与万物不同的特性。头颈略略显得有点粗壮，给人以一种十分健康的印象。

当年人体的塑造者，十分注重于人物头部形象的刻画。脸上眼、鼻、耳、口齐全，所放置的部位也很是得当，且略略有点儿艺术的美化。更为奇妙的是，作者将眼、鼻、耳、口全都镂空成大小不一的洞孔，不只增强了立体感，也塑出了"七窍传情"的妙趣。后脑披拂的长发，和前额齐眉的刘海，又平添了几分女性所特有的妩媚。人体的圆润和腹部的微微隆起，又暗喻着被塑者是一位孕妇。人体颈部以下、底部以上红黑相间的陶纹，仿佛是一袭裹在身躯上的织品袍子，既柔和，又艳丽。

看着这样的人体自塑像，谁都会发出赞叹：

人，多美啊！

一尊人体的自塑像，成了一曲人生的赞歌。

多么了不起啊，远古的祖先！就在制作和创造陶品器具的初始阶段，他们也懂得了赋予陶器以生命的意义。

令人惊叹的是绘在一尊彩陶壶上的裸体双性人像，它出土于青海乐都县柳湾遗址。

人像两侧分别为两个相套叠的圆圈网纹，与人形纹相对应的有一简化的变体人形纹。彩陶人形的形象为全身裸体形态，人体站立，头位于壶的颈部，五官俱备，身躯和四肢位于壶的腹部。腹部十分肥大，两手作自然的护腹状。五指伸展，似在轻轻拍打自己的腹部。

最为奇特的是，乳头用黑彩点绘，人像下腹夸张地一同塑造出男女两性生殖器。这一裸体人像兼有男性和女性的性器官，完全是一个双性人。这在远古时代的作品中是少见的。双性人的长发一直披散到陶壶的背面，发下又绘有比双性人画面更抽象的人字形图像，那情状似乎是两组人手拉着手在舞蹈。

彩陶人头器口瓶（甘肃秦安大地湾遗址出土）

这是处在童年期的原始先民心目中的一则美丽动人的童话。

双性人是人的神化。双性人又称阴阳人，阳为天，阴为地，顶天立地的双性人实际上成了沟通天、地、人、神的中介。陶壶背面的舞状抽象人物像，更加强化了双性人的神韵和灵气。

请注意，在壶体上的双性人两侧，有两个布满网纹的硕大的圆，那是什么？那是两轮光芒四射的太阳！把两轮太阳画在双性人身边，明显具有阳光化育万物、万物在阳光雨露中生长的寓意。

堆塑和彩绘相结合的裸体人像，似为男女两性复合体（青海柳湾遗址出土）

鹤、鱼、斧组合中的寓意

在河南汝州市阎村，曾经出土过一件仰韶文化陶缸，缸面上有着一幅巨大的彩陶画。

画面大致上是这样的：

画面的左方是一只身躯健壮、双腿强劲直撑的鹳鸟。鹳鸟双目炯炯有神，远视着正前方，昂首挺胸，显得何等的自信、得意，简直有点不可一世。它的坚硬的长嘴中叼着一条鱼。鱼绝望地下垂着身子，尾部微微有点儿晃动，作奄奄一息的挣扎状。与这一情景相映成趣的是画面右侧古朴、雄浑、锋利的石斧，石斧上有一"×"符号，表现出它藐视一切、无可抗御的杀伤力。

画面是充分写实的。

在现实生活中，生性凶残的鹳鸟飞向河边叼食大小鱼类是常有的事。弱肉强食嘛，有什么好说的呢？而雄浑巨斧的横空出世，又会使人想到中国神话"盘古开天辟地"故事中盘古手中那把辟出一个新天地的利斧。斧可开天辟地，还不能征服强暴、拯救一切弱小生灵吗？

鹳鱼石斧图彩陶缸。鹳昂首挺立，圆眸长喙，口衔一鱼（河南汝州出土）

那与大地呈垂直状竖立着的巨斧，多像一面不倒的正义之旗啊！

画面又是相当写意的。

读了这一远古先民留给后世的画面，我们可以演绎出无数的故事来，而其中最有价值的故事该是：当代表强暴势力的鹳鸟向代表弱势的鱼类施暴时，作为万物之灵的人类就站了出来，用自己的手创造出来的利器——石斧，予以重重的以至于致命的一击！

这一罕见的画面的主题仍然是人，是对人的力量的一曲高亢有力的颂歌。

"四个太阳"

处身于原始社会的中华先民，人人都是太阳的观察者，又个个都是太阳的崇拜者。太阳给了人们热量，太阳给了人们光明，太阳给了人们滋养生命的一切，人们怎么能不像崇拜神灵一般崇拜它呢？

在远古时代，常常出现这样一幅动人的画面：人们一边手中制作着陶器，一边时不时地仰视苍穹，并从高悬着的太阳那里获取创作新的陶品的灵感。这样，他们自然而然地会把他们心目中的太阳以各种不同的形态塑进陶品中。

"咦，是不是搞错了，在你的这个陶盆上怎么塑了四个太阳？"[7]一个年轻一点的男人对盘腿坐在他旁边的一位老年女性提出了质询。

老年女性大约有60来岁。要知道，在那个时代实在是十分的高寿了。她转过头去，反问年轻人："怎么错了呢？"

年轻人对老年人，尤其是老年女性是十分尊重的，听到反问，有点儿惶惶，嗫嚅着回答道："看，你塑的是四个太阳，可天上实际上只有一个太阳。"

"不，不是一个太阳，是四个太阳。"老年女性显得十分自信，她加重了语气说，"在我的感觉上，是有四个太阳！"

年轻人不再说什么了。老人家端起一只陶碗，喝了一大口水，就自个儿说出一大篇道理来：寒来暑往，天上的确有四个不同的太阳——当草木复苏、鸟兽停止蛰伏状态的时候，有一个温和的太阳；当万物茂盛、白昼长于黑夜的时候，有一个火热的太阳；当万木萧疏、果实累累的时候，有一个凉爽的太阳；当白雪皑皑、寒风凛冽的时候，有一个冰冷的太阳。

老太太十分自信地对她的儿孙辈带着教诲的口吻说："那不是四个太阳吗？我活了这么大岁数，我见得多了，我每年都见到了四个太阳。你们说是不是？"

有谁还敢说不是呢？

当塑有四个太阳的陶盆从窑里烧制出来的时候，大家也就认同了四个太阳的说法。"四个太阳"的说法一方面使我们看到原始人那可爱的童趣，同时也看到他们对一年四个季节——春、夏、秋、冬的最初步、最直观的认知。有的陶品还绘有十二个太阳呢，那是对一年十二个月的认同。

无独有偶，在西藏发现的被称为恰考桑一号岩画的画面上，我们也见到了四个太阳的画面。四个太阳中，三个太阳光芒四射，另一个太阳画为一小点，并与月牙纹相配，展示其日月相会的寓意。四个太阳间有一长箭，正向前上方飞去，这就把日月的运转与时间的流逝联系在一起了。

中华先民似乎在朦胧中已经约略感悟到时间与日月光华之间的关系。

"圆"的世界

在广袤的中华大地上，近百年来，大约发现了 10 万多件远古先人留存下来的陶制品。当审视这些传世的珍品时，人们惊异地发现，在这数额极为巨大的陶制品中，没有一件不是圆形的。[8]

圆罐并连，造型奇特，独具匠心（青海民和出土）

网纹彩陶束腰。造型特殊，
图案精美（甘肃永登出土）

盆是较为扁平的圆。

碗、钵、罐、缸等是球体割去半截或大半截后留下的圆。

壶、豆、瓶、鼎等是两个或两个以上的圆的嫁接和组合。

制作圆形的器物，比制作其他形态（如正方形、长方形、多边形等）的器物，在实际操作中，要困难些。因此，人们完全可以作这样的设想：一些不知天高地厚的年轻人也曾制作过非圆的陶制品，但最后被生活阅历丰富、观念老到的中老年人否定了。对此，可以作如下想象——

几个顽皮的小男孩正在玩泥巴。他们学着大人的模样制作起陶器来了。制作的器物是一个中空的可以盛物的不太规则的长方体。一个老年人走过孩子们身边，看了看他们的制作，郑重其事地说："你们怎么把器物制成长方形的呢，那样可不好，还是制成圆的为好——你们看一看吧，我们制作的哪一件物品不是圆形的？"

孩子们瞪大了眼，扫视了一下大人们的制成品，不解地问："为什么非要圆形的呢？圆的有什么好呢？"

老年人在靠近孩子的一堆柴禾上坐了下来，开始指手画脚地开导起孩子们来了："你们看，天上的太阳是圆的，天上的月亮是圆的，那天空也是圆的，就连天上下的雨，地上淌的水滴也是圆的。再看一看地上的，树木的枝干是圆的，植物的果实是圆的，就是我们居住的洞穴也是圆的。知道吗，圆就是自然，自然就是圆。"

孩子们似懂非懂地点着头。

旋涡纹彩陶罐。图案生动，线条流畅
（甘肃兰州出土）

老年人接着说："就是我们人，一代又一代，还不是一个圆吗？每个人都会从婴孩到少年，从少年到青年，从青年到壮年，从壮年到老年，老了以后还会死去，这本身就是一个'圆'。死是圆，是圆寂。再说，不管谁都有子女，他们从生下来，又会去走从婴孩直至老年的路，一代又一代人，也画出了一个比个人更大一点的'圆'。这样转来转去，不也是一个又一个的'圆'吗？"

孩子们还是似懂非懂地点着头。

老年人又说："天气的变化，万物的盛衰，实际上也无非是个圆。春天来了，万物复苏，草木开始萌生。夏天到了，万物兴盛，草木郁郁葱葱。秋天降临，万物萧疏，草木开始凋零。时至冬日，万物肃杀，草木枯黄萎死。可是，到了第二年，一切又是从头开始，这不就是一个'圆'吗？"

孩子们仍然似懂非懂地点着头。

最后，老年人说："老天爷是在告诉人们，只有圆，才会顺当，才会稳妥，才会圆满。圆是一种天意。制作陶器是一件大事，决不能违背天意。"

"不能违背天意！"这可能是原始先民最为执著的观念。

这样一些话，这样一种观念，在原始先民的一代又一代间传递着。也许，年轻人开始不懂，后来似懂非懂，最后，当他们真正长大后，就会坚信这的确是老天爷的意思——天意。于是，在他们着手制作陶器、设计器形时，首选的，也是唯一的，当然是圆形了。

传说中的陶神

在中国的神话传说中，尧是陶的发明者，后来被人们尊为"陶神"。

陶神尧

如果中国历史上确有一个作为陶的发明者尧，那应当不是五帝中尧、舜、禹的那个尧。五帝中的尧大约生活在4000多年前，而作为陶神的那个"尧"，则该是大约1万—6000年前的杰出人物的集合体。

在中国历史上，有两个"尧"——作为陶神的尧和氏族社会向文明社会转型时期的尧，两者相隔大约足足有5000年。

司马迁写《史记·五帝本纪》时，把两个尧合而为一了。我们得把他们分开来。

应该说，作为陶神的尧是客观存在的。一些科学家指出，尧在中国古代文字中解释为"高"，也就是人格高尚、地位崇高，为人们高山仰止。尧的繁体为"堯"，在古代，它与陶、窑音义都是相同的。可见，"尧"这个名称开初是对"陶"这种人所创造的物质的称呼，后来，就渐渐地转变成对善于制陶的某些人或人物集团的专门称呼了。

尧的大号叫陶唐氏。这一大号把制作陶器的基本过程"陶"和"唐"合起来称呼一个人（实际上是一个氏族）。陶唐氏中的"陶"指陶器制作过程中的对泥巴的搅拌、捏制和造型，"唐"也就是"搪"，是指陶器制作过程中对陶坯的搪平、搪光以及上釉等工艺。陶唐氏是在制陶上有特长的人和人物群体。这就告诉人们，从1万年前的第一块粗糙陶片的问世，经历几千年之后，到大约6000年前形成了陶唐氏这样的制陶专业人员和集团。人家一讲到陶唐氏，就会想到这是制陶的高手。

这些制陶高手是世代相传的。史书上说，尧的儿子叫丹朱。从这个名字可想见他也是个制陶高手。丹朱是古代制作陶器时最常用的、色彩最鲜艳的颜料。以丹朱为名，说明尧的儿子不只像他的父亲一样能"陶"善"搪"，而且他在陶器颜料的运用上（实际上应是彩陶）有独到之处。青出

于蓝而胜于蓝，在制陶工艺上是一代比一
代强了。

　　据说，尧不只自己在制陶上有很高的
造诣，而且在他周围还有很好的助手，这
个助手名为"皋（gāo）陶"。"皋"与"高"
同义。皋陶，也就是制陶高手。皋陶也不
会是一个简单的个体，而是一个制陶高手
的群体。

　　陶器可以说是代表了整整一个时代。
先民在制造陶质用具的同时，还绘有动植
物纹，并捏塑出不少的人和动物形象，使
陶器的实用性和艺术性大为提高。在几千
年的漫长岁月中，制陶业一直主宰着人们
的生活，因此人们把制陶高手"尧"想象
成是社会的首领，也是很有道理的。陶唐
氏的形成，和陶唐氏与丹朱之间制陶工艺
的世代相传，说明当时专门司职于制陶的
部落和制陶的专门人才已经形成。他们被
人们尊称为陶神，也是有道理的。

鱼纹彩陶盆。以鱼纹为主要题材者较多，足见当时
捕鱼活动之重要（陕西西安半坡遗址出土）

堆塑人头彩陶壶。腹上部堆塑一人头像，五官俱全，
与彩绘相结合，更具有其特殊意义（青海民和出土）

注释:

① 恩格斯在《家庭、私有制和国家的起源》中指出，人类野蛮时代的低级阶段，
　　"是从学会制陶术开始的"。这里说的"野蛮时代"，是相对于"蒙昧时代"而
　　言的，相当于人类文明的启蒙时代。有了制陶术，人类文明的曙光也就依稀可
　　见了。

② 在华夏大地上，迄今已在多处发现1万年以上的陶片遗存，严格地说这些都可
　　称为"中华第一陶"。如广西桂林甑皮岩遗址的陶片，江苏溧水县神仙洞遗址的
　　陶片，河北徐水南庄头遗址的陶片，广西南宁豹子头遗址的陶片，湖南澧县彭

头山遗址的陶片。可见，在祖国的大地上，东南西北几乎不约而同地在 1 万年前向文明之坎迈进。德国维尔纳·施泰因在《人类文明编年纪事》中称世界各地制陶起于公元前 6700 年，与中国的发现相当。

③ 关于制陶的源起，恩格斯、普列汉诺夫都有过猜想和相当完整的论述。恩格斯在读了摩尔根的《古代社会》一书后，提出：先民们为了生活的需要，把黏土涂在用藤蔓编制的或木制的容器上，使之能够耐火，用以烧制食物。后来，他们发现，成形的黏土不需要内部容器，也可达到这一目的，这样就发明了陶器。这一看法得到了普遍的认可。本文就是从恩格斯的观点演绎出来的。

④ 关于宁封子，在《列仙传》、《搜神记》中都有记述，在四川等地的民间也有生动的传说。把他塑造成一个殉陶者的形象，是有道理的，因为在发明和制作陶器过程中，不会没有牺牲者，至于说他是黄帝时人，显然是后人的附会，地下发掘雄辩地证明了，陶的发明要比黄帝时代早得多。

⑤ 西方经典《旧约·创世记》说，女人因为听信了蛇的话，才食用了"禁果"，因此，上帝就对蛇说："你做了这事，就必受诅咒，比一切牲畜野兽更甚，你必肚子行走，终身吃土。"

⑥ 《太平御览》卷七八引《风俗通》："俗说天地开辟，未有人民，女娲抟黄土作人，剧务，力不暇供，乃引绳于泥中，举以为人。"《淮南子·览冥训》则有"女娲补天"的故事。

⑦ 四个太阳的图案见之于甘肃秦安王家阴洼出土的一个彩陶盆上，四个太阳的圆点纹分列于陶盆外壁的四个方位，大致表示一年的四季。

⑧ 古希腊哲学流派毕德哥拉斯派指出："圆和球是人类最早发现的美的形体。"（转引自卞宗舜等著的《中国工艺美术史》）华夏先民同样有着以圆为美的心理。

第二卷　原始村落

陶器为人类走向定居生活创造了最基本的条件。用陶器烹调食物，这又是重大的变革，使人类真正告别了"茹毛饮血"的生活状态。用陶器储存可供人食用和使用的水，大大扩大了人们的生活范围。人们利用陶品来砌造围墙，夯实地基，建造固定的住房，既可遮风挡雨，又可防止猛兽的侵袭。人类走出居住了数百万年的洞穴，走向开阔的大地的时机成熟了。

于是，一个又一个的原始村落升起在世界东方这片古老土地的地平线上了。

走出洞穴去！

　　人类一开始就走上了与禽兽截然相反的生活轨迹：所有禽兽都是昼伏夜行，而人类却反其道而行之，走的是昼出夜息的生活之路。

　　人是从猿进化来的，而猿是居住在树上的，最初的类人猿也是居住在树上的，中华神话传说和古典文献中说的"有巢氏"实际上是对人类婴儿期生活的依稀追忆。后来气候条件发生了剧变，大批森林消失，于是，人类又适时地走进了洞穴。以洞穴为家，一住就是几百万年。

　　然而，洞穴并非人类永远的洞天福地。洞穴中阴暗、潮湿，极不利于人的生存发展。考古资料证明，穴居人的平均寿命只有 20 来岁，从遗存的骨骼化石看，都患有严重的关节炎等疾病。

　　洞穴不是人类的久居之地。

　　当人类的智能和生存能力发展到一定程度的时候，他们向往的是原野的地面生活。地面空气流畅，不像洞中那样郁闷和潮湿。地面开阔，一眼望去，可以将远近的物品和景色尽收眼底。地面有着取之不尽的可以食用和可以利用的东西。人类终究要把自己的据点渐渐扩大，进而移向地面。

陶屋。此为典型的半地穴房屋形式，反映了制陶业与农耕的密切关系（陕西武功出土）

　　然而，人类最初走出洞穴的尝试，很可能是一次又一次失败的记录。考古和文献不可能为我们提供相关的资料，但一再的失败是可以肯定的。

　　也许，在某次狩猎中，追逐猎物时跑得离自己居住的洞穴太远了。天很快就黑下来了，黑得连方向都辨不清。迫不得已，只好以大地为床暂居一夜了。但是，结果是可想而知的，第二天人们发现的只是一堆被猛兽撕裂了的白骨。

　　也许，某些人类的小群体试图在原野上露宿过

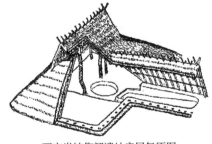

西安半坡仰韶遗址房屋复原图

夜。夜降临了，他们只能抱成一团，抵御着寒冷和恐惧。在漫漫的长夜中，人的小群体是显得那样的渺小、可怜和微不足道。最后的命运也是可想而知的。中国古籍《易经》中说的"君子终日乾乾，夕惕若"，可能正是噩梦般的初登地面时生活状态的写照。那时的人，刚走出洞穴，白天整天忙忙碌碌，寻找吃的、用的、穿的，可是，一到晚上天地黑洞洞的就相当害怕，整夜都提心吊胆的，这叫"夕惕若"。

也许，人们曾在地面建造过某些简陋的建筑物，可是，简易单薄的遮盖物根本抵挡不住原野上狂奔乱窜的巨风，一阵大风刮来，把遮盖在头顶上的枝条和树皮轻而易举地吹飞了。尤其是隆冬，简易的遮蔽物怎顶得住滚滚寒流的袭来？

一次又一次走向地面的探索失败了。经验以及血的教训使原始先民懂得了，走向地面决不是一件轻而易举的事。但是，"走出洞穴去"是一种趋势，其决心是不会动摇的。

大约经历了千年甚至数千年的探索，人们终于在地面建造起了一个个既安全又稳固的"家"。距今 1 万多年的江西万年县仙人洞中的陶片，和距今约 9000 年的湖南澧县彭头山人建造在陆地上的村落遗址，正用无声的语言告诉人们，这个过程是那样的悠长和艰难！

半地穴 /

经验证明，人类要在地面上站稳脚跟，就要有牢固结实的地面建筑，这样才能防御狂风、暴雨、冰雪、洪水以及猛兽的侵袭。但是，"半地穴"式的建筑看来是一种普遍能接受的过渡形式。[1]

到目前为止，最早的半地穴式建筑发现在河北省邯郸市的磁山遗址中，大约距今 8000 多年。夏鼐先生指出："磁山文化遗址的发现是我国新石器时代考古的重大突破。"

华夏的远古祖先实在太聪明了。"半地穴"可说是一种绝妙的创造。人们在洞穴中生活了几百万年，明白洞穴的利，也知晓洞穴的弊，"半地穴"

就是意在兴利除弊。磁山人选择好房址后，先在平地上挖一个 5 尺来见方的坑，深度呢，大致上有大半个人高就可以了，再在上面盖半人多高的地面建筑。这样，磁山人的家就根植在大地之中，既安全，又牢固，既可挡风遮雨，又可享受充裕的阳光与空气。在当时条件下，应该说是最佳选择了，也算是当时的"洞天福地"。

陶屋。屋顶四坡及室外四壁，均线刻狗的图像，揭示当时狗的驯养及其地位（江苏邳县出土）

当然，临时挖出的地下那部分地穴，其牢度是不能与原先居住的天然石质洞穴相比的。一定有过塌方的事。塌方了怎么办？一种可能是另外选址，选择地层比较结实一点的地方挖地穴，另一种可能是改造地穴部分的结构。磁山人也真有办法，他们将地面夯实，再铺上点小石子。地穴的四壁太重要了，他们就根据制陶的经验，用火烧烤，直到四壁变成陶化的淡红色为止。那样可真顶用，塌方避免了。8000 多年过去了，至今地穴部分的四壁还挺坚实呢！

地面部分也有讲究。房屋不能高，一个人站在那里略有余裕就可以了。太高了，原野上的风一刮就被"一风吹"了，不安全。房舍的面积也不宜太大，有六七平方米就可以了（一千年后的半坡人可阔气多了，每间有一二十平方米），挤一挤，那样也可以住上三五个人呢！比起祖宗们住的山洞来，条件不知要好多少了！

半地穴，人类走向地面的第一步。这是艰辛而又成功的一步，也称得上走出了伟大的一步。

民居，在地平线上升起

人的追求是永无止境的，也可谓"人心节节高"。

人们不能满足于半地穴式的生活，向往着真正地走向地面。

　　终于，有一天——大约是距今 7000 年前吧，一幢幢民居开始升起在华夏大地的地平线上了。

　　从半坡遗址、姜寨遗址，人们约略看到了当年拔地而起的地面建筑的英姿。

　　这里，让我们对半坡遗址的一间十多平方米的方形小屋作简单的解剖。

　　房屋的设计者和建造者充分考虑到了房屋的坚实牢固。在造屋时，先把地表的松泥用骨铲铲平，然后搬来一些大石块，将房基部分夯了又夯，夯得结结实实。这是整座房屋之"基"。重视房基建设，是我国先民的智慧所在。

　　房屋南北长 3.58 米，东西宽 3.89 米。在东西南北的墙基处，均匀地分布着相当粗大的柱洞，东西是 3 列，南北是 4 列。十分明显，这些柱洞是插入作为房屋骨架的木柱子用的。以这么多碗口大的柱子支撑这么一间不大的房屋，可见当时的人们对木结构的框架十分重视。

　　最值得注意的是，每个柱洞的底部各有一块石头，这就是所谓的"础"了。中国有句古话，叫做"础润而雨"，即从"础"上的湿润与否，可以预测到天气的变化。更重要的是"础"可以防止房屋的立柱下端因潮湿日久而腐烂。中国式建筑重"基"和"础"，看来这是个传统。

　　房顶部分则由相当稠密的木板和木椽铺排而成。

　　房屋的木构架搭建好后，就在墙壁内外两侧各涂上厚约 8—15 厘米的草泥土，屋顶也认真地加以涂抹，使木质骨架不外露。

　　最后一道工序是对草泥土进行恰到好处的烧烤，使它变成带有一点陶化的红土。这样，墙壁和屋顶都不怕风吹雨淋了。因为土木结构的房子具有相当的柔韧性，就是在狂风暴雨条件下一般也不会倒塌了。

　　土木结构的建筑物，在华夏古土的地平线上升起，标志着这里的原始人真正进入了定居生活。

"高干栏式"建筑　/

　　与北方紧贴地面的土木建筑相映成趣的，是南方拔地而起架于空间的

"高干栏式"的建筑。

河姆渡遗址复原的高干栏式建筑

　　中国的北方地区，气候条件比较干旱，雨水少，蚊蝇也相对少些，紧贴地面的建筑无疑是较为省事的上乘选择。可是，在气候潮湿多雨的南方地区，尤其是在河岸沼泽地区，蚊蝇蛇虫时时会前来打扰，紧贴地面的建筑会有诸多不便，弄不好还会闹出流行病来呢！于是，居住在南方地区的远古先民发明了别具一格的"高干栏式"居室。

　　考古学家在浙江余姚河姆渡文化层中找到了高干栏式建筑的实证。

　　这真是中华先民的一个大手笔。

　　河姆渡人从几十公里外的大树林中，搬运来一根根又大又粗的树。当时又没有什么运输工具，不知他们是怎么把那些又粗又笨重的大树搬到河姆渡来的。河姆渡人建房用的大树，比北方建房用的树粗好几倍。把树的枝枝杈杈都削掉，然后把那么粗的树干打进地层里去，深入地层足足有一人高那么深，形成一排排不可动摇的木桩。然后，在木桩的上端铺上成排的木板。这样，在木桩的底部与木桩的上部之间留出了一人多高的一个空间。一般的野兽蛇虫要超越这个空间爬上来伤人不太可能，同时蚊蝇也少得多了。

　　下一步就在木板上砌墙，墙砌到大约一人半高后，再在墙头架大梁、小梁（龙骨），最后盖屋面，在屋面上铺上厚厚的稻草。

　　为了解决房屋的牢度问题，他们还发明了长屋这种式样。把一排排高干栏式建筑长长地连在一起，既有气派，又很牢固。在河姆渡，发掘出的长屋有多幢，最长的达 20 多米，等于六七间房子连接着造，其牢度是可以成倍提高的。为了便于这些生活在高空中的人走动，还特意设计了一道 1.3 米宽的前廊，与现代的多户连通的阳台差不了多少。

　　尤为有趣的是，他们把高干栏的楼面用作居住，而楼下就用来饲养牲畜，堆放杂物。一举而多得，先民的聪明才智在这里表现得淋漓尽致了。

对河姆渡先民创造的高干栏式居室，后世的人们多有溢美之词。有的说，它简直可以与经典中说到的"有巢氏"的"构木为巢，以避群害"齐名②；有的说，这是名副其实的空中楼阁，是建筑史上奇迹中的奇迹；有的说，这是中国现代西南少数民族民居的先声。这种种说法都不为过。要知道，这是 7000 年前的古人在手无寸铁条件下创造出来的啊，仅此一点，还不值得我们引为自豪吗？

榫卯的发明 /

说到建造在地面之上的住房，最值得一提的是榫卯的发明。可以说，它的发明，价值不在房屋发明本身之下。

把住房建在地面上，又是使用木材作整个房屋的支架，其牢固程度总还是个很大的问题。要把木质的支架与支架之间连接起来，一是用植物的藤蔓来捆绑，二是靠掺有柴草的泥巴来黏合。这样，在一般情况下还可以，但每当遇到地震或是狂风暴雨，房屋散架是常会发生的事。一旦发生这种事，就会屋倒人亡，造成巨大的悲剧。

怎么办？怎么办？

一个又一个巨大的问号冒出，并在所有华夏先民的脑海中萦绕着。

"还是回到洞穴中去吧，那里安全！"有人这样提议。

"不，不能！"绝大多数的人站出来反对，"我们不能走回头路！"

是呵，绝不能走回头路！华夏先民是从来不在艰难险阻面前退缩的。可是，办法呢？应该相信，办法总会有的。

榫卯的发明最初也许是受到自然的启迪。

可以作这样的设想：某年某月某日，突然间狂风大作，雷声隆隆。一个炸雷在原始人居住地的不远处响起，一棵大树被雷电劈断了。风雨止后，人们全都围到那棵遭雷劈的大树前，想看个究竟。只见大树被拦腰劈断，被劈断的下半节的上端折出一个凸状体，而被劈下的上半节的下端却折出一个凹状体，两者刚好镶在一起。当人们想把劈下的上半节拉走时，镶在

榫卯

一起的凸状体和凹状体怎么也拉不开。直到几个力大无比的大汉把凸状体
拉断为止。

　　这种自然现象，并没有引起大部分人的注意。可亲眼看到这一情景的一
些"聪明人"却想得很多很多：凸状体镶在凹状体内为什么就难以拉动？如
果把屋架立柱的上端打理成一个凸状体，把横梁的两端都打理成凹状体，把
它们镶在一起，那样，屋架就成了一个整体，不就不怕风雨摇撼了吗？

　　"聪明人"把这个想法告诉了大家。大家都说有道理。当天就照着他的
设想制作起来。当时最锋利的就是骨制的刀了。用骨刀割了大半天，这才
割出一个不规则的凸状体来。再用骨刀钻、挖，好不容易才挖出个凹状体
来。把两者镶在一起，果然怎么拉扯也难以拉扯开来。一项划时代的发明
就这样产生了。

　　华夏先民在距今七八千年前就创造了这种牢固的土木结构住房。他们
称房架的凸状体一端为"榫"，把房架的凹状体一端称为"卯"。"榫卯"是
土木建筑史上极为伟大的发明。这一发明见于北方一些先民的遗址中，更
多的是在南方先民遗址中发现。这一发明让中国的后世子孙一直享用了几
千年，直到现今在一些中国式的古典建筑中还继续使用着。

大地湾的"混凝土"

　　有了榫卯，解决了防止房屋散架这个大问题，但是，怎样使涂抹在墙

面和屋顶上的附着物（包括泥水附着物、泥草附着物以及其他附着物）牢固和经久耐用，仍然是一个长期困扰着人们的问题。

这个问题的解决似乎更有难度。

意外的发现在甘肃秦安大地湾出现了。在遗址的墙面上，发现了一块显然是人工制作的坚硬异常的附着物。大地湾遗址距今已有 7000 多年的历史，可是，这一附着物至今没有发生丝毫的变软变松。质地之坚硬和它的不变性大大超过了硬度最高和稳定性最好的天然岩石。

具体的制作工艺，至今还是一个谜。可以肯定的是，它是一种用高温烧制过的石料再拌上一些其他物料制作而成的复合型的建筑材料。也许，这是一个偶然，其成分连当事人也未必十分了然，因此后来再也没有制作出更多的这类经久耐用的建筑材料来。但是，有一点是肯定的，原始先民已经意识到：既然泥土可以烧制后变成陶器，那么为什么不可以将石头砸碎或研碎后，再拌和一些其他物料，用高温制作成比陶器更坚硬的建筑材料来呢？他们不只这样想了，也这样做了，而且一定意义上是成功了。现在发现的这块坚硬无比的附着物，可以看成是一次试验的一个伟大成果。

这种来自远古的"混凝土"，目前在世界上是硕果仅存的。这除了证明中国远古祖先超乎寻常的智慧外，也可看成是先民对后代子孙的一种馈赠吧！现今，各国的考古学家、建筑材料学家，纷纷走向大地湾，向 7000 年前的中华远祖"取经"，希望从中得到启示，制作出一种"万年混凝土"来。③

门·门坎·窄门洞 /

民以食为天，以居为安。

居住的要素少不了门，《论语·雍也》云："谁能出不由户？"这里的"户"，当指门。道理虽很简单，却含意极为丰富。有房，就会有门。门的重要性是不言而喻的。走进门，就是人自己营造的安乐窝；走出门，将面对的是整个社会和整个世界。门内门外，两重天地。在门的设置上，也可尽见华夏远古祖先的智慧。

还是以半坡遗址为例证吧！

门的朝向是挺重要的，先民对此非常重视。先前，天然的岩洞的朝向是无可选择的，因此，原始先民有的终年在洞穴中见不到阳光。现在可好了，房屋建在平地上，门的朝向可以自由选择。先民很聪明，不是特殊需要的话，一般都把门开在南面（因为我国在北半球），那样采光要好得多。只要不是阴雨天，室内永远是阳光灿烂的。

陕西西安半坡的仰韶文化村落遗址

门的牢度也十分重要。门是出入的必经之地，稍有闪失，人命关天。因此，"半坡人"很早就发明了门框。作为门框的两根立柱，明显比其他的立柱要粗大，道理很简单，就是为了安全。

"半坡人"还发明了门坎。门口外用土把地面垫高，并做成一级级的台阶状，到正对门框的地方装上一条门坎。这样，既可与门的下限吻合，又可防止把种种杂物带进屋里。看来，原始先民还挺讲究清洁卫生呢！

特别值得一提的是，原始先民设计了一道道窄门。现代的住房门都是比较宽的，大致上是两个半人能并排出入，大件家具能从门口搬进去。可原始地面建筑的门"窄"得有点儿出奇，只能让中等个儿的人一人出入，胖一点的人还得侧着身子进门呢！不只半坡是这样，姜寨遗址等也如此。道理在哪里？无疑是出于安全的考虑。当时，豺、狼、虎、豹这样的强势猛兽多得很，门做得宽了，难以防守。只有一人能进出，那门实际上变成了一道关隘。"一夫当关，万夫莫开"，对于再猛、再凶的猛兽，牢度相当大的窄门一关闭，也就可拒之于门外了！

匏形釜 /

在半坡遗址的十多平方米的居室中，都设有匏形的灶坑。民以食为天，那时已经远离了野餐时代，煮食和炊饮在居室中进行，于是就有了灶坑。

把需要煮食的物品放进陶制的炊具中，再在灶膛中不断地添加柴草，就能烧制出美味的熟食来。这是人类生活历程中的一个重大进步。

除了固定在地面的灶坑外，半坡人还制造出了陶质的匏形釜器。

釜是专用的炊饮用具，使用过程中火力特别地集中，烧煮的效果自然不同。而且陶质食具会给食品带来一种特别的可口香味，与直接放在泥质的灶坑中烧煮的风味不同。再说，陶制釜具可以根据需要移动，比较灵活机动，这不能不说也是一种进步和发展。

也许有人会问，远古的先民为何刻意把釜制成匏形呢？匏，就是葫芦。葫芦可以入药，尤其是它的形状相当奇特，线条圆润，外形似圆非圆，具有某种神秘感和想象中的仙气。这正好与釜这种炊具烧制食品时青烟袅袅的情状相吻合。这就说明，釜的葫芦状式样，是在不断的炊饮实践中形成的。

其实，仔细看看，就是挖地而成的灶坑，又何尝不是一个相当神似的匏呢？

黄褐陶鼎（山东滕州北辛遗址出土）

釜形鼎

扁腹釜

以土为床　/

　　相对于饮食而言，原始先民在睡觉上要马虎得多了。有没有床？当然有的，但那床与现代意义上的床相比，完全是两码事。也许是习惯使然，他们与过去在洞穴中生活一样，紧紧地贴在大地母亲的怀里睡觉，以土为床。这种床，历史学家称之为"土床"。

　　"土床"相当于一张双人床。它的高度要比室内的其他地方高出 10 厘米上下，那样可以大大减少地上的潮气。地面上铺的也不仅是泥，实际上在泥中掺和了不少的稻草，目的是为了增加土床的柔软度和保暖性。白天，"土床"部分可以作其他用途，甚至可以作工场使用，晚上要睡觉的时候，就临时铺上一些柴草，相当于后世的垫被。

　　说是土床，条件已经与洞穴中不可同日而语了。这里的地面没有洞穴中那样潮湿。土床又比地面高那么一点儿，这在洞穴中也是办不到的。再加上地面建筑所特有的日照和流畅的空气。他们的睡眠条件还是改善了不少。

　　在每个住户家中，都有一个火塘，安置在土床的左边或右边，目的很清楚，为的是在寒冷的季节充分保持室内的温度。火塘一般挖成圆形，不太大。在火塘中放置一些干柴，火燃烧后就可以取暖了。有时，火塘还可以兼备烤烧食物的功能。

　　每个家庭的人口有多有少，因此，床也会有大有小。有的家庭人口实在多了，就设置两张土床，不过那是极个别的现象。

村落有多大　/

　　上面对走出洞穴后原始先民的居室作了大致的勾勒和描绘，由此可见，6000—7000 年前先民的生活有了一定的水准。但是，决不可由此得出当时的人们是可以单家独户地生活的结论。那是不可能的！在当时的条件下，人是绝不能离开群体而单独生活的。

陕西西安临潼的姜寨遗址

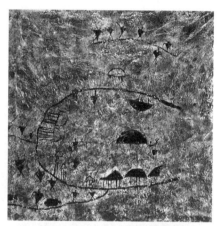

云南沧源岩画原始村落图是新石器
时代遗存，此为祭祀的场面，
反映先民对美满生活的祈求和愿望

在地面生活的原始人聚居于村落之中。

村落有多大？这也不是个无关宏旨的事。在当时条件下，村落太大，原始人的管理水平有限，怕是难以管理。小了呢？也不行，难以抵挡外来的种种侵袭。要知道，当时除了要对付自然界兽类的袭击外，更重要的是还要保证在集团与集团的争斗中能够克敌制胜。

半坡遗址和姜寨遗址，是原始先民遗留下来的较为完整的村落。

半坡遗址略呈椭圆形，遗址总面积大约有 5 万多平方米，里面的房址不少，据考古学家研究，可以确证为同一时期存在的居室有 100 余座。如果以一座居室居住 4 人计算，那么这个原始村落就有 400—500 人一度同时居住在那里了。

陕西西安临潼的姜寨遗址，保存得比半坡更完好。它的整体占用面积要比半坡小些，但村落的密集程度比半坡要高得多。现在已经发现大大小小的可能是同时的居室有 140 多座。如果同样每座住 4 人的话，这个村落该有 500—600 人了。

半坡遗址和姜寨遗址，为我们提供了六七千年前村落规模的样板。看来，在当时条件下，没有数百人的聚族而居，恐怕是难以生存下去的。

村落构架 /

如果说，人类有过漫长的杂居时代，那么，到了地面生活的村落时期，人类居处的构架已经相当清晰了。

姜寨遗址给我们带来了非常周详的村落时期人类居处构架的信息。

村落的居住区的中心是一个大约有 4000 平方米的广场，足可容纳全村人集会。村落中的居民住房就建造在广场的四周，它们的门一式面向广场。在广场的东、西、南、北四方，有着五个建筑群。每个建筑群自成一个系统：各有一座 80—120 平方米的大房屋，大房屋附近有十多座到 20 座不等的中小型房屋，面积都在十几平方米到 20 平方米之间。

白陶鬶形盉（山东潍坊姚官庄遗址出土）

面对姜寨遗址的居民区构架，当时的村民编制已经十分清晰了——

整个村中居住着的是一个部落，位于五个小区中央的广场是部落的公共活动场所，人们可以在这里集会、祭祀和开展宗教活动。当时的部落领袖没有什么特权，因此在村落布局上看不到这些领袖人物的特殊居室。他们平时一定是与普通居民一样居住在五个小区中的，只是在进行部落活动时站出来充当领袖。

位于东、西、南、北四方的五个建筑群，代表着五个氏族，是同一个老祖宗传下来的同宗的人们聚居的地方。如果整个部落有 500—600 人的话，五个氏族平均分摊一下，每个氏族也有 100 多人了，大约是三代或四代同堂的一个大家族。

至于居住在每一座房屋中的人，那毫无疑问是小家庭中的一家人了。一家人的概念该是两代人。与现代两代人的概念有点儿不同，它的稳定性也没有现代社会强。这就是说，当时人们脑中"家"的观念，要大大弱于氏族和部落的观念。

部落生活掠影 /

作为一个村落，除了供村民居住之外，还会有一些其他功能。在半坡村落中，我们看到了十分清晰明了的居住、制陶、墓葬三大功能区。在他们看来，三大功能区是不能混杂在一起的，因此用一道道的深沟隔离开来。

陶灶。器形隐重，三支丁用以架釜炊煮，
四周空隙有利发火散烟（浙江河姆渡遗址出土）

生活区是村落的第一功能区，它位于遗址的中部和南部。在这里，村民们食宿、休憩、交配、繁衍后代，总之，日常生活的一切都在这里完成。另外，人们劳作所得的收获物也收藏在这一功能区的仓库中。由于当时还没有私有财产，仓库是公共的。

有生必有死，墓葬区必不可少。这一功能区位于村落的北部和东北部。它的规模略小于生活区，而墓葬的数量与居民住房相当，可见当时的死亡率是相当高的。

再就是制陶区。制陶区在村落的东部。那里有公共窑场，也一定有简易的生产工棚，可惜，由于年代久远，这些都已荡然无存了。

当时的人们是怎样生活的呢？通过对当年村落的复原，可以作掠影式的描述——

每天，当太阳从东方升起，人们在小家中起床。用过早餐后，就集中到处于中心位置的一座 100 多平方米的大房子中，由部落首领主持某种仪式。这种仪式带有某种神秘的甚至是宗教的色彩。在原始人看来，太阳是神圣的，一天的开始是值得珍视的，因此每天都要举行这样的仪式。

部落的仪式相当隆重，但很是简单，占用的时间并不多。回到自己的氏族区以后，由氏族长安排一天的事务——有的去制作陶器，有的去打磨石器，有的去采集，有的去打猎，应当还有人在村里守卫，守卫者相当于文明社会社区的保安。

　　整个白天，大家都按氏族长的安排艰辛地劳作。一般情况下，即使刮风下雨，劳作也是不会停止的。因为每天劳作下来几乎没有多少剩余的物品，如果一天不劳作的话，大家就可能会挨饿。因此，劳作回家后的第一件事就是把收获物交给公共仓库。等一天的收获物收齐了，氏族长和相关人员再根据收获物的多寡和好坏，进行公平、公正、合理的分配。

　　以姜寨遗址为例，这里有以较大广场为中心的五个住宅群，也就是由五个氏族居住在一起，组建成了一个更大一点的群体，它就是部落，由部落联盟长统率。这是个更大的家，如果某氏族的成员有重大的收获物，如猎得一头野牛等，就要上交给部落，由部落分给整个部落的成员共同享用。

　　部落平时没多少事要管，它的任务就是对内处理好若干个氏族之间的矛盾，对外团结一致，或抵御外部来犯者的侵袭。每当有此类事情发生，部落联盟长就把整个部落召集到中心广场上来，宣布决策，或共同商讨对策，达成一致以后，就采取相应的行动。

注释:

① 半地穴式建筑广泛发现于陕西、甘肃、河南、河北一带，在考古学上被称为老官台文化、裴李岗文化和磁山文化，其中最古老的是磁山文化。比较著名的文化遗址有：陕西华县元君庙遗址、宝鸡北社岭遗址、西乡李家村遗址、西安临潼白家村遗址、渭南北刘白庙村遗址，甘肃秦安大地湾遗址，河南舞阳贾湖遗址，河北武安牛宗堡遗址、西万年遗址等。这些遗址的房子建筑都是半地穴式的，面积一般只有六七平方米，房基内都有圆形的柱洞，可见是用了树木支撑的，房子的四壁用火烤过，坚硬而呈红色。

② 有巢氏的说法见于《韩非子·五蠹》："上古之世，人民少而禽兽众，人民不胜禽兽虫蛇。有圣人出，构木为巢，以避群害，而民悦之，使王天下。"

③ 据 2006 年新华社的报道，现今，世界上的混凝土寿命一般只有 100 年。日本建筑学家在参观了大地湾遗址后，受到启发，将要制作一种命名为"EIEN"的新型混凝土，其寿命可长达 1 万年。

第三卷　女人天下

　　"女人天下"，不等于说天下都是女人；正像后起的"男人天下"，不等于说天下都是男人一样。天下总是大体上一半男、一半女，但在"大同社会"实现之前，两者站立在天平的两端，又总是不平衡的。不是女人主宰男人，便是男人主宰女人。

　　女人天下，是指女人主宰男人的那个社会。人们走出洞穴，在地面上安营扎寨后的相当长一段时间内，是女人主宰了男人。在原始村落里（也就是在氏族、部落里），是女人说了算，男人得听女人的。

8000 年前的"中华老祖母"

据考古探明，内蒙古地区是中华古老文明的发祥地之一。在 20 世纪 80 年代，在内蒙古赤峰市的白音长汗遗址中，发现了被人们尊为"中华老祖母"的一尊石像。这是中华大地上最古老的人物雕像。[①]

"中华老祖母"石像
（内蒙古赤峰出土）

石像十分端庄，既通体透出女性的柔美和魅力，又浑身散发出那个时代的女性所特有的刚性和力感。石像的头脸部硕大，颈部挺拔有力，大眼逼视前方，炯炯然如有光泽，鼻梁高挑，英气勃然。腹部鼓起，似有身孕在身——当然，这更多的是对女性的一种象征意义，告诉世人也告知后人，女人的真正魅力在于孕育后代。"老祖母"的双臂自然下垂，双手交叉于前胸。

石像发现于一间约略 60 平方米的半地穴式的房屋遗址中。房屋遗址的中部有一个方方的灶坑，石像就竖立在灶前约 30 厘米处。为何让"老祖母"的石像供奉在灶前呢？不少学者猜测，这大约是在告诉人们，唯有她才是"家族"中衣食的主宰者，她是那个时代名副其实的"衣食父母"。石像的小半截被埋在了土里，大部分则竖立在地面上。十分明显，这是一尊供人们礼拜的女神像。说不定，她就是某位原始先民的写真雕像呢！

在那个时代，为女性造像不是个别现象。这些女性石像，均为高鼻、大眼、鼓腹、隆乳、双臂下垂抱于胸前，形象也十分生动。

这里提出了值得思考的问题：8000 年前的先民为何要把那样庄重的一尊尊石雕像献给女性呢？这只能从当时的社会生活中去寻找答案。

知母不知父

其实，差不多是与陶器的发明同时，也就是 1 万年前，中华大地上进入了"知母不知父"的被称为母系氏族的时代。大量的神话故事告诉人们，中国历史上确实存在过这样一个时代。太史公所著的《史记》生动地记述了那个时代的种种传说故事。

商代的远祖名为契。他不知道自己的父亲是哪一位，只知道母亲叫简狄。简狄怎么会怀上契的呢？故事也很奇特。说是简狄一次与其他两个女子一起在野外洗澡，忽然看到岸边有一只乌鸦蹲在那里，一会儿产下一枚热乎乎的蛋来。当时简狄还是个青春少女，身上也顾不得披上点什么，就一丝不挂地上岸取蛋吃了。这一吃开初不怎么样，不久她就感觉到怀孕了，后来就生下了商的始祖契。

周代的远祖名弃，他同样知母而不知父。弃的母亲叫姜原。一次，她信步漫游在荒野上，看到一个巨大的脚印。少女嘛，总是好奇的，她顽皮地一脚踩了进去。就在踩进巨人脚印的时候，她似乎又惊又喜，一阵激动，或者说冲动，后来的事实证明是怀孕了。说来也怪，一般人是十月怀胎，而弃却是到一年多才生下来。这惹得母亲很不高兴，一生下来就把他抛弃了，日后被称为"弃"，也是有道理的。

红山生育女神

秦代的远祖叫大业，他的故事与商代的契差不多。大业的母亲叫女修。她一次在庭院中看到一只远处飞来的乌鸦（古人称为"玄鸟"），生下一枚蛋后就飞走了。年少活泼的女修不管能吃不能吃，一口就将此蛋吞了下去。结果也怀孕了，生下的就是后来的大业。

这三个故事清楚地告诉人们，在历史上的确存在过一个"知母不知父"的母系氏族时代。那个时代绵延了很长时间。这些神话故事，当然不是写实的，它实际上是当时人对远古时代历史的隐隐约约的带有浪漫色彩的传说和追忆。

里里外外一把手

当时女人地位的崇高，自然与"知母不知父"的现象有关，但更为重要的是由当时人们的生活状况决定的。整个生活、生产主要靠谁，谁就可能是家庭、社区，乃至整个社会的主宰。整部人类发展史都是这样。在原始社会的早期，女人是社会的中坚、主力，是"里里外外一把手"。既然这样，她们成为家庭和社会的主宰也就顺理成章了。

考古学家对半坡类型的元君庙遗址的墓葬尸骨化石进行了普遍的性别、年龄鉴定，结果发现男女个体的随葬品是很不相同的：男性一般使用骨镞随葬，而女性的随葬品就十分丰富了，有蚌刀、骨针、纺轮，等等。

男子身旁随葬的骨镞，明白无误地告诉人们，当时男子的主要作业就是狩猎、捕鱼，在当时，说什么也只能算是副业吧！

而女人干的事要伟大得多。真可以说是"忙里忙外"。

先说"忙外"，女子身边随葬的蚌刀是用来收获庄稼的，说明女人当时是农业生产的主力军。女子身边随葬的纺轮告诉人们，经营纺织一开始就是她们的专利，那些残留在陶制品上的织品陶纹就是她们的杰作。除此之外，制陶这技艺也主要由心灵手巧的女子掌握。再说"忙里"，女子身边随葬的骨针用无声的语言向后人昭示了，在她们那个时代女人们就用灵巧的双手缝制衣服了。除此之外，女人还要负担起养老抚幼、看守住所的职责。

那时的女子撑起的不是半边天，而是大半边天。她们在家庭中，在氏族和部落中，以至于在整个社会上说话算数，也就是顺理成章的了。

丰乳肥臀的女裸像 /

在远古时代的出土文物中，有着为数不少的女子裸体像。这些女子裸体像以其超乎寻常的大胆、开放、明朗，展示了那个时代特有的一道风景线。

那个时代的女性似乎完全不懂得什么叫羞涩。人们见到的西方文艺复兴时代的女性裸体画是大胆和开放的，但常常会利用披拂的长发将女阴

红山文化女裸体像

部位遮盖起来，有的还会用手臂遮掩丰满的双乳。可母系时代留存下来的女性裸体像，不只是彻彻底底的全裸，还有意地强化了女子的性征呢！

这些女子裸体像的显著特点是强调了女性的健壮美。画像或塑像的人物皮肤光滑，体态圆润，这是女性所特有的天生丽质，而远古女性裸体像一律制作成丰乳、肥臀、粗腿、强臂、圆身，其意图十分明显，是在通过画面赞誉女性的健与美。有的裸体像为了强化女性的力度，还有意让其手臂摆动起来。当时的人们突出了健即美的意念。劳动、生育、日常生活，哪一样离得了一个"健"字？失去了"健"，还谈什么"美"？在这点上，祖先比后代子孙要聪明。

这些女子裸体像的另一个特点，是对女性的性征作了夸大的描述。这些女性裸体像一尊尊都大腹便便，有的专家释为孕妇，其实，那是不确切的。这里的"大腹便便"不是一种写实，而是对女性所特有的成熟、饱满、丰盈的生命之美的写意。最为重要的是，女性裸体像对女阴部位作了强化处理。在原始人看来，那是真正的"生命之门"，是最值得强调和强化的。为此，有少数原始先民的作品还将女阴作特写式的处理，专门将它画出供人们欣赏呢！女性生殖器的崇拜是女性权威的一个侧影。

女性躯体的全方位裸露，女性的强健，女性性征的大胆而张扬的袒露，本身都说明着女性地位的崇高。

孤寂的单人葬 /

在距今大约 7000—8000 年的原始人墓葬中，发现有大量的单人墓葬。陕西宝鸡北首岭的仰韶文化墓地就是典型的单人墓地。一块面积相当大的墓地一分为二，一边是男子的单人葬，另一边是女子的单人葬。两者泾渭分明，不得越雷池半步。著名的西安半坡遗址，现发掘有 250 多座墓葬，实行的也都是男女分别单人葬。

这是怎么回事呢？

难道他们都没有自己的家？不可能。人类之所以为人类，一开始就生活在自己的家庭之中，即使在最原始的时期也如此——不过那时"家"的观念和形态，与后世不太相同罢了。

难道他们都是单身的孤男寡女？也不可能。原始社会的男女性生活要比以后任何社会形态中都随意得多，活跃得多，也丰富得多。不论男性还是女性，都会有自己的某一段时间内的"相好"和异性交配者。[②]

难道他们生前过着成双成对的男欢女爱的生活，而死后却甘愿去过那凄凉的孤魂野鬼的寂寞生涯？不可能。人对异性的情感不会因死亡的到来而终结。

不是。这些都不是。原来这与原始社会中一段时期的丧葬"规矩"有关。"规矩"定下了，谁都违犯不得的。

谁都承认，在人类从动物界刚刚分化出来后，有一段被称为"乱交"的相当长的时期。男的女的，不管是否近亲，也不管辈分如何，都可能发生性的关系。就是进入了氏族社会的初期，同一族内还是互相通婚的，称为"族内婚"。但是，人们渐渐地发现，同一族内血亲间生育子女往往是不兴盛的，而且生育出来的孩子不少是痴呆、聋哑，甚至出现畸形儿。当时条件下，也有少数人与外族人发生性关系，生下的孩子活泼而又健康。最后，差不多所有的氏族都意识到，族内婚不能继续下去了。同时，差不多所有氏族都作出了这样的决定：禁止族内婚！实施族外婚！

当时的社会处于母系氏族阶段。在这一历史阶段，女子是氏族的主体，当然是不能离开本氏族的，而是男子"出嫁"到女方家去。但是，男子到了女方家以后，在身份上仍然是原先氏族的成员。这样就出现了一个十分奇特的现象：男子生为女方的丈夫，而死后仍然是原氏族的"鬼"。

在陕西宝鸡北首岭等地发现的单人葬现象，正好反映了"族外婚"初始阶段的人类习俗。原本家庭组合中的男性，由于都是外族人，死后都已归葬原来的氏族了。这里安葬的女子，当然是本族的女子。而这里安葬的男子，实际上是这些女子的兄弟，他们生前"嫁出"在外族，死后却归葬到自己的氏族来了。由于他们之间的关系是兄弟姐妹，因此就只能各自实行单人葬了。

和合之美

人首蛇身形象的玉饰，一件为男性，一件为女性

青蛙舞图。图中男男女女皆弓步，双手上举，作青蛙状，为祭祀舞蹈（广西宁明花山岩画）

　　单人葬虽然了却了男子死后回归本氏族的心愿，使男性得以"落叶归根"。但是，它又与人性中"生同居，死同穴"的愿望相悖。在原始先民看来，"死"是一种更永久的"生"。单人葬给生者和死者所带来的孤寂是难以忍受的。

　　时间流逝了很久很久，人们一直在寻找更加合情合理的丧葬规范。

　　有没有两全其美的办法呢？也就是说，既可使男性"落叶归根"，又可实现"死同穴"的美梦。

　　人们想呀想，办法终于被找到了。

　　在陕西华县元君庙和华阴横阵村发现了几十座迁移合葬墓。不少情况是这样的：一具女性尸体是一次葬，而其他迁来的男子骨架是二次葬，是从别处迁来与她合葬在一起的。在其他相对同期的墓葬中也有这种情况。

　　这确是两全其美的办法。

　　在母系氏族时期的原始先民看来，女性是氏族的中心，男性与女性之间不管多么恩爱，但总是外氏族人，这一点不能改变。因此，

"外嫁"到某一氏族来的男性，死后首先必须回到自己的娘家氏族去，这一点也不能变。因此，男性的第一次葬必在自己的娘家氏族。但是，为了顾及往昔的夫妻恩爱，男性在娘家氏族葬了若干年月以后——现在已经难以考证要待多少时日了——可以迁回到生前"外嫁"的氏族去，这就是二次葬。通过这二次葬，可以重温夫妻恩爱的旧梦，可以抹去单人葬带给人们的孤寂感。当然，这种合葬墓与日后的以男性为主的夫妻合葬墓还是有很大区别的。由于当时婚姻关系的牢固度还很差，这种合葬墓并不怎么普遍。

中国人是追求"和合之美"的。从以女性为中心的二次男女迁移合葬中，人们依稀看到了"和合之美"民族精神的曙光。

女性首领的尊严

在母系氏族时期，女性氏族首领在生前有着指导和管理氏族重大事务的权力，死后有着异乎寻常的丧葬尊严。

如今虽然已无法窥见远古时代女性首领生前的尊严、气度、气派的庐山真面貌了，但是，地下发掘的女性首领的墓葬，却为了解当时的情景提供了最生动而有说服力的佐证。

在陕西华县泉护村南发现一座属于仰韶文化时期的成年妇女墓，墓主人头西脚东，直肢仰身。随葬品相当丰富。有随葬的石斧 1 件，

鸟喙足形黑陶鼎（山东潍坊姚官庄出土）

石铲 1 件，骨匕 14 件，骨笄（jī）1 件，陶器 4 件。特别引人注目的是，随葬品中有 2 件黑泥质陶鹗鼎，体形相当大，美观别致，可说是中国远古陶制品的杰作。在该墓地的周围再无别的墓葬，显得独立而特行。

看着这一墓葬，不由得使人肃然起敬。

这一墓葬主人的身份是一目了然的。随葬有精致的骨笄，强化了她的女性身份。笄，也就是后世的簪，是女子成年的象征。而安放在该墓主人

身边的笄是如此的精致，正好说明了她那女中豪杰的身价。

墓中的陶鼎尤其引人注目。鼎，原是古代的炊器，后来演化为权力的象征。拥有大鼎的女人，本身就意味着她有能耐解决氏族或部落的民生问题，她是氏族或部落的权力执掌者。如果在鼎上刻画着某些记号，又可以成为发号施令的准则和要求。鼎的权力象征意义在当时已表现出来了。

在这位女子拥有的鼎的鼎耳上，雄赳赳地站立着一只巨鹗。这更是耐人寻味的。鹗，是一种大鹰，能飞越水面捕猎。先在猎物上方盘旋，然后伸脚向下冲去，先用钩状长爪抓鱼，同时趾下的尖刺把鱼抓牢，带回栖息地食用。食后常拖着脚在水面低飞，似乎在洗脚。白色，嘴短脚长，趾上有锐爪，双目炯炯地盯着前方。鼎上的鹗，会使人产生诸多的联想——

白色，象征着纯洁，也象征着高贵。表明该女子在担任氏族首领期间办事的干练和精明，品格上的清廉和明达。

锐爪，象征着该女子办事的果敢和决断，生前，她似乎干什么都毫不含糊。

炯炯的目光，象征着该女子带领着整个氏族已经走过了一段艰辛的历程，该女子虽然已经逝去，但她的后人会沿着她走过的路继续走下去。

至于不是像其他女子那样葬入公共墓地，而是另辟一空旷处让她独自一人安卧地下，这本身说明她的地位不同寻常。她是一位非同寻常的伟大女子，应该有非同寻常的身后安卧之处。

"世上只有妈妈好" /

在仰韶文化遗存中，不见成年男子和小孩的合葬墓，而有相当多的成年女子和小孩的合葬墓。这也是在母系社会才会有的奇特的社会现象。

在商县紫荆遗址，有一位中年女子及一个儿童的合葬墓，皆为一次葬。

在王家洼遗址，有两座墓葬，皆为一成年女子与小孩的合葬。其中有一成年女性，仰身直肢，位于墓穴的当中，左侧置一小孩，小孩的头骨贴在成年女性的左臂骨上，宛如孩子生前依偎在母亲的怀抱中一样。

这让人过目不忘的母女相依相偎的一幕，简直就是远古时代早就唱响了的一曲余音缭绕的"世上只有妈妈好"赞歌。

这中间一定有着生动而感人的故事，只是已被太厚的历史尘埃所掩埋，一时还不能有清晰而明了的答案。可作这样的猜测：年幼而可爱的女儿得了重症，母亲日夜相伴，千方百计地为女儿治疗，但天不假年，最后女儿还是撒手西去。母亲承受不了如此沉重的打击，从此一病不起，很快随女而去。目睹这感人一幕的本氏族人，为了纪念这母女情深的一对，就将她们合葬在一起，并让女儿的头枕着母亲的臂，母女俩紧紧依偎在一起，永远、永远也不分离。

红陶人头壶（仰韶文化）。既是生活实用器皿，又是陶塑人头像的艺术品（陕西洛南出土）

这简直是一曲感人至深的亲情赞歌。

母爱，是最伟大的爱。这在中国的原始墓葬中得到了实证。母爱，也是最原始的爱，这在中国的原始墓葬中同样得到了实证。

没有母爱的社会是不可理喻的。母爱是永远的。

厚葬的小女孩 /

与后起的"重男轻女"的民风相反，在母系社会中，"重女轻男"成为社会的主流风气。一个女孩要是不幸夭折身亡，那是氏族中的大事，是要加以厚葬的。

在半坡遗址的 M152 墓坑中，埋葬着一位年方三龄的小女孩。正在牙牙学语、活泼可爱的孩童，一下子被病魔夺去了生命，这使整个氏族都感到悲哀。怎么办呢？他们唯一能做的就是把更多的随葬品奉送给这个女孩，让她在"阴府"里好好地享用。

生殖崇拜岩画（新疆呼图壁县康家石门子岩画）

阿里岩画将太阳与月亮同男女生殖器官并列在一起，
表现了原始生殖崇拜

　　奉献给这一小女孩的葬仪是够隆重的了。当时一般还不兴木板的棺木葬具，可是，这个女孩却特殊地睡在了长方形的棺木中，随葬品也特别丰富：有随葬的陶品 6 件，在其下颌骨的下方，见到带孔的青白色玉耳坠 1 件，腰部、盆骨部及手指骨附近散置着骨珠 138 颗，另外还有 3 颗石球。这些大概都是这个小女孩生前的玩物。特别值得注意的是，在两个陶瓶中，装满了粟米，这大概是让孩子在阴曹地府食用的吧！

　　这样丰厚的随葬品，不要说一般女孩不能享有，就是成年女子也是不能享有的。这与当时的财产继承制有关。在母系社会中，女子是社会的中心，氏族的财产在女性之间传承。女孩是氏族未来的主人，当她不幸身亡时，当然要加以厚葬了。这一点，在摩尔根对美洲印第安人的调查中，已经得到了充分的证明。③

人母和地母

　　母亲这个观念，是原始人早已有了的。在他们的头脑中，隐隐然有两个母亲：一个是生育人的母亲，可以称之为"人母"；另一个是生育万物的母亲，可以称之为"地母"。

可贵的是，原始先民将两者嫁接起来，用自己的手，绘画出了含义深刻、别有风味的人母、地母交融图来。

在江苏连云港将军崖的岩画中，就有一幅地母和人母交融的画面。中国是一个以农业立国的国家，先民的农业部落生活使他们产生了一种美丽、简单、动人的遐想：人是可以像一切植物一样从地底下长出来的。从画面上看，连接人体的线条，既像是一条植物的茎，又像是孩子与自己的母亲相连的一根脐带。

这完全是庄稼人的一种特有的思维模式。

在细细的大地与人体的连接线的顶端，是一颗硕大的人的脑袋。头上有头发，脸上有双眼、鼻子，还有阔阔的嘴巴。原始先民确实想得很深邃。他们懂得，人的肉体虽说都属母亲所生，但要活命、生存，归根到底还是要依赖于大地母亲。连接人体和大地母亲的那根"脐带"是深深地根植在大地母亲的心脏里的。不少先民岩画所表达的生殖崇拜，正体现了这种观念。

注释：

① 中华第一尊女性石雕像的相关资料，见王大方著《草原访古》一书，内蒙古大学出版社 1999 年版。

② 恩格斯的说法是：母系时代"一定的家庭范围内相互的共夫与共妻，不过在这个家庭范围之内是把妻子的兄弟除外，另一方面也把丈夫的姐妹除外"。（《家庭、私有制和国家的起源》）

③ 权威人类学家摩尔根在对美洲的印第安人拿共纳村落进行深入调查后得出结论："古印第安人的财产属于家族的女方，在女系中由母亲传给女儿。"（《古代社会》）

第四卷 人体包装

　　大约在 1.8 万年前的山顶洞人时期，远古先祖已经懂得了自我包装，改变了"赤条条来去"的尴尬处境。这一点，已经被地下发掘的一根长 82 毫米、针孔径 3 毫米的骨针所证明。当然，那时的缝制原料无非是树皮、树叶、野兽的皮毛之类。可是，当中国的先民步入了距今约 1 万年的新石器时代后，局面就完全改观了。随着利用植物纤维进行纺和织事业的开创，缝纫技术就大踏步前进了，人类步入了穿着打扮的崭新时期。

　　人体包装意味着人的自我意识的提高，从此人类为自己拓展了一片文明的新天地。

留在陶器上的织品印痕 /

距今约 8000 年的磁山和裴李岗文化时期的先民，就已经开始懂得了纺纱织布。这对人类来说是一个多么重大的发明创造呵！

完整而清晰的人工制造的纺织品印记，取自仰韶时期的元君庙陶器上。这些纺织品印记中的经线和纬线十分清晰，纺织的技术也相当成熟多样，有斜纹编织法、人字纹编织法、缠结编织法、棋盘格式编织法和间格纹编织法，等等。人们根据不同的需要和不同的编织材料，进行不同式样的编织。后世惯常使用的编织方法在当时都已被发明了出来。可见，当时的人们不只追求织品的结实耐用，还在多样化的编织中求新求美呢！

盖帽，有编织纹和蚕纹

这些织品真称得上是远古时代巧夺天工的精品。在每平方厘米的狭小范围里，各有经纬线 12 根，这些经纬线的粗细十分均匀，没有高度的技术是纺不出来的。每条线的线径平均只有 0.84 毫米，最细的织品线径只有 0.5 毫米，相当于现代的农家布。可以说，在农家布的纺织上，七八千年来没有多少明显的长进。

我们在为远古祖先的聪明才智感到骄傲的同时，也不禁要为历史上纺织技术的长期停滞而感到深深的悲哀了。

精致的纺轮 /

早在 8000 年前的磁山文化时期，人们已经发明了纺轮。最早的纺轮是石制的，厚重而笨拙，使用起来是不太方便的，但石纺轮经久耐用，且不易磨损。后来——也许是一种偶然的机缘——人们就开始用打碎的废弃陶片来做纺轮。这也算是远古祖先化废为宝的第一例吧！把碎陶片的棱棱角

陶蚕蛹。腹部中横缝线，酷似蚕蛹胸腹部之间的横走缝线，说明当时的工匠是对照实物塑制的，足见养蚕业有了一定的发展（河北正定出土）

彩陶纺轮（浙江河姆渡遗址出土）

角磨去，变为圆形，然后中间钻上一个孔洞，不就成了一个轻巧实用的纺轮吗？

这些彩陶纺轮大小有致，适用于纺出不同质料的物品。这些纺轮的表面都绘有对称均衡的各种几何图案和几何线条：有的呈水纹状，有的仿旋涡状，有的似日月光华状，有的作有规律的圆周状，给人以一种美的感受。尤其当纺轮旋转起来的时候，定会产生一种不多见的韵律美，给原始人的生活平添了一道绚丽的风景线。纺轮的轮片相当薄，烧制得十分的讲究。在烧制时，火力很是匀称，因此，烧制出的纺轮色泽颇为一致。拿在手上敲击一下，"叮当"有声，迎着阳光一照，隐隐然似可透视似的。在当时的条件下能达到这样高的水准，实在不简单。

纺轮的发明是纺织技术的巨大突破。在此以前，人们先将原料掰成丝条状，再用手搓成线，然后再编织成物件。手搓的线粗细不一、松紧不等。有了纺轮，可以把原料拉得很细、也很均匀，织品的质量大大提高了。

原始的"腰织机"

纺与织并不是同时产生的。总是先有纺，才有织。从纺到织，中间大约又有1000多年的空当。纺的结果是生产出纱来，但是，单有纱对人来说在生活上没有任何的实际意义，道理很简单，因为人是不能披着纱过日子的。

在由"纺"到"织"的1000多年时间里，人们是如何处置这些纱品的呢？或者说，人们把植物纤维纺成纱的初衷是什么呢？这引起了后人无尽的猜想。原始先民作出这样大的一个举动，不可能没有目的和意愿。

合理的猜想能填补历史的空缺。有的学者认为，在这段空缺时间里，有一个手工编织的"针织时代"。此说很有道理。人们或者是直接用手，把纱加以合理的编排，成为一种可以裹在身上的物品。或者借助于骨制针或木制的棒针，编织出各种各样的物件来。因为它比直接使用动物毛发和植物纤维柔和、贴身，因此，在没有使用织机的情况下是完全可能的。

骨梭形器

今天人们用棒针编织绒线，可以看成是当年原始先民针织活动的延伸——虽然，至今还没有发现原始先民的手工针织品的遗存物。但是，几乎所有的专家都认为，这一设想是合情合理的，而且相信将来必有这方面的发现。

手工的编织速度太慢，制作出的东西也不太美观，再说原始先民也没那么多的时间消磨在编织上，因此，他们必然要寻找一种更先进更有效的织物方式。

经过多少次的实验和失败，中国的原始先民终于发明了织机。

最原始的织机发现在 7000 年前的河姆渡文化遗址中。在那里的住宅区里，发现有木制织机的残片。那是一种相当简单的手织机具，是用来穿梭引线的。在使用时，大致的过程是这样的：先将经线的一端固定在一根木桩上，经线的另一端则缚定在

骨针

人体腰部的手织机具上，而纬线呢，则直接系在或是固定在手织机具上，人通过两手不断在纬线间来回穿梭（最初时还没有织布用的梭子，人的两手就是梭子），把一根根经线织进纬线里。人们必须花费九牛二虎之力，才能织出一匹匹布料来。因为有一端缚在人体腰部，后人由此称之为"腰织机"。

应当说，这种原始的腰织机，在穿杼（zhù）分经上，是一大进步，

在技术原理上，与后世的竖立式织机也已没有多大差异了。

有了织机，人类从此告别了单单依赖自然物来包装自己的身体的那个时代。人类在文明发展的途程中又迈进了一大步。

丝绸的源头 /

早期的纺织品使用的原料，主要是葛、苎、大麻等野生植物的纤维。在陕西华县柳子镇的仰韶文化遗址中，曾出土了麻布类织物。在江苏苏州的草鞋山马家浜文化遗址中，发掘到了3块炭化了的野生葛纤维织品的残片。这些都说明了，在中华大地上，早在七八千年前植物纤维的纺织品就已经出现了。

那么，被称为"丝绸之国"的家蚕丝绸的源头在哪里呢？

在远古时代还没有文字的情况下，只能由地下发掘来作答了。

中国是蚕桑技术的发源地，远在7000多年之前，中华远祖就已开始养蚕制丝了。早在1927年，考古工作者就在山西夏县西阴村灰土岭的新石器遗址中发现了一个人工半切割的蚕茧。从这一蚕茧的大小看，它肯定是家养蚕的茧；从切割技术的高明和完整程度看，当时养蚕技术和抽丝技术都有了相当的发展。

1978年，在浙江河姆渡新石器遗址中发现了7000年前的一只象牙盅，象牙盅的外壁上刻画有四条活龙活现的蚕纹，其情状完全是写实的。毫无疑问，这种珍贵的象牙盅不是先民的日用品，而是宗教或祭祀用品。这里进一步说明了，当时蚕已经被奉为蚕神，不时地要加以祭祀了。它的地位相当于同样被祭祀的谷神。

甲骨文中还有关于蚕神和祭礼蚕神的记载。当时人们为了养好蚕，用牛或羊等丰厚的祭品祭祀蚕神。

在古文献中有不少关于养蚕的直接记载。反映夏末殷初淮河长江一带的生产情况的《夏小正》中说："三月……摄桑，……妾子始蚕。"这是说，夏历三月要修整桑树，妇女开始养蚕。殷代甲骨文中不仅有蚕、桑、丝、帛等字，而且还有一些和蚕丝生产有关的完整卜辞。

尽管这些是后世的记载，但多少也反映了此前的养蚕发展进程。甲骨文学者胡厚宣的研究指出，有的卜辞上记载，叫人察看蚕事，要经过九次占卜。可见，蚕桑在当时以及在此以前很长的历史时段里，都是一项"要事"。考古学家还不止一次在古墓中发现有形态逼真的玉蚕。在河南荥阳青台村的一座仰韶文化墓葬中，发现有粘在尸骨上的丝帛残片。在浙江湖州新石器遗址中，发现了一批放在竹筐中的丝织品，这些附着有丝织物的痕迹或绢丝断片，说明只有靠发展人工养蚕，才能提供足够的蚕丝原料，以生产大量的丝织品。这是当时的"要事"。

无领无袖的"贯头衣"

舞蹈纹彩陶盆。盆内壁有 15 人携手并肩翩翩起舞。（青海大通出土）

在一只远古时代的陶盆上，绘有若干舞姿婀娜的舞女，她们的身上穿的是长可及膝、飘然亮丽的紧身上衣，它给我们带来了一个十分肯定而又确切的信息：大约在七八千年之前，人类已经懂得了用人造的织品来包装自己。

处于婴儿期的原始人，过的是穴居生活，身上无服饰，任凭风雨侵袭自己的肌肤，任凭骄阳曝晒自己的身体。这样的岁月至少持续了几百万年，占据了整个人类发展史的 99.99%。直到旧石器时代的晚期，先民们才懂得用各种自然物，尤其是兽皮来遮蔽自己的身体。这也可说是最原始的服装吧！

而陶盆画面中的舞人穿的衣服，就已经大大前进了一步。这种进步表现在：一是面料是人工制作的织品，与以前以自然物（兽皮、树叶等）蔽身大不相同了。二是正因为是人工织品，因此它讲究裁剪，可以清楚地看出，这些衣服是经过精心裁剪的，不然不可能那样合身。三是服装式样的规格化，几个人一组穿的是同一式样的衣服，这会引起我们的猜想，当时是否已经有了专职的裁缝工呢？

当然，这种衣服的最根本的特色还在于它的无领也无袖。当时的服装制作的工艺还十分简单。裁出一片面料，在面料的中央开一个不大不小的洞，两腋下略作缝合，就成了一件不错的衣服了。后世的人们给它取了一个名字，叫做"贯头衣"。

过了相当长一段时间，衣服上才会有"袖"和"领"。衣袖可以保护双臂和双手。在劳动过程中，人们体会到了"手"的重要性，将其列为重点保护对象，这才有了衣袖的发明。衣领可保护头颈以至于整个上身，既可防风沙，保暖身体，又可防止爬虫的直接侵入，起到"防护墙"的作用。一"领"一"袖"是那样的重要，后来人们把重要人物喻为"领袖"也就是顺理成章的了。

"衣"与"裳"

值得注意的是，从陶盆舞人上衣的长度看，真正是衣长及膝或过膝了，宛如时下的时尚少女穿的无袖无领的半长旗袍。为什么裁剪得如此长呢？此中也有个道理。

从中国传统意义上讲，上衣称为衣，下衣称为裳。两者是否同时出现的呢？文献告诉人们，在历史上有过一段有"衣"无"裳"的时期。[①]

首先出现的是上衣，那也是合情合理的，一是上衣的制作相对下裳的制作要简单些，因为它简单，就早早地被发明出来了；二是人体的一些重要器官都在上身，人本能地先想到的是要保护这些器官。

原始先民实在很聪明，在有"衣"无"裳"的历史条件下，他们故意将衣裁得长一点，这样既可保暖，又可防止露羞，真可说是一举而两得了。画面上的舞人衣长过膝，道理也正在于此。

人形彩陶罐。腹部饰方格纹，
下着裤，穿翘头靴
（甘肃玉门出土）

在甘肃嘉峪关市西北黑山岩画的操练图中[②]，武士们穿的也是一式的齐膝衣袍。

为了练武活动的方便，上衣的下摆做得特别开阔，成了标准的喇叭状，这大约是后世男女都可穿的裙子的前身吧。

先有"衣"，后有"裳"，应该说是肯定的。有"衣"无"裳"的时段有多长，说不太清楚。但是，可以肯定地说，在五六千年前，下裳就被发明出来了。

1988 年，在甘肃玉门地区出土了一尊人形彩陶。这一人形彩陶很特别，人体的上身打着赤膊，只在脖子下的上胸部围有一网状的饰品，可下体却被下裳包裹得严严实实[③]，穿着不连裆的相当于长裤的人造织物。

可以看出，下裳是分别由两匹织物制成的，先把织物包裹在腿上，再各在腿的两侧加以缝制，就成了两只裤筒，最后将裤筒的上端在腰间用一根绳子连接起来。当时的下裳显然还没有"裤裆"，在下阴处留出了长长的一处空缺，是留着"方便"时用的。当时的人们显然还没有解决既要使下阴不外露、又要在大小便时很方便的问题。看来，"裤裆"的出现还将是后来的事。

帽·鞋·靴 /

在原始先民看来，头部比身体其他部位还要重要，更应保护和装饰。帽子和头巾与衣服的功能是一样的，都是为了保护和文饰。因此，帽子和头巾，在古代又称"首服"（穿在首级上的衣服）和"首饰"（戴在首级上的饰物）。

头巾和帽子在原始意义上是没有多大区别的。随意一点的称为"巾"，成熟和正规一点的称为"帽"。从上古时期出土的最原始的皮帽看，就是把一块皮剪去了一些不太必要的部分，除可顶在头上外，又剪出了两根带状物，可遮耳，更可将皮帽系于项下。这样的帽，称之为巾也没有什么不可以。

　　当然，随着人工制造的织品的出现，帽子从式样到保暖性都有了突飞猛进的发展。

　　在陕西西安临潼邓家庄仰韶文化遗址，出土了一件头戴大帽子的半身陶塑人像。这一实物距今约 6000 年。半身塑像头上戴的帽子，可以以"厚实"两字言之：

　　其一，帽子厚实在于它是由多层织物制成。从形状看，它很像后世的棉帽子。当然那是不可能的，因为当时根本不会有棉花。它的厚度完全是一层层织物叠加起来的结果。那样，帽子的保暖程度就高了。

　　其二，在于它是量头定做的。整个帽子紧贴着人的额头。把额头部分包裹得严严实实。帽子的加工也相当地精细，可见当时的人们对人头部形状的研究也已经有了一定水平。

　　这种厚实的圆帽，后来一直延续了几千年。

　　头上保护起来了，身上保护起来了，那么脚上呢？脚也该保护起来，这就是鞋了。鞋也是人类的一大发明。

　　鞋子一般由三部分组成。一是鞋底，主要用来保护人的脚底和脚跟。相关材料表明，起先鞋底很薄，是单底的，后来才发展为复底的，以至于多层底的。后世的用针扎鞋底，起源可能是很早的。二是鞋面，有保护足面和保持脚腿部温暖的双重作用。三是鞋带，它的出现当晚于鞋子的出现。当时行路艰辛，没有鞋带的鞋容易陷在泥地里难以自拔，鞋带起到了将鞋固定在脚上的作用。

　　鞋的原材料是多种多样的。大约先有草制的鞋子，后来才有了麻制的鞋、丝制的鞋。只可惜，这些鞋至今还没有从地下发掘出来。差不多在同时，人们发明了皮革制的鞋，称为"革履"。大约皮革制品也是难以长年保

骨靴形器

存的，因此远古留存的革履至今没有发现过。

与鞋同类、功用也相同的是"靴"。在中国的西部地区，出土过靴形的脚下着物。靴，被称为连筒的鞋，大约是中国远古时代少数民族所穿。在甘肃玉门火烧沟文化遗址，出土过穿长靴的人形陶制品，还曾发现过彩绘的靴形陶制品。可以想见，当时的西部人，也可能包括一些受西部影响的中原地区的人们，在远古之时，都已穿上靴子。

从玉门火烧沟出土的人形陶制品看，当时人穿的靴子既讲究实用，又注意造型之美。靴子的连筒部分十分得体地包裹在人的腿帮子上，不松不紧，也不显得臃肿。这种靴的连筒部分对人的足腿部，乃至整个身体起了很好的保暖作用，是适应西北地区的寒冷天气的。西北部的少数民族喜骑射，穿上这种靴子很舒适，更能在马上飞驰时防冻御寒。特别有趣的是，当时的一些靴子有的制造成很圆润美观的翘头式，有的在足尖前留出一个大的空当（初衷可能是为了透气），成了很起眼的尖头靴。这些都说明，原始先民发明鞋和靴不只是为了保暖，还含有美学的成分在里面呢！

这种带筒的靴，当初主要在西部少数民族中流行。到了战国时期，赵武灵王主张"胡服骑射"，于是把这种连筒的靴"引进"到了中原地带，成为"通行天下"的服饰了。

身处于原始时代的先民们，他们从赤身裸体到穿衣、戴帽、着鞋，这是一个极为重大的文明进步。人体包装本身就说明了，这时的人们不仅懂得吃饱，还懂得穿暖，懂得装饰自己。

发笄和梳子

在西安半坡的远古文化遗址中，曾发现有 700 多件骨质的发笄，在陶盆上还有发髻插笄的图像。这可算是一个惊人的发现了。

要那么多的"笄"，派什么用场呢？

原来古人还不懂得理发，或者说他们有一种迷信，以为头发出自父母的血脉，是不能割弃和损伤的，因此十分忌讳断发。"断发"和"文身"同

骨笄

样被认为是辱及祖先的大事，还认为是野蛮人所为。但是，随着人的一点点长大，头发就会长起来。长一点没关系，太长了就不好办。于是，就想法把头发梳理起来，再用一种东西把它绾住，使它不易散开，这种东西就是"笄"了。

单是在半坡遗址中就发现 700 多件发笄，说明它是男男女女的必备之物。实际上，在考古发掘中，南至广东，北至内蒙，东至江浙，西至新疆，都发现有发笄。可见，发笄是东西南北的人们共同拥有的生活必需品。

制作发笄的材料在不断地变化。开初是用树枝充当，后来就有了木制的、石制的、骨制的、蚌壳制的、玉石制的发笄。随着制作材料的一步步升级，发笄的功能也发生了一些变化。它由单纯的实用性，转化为实用与美化兼而有之了。在甘肃永昌鸳鸯池新石器时代出土的发笄的顶部，还用黑色黏合物镶黏上 36 枚精美的乳白色的骨珠呢！

另外，梳子是每个家庭的必备物，这个传统发源于六七千年前的远古时期。

有趣的是，在地下发掘中，梳子常常被安放在人的头骨的旁边。这明确告诉人们：它是主人的梳妆用品。

现今留存下来的梳子有骨质的，有石质的，还有玉质的。梳子的大小不一，有的只有几厘米，齿也不多，有的有 20 多厘米，20 多齿。在形状上也是花色品种繁多，有长条形的，有方形的，有近于圆形的，还有的别出心裁地做成斧钺形的。各种不同的形态，代表着某一种观念或者复杂的心态，不过这些现在都说不清楚了。

大概山东大汶口新石器遗址出土的一把梳子最具典型意义了。

这是一把较为大型的制作相当讲究的象牙梳。长 16.7 厘米，有 17 齿，差不多 1 厘米一个齿。在梳齿上方的梳背上，镂有一个大大的"S"字纹，整个字纹由三条平行的曲线组成，在"S"字纹的中间，隐隐然有两个"T"字纹。十分明显，这些都是为了美化梳子，与实用是没有多大关系的。

有人推断，像这样经过精心装饰的象牙梳子，除了它的实用功能外，主要插在发际上作为装饰之用。

爱美的天性 /

女人的天性是爱美的，即使是在物质条件十分匮乏的原始社会里，那时的女人们也不忘把自己打扮得美丽些。

人们根据元君庙墓地见到的妇女装饰品所放置的部位，再参照半坡陶盘上的人面形花纹图案，可以推知元君庙半坡型妇女的装饰大致是这样的：她们喜欢把头发盘结在头顶，梳理成高耸的圆锥形发髻，并用发笄束系。在发髻的下方，通过额部、耳际和枕骨下方系一彩色或红色的饰带，以显示女性所特有的柔美和飘逸。在颈脖上，再佩带上骨珠串成的项链。项链的多少与人的身份和爱好相匹配。

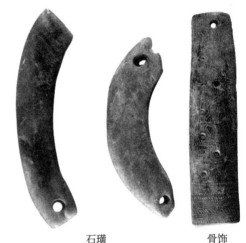

石璜　　　　　　骨饰

这样的装束，在当时人看来，一定是很美的。至于这种妆扮出来的女性美，是为了吸引异性的眼球呢？还是为了女性的顾影自怜呢？现在还没有定论，还是让人类学家去进一步考察吧！

在甘肃秦安的大地湾遗址中，出土了一只人形器口陶瓶。陶瓶的瓶颈以上被塑成了一个将长发盘绕在额前的人头。人头上有大眼，隆鼻，小嘴，似乎是一位青春少女的形象。最为引人注意的是，人头的两耳的耳垂上，有着两个明显是人工穿凿的孔洞。这是怎么回事？

石玦

只能有一个解释：距今约 7800 年的"大地湾人"是使用耳饰的。那个耳垂上的孔洞是用来挂各种各样的耳饰的。事实上，不只是"大地湾人"挂耳饰，同期或稍后的相当数量的原始人，都是佩挂各式各样的耳饰的。

中国新石器时代的耳饰主要有耳环和玉玦。耳环是把玉石用绳子串连起来，再挂在耳朵上。玉玦则是有缺口的环状玉，戴时直接将缺口夹在耳朵上。耳环和玉玦本质上没什么差别，一人轮着戴和同时戴都是可以的。

颈部是人体最醒目的地方，无论未开化民族、半开化民族，都十分注重颈饰。中国旧石器晚期的山顶洞人，被称为"爱打扮的原始人"。在他们的遗骨化石旁边，有着用天然的物品如兽骨、兽牙、贝壳、砾石等串成的颈部饰品项链。这一发现曾经轰动一时。可是，到了新石器时代，中华先祖除了继续采用海贝等色泽亮丽的物品装饰自己外，还用人工精心加工制作出了项链、手镯和各类胸饰。新石器时代的饰品进入了一个新境界。

这里可以 1 万年前的一名 16 岁少女的墓葬为例加以说明。

东胡林村出土遗骨与鼻骨处的玉石

考古工作者在北京门头沟东胡林村西侧发现了一个新石器时代初期的墓葬，墓主是一个大约只有 16 岁的少女，陪伴在这个少女身边的是相当精致的项链、手镯和胸饰。少女的项链由 50 多颗带有小孔的海螺组成，这些海螺显然是经过严格挑选的，因此，这么多颗粒在大小上基本一致。同时，这些串连成项链的海螺磨制得十分光滑、精巧，给人以可爱的感觉。少女的手镯由 7 节骨管串成，在当时还没有金属工具的情况下，要切割这些骨管决非易事。这一手镯就安放在少女的腕部，一如生前戴着手镯一样。少女的胸前有经过修饰而显得很好看的胸部佩饰，那是一枚穿孔的河蚌。1 万年前的少女如此装扮自己，有力地说明当时人们的爱美意识有了很大的觉醒。

注释：

① 《诗·齐风·东方未明》："东方未明，颠倒衣裳。"毛亨传："上曰衣，下曰裳。"《通典·礼志》："上古穴处，衣毛，未有制度。后代以麻易之，先知为上，以制其衣；后知为下，复制其裳。衣裳始备。"

② 黑山岩画的创作虽然较晚，但它反映的还是原始先民的生活情状。

③ 这里之所以用"下裳"而不用"裤子"一词，是因为"下裳"是中国古代长期使用的语汇，"裳，障也，所以自障蔽也。"（《释名·释衣服》）其意是说，只要能起到"自障蔽"作用的，都可称为"下裳"。至于"裤子"一词，是晚起的名，多见于明清时期。

第五卷 农耕初始

陶器以人类特有的创造力，叩开了人类文明之门。水和食物的贮存，使定居有了可能。定居生活又为农耕事业创造了最基本的条件。大约在陶器发明的同时，或者稍后一些，原始农业就萌生了，当然，相对成型的农耕是大约此后两三千年的事。

陶器带动了农耕，而农耕的最权威的印证仍然藏在地下发掘的陶器上。从浙江上山遗址发掘出来的陶片夹层中，发现了大约1万年前的"万年米"。从河姆渡遗址发掘出来的七八千年前的一个陶盆上，外壁刻有一株稻穗纹，昂然挺立，生机勃勃，两旁则有一束沉甸甸的谷穗纷披下垂。这似乎寓意着丰收的喜悦，生动地反映了当时农耕生活的状况。

本卷将展示远古时期中华先民农耕生活的某些生动场景。

"南稻北粟" /

中国历来就有"南稻北粟"的说法，其意是说，祖国大地的南部地区自古以来种植水稻，而北部地区种植的是粟米，这里说的"南"与"北"，大致上是以长江为分界线。

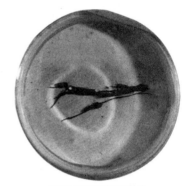

7000 年前栽培的稻谷

这话并没错，但又有所交错，尤其是随着时间的推移，"南稻北粟"的界限渐趋模糊了。据专家统计，目前发现的新石器时代的稻谷遗存有 120 余处，其中 90 余处属于长江流域，广东、福建各 2 处，台湾 5 处，属于黄河流域的有 12 处，最北端在山东栖霞杨家圈遗址，地理位置在北纬 37 度。杨家圈遗址的这一发现对判定中国水稻东传朝鲜、日本的线路和时代有着重要价值。

河姆渡遗址出土的稻谷

粟是中国北方原始农业最早驯化培育的谷类之一。世界各国学者一致认为中国华北是粟的起源中心。在山东、山西、河北、河南、辽宁、黑龙江、甘肃、青海、新疆等省区的新石器遗址中，先后发现粟粒、粟壳和粟的谷灰达 40 多处。但是，经过几千年的漫长发展，粟的栽培也走向了江苏、湖南、湖北等地，甚至在遥远的广西、云南也种植起粟来了。

远古时代起"南稻北粟"格局的渐次被打破，说明祖国大家庭中的南北文化交流是古已有之的。物的交错，与人的迁徙、走动是同步的，祖国大家庭中人员的走南闯北、友好互访，早在大约七八千年前就开始了。这就使"南稻北粟"成为一个十分相对的概念。

稻的人工育种 /

　　真是难以想象，早在 1 万年前，勤劳聪颖的华夏先祖已经懂得种植水稻，并将收获物贮藏在陶制的器皿之中。当人们走进陈列着在上山遗址发现的"万年米"的浙江省浦江县博物馆时，视觉证实了这些似乎梦幻般的信息全是真实的！[①]

双人抬物图彩陶盆。以扛挑劳作景象为纹饰图案，足见对农耕的重视（青海同德宗日遗址出土）

　　发现"万年米"的陶制容器名为"料"。在中国传统文化中，"料"既是一种计量单位，又是一种计量的容器。把"万年米"放在"料"中，说明当时的原始农业已经有了一定的发展，人工培植的水稻的数量也有了一定的规模，不然，何必用"料"来料一料呢？

　　继"万年米"之后又发现了 8000 年前的"八十当古稻"。"八十当"，位于湖南澧县梦溪乡，有山、有水、有平川，气候条件温和，而且雨水充足，正是培植和发展农业尤其是水稻种植业的好地方。考古工作者在不太大的范围里，发现了 1 万粒稻谷。1 万粒，这可不是个小数目！说明当时当地的植稻业有了相当的发展。这是一种驯化未久的水稻品种，这些稻粒大小参差不齐，最大的是最小颗粒的 4—6 倍。现代水稻分为籼粳两种，而"八十当"古稻还没有明显的籼粳之分，类似籼稻的稻谷，在显微镜下观察，其微结构又多粳稻的特点。这些都说明了它培育的不成熟性。地处湖南的"八十当"水稻与地处浙江的上山"万年稻"之间，相隔万水千山，也说不上有什么直接的传承关系，这说明祖国广袤大地上的先民约在 1 万年前或 1 万年不到的时间里，各自为了生计开始了水稻的培植。

　　"八十当"古稻虽然不太成熟，但产量却相当可观。被发现的 1 万多粒水稻颗粒浸藏在一条河道中。这是怎么回事呢？据科学家猜测，这只能作这样的解释："八十当"的远古先民，在迎来了一个丰收年以后，喜气洋洋，把大量的稻谷倒入河中，以祭祀天神、水神和河神，而当时他们生产的水稻的实际产量要大大高于现今的发现呢！

种植业每前进一大步，都要经历千年的奋斗。从"八十当"的似籼似粳的稻粒，到河姆渡的明确无误的籼稻品种，时间又过去了 1000 年。河姆渡发现的籼稻，在祖国大地上是首见，它属于距今 7000 年前的产品。

河姆渡遗址位于浙江余姚河姆渡村。这里气候湿润，河网密集，土地肥沃。中国古人类的一支经过数度迁徙、选择，最后终于选定在河姆渡边安营扎寨。他们建造了牢固而有南方特色的住房，打造了品种繁多的生产工具，种植水稻，以养家活口。

在河姆渡遗址中，最引人注目的是堆积有 1 米以上厚度的稻谷、稻谷壳和稻秆。那么多的稻谷遗存！是当时人因为太忙来不及收拾呢，还是故意存放在那里的呢，现在已经无法查考了。但是，面对这些，我们可以想象到，当时的人们是如何地被丰收景象所倾倒，他们唱啊，跳啊，歌啊，那场面一定是十分壮观的。

稻穗纹敛口钵

黑陶敛口釜上的稻谷纹

考古人员说，发掘出土时，一些稻秆还是金黄色的，十分鲜活，稻谷颗粒和稻谷的形状也保存得十分完好，像是新近收割下来的那样，后来出土经氧化就变黑了。稻谷及稻秆的堆积物是如此的厚，说明当时水稻种植已经相当发达，在这里居住的人也自然不少了。

北方的粟和稷

从现有的资料看，南稻要早于北粟 2000 年。如果说最早的稻的培育有

1万年的话，最早的粟的种植和培养，则见之于8000年前的磁山遗址。

河北省武安县的磁山遗址，共发现了476个灰坑和窖穴，其中的88个是盛有炭化粟粒的，有粟粒的灰坑和窖穴大约占了五分之一。这从一个侧面说明了粟在当地人生活中具有十分重要的地位。这些灰坑和窖穴可以看成是——"磁山人"的粮库，更多的粮食是被他们食用掉了。

相关学者根据88个窖穴粮食堆积的体积进行了测算，推测这里藏有5万斤以上的粮食。如果这个村落有300口人（这已是不小的村落了），那么，他们在一段时间内积存下的剩余粮食人均为160多斤。这在原始社会时期，是极其了不起的农业成就。据估计，当时的人是半肉食半素食，那么，这人均160多斤的粟米够磁山的先民吃上半年的了。

磁山出土的粟粒外壳十分清晰，颗粒也相当完整，外部形态圆隆饱满。粟的颗粒直径达到2毫米，与现代的粟粒基本相同了。可见，在8000年以前，可能会有一个更原始一点的培植粟的时期。有科学家推测，这个培植过程至少要有2000年以上，若此，那么粟的最原始的栽培也该有1万年了。

北方除种植粟外，还种植稷。"稷"这个字眼，对中国人来说，显得特别的亲切，特别的凝重，特别的庄严。因为凡是华夏子孙都懂得，"稷"作为一种植物，是中华祖先最早驯化的谷物之一，它居于五谷之首，对民生的重要性是不言而喻的；"稷事"可以借代农事，泛指五谷之事；把"稷"神圣化，"稷"也就成了五谷之神；五谷之神的"稷"，与土地之神的"社"结合在一起，称"社稷"，就是国家的代称。后来，战国时期的孟子在《孟子·尽心下》中有言："民为贵，社稷次之，君为轻。"这里说的就是人民、国家、君主三者之间的关系。

稷的培育与种植有多久？人们在甘肃省秦安县大地湾遗址中找到了答案。在那里的一个陶罐中储存着碳化稷粒，经碳-14测定，它与粟一样古老，栽培时间有8000年之久。此外，在辽宁沈阳市新乐遗址出土的稷粒，也有近8000年之久。可见，至少在8000年前，在中国的西北地区和东北地区，稷已成为当地人们的重要食物。

再过些时日，到距今五六千年的时候，在黑龙江、吉林、辽宁、山东、陕西、山西、青海、新疆，稷的种植已经遍地开花了，到了商周时代，稷毫无疑问地成为华夏地区首屈一指的主食。在甲骨文中，稷和与它同种的黍出现次数是最多的。这些文献资料告诉我们：在祖国大地上，最先作为人们主食的，在北方是粟，在南方是稻。可是，后来随着时日的迁移，到了甲骨文时代，稷取而代之，成为在远古先民的生活中占有最重要地位的食物。

"高高"的红高粱 /

高粱，又称蜀黍。它在谷物中以躯干的高大挺拔而引人注目，以果实的色泽鲜红而招人喜爱。高粱性喜温暖，能抗旱，在中国北方地区都有种植，而又以东北种植最多。

只因为中国古代的文献资料中至今还找不到高粱的相关记载，一直要到晋代才被人提及，因此中国高粱的原产地一直是个谜。一种较为通行的说法是，世界上高粱的原产地在非洲中部，后来传到整个非洲，传向世界各地，到魏晋时期，传到了中国的北部和东北部地区。长期以来，从来没

各种各样的骨耜（sì）

有人怀疑这种说法的正确性。

地下发掘向传统的说法发起了挑战。

考古工作者在甘肃民乐县东灰山的新石器遗址中，发现了一大堆炭化的高粱，其形状已经与现代的高粱十分相似。经碳-14测定，为中国高粱较古老的原始种，而这一原始种的生存年代在距今5000多年前，大约比传说中的黄帝时代还要早些。还有，在陕西等我国的西部地区，也发现了高粱的古老品种，而且数量不少。

看来，中国的红高粱是土生土长的，它是中国远古先民自己培育出来的食品。高粱产量高，躯干又高大，故后人又谓之"高高"。高粱的种植大大丰富了中华先民的食谱。

"圃"中天地

"圃"这个字眼大家并不陌生，但要说出它究竟是怎么回事，恐怕不太容易。其实，讲农耕初始，是不能不讲"圃"的。

"圃"是种植蔬菜、花果或苗木的园地。大田里种植的是谷物和各种粮食，称"田"。而村子周围的小块土地（相当于后来的"杂边地"）则用来种蔬菜、瓜果，称"圃"。"田"的范围大，"圃"的规模小。"田"离居住处远，"圃"离居住处近。"田"解决主食，"圃"提供辅食，为的是调节口味并改善营养。对原始先民来说，田中劳作，是主业，圃中种植，是副业。两者虽有主副之分，但缺了哪个都不行。这个问题从未引起足够的重视，在此还得说一说。

考古发掘表明，在中国，蔬菜的种植和花果栽培，与种植水稻、粟米一样久远。甲骨文中，已有"圃"字，其意义与现在理解的完全一样。在《诗经》中也多次提到"筑场圃"的事。在《论语》一书中，记述了孔子和子路之间在要不要"学为圃"上的一场争议。这些都说明那个时代"圃"已十分兴旺，其实，真正"圃"的源头还得往上推相当长的时段。

到目前为止，发现的新石器时代的蔬菜品种已相当多，至少有油菜、白菜、荠菜、莲子、葫芦等。在甘肃大地湾遗址中，发现了油菜籽，这说明，早在 8000 年前就有油菜的种植。先后在浙江的湖州、余姚、桐乡出土的葫芦籽，年代距今 7000 年以上，这说明那时已经开始了葫芦的种植。古人对葫芦特别重视，是因为它造型奇特而被视为一种神秘物，且一再被绘进了陶品之中。到 6000 多年前，蔬菜的品种更多，出产量也更大。

石斧

除培植蔬菜外，远古先民还十分重视培植果品。从考古资料看，中国史前培育的主要是"五果"：桃、李、梅、杏、枣。中国长期来运用"桃李满天下"、"投桃报李"等成语，以及后来以桃、李、梅、杏、枣为祭祀品，是有久远的历史渊源的。在河南新郑裴李岗遗址出土的梅核，说明在七八千年之前，中华祖先就已经种植梅子了。桃树的种植也很早，是张骞通西域时把种桃技术沿"丝绸之路"传到波斯去的，稍后传到日本，大约在公元 1500 年时传到英国，公元 1633 年又传到了美洲。

上述所说的农业成就，中国古代的神话传说以为是神农氏创造的。人就是这样，明明是自己创造了那么多的神乎其神的奇迹，回头看会连自己也不敢相信，从而把奇迹的创造归结为神灵。

神农氏 /

提起神农氏，大家都知道，他是远古时代伟大的农业之神。[②]传说中的神农氏样子长得很不一般，他长着牛的头面，人的身子，躯体庞大，十分健壮。实际上他是牛的勤奋和人的智慧的结合体。

当时，中华大地上人口渐渐地多了起来，光靠打猎啊，捕鱼啊，采集啊，吃的东西不够了。怎么办呢？传说中的"神农氏"跟大家一样地着急。有一天，一只全身披着红色羽毛的丹雀不知从何方衔来一株生有九个穗的

骨鱼镖

稻禾，它边飞边将穗上的谷粒撒落在大地上。一场雨过后，便从地里长出许许多多的嘉禾来。"神农氏"很聪慧，把谷穗在手里揉搓后放在嘴里，感到很好吃。于是他教人斫倒树木，割掉野草，用斧头、锄头、耒耜等生产工具，开垦土地，种起了稻谷，使大家都有粮食吃。

俗话说，吃五谷的都要生病。在远古时代，由于居住条件和其他生活条件的恶劣，疾病总是像恶魔一样纠缠着人们。神农氏为了帮助人们解脱痛苦，亲自上山采药，亲自尝遍各种各样的草药。为了辨别药性，他曾经一天内中毒 70 次。他还发明了一条神鞭，用它鞭打草药，有毒无毒，是寒是温，大多能识别出来。

可是，不幸的事终于发生了。一次，神农氏在山中尝了一种有剧毒的"断肠草"，他的肠子被一截一截地烂断了。这位伟大的农业和医药之神为了拯救民众，献出了自己的生命。临终时还叫他的随从把这种剧毒的"断肠草"的形状描绘下来，免得后人再受害。

人们世世代代记住了这位施恩于民众的神农氏。在山西太原附近的神釜冈，据说那里还存放着神农尝药时用过的鼎呢！在咸阳山中，还有一处当年神农鞭药的地方，名为"神农原"、"草药山"。

神农氏的故事在后世被人与炎黄时代的炎帝混为一谈了。炎帝黄帝是大约距今 5000 年前的传说中的人物，而神农氏作为农业之神要大大早于他们，真正的神农氏至少在距今 8000 年前就已经出现了。

说实在的，历史上真实的"神农氏"是人，而不是神；是群体，而不是某一个体。在考古发掘的遗存中，人们随处都可以看到当年"神农氏"的身影和足迹。大约 1 万年以来，在中华大地上，可以说是有亿万"神农氏"在辛勤耕耘着。

那个时候的耕作方法叫做"刀耕火种"，祖先就是手握石斧这样简单的工具培育出丰富多彩的农产品的。20 世纪末，考古工作者在湖南省的一个叫"玉蟾洞"的史前洞穴的遗址中，发现了世界上也许是最古老的陶片和两粒半距今 1 万多年的古稻。这仅存的两粒半古稻可以看成是当年的华夏先民"刀耕火种"成果的实证。

地球上哪一个民族都绕不过"刀耕火种"这样一个也许是长达一两千年的农耕原始阶段。人们正是从"刀耕火种"走向耜耕农业的。

手握耒耜的神农

神农是传说中的人物，最原始的所谓牛头人身的神农只见于文字材料，他的具体形象可能没有人描绘过。今天能见到的"神农"则完全是人文化了的，也就是由神还原为人的形象了。[③]他是汉代人心目中的神农。这个神农是一个地地道道的劳动者，头上扎着简单实用的头巾，身上穿着贴身的、便于劳动的短打衣衫，看来他已经干得很热了，衣衫穿得很是单薄。神农的手里握着一柄双叉的显得有点沉重的耜，那是在当时最为先进的生产工具了。他站立在荒野之中，正躬身辛勤耕耘着……

这是一个相当可亲可爱而近似于完美的神农形象。这一形象赖以描绘的依据主要不是神话故事，而是人类本身的实际生活。

神农手中的那柄耜，在地下发掘中屡见不鲜。

在河南新郑裴李岗、新密峨沟北岗，在河北武安磁山遗址，都发现了距今 8000 多年的石耜、骨耜。应该还有木耜，但木制品易于腐烂，不可能有地下的发掘品了。

在浙江的河姆渡，发现有大量的骨耜。这些骨耜

神农治水（汉代画像石）

骨耜

汉代石刻神农像

的两个侧面的正中都有一道浅槽，浅槽下面为弧形，这是安装木柄的部位。

在杭州萧山的跨湖桥遗址，发现了 8000 年以前的陶片、石器，还发现了骨耜，以及显然与骨耜有直接联系的稻谷颗粒化石。

更为惊人的是，在湖南澧县梦溪乡"八十垱"地区发现了数以万计的大约 8000 多年以前的栽培稻稻粒，而与这么多的远古栽培稻直接相联系的乃是至今唯一发现的一柄大约长 90 厘米的掘土工具"木耜"。

无疑，随着考古事业的发展，这方面的发现会更加丰富。

那么，这些石耜、骨耜、木耜当年的主人是谁呢？答案只有一个，那就是在中华大地上苦苦耕耘着的"神农"们。

耒与耜，相当于后世掘土用的铲。耒是尖齿形的窄窄的铲，而耜是铲面较宽的铲。由耒到耜，在历史上可能本身就是一种生产工具的大发展。在当时条件下，华夏的先民，能发明出耒和耜，而且推而广之，这本身就是了不起的创造。他们就是这样，一耒一耜地铲着，铲着，夜以继日，一代又一代，终于在自己的居住地的周围铲出了一片能种植稻谷的田野，并让这片土地长出了丰盛的果实。

面对横空出世的"八十垱"古稻，人们只能说这是人类农耕史上的天大奇迹。"八十垱"人用手中的那柄耜，铲出了一个生命和生活的新天地。那数以万计的古稻粒似乎在告诉人们：中华大地乃是世界稻谷的发源地啊！

河姆渡的发现尤为惊人。在河姆渡第四层 4000 余平方米的范围内，普遍存在厚厚的稻谷、稻壳、稻草的堆积，最厚处在 1 米之上。经过换算，稻谷的总量高达 120 吨以上。这在七八千年之前，简直是难以想象的。

耦耕 /

这是一种古老的耕耘方式。孔子当年就亲眼看到避世隐士仿效古人耦耕的情景。这里有一则故事。

孔子 63 岁那年，还是恓恓惶惶地行进在周游列国的途中。在从宋至蔡的行程中，一不小心迷了路。在人烟稀少的山野地区，前面是大河，侧面是大山，真不知路在何方了。只见前面不远处有两位老者在那里推着古老的、当时已经无人使用的耕种工具——耜，肩并肩地在翻土。对孔子一行的到来，他们并不理会。孔子知道这是两个隐者，便叫弟子子路前去问一问渡口在哪里。那两个隐者非但没有把渡口告诉孔子一行，反而调侃起他们来——孔子不是很有学问的吗？他应该知道渡口在哪里啊！最后还说，天下乱成那个样子了，你孔子还跑来跑去干什么，还不如随我们当隐士的好。孔子很感慨地说，好什么啊！人总不能和飞禽走兽合群共处吧！总得为社会干点什么吧！两个隐士也不听孔子的，自顾自边碎土边下着种子。④

在这个故事中，孔子批评得很对。两个隐士对社会不负责任的态度是不足道的，就连所谓的"耦而耕"的做法也是相当古老落后和可笑的了。在牛耕已经相当普及的孔子那个时代，再倒回数千年去搞"耦耕"，多少显得不合时宜了。

那么，耦耕究竟是怎么回事呢？由于年代久远，很多细节已经比较模糊了，但大致的状况还是说得清楚的。

开头的时候，耒耜这样的掘土工具是一个人使用的。久而久之，人们感到一个人的力量终究很有限，就改由两人或多人一起使用和操作这种工具。耦耕的"耦"，本身就有两人或多人一起干的意思。

一起干，是一句概括的话，怎么一起干也有个讲究。这里也有一个过程，先是两个人或多个人朝同一方向推，把耒耜拼命地往土中插，达到松土的目的。后来，大家感到那样既费力，效果又不太好，于是，改由一人在后面推耒耜，另一人在前面用绳子拉耒耜，这样一来，效果就好多了。这与后来的牛耕有点接近了，只不过后来是用牛取代了人而已。

耦耕是一种劳务合作，这一点，在人类历史上值得大书一笔。

犁耕初始 /

骨耜，形似手斧（浙江河姆渡遗址出土）

由单人手执耒耜垦殖，到两人或多人合作耕耘的耦耕，是一个巨大的进步。而从耦耕走向犁耕，即依靠动力牵引进行耕作，尤其是依靠畜力牵引进行耕作，更是一个巨大的进步，甚至可以说这是人类的一大发明。[5]

是什么时候出现犁耕的呢？很难找到相关的文字资料来确切地加以证明，但从地下发掘的资料中，可以找到一些蛛丝马迹。

济南小荆山遗址，反映的是新石器早期文化。在这一遗址中，出土了一件石质犁形器。这件犁形器长 38 厘米，宽 30 厘米，为黄色砂岩质，偏锋弧刃，犁形器的中部钻了一个不大不小的孔洞，孔洞中间显然是由于用绳子拉犁而磨得十分光滑，拉动的痕迹十分明显清晰，犁形器的刃部也有使用已久的痕迹。这就十分明确地表明，早在距今 8500 年之前，中华先祖已经在农业生产中实施犁耕了。

有专家认为，最早的犁耕是人力牵动的。一个人在后面扶犁，前面是一人或两人拉犁，这与耦耕有点儿相似，但由于劳动工具的改进，其生产效能还是与以前大不相同的。小荆山遗址反映的可能是中华先祖人力牵动的犁耕时期。

当动物的驯养获得成功后，使用畜力来牵引犁具，就提到议事日程上了。

从江浙一带出土的上古时代大小不一的石制犁铧看，可能先后被使用来犁耕的畜力不止一种。有一种犁铧只有 15 厘米长，它是怎么也不适合牛使用的。

这使人们想到了狗。想到了"犬耕"这一文人墨客长期使用的词汇。

古代的一些文化人被委以重任时，常会自谦地说："此为无牛犬耕田！"一个被众人认同的词汇，总有它的来龙去脉。我们完全可以认定：犬耕在远古是确有其事的。

狗（犬）是人类文明史上最早驯养的动物之一。在大约 8000 年前的磁山文化中，犬的地位就十分特殊。在那里，只有猪和犬保存有完整的骨架，被供在那里，极具神圣的色彩。猪为什么被时人奉若神明？因为它是当时人们最主要的肉食来源，那么狗（犬）呢？它的神圣化完全可能是因为它在耕作上，作出了别的任何动物都不能替代的贡献。这样的猜想也不是没有一点道理的。

牛耕起于何时？这是个很值得讨论的问题。

春秋时期，孔子的学生中以"牛"命名的多得很。他的一个学生，名冉耕，字伯牛，是孔子的十位大弟子之一。这里最为重要的是把"牛"和"耕"直接连接在一起了。可以肯定地说，孔子那个时代，牛耕已经十分普遍了。至于牛耕之始，那无疑要早得多。

从孔子时代再往上推移 4000 年，也就是在距今大约六七千年之前，江南的吴越地带，以至于更广泛的南方，或黄河流域的一些地区，都已经出现了牛耕。地下出土的犁头部分也就是铧，呈扁薄等腰三角形，犁尖夹角大约为 40 度到 50 度之间。两腰有刃，中部有一至三个孔。后端有平有凹，在制作上，应当说是相当的精巧了。出土的那些犁铧有大有小，大的约长 50 厘米，是极适合于牛耕使用的。

犁铧必须固定在犁床上才能使用。犁床由两部分组成，下为垫木，上为木板，石犁就嵌装在两者之间，在穿孔处用木钉固定，石犁仅刃部外露出来。

当然，犁耕最后必然是要与牛耕联系在一起的。"力大如牛"，这就注定了牛要在犁耕上唱主角。牛的驯化有 7000 年以上的历史。河南地区水牛骨骸的发现已经有多处。在江苏吴江梅堰遗址中，一下就发掘出 7 具十分完整的水牛头骨，这说明当时牛已被广泛应用于生产和生活领域，成为了人类的好朋友。

陶仓·地窖·石磨 /

磨棒

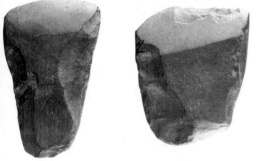

石斧

大约到了新石器时代的中后期，华夏大地的原始农业就有了一定的发展，生产的粮食除了够吃之外，还有一些剩余。当然不可能是所有的氏族部落都有剩余，而是经营得好的那些氏族部落有了粮食的剩余。剩余粮食，怎么办呢？也许开初不知道处理，粮食多的时候，让它在地上烂掉霉掉，粮食歉收的时候，只得饿肚子。后来，他们想，不行，得将剩余的粮食藏在"粮仓"里，于是就有了陶仓和地窖。

在黄河流域的仰韶文化遗址中，发现了不少用陶罐或地窖储藏的粮食。这足以说明，至迟五六千年前，华夏先民已有了原始意义上的"粮仓"。储存在陶罐里的粮食保管得相当好，虽然由于年代久远而炭化，但还是颗粒完好，明晰可辨，可见当时储藏两三年食用是一点也没问题的。有的储藏在地窖中的粮食已经充分炭化，堆积厚度达到10—20厘米，可见当时某些部落的粮食确实相当充裕了。

特别值得注意的是，这一陶罐中部还隐隐然有个小孔，那是为使粮食通风透气而专门制作的。原始先民为了使粮食保存得长久些，想得还挺周全的，这就是讲究科学的"陶仓"。

这里涉及粮食的使用问题。开初，有了粮食把它煮着、蒸着吃就是。在相当长一段时间里，能填饱肚子就了不得了，更何论其他？但是，粮食充裕一点之后，就会想到要翻着花样、

木杵

改改口味吃了。这就发明了石
磨和石臼。

在裴李岗遗址，发掘出了
最古老也是流传最久远的谷物
加工工具——石磨盘。这就说
明石磨盘的使用至少已有 8000
年的历史了。两块打磨成扁圆
状的石块，相互吻合的一面各
自刻上有一定深度的条状纹，
压在上方的那块大石的内心处

弋射收获图（汉代）

凿两个圆洞，这样可以把粮食源源不断地放进去磨碎。为了使磨碎的食物
便于堆积，先民还匠心独运地在磨盘下端装上了四只脚。这是一个多么完
美的谷物加工器啊！

这以后，先民又发明了石臼，在古书上称为"断木为杵，掘地为臼"。
也就是砍下一段树木来，将它制作成一头粗一头细的"杵"，细一点的一头
可以拿在手里死劲地往臼中杵，把粮食杵碎。为了杵粮食时更有力些，他
们就在地里挖一个深深的坑，将石臼埋在里面。这样，操作的人可以较为
省力地站在平地上杵臼了。这件事现在看来是简单极了，可先民却看得很
重很重，说那是圣人的一大作为和一大发明呢！

精致的石镰

大约在 7000 多年之前，稻、黍、稷、麦、豆五谷已经齐全了，而且随
着生产技能和生产水平的提高，达到了那个时代的所谓"五谷丰登"。

当然，单是有粮食还不够，还得收割、收藏，还得打磨、加工。先民
们在这方面花了不少的心思呢！

最早的收割方式是用手的拇指、食指夹在一起，把谷物的穗折下来。
这样，折少量的还可以，要是整天地折，就势必会让右手或左手鲜血淋

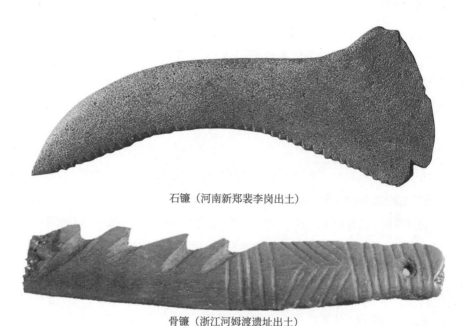

石镰（河南新郑裴李岗出土）

骨镰（浙江河姆渡遗址出土）

漓了。

"那不行，还得靠工具。"不少原始先民的心中这样嘀咕着，并且试图用石料制造一种全新的收割工具。

大致有这样一个过程：他们先是把打击出来的石片在更坚硬一点的石头上磨，磨成薄薄的一片，拿去往稻穗上一割，行，比用手折要快得多。也许是受天上月牙儿的启示吧，他们又把那石片磨成弯月状的，顺着"弯月"的内口一割，哦，顺手多了。

"有一种野草的口是锯齿状的，能扎人手，如果把月牙形的石片的内口做成锯齿状，不就更锋利了？"有个聪明人提出了这样的建议。大家照做之后，果然更好使，且效率高。最后，有人建议在月牙状的一头打钻一个洞，装上木柄。就这样，一把被世人视为农耕经济的代表作的镰刀，被创造了出来。

在近代的农业机械化到来之前，镰刀一直是收割的主要工具，也是农民身份的象征。

　　而最古老的石镰，在裴李岗遗址、磁山遗址都已经有所出土，从制作技术上看，是那样的精致，那样的巧夺天工。石镰片薄、坚硬，口子部分磨制得十分锋利，锯齿部位也相当尖利。人们不禁要被华夏远祖的聪明才智征服了。

注释：

① 2006年11月14日《新民晚报》等报刊报道：11月7日，中国考古学会副理事长、故宫博物院张忠培教授，北京大学严文明教授等著名学者，在对位于浙江浦江县的上山遗址进行了系列学术研究后宣布，上山遗址中发现的稻粒是"万年米"。之前，香港和内地的诸多学者也都用国际通用的"浮选法"证明了这一点。

② 神农氏的传说，见之于多种书籍。《淮南子·修务训》中云："神农尝百草之滋味，一日而遇七十毒。"晋人王嘉的《拾遗记》云："神农时有丹雀衔九穗禾，其坠地者，帝乃拾之，以殖于田，食者老而不死。"显然，所谓"神农氏"不是具体的单个的人，而是远古先民的一个集合体。至于他存在的年代，现在看来当是距今10000—7000年间的一个群体形象。

③ 该神农像为山东武梁祠藏汉画石像。

④ 故事见《论语·微子》。孔子有言："鸟兽不可与同群，吾非斯人之徒与而谁与。"其意谓，既然不可以同飞禽走兽合群共处，若不同人群打交道，又同什么去打交道呢？

⑤ 马克思在《资本论》中说："畜力的运用是人类最古老的发明之一。"

第六卷　六畜兴旺

中国人除了赞美"五谷丰登"外，还追求"六畜兴旺"。六畜是人工驯养动物中最重要的若干品种的统称，有多种说法，通常指的是犬（狗）、猪、鸡、牛、羊、马。这些动物与人类相随相伴了至少 8000 年，对人类生活的影响是难以估量的。①

无论从何种角度看，"六畜"的驯养成功对华夏民族来说都是一件惊天动地的大事。为了驯养这些原先野性十足的动物，先祖付出了几多艰辛、几多代价。从时间上说，得花费十几代以至于几十代人的努力。但是，它的价值是极为巨大的，它使中华民族享用肉食的种类与习惯大致成型了。同时，驯养的目的显然不仅在于肉食，而是使动物界为"我"所用。这样，人类的生活境界和支配自然的能力大大提升了。

事情总是有一利必有一弊的。为了人的生存和发展，人类必须驯养动物，而驯养动物的负面效应之一是来自动物界的传染病的严重威胁。人们没有因此而退步，在不断地战胜来自动物界的传染病的过程中，人类又大踏步地前进了。

"畜圈"与畜舍

　　远古遗存的"畜圈"，是中华祖先驯养畜类的明证。

　　在距今约六七千年的西安半坡遗址，神奇般地发现了两座长方形的畜圈。大的那座畜圈长约 10 米，宽约 3 米，大概可以存放上百头牲畜。小的那座长约 6 米，宽不到 2 米，也可以存放二三十头牲畜。这些牲畜属于氏族或部落集体所有那是肯定的，单家独户不可能有那么多牲畜，再说原始公社制时期也不会有私有的畜群。

　　在这几十平方米范围的畜圈的边缘地带，布满了一个个密集的柱洞，证明当时的畜圈是用木栅围起来的，或者在木栅与木栅之间还串连有绳索，这样就能严密地防范牲畜外逃了。在整个畜圈的上方不可能有覆盖物，那时的物质和技术条件都还达不到那个程度，但在畜圈的一角的上方建造有覆盖物那是完全可能的，只是看有没有必要。

　　西安临潼的姜寨遗址，是至今为止发现的最完整的母系氏族时期聚落村址，其居住处的西部就有两处看守牲畜的夜宿场，一处挺大，大约可以同时存放数百头牲畜。在村落的北部建筑群内，还有两座饲养牲畜的围栏，栏内有 10—30 厘米不等的畜粪堆积，足证这个圈栏的使用时间是相当长的。

　　牲畜圈栏的建造是逐步完善的。在山东潍坊狮子山龙山文化遗址中，发现了陶质的畜舍模型。长 14 厘米，高 12 厘米，呈卧式圆仓形，正面长方门，上下有两插关，顶部竖有两个烟囱状气眼，后部开一气孔。陶质畜舍模型是现实畜舍的真实写照和微型化，说明这时的畜居已经完全房舍化了。当时的人们已经认识到家畜对于人们生活的重大意义，因此，将畜舍与自己的房舍等量齐观了。

猪纹黑陶钵。钵体刻有猪纹，长嘴、竖耳、瞪眼，鬃毛竖立，迈开四足，虽有些夸张，但说明当时的猪还有野性

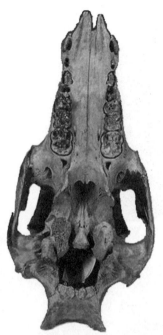

河姆渡遗址发现的猪头骨

距今约 7000 多年的河姆渡人，他们居住于一种很有特色的干栏式房舍中。高高在上的楼上，既通风，又安全洁净，是河姆渡人的栖身之所。可是，它的下层呢？难道下层让它白白空着吗？

不可能。当时的河姆渡人建造村落的最重要目的有两个：一是有个安定安全的居处，二是找到可以驯养牲口的场所。河姆渡人养的牲口（包括品种和数量）比北方同期的人们要多，而且有了像水牛那样的大牲口，因此，他们必定要为与他们的生存密切相关的牲口建造一个安全的住处。这个安全住处莫过于干栏式建筑的下层了。从一些干栏式建筑的下层发现畜粪来看，这一点是可以肯定的。

这样，人畜同居会有点可笑吗？不，一点也不可笑。就是到近世，人畜同居的现象也为数不少。中国人把"家"字，写成"宀"下加一个"豕"。"宀"是房屋的象形，"豕"就是猪，在屋里住人的同时，又养着猪之类的牲畜，就是"家"了。猪是祖先最早驯养的家畜，因此，屋里养猪代表着养一切牲畜。人畜同居在原始先民看来是当然的事。

猪为六畜之首 /

在中国传统的生肖文化中，猪居于末位。以猪被驯养成功的资格和家猪在人类生活中的地位论，猪无疑是龙头老大，它是名副其实的六畜之首。

目前发现的最早家猪骨骼距今有 9100 年，是在广西桂林甑皮岩遗址的下层发现的。这一遗址发现的猪个体有 67 个，数量非常之大。到距今七八千年前，家猪的驯养已经在中华大地遍地开花。无论在黄河中下游的北辛文化遗址、磁山文化遗址，还是长江流域的河姆渡文化遗址、马家浜文化遗址，或者是内蒙古地区的兴隆洼文化遗址，都已有了家猪的踪迹，而此时除了有少量的犬、水牛的驯养之外，还不见其他家畜的驯养。猪是最早与人类近距离接触的家养动物。

在新石器时期的出土文物中，除了为数相当大的猪骨化石外，还有不少刻画在陶器上的猪的造像，有的直接用陶器制成猪的造像。这些猪的造像一般都是丰满而可爱的，可见，人在与猪的长期相处中已经产生了相当深厚的感情。

猪嘴形支架

在各地新石器时代遗址出土的家畜骨骼中，单是猪大约就占了三分之一。中华大地上至今发现有家猪饲养的新石器时代遗址 120 多处，这在所有家畜中居于首位。

人猪之间的缘分特别深，用"生则同屋、死则同穴"来形容，一点也不过分。

浙江河姆渡遗址出土的陶猪

在各种家畜中，猪是唯一取得与人生死同居资格的一种动物。上面已经说到，汉字中的"家"字就是表明将"豕"（即"猪"）养于居室之内。这与猪一度充当了人的"守护神"有关。在强敌如林的世界上，人时时感受到来自各种猛兽侵袭的危险，后来他们发现，人一旦与猪生活在一起，安全系数就要提高很多。原来，猪耳大，听觉灵敏，一有猛兽来袭，它就能发出一种浑厚有力、让对手生惧的吼声。这种声音，对人类来说是一种示警，使人对敌手有所防备，对来犯者来说是一种抗拒。据说，大部分的猛兽对猪吼有一种恐惧感。人猪的亲密接触，很大程度上是由这一点决定的。

山东胶州陶猪形鬶

猪是人类最重要的肉食之源，猪又是人类的守护神，这样，人猪之间的情感就深化了。人甚至产生了死后也永远和猪在一起的念头。在内蒙兴隆洼的一座墓葬中，居然发现了墓主人与两只整猪同穴埋葬的现象。猪与墓主人靠得很近，真称得上是相依相偎，亲密无间。这种人猪"死同穴"的现象独特而又蕴意深刻。

狗为人类最早朋友 /

中外考古学家几乎一致认为，大约在旧石器时代晚期，人类就开始了对一些动物的驯养，而最早被驯养并成为人类朋友的，当数狗。

山东胶州三里河出土的灰陶兽形鬶

山东泰安红陶兽形壶

狗之所以被最早驯化，动物学家认为与狗所具有的依附于人的天性有关。关于这一点，目前还没有确实的考古学证据。不过，一些神话传说提供了有价值的参考资料。在哈萨克族、蒙古族、维吾尔族和南方民族的神话中，都有一种说法：上帝（神）在创造了人以后，接着就创造了狗，并且告诉它："人是你（狗）的主人，你要好好保护他，做他忠诚义勇的朋友！"狗听从了上帝（神）的劝谕，来到世界上，很快就成了人类的好朋友。

这一神话故事，得到了人类学家的首肯，认为应当是原始社会生活一个侧影的写照。在旧石器时代后期，人类仍然过着狩猎的生活。每当剽悍的猎人出现在旷野上时，总有一群野狗紧随其后。野狗也是有灵性的，它们知道猎人不会将所有的猎物全部吃光，除了把肉食带走外，总会把一根根肉骨头扔给紧随其后的野狗。久而久之，狗就成了人类的"狗肉朋友"。狗是动物中最具情感的动物，当狗被猎人带回家驯养起来的时候，家犬就出现了，人犬之间的朋友关系也确定了下来。

在相当长的一段时间内，人类驯养的就是狗这种动物。一方面，狗理所当然地担当起助猎的角色，但是，在食物奇缺的季节，或者在猎物不多的情况下，"走狗烹"应该是常有的事。在中国考古发现中，明显区别于狼而接近于现代家犬的遗骸，出现在河南舞阳贾湖遗址，距今约为 9000 年。遗址中的 11 条狗被分别埋于居住地和墓地中。它们明显是被分而食之后留下遗骸的。

在山东胶州三里河出土了一件狗形鬶，十分难得。鬶，是一种陶制炊具。整个器具是一条活灵活现的狗。张大的嘴，竖立的耳，昂扬的头，挺立的尾，粗壮的身躯，使人们如见到了当时家犬的形态。而家犬被塑在炊具上，可见当时人还把犬放在肉食类饲养动物范围内。

"金鸡报晓"

鸡在"六畜"中的地位是特殊的。"六畜"中的其他五畜都是爬行于地面的走兽，唯独鸡是飞行于天际的野鸟的后代。

鸡是人类培育最早的主要家禽。大约在七八千年前就开始了家鸡的驯养。家鸡是由野生的原鸡驯养而来的。原鸡头大，体轻，翅短但厚实有力，这可能都与飞行有关。人类与原鸡打交道的时间很长。在江西万年仙人洞中就发现有原鸡的遗骨。河北磁山遗址中也发现鸟类特征十分明显的原鸡遗骨。原始人把猎得的幼小原鸡关在鸡笼里，不让飞行，经过几十代的驯

双鸟朝阳纹象牙蝶形器（浙江河姆渡遗址出土）

灰陶鸡形壶。口为鸡头，腹部呈元宝形，为鸡身，器上所刻线纹作羽毛状，造型新颖（云南元谋出土）

化，翅膀就渐渐退化，而身体一点点变大、变重，成为了家鸡。这个过程至少有一两千年。在仰韶文化期已有大量的鸡骨出现，可见那时养鸡业已经相当成熟了。

鸡对人的重要性是一点点显现出来的。到了湖北京山屈家岭文化时，也就是距今 5500 年上下时，鸡所受到的重视程度提高了，表现为有了以鸡为模型的艺术品的出现，陶鸡和鸡形陶器也出现了。大约这个时候它也被列入了祭祀品的行列。到汉代时，陶鸡不再是单独的个体，而是一只母鸡与大量小鸡的群体，反映了当时中国社会养鸡业的繁荣发达。

由雄鸡报晓，华夏原始先民马上把鸡与太阳联系了起来。雄鸡一唱天下白，雄鸡就是伺候或驾驭太阳运行的神圣之物。

在新石器时代的河姆渡文化和仰韶文化的遗址中，发现大量以太阳和凤鸟为母题的艺术品。在现实生活中，凤凰是不存在的，它只是对披着五彩羽翼的鸡的美化和理想化。在河姆渡出土的一枚骨币上有双鸟拱日的图像，这实际上也是鸡崇拜的一种表征。

"羊大为美"

浮雕羊塑

羊的驯养大约要比猪、狗、鸡略晚，而且有很强的地域性。一般认为，人类先是驯化了山羊，然后又驯化了绵羊。羊是比较温顺的动物，饲养也比较简单，也是中国较早饲养的动物之一。在 8000 年上下的考古发掘中，发现有大量的羊骨，还发现有羊的陶制品。裴李岗、河姆渡都出土了陶羊，昂首匍匐，栩栩如生。姜寨一个陶制品的把钮，就是一头美妙的羊。看来，羊一开始就是一种美食。中国文字把"鱼""羊"合成一个"鲜",是有道理的。

内蒙古大兴安岭岩画、阴山岩画、宁夏贺兰山岩画、甘肃黑山岩画的牧羊画面,生动、直观而写实地反映了人类最早的畜牧生活。

一幅幅"牧羊图",为人们勾勒出了一部生动的牧羊史。从中既可以看到羊群排成一列、齐头并进的"一条鞭"放牧方式,又能看到将羊群散开、自由吃草的"满天星"放牧方式。牧人则有的步行,有的骑在马背上。有的多人放牧,有的单人放牧。这为我们描画出了一幅"风吹草低见牛羊"的壮阔图景。

浮雕羊塑

从地下发掘看,似乎南方北方的远古先民都驯养过羊,但应该承认它的大本营是在中国的西北地区。处身于西北地区的远古先民,一般统称为羌人。羌人以羊为图腾,并以羊为崇拜对象。根据汉代文字学家许慎的考证,"羌"这一族名,就是从居于中国西部的"牧羊人"这一概念演化出来的。②后来,羌人渐次东迁,与华夏文化交融,羊的驯化和养殖也就普及了。

中国民众对羊一直怀有好感,千百年来都如此。羊代表着和平、吉祥、善良、美好。《说文解字》的解释是:"羊,祥也。"什么意思呢?原来,在原始社会时期,羊就作为一种向神灵祈求福祉的最重要祭品。以完羊祭天、祭地、祭祖,可以获取神灵保佑而吉祥如意。

与"祥"相关联的是"美"。中国历来有"羊大为美"的说法。一只羊,长得又大又肥,其形体是美的,其味道也是鲜美的。华夏的祖先把"美"读解得很实在。

中国古代又将"羊"与"阳"相通假。阳光下白云般的羊群使阳光增色,甚至人们直接以为绵白的羊群本身就显得阳光。这样,羊的崇拜与太阳崇拜合二为一了，羊神与太阳神也归并在一起了。人们用"三阳开泰"③
来称颂岁首，寓吉祥、平安之意，而民间又常常写作"三羊开泰"，把抽象
的"三阳"具体化为三只又大又肥的羊，以象征国泰民安。

牛和"牺牲"

汉语中的"牺牲"，是献出一切的意思，而这两个字又都是以"牛"字
为偏旁的。可见，牛自出现在人文领域里的第一天起，人们就将它看做是
一种牺牲品，即祭祀品。

圣水牛角（浙江河姆渡遗址出土）

大约在六七千年前，牛的饲养就开始了。
在黄河流域的新石器时代遗址中，除了发现有
大量的黄牛遗骸外，还在山东的大汶口、王因
遗址以及陕西西安客省庄遗址等，发现了若干
水牛遗骸。可见，水牛可以生活在淮河以北的
一些地方。而南方则多为水牛。河姆渡遗址
出土了16头水牛头骨，江苏吴江梅堰出土了
7头水牛头骨。这里很值得注意的是，为何遗
址中牛的遗骸都只留存牛头呢？这可能也得从
"牺牲"两字中去寻找答案，就是说，牛头是
用来祭祀的。

先民把目光转向牛的驯养，这可能与牛的体大肉多和牛肉本身的味道
鲜美、营养丰富有关。饲养一头牛与驯养一只狗或一只鸡所得到的肉食是
不成比例的，就是与体态较为肥大的猪相比也要大得多。新石器遗址中的
牛大多有头无身，考古学家、社会学家都认为，这与当初驯养牛的一大目
的在于肉食有关。牛肉都被吃掉了，牛身上的体骨也被敲骨吸髓了，当然
只剩下牛头骨了。

当然，牛头自有牛头的用场，它可以用来祭祀祖先和鬼神啊！一般说
来，用来祭祀的动物都是勇猛而强有力的。牛在野生状态时，性情最为刚

烈，行动也迅速，就是驯养成功以后，要是发起"牛脾气"来那可了不得。因此，当牛被驯养成功以后，牛就成了重大祭祀活动的首选祭品。

在"六畜"中，牛是唯一被华夏的祖先赐以节庆的。这也不奇怪，因为牛进入人类的驯养领域后不久，它就与农耕生活紧密地联系起来了。大约在新石器时代的后期，也就是距今五六千年前，牛耕就出现了。它的出现，从根本上改变了原始农业的面貌，人们怎么不从心底里感激那一匹匹"孺子牛"呢？牛节的确立，可以看成是人类对动物世界的一种回报和尊重。

驭马助猎

在六畜中，马进入人们的视野要稍晚一点。这是因为马的数量本身可能没有上述的其他动物那样多，同时马也较为烈性，难以驯养。但是，至迟到距今六七千年时，马的驯养也提到了议事日程。先是在北方，到距今约 5000 年的时候，在祖国东西南北广袤的土地上，就已到处奔驰着雄烈的家养骏马了。

中国的内蒙地区，是马的故乡。地下发掘表明，在 1000 万年之前，锡林郭勒盟通古尔盆地就已经生活着马的始祖——三趾马了。之后，在漫长的岁月中，蒙古马生生不息，不断进化。居处于内蒙古地区的华夏先民应该说是最早识得马性的人类群体。在赤峰市兴隆洼村，考古工作者发掘出了一处距今约七八千年的新石器时代人类聚落，他们过着粗犷而生意盎然的原始游牧生活，马不只进入了他们的生活领域，而且成为他们助猎的好帮手。

内蒙古岩画是华夏先民最杰出的创作之一，是民族智慧的伟大结晶。内蒙古地区的赤峰岩画群、乌兰察布岩画群、阴山岩画群、阿拉善岩画群，至今留存的岩画总计有 3 万余幅。这些岩画把原始先民的游牧生活绘画得十分精到，其中马在助猎中的作用也昭然若揭。

内蒙古岩画中，有着大量的动物和狩猎的图案。其中动物的品种有

苏尼特左旗洪格尔岩画反映的骑马助猎场面

达尔罕茂明安联合旗岩画

嘉峪关野牛岩画

50 多种之多，除了被驯养成功的马、牛、猪、犬外，还有狼、狐、骆驼、鹿、虎、熊、鸵鸟、披毛犀等大量的野生动物。这些野生动物中不乏反应敏捷、奔跑飞速的猛兽，单靠人力是难以捕杀的。马被驯养成功以后，人们就能乘在马背上追赶兽群，取得不知比原先要丰富多少倍的猎物。就从这一点上，人们应该感谢马儿。

中华民族——应当说从懂得驭马的原始人开始——是善于想象的民族。他们把现实生活中的马加以提升和神化，用自己的心塑造出了一种颇具创意的神圣生命物：龙马！

龙马，是在龙文化的基础上的一个伟大的再创造。这个过程可能有点纷杂。④大致梳理一下应该是这样的：首先，人们把现实生活中身材高大强壮的骏马，与"龙"这种神物紧紧联系在一起，把身长八尺以上的骏马，称之为"龙马"。称谓是新的，所指还是很现实的。然后，又将"龙马"异化为一种神兽。据说，这种神兽曾出现在黄河之中，背负河图。这当然是一则美丽的神话，但人们宁愿信其有，不愿言其无，数千年来有多少寻找河图的故事啊。再后来，人们又让龙马返回现实世界，称龙马精神是一种不屈不挠、奋勇前行的精神。这样，龙马精神又成为了中华民族的民族精神了。

驯化的代价　/

　　人们对半坡时期墓葬的原始人的遗骨进行了化验，发现那时的人还是很短命的。大约有 69.2% 的半坡人生前年龄在 14 岁以下，达到或超过 40 岁的只占 8.5%。中国有一句古语："人过四十不为夭。"说的可能就是远古时代长期存在的一种生命状况吧！

　　为何当时的寿命如此短暂呢？长期以来，历史学家和生命学家总是这样告诉人们："当时的生活条件太恶劣了，他们是被恶劣的自然环境折磨死的。"

　　是这样吗？对此，也有不少人持怀疑态度。从半坡遗址发掘看，当时的原始人生产的粮食除供吃饱外，还有不少剩余，他们已经能够驯养像猪、狗这样的动物，已经能够猎获数十种猛兽，可他们的寿命为什么还不见增长呢？看来，单是归结为生活条件的恶劣，是难以自圆其说的。

　　现代科学给了人们认识事物的全新视角，也得出了科学的结论：是传染病夺去了无数原始先民的生命，是传染病使人类长期处于短命状态。

　　科学家认为，人类所有传染病的病原，都来自动物。历史上人类的主要杀手天花、流行性感冒、肺结核、疟疾、麻疹、霍乱等致命的传染病，都是从动物疾病演化而来的。

　　对人类来说，动物是多么的可亲，又是多么的可怕呵！

　　人类为了改善自己的生存条件，必须驯养动物。而正是驯养动物，又给人类带来了无穷无尽的灾难和困苦。人的生命之旅，也是一次冒险之旅呵！现代科学已经让人们看到了原始人骨质上被传染病侵害所留下的印痕。

　　驯化的过程，也是人与驯化动物近距离甚至零距离接触的过程。前文已述，中国文字中的"家"字，就是人畜共处一室的真实写照。事实上也确实如此。河姆渡遗址的人居其上、畜居其下，在当时看来是很实惠的，而实际产生的后果和代价将是极其昂贵的。考古发掘发现，原始人由于当时条件所限，鸡、羊、猪等动物混养的状况时有出现，这就为各种动物原生的传染病的交叉感染种下了祸根。可以想见，在远古时代，由于宰杀野生动物和饲养驯化动物而引起的传染病一定是相当暴虐的，其情状也是极其恐怖的。

科学家有这样一个估计：在远古时代，大约有60%的人受到过天花的威胁，其中有四分之一以上的感染者会死亡。这是一个多么巨大的数字啊！而天花本不是人类的疾病，而是勤勤恳恳为人类耕耘着的牛给予人类的极为致命的"礼物"。

为人类馈赠致命"礼物"的不只是牛，据专家统计，近1万年来为人类所驯养的14种动物，都有这样致命的"馈赠"。牛不只是天花的传播者，还传播麻疹、肺结核、疯牛病等致命的疾病。流行性感冒、百日咳等是猪和狗传播的。恶性疟疾是鸡和鸭传播的。狗传播的"狂犬病"，一旦发作，至今还没有找到治愈的良药。

最古老的烹调师

应当说，驯化动物的代价是高昂的，传染病给人类带来的灾难也是巨大的。但是，人类从来就是乐天派，也是智慧者。华夏的先祖并没有被来势汹汹的传染病所吓退。具有高度智慧的人们总在想：怎样才能做到既不拒绝肉食，又保持相对的安全呢？

对人类来说，办法总是比困难多。熟食和烹调就是对付传染病的良方。

有了火，就有了烹调技术，也就有了最古老的烹调师——当然，此时的烹调师不会是专业的，应当说，当时人人都是烹调师。

最原始的烹调是十分简单的。当时既无炉灶，也无锅碗，人们想吃东西了，就把肉类或植物的根茎随意地投入篝火中烧烤一

仰韶陶甑

下，烧烤的食物发焦并冒出丝丝烟味了，就将食物从火中取出，美滋滋地咬嚼起来。

后来，古老的烹调师们感到单是投入火中随意烧烤，火的着力点往往不均，有的地方焦成了炭粉，有的地方却还是生的。于是就有人发明出把食品放在薄薄的烧石

迎宾宴饮图拓片（徐州汉画像石艺术馆）

上烤，一面烤，一面还可以移动方位。一面烤好了，还可以将食物翻个身，再烤另一面。这样烤出来的熟食美味多了。⑤

陶器的发明使古老的烹调师们"英雄大有用武之地"了。从来都说水火不相容，烧烤用火不用水，而陶器的发明和应用，不只使水火相容，而且两者相得益彰。水煮、水蒸取代了单一的烧烤烹调法。有关先民的饮食在汉代画像砖有不少反映。这在饮食史上是一个多大的进步呵！

烹调师们发明了"釜"这种了不起的食具。釜，也就是人们现在常用的锅。在陶釜中放上水，再在水中放进要烧的食物，放在火上煮，就成了一种以前从未品尝过的美味食品。如果釜中煮的是稻米，那么，就可煮出特别有利于人体吸收的、香喷喷的米饭或稀粥来。如果煮的是鱼或肉，那可煮出鲜美的汤肉或汤鱼来。古人大概对汤鱼情有独钟，"釜底游鱼"这个词儿说的大概就是煮鱼的过程。

烹调师们发明了"甑"（zèng）这种更了不起的食具。什么叫甑？甑，就是一种蒸具。中国远古祖先绝顶聪明，他们发明甑，说明已经充分懂得利用蒸汽来蒸煮食物。先放置一个鼎状的三足鬲，里面放一定量的水，再把内放有要蒸的食品的甑放在上面。火在鬲下烧，鬲中的水沸腾了，冒出了大量的蒸汽，高温的蒸汽把甑中的食品蒸熟了，这就是人们常吃的蒸米饭、蒸馒头之类的可口食品，甚至乳猪、鸡鸭等也可以蒸食。

在考古发掘中，"甑"这样一种作为中华远古文化所特有的器物随处可见。中原地区在仰韶文化时代已开始用陶甑烹饪，就是说大约在距今 7000 多年前，中原地区已流行了蒸煮食品。长江流域，甑的出现还要早一点。原始蒸法是人类利用蒸汽的最早实践，是东方饮食文化区别于西方饮食文化的一个重要标志。

别在腰际的餐匙 /

上面说到了，人类火食发端以后，在史前大体经历了烧烤、石烹、陶烹这样几个阶段。陶烹主要以水为导热物质，而煮或蒸以后的食物成品又常常是带水的东西。这时的进食形式不再单纯是咬、嚼和吞了，重要的是喝——食粥、食羹、食汤，都得喝。

也许，起初的时候是轮流着把陶制的炊具端起来喝。你喝完了，我再喝。可是，那样多不方便。再说，刚烧好的食品太烫，喝不得；当不太烫时一个个轮着喝，喝到最后几个的时候就已经冷却了。

那样可不行。得创造一种适宜于"喝"的餐具！

经过不知多少次的探索，人类发明了一种新餐具：餐匙，或称为餐勺。

制作这种餐具的原料呢？当然是以骨质为上品了。骨有一定的硬度，又易于在上面刻画，只要花一定功夫，就能在骨面上挖出一个凹形的坑来，那不正是理想中的餐勺吗？再说，动物的骨片千奇百怪，有的骨片本身就如一个勺状，稍作加工便可以拿来使用了。

就这样，到大约距今 7000 多年的时候，餐匙这件对中国先民来说极为重要的助食器具被发明了出来。有些餐匙还被制作成了艺术品。有一件象牙餐匙，上有鸟形刻花，简直让人爱不释手。⑥

有趣的是，在一些墓葬中，餐匙差不多是每人一把，而且都放在手边。死是生的一个映象。这说明当时人是把餐匙随时放在手头的。渴了，要喝水，得用餐匙。要喝汤、喝粥、喝羹，也得用餐匙。餐匙是手不能离的必备品。

但是，放在手边终究是不方便，一不小心忘记了怎么办呢？后来人们又发明了一种可以随身佩带的餐匙。在甘肃广和齐家坪发现的先民遗物中，有着十分精美和别致的餐匙。在每一把餐匙的上方，都钻有一个孔洞。作为随葬品，这些餐匙都放在葬者的腰间。先民为了解决餐匙的随身携带问题，特意在餐匙上方钻上洞，洞中穿上线，再把餐匙别在腰间。要使用时取下来，用后再别在腰间。那样做，该是多方便啊！由此可见，先民的聪明才智发挥到了极致。

餐叉的故乡

一提到餐叉，人们就会想到西餐，想到西方人的饮食习惯。其实，那是一种误会。餐叉真正的祖籍在中国。

西方人大约一直到公元 3 世纪，还相当普遍地直接用手抓食。到大约公元 10 世纪的拜占庭帝国时期，才开始使用餐叉，至今最多也不过 1000 年的历史。而在中国，使用餐叉至少有五六千年的历史。

中华是餐叉的故乡。

在甘肃武威皇娘娘台齐家文化遗址，曾出土了一枚完整的骨质餐叉，餐叉为扁平形的三齿叉，样式与现代西餐桌上常见的餐叉十分神似。

在青海同德县的宗日马家窑文化遗址，发掘到一枚骨质三齿餐叉，餐叉长 25.7 厘米，齿长 9 厘米。

在黄河流域的大汶口文化遗址中，发掘出了残断的骨质餐叉。这枚餐叉出土时置于一个陶鼎内，鼎内还遗有肉块腐化后留下的骨渣，这更明确地证明它是"肉食者"的助餐之具了。

这些都充分说明，早在五六千年之前，中华

四千多年前的餐叉
（出土于齐家文化遗址）

的先民就是使用餐叉来食用肉食的。这一传统一直延续到夏商周时期（夏商周是过渡期，餐叉与筷子并用），到春秋战国以后，才逐步被筷子所完全替代。

注释:

① 〔德〕维尔纳·施泰因在《人类文明编年纪事》一书中，认为西方开始饲养牛、羊是公元前 4500 年，即距今 7000 年上下，古老的中国的养殖史明显更加悠久。

② 许慎的《说文解字》说:"羌，西戎牧羊人也。从人从羊，羊亦声。"

③ 古人称十一月冬至一阳生，十二月二阳生，正月（一月）三阳开泰，合称"三阳"。"三阳"也可泛指春天。

④ 《周礼·夏官》:"马八尺以上为龙。"《尚书·顾命》:"天球、河图，在东序。"孔传:"伏羲王天下，龙马出河。遂则其文，以画八卦，谓之河图。"唐代的李郢《上裴晋公》诗:"四朝忧国鬓如丝，龙马精神海鹤姿。"

⑤ 《礼记·礼运》郑玄注:"中古未有釜甑，释米捊肉，加于烧石之上而食之耳!"这大致上相当于现代人喜食的铁板烧食品。

⑥ 在浙江余姚河姆渡发现的先民遗物中，有大量骨制餐匙，有的还相当精致。证明在 7000 年前人们已使用汤勺了。在黄河流域同时代的文化遗址中也有相应发现。华南、东北的发现也证明了这一点。

第七卷　慎终追远

孔子的弟子曾子说道："慎终追远，民德归厚矣。"其意是说，如果能谨慎地办理好父母的丧事（慎终），虔诚地祭祀祖先（追远），那么民众的道德风尚就淳厚了。实际上，曾子说的不仅是他所处的那个时代伦理道德方面的要求，更多的是对远古"民德"的一种追忆。"民德归厚"，是说"民德"应"归"到远古那时候去。

考古学资料告诉人们，人类产生死亡意识，开始对死者进行埋葬，大约已有了10万年的历史。在晚期智人时期，就已经有了葬仪，要为死者穿上衣服，佩戴珠子、兽牙、鱼骨之类的装饰品，有的还懂得献上一束鲜花。到了1万年上下的新石器时代，埋葬渐渐形成了一套严格的制度。

每每打开先民的墓穴，看到的就是那排列有序的尸骨化石、就是那纷呈多彩的随葬品、就是那安然的葬式，让人一闭上眼就会想到当时那隆重的葬仪。经历了无数风雨，流逝了无数岁月，远古生离死别的浓浓亲情清晰地跃然眼前了，它在告诉人们：要崇敬祖先。

人死为"鬼" /

　　从动物界分离出来不太久的原始人，生得艰难，死得惨酷。生与死，是原始人每时每刻都要面临的严峻课题。

　　尤其是死。死，小篆字形，右边是人，左边是"歹"，残骨，指人的形体与魂魄分离，谓生命终止。《说文》云："死，民之卒事也。"每天醒来，人们都面临着死亡的威胁。比人类不知要强劲多少倍的食肉类猛兽，无时无刻不在注视着人类，给人类难以意料的伤害。疾病，常会意外地夺去不知多少人的生命。而原始人驯化动物本身就是一把双刃剑，给人们带来了丰富的肉食之源，同时动物身上的种种传染病也会传染给人类，让人类成千上万地死去。

　　大约距今八九千年时的人们的寿命，还是很短促的。在西安临潼白家村墓地发现的 43 个死者中，有儿童 13 人，儿童死亡率达到惊人的 33%，21 个能确定死亡年龄的成年死者中，大都死于 20—40 岁。综合统计的结果是，白家村人的平均寿命只有 25.67 岁。这是多么悲哀的景况！

　　再过了一两千年，从仰韶文化时期的墓葬状况看，人类的寿命仍然很短。华县元君庙墓地已确定性别、年龄 14 岁以上的成年人人数 134人，其中 14—30 岁者占 45.55%，31—45 岁 者 占 38.06%，46—50岁者占 16.41%。在 14 岁以上的成年人中，将近一半的人活不过30 岁，绝大多数在 45 岁之前死亡。在 45—50 岁的 22 人中，大多数人的死亡年龄在 50 岁以下，50 岁以上的只有三四人，没有一人能活到 60 岁，整个墓地死者的平均寿命只有 28.6 岁。但由于这

半坡遗址氏族墓地

一墓地没有发现儿童的瓮棺葬，上述统计显然是不完整的。如果计入儿童死亡率，专家估计这里的平均寿命最多不过 22 岁，仍然令人悲哀！

死，死，死……

死亡给生者带来忧伤，也带来无尽的思念。在悠长而痛楚的思念中，人们渐渐地生发出一个动情的观念来：

慎终追远！

"慎终"，就是要好好地为死者送终；"追远"，就是要慎重地追念祖先。每一个活着的人心中都在祷念：让死者在另一个世界里过上安康的日子。

中国远古时代的人，对死亡的真谛并不理解。怎么一个好端端的人，一下子就没了呢？死是怎么回事？死了以后，"人"到哪里去了呢？他们根据平时的梦境，以及病中和死前的幻觉，再加上"合理"的想象，创造出了"鬼"这个概念。①

在远古时代的人们的想象中，人死了以后，肉体和灵魂就分离了。肉体可以死亡，而灵魂是永远不会死亡的。肉体一般被安葬于大地之中，所谓"入土为安"，而不死的灵魂进入了天际，进入另一个世界。这另外一个世界是怎么样，对原始人来说，也许说不太清楚，但进入了另一个世界，他们是认定的。《说文解字》以为，"鬼"字本身就是从人，像鬼头。"鬼"字的下部是一个变了形的人字，"厶"象征灵魂从人的肉体上出窍，上部的"由"也就是所谓的鬼头了。从这个字看，当时人认为人死后不是一切皆空，而是进入了"鬼"的世界了。②

在原始人的想象中，人的灵魂一旦脱离人的肉体，升飞上了天，它的法力也就不是人所能比拟的了。它可以给人以福，也可以给人带来种种祸害。于是就有了祭祀。祭鬼（包括祭祀家人、祖先、族人），一是表达一种对死者的怀念，但更多的是一种祈求——求助于鬼的力量，保佑活着的人岁岁平安。同时，人与人之间总有那么些恩恩怨怨，祭祀死者也有让死者忘却旧情，不要作祟为害的意思，后来孔子说"敬鬼神而远之"，大概也是这个道理。

"阴阳沟"

临潼姜寨遗址模拟图

　　西安临潼姜寨遗址，是一处保存得十分完好的村落遗址。在多年的发掘中，在5万多平方米的广阔范围内，已经发现重要的房址143座，墓葬685座。如果每一座房址平均住3—4口人的话，这个村落内生者和死者数额大致相当。这是不奇怪的，当时人的寿命是那样的短，生生死死，转换期相当短。无怪乎有那么多的墓葬了。

　　最为引人注目的是，在生者的居住区和死者的墓葬区之间，开掘出了两道宽宽的壕沟。请注意，这里是两道，不是一道。而居住区与墓葬区又分别与壕沟保持着一段距离。

　　很显然，这是一道"阴阳沟"。

　　沟的这一边，是生人居住的阳界；沟的那一边，是死人居住的阴界。

　　作为8000多年后的先民子孙，已经难以详尽地了解先民在开掘这两道壕沟时的真实心情和思想，但是，面对这两道"阴阳沟"，完全可以作出这样的推断性遐想——

　　当先民们站在将要开掘出壕沟的地方向两边眺望时，他们一定已经读懂了这样两个至关重要的字眼：生、死。人类在相当长一段时间内对生和死是模糊不清的。但到他们懂得在居住区与墓葬区之间自觉地挖一道壕沟时，模糊的生死观被清醒的生死观所取代了。

　　当先民们举起石铲一铲又一铲地开掘这些壕沟的时候，心情一定是十分沉重的，甚至脸颊上挂着伤感的泪

浮雕人像褐陶罐。腹中部浮雕女性人像，双臂平伸，两腿分立，呈"大"字状，高鼻大嘴，双目圆突，高乳房，细腰部。原为瓮棺，墓主当为女子（内蒙古准格尔旗出土）

珠。因为在不久的先前，他们一定又送别了一个或数个原先活蹦乱跳的亲人。

当先民们所要开挖的两道壕沟大功告成时，他们一定是缓缓地舒了口气。两道壕沟把阴阳划分得清清楚楚。他们虽然对逝者充满着思念，但他们是不愿意轻易地跨越壕沟，走向另一个世界的。

从两道"阴阳沟"，看到了先民对生命的尊重、眷恋和敬畏。

对生的向往，对死的恐惧和无奈，都淋漓尽致地写在这两道"阴阳沟"上了。

"魂归西天"

西方，在原始先民的心目中，是一个带有相当神秘色彩的方位。

在陕西华县元君庙、宝鸡北首岭、西乡李家村、临潼白家村、渭南北刘白庙村的原始人的墓葬中，死者的头多朝向西方。

在甘肃秦安大地湾的原始人墓葬中，死者也多是面向西方，或接近于西方。

在西安半坡遗址的氏族公共墓地中，发掘出了170多座成人墓葬。墓葬排列整齐有序，埋葬方向大体一致，其头多数向西或西北方。

西方，西方，又是西方……

这决不可能是一种偶然或巧合。这中间体现着原始人的思想和观念。

原始人的思想和观念常常是取法于自然的。一些常见的自然现象会给他们以深深的启示。而在岁月流逝和昼夜轮转中，与他们关系最密切的莫过于太阳了。西方的观念，很显然是受启于太阳的出没和升降。

东方，太阳升起的地方。西方，太阳降落的地方。

东方，象征着光明。西方，意味着黑暗。

东方象征着出发，西方象征着归宿。

东方，与生生不息相联系。西方，与枯萎和死亡相关联。

由这种种观念引申开去，就会把死亡自然而然地看成是"魂归西天"。[③]

　　死亡本身是很悲哀的事。人的本性是热爱生命的。当死亡降临的时候，任何人都会产生一种莫名的恐惧。但是，长期的生活实践又使人懂得，死亡对每个人来说是不可抗拒的，不管你接受不接受，死亡或早或迟地会降临到你的头上。为了给人世一个圆通的说法，也为了给人生最后的归宿——死亡——增添上某种带有浪漫色彩的光环，给人们以一种安慰，于是，就把西天描绘成一个极乐世界，而不是一个漆黑一团的去处，一切神话、传说以至宗教大概迎合的就是人类的这样一种心理。

　　远古墓葬遗址告诉人们一个事实：先民埋葬死者时，往往让死者的头朝向西方。那潜台词似乎在安抚已故者的亡灵：到西天去安息吧，那里可是个极乐的世界！

"古不墓祭"和"杀牲献祭"

　　为了表达自己的思念之情，为了祈求鬼神的保佑，人们就得去祭祀死者，以至于死去多年的祖先。这种祭祀采取一种怎样的形式呢？这一直是人们研究的问题。从每个村落中都设有祭祀之处的情状看，从诸多古典文献所提供的资料来看，当时确实是不进行墓祭的。[④]

　　情形大约是这样的：在对死者进行一次葬或两次葬时，在死者的尸骨边安放一定数量的随葬品，这本身是对死者的祭奠。这与后世的墓祭是不同的，其主旨不是"祭"，而是"葬"。真正的"祭"是在以后的周年或有某种需要时的祭奠。

　　据史书记载，"祭"一般采取向天空招魂（或说是招鬼、招神）的形式。由亲人焚香祷告，把死者的魂招到祭台前，然后奉上祭品，举行适当

红陶老人头像

的祭礼。如果是家祭，那祭祀是在家中临时设坛进行的，如果是族祭，那族中自有专设的祭坛，在祭祀的礼仪上也要隆重得多。后来就生发出种种祭祀礼节来。说中国是礼仪之邦，其根子就在于此。

这种设坛祭祖的习俗，一直维持了很长时间。至于后来兴起的墓祭制度，一直到春秋战国时期才逐渐发展起来，此前还有一个很长的孕育发展时期。也就是说，早在 8000 年前就有祭祀活动。不过是从"古不墓祭"渐次走向了"杀牲献祭"，不少考古学家、社会学家都持这种看法。

大约距今 8000 年的甘肃秦安大地湾遗址，就明显地留存有人类早期祭祀活动的痕迹。⑤在遗址 405 号房子以西，有一座相当特别的小型建筑。这个房子的地面和墙壁都抹有灰浆，显得非常的圣洁。特别值得注意的是，在房内的火塘后面的地面上，画有一幅颇大的祭祀画。从这幅画，可以约略地明了当时人们祭祀先人的情景。

祭祀活动开始的时候，先要在房子正中的火塘里燃起熊熊的烈火。火塘里的火苗跳跃着，似乎是在无声地召唤早已飘向远方的亡魂归来。火塘里草木燃起的火焰袅袅上扬，似乎是在向亡魂招手致意。这时，参与祭祀的人们也就进入了一种与死去亲人再度相见的情绪状态，哭声震撼着这样一间不太大的祭堂。

意想中的亡灵在祭台上入座以后，就由最亲密的亲人或氏族中最有权威的女性献上祭品。祭品是一头牛和一头猪。这些祭品是现杀的牺牲，鲜血淋漓的祭品捧上了祭台。由于是活杀，祭品上还冒着活牲的热气，有时被杀的活牲的筋肉还在搏动着。

捧上祭品以后，两位氏族中的专业祭师就围着火塘跳起了舞蹈。他们的两腿不断地前后摆动着，有时是两腿交叉，做出高难度的双腿腾空姿势。他们的左手触摸着自己的头，像是在遮护着自己的脑袋，谨防来自某方的袭击，而右手持着一根棍棒，不断地在空中舞动着。这棍棒的舞动，似乎是在呵护着亡魂的进食，生怕"野鬼"看到丰盛的祭品争着进入祭堂来抢食。这种专业祭师的舞蹈，一直要跳到祭祀活动终了。

"瓮中精灵"

　　新石器时代有一种十分特别的埋葬方式，就是将死者尸体放置在陶器中埋葬，以陶器为棺，所以被称为"瓮棺葬"。

　　瓮棺葬出现的时间相当早，在陕西西乡李家村和临潼白家村原始人遗址，都发现有最早的瓮棺葬，而最为流行的是儿童瓮棺葬。在半坡遗址，发现了73座瓮棺葬，全都是夭折儿童的墓葬。在仰韶文化北首岭遗址，也发现了50座儿童瓮棺葬。这些瓮棺葬大都选用大陶瓮作为盛尸的棺，再以比瓮口略大的盆或钵作为棺盖。当时可能还要在棺体和棺盖之间缠上绳索，这样尸骨就不易散失了。

　　关键是，这些盛放着孩童尸骨的瓮棺存放在何处？

　　按照氏族的规矩，当然是放入公共墓地了。如果是男孩，就放进男人墓地。如果是女孩，就放入女子墓地。在相当长一段时间里，的确也可能是这样做的。但是，人是有感情的动物，按传统，按惯例，应该这样做，可是，就感情上而言，实在是难割难舍啊，尤其是对当母亲的来说。

　　总会有人站出来打破常规。于是，又产生了新规定。

瓮棺

灰陶三足瓮（山西汾阳出土）

红陶瓮。口沿下饰刺钉一周，共有 23 个。有学者认为此刺钉是死者灵魂的护卫（湖南澧县出土）

　　有这样一则古老的传说：一个可爱的孩子死了，当母亲的哭得死去活来，但是，迫于原始社会的习俗的压力，最后还是一如既往地葬入了公共墓地。夜晚，那母亲还在哭泣着，哭得死去活来。突然，一阵冲动驱使这个大胆的母亲冲进了公共墓地，她用双手想把孩子挖出来，直挖得满手是血。最后，孩子的尸体终于挖了出来。她抱起孩子，抱回了居住区，并把孩子破例地安葬在居住区内，让自己随时都可以看一眼心爱的孩子。这可是一件破天荒的大事，一件是遵循还是破除世代相传的习俗的大事。第二天，这件事马上引起了轩然大波。守旧的人说，这不行，这是破坏祖宗规矩。可一些较为开明的人说，这样也未尝不可，孩子还小，冷清清地把他放在离大人居住区那么远的地方，太残忍了，太不合人情了，这规矩早该改一改了。双方怎么也争执不下，最后，氏族长决定动用表决机器。结果，人性和感情大大战胜了成规。

　　母亲胜利了。

　　母爱胜利了。

　　就这样，一个新的规定产生了：凡是孩童的尸体都可以放入瓮棺中，作为"瓮中精灵"，然后葬在生人的居址周围，永远、永远地伴随在慈爱的母亲的身边。

　　母亲们赢得了感情上的胜利，他们在瓮棺的陶盆盖上绘上十分精美的人面鱼纹图案，来寄托自己的哀思。但是，阴阳两隔，母亲们总感到离死去的孩子还是太远、太远。

　　有什么办法可以挪近死者与生者之间的距离呢？

　　母亲们为此费尽了心机。

　　有了，办法终于想出来了。

　　母亲们有一个基本的信念，认为自己的孩子虽然在肉体上是死亡了，但灵魂是不死的。灵魂不死的一个证据就是在夜深人静的梦境中还时不时地能见到自己的孩子。她们为孩子制作的瓮棺为了防水，常常将作为棺体的陶钵和作为棺盖的陶盆之间吻合得密不透风。开初，她们以为这样做挺不错。但是，继而一想，不对了。那样严严实实的，灵魂怎么进出呢？为了让灵魂能如意地出窍，她们想出了一个办法，就是在棺体的底部凿上一个小孔。因为在底部，就不会产生漏水之类的问题，而有了小孔，孩子的灵魂就可以自由自在地出入瓮棺，与亲人见面了。

这在开初，也许是某一个母亲的发明创造，后来得到了几乎是所有母亲的认同。看，在半坡氏族遗址，在陕西李家村遗址，在临潼白家村遗址，在北首岭遗址，成百个墓葬一律都在瓮棺底部凿了一个小孔。可见，以此来表达爱子之心已经成为一个共通的观念。

郭沫若先生在参观了西安半坡氏族遗址后，十分感慨于带孔的瓮棺葬，即兴作诗一首：半坡小儿冢，瓮棺盛尸骸。瓮盖有圆孔（实为瓮底——引者注），气可通内外。墓集居址旁，仿佛犹在怀。大人则无棺，纵横陈荒隈。可知爱子心，万劫永不灰。

将瓮棺葬于自己的居址旁，在瓮棺底部凿孔让灵魂"通内外"，的确表达了先民的亲子之情。这一点，就是对现代人也是颇有启示的。

龟灵崇拜

在中国古代遗存的读物《礼记》一书中，就把麟、凤、龟和龙，称为"四灵"，也就是四种有灵性的动物。这四种动物中的麟、凤、龙，都是子虚乌有的、虚拟中的物类，其实谁都没有见过，只有龟才是实实在在的灵物。而这种对龟的崇拜，现在看来要比产生《礼记》的那个时代早得多。在距今8000多年的河南省舞阳贾湖村发现的"贾湖文化"遗址中，就发现了大量的随葬的龟甲，另在房屋基础下也发现大量龟甲，说明那时人们对乌龟这种灵物已崇拜得五体投地。

龟的灵性是表现在多方面的。它不紧不慢地爬行，不像某些物类那样

红陶龟形鬶。盛水器，造型奇特，形态逼真（山东胶州出土）

来去匆匆，给人以一种从容不迫的感觉。它的躯体深藏在坚硬的龟壳内，头部能缩能伸，尤其在可能遭遇不测时，它把整个躯体深埋在龟甲内，使人难以奈何于它。而那龟甲上的龟纹，曲曲折折，让人难以解读，给人以一种神秘而难以捉摸的感觉。最让人"崇拜"的是，龟是长寿的动物，据说一只龟的最长寿命可以达到数百年上千年。

在贾湖文化遗址中，不少龟是用来奠基的。在贾湖人看来，有了龟的守望，住房才牢固稳妥。这里有一个传说故事：在古时的四川某地要造一座城，可是怎么也造不起来。用草泥垒起来的城墙，一忽儿就倒塌了。后来，有一个神人指点道："人啊，你们不能乱来，要建造城也可以，不过得依据龟爬行的线路造。"人们抬头一看，果然有一只大龟在大地上缓缓地爬行，那线路似圆非圆，似方非方。人们听从了神人指点，沿着"龟步"一步步地建筑起来，那城果然牢不可破。这个故事广为流传开去，大家都相信建筑非有龟助不行。再后来，大概到了贾湖文化时代，人们就在建造重要的房舍时，相信必须以龟奠基，方可"镇"得住。

贾湖人还时兴以龟甲随葬。当然也不是人人都有资格以龟随葬的。以龟随葬者，一是为当时的社会作出过非凡贡献，因此得到广大民众的认可。二是女性中的佼佼者，她们年长，有威信，才有资格享受龟葬的荣誉。在贾湖发掘的349座墓葬中，只有23座享有龟随葬的殊荣。在有资格龟随葬的人当中，也有级差。有的可享用整只龟甲，有的只能占有一些龟甲碎片。

可见，龟灵崇拜在当时是普遍的，但能实在地享用这种崇拜的人并不多。客观地说，龟是一种稀有动物，它的数量远比人要少。这样就决定了享用这种崇拜的人数是不会多的。

占卜习俗 /

人类总是奋勇前行的，但是，前进的道路是曲曲弯弯的。每前进一步，都充斥着危机和险阻。为了尽量减少前进中的失误，人们必须力求预知未来。在科学尚未昌明之前，最主要也最实用的预测祸福的手段是占卜。

那么占卜起始于何时呢？

河南贾湖遗址的发现告诉人们，它起始于大约距今 8000 年前。

"贾湖人"实在聪明得很。他们在想，既然龟是万物中的灵物，那么龟甲一定能预先告诉人们祸福。同时，石子是他们手中的利器，追捕动物，切割肉食，都少不了它，因此，在原始先民看来石子也是有灵气的。一是龟甲，二是石子，自然成了他们手中占卜的法器。为此，他们先到湖中去拾许多五颜六色、形态各异的石子，略加选择后带回到住处，再把龟甲平铺在地上。占卜时，占卜人口中念念有词，庄严地将满把石子高高举起，然后又随意地撒下。一些石子滚落在地下，另一些石子却落入了朝天仰放的龟甲里面。于是，占卜人根据约定俗成的说法，对落在龟甲中的石子进行解读，最后得出是祸是福的结论。有时，占卜一次还不行，还要进行多次占卜。

由于时日的久远，人们已经不能弄清楚具体占卜的过程和占卜后的种种解读，但从贾湖 23 座随葬龟甲的墓中情况看，当时的原始人的的确确是进行了在他们看来是决定命运的占卜的，那些盛满着五彩石子的龟甲正用无声的语言告诉人们一切。

在 23 座随葬龟甲的墓中，都是以 2、4、6、8……的偶数龟甲进行随葬的。这意味着当时的人们已经掌握了正整数的奇偶数规律。一墓中有多个用于占卜的龟甲，说明当时的占卜是十分顶真的。这不只表现在占卜时的庄重、严肃、认真上，还表现在不搞"一锤定音"上。一个墓中几个龟甲同时占卜，最后还得"少数服从多数"。

神圣的祭坛 /

对亡灵、对先祖、对鬼神进行祭祀，那至少是在1万年之前早已有的事，事实上可能还要早些。但是，筑起神圣的祭坛，在祭坛上进行隆重有序的祭奠，那大约是只有到五六千年前才有的事。

在辽宁省喀左县东山嘴红山文化遗址，发现了距今5000多年的大型祭坛，它向人们展示了远古时代的先民以部落为单位进行祭祀活动的壮阔场面。

这个祭坛遗址的选址十分讲究。它选择在坐落于一山梁正中的平缓突起的一片台地上。这片台地大约2400平方米，完全可以安放一个小

红山文化遗址祭坛

村落。在这片台地的四周，是极为开阔的一马平川。站在这片台地上张目四望，可以看得极远极远，给人以一种心旷神怡的感觉。

祭坛的台基是东西略长的近于方形的建筑物，制作得十分讲究。基址内上部堆积有黑灰土夹碎石片层，下部为平整的黄硬土面，间有大片的红烧土面。坛基的前端呈半圆形，上部用石块铺砌而成，半圆形的镶边处用的是精细的石片，恰似后来文明社会的舞台，镶边之内的地面用鹅卵石铺地，显然，这些鹅卵石是经过精心挑选的，不然，就不可能颜色和个头大小那样的一致。

这祭坛还有一个特点：就是把要祭祀的对象形象化，然后对它实施顶礼膜拜。在遗址发现的20余件女像残块中有的是地母的象征，有的是农神的象征，有的是生育神的象征，有的还可能是部落最有权威的祖先的形象。人们把这些要经常祭祀的对象用泥巴塑成像后，加工成陶制品。在祭祀时，再献上供品，由部落首领带领全体部落成员，虔诚地按当时的规定和习俗对之礼拜，祝愿全氏族人平安康泰。

祭坛的出现标志着祭祀活动的更加规范化和神圣化，而且祭祀活动多少带有某些神学色彩了。

"黄土之神"

在辽宁省建平牛河梁的地下发掘中，发现了一座五六千年前的女神庙，女神庙的主室西侧北壁下，又发现了一尊与真人大小基本相一致的彩塑女神像，她虽然已经残缺，但整个形象仍十分生动，被人们称为"黄土之神"。

这尊女神像纯然是由黄土塑成。黄土中拌和有相当数量的红色粉末，因此，该女神像出土时颜色呈鲜红色，眼眶、面颊

黄土女神像

变形人纹彩陶双耳盂。器内底和腹部绘变形人纹，手臂上举，五指分开，不见下肢，也是一件彩陶杰作（青海民和出土）

人首形陶瓶，构思精巧，女性形象（浙江嘉兴大坟遗址出土）

尤其显得鲜红可爱，这也是女性所特有的。唇部则染成了朱红色，显出了女性的妩媚之貌。黄土女神像不只以神圣、庄重、威武见长，更以女性之美动人心魄。

这尊女神塑像具有十分鲜明的蒙古人种特征：女神的面部轮廓为方中带圆形，额部较宽，鼻梁低平，鼻尖和鼻翼呈圆头状，鼻孔稍稍上翘。嘴部较长，嘴唇比较薄，显得憨厚之中又有着某种灵巧。

女神塑像的眉弓不显，眼窝很浅，但眼睛又十分传神。当时的塑造者似乎已经懂得了眉目传情的要旨，令人拍案叫绝的是竟然别出心裁地在女神像的眼眶中嵌入淡青色圆饼形玉片为睛。以青代黑是中华文化的传统，它象征着被塑的女神代表的是黑眼睛黄皮肤的一族，可以说是一种种族的自豪。两眼嵌以碧玉，使女神顿时生辉。炯炯有神的黑眼睛注视着前方，也注视着她的子孙后代，使人感受到一种永远的生命力。

这是黄土之神，事实上，更应该是黄土之人。她是母系氏族发展到登峰造极时的女性形象的典型。她与女神庙一起矗立在祖国大地的苍翠群山之上，让人有一种叹为观止的感觉。原始社会的先民在陶器上常刻有或塑有人像，有的还以人纹作饰，以表对祖先的崇敬。

牛河梁的女神像是研究中华人种学和民族史的典型标本。这尊女神像使亿万炎黄子孙第一次看到用黄土塑造而成的 5000—6000 年前的自己祖先的光辉形象。因此，人们完全有理由说这尊"黄土之神"实际上是"民族之神"。

注释：

① 《礼记·祭义》："众生必死，死必归土，此之谓鬼。"

② 最古的时候，实行的是"望祭"，也就是眼望远方，以示怀念。《尚书·舜典》："望于山川，偏于群神。"这里是遥望而祭的意思。大意是，人死了，远行了，再也见不到了，"望于山川"，如见其人。《韩诗外传》中说的"圣人之祭不过望"，也是这个意思。《礼记·祭法》明确写道："人死为鬼。"《礼记·郊特牲》中说道："人死魂气归于天，形魄归于地。"这些都是十分明确地反映了远古时

代人们的灵魂不死的观念。这种观念，对那个时代的人来说是极大的精神支柱。

③ 一些学术论著认为"魂归西天"的观念源于佛教的东来，其实这是不确的。远古时代的中华子民就将"西"与"栖"通假，认为西方是人类最后的栖息之地。所谓的"西天"云云，就是人的最终归宿——栖居在西方。

④ 《荀子·礼论》指出，远古时代的人们"祭祀所以事其神"，这里的"神"就是灵魂，祭灵魂是不用进入墓地的。清代著名学者顾炎武经过详尽考证，在《日知录·墓祭》中明确指出"古不墓祭"。有学者指出，墓祭盛于春秋战国时期，但此前当有一个很长的发展阶段。

⑤ 见《甘肃秦安大地湾 405 号新石器时代房屋遗址》，《文物》1983 年第 11 期。

第八卷　氏族变迁

　　上一卷说到，在辽宁朝阳市牛河梁村，第一次发现有一尊用黄土塑成的与真人一样大小的极富生命力的女神像。人们都说，她就是"黄土之神"，是中华民族5000多年前祖先的形象。

　　在距"黄土之神"像不到1公里的地方，有一座人工建筑起来的"金字塔"，它的总土方和总石方在数十万立方米之上。令人惊奇的是，在"金字塔"的顶端有着原始的冶炼铜器的遗址，炼铜的坩埚约有一尺多高，旁边还有色彩斑斓的最原始的铜块。这不正是"女娲炼五色石"的地方吗？

　　这一切，都在以无声的语言告诉人们，大约五六千年前，华夏社会的母系氏族达到了登峰造极的地步。女子站在整个人类的最前列，女子中的杰出者被塑造成作为整个民族象征的"黄土之神"。但是，她们怎么会知道，物极必反，随着女权的登峰造极，男性的权力和势力正在大踏步地增长，一旦"男耕女织"格局形成，男子成为生产的主力军，男子将取代女子而成为社会的主宰。

　　氏族的变迁是不可抗拒的。

大坑套小坑的墓葬 /

在大坑之中套小坑，是新石器时代墓葬的常规。

陕西华阴横阵村发现的 15 座墓分别套在 3 个大墓坑之中，墓穴排列整齐有序。在 1 号坑内套葬有 5 座墓，各墓内有 4—12 具人骨不等。这些人骨多数为二次葬，仰身直肢，头向西方。2 号坑内套有 7 座墓，合计有人骨 42 具，平均每墓葬有 6 人。死者的年龄层次十分分明。

大坑套小坑的墓葬，告诉人们一些什么呢？

无疑，大坑中安卧的是整个家族的成员。一个家族的老祖宗生养了从三四个到五六个不等的女子，这些女子又生养了属于自己一系的女儿辈、孙女儿辈，序列是十分清晰的。当时应该仍然是母系社会，当然，可能已到了母系社会的末期。这里的两次葬清楚不过地表明，"外嫁"的男性死后先得落叶归根，然后再第二次迁葬回生前"嫁去"的那个氏族，躺到自己的妻子身旁。从大坑套小坑的丧葬方式看，当时的家庭是深深地镶嵌在家族框架之内的。

家庭离不开家族。

但是，从这里的墓葬看，"小坑"的趋势在增长。也就是说，小家庭更倾向于自立了。一个小坑内葬有 4—12 人。如果是四至五人，那很可能是母女两辈人的共居，如果是七八人以上，就说明辈分上不只两代，而是祖孙三代了。事实也正是这样。从死者的年龄层次看，的确是有男，有女，有老，有少。小家庭从原先的两代共居，走向了多代共居。它们自成一个系统存在于家族之中了。

家庭凝聚力的增加，将带来何种后果呢？人们将拭目以待。

家庭裂变 /

家庭是一个基础型的单位，可是，它也不是凝固不变的，在社会发展中，它还在裂变，裂变得更小，更易凝聚。

郑州大河村遗址

仰韶文化晚期遗址分间房屋的出现，是一种值得重视和关注的现象。

郑州大河村遗址发现有多间被分割的房屋，有一分为四的，也有一分为二的。举例说，19 号房和 20 号房实际上是相连的同一座房，原先就是一间房。20 号房为西间，面积约为 15 平方米，房的中间有灶台；19 号房为东间，面积只有 7.6 平方米，在房间的西北方有灶台。两间房的总面积也只有 22 平方米多一点，完全是一个整体。按当时的建筑水平看：造那样一间房给一家人住，完全是可能的，后来的分割是人为的。

这里可以明确断定为家庭的分化。

原来住在 22.6 平方米（15 平方米加 7.6 平方米）的肯定只是一家人，是以母亲为主干的一对夫妻，再加上几个女儿和儿子。因为当时处在母系氏族的末期，家系还是以女性编排的。

后来，孩子们渐渐长大了。男大当"嫁"，女大当"婚"（与后来的"男大当婚，女大当嫁"刚好相反）。男孩子一个个嫁出去了，在住房上不存在什么问题，就是有问题也是对方的事儿。可是，女孩子大了，当时是"女大当婚"（母系社会女子是不外嫁的），女子长大成人了就要结婚，结婚后又很快会生儿育女，家中的人口一下子增长了不少。社会学家作了这样的描绘——

"怎么办呢？再住在一起有点不太方便了。"女主人征询丈夫的意见。

"再造一间吧，给孩子们安身。"丈夫的口气有点大。

"哪有这么容易的，看人家有几家造得起的？"女主人很实在。

丈夫这下没话说了。在那个时代要造间房谈何容易！他无言地摇了摇头，不再做声了。女主人摇着丈夫的身子，催促道："你倒说话啊！"

丈夫瞪着大眼，说："我有什么办法？要么把房间分隔开来住！"

丈夫的一句气话，提醒了女主人，她一下决心，就把这房间给分隔开了——原先只有一个灶，现在要分开住了，得再砌上一个灶；分隔后成了一大一小两间，大一点的一间由大女儿一家住，老一代人也住在那里，小一点的一间由小女儿一家住。

这样，很自然地，一个家庭裂变成了两个家庭。家庭在变，氏族和氏族制度也在悄无声息地变。

一家这样做，其他人家看到了，就学着分割居室。没多久，分割居室成了一种时尚。

男耕女织

牛郎织女的故事，在中国是十分古老的，早在《诗经》中就有所描述，越到后来故事也越丰满。

织女是天帝的孙女，王母娘娘的外孙女。她在纺织余暇常与其他仙女一起到银河中洗澡。牛郎是凡间一个贫苦的孤儿，受兄

牛郎织女图

嫂虐待，分家时只分得一头老牛。一次，老牛带着他来到天河边上，只见织女在洗澡，牛郎喜而窃得织女衣衫，织女不能离去，就成了牛郎的妻子。他俩恩恩爱爱，过着男耕女织的幸福生活。不料天帝知道此事后大怒，将织女重新带回天庭。牛郎带着与织女所生的一男一女追上天去，对着天河号啕大哭，哭声终于感动了天帝，最后允许其一年一度于七月七日在鹊桥相会。

故事传说是美丽的，也是伤感的，但它似乎在告诉人们，很久很久以前，人世间就开始过着男耕女织的生涯。

男耕女织起始于何时，似乎一直是个谜。[①]河南新郑裴李岗新石器文化解开了这个谜。

裴李岗遗址的生存年代大约距今 7000 多年，其墓葬多为长方形的竖葬，有单人葬，也有合葬。墓内的随葬品多少不等，且男女有所区别。男性的随葬品多为石铲、石斧、石镰等农业生产工具。而女性就不同，在她们身边的随葬品多为石磨盘、石磨棒以及纺织用的陶轮之类。

到了龙山文化时期，这种倾向更明显。山东宁阳堡头遗址中，凡尸体头部有装饰品的，大都是妇女，并随葬有陶制纺轮；反之，头部没有装饰品的，都是男子，并随葬有农业生产工具。

青海乐都柳湾遗址的公共墓地中，有大量的成年合葬墓，在 53 个成年男性中，有 45 人随葬有斧、锛、凿、刀、镰等农业生产工具。在 31 名成年女性中，有 28 人的随葬品是纺轮等。

这些在告诉人们什么呢？

它告诉人们：随着生产的发展，男子成了一切生产，尤其是农业生产的主力军。耕土，播种，收割，都得由壮年男劳力承担。而在这时，妇女退而从事诸如纺织之类的家庭副业生产。

它还告诉人们：一个崭新的时代即将到来。男子一旦主宰了生产，他就必然会或者说必然要求主宰整个社会。

伴随着生产的变迁，氏族变迁着。当然这种变迁不是一夜之间的突变，而是缓慢的，甚至需要长达数千年。

夫妻合葬墓

在母系氏族时，也有少量合葬墓，但那时一是数量少，二是以女方为主，因此严格地应称为"妻夫合葬墓"。当真正意义上的"夫妻合葬墓"，相当广泛地出现在神州大地上时，父权制也大致确立起来了。[②]

在甘肃临夏秦魏家发现的新石器时代晚期的墓葬中，全部都是男女合葬墓。其中有的是男女一对一的合葬，有的是一个男子与两个女子的合葬。这说明男子在家庭中和社会生活中的主导地位已经确立，父系氏族制度已经在东方的地平线上冉冉升起。在母系社会，只可能一妻多夫，而不可能是相反。

意味深长的是，这些墓葬都是以男子为中心的。在甘肃武威皇娘娘台遗址，发现有一男二女的合葬墓。男的仰身直肢居于墓的正中，而两个女子则分列男子的两边，侧身，屈肢，面向男子。这两个女子中，必有一人是身边男子的正妻，另一人只是身边男子的小妾。实行的当然是名义上的一夫一妻制。这鲜明地告诉人们：女子在生前要待奉男子，服从男子，死后还得屈从于男子，永远地伴陪在男子的身边。原先男子得依附于女子的习气一扫而尽了。

应当说，这也是一种历史发展的必然。

男子的"私心"还在于对家庭财产的占有欲和支配权上。在山东大汶口墓地的8座合葬墓中，男子一式地居于正中，女子偏于一边。更为重要的是，在墓内随葬品的安置上，明显偏于男子一方。好像男子们在说，家庭的财富主要是男子创造的，死后理应由男子来支配。

最早的殉夫者

男子屈从于女子的时期长达千万年，一旦这种制度发生变化，逆转为男子的统治，在它的初期往往是原始的、粗暴的，甚至是残忍的。夫权制度确立后随之产生的殉夫制度就是一个明显的例证。

在甘肃临夏秦魏家墓地，发现男女合葬墓16座。在墓中，男性居右，女性居左。在远古时以右为上，这充分说明了男子的地位。特别值得思索的是：这些墓中男女年岁相仿，而且都是一次葬，就是说他们是差不多同时死亡的。再仔细看，有些女子的头骨部还有累累伤痕。

疑团重重：这16对夫妇难道是同时生病死亡的吗？人世间会有那么凑巧的事吗？

在这些妇女中，为什么有些人头部会伤痕累累呢？

红陶瓮棺。上方留有让死者灵魂出入的小孔（河南临汝出土）

死者已无言，但后来的生者有理由怀疑和思考。不能作其他任何的解释，结论只能是：墓中的女性是最早的殉夫者。

男权（亦称夫权）确立以后，具有强烈"翻身感"的男子力求支配一切，尤其是对自己配偶的支配权。他们要求妻子永远地从属于自己。这里说的"永远"，既是指生前，又是指死后。但是，如果男子死了，作为自己妻子的女子还没有死，那怎么确保死后也能永远占有她呢？考虑再三以后，决定采取野蛮的、极端的手段。不管女子同意不同意，丈夫死了，妻子必须随他而去，这就产生了残忍杀殉那恐怖的一幕。

男子已死，他再也无能实施杀殉，因此，这种野蛮的行为赋予氏族来实施。于是，族权被大大强化了。

生的欲望是人人所共有的，除了少数女子顺从之外，大部分的女子在被充分"驯化"之前一定是反抗的。可以想象：她们有的在被杀之前的一刻逃跑，当然最后还是被抓了回来，送上了"庄严"的断头台。有的直到临殉还反抗着，最后连头盖骨也被击碎。反抗，显然是徒劳的，最后只能成为殉夫者！

在青海乐都柳湾的墓葬中，还发现这样一种现象：成年男女合葬于一棺之中，棺外另伴葬有一女子。这是怎么回事呢？似乎可以作这样的解释：此男子有一妻一妾。死后，妻子理所当然地葬于自己的身边，但小妾也实在难以割舍，最后小妾也获得了殉葬的"荣幸"，当然她的地位低微，是不能葬于夫君的身旁的。

陶且 /

随着男性地位的提高，男性生殖器崇拜也就盛行起来。他们以展示男性生殖器为荣，认为唯有男性生殖器才是传宗接代之"根"。再则，当时的生命短促，只能以提高出生率来实现人口的增加。但先民并不懂得生殖的科学道理，于是便对生殖产生了尊崇和敬仰，这就是所谓的"生殖崇拜"。生殖崇拜的方式，通常是用生殖器的形态及其象征物来表现的。

　　在青海乐都柳湾遗址中，发现有一把彩陶壶，在这把彩陶壶上，雕塑有一个男性的裸体立像，而其暴露部分最强化的就是男性硕大而坚硬的性器官。这尊立像似乎是在告诉人们：男性的生殖器是力量和威严的象征，男性的雄风可以压倒一切。这在之前的母系社会，是不能想象的。

　　另外，在大约5000多年前的龙山文化遗址中，随处都可见到一种特殊的陶制品——"陶且"。远古的人们，先把和合上红色粉末的泥土捏塑成男性生殖器形状，其器形一般要比真实的男性生殖器更雄伟、更硕大些，这是一种夸大和强化。捏制成形后，就将它在火中烧制，这样，就成了一根坚硬挺拔的"陶且"。

　　这是男性崇拜的典型形式。

陶且

　　"陶且"崇拜本身就是一篇宣言书。它宣告了男性地位的确立。它告诉人们，男性是主宰一切的。

　　更为重要的是，"陶且"标明了母系社会的终结。"祖"字是象形的。祖的左边是一个示，也就是崇拜的意思。那右边呢？"且"，这是男性生殖器的外部形态，后来形成文字形态就是祖宗的"祖"。[③]祖宗是以男性生殖器为标志的。自从产生了"且"的观念，家族世系就以男性为序了。

　　可以这样说，从"姓"的观念到"祖"的观念，是人类社会生活中的一个大的飞跃。"姓"字从"女"，它是母系氏族社会的最真实写照。而"祖"字从"且"，它是父系氏族社会最强烈的表现。从此，子女不再从母编排，而是从父组合。所谓"寻根问祖"，归根到底还是按男性代代相传的。从此，女子退到了历史舞台的二线，而男性站在了历史舞台的前台来充分表现自己。

　　从历史的发展角度看，这当然是一种进步，一种巨大的进步。

酒事之盛 /

黄陶空足鬶（山东潍坊姚官庄遗址出土）

男性是强有力的。男性一旦成为社会生产的主角，必然大大推动社会生产的发展。这可以从父系氏族确立以后的酒事之盛得到证明。不过，地球上最早的酒，应是落地野果自然发酵而成的，所以酒的出现，不是人类的发明，而是天工造化。若说人工酿酒，当在 6000 年前就已经开始了，起初的酒应当是果酒和米酒。考古学家提出了以上看法。

在中国古代传说中，最初制作酒的是一个叫仪狄的人。仪狄是大禹的近臣，深得大禹赞许。一天，大禹兴之所至，对仪狄说："你能不能去制作一种既可消闲，又可提神的饮料？"仪狄答道："试试吧！"于是他就与一些人商量，最后是用发酵了的粮食制作出了一种叫酒的东西。仪狄送给大禹品尝。大禹喝后，觉得甜津津的很可口，就大大赞叹了一番。可是，过不了多久，大禹就昏昏欲睡了，他忙把仪狄找来，说："酒这物品不是什么好东西，还是不要造了吧！"《战国策》记载了这则有趣的故事。

现在看来，这并不是一个真实的故事，比大禹时代要早得多的时候——至少早一两千年吧，酒已被人工酿造出来了。

在距今大约 6000 多年的大汶口文化遗址和距今约 5500 年的屈家岭文化遗址中，有着大量的陶质高柄杯，这种杯子很难作别的食具用，据考古学家认定，它必是一种酒器。龙山文化遗址中的黑陶杯，良渚文化遗址中的精美漆杯，都应该是上佳的酒具。

有酒具，就该有酿酒用的器具。在陕西西安临潼白家村遗址，在甘肃天水西山坪遗址，都发现了一种带孔的大瓮，据考证，那是一种专为酿酒用的器具。后来，也在其他文化遗存中发现。

古书中有一种说法，酿酒业的兴起，是与农业生产的发展联系在一起的。[④]有了多余的粮食，才会想到去酿造米酒。在三里河遗址的一个大型窖穴中，考古学家发现了至少是一立方米的粟粒。这说明，随着父权制度的建立，生产力得到了大幅度的提高，产品有了一定程度的剩余，于是也就有了酿酒的闲情逸趣。

至此，可以对酿酒业的兴起作这样的想象了——

一个氏族的人，这一年又迎来了一个丰收年。除了按照平等平均的原则把粮食分到每家每户之外，还有不少的剩余。氏族长巡视了家家户户后，满意地对管理粮食的司库人员说："今年粮食多，就存放在公共窖穴中吧！"

这样，一放就是许多时日。其间，有朗朗的晴日，也有绵绵的雨天。人们只是自个儿过着日子。

某一天，司库员来到公共窖穴中例行公事，一看，糟了。由于地窖中漏水，其中的不少粮食变了质，再加上地窖中通风不好，闷热，粮食发出了一种异样的味道。走近一看，变了质的粮食还在冒水呢！司库员不敢怠慢，连忙将情况告知氏族长。氏族长知道这是件大事，赶紧随司库员来到地窖，一看，粮食真的变了味。而这种变味又似乎有一种诱人的气息。他凑近去闻了闻，实在好闻，再用手指蘸着尝了尝。

"哦，好清香可口啊！"氏族长喜出望外。

这时，司库员也大着胆子走过来尝了尝，也禁不住赞叹起来："好好，真是好东西，还从来没有尝过这样的好东西呢！"

两个人一面高兴地品尝，一面又想出了一个"怪"主意：是不是可以如法炮制，造出一些这样的美味饮料来呢？

就这样，在粮食比较充裕的情况下，一种被命名为"酒"的饮料被发明出来了。

这也是被考古学家、社会学家们所认同的一种猜想。

"六畜"之外　/

应当说，"六畜"的饲养是母系氏族时期的重大成果，而把饲养的范围推广到"六畜"之外，这是父系氏族时期的事了。被人称为"中国考古学奠基人"的李济先生是中国第一位人类学及考古学博士，正是他在 1930 年

鹿、麋

主持了城子崖遗址的第一次大规模发掘，取得了重大的成果——发现了龙山文化。

龙山文化大约存在于距今约四五千年，当时处于父系氏族的鼎盛期。在山东章丘龙山镇原始文化遗址中，发现了大量的兽骨，除了"六畜"（马、牛、羊、鸡、犬、豕）之外，还有鸭、兔、獐、鹿、麋等动物。从骨骼鉴定结果看，这些都是驯养动物。

一方面，驯养范围扩大，难度增大。"六畜"的驯养已有了几千年的历史，人们也积累了相当的经验，但要开辟新的饲养门类，是很不容易的。兔、獐、鹿、麋之类动物是更灵巧、活动性更强的动物，驯养必有一定的难度。但原始的先民居然也把它们驯养成功了，说明在驯养技巧上大有提高。

另一方面，驯养数量大幅度增长。从龙山镇的发掘看，数量之多前所未有。最多的是猪和狗，其次是马和牛。这也是可以理解的。猪是人们最主要的肉食之源，它被排在首位是顺理成章的。狗占次席，因为它除了可以肉食之外（"挂羊头卖狗肉"这句成语告诉人们，吃狗肉在当时还是很普遍的），还是人们最重要的助猎工具。兔、獐、鹿这样一些活动性极强的动物的猎取，看来非得靠狗来帮忙不可。至于马和牛的饲养多起来，是否说明了骑射的发展和牛耕的开始，这有待于人们进一步去研究。

再就是，这样大规模的、成群结队的饲养，一是要有专门的饲养场所，现在发现的家养动物圈栏并不少，可见当时白天将这些家养动物放养出去，晚上将它们关在圈栏之中，这与饲养业初期人畜同居于一室已经大不一样了。另外，人们完全可以设想，当时已经有了专业的家畜饲养员，也就是畜牧业从农业中分离了出来。专业的牧羊人、牧牛人、牧马人，成为了新的社会劳动群体。

新的畜牧业劳动群体是一个比相对稳定的农业劳动更艰辛的劳动群体，

这也是只能由身强力壮的男性氏族成员来承担的。这是否会进一步强化男子在社会生活中的地位？答案似乎是毋庸置疑的。

井的开掘 /

原始农耕业是以定居为前提的，而农耕业的发展又进一步使定居生活稳固化。井的开掘和发明就是两者交互作用的结果。水井对于人类文明的发展有着重大意义。水井出现之前，人类逐水而居，只能生活于有地表水或泉水的地方。水井的发明使人类活动范围扩大，中国已发现的最早的水井是浙江余姚河姆渡古文化遗址水井，其年代为距今约

彭祖井

7000 年。这是一口相当精巧的方形木结构井，井深 1.35 米，边长为 2 米。其实，原始形态的井的出现，还要早得多。

苏州城东 1 公里的独墅湖一带，在远古时代曾是水草丰美、人口稠密的地方。就在独墅湖的湖底——当年是一马平川，在仅 3.2 平方公里的区域内，就发现了近 100 口井。据考古分析，这些井存在于约 5500 年前，是中华大地目前为止发现的最为古老的井群。

在河南汤阴白营也发现了一口大约 5000 年前的古井。此井深达 11 米，可称得上是一口深水井了。井壁用木棍自下而上层层叠起，累计有 46 层。一层木棍与另一层木棍的交叉处有榫头相连，使两层木棍之间能固定起来，对保护井壁起了很大的作用。从上往下看，木棍层层相压，成"井"字形。由此可见，当时造"井"字时是象实物之形的。

另外，在河北邯郸涧沟，在河南洛阳坐李，在江苏苏州澄湖等处，都

发现了大约 5000 年前的古井。

这样看来，井的发明要有一定的条件。一是技术方面的条件。只有到大约 5000 年前，人类的挖掘工具和挖掘技术才足以挖掘到垂直数米到十几米的深度。古井的发明在差不多同一时间，是有其必然性的。二是人口的增加。在一块地盘里聚居了较多的人口，饮水成了个不小的问题，逼着人们向大地的深处去要水。看，在苏州城东仅 3.2 平方公里的范围内，开掘了近 100 口井，可见当时当地人口是何等的密集！

事实证明，掘井还与制陶业的发展大有关系。陶器制造需要大量的水，一年四季都不能断。但是，河道中的水有时猛涨，有时干涸，会给制陶业带来很大的困难。井的发明基本上解决了这一问题。掘井的动机之一就是为了制陶用水。在汤阴白营古井的不远处，就有陶窑，并有水沟直接通向窑边，这就是引井水制陶的最好明证。

井一旦被发明出来，它的价值比预想的就要大得多。中国人把远离故土称为"离乡背井"，在这里"井"成了故土的同义词。在《易经》中专门有井卦，强调"改邑不改井"，"井"比邑（村庄）还重要。《周礼·地官》上说到，"九夫为井，四井为邑。""九夫"指的是九户人家。意思是说，九户人家共用一口井，有了四口井（36 户），就可以构建起一个村邑，这样看来，"井"还是中华民族古代最基础的行政建制呢！

封土为"坟"

"坟"，对于当今的现代人来说，是个老概念。时过境迁，现今还有谁去封土为"坟"呢？而对大约处于四五千年之前的原始社会末期的先民来说，是个新概念，在上百万年的漫长岁月里，有谁封过土、建过坟呢？[⑤]长期以来，不管你在氏族中处于何等地位，人死了，挖一个坑，埋于地下就行了，这就是所谓的"墓"。人们都睡在地面之下，这是与原始社会的平等原则相一致的。可到了原始社会末期，情况发生了变化，贫富分化已经出现，有特权的人群也冒出来了，高出地平面的"坟"这种丧葬形式正是反映这种社会变化的。

最早的坟，发现在福泉山遗址。这里完整保留了距今 6000—7000 年及随后的各时期文化叠压遗存，内含有新石器时代的崧泽文化、良渚文化、马家浜文化与战国时代的遗存，被考古学家誉为"古上海的历史年表"、"中国的土建金字塔"。

福泉山，坐落在上海西部青浦区的重固镇旁。这里是一个草木稀疏的大土墩，原先也不太引人注意。后来，在这里发现

福泉山遗址

了良渚文化墓葬 10 座，除 3 座属良渚文化早期的平地葬外，另外 7 座都是新异的坟葬，而且规模相当大，有大量珍奇的随葬品。

这是一座 4500 余年前人工建造起来的大型坟山。坟山的整体面积十分庞大，且出土有大量的玉器、石器、陶器，以及象牙雕刻品，其中尤以位于死者骨架胸部的玉琮为最珍贵，这是一种重要的礼器，足以证明死者的权势和地位。

墓葬从埋入地下，到"封土为坟"，是一个极其重大的变化。原先，在氏族内部尽管也有分工，也有首领和一般氏族成员之分，但死后却一样地被埋入地下。到原始社会末期，至少有一些人不愿这样做了，他们要打破常规，开始让自己的葬身之地高出地面，意思很明确，活着时出人头地的人，死后也要高人一等。

坟的建造，要花费大量的人力、财力、物力。以余姚的反山大坟看，它的建造所用的土方至少在 2 万立方米以上，根据当时的运土工具和运土条件计算，没有 4 万个劳动日是完成不了的。如果参加筑坟的劳力为 250 人，那么至少要干上半年时间。不是特权者怎么动员得了这么多的人、财、物？

特权也体现在墓葬本身的隆重上。从福泉山和反山两座大墓看，坟中的大墓一般比较宽大，有棺木，棺木外还有朱红涂层，棺外还有椁，这在

以往也是少见的。

特权在膨胀，人群在分化，致使墓葬各异。

"乱葬坑"内的尸骨 /

与高耸的坟墓成对比的是十分凄惨的乱葬坑。在原始社会的悠长岁月中，人人平等，人人得到应有的尊重。生时，有难同当，有福同享。中国人历来有"死者为大"的观念，人死后，必然要以礼安葬，死者的排列井然有序，且备有与其身份相称的多少不一的随葬品。可是，在原始社会末期的一些墓葬中，人们惊异地看到了不少"乱葬坑"。

"乱葬坑"！多么触目惊心！

邯郸涧沟遗址的一个乱葬坑内尸骨纵横，细看其人头，都是被砍伤而死。在距上述乱葬坑不远处的一个圆坑中，杂乱地埋着 10 具人骨，男女老少都有。在一个废弃的水井里，埋有 5 层人骨，人骨压人骨，令人毛骨悚然，也是男女老少都有，不少是身首分离，还有的作痛苦挣扎状。

陕西西安客省庄遗址中，也有若干"乱葬坑"。在这些"乱葬坑"中，有的人骨被杂乱无章地抛了一地，有的人骨架呈单膝跪倒在地的样子，在跪着的骨架上没有了人头。有些是人骨与狗骨埋在了一起。

这些都告诉人们：这里的死者不是一般意义上的"人"。

实际情况该是这样的：当时，氏族与氏族、部落与部落之间为了争夺生存的地盘，经常发生战争。在战争中如果捉到了俘虏，开初都是一杀了之。但是，到了原始社会的中后期，一个人的劳动果实除了自己吃掉之外有了剩余，胜利者就不再把他们杀掉，而是强迫他们无休止地劳动，这就是奴隶。奴隶因为承受着非人的待遇，死亡率是很高的。一旦死亡，主人当然不会像对待本氏族一般成员那样恭恭敬敬地予以安葬，而是把尸骨随地乱抛，或挖个坑往里随随便便地一埋了之。这就是"乱葬坑"的由来。

氏族公社即将走到它的尽头。一种新的社会形态正渐次冒出地平线。

注释:

① 刚进入氏族社会，以及以后的相当长一段时间内，实行的是"女耕男猎"。农耕的收入丰厚而稳定，是整个社会收入的主体，这样妇女的地位自然高于男性了。但是，当农耕进一步发展，要求高强度的体力付出以应对这项作业时，"女耕"只能让位于"男耕"了，妇女只能改而从事付出劳力较少的"女织"之类了，这时男权时代的到来也就不可避免了。

② 马克思在《摩尔根〈古代社会〉一书摘要》中说过："父权的萌芽是与对偶家族一同产生的，父权随着新家族越来越有一夫一妻制特征而发展起来。"

③ 在中国古文字中，"且"被训为"祖"。《说文·示部》："祖，始庙也。"清人阮元著《释且》曰："且，古祖字也。"

④ 在《淮南子》一书中，有"清醯之美，始于耒耜"的说法。这实在是极为高明的见解。耒耜，指的是农耕，可转义为粮食作物。没有多余的粮食，哪有心思去酿酒？

⑤ 《礼记·檀弓》说："古者墓而不坟。"

第九卷　城市雏形

　　原始社会末期，城市雏形的出现，是一大成就。《说文·土部》有这样的解释："城，以盛民也。从土从成。"这里讲到了城市的两个要素：一是"盛民"，也就是这里集中了众多的民众。随着生产事业的发展，人口也发展起来了。原来一个村落少则十余户，多则几十户人家，现在成千上万人聚在一起。二是"从土从成"，把土垒起来，夯实，成为城墙，这也是城市形成的必要条件。到了大约距今五六千年前的时候，最原始的城市应运而生了。

"中华第一城"

说村落中有着后来城市的萌芽，并非说这些原始村落都将发展为城市。事实证明，原始村落是两极分化的。一极由原始村落发展成为未来的乡村，这占绝大多数；另一极是由原始村落发育成未来的城市，这是少数。从中国社会看，"农村包围城市"是自古亦然的。只有条件极为优越的地方——包括水陆交通、当地的人文、周围的环境等条件，再加上种种偶然因素——才有可能在一定条件下发育为城市。

在湖南澧县城头山遗址，发现了中华最早的远古城址，可称为"中华第一城"吧！[①]城由夯土城墙、护城河、城门和城内夯土台基几部分组成。城垣的平面为圆形，外圆直径为 325 米，内圆直径为 310 米，城周长约1000 米，城内面积为 7.6 万平方米。城外的护城河，东南北三面都是利用自然河道，西面为人工河道。现存护城河最宽处达 3.5 米，深约 4 米。城的中心区为密集的居民区，城内还有道路、制陶区、公共墓地。在长达数

湖南澧县城头山遗址

千年的变故中，该城的城墙几经兴废，痕迹十分清楚。

这座古城引起了全世界学者的关注，世界上大概还没有一座城市会被连续使用数千年之久。考古资料表明，这座城市第一次兴建于距今 7000 年前，当时的城高大约只有一米多，只能说是粗具规模，或者说是城市的雏形。6000 年前城市进行了一次大翻建，城墙升到了大约 2 米来高。大约 5100 年前又一次修建，城墙的材料更新了，牢度大大提高。4600 年前最后一次修建，城墙升到 3 米多高，还挖起了宽宽的护城河，形成了功能与气派跟后代人们所见差不多的城池。

这里之所以会出现"中华第一城"，那是因为 5000 多年前这里的社会经济相当发达，城头山遗址周围又是一马平川，物产丰富，商业繁荣，且水陆交通十分方便。澧水及它的支流使这片土地四通八达，经济也繁荣昌盛起来。

安徽省文物考古研究所的专家在发掘了含山凌家滩原始部落遗址后，也认定是中国最早的城市遗址之一，这表明中国早在 6000 年前就出现了城市，从而使中国城市的历史又向前推进了 1000 多年。

城市是人类真正走向文明社会的一道门槛。城乡的对立，体力劳动与脑力劳动的分化，都证明一个更大的社会变动正在孕育之中。

夯土城墙 /

最原始的城墙是怎么建筑起来的？从上面说到的"中华第一城"可以见到，当时的城墙都是夯土城墙，砖墙那是以后的事。

事实上不只是城墙，原先的建筑物都用泥土拌和草木垒成，原始先民居住的村落都如此。后来，为了强化建筑物的牢度，人们发明了夯筑技术，就是在建造建筑物时，在地基中加进不等量的石子，然后加以夯实。等地基板结后，再往上建造，建造到一定的高度时，再夯实一次，并停下来让它板结一段时间，然后再往上筑，再加以夯实。这样筑筑停停，并不断加以夯实，日后建筑物就明显地分出一层层的建筑痕迹来。湖南城头山遗址如此，山东日照东海峪见到的远古先民的建筑物，亦大多采用这种夯筑技术。一些最原始的城墙性质的建筑物全取这种方法。就是到了后来发明制砖技术后，这种夯土城墙仍然并存着。

也许是出于安全的考虑吧，即使最原始的古城，城墙外也都再筑一围城墙。这样在预防外敌时，就有了较大的周旋余地。后来的人们把里面一道城墙称为"城"，是城市中比较繁荣的地方；外面的一道城墙称为"廓"，大约是城的扩大的意思。"城"与"廓"的比例大约是一比二，或者多一点，后来的王城似乎规格还要高一些，即"廓"的范围更大些。[②]

土坯砖 /

过了相当长的一个时期，人们发现，这种用夯土建造起来的建筑物还是不够牢固。于是，人们就开始寻找一种更牢固的建筑材料。

可以肯定地说，是受到了制作陶器的启示，原始先民在土坯墙建成后，用火烧烤，结果牢度是大大增加了。但是，那样做实在太费事了，而且那么大的范围，烧烤起来难度也实在太大。最后不知哪位聪明者想到了一种新方法：把制成一小块一小块的泥块，先放在太阳底下晒干，然后置于窑中去烧制，这就是"砖"了。

一砖一瓦，在现在看来是再平常不过的东西，但是，要知道，人们为了制作它，不知经历了多少世代的摸索。从距今1万年前走出洞穴起，人们一直是以土垒墙，而到真正懂得制作砖头时，已经是距今6000年以前的事了。

在距今近6000年的上海福泉山文化遗址中，见到了用

福泉山遗址出土的土坯砖

火烧烤过的土坯砖。那是一种多么粗糙多么古朴的砖块啊!

福泉山遗址出土的这些砖块用火烧过了,但显然那时还没有专用的砖窑,也许是架在木柴的火堆上直接烧制的吧。砖表呈深浅不一的红色,砖头断开,里面因没烧透而呈黑灰色。每一块砖头大小、厚薄也都不太一样,显然那时还没有统一规格的砖模,也很可能是用手捏制出来的,目测大致一样大小就可以了。到制作批量生产的、统一规格的砖时,大约又经历了1000 多年的时间。

墙基冤魂 /

在 20 世纪 80 年代发掘的山东寿光孙家集镇边线王村文化遗址,发现了距今约 5000 年的一座古城,被定名为"边线王古城"。古城坐落在弥河两古道之间的高冈上。城址为大小两层,大城套在小城外面。两城的结构与构筑方式基本相似。

推倒已经腐朽不堪的城墙,挖开尘封数千年的大小城的城墙基,让人大吃一惊的是:在大城的墙基槽内,多处发现有长方形或椭圆形的土坑,土坑内除了埋有猪和狗的骨架外,更多的是儿童和成人的骨架。

这是怎么一回事呢?考古学家、社会学家们作了这样的分析:

筑城,在当时人看来是一件挺大的事,按照当时的习俗,建城(包括建房)时要举行一个隆重的奠基仪式。举行这一仪式时要当场杀牲口和杀人殉,以奠于城基下,他们以为这样城基才坚实牢靠。当然,这是十分残酷的,那些奠于城墙下的人殉,在入殉前必须被强行砍去头盖骨,血淋淋地被埋入城基之中。从现今翻出来的尸骨的情状看,这些人殉被埋入土中之时,还没有完全地失去知觉,还在作痛苦的挣扎呢!

至于这些被作为人殉的是何等人,他们是自愿充当的,还是被强行押解来的,如今都已无从稽考了。

这些屈死在城墙基础下的冤魂,数千年来一直含冤于暗无天日的九泉之下,直至今日,终算得见天日了。

城市规划 /

到了 4200 多年前的龙山文化时代，城市建设渐渐地成熟起来。如今在山东、河南、内蒙古、湖北、湖南见到的十余座古城，显然都已经有了相当严密的规划了。这里可以河南平粮台城作为例证。

平粮台城建造得十分坚固，城墙的墙基宽度有 13 米呢！高度至少在 4 米上下，墙的顶部宽也有 10 来米，与后世见到的城墙差不了多少。这是一座不太大的城，方方正正的，每边也仅 180 多米，可所需土方不会少于 4 万立方米。如此浩大的工程，没有统一规划和统一指挥是难以想象的。

全城呈正方形，坐北朝南。南门较大，为正门，设在南墙的正中；北门很小，又略为偏西，当为后门。这种格局显然是经过精心设计和规划的。

平粮台城所体现的方正、对称、面南的思想，一直影响中国古代城市发展几千年，后来的城市基本上是按这种观念建造的。

城市具有防卫功能，因此，就会在建造过程中考虑设置一整套防卫系统。有"城"有"廓"，这是为防卫。有"城"有"池"，也是为了防卫。另外，有"城"有"卫"，更是一种防卫。

城门"门卫室"的出现也是一大发明。

郑州西山仰韶文化城址

平粮台城的防卫设施已经相当严密，这充分体现在城门管理上。这座城专门设置了门卫室。门卫室由土坯砌成，东西相对，两房之间的通道仅有 1.7 米，如果有事，两边的门卫一伸手就可以把城门封死。当时设计的人想得很周到，在门卫室中还置有灶头，守门人要吃点什么也不用外出了，如果是隆冬，还可以利用灶头生火取暖，设计者连这样的细节也想到了！

如果说城郭、城池在当时条件下主要是为了防止外敌的侵袭，那么，"门卫室"的作用是不尽相同的，它主要是为了保卫市民的日常安全，相当于后来的公安系统。

在平粮台城的发掘过程中，还发现了一截 5 米多长的下水管道。这段下水管道设在南城门脚下，离地面大约有 30 厘米深。下水管道由一节节长约 50 厘米的陶管制成。陶管一头大一头小，小的一头套在另一节水管的大的一头。整个水管呈南北走向，北端略略高于南端，这样便于城里使用后的废水能排出去。为了保证充足的排水量，同一段地下排水管并列有 3 根。如果同时有大量的排水，地下排水管有足够的容量，便可让废水畅通排出。

这样齐全的地下排水管道，说明当时这座城市的人口相当稠密。在远古先民的村落中，人口稀少，是不会有人想到去铺设地下排水道的。

在这座不算大的城市中，有设施相当精良的十多所高级住宅，也有更多的普通民房，还有多处陶窑和宗教活动的场所。推算起来，总有上千人居住在这座城中吧！那么多人居住在城内，用水量一定是很大的，排出的废水量一定也很大。可以作这样的设想，最初一定有一段污水溢出的时期，后来主管部门感到了问题的严重性，才设法在城中埋起地下水管来。

"日中为市"

人们常说的"城市"，其实有两个概念：一是"城"，也就是从原始先民构筑的护卫村落的防卫工程进一步发展而来的城墙；二是"市"，也就是人们进行货物交易的场所。"市"的下半边是"冂"，文字学家释为货物交易处的围墙，上头的一点一横，大概是表示"日中为市"③。远古时代没有什么照明设备，只能趁阳光灿烂之时进行货与货的交换。有人还说金文的"市"似"兮"，表示一种悠长的叫卖声。我们的古人真伟大，简简单单的一个"市"字，把货物交易的时间、地点、场景，甚至参与交易者的音容笑貌，都表达出来了，你说神也不神？

这样的"市"，大约在距今5000年时就已经出现了。

大汶口10号墓的开掘，引起了人们普遍的兴趣。这是一位可能很有身份的老妇人的墓地，随葬品之丰富及质地之优异，堪称为大汶口墓葬之冠。其中除了有大宗的猪头、石器、玉器、骨器、陶器等外，还有只可能产于异地的象牙器、绿松石及鳄鱼鳞板，其中的白陶制品、玉铲和象牙梳实为精美工艺品。

因其数量之多，考古工作者认定这些随葬品不可能全由其家庭生产。

因其物品之异，考古工作者认定这些随葬品不少来自异地。

因其随葬品之珍，考古工作者推断这位老太太决非等闲之辈。

象牙器迄今只在曲阜东魏庄、茌平尚庄、滕州北辛庄和湖北郧县青龙泉有少量发现。据说，在新石器时代，在长江以南的一些地方有大象出没，在南方的一些遗址中也偶有象骨发现。可见，大汶口10号墓中的象牙器该是来自长江以南的某处。绿松石是稀有矿石，至今发现极少。大汶口10号墓发现的绿松石串饰，由19枚大小不等的绿松石组成，如此多的珍品，是不可能在一处采集到的。至于鳄鱼鳞板，经鉴定为扬子鳄。新石器时代黄淮一带有扬子鳄的自然分布，但要进入10号墓地则有相当大的地域距离。

这些似乎都在用无声的语言告诉人们：当时的人们物品交易的范围已经相当广。当时大约10来里地域有一个"市"，就是说在这样一个范围内的物品都可以拿到"市"上去交易。但是，人与人的活跃程度是很不相同的。当时，有一些"活跃分子"会蹿到相邻的"市"上去观光和交易。经过"市"与"市"之间的接力，千里之外的域外之物，也能流向远方了。大汶口10号墓中女主人的珍异之物，正是这种"市"间接力的产物。

最早的货币 /

"市"的出现在人类生活中是一件大事。但是，麻烦也随之而来。带着那么一大堆东西到市场去交换，多不方便！比如你家有多余的羊，但缺布，你就得牵了一头羊到集市去，目的是交换到一匹布。可是，羊倒的确有人要的，可那人手头没有布只有猪怎么办呢？结果交易还是不成功。麻烦，麻烦，太大太多的麻烦！

怎么办？

于是，人们就开始寻找一种大家都认同的物品，只要手中拥有了这种物品，就能交换到一切所需的物品，这就是原始货币。

在湖北省京山县屈家岭文化遗址，发现有一种陶质较软的彩陶纺轮，形式多样，色彩柔和。它的制作过程大致是，先在两面涂抹上橙黄色的陶衣，再在单面绘以红褐色或红色的花纹，彩纹图案主要有同心圆纹、漩涡纹、对顶三角纹、平行短直线或短弧线纹。有专家认为，这种彩陶不会单是纺织专用工具，而是屈家岭文化共同体在当时流行的一种原始状态的货币。人们要买什么，先将物品换成"彩陶纺轮"，再拿这种"彩陶纺轮"去换自己所需要的东西。

这还是不方便。拿着那么大的纺轮，到市上去交换，多不好使。有没有更加小巧一点、更加简便一点的物件呢？

有的，并且找到了。根据科学考古的发掘资料，海贝在中国的新石器时代晚期已经取得了实物货币的地位，这是四五千年以前的事情，有人认为还要早些。

在青海乐都柳湾新石器时代的墓地，意外地发现了用海贝、

湖北京山县屈家岭文化遗址彩陶纺轮

石贝和骨贝随葬的现象。青海远离大海，海贝当然是极为稀有之物。正因为极为稀有，"物以稀为贵"，因此它就珍贵。正因为珍贵，它就有资格成为万能的、交换一切物品的"介物"。看来，后来单是海贝不够用了，就加上石贝、骨贝一起使用，当然，石贝和骨贝比起海贝来，"面值"要小得多。

在一个梦幻般遥远的年代，人们就是这样艰难而又生气勃勃地生活着，一步步地走向灿烂的明天。

注释：

① 龚良：《中国考古大发现·湖南城头山文化遗址发掘记》，兵器工业出版社 2001 年版。

② 文献上对城、廓有种种说法，如《孟子·公孙丑上》："三里之城，七里之廓。"《战国策·齐策六》："五里之城，七里之廓。"

③《周易·系辞》云："日中为市，致天下之民，聚天下之货，交易而退，各得其所。"

第十卷　东西南北

　　远古时代的神州大地，被高峻的喜马拉雅山、喀喇昆仑山、天山等难以逾越的大山和浩瀚的塔克拉玛干大沙漠所阻隔，切断了与世界其他地区的陆路联系。但是，有一弊必有一利。与世界其他地域联系一时难以实现，那就转向内地交往吧！神州大地内部的地域广阔得很呢！也正是这个原因，神州大地上的人们，早在八九千年前，甚至万年前的远古时代，就开始了在东西南北的广阔领域内交往了。[①]

　　东部，西部，南方，北方，人口的迁徙，物品的交流，文化的交汇，还有婚姻和血统的混杂，使神州大地整体化了。这种时日久远的血脉交融，正是日后中华民族有着超乎寻常的凝聚力的一个内在因素吧！

"东西" /

"东西"这个词，实在奇妙得很。外国人也许难以理解，而中国人对其含义是妇孺皆知的，都知道它的基本意思是指"物品"。你若对身边的人说："把那东西给我拿来。"他就会循着你所指的方向看去，然后把你所要的物品送上。后来，"东西"一词所指的范围越来越广，连人自身也包括在里面了。惹人喜爱的小孩，常被称为"多么可爱的小东西"。憎恶一个人，可说"他不是个东西"。

"东西"一词的发明，反映了中国人所特有的交换意识。自己生产的物品自己用，算不了什么，东边人生产的物品让西边人去用，或西边人生产的物品让东边人去用，这才稀奇。只有有了这种观念，才可能脱胎出"东西"这个在当时看来是全新的观念。

"东西"这一词的发明，也反映了中国人所特有的活动意识。老子把"鸡犬相闻，老死不相往来"，看作是"至治之极"②，那显然是不可能的，也是不符合中国国情的，这一点，太史公司马迁已经予以批判。中国的"东西"一词，本身就说明中国人自古以来是开放的，主张流动、交换的。自东而西、自西而东地走一走，有什么不好呢？

那么，"东西"一词起始于何时呢？一般学者都引述宋代王溥《唐会要·逃户》："所在逃户，见在桑田屋宇等，多是暂时东西。"以为"东西"一语起于唐宋。这肯定是不确的。其实，早在八九千年前，甚至是1万年前，就有了"东西"的观念，因为那时的人们走动的脚步已经十分勤快了，而且途程是那么的远。分布在中国新疆、西藏、内蒙古直到东北边陲的大量富有新石器工艺传统的游牧人遗址，证明了他们之间走动之勤，走动范围之广。这些遗址沿途的一条条古道，正是用他们的脚践踏出来的。至于他们走动

《唐会要》书影

时揣在怀里的，正是各种各样的"东西"。神州大地南国突破地域的走动就更频繁了。

有客自闽南来 /

大约早在一万年前，闽南人就走向了台湾，理所当然地，台湾人也走向了闽南。这正好证明了中国人的活动性和开放性。

祖国宝岛台湾有个台东县，台东县有个长滨乡，长滨乡海边有个八仙洞。八仙洞一直被认为是神仙居住的地方。可是，自从 20 世纪 60 年代末在洞穴中发现了大量的以锐棱砸击技术制作的新石器时代石器工具后，专家们认定，这是台湾地区最早的原始期文化场所了，定名为"长滨文化"。

考古发掘证明，在"长滨文化"之前，台湾是一座无人居住的荒岛。那么，是谁踏波蹈海，来到这座荒岛创造了第一缕文明之光的呢？

看来还得从历史的遗存物——石器着手。只要找到完全同类的石器制作物，就可以实证这是同一批人的杰作了。

找到了，完全一模一样的以锐棱砸击技术制作的新石器发现于祖国大陆闽南地区。大约在 1 万多年前的某朝某夕，一群闽南人站在海边向浩渺的大海张望，对在大海的波涛中闪烁着非凡光泽的那个宝岛产生了浓厚的兴趣。于是，他们便结队兴致勃勃地渡海来到了这块宝地，并且居住了下来，以洞为屋，砸石为器，客居人终于成了这里永久的主人。

问题又接踵而至了：闽南与长滨虽然是隔岸相望，可是中间隔着波涛万顷的台湾海峡，在造船术十分落后的万年前，哪能沧海横渡？这似乎成了个难解的死结。

但是，答案最后还是找到了。原来，在台湾海峡的南部，有一道横贯东西的浅海带。③在漫长的沧海桑田的变化中，海水时涨时落，在落水的岁月中，浅海带曾经数度露出海面，成为陆桥。因为这座陆桥西起东山岛，东至台湾的南部，人们就称之为"东山陆桥"。可以肯定，那些勇敢无畏的闽南人就是踏着"东山陆桥"来到"八仙洞"的。

福建东山县博物馆通过海底考古挖掘，收集到亚洲象、犀牛、熊、野猪、水牛、斑鹿、野马等哺乳类动物化石达 3100 多件，化石数量之多、品种之全为大陆所罕见，而且这些动物化石与台湾出土的动物化石有惊人的一致。这就足以证明台湾海峡有"东山陆桥"的存在。换言之，早在约 1 万年前的时间里，先民们通过"东山陆桥"往来海峡两岸。

当然，有奋斗就会有牺牲，死人的事也会时有发生。20 世纪 80 年代曾在离东山岛东南大约 13 海里的地方发现了一件人类右肱骨化石。这可能就是当年沿着"东山陆桥"挺进途程中的牺牲者留下的残骨。显然，当时实际死亡的人数是很多的，只是他们比右肱骨的留存者更不幸，最后他们是片骨无存了。

北首岭的榧螺

宝鸡地处神州大地的西北隅，这里曾经是中国古人类十分活跃的地方，在它的腹地，有着丰富的地下人文宝藏。

当考古学家对宝鸡北首岭距今约 7000 年的下层遗址进行开掘时，惊异地在房址中发现了一定数量的榧螺。这些榧螺，有的已经食用，连螺壳也被人为地敲碎，有的则被完好无损地保存在一个陶制容器内。

手捧着这些远古先民留存下来的榧螺，人们的手颤抖了。在宝鸡这样的内陆地带，怎么可能有海生的榧螺呢？

榧螺是一种海生动物，它的贝壳呈筒状，个体不小，高可达三四厘米。螺壳十分光滑，有瓷光，带有黄褐色，并有锯齿状的褐色花纹，外形是十分可爱的。榧螺不只外貌秀丽，其食用价值也极高。它生长在 40 米以下的沙质海底中，肉可食，味鲜美，其壳也有很高的药用价值，因其美丽，还可供观赏。

榧螺

在神州大地，产于南海和东海南部的榧螺，怎么一下子西行到了内陆的宝鸡来了呢？而且时间是在 7000 年之前。考古学家给出的答案只有一个：早在 7000 年前，地处内陆的宝鸡地区，已经与神州大地的华南、东南地区有了一定程度的交往。不然，这榧螺怎么可能南北东西数千里"飞"到这黄土高原上来呢？

"海贝之路"

连贝纹彩陶盆。以贝作为装饰题材，显示了原始社会先民对贝的喜爱和贝的珍贵（江苏邳县出土）

玉门地处西部地区，历来被认为"文化后起"的地域。所谓"春风不度玉门关"，说的是它的落后。这是事实吗？不是。近期考古学的成就告诉人们，在远古时期，这里曾经有过异乎寻常的辉煌。它与东部地区的远距离交往，更是出人意料之外。

玉门有条火烧沟，在那里的远古墓葬的发掘中，发现有一种被称为环纹货贝的奇特生物体。这种生物体的贝壳面十分光亮，多呈鲜黄色。因为它的数量并不多，因此早在 6000—7000 年前就被用来充当货币，"货贝"之名由是而生。

可是，它除了产于热带地区外，还产于中国的台湾和台湾海峡地区。当时的交通不可能将产于热带的环纹货贝运送到玉门这样的西部地区，唯一的可能是有人通过多种环节，把产于台湾的这种环纹货贝带到了玉门地区，也可能玉门地区的某些人出于某种需要，来到了台湾地区。如果真是这样，那算得上是中国古代的万里长征了。

结论只能是：早在远古时代，西部的陕甘地区已经与同属华夏子孙的

贝币

台湾先民建立了友好关系。

其实，上述海贝的流转只是一例。在距今五六千年前，在中华古土上，先民已经用自己的足迹，走出了一条"海贝之路"。这条"海贝之路"的大致轨迹是——从东南沿海（包括台湾地区）经贵州、四川而传入青海，又进入甘肃中部，并折向西去，进入河西走廊。人们一路走来，在沿途都撒下了珍贵异常的海贝，或者说，正是这些海贝，把那样广漠的地域串连在一起了。作为那个时代的真实记录，是考古出土的那些连贝纹彩陶盆。

通过长期的迁徙和交融活动，海贝成了领引先民交互走动、融会沟通的信物。这也可以看成是华夏大地上民族融合的前奏吧！

良渚玉石何处来 /

"良渚文化"是一个考古学名词，因在浙江余杭县（今杭州市余杭区）良渚镇发现了大宗的玉器闻名于世。事有凑巧，20世纪70年代，当地的一个农民在农田翻地时，意外地在一个名叫反山的地方挖出了一些古玉器。他把这些古玉器拿到文物市场上去卖，被有关部门知晓后加以鉴定，发现这些竟是5000多年前的古玉器。这可是一件惊天动地的大事，把中国玉器的历史一下提早了2000年。

玉项饰（上海青浦墓葬出土）

于是，考古学家们来到了这个叫做反山的地方。所谓"反山"，虽名之为山，实际上只是比周围高出四五米的一个大土堆。这土堆中埋着些什么宝贝，一直是个谜。

在反山地区的考古发掘中，各种形态的玉器不断发现。在编号为12的墓坑中，一下出土了700多件玉器，其中有一件玉琮，足足有6.5公斤重，被称为"玉琮之王"。

12号墓清理完以后，考古人员又在600平方米范围内继续发现了10座墓葬，出土玉器达5000件之多。在反山周边地区，也发现了数量十分可观的玉器，包括玉琮、玉璧、玉

玉琮（良渚出土）

钺等。

这是中国境内仅此一家的"玉器之都"。

"黄金有价玉无价",人们除了关注这些玉器的文化价值外,开始关注起另一个问题来:在良渚文化区域内,并没有盛产玉石的地方,那么,良渚玉石的原料来自何方呢?

人们把目光投向北方的辽宁,那里出产的玉石料与良渚的玉石十分匹配。

人们还把目光投向地处大西北的新疆,那里出产的玉石与良渚的玉器质料相符。

这当然还只是一种猜测,但是,有一点是可以肯定的,良渚的玉石必定是外来的,而且来自遥远的地方。如果有一天真能证明它的原料来自辽宁或新疆,那么,就再也雄辩不过地说明在远古时代环太湖地区就与祖国的北方和西部地区有着某种交往和联系了。这一点,比出土的玉器本身更"无价"。

"高高在上"的卡若文化

西藏昌都卡若文化遗址

简直难以想象,在距今约 6000 年前,高寒的青藏高原上就发展起了足以与长江、黄河地区,与四川、云贵地区的同期文化相匹配、相抗衡的新石器时代文化。然而,这的确是铁一般的事实。它就是在 20 世纪 70 年代发现的、名闻遐迩的卡若文化。

卡若文化遗址位于西藏东部昌都县卡若村,遗址东靠澜沧江,南临卡若水,海拔高度为三四千米。

在 1 万平方米的范围内，出土了大量史前的石器、陶器等文化遗物。在远古时代，卡若人就"高高在上"地雄踞于青藏高原上，真使世人大开眼界。

随着研究的深入，人们开始考虑这样一个问题：该如何梳理卡若文化的文化血脉呢？这些在卡若地区生活了大约 12 个世纪的"卡若人"，究竟来自何方？考古学家还是设法让"卡若人"本身的遗留物"说话"。

卡若文化与中华古土上其他地区的文化血脉相连。

卡若细石器中的锥状石核和柱状石核，同样见之于甘肃地区的马家窑—齐家文化系统。卡若文化中的长条形石斧和形状奇特的石锛，与四川、云南的新石器文化相似。

卡若文化陶器均为平底，马家窑文化陶器也基本是平底；卡若文化的陶器主要是壶、罐、盆、碗，马家窑文化也主要是壶、罐、盆、碗。

卡若文化陶器上的刻划纹饰大致为波折纹、菱形纹、贝形纹、平行线纹、正倒三角纹，半山—马厂期彩陶也如此。

卡若遗址多木骨泥墙的平顶屋，马家窑—齐家文化也是如此。

更为奇特的是，在卡若遗址中发现了许多粟的朽灰和碳化物，而众所周知，粟米农业历来是中国北部地区的传统农业。它与我国北方的农业有着怎样的血缘关系呢？

所有这一切，在告诉人们什么呢？

从卡若文化看，藏族有着非常悠久的历史和自身发展的谱系，它并不完全是从外地迁来的。但是十分明显，在发展过程中，曾受到了北方民族的影响，甚至有部分北方地区、黄河地区、长江地区的先民进入藏区，实现种族与种族之间的交互融合，为藏区输送新的文化血脉，也完全是情理中的事。

循着卡若文化给人们带来的启示，考古学家在西藏地区进行了广泛而艰辛的考察发掘工作，为的是弄清这块土地上的文化血脉。

历时半个多世纪的大规模考古发掘，人们拥有了大量的考古资料和数据，再与祖国大陆广袤土地上的考古资料相对照，大致的结论终于有了。

西藏的旧石器文化源于华北地区。当时的华北人，不远万里来到了这高寒的西藏高原，带来了文化，带来了热力和情感。

西藏的细石器文化源于北方草原，而北方草原的细石器文化同样源于华北地区。西藏高原、北方草原、华北平原，三地的文化交融着、流淌着……

西藏的新石器文化既有它自身的特色，又存在大量的中原仰韶文化和长江流域考古文化的主要因素。西藏出土的半地穴式建筑和长方形双孔石刀，在西安半坡遗址中可以原封不动地找到。

这些都告诉人们，在西藏高原的原始文化中，浸染和融合了中原文化的血脉。

流落大草原的"和田玉"

被誉为世界软玉之冠的"和田玉"，早在新石器时代就被昆仑部落的先民们开采利用。不只他们自己开采利用，还把这些宝玉分发到祖国各地

赤峰兴龙洼遗址

玉蚕（河南三门峡出土）

去呢。

在内蒙古的红山文化遗址，人们发现了和田宝玉。这些和田宝玉，有的被制作成珍贵的礼器，有的被制作成高雅的饰品，有的还制作成了造型独特、大气美观的玉龙。赤峰市发现的硕大型玉龙，被称为"中华第一龙"。

要知道，那是在距今 6000 多年之前。

从新疆的和田，到内蒙古的赤峰，少说也有数千里的途程，在当时，除了双腿，最快捷的就是骑马了。要越过万水千山，把和田玉送到大草原，实在不容易呵！

镂孔象牙梳（山东泰安出土）

可是，这是千真万确的事实。

在《礼记·檀弓上》中，有一段很重要的话："孔子既得合葬于防，曰：吾闻之，古也墓而不坟，今丘也，东西南北之人，不可以弗识也。"郑玄注道："东西南北之人，言居无常处也。"

这段话如果真是孔子说的，文中道及的"东西南北之人"，也不只是指孔子，而是讲整体意义上的中国人，讲中国人的一种民族性格。

由本卷所展示的一系列资料可以看出，中国七八千年前的先民，就是以"东西南北人"的风姿出现在华夏历史舞台上的。他们由东及西，由南而北，迁徙着，交流着，融合着，互相帮衬着，为了某种现在还难以猜度的缘由而不远千万里地奔波，这也许可以看成是华夏这个多民族大家庭得以稳固形成的重要前提条件吧！

说中华民族自古以来就保守、守旧，囿于一地一隅，是这样吗？还是让历史来说话吧！人们相信，读了本卷资料的中外诸君，都会得出公允的结论。

从某种意义上讲，中华子孙都是以开放为荣、以开放为乐的"东西南北人"！

注释:

① 本卷所引资料,大多取自张朋川著《黄土上下》一书,这些资料都说明中国人自古以来是崇尚走动交流的。该书由山东画报出版社出版。

② 《老子》的原文是:"至治之道,邻国相望,鸡犬之声相闻,民各甘其食,美其服,安其俗,乐其业,至老死不相往来。"司马迁在《史记·货殖列传》中引述了这段话以后批评道:"必用此为务,晚近世涂民耳目,则几无形矣。"司马迁的意思是:如果一定要把老子那一套当成我们的目标,也只有把人民的耳朵全都堵塞起来,不过要知道,那样做是不可能的。司马迁是反对小国寡民的,他主张走动和交流,在这点上,他的观点符合中华民族精神。

③ 横亘在台湾海峡南部的浅海滩,大约在海水下降40米以上的情况下,于11.7万年前、7万—5万年前、1万多年之前三度浮出水面,成为"东山陆桥"。这座"东山陆桥",在相当长的一段时间内,成为大陆与台湾人际交往的主要通道。

第十一卷　艺术人生

　　艺术是属于人生的。有人生，就有了艺术。距今约 1.8 万年前的"山顶洞人"，正处于母系氏族公社时期，爱美的女性在社会生活中起主导的作用，留下了许多艺术杰作。人们看到了用石子磨制成的项链，用铁矿石研制成的装饰品，艺术已经成为先民每一个生活领域的不可或缺的有机组成部分。到了距今 1 万年上下的新石器时代以后，艺术与他们的生活更加紧密，须臾不离，他们不只把艺术打造进自己手制的种种产品之中，还创造出了相当"专业"的艺术门类和艺术手段。艺术使当时人们的人生品位上了一个新台阶。

劳动器具的美化 /

　　原始先民的艺术天才，首先表现在劳动生活上，尤其是劳动工具的改进和美化上。最初，人类使用的工具往往是粗糙的，较多考虑的是实用价值，但是，越到后来，人们越考虑劳动工具的美观和艺术化。

　　从湖州钱山漾遗址出土的"耘田器"可以得到证明。什么叫"耘田器"？很简单，就是用犁把土翻松以后，再把土耘平的重要农业劳动工具。在最初的时候，只要能起到耘平土地的作用就可以了，别的可以不多加考虑。可是，这件 5000 多年前先民留下的"耘田器"，第一眼给人的感觉就是：美，它实在是太美了！

　　这件"耘田器"用灰色的砂页岩精细地磨制而成，这是一种上等的优质石料，且十分坚硬。如此坚硬的石质，要磨得那样的光滑平整，连丝丝纹路都看得出来，要花多大的功夫呵！整个器材呈自然弯曲的长方形，中间有一个十分规范的圆孔，犹如飞燕圆溜溜的头，头的两侧是左右两翼。两翼可以说是完全的均衡。两翼微微上翘，像是飞燕在振翅飞翔一样。可以肯定，人们在使用这件"耘田器"劳动的时候，一定会极大地感受到美的，从而减轻繁重的体力劳动带来的劳累。

　　内蒙古赤峰红山后遗址出土的 5200 多年前的石磨盘石磨棒，也是我国先民创造的美的劳动工具的

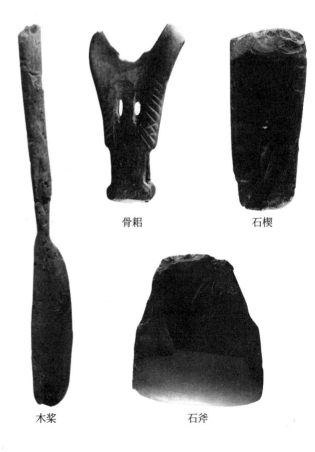

木桨

骨耜

石楔

石斧

典范之作。

　　磨盘和磨棒都是用坚硬的砂石打造磨制而成。磨盘的原料是一块长方形的石块，制作者把石块的上方一面磨成内凹的弧形。妙就妙在这道弧形是呈自然的抛物线状的，弧线的一端略为平坦，弧线的另一端有较为大的弧度。这样，石磨就成了一艘十分神似的船形。弧度较为平坦的一端是船头，另一端是船尾。人们一边在磨制和加工谷物，一边会产生种种美好的遐想。另外，磨棒呈长长的圆筒形，长与阔的比例适中，表面光滑圆润，也给人一种美的感觉。

造物的形似和神似 /

仰韶文化的陶鹰鼎。喙呈钩形，显其锐利，表达了先民对鹰的敬畏

　　在江苏吴江袁家埭遗址，出土了一件奇特的水豚陶壶雕塑。这件水豚，被雕塑得活灵活现，既似生活在长江中的水豚，又不完全与水豚的原形一模一样。这充分说明了，当时中国先民的雕塑艺术已经有了一定的发展。

　　这件水豚壶以豚嘴为器口。水豚的尖嘴前伸，十分犀利有力。一对圆圆的眼睛，十分机敏，也十分有神，似在水中东张西望地觅食。豚身肥硕、圆滑，呈流线体，尾摆在一边，使人感到水豚在水中快速游动时，为紧追目标，不得不骤然转向，从而尾部自然倒向一边。由于游动较快，在水流的反作用下，水豚头上的长耳就平贴在脑顶。

　　画面中的水豚游动得如此优雅、轻松、自如，对水豚在游动中体态发生的变化观察得如此的细致入微，可见，这些原始的艺术家们对生活是那样的熟悉，艺术手法又是那样的纯熟。

　　鼎，在中国古代社会是权力的象征，即使在原始社会也是如此。把一个鼎做成一只鹰的模样，是别有一番意蕴的。

　　在陕西华县太平庄遗址，发现了一件大约 6000 多年前的陶鹰鼎。鼎高36 厘米，器表微呈黑色，有光泽，整个陶鼎的造型为一站立着的巨鹰。巨鹰体内中空，背上开口为器口，以鼎脚为鹰腿。鹰与鼎可谓浑然一体了。

红陶人头像（甘肃礼县出土）

雄浑厚重的鼎鹰，栩栩如生体现了天之骄子的内在神韵。老鹰的头微微前倾，最为突出的是，其长嘴勾喙，犀利坚硬，具有无坚不摧的态势。一双大得出奇的巨眼，从眼眶中凸起，炯炯有神，突出了老鹰凝神紧盯猎物时的赳赳气势。鹰腿粗壮有力，鹰身丰满结实，浑身肌肉隆起，体现了雄鹰的孔武、威猛，蕴含着摧枯拉朽的力量。

无疑，这一泥塑巨鹰的艺术震撼力是巨大的。问题在于：远古祖先在塑造这样一只巨鹰的时候，心中想到的只是鹰呢，还是同时还想到了人自身？答案应该是不言而喻的。陶鹰鼎的制作者是在以鹰喻人，表现人的超常的格搏力和生命力。

艺术始终是人文的。反映和描绘人自身，一直是艺术的最重大使命。甘肃出土的马家窑文化人头形陶器盖就是一个明证。[①]

这件器盖的边缘呈锯齿状，可以与器身上的锯齿完好地扣合。这一方面表现了艺术品的装饰性和完美性，同时，从实用意义上说，它也能使器盖与器身丝丝相扣，具有更好的密封性。整个器盖恰如一个壮年人的半身塑像。所塑人头的耳、目、口、鼻都镂空，这样就更强化了作品的立体感。颏下有一小撮胡须，说明这是一位成年的男子。十分明显，胡须是经过修饰的，相当整齐，也很有精神，充分反映了艺术品描绘的人的修饰特点。

最值得注意的是艺术品强调的文身习俗。人头形陶器盖的人头脸上绘有纵横交错的花纹，杂而不乱，为人物平添了几分沧桑感。脖颈上亦绘有纹饰，其纹饰为竖条，与脖颈的部位十分协调。肩以下遍绘着有规律的花纹图案，犹如身披了一件大花袍。头后遍涂黑彩，表示的当然是头发，黑彩至齐耳处齐刷刷地没了，说明当时的当地人留着齐耳的短发。有趣的是，人的头顶还饰有一角状物，反映出当时人有以角装饰自己的爱好。

变异的纹饰 /

彩陶鸭形壶。器呈鸭形，口颈为鸭头，腹部为鸭身。背腹绘鸭纹，间饰波纹，似鸭游于水波之上。造型新颖，构图醒目（青海民和出土）

半坡型文化彩陶上的鱼类纹绘画出现得最早，历时最长，几乎贯穿了半坡型文化的始终。就拿鱼的单独纹样来说，它也是在不断变化着的，反映了人们艺术审美能力的提高和艺术表现手法的成熟。

半坡型文化早期表现手法比较写实。鱼就是鱼，很少有想象的添加，鱼纹表现的一般是鱼的侧面形象，全面无遗地画出鱼的头（有的还画出它的须、齿）、身、鳍和尾，可说是有头有尾，是一条完整的鱼。当时的鱼纹大部分画在彩陶大盆内。

鱼纹图像的进一步变化是由单纯的直线造型，变成直线与弧线造型的相结合。由于增加了弧曲的变化，圆点、单线、弧边三角也穿插地运用，使鱼纹活泼灵动起来。鱼纹的单独样式除了展开式之外，还出现了回旋、跳跃等各种生动的姿态，并且对鱼的单独纹样进行了一定程度的几何形化的概括处理，使自然形的纹样规整而统一，具有相当的装饰性。

半坡型文化最后将鱼纹图样定格在几何图形上。这时，鱼的纹样已完全变成了几何图形，鱼纹上下用弧条形统一地造型。为了强调鱼头的重要性，鱼头变形拉长，已看不出真实的鱼头形象。同样，为了强调鱼尾，鱼尾变得长而宽，呈张开的剪刀形状。这时，原始人眼中的鱼，已经不是真实的浮游于水域中的鱼了，而是以鱼为缘起，变了形，一定程度上属于高雅的纯装饰品了。

鱼纹的变化，也会使人感受到艺术的力量，以及它带给人们的情趣。

有一只半坡型的泥质红陶瓮。在陶瓮的通体，饰以图案化的黑红相间的巨型锯齿纹、条带纹、垂幛纹。整个画面显得自然而质朴，粗犷而豪放。它的确是原始先民留存给后人的不可多得的艺术珍品。

网纹彩陶船形壶。似与当时驾船撒网捕鱼有关
（陕西宝鸡出土）

　　这样排列有序、整齐划一的纹饰，在大自然中存在吗？并不存在。大自然是生意盎然的，具有无限多样性的，大自然不存在划一，不存在简单的有序。原始先民多么聪明和具有灵性，他们从多样的、无比丰富的大自然中，提取精华，加以归纳、提炼，创作出源于生活又高于生活的艺术品来。

　　瓮体上绘上锯齿状纹饰，那是因为生活中确实存在着锯齿状的物类——某些草木的根、茎、叶是锯齿状的，某些残缺的物件是锯齿状的，动物的牙齿是锯齿状的，连人自己的牙齿也是锯齿状的，把这些锯齿状的物件"划一"化，就有了原始先民笔下的锯齿状纹饰。

　　瓮体上绘有条带纹饰，那是因为生活中确实存在着条带状的物类——依依的柳丝是条带状的，一些动物、植物的肢体是条带状的，连人用自己的脚板走出来的路也是条带状的，把这些条带状的物件"规范"化，也就成了瓮体上的条带状纹饰了。

　　瓮体上绘有垂幛状纹饰，那是因为生活中确实存在着垂幛状的物类——远望的大山像垂幛，从山体上飞奔而下的瀑布像垂幛，莽苍苍的天穹像垂幛，连绵不绝的雨丝也像垂幛，把这些垂幛状的物件"抽象"化，不就成了瓮体上的垂幛状纹饰？

舞姿婀娜 /

　　舞蹈，是处于人类童年期的原始先民的普遍喜好。清晨，他们闻鸡起舞，对着明媚的阳光一展自己的身姿。当外出辛勤劳作获取丰盛的猎物后，

跳舞盆局部（青海大通出土）

他们也会高兴得手舞之，足蹈之。尤其在祭祖、祭鬼、祭神仪式上，他们更是力求以最优美的舞姿奉献给先人和保佑着自己的各路鬼神。

舞蹈，是原始先民生活的一个极为重要的内容，它必然要反映到种种陶品上来。

一次庄严的祭神仪式结束后，人们又投入了忙碌的制陶工艺之中。当一个手艺娴熟的壮年人捏制出一个形态姣好、线条柔和流畅的陶盆的时候，大家都围了过去。制作这一陶盆的壮年人见大家对这一制品如此感兴趣，站起来兴奋地问大家："该在上面画个怎样的图像呢？"

有人提议："就把刚才跳的那个舞蹈描画在上面吧！"

大家一致称好，就推举先前那个制作陶盆的壮年人着手画。壮年人很认真。他在原先制作陶器的泥中又掺和了一些朱砂之类的颜料，然后把一根拇指般大的树枝在石头上磨尖，就一笔一画地画了起来。也不用多少时间，就在陶盆的内壁画出了五人为一组的三组年轻妇女的群舞图。看得出，舞蹈者身姿婀娜，轻踏碎步，欢快起舞。对马家窑文化墓葬中的这件舞蹈纹彩陶盆②，艺术家、考古学家认为是集体创作画，他们有这样的描绘——

"好，好！"大家被生动的画面征服了，一起叫起好来。

"还得改上一改。"一个挺年轻的人说。

壮年人转过头去，一看是个年轻人，说："你说吧，怎么改？"

年轻人也不说什么，从壮年人手中取过画具来，在五个年轻妇女头的右侧同一方位淡淡地画上了一条小辫。这样原先看来是正面的舞姿，变成了在舞蹈过程中甩头向左的动态的定格，整个画面生动得多了。

大家又一迭声叫好。

正在大家叫好的当儿，又有一个年轻人站出来说："还是不够，祭祀仪式上历来是'百兽率舞'，是应该插着兽尾跳舞才是，这里还少了一条尾巴。"

原先制作陶器和作画稿的壮年人，不等年轻人来抢手中的画具，就主动地在五个人的身后各画上了一条小小的尾巴。

就这样，一幅生动的、写实的画面被群策群力地创作了出来。

马马岩崖画 /

岩画是一种石刻文化。在人类社会早期发展进程中，先民以石器作为工具，用粗犷、古朴、自然的方法——石刻，来描绘、记录他们的生产方式和生活内容，它是人类社会的早期文化现象。原始人在岩壁上刻下他们的信仰和种种生活印迹图形，如狩猎、游牧、战争场面，怪异的人头像，毡帐、车轮、车辆等器物，还有天神、地祇、祖先、日月星辰、原始数码以及手印、足印、动物蹄印等。考古学家认为中国岩画有六七千年乃至上万年的历史，是先民们留给后人的珍贵文化遗产。

这里要介绍的是马马岩崖画。画于何时？尚有不同说法，有"战国时"说，有"六七千年前"说。无论何说，岩画为后人准确无误地传递着来自远古的信息。

马马岩位于贵州关岭布依族苗族自治县的花江大峡谷地区。下面是水势湍急的北盘江，上面是直插云端的断崖，壁立千仞，陡如刀削。数千年前的原始先民，攀上如此险峻的断崖作画，没有勇武精神，没有神圣感，那是不可想象的。

马马岩崖画创作于一块青灰色的岩壁上，画幅高 2.4 米，宽 3.5 米。崖画上的图像分为上下两组：上幅是飞鸟，彩云，奔马，骑手，行者。下幅是木舟，走马，立犬，农夫。在上下两组图像之间，还画有两条悠长的波纹状的线状物。

整个画面实在太精妙了，它可以引起读画者无尽的遐想。

上幅与下幅画面，描述的是天上人间的图景吗？鸟在天上飞，犬在地上立，舟在水上行，这是极其合乎情理的事。那么，画作者为何又把奔马和骑手搬到天际、把走马与农民溺入水中呢？这不就有点儿近乎荒唐吗？

上幅与下幅画面中为什么都出现了壮健的马匹呢？似乎作者是在描述当时

的游牧生活，可是，这里是深山峡谷，地势险峻，是不适合于走马放牧的啊！

上幅与下幅之间，有两条悠长的线状物，它究竟想告诉人们些什么呢？如果说描绘的是流水，那么，木舟和人物又怎么处于"水"下呢？

画面的一切似乎是很写实的，细读画面又会让人觉得难以名状。

其实，这幅画已经大大超越了写实的范畴，它的主旨是写意。画幅的主题是"人"。不管是骑手、行者，还是农夫，他们都显得生气勃勃，对生活充满着信心。而上幅画与下幅画之间的线状物，实际上以逝水喻时间，警示人们要抓紧时间好好生活。如果那样，作者创作该画是意在教育后辈与后人了。

七音齐备的贾湖骨笛

贾湖遗址位于河南省中部舞阳县的贾湖村，在大约5.5万平方米的大致呈圆形的范围内，有45座房址，9座陶窑，370座灰坑，249座墓葬，32座瓮棺葬，10座狗葬坑。这就充分证明，在距今8000年前，这里曾经是人口聚居、经济繁华之地。最为让人惊异的是，这里清理出25支高水准的丹顶鹤尺骨制成的骨笛。

在一个规模并不算怎么大的古文化遗址中一下发现25支骨笛，这本身是一个奇迹。除去半制成品和残破的之外，17支出土时比较完整。但由于长时间的叠压，再加上年代久远，风化过度，不少骨笛一动即成粉末。因此，真正完整的有6支。其中1支5孔，1支6孔，3支7孔，1支8孔。最为珍贵的当然数3支7孔骨笛了。当代音乐家萧兴华、徐桃英先生利用其中的一支7孔骨笛吹奏出了我国传统名曲《小白菜》。笛声悠扬，7音齐全，引起人们由衷的感叹。

这就说明，在距今8000年前，

贾湖骨笛（河南博物院收藏）。先民既用它来诱捕猎物，也在闲暇之时吹奏取乐

中原地区初步显现了中国音乐文明的曙光。

从这一支骨笛，可以看出 8000 年前贾湖人的音乐素养。在这之前，他们对骨笛骨质的选择一定有一个很长的过程。可以肯定地说，在这之前，一定选择过十数种甚至几十种动物的骨头做笛的材料，因为有的骨节太短，有的骨质太松，有的骨壁太厚，就一一被淘汰了，最后选择了丹顶鹤的尺骨，截去骨关节后，成为最理想的骨笛材料。

当时可能还没有 7 音的概念，这一点从 25 支笛中有 5 孔、6 孔、7 孔、8 孔（可能还会有 3 孔、4 孔的）可以得到证明。笛孔的多寡表现出一种尝试的过程，最后有 3 支制成 7 孔的，说明当时的贾湖人是倾向于 7 孔和 7 音的。

这个摸索过程是相当艰辛的。要取得贾湖人那样的成就，没有数百年的努力是不可能的。从贾湖骨笛的专业程度看，可能当时已经有了较为专业的音乐工作者也说不定。

磬声阵阵 /

在远古时代，人们使用的多为石器，如石刀、石斧、石镰、石犁等。这些石制工具使用久了，人们就会对它产生一种感情，在获取丰盛的收获物之后，常常会打击着这些石器助兴，久而久之，以石为乐的器具就被发明出来了。

人们见到的最古老的石制乐器，是磬。

磬是古代的一种最具代表意义的打击乐器。它状如曲尺，悬挂在架子之上，以槌击之使之发出声音来。大概是人类石崇拜的缘故吧，磬自古以来被视为君子之器，它发出的声音被视为和平之音，人们一边击磬，一边歌舞，在重大典礼时

石磬

常使用磬作为主要乐器。③

　　中华大地最早发现的磬出自山西襄汾县陶寺遗址的大型的贵族墓葬。如有一件石磬，通长 80—90 厘米，成佝曲形，因打制而表面未经碾磨。经考古学家测定，此磬制于五六千年前，据说所用石料采自附近大崮堆山南坡一处古代大型石器制造场遗址。这里曾发现一件长 49.8 厘米、高 19.4 厘米的磬坯，系以黑色角页岩大石片通体剥片制成，尚未钻孔。与陶寺石磬的石料、制法乃至器型均较一致。

　　磬造型奇特，略带神秘色彩。将它悬挂在磬架上，以槌击之，能发出既沉稳又清脆、既雄厚又响亮的声音，真正是不同凡响。古人说这种乐器的声音是"既和且平"，人们以此祈求天下和平，是很有道理的。

彩陶腰鼓 /

彩陶腰鼓

褐陶号角。形似牛角，可吹出宏亮声音，
有先民警器之说，也有乐器之说
（山东莒县墓葬出土）

　　腰鼓，是中国西南地区少数民族和东北地区朝鲜族的传统乐器，又称为土鼓。文献中说："土鼓，以瓦为匡，以革为两面，可击也。"这里说的"以瓦为匡"的土鼓，指的就是彩陶腰鼓。现今发现的新石器时代的彩陶腰鼓是在甘肃省兰州市半山型墓葬中发现的。

　　半山型墓葬中发现的彩陶腰鼓通高 30 厘米，大端为喇叭口形，直径为 22.5 厘米，小端为圆筒形。两端各有一桥状竖耳，竖耳中可穿线，便于将腰鼓系于腰间。喇叭口外沿有六个乳状突起，这可能与提高腰鼓的音色音质水平有关。筒身彩绘网纹和红黑相间的锯齿纹，喇叭形外壁有红黑相间的旋涡锯齿纹，这样就使腰鼓的外形十分美观。

　　彩陶腰鼓以兽皮蒙于喇叭口的一端。兽皮未干时以绳捆紧，待兽皮干后，就自然绷紧，再将绳子解去。腰鼓的小端（即圆筒状的一端）并不蒙以兽皮，它自然空着，可以产生共鸣作用，使声音更美，更和谐。两端的竖耳系上绳子后，将鼓挎于肩下的腰间，以手击腰鼓的兽皮面，就能发出匀称而优美的"咚、咚"声了。

　　腰鼓先是流传于少数民族地区，后来由于它优美朴实的音响和制作的简单，传向了我国广泛的乡村，边歌、边舞、边鼓，成为我国乡间娱乐的独特一景。而这种娱乐形式的源头，是早在 5000 多年前的远古时期。

灰陶埙。器呈匏形，内空，中央有一圆形吹孔，旁有调音孔，为罕见陶埙（山东潍坊姚官庄遗址出土）

注释：

① 该件人头陶器盖，现藏于瑞典国立博物馆。专家认定，该艺术品反映的是远古时代地处西北的羌人祖先的生活情状和装饰特征。画面展示的断发、文身、头饰双角的习俗，是与历史古文献中所描述的羌人完全吻合的。

② 发现于青海大通县马家窑文化墓葬中的一件舞蹈纹彩陶盆，盆高 14 厘米，卷唇平底，内壁绘有三组舞蹈人，每组五人。盆中的人手拉着手，足下配有四道平圆圈线。人像用笔十分简练，头上的小辫和下部的兽尾装饰，更显现出了舞人的英姿。

③ 我国古典文献中关于磬的记述相当多。《诗经》中有"既和且平，依我磬声"、"击石拊石，百兽率舞"、"鼓瑟鼓琴，笙磬同音"的说法。《礼记·乐记》："君子听磬声。"《尚书·禹贡》："锡贡磬错。"在《论语·宪问》中有记载"子击磬于卫"，有一隐士赞叹道："有心者，击磬乎！"这些都说明，在古代磬是一种受人尊崇的君子之器。

第十二卷　文字滥觞

中国有着悠久的历史，中国有着悠久的文化传统。中国的文字渊源可以追溯到久远的年代。

我们的先民在共同劳动、渔猎和与异族交往中，产生和发展了语言。先是相互呼叫、应诺，表示赞同、反对或愤怒、喜悦等，后来进而产生了各种事物的名称。与语言差不多同时出现的手语、图示、徽记、图腾等，就可以看成是文字的滥觞。

这种文字的萌芽，人们在结绳记事的传说中感受到了。

这种文字的萌芽，人们在出土的距今 9000 年的刻符龟甲上看到了。

这种文字的萌芽，人们在出土的距今 7000—8000 年的最古朴的陶片上看到了。

这种文字的萌芽，人们在氏族和部落的图腾和徽记中察觉到了。

结绳记事 /

在华夏远古许许多多的古典文献和传说故事中，都说在文字产生之前，有一个结绳记事的时代。这个时代大约是在旧石器时代的末期，离现今数万年之前吧！

结绳记事的前提条件是要有绳。绳索不是一开始就有的。开始的时候，捆束物品、捆扎武器、捆绑猎物、遮盖妆饰自己的身体，用的都是天然的植物枝蔓，后来发觉植物枝蔓的柔软度不够，坚韧度也差，于是就学习把植物的枝蔓剖开，成为一根根纤维状的东西，再把这些植物纤维编织在一起，就成了既柔又牢的绳索了。从直接使用植物枝蔓，到创造绳索是一个漫长的过程，这个过程之长后人是难以想象的，至少有数万年吧！历史学家说绳索是远古时代最重要的发明，一点儿也不为过。

绳索的发明，原先是很实用的，就是为了捆绑东西。后来，不知哪个聪明的原始人，觉得人的记忆有限，如果在绳上打出不同数量的结，或打出这样那样不同的"结"来记事，不是很美的一件事吗？这事被大家认可了，于是，结绳记事的方法也就被推广了。

结绳记事（计数）是被原始先民广泛使用的记录方式之一。《周易·系辞》有载："上古结绳而治，后世圣人易以书契，百官以治，万民以察。"这里的"上古"，显然是指远古，当在万年以前。

虽然目前未发现原始先民遗留下的结绳实物，但原始社会绘画遗存中的网纹图、陶器上的绳纹和陶制网坠等实物均提示出先民结网是当时渔猎的主要条件，因此，结绳记事（计数）作为当时的记录方式具有客观基础。

结绳记事的"记"，在中国的古文字中是与"纪"通的，或者说原先没有"记"字，只有"纪"字。"记事"就是"纪事"。"纪事"的"纪"怎么写呢？在甲骨文中，这个"纪"字由两部分组成，左边那部分是一根挂在

绳索残段

什么东西上面的下垂的绳子，绳子上面已经打上了两个"结"，右边是一个半跪着的人，他在全神贯注地拉起绳索继续打"结"。这不是活生生地告诉人们，远古时代的确实施过结绳记事吗？

其结绳方法，据《易九家言》记载为："事大，大结其绳；事小，小结其绳，之多少，随物众寡"，即根据事件的性质、规模或所涉数量的不同结系出不同的绳结。民族学资料表明，近现代有些少数民族仍在采用结绳的方式来记录客观活动。

现代的一些原始部落，他们起到了活化石的作用。在南美洲的山区的土著民族，20世纪中叶还结绳以记事呢！中国云南地区的独龙族，在新中国成立前还实施结绳记事呢！他们外出时把"记事绳"缚在身上，把外出办的事用打结的办法记在绳索上，以作"备忘"。这充分说明了，人类确实经历过结绳记事的时期。

敞口釜腹施绳纹

积石记事和"记事桩"

在新石器时代初期的鲁家口遗址中，也就是近1万年前，在原始人群居室的坑灰旁，有着排列有序的成堆的小石子、兽牙和沙砾。这些人为地堆放在那里的东西，是派什么用场的呢？一时使人难以想通。

有人认为，那也许是原始先民随意放置在那里的。但细细一想，不对，既然说是随意的，为什么那样的排列有序呢？为什么石子、兽牙、沙砾被分开放置呢？

有人认为，那些东西是用来投掷用的，以防备野兽的进犯。但认真想一想，不对，那样细小的石子和兽牙，能起到打击猛兽的目的吗？

最后，考古学家、社会学家比较一致的看法是：远古先民是在积石记事。这里，物件的多寡，分别代表事情的次数，而不同的物件（或石子，或兽牙，或沙砾）代表不同性质的事情。当时的原始先民把事情分得很粗，如果说狩猎用兽牙的话，那么祭祀就用沙砾，而部落与部落之间的战事就用石子了。

结绳记事和积石记事可能是并行不悖的，就看那些部落在取材上怎么更方便些。

除此之外，还有"记事桩"记事的。

在世界上，直到 20 世纪中叶，还存在着一些没有成熟的文字的原始部落，他们怎么记事呢？

有办法。他们就在村头竖立一根木桩，把村里的大事儿桩桩件件刻在木桩上。[①]他们用的是刻画记事的原始方法，那根被用来刻画的木桩就叫做"记事桩"。因为一个村共用一根记事桩，因此，桩上刻画的也就是村里的大事、要事。也不是随便哪个人都可以记事的，负责记事的或是部落首领本人，或是由部落首领特别委任的人。一根用光了，再换一根新的，原先的那根由部落首领保存起来，作为昨天的记录，有空时向后生小子们叨叨，起的相当于历史教科书的作用。

在这些原始部落里，除了村头的那根"记事桩"是记村中大事外，每家每户也都有自己的"记事桩"。家里有家里的大事，把家里的大事记录在"记事桩"上，记得多了，相当于一本家庭日记本。

这会使人想到原始时代的祖先，他们在一段时间里，也肯定实施过刻画记事，也一定利用松软的木材做过"记事桩"。只是树木易于腐烂，现在不会再有直接的物证了。当然，除了在树木上进行刻画外，重要一点的事儿就刻画在石头上，骨头上了，这些也是必然的。在峙峪遗址发现的有刻画符号的马骨，在贵州兴义发现的有刻画的象牙，还有诸多石壁刻画，这些都是原始先民有过刻画记事的明证，也可以看成是最原始的文字。

语言与文字是相互为用的。某些民间语言留存的实际上是古风古俗。至今民间还有一些口头禅，说人的记性不好，是"没有记事桩儿"，把记忆力衰退说成是"我的记事桩坏了""倒了记事桩儿"。

最原始的刻符龟甲 /

在河南省舞阳县贾湖村东，考古学家发掘出了距今 8000 多年的古人集中的大型村落。在村落遗址中，发现了刻在龟甲上的楔形符号和内装石子的龟壳，这些显然表明当时已有占卜习俗，内装石子的龟壳无疑是卜筮的工具，而龟甲上的依稀可见的刻符，该是卜筮结果最鲜活的记录。

这些龟甲上的刻符，线条十分简单，有些经过岁月的长期剥蚀，已经很不清晰了。但是，有两点是肯定的。首先，这是人为的用刀子刻出来的。当然那不是后来概念上的金属制刀子，而是坚硬的石头、玉石或其他硬度极高的切割物制成的刀子。这些符号，人为刻的痕迹特别明显。其次，这是人们对卜筮结果的郑重其事的记录。当时，可能卜筮兴起未久，够得上参与卜筮的可能是在氏族或部落中最有权威最有识见的人。这些人通过卜筮要记录下些什么，记录下的这些东西表示些什么，估计都是约定俗成的。这样看来，这些刻划的符号是大家都能懂的，实际上有了文字的某种意义和价值，也可说，这是文字的雏形。

这样看来，这块龟甲上刻了些什么，它们表示着一种怎样的意思，是不太重要的了。事实上你要解读也已经很难了。重要的是，在 8000 多年前，远古先民已经有了比结绳记事、积石记事更先进的记事方法。至于它究竟"记"了些什么，反倒无关宏旨了。[2]

画在悬崖上的图文 /

许多原始人的岩画，常常作在悬崖绝壁上。为了作这样的画，他们往往要冒着生命的危险，攀登上离地面几十米以至上百米的险峻的山崖，这能解释成是一种艺术的冲动的表现吗？不能，绝对不能。

原始先民攀登上悬崖作画完全出于一种严肃而神圣的使命——为的是将自己的意愿和心声刻画在高耸入云、常人难以到达的地方，它本身就起着宣言书的作用。

有数千年之久的广西花山崖壁画，其中许多画在沿江的悬崖峭壁上。画面上人物众多，分成一组又一组。画面的中间有一硕大强健的"大人物"，双臂上举，动作夸张，似在作全场的指挥。在"大人物"的右侧有两道水纹状的长带，"大人物"周围的人物基本上都面向左方，似在奋力抗争什么，而动作多密集型的重复。画面右下方的一组人物与整个画面人物的方向刚好相反，面一律向右，似在逆流而上，其勇猛状十分显见……

整个画面在告诉人们一些什么呢？十分明显，这种以密集型的重复为特色的作画手法，实际上，透出了这样一种画面"语言"：人多力量大！只要团结起来，一定能战胜种种自然灾异！

这就是原始人通过崖画给后人传递的人文信息，它所起的作用是与文字完全一样的。

器形与造字

在华夏祖先丰富的创造中，最值得称道的，大概要算陶器的发明和制造了。不管是有意还是无意，他们在打造种种陶器的器形时，本身就在创造着文字。我们可以在最早出现的皿、鬲、尊、壶等陶制品的器形上得到验证。

"皿"是大口的盆形陶器的通称，把器皿的实际形状加以大大的简化，这就与"皿"字十分相像了。以"皿"为字元，根据不同的需要，造出一系列的"盂""盃""盅""盆""盍""盎""盒""盘""盏"陶制物件和文字来。

"鬲"是古人用来煮粥的一种炊具，为了加热能迅速些，三个支脚都制成了空心体。"鬲"的造形，与"鬲"字是完全一致的。"鬲"字的下半部分，像三个空心的脚，中间一个"口"字形就是鬲的容器部分，只是实际上这个"口"字要上下拉长一点，盖在上面的比容器还要宽的一横，就是向外卷出的鬲的边沿。鬲又可引申出"膈""鬴""鬻""鬶""鹾""鬵"等器物和文字来。[③]这些器物，与鬲在形态上相似，在用途上也有一定的联系。

"壶"是陶器中有盖的一种容器。一般都用来存放液态的食品，如水啊，烧制好的粥啊，鱼汤肉汤啊，为了防止移动时溢出，才加上盖。这个字大致由三部分组成，上面一个"士"字头，代表的是壶盖。代表壶盖的两横，是与壶体与壶盖的接口相符的。下面的部分是壶身，与壶的外形酷似。中间的"冖"，表示壶的两只耳朵，没有耳朵，光溜溜的，怎么使用啊？

可以这样说，陶制品的外形，本身就是造字的肇始。

从陶符到陶文 /

距今六七千年的半坡人，他们是极喜欢在自己制造的陶器器皿上刻刻画画的族群。

当陶制品制作成功后，半坡人就在环底口沿外面的一道黑纹彩中刻画上种种符号，刻好后加以烧制，这样，这些刻画上去的符号就永远与器物同在了。这样的刻画符号，总数当在五六十种以上。

这样反复地在陶制品上刻画些什么，表明他们的这一举动不是随意而为的。这是一种劳作后的表述，而这种表述又是大家都能懂的（至少在一定范围内），从这个意义上说，它实际上起到了文字的作用。

比如说，半坡人在陶品上刻下不同的符号，有的代表还没有制作什么；有的表示制作了1件；有的表明自己制作了2件；有的表示制作了3件，以此类推。其他一些刻画也各有自己的表意，只是目前一时难以确定而已，有待考古学家的进一步考释。

大汶口文化比半坡人创造的文化晚些，其刻画的复杂程度也要高些。他们描绘出来的代表早晨的"旦"字，代表斧头的"斤"字，已经完全成形了。

在半坡、马家窑、姜寨等仰韶文化遗址中发现的陶文

可以这样说，至此，文字的诞生已经呼之欲出了。[④]

柳湾陶纹中有一些是用简洁的线条画出的动物象形符号，如犬形符号、鸟形符号、牛首符号、羊形符号、虫形符号，等等。

这些动物象形符号既是写实的，又是抽象的。有趣的是，马只画最有特色的马首，而不画马的全体。那是因为马的身体没有多少特点，而马首是极富象征意义的——长长的脸，长于头角上的一对小耳朵，微微张开的嘴巴，使人一看就知道是马而不是其他。而后来演进成的马字，正是从原始人的图像进化而来的。柳湾陶纹中的鱼线条十分洗练，只有寥寥数笔，但那勾勒出来的形象使人叹为观止，后来的鱼字也是由此发展来的。

陶文

在柳湾陶符中，还有 30 余种类似字母的音素符号和数字符号。大部分的符号都是以点、线、交叉线、弧线、曲线、折线、十字线、人字线、三角形、方格形、圆圈、同心圆等构成。这些字母音素符号和数字符号的具体含义，现在大多还不能读解，但它作为文字的先导这一点是怎么也不能怀疑的。

人类的自名——"人"

人类是生灵中最复杂最富于灵性的智能机体，但汉字最后定格下来的"人"字是最简洁最简化了的，只是一撇和一捺的互相支撑。

这么一个简单的字，也经历了长期发展的过程。[⑤]

最初的"人"，是十分写实的，正像刻画在新石器时代陶器上的写真人物画一样，有头脸，有五官，有须发，有手足，有身躯，完全是一个活生生的人物的写照。就事实而言，当时铸刻在陶制品上的人物，可能就是某个真实人物的写实呢！

后来，正像我们在原始人留存的阴山岩画中见到的那样，他们开始把人物的个性删除了，只留下人的共性；阴山画单纯用线条作画，简单明了地勾勒出一个正面对称的人物肖像来。这时的"人"仍然有头，有五官，有四肢，在头顶上还画上三条线代表头发，实打实的是一个原始"三毛"。

再后来，就是最大的简化了。原始人大胆地作了最大限度的删除，只取人的微蹲姿势时的侧影，那就成了我们所见到的最简洁、最富于魅力的"人"字了。

人的自名是不断创造的过程，而最后"人"字的普遍被认可，就是这种创造精神的辉煌的结晶体。

注释：

① ③ ⑤ 牟作武：《中国古文字的起源》，上海人民出版社 2001 年版。

② 见《发现之旅》，中国言实出版社 2001 年版。

④ 郭沫若说："彩陶上的那些刻划符号，可以肯定地说就是中国文字的起源，或者说是中国原始文字的孑遗。"于省吾说："这种彩陶上的简单文字，考古工作者以为是符号，我以为这是文字起源阶段所产生的一些简单文字。"(转引自李梵编著的《文字的故事》)

第十三卷　中华神龙

中华儿女是"龙的传人"，这一观念起始于何时？"龙的传人"的观念仅仅是中原地区人们的观念，还是广袤的中华大地上各地区、各民族的共通观念？人们以中华神龙作为自己创世的远祖，究竟意味着什么？表达着一种怎样的心态、寄寓着一种怎样的情结？这是本卷所要回答的。

图腾

　　说到中华神龙的诞生，还得从普遍存在于原始人意识中，并对原始人的生活和发展产生重大影响的图腾说起。

　　原始社会发展到氏族阶段后，人的自我意识是大大强化了，人们开始"寻根"（这可以说是最早意义上的寻根）。这里所谓的"寻根"，就是提出了这样一个带根本性的问题：我从哪里来？我所赖以生存的那个属群从哪里来？

　　为了寻找自我生存的理由，同时也为了表明自我生生不息的强劲和力量，人们普遍认定本氏族与某种动物或植物之间有着一种特定的关系，甚至认定本氏族就是起源于这种动物或植物的。久而久之，这种动物或植物就成了这个氏族的神圣的祖先和保护神，这便是所谓的"图腾"。

　　"图腾"是源于北美印第安人奥基布瓦部族的一个词，表示氏族的徽号或标志。在世界上，氏族社会的每个氏族都有自己的图腾，氏族的全体成员都崇拜它。图腾的发展大致上分为两个阶段：

　　第一阶段是以某种实物为共同的崇拜对象以至

红陶猫头鹰头

刻纹陶片上的鸟纹

鸟形圆雕匕首

双飞燕堆塑

成为自己族群的徽号的阶段。中国远古时代某些族群以蛙为崇拜对象，可以看成是蛙图腾，有的以鱼为崇拜对象，可以看成是鱼图腾，有的以飞鸟为崇拜对象，可以看成是鸟图腾，有的则以日、月或某种自然物为崇拜对象，可以看成是日、月之类的图腾。而当取某一物为图腾时，实际上已将此作为图腾的物件加以改造，为"我"所用。蛙的图腾仅取蛙之多子，鱼之图腾仅取鱼之多子和活跃，鸟之图腾寄寓了人们"天高任鸟飞"的理想，而日、月图腾表达了人们对光明的追求。

第二阶段是将一系列崇拜对象综合起来，形成一种对现实生活中不存在的虚构性物件的崇拜，这是图腾的高级发展阶段。良渚出土的神徽就属于此类。神徽上凶猛的神像，实际上是各种凶猛飞禽走兽的综合，表达了人们征服自然界中的强暴力量的欲求，其意是：唯有我人类，才是宇宙间的强中之强！另外，图腾管辖的范围也在扩展，呈现出一种统一化的趋向。良渚的神徽就不再归属于一个氏族或一个部落了，可能它是相当大一个地区共同的"图腾"了。

这两种趋向在中华大地上也表现得十分明显。

龙的"九似"

中华第一龙

在实际生活中，龙是不存在的。一种比较为大家公认的观点是，龙是"只存在于图腾中而不存在于生物界的一种虚拟的生物，是由许多不同的图腾糅合成的一种糅合体"[1]。可以说，它是图腾高度发展的产物。

说它是图腾高度发展的产物，意思是：原先可能是一些具体的动植物崇拜，后来，把这些崇拜糅合在一起，形成一种虚拟的、但又更有魅力的崇拜。龙的"九似"说[2]，比较符合实际。

哪"九似"呢？

龙角像鹿角一样锋利。

龙头像骆驼的头一样勇往直前。

龙眼像兔子的眼一样机敏而富于色泽。

龙的身段像蛇一样柔软而富于灵活性。

龙的腹部像大蛤蜊（蜃）那样鼓起圆润。

龙的鳞片像大鳄鱼那样坚硬。

龙的爪像飞鹰那样尖利。

龙的脚掌像老虎那样厚实有力。

龙的耳朵像牛那样硕大精神。

把这些糅合在一起，就成了无所不能的龙这个"综合体"了。

不知大家注意到了没有，这"九似"之说，实在是别具匠心的。它囊括了天、地、水三界生命中的灵物。鹿、驼、兔、虎、牛，是陆上的动物，鹰，是天空的主宰，鱼（尤其是鳄鱼）、蜃为水中的王者，蛇为水陆两栖之物。如果把这些灵物的长处归并在一起，还有什么不能的？

龙师龙名的部落

以龙为氏族和部落的图腾有一个过程。最早想到用"龙"作为自己部落图腾的，传说中是一个叫太昊的部落。太昊，也就是伏羲氏。他是继燧人氏以后的又一个一统天下的部落领袖，统治的中心位置在神州大地的东方。

据史书记载[③]，太昊氏当时就自命为龙师部落，这一部落有十一个龙氏族：飞龙族、潜龙族、居龙族、降龙族、土龙族、水龙族、青龙族、赤龙族、白龙族、黑龙族、黄龙族。这些龙族，再演变，就成为后来的种种龙的分支。可以说，这十一个龙氏族中，还包含着后来神话传说中说到的雷神、虹神、风神、雨神、星神。龙真是神通广大得很，上能飞天，下能潜海，中能居土，能大能小，能长能短，能粗能细，能升能降。龙是太昊氏的崇拜神，也是太昊氏的保护神。

如果太昊氏与新石器时代的初期相对应的话，那么说明"龙的传人"的观念在8000—9000年前就已经萌生了。

黄帝一族本身是以龙为图腾的族类。黄帝号曰有熊氏。据一些专家考证，"有熊氏"和"有龙氏"在古代读音上是相一致的，意思也相通。④史书上说，黄帝生于雷电交加之中，生的那天，有着两只角的巨龙在天空显现出来，并有红色的云悬挂在天际，这里说到的雷、电、云、雨这些神异现象，影射的都是一个"龙"字。

还有，有熊氏又号称轩辕氏。"轩辕"是天文学上的星座。因为轩辕星形似龙蛇，这样，龙与星就结下了不解之缘，轩辕星也被称做"龙星"。⑤黄帝这一族以轩辕为氏，本身就表明对龙图腾和龙文化的认可。

如果说太昊氏的统治中心在华夏大地的东方，那么有熊氏的统治中心则在华夏大地的西部，它们的龙图腾影响所及则是更加广阔领域内的南北东西各地。这些神话传说是否有根据呢？当然要由地下发掘来加以证明。

最古的飞龙图案 /

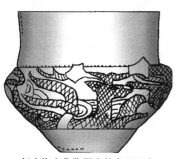

赵宝沟文化陶器上的龙形图案

谁都没有想到，迄今为止为人所知的最古的飞龙图案，会在内蒙古赤峰市敖汉旗赵宝沟文化遗址中显现。这一飞龙图案镌刻在一座古朴的陶尊上，据科学考证，它是距今约7000年的中华先民的杰作。

发现这一镌刻有最古的飞龙图案的文化遗址是个不太大的村落。村落前有小溪、清泉，背靠着不太高的群山，前面是开阔的平原。它的方位在山地之间。地下发掘的相当坚固的、以木为骨的半地穴式的建筑，以及石刀、石锄、石犁以及石磨盘，都在用无声的语言告诉后人，当时赵宝沟人经营的主要是农业。有着这一飞龙图案的陶尊是一件祭祀用品，以此显示人自身的力量，并祈求上苍保佑，风调雨顺，五谷丰登。

从这一图案中，龙文化与农耕经济的紧密联系可见一斑。

在陶器上刻线条和几何图案是古老的赵宝沟人的强项。这一龙形图案构图精巧，笔法纯熟，飞龙的飞腾感明显。图案中与飞龙同在的卷曲状纹饰，如巨浪，飞龙翻腾于巨浪之中；如乱云，飞龙穿越于乱云之间。这些，对创作者来说，可能都是为了显示人的奋进精神。

赵宝沟文化与周边的文化有着密切的联系，它与中原的半坡文化也有着若即若离、或明或暗的关联。赵家沟文化是本土的呢，还是与中原文化息息相通的呢？对此进行研究，也是很有意义的。

玉猪龙

在距今约 6000 年的赤峰红山文化遗址中，出土了雕刻得十分精美的大型碧玉龙和玉猪龙。因为多次发现龙的雕刻、雕塑品，因此，有人把内蒙古草原称为"神龙的故乡"。

玉猪龙

特别引人注意的是以玉琢龙。长期以来，玉是人体的饰物，也是人的崇拜物。最早的玉耳坠，出土于内蒙古赤峰市敖汉旗兴隆洼遗址一具蒙古人种骨架的耳部，考古界命名其为"中华第一玉玦"，其状如英文字母"C"，距今约 8000 年。从观念上讲，人们以玉为尊，玉的佩戴者本身是值得尊崇的。用受人崇敬、爱戴并带有某种神秘色彩的玉为载体制作龙，充分表明了当时的人们对龙的崇拜。

在内蒙古发现的玉猪龙，发现于翁牛特旗三星他拉遗址。这件玉制品高 26 厘米，整体圆润光滑，浑然一体，是十分难得的稀世珍品。玉猪龙为猪首，半环形的身躯无足爪。既有猪的憨态可掬，又有龙的端庄肃穆，是猪与龙的完美结合。

这一玉猪龙的潜台词是：龙文化即是猪文化。对龙的崇拜，源于对猪的崇拜。猪是人类最早饲养的牲畜。如果说动物是人类的朋友的话，那么，猪是人类最早的朋友。猪改变了人类的生存环境，猪是人类最主要的肉食来源，猪一度还是一个家庭财富的象征。把猪作为龙的雏形，是农耕社会图腾崇拜的必然结果。

用黄土夯筑的巨龙 /

在传说中，龙是变幻无穷的。它能变得很小，也能变得很大，这种变化也反映在远古人类制作的大小不一的龙体上。至今发现的原始人制作的最小的龙体只有几厘米长，而最长的要数静卧在人工开凿的巨型壕沟中的内蒙古呼和浩特市清水河县岔河口遗址的鱼龙形雕塑了。

岔河口遗址坐落在方圆几十公里的黄土高坡的制高点上。为了制作和保护这样一条也许是从未有过的巨龙，当地的先民真是费尽了心机。他们先是人工开掘了一道大约深 4 米、宽 8 米、长 250 米的超巨型壕沟。当时还没有金属工具，全靠钝笨的石器工具开挖，那要花费多少时间啊！然后，又在沟内选用黏性特好的黄土制作差不多与壕沟等长的巨龙。这也有个过程，首先得用黄土捏出龙的毛坯来，再用一种特制的工具加以夯实，那样还不够，还得用火烤干。让龙体干透后，再让能工巧匠刻上龙眉、龙眼、龙须、龙鳞、龙翅。整个制作完毕后，还要在整条龙的外表涂抹上防止龙体泥土变得松散和裂变的液态物料。

特别发人深省的是：巨龙眼的中部是一个巨大的孔洞，洞中埋葬着一具人殉。人殉的双手被反剪在身后，整个人体呈跪姿。这是不是一种对人的警示呢？告诉人们，谁要是干了不正当的事，龙是能明察秋毫的，最终必将受到严厉的惩处！

巨龙表现了原始人巨大的创造力，也反映出人们简直难以估量的想象力。

中华巨龙是植根于黄土地上的。用黄土地的泥和水加以夯筑制造出来的巨龙就更是耐人寻味了。

"人骑龙"蚌塑

在河南濮阳西水坡墓地，考古发掘中发现了三组大画面的蚌塑图形，是用蚌片摆塑而成，是仰韶文化时期不见于其他地区的大型艺术作品。

三组蚌塑的大致图形是这样的：

第一组：蚌塑安放在墓葬者的左右两侧，左为龙形，右为虎形。也许是远古时代"尚左"的，这里的意思是龙比虎更值得尊崇。

第二组：图形有龙、虎、鹿和蜘蛛四物。龙背向北，头向南；虎背向东，头向北。龙虎联为一体。有鹿形卧于虎背，龙前又有蜘蛛形，在蜘蛛与鹿之间放一精致的石斧。

第三组：图形有虎和人骑龙。龙背向北，头向东，有一人跨骑于龙身上，双手一前一后，极富动

西水坡蚌塑神龙

感。虎形在龙形的北面，作仰首奔跑状。龙虎以西还有展翅的飞禽形，在龙与飞禽之间还用蚌壳摆有一个圆圈。

从龙的形态讲，西水坡的蚌龙已经相当成熟，龙体活灵活现，有头有尾，有足有鳞，张牙舞爪，形态十分生动。这里的龙，已经初步具备了后来文明全盛时代华夏民族尊崇的艺术龙的基本特征和形态，或者说，文明全盛时代的龙文化基本上是渊源于以西水坡墓地为代表的远古文化的。

最值得注意的是，在这些蚌塑中，出现了人骑龙的故事和画面。这可以说是龙观念上的一个飞跃。大约在出现龙文化以后的长达1000多年间，总是人敬畏龙，把龙作为一种图腾供奉着。而人骑龙告诉人们的是一则另一层面上的故事：人不只敬畏龙，人也可以利用龙，去翻江倒海，去腾云驾雾，进一步说，人还可以征服龙呢！这一点，可以在诸多的神话故事中得到印证。在一些古书中，说黄帝曾经乘龙踏云，巡视天庭。说颛顼帝曾经乘龙下海，游遍四海。帝喾就更有趣了，他把龙当作交通工具，春夏的

时候乘龙出行，秋冬的时候骑马巡视。⑥

彩绘龙盘 /

朱绘蟠龙纹陶盘。龙头在外圈，身向内卷，尾在盘心。图像具有族徽的含义（山西襄汾陶寺墓出土）

晋西南的临汾盆地，历史悠久，文物古迹十分丰富。20 世纪 50 年代，考古工作者在相传为"尧都平阳"的陶寺村发现了名震天下的陶寺古墓。这是有 1000 多座墓葬的规模浩大的古墓群，距今大约有 4500 年。

1000 多座古墓群，分为大、中、小三类。大墓葬只有 6 座，呈东南西北方向排列，略有错落，墓中随葬品丰富，最多的达 200 多件，其主人显然是部落首领。中型墓葬 80 座，紧挨在大墓的旁边，且多为女性，很可能是大墓主人的妻妾。余下的都是小墓了，绝大多数没有什么随葬品，显然是平民百姓的墓葬。

最值得重视的是 6 座大型墓葬中的 6 只彩绘龙盘了。

彩绘龙盘的内壁经过磨光处理，并以红彩或红白彩绘出一条蟠龙。蟠龙作蟠曲状，头在外面，尾在盘底的中心。龙为方头，圆豆目，巨口，牙

灰陶鸟形壶。体下三支丁，以保稳定。造型作觅食状，形神兼备，为原始时代的陶塑艺术品（江苏吴县出土）

鸟纹彩陶壶。腹部绘一周匀称的鸟纹，色彩鲜艳，也是氏族鸟图腾的反映。为宗日文化的典型器物

为上下两排，长舌外伸，无爪，无角，既像蛇，又像鳄鱼，是多种动物的复合体。不少陶器还以展翅飞翔的鸟纹装饰。

这一彩绘龙似乎在告诉人们这样一个故事：人类行进到原始社会末期，人与人之间的贫富差距、地位差异渐渐地拉大了，大墓、中墓、小墓的差异正好明白无误地反映了这种社会状况。"龙"从氏族和部落的公共图腾，变为部落首领的专有物，实际上为后来称君王为"龙种"埋下了伏笔。彩绘龙的金光闪闪的色泽，也告诉人们它的地位的尊贵。这种尊贵，倒不在于其自身，而在于占有它的那个主人。

注释：

① 闻一多：《神话与诗》，上海人民出版社 1982 年版。

② "九似"说见于《尔雅翼》，其中说到："九似者，角似鹿，头似驼，眼似兔，项似蛇，腹似蜃，鳞似鱼，爪似鹰，掌似虎，耳似牛。"

③ 《左传·昭公十七年》："太昊氏以龙纪，故为龙师而龙名。"在《史记·补三皇本纪》中，也有类似的记述。

④ 见何新著《谈龙说凤》，时事出版社 2004 年版。

⑤ 见常峻著《生肖》，上海辞书出版社 2004 年版。

⑥ 《大戴礼·五帝德》有言："黄帝乘龙扆云，以顺天地之德。""颛顼乘龙而至四海。北至幽陵，南至交趾，西济于流沙，东至于蟠木。""帝喾春夏乘龙，秋冬乘马，执中而获天下。"

第十四卷　人文始祖

在陕西省黄陵县城北 500 米处，有一座高高隆起的山，叫做桥山。桥山上古柏成林，郁郁葱葱，气象万千。桥山顶上有一座高 3.6 米、墓周长 48 米的高大陵墓，那就是中华民族的人文始祖黄帝的陵墓。

陵前有一座四角飞檐的祭亭，每至清明节，祭祖扫墓者都前来陵前瞻仰和祭拜。他们有的来自大陆的各个省份，有的来自祖国的宝岛台湾，有的来自世界的各个角落，他们有着一个共同的名字，叫做"黄帝子孙"。

要问人们为何对黄帝如此崇敬？答案只有一个，那就是因为黄帝是华夏子民真实意义上的"人文始祖"。如果说神州先民从 1 万年前开始就向文明的门槛迈进的话，那么，黄帝就是接过前 5000 年人们的接力棒，带领人们跨越文明的门槛走好后 5000 年的途程的关键性人物。不管这个人物是一个实在的个体，还是一个集合的群体，他的子孙将永远地记住他，并虔诚地祭祀他，追念他。

这就是普天下华夏子民的"黄帝情结"。

本卷要展示的正是黄帝永远铭刻在中华民族史册上的不朽业绩。

雷神的儿子 /

在神话传说中，黄帝被说成是雷神的儿子。其实，这只是一种神话创造者惯用的附会手法。事实应该是这样的：在距今4000多年前的某一个夏日，少典国（其实是部落或部落联盟）国君的名叫附宝的妻子一大早就起身准备外出，国君劝阻她："你有孕在身，看来天气又不怎么好，不要出去了吧！"妻子附宝说："不碍事，普通人家的女子怀着孕都外出干活，当头的哪能这般娇惯！"说罢，就外出砍柴去了。

附宝来到祁山脚下的原野，这时狂风大作，雷电交加。在隆隆的雷声中，附宝感到一阵又一阵的腹痛，赶忙冒雨回到自己的家中，很快就产下了一子，他就是日后的"人文始祖"黄帝。[①]因为他降生在震耳欲聋的巨雷声中，一传十，十传百，最后乡里人就神奇地传为"雷神之子"。

这个"雷神"的儿子，一生下来就有点与众不同。他初生时就显得很有灵气，两眼忽闪忽闪的，似有什么话要跟人说。他说话也比一般人早，据《史记》记载：70天内就能说话了，长到十四五岁，就已经颇通情理，能帮大人办些事了。到20岁举行"弱冠礼"的时候，他已是一个聪明绝顶、明辨是非的人了。

年轻时的黄帝，十分有才气，也十分懂得艰苦奋斗。他带领着一批年轻人硬是在荒山上开垦土地，种植粮食，取得了很大的成功。在当时，解决吃饭问题是大事，黄帝带领的团队能使大家丰衣足食，威信马上提高了。他还带领大家把山与山之间的阻隔打通，开辟出了一条条道路。这样，粮食的种子运得进去，收获后的粮食运得出去。由于黄帝的努力，他父亲为国君的少典国成了四邻各国的榜样。

后来，黄帝的父亲让位于他，他就成

雷神

了少典国的国君。当时的天下，四分五裂，据说有 1 万个国家，实际上是成千上万个部落和部落联盟。他们之间为了争夺地盘和劳动力，经常相互侵伐，战事不断，这就苦了百姓。黄帝把这些看在眼里，很是伤心。他想统一天下，又苦于没有能征善战的军队。

后来，他联合四邻几个友好的国家，建立起了实力较强的有熊国。在以后的几年中，黄帝又训练了一支很有战斗力的军队，为以后更大范围的统一做好准备。

黄帝办事雷厉风行，扎实果敢，人们说：真不愧为雷神的儿子。

为和平而战

黄帝对当时国与国之间互相征战不已，百姓受苦受难的局面实在看不下去了，决定用武力改变这种局面。

黄帝一面进一步强化自己的国力。他把国力强盛的基点放在发展农业生产上。经过几个年头的努力，有熊国的国力大增。另一方面对那些暴虐的统治者进行征讨。这就是史书上说的"修德振兵"。"振兵"的最终目的还是为了"万国和"②，在不得已情况下发动的战争，最终还是为了和平。在统一天下的战争中，有决定意义的战争有两次：一是涿鹿之战，二是阪泉之战。

涿鹿之战是黄帝与炎帝联合起来同蚩尤之间发生的一次战争。据说，黄帝与炎帝是兄弟关系，所以，中华儿孙又常称自己为"炎黄子孙"。黄帝居于黄河流域，炎帝则居于南方较为炎热的地方，大概在江淮一带。他们之间的经济发展水平差不多，利益上较为一致。蚩尤传说中是九黎族的首领，九黎有九个

涿鹿之战图

部落，每个部落又有九个氏族，九九八十一个氏族互称兄弟，是一股很大的势力。传说九黎族人兽身人言，铜头铁额，头上长角，是很强悍的部落。据说当时蚩尤发动争战，不服从黄帝的命令。当炎帝族的一支向东发展时，就不可避免地在涿鹿的郊野发生了一场战争。涿鹿之战中，炎黄联军调动熊、罴、貅、貔、貙、虎等为图腾的氏族为先锋，与蚩尤作战。蚩尤当时已有了先进的金属武器，军事上一度占有优势。蚩尤还利用多雾的天气向炎黄联军发起总攻，炎黄部队这时发明了指南车，在大雾中能清晰地辨别方向，最后击败了自己的对手。蚩尤败走南逃，被黄帝部队擒杀于冀州之野。黄帝的先头部队一直打到山东，在泰山举行了祭祀仪式，实际上是一次胜利的庆典。

黄炎联合打败了蚩尤后，他们自身的矛盾突现出来了，最后导致了"阪泉之战"。炎帝与各国的关系不太好，经常侵犯凌辱诸侯，而黄帝修治德政、顺应四时五方的自然气象，种植黍、稷、菽、麦、稻等农作物，得到了大多数诸侯国的拥护。后来黄帝教导以熊、罴、貔、貅、貙、虎为图腾的氏族习武，和炎帝在阪泉（今河北省怀来县境内）的郊野作战，经过3次大战，炎帝被打败了。这次战争的结果有点出人意料，战后表面上黄帝部族控制了南方地区，而实际上炎帝部族与黄帝部族加强了融合和渗透，变得你中有我，我中有你，为华夏族的形成奠下了很好的根基。因此，后人也就习惯地把炎、黄并称，并将炎、黄都看成是中华民族的始祖。

在黄帝领导下，炎、黄、九黎之间大的矛盾解决了，其他矛盾也就容易化解了。当时，天下有不顺从的势力，黄帝就去征讨，平定之后就离开这个地方，还披斩山林草木开通道路行进，方便各族往来。这样一来，"天下"的氏族、部落都归顺了黄帝。长期以来解决不了的所谓"万国纷争"的局面结束了，出现了前所未有的"万国和"的大好形势。黄帝在这其中劳苦功高。

各族共祖 /

黄帝率军荡平了那些为非作乱的酋族首领后，第一次实现了"万国

黄帝

和"，大家都感激他，拥戴他，把他推上了"万国"共祖的宝座。

据《山海经》记载，西藏地区西部的阿里地区，就是华夏民族的古昆仑之丘，也就是所谓的"轩辕之丘"。轩辕就是黄帝。既然轩辕之丘在西藏的西部地区，那么，黄帝起于西藏也就没有什么疑问了。按照神话传说，黄帝是由西藏地区走向中原，走向整个中华大地的。

在一本《云笈七签》的古书中，说到了黄帝战蚩尤的故事。说苗族的远祖曾与蚩尤联盟与黄帝发生战事，蚩尤战败被杀后，黄帝就"掷械于大荒之中"，表示以后再也不会有战争了，这所掷之"械"，后就化为一片"枫木之林"，这可说是和平的象征。苗族的祖先感激于黄帝的宽宏大量，就拜"枫木之林"为自己的祖先，实际上也认同了黄帝。

毫无疑问，黄帝不只是中原地带民众的祖先，也是华夏大地上 56 个民族的共祖。相信随着文史资料的发掘，它将得到进一步的证实。司马迁四面八方走了一圈，"长老皆各往往称黄帝"，到处都称自己是黄帝子孙，这说明黄帝的影响之深之大。

巡视四方 /

万国归顺以后，黄帝还是安不下心来。他觉得还有很多很多的事情要做。他要亲自到四面八方去走一走，看一看。

黄帝带着自己的随从，从有熊国（今河南新郑一带）出发，一直往东走。沿途到处还可以看到战争留下的狼烟。一些妻离子散的游民在道路旁呻吟。黄帝看到这些，禁不住流下泪来，说："以后再也不能有战争了，要让百姓过上安稳的日子。"他来到海边，壮阔的大海赋予他激情，从而更坚定了他除暴安贫的决心。他又一次登上了泰山，在泰山顶上举行了祭祀天地的典礼。

黄帝接着返身向西走。他特意来到状如鸣鸡的鸡头山（今甘肃一带），拜访了正在山中修道的广成子，并在那里住了一些时日。他拜广成子为师，向他诚心诚意地求教。广成子看他真诚，就向他传授了如何顺应自然规律来管理社会的道理。③这使黄帝得益匪浅，后来他在管理社会中注重于"以德治国"，并被后世尊为"自然之经"的始祖，这跟这次巡行中向广成子学习分不开。

离开了鸡头山，黄帝一行的行踪就折向南方。在跨越了长江以后，来到较为僻远的三湘地带。这里与黄帝原先居住的中原地区民风民俗不尽相同，但对于黄帝的到来都表示了极大的欢迎。黄帝一行兴致勃勃地登临了熊山。望着酷似一头昂首云天的巨熊的山峦，黄帝情不自禁地想起了自己的故国有熊国，一种亲切感油然而生。紧接着，黄帝一行又登临了湘山，在那里听到了许多闻所未闻的传奇故事。

最后，黄帝一行又转身北行，在北方与那里的少数民族荤粥（即汉时的匈奴）相遇。由于当时地处边远的这些少数民族对黄帝不太了解，发生了一些摩擦。黄帝是有备而来，他带领的部队把荤粥打败了，荤粥的大部向更远的北方逃跑了，有一小部分留存下来，成为整个祖国大家庭中的一员。

这次巡行虽说是很艰难，但也很有价值。它对华夏民族的形成，对境内百姓的团结，起了很大的作用。黄帝每到一地，就劝说当地的头领跟着他一起到各处去走一走，看一看。这样，黄帝的这支巡行队伍越走越庞大。四方巡行结束后，黄帝就把中华各地区的头领带到东海中的一个小岛釜山去集会，这就是有名的"合符釜山"。釜山，风光秀丽、气候宜人，山中常有黄云飘拂和环抱。人们一到那里，就感到是个好兆头。黄云，是一种瑞云，它不正在告诉人们：黄帝的成为王者，是上符天命下合民意的么？黄帝带领大家在那里集会，最后开成了一个团结的会，誓师的会。

"合符釜山"办了三件要事，一是"万国"推黄帝为共主；二是合符契，用统一共认的图腾——龙，作为中华民族的符契，这是中华民族大融合、大统一的标志；三是定都涿鹿，就是在涿鹿山边的一块空地上建起了都城，即黄帝城。合符文化是以炎、黄、蚩三大始祖为代表的中华先民们留给我们后人的一笔最古老、最基本、最精华的精神财富和文化理念，是博大精深的中华文化的基石和主根。

播撒"人文"

仓颉

作为"人文始祖"的黄帝，他的最大功业就在于在中华广袤的大地上播撒了"人文"的种子。

关于这方面的传说故事，实在太多了。

黄帝制定了一套上下尊卑的礼仪制度，要求人人都遵守相关的法规典章，按照"万国和"的总体原则处理氏族与氏族、部落与部落、人与人之间的关系。"顺天地之纪"，天人合一，人际关系也应该用顺其自然的法则去治理。

黄帝十分注重文化建设。据传，比较成体系的文字起于黄帝时代。黄帝对负责管理教化的官员仓颉说："你跟大家商量一下，努力创造出一种文字符号，这样既可以便于人们之间的沟通，又可帮助记忆。"仓颉是一个很有智慧的人，他仔细研究了在他以前数千年来人们刻画在陶器上的、描绘在石壁上的资料，并从飞鸟和走兽的活动踪迹中深受启发，创造了文字。这是一件惊天动地的大事。

黄帝十分关心民众的生活。他在前人已有发明的基础上，教会更多的人去建造屋宇，去种植桑树，去饲养家蚕，去缝制衣服，还发明了一种被称为"冕"的帽子。他的妻子嫘祖就是以丝纺织的第一人。有些书上说，是黄帝"始造釜甑"，这当然是有点夸大的。事实上早在黄帝前四五千年，就有了釜与甑，不过当时还说不上普及。黄帝让更多的人懂得使用釜甑，《管子·轻重戊》中写道："黄帝钻燧生火，以熟荤臊，民食之无肠胃之病。"这话也是有道理的，因为在黄帝之前，人们还没有普遍注意到这一点，经黄帝一提倡，局面完全就不同了。

最为重要的是，黄帝十分重视农业生产。在农业生产方面，该想到的他都想到了。在中原地带，当时农业有了很大的发展，但在边远地区就差得多，黄帝专门设立农官，致力于先进农业技术的推广。在黄帝的努力下，在广袤的中华大地上人们都懂得了怎样按时种植各种谷类，怎样收割和收藏，怎样制作可口的食品，怎样驯化兽类和禽类，怎样宰杀肉食类动物。黄帝还教育百姓动手与动脑并重，史书上称为"劳勤心力耳目"，使人们变得更聪明。他教导人们按照日月星辰的变化安排生产和生活；教人们学会改善土壤，保护土地的肥力；教人们学会利用水源，除了用水溉田外，还要用土壤和石块筑起牢固的防护堤，为的是防御水患。黄帝还特别强调节约，要求"节用水火材物"——水资源要节约，火要谨用，木材和其他一切财物都要注意节约。司马迁在《史记·五帝本纪》说：黄帝"有土德之瑞，故号黄帝"。黄帝真正是华夏这块黄土地的主宰和精灵。

黄帝有一个大号，叫做"轩辕氏"。这个大号很有意思。轩辕除可释为星座外，还可作这样的解释："轩"指的是古代一种有帷幕的车的前面高起部分，"辕"是车前驾牲口用的两根直木。这样看来，作为"轩辕氏"的黄帝肯定是个造车的能手，说黄帝发明了车也是有据可依的。有了独轮的手推车、双轮的木板车，有了牛拉或马拉的篷帐车，人类的生产和生活又大大推进了一步。与车具有同等意义的船，据载，也是黄帝发明的。

黄帝在人们的生产和生活中播撒了如此多的人文种子，由此，这块东方文明古土上的后代子孙尊之为"人文始祖"，也是理所当然的了。

"黄帝四面" /

在中国古代的种种传说中，有"黄帝四面"之说。一看到这种提法，马上有人会大为惊讶地问："怎么了，黄帝有四张面孔吗？"是的，确实是

轩辕庙

这样的。在黄帝庙（明堂）中挂的黄帝像就有着四张面孔，一些古代书籍也有此说。④但对何为"四面"的诠释，历来是众说纷纭。我们对此作一番简略的考察，相信也是很有意思的。

"四"，在中国，乃至世界，是一个充满丰富意蕴和神秘色彩的数字。年有四季，地有四域，位有四方，时有四期，人有四情，界有四至，神有四神，西方则有所谓"伸向四方的十字架"。在这里，"四"代表着一种静态的、永恒的完美。

由此观之，"黄帝四面"的主旨应该是一种完美，一种至高和至上。它的内涵是十分丰富的，包括了方位的、情感的、人事的诸要素。

"黄帝四面"代表着四个方位。当时传说中有东方之帝，西方之帝，南方之帝，北方之帝，而黄帝居于中。他的四张面孔是朝向四方的，无论在什么地方发生什么事情，都逃不过他的眼睛。在这里，"四面"具有明察秋毫的意思，也有调和四方，使之和谐的意思，黄帝真正把关怀送到了四方。

"黄帝四面"透露着四种情感。简单地说，它昭示着人世"四情"——喜、怒、哀、乐。具体到黄帝身上，"四面"实际上是说他以民之喜为喜，以民之怒为怒，以民之哀为哀，以民之乐为乐。这种与民同喜、同怒、同哀、同乐的观念后来发展成为一种绵绵不绝的民族文化和民族精神。

"黄帝四面"标志着使用辅佐人物的四条准则。在一本古书中说到这样一则故事：

一次，学生子贡问："听说古代的黄帝有四张脸，可信吗？"

孔子回答说："'四面'的意思是，黄帝选取符合自己要求的四种人

（或说是四个人）辅佐自己治理国家，让他们管理四方，结果农业发展了，什么事都办成了，这就是'四面'的意思。"⑤

　　黄帝需要怎样的四个人或四种人呢？史书上说是风后，是力牧，是常先，是大鸿。一切都清楚了，他要的辅佐之材是：办事雷厉风行的人（风后），为民尽心尽力的人（力牧），干活一马当先的人（常先），志向高远宏大的人（大鸿）。有了这样四种人，还怕办不好事？黄帝自身就是集这样四种品格于一身的圣人！

　　这就清楚了，"黄帝四面"表述的实际上是中国人心目中的一种理想人格。古来崇尚黄帝，无非就是崇尚以风后、力牧、常先、大鸿为标志的理想人格。

子孙万万代

　　作为一个具体的人，有生必有死。黄帝也是这样。关于黄帝的死，所有文献资料都没有作过多的渲染，从感情上说，这也是可以理解的。有的书说，黄帝活了 111 岁，他是一直劳作到最后一息的。有的书写道，黄帝晚年，自知将不久于人世，就早早地安排了后事，将死之时，他与群臣开了一个告别会，把该嘱托的事都讲清楚了。死后，就还葬于自己的故乡桥山，一切都从简。

　　但是，从心愿上讲，人们是不希望黄帝这样的中华第一圣人死去的，于是，就有了种种美丽的传说故事。说黄

黄帝雕像

帝晚年采首阳山的铜，在荆山脚下铸成了一口中华大鼎，用以标志事业的成功。鼎成的那天，突然雷鸣电闪，黄云密布，从翻滚的云层中垂下一条

黄帝陵

盘曲矫健的黄龙来，直向黄帝飞来。黄帝似早有预约，马上乘上龙背，冲天而去，身边臣子及后宫嫔妃同去者 70 余人。这壮观的一幕，被后人铸造在了黄帝庙后院的石壁上，成为人们一种永远的思念。

在人们的心目中，黄帝是不死的。

人们永远地思念着黄帝。一次，孔子的学生宰我问孔子："我听人说，黄帝有三百年，请问先生，黄帝是人，还是神呢？为什么说他至少活三百年呢？"孔子回答道："黄帝百年而亡，这是事实，但是，他活着时，人们得到他的利益是一百年；他死后，他的精神至少要影响一百年；再往后，他的教诲和治世的道理也至少要管一百年。加起来，不就是黄帝三百年吗？"在中国文字中，"三"有多的意思，说"三百年"，实际上是言其影响之久远，言其生命力之永远。

黄帝真正是不死的，他的魅力是永远的。

更为重要的是，普天下的华人，不管他们寄居于何地，也不管他们的国籍是否发生变化，他们全都承认自己是黄帝子孙。他们从血脉上、从文化上是与黄帝一脉相承的。在他们的血管里，流淌的还是中华儿女的血。他们永远不会忘记自己的人文始祖黄帝。这真是：黄帝子孙万万代，中华文明代代传。

注释:

① 《史记正义》引《舆地志》云："（黄帝）母曰附宝，之祁野，见大电绕北斗枢星，感而怀孕。二十四月而生黄帝于寿丘。"这里是真真假假。黄帝母附宝在生黄帝时"见大电"（实际是大雷雨）恐是真，现实的可能性也最大。而所谓"见大电""感而怀孕"中的"怀孕"实为生养孩子的移花接木，为的是追求传奇故

事的新奇效果。至于"二十四月而生"云云，那是一种无稽之谈了。

② 《史记·五帝本纪》云："（阪泉之战后）置左右大监，监于万国。万国和。"这里关键的一句是"万国和"。战争不是为了吃掉哪个，而是为了使万国和谐相处，和谐发展。这一精神历来没被人重视，如今要把它发掘出来。

③ 《抱朴子内篇》有云："黄帝西见中黄子，受九品之方，过空桐，从广成子受自然之经。"司马迁把空桐、鸡头看成是两座山，但也有学者把它看成是一座山的，引者从后说。"自然之经"，也就是无为无不为的道家学说。

④ 在 20 世纪 70 年代，长沙马王堆 3 号汉墓出土了战国佚书四种，其中的《十六经·立命》明确记载了黄帝的模样，说是"方四面，傅一心"。

⑤ 《尸子》："子贡曰：'古者黄帝四面，信乎？'孔子曰：'黄帝取合己者四人，使治四方，不计而耦，不约而成，此之谓四面。'"孔子这里说的"四人"，在《史记》中形象化为活生生的四个人，即所谓"举风后、力牧、常先、大鸿以治民。"（《史记·五帝本纪》）

第十五卷　五帝一脉

　　五帝时代在中国历史上是一个大变革的时代。它处于漫漫的原始社会的最末叶，距今大约有 4000 多年。从这一历史时期开始，中国历史进入了有名有姓、有人有事、有较为具体的历史细节和故事的阶段。历史的朦胧面纱渐次被揭开，历史的清晰度大大提高了。从黄帝这位中华第一帝起始，到舜这位第五帝为止，大约经历了 10 代人。依中国传统的一代为 30 年计，大约有 300 年的历史，相当于后来阶级社会中的一个王朝的寿命。显然，五帝之间并不是十分连贯的，在 300 年间，只是选取了五个杰出的部落联盟首领拉起一条主线，用以描述历史的大致态势和走向。

　　这是一个真正的山雨欲来风满楼的时代。此时，绵延几十万年的氏族公社的遗风犹在。氏族成员间基本上保持着一种平等的关系，大部分财物也还是公有的。氏族和部落的首长还只是充当公务员的角色，五帝的艰苦奋斗和自律自励，令世代人永生敬慕之心。但是，生产的发展和财富的充裕，必然引起私欲的膨胀，不平等的种种迹象已初见端倪。最后，到他们的后继者第六帝禹时，终于不可避免地产生了传子制度。

　　一种全新的制度在历史的阵痛之中终于诞生了。

黄帝子孙 /

　　黄帝处身于中国原始社会的末期（也就是史学界所谓的中华族群、中华酋邦时期）。当时实行的是男子占统治地位的父系制度。一个男子有一个主妻，同时又可以娶多个女子为妻为妾。黄帝作为部落联盟的首领，他当然也是多妻的。他生育有诸多子女，其中男性相传有25人。黄帝居住在轩辕之丘，并娶了西陵国的女子为妻，这就是嫘祖。嫘祖是黄帝的正妻，生了两个儿子。这两个人的后代都掌管过整个天下，一个叫玄嚣，又叫青阳，下封到地方，居住在江水之滨；另一个叫昌意，下封到地方，居住在若水。昌意娶了蜀山氏的女子为妻，她叫昌仆，生了儿子高阳，高阳就是帝颛（zhuān）项（xū）。

　　据说，黄帝的25个儿子，后来得姓的有14人，14人中有3人同姓，因此实际有12姓，分别是：姬、酉、祁、己、滕、葳、任、荀、僖、姞、儇、衣等，最有名的当然是姬姓，后来周王朝的统治者就是以姬为姓的。这些姓氏都在中国历史上留存了下来，他们的活动地域大致上是在中原地带。14个儿子外的其他11个儿子，被称为没有"得姓"的。所谓"得姓"，是得中原一带的姓。这11人，大多流落到了所谓蛮夷地区，成了那里的领袖人物。这样看来，黄帝的儿子活动的踪迹就遍及中华大地了。

　　更为有价值的是，在中华历史的绵绵发展历程中，黄帝子孙成了一条发展的主线。从黄帝开始的五帝时代，都与黄帝有关。黄帝是五帝中的第一帝，第二帝是颛顼，是黄帝之子昌意的儿子，也就是黄帝的孙子；第三帝高辛，是黄帝的曾孙；第四帝尧是高辛的小儿子，离黄帝又远了一代；第五帝舜是黄帝的九世孙。这样看来，其中虽然有些错乱，但五帝的圣统大体上还是清晰可辨的。

长沙马王堆汉墓帛书地图中标注的舜帝陵

其后的夏、商、周三代，也是黄帝的直接传人。夏的第一帝是禹。司马迁在《史记》中排世系时不太准确，但说禹是黄帝之子颛顼的后裔，该是确定无疑的。商的始祖被称为殷契，始封商。他的母亲是黄帝的曾孙帝喾的女儿，由于年代久远，世系上可能有点乱，但是黄帝子孙也是可以肯定的。周的远祖是后稷，他的母亲叫做姜原，据传，姜原是黄帝曾孙帝喾的妻子。这些都告诉我们，三代领袖的远祖都与黄帝血脉相连。

"静渊有谋"的颛顼 /

颛顼

颛顼是黄帝的孙子，长大后帮助父亲昌意治理若水，很有成就，在百姓中名声也好。黄帝来到若水，对颛顼进行了一番考察，最后下了这样一个结论："颛顼这孩子不差，在他身上有圣人之德，是可以担起大任的。"黄帝晚年要卸任时，就向大家推举颛顼，万国首领议论后，同意了，一致选举颛顼为帝。

在颛顼接任时，黄帝对他谆谆教导："我在西巡时，听广成子讲述过'自然之经'。社会贵在和谐，办事重在顺应自然，天下还是要以静养为主，切不要轻举妄动。"颛顼真诚而虚心地说："我记住了，我一定遵循自然之道，在沉静中求发展。"

在颛顼当政的时日里，他牢牢地把握住了一个"静"字。

颛顼把主要的精力放在农事上。他注意开垦土地，培育各类作物品种，让每一寸土地贡献出更多的物品来。他让一些学有专长的人精心研究天象，制定了著名的"颛顼历"。他按照天时种植庄稼。他要求民众安下心来从事农业生产，凡是在农业生产上有出色成绩的都会受到鼓励。经过多年的努力，天下出现了丰衣足食的吉兆。百姓赞扬颛顼："颛顼帝像高悬在碧空的太阳，懂得养材以任地，懂得载时以象天，这真是百姓的福分。"因为民众把颛顼看成太阳一样，因此后来他有了一个"高阳"的大号。

"静"还表现在重视教化上。他教育民众了解四时五行之气，依照自然规律办事。他教育民众要协调好人际关系，不要有无谓的伤人也伤己的争斗。他教育民众要以洁净虔诚之心进行祭祀活动。

在颛顼的有力领导下，天下一片升平景象。他所统治的地域比黄帝时还要广阔。北到幽陵，南到交阯，西到流沙，东到蟠木，都纳入了他统治的范围，正如有人颂扬的："只要日月照到的地方，都归颛顼管理。不只各地的人民都归顺了，就连天上的飞鸟，地上的走兽和植物，以及阴间的鬼神，都在他的管辖之内。颛顼真伟大啊！"

"修身而天下服"的高辛

由于过分的操劳，颛顼晚年身体不怎么好。他就找了自己的侄儿高辛作为助手，帮助料理一些庶务。[①]当时，高辛还只是个 15 岁的小孩子，可是人很聪明，善于观察，有预见能力，办事也相当地老练持重，还懂得爱护人，关心人，急人所难，这些都深得颛顼的欢心。在以后的年月里，高辛帮着办了不少的事。十年过后，颛顼感到身体越来越不行了，他考虑到了自己的后继者问题。当时虽然还是实行公众推举制度，但前任者的提名还是有着举足轻重的作用的。如果要他提名的话，他当然会提高辛，他了解他，熟悉他，他的声誉也好。

有一天，他把高辛找来，对他说："你已经帮着我干了那么多年了，看得出，你是有能力的，也有很高的热情，但我要提醒你一句，当领袖的最重要的一件事是修身，这是一件真正的终身大事。仁爱又有威严，慈爱又很笃实，修善自身而使天下诚服，也就是说，只有在修身上做得完美无缺的人，才会深得众望，才会让天下信服，也才当得起部落联盟首领的大任。"

高辛流着泪回答："叔叔，您的话我记住了，我是不会忘记的。可是，您得保重自己的身体啊！"

颛顼还是不放心，继续叮嘱道："不只要记住，最重要的还是要做，要做……"

高辛

高辛跪倒在叔父面前，宣誓似的朗声作答："叔叔，我说话是算数的。我不只记住了，我还会认认真真地去做，当好修身的模范！"

颛顼这时才放心地点了点头。

颛顼是在 98 岁那年去世的，那年高辛正好 30 岁。论才论德，高辛都出人头地，他很自然地被推上了部落联盟首领的位置。

高辛一点也不敢粗疏，他把叔父教导的"修身而天下服" 6 个字刻在石板上，放置在自己住的厅堂里，日夜对照。

在他的带领下，当时的老百姓都过上了好日子，可他的一家人的衣着总是如同一般民众那样普通，有时还穿着打补丁的衣衫，吃的也是粗粮。有人劝他不要这样，自己也可以改善一下了，他笑笑说："这叫做'普施利物，不于其身'，颛顼帝不是说'修身而天下服'吗？我不这样做，怎能使人们心服？"所谓"普施利物，不于其身"，就是说，普遍布施利于他人的恩德，却不及于自己本身，换言之，毫不利己，专门利人。

在当时，水患是常有的事。每当某处河口有事时，他总是亲自赶往那里。有人劝他："您下面有专管水事的官员，何必躬亲呢？"高辛回答道："这样的大事怎能不躬亲？我这样做叫做'顺天之义，知民之急'，颛顼帝不是说'修身而天下服'吗？我不这样做，能使人心服吗？"

生活条件改善了，有些人就浪费起来，把好端端、白花花的米饭扔在地上不吃了。高辛看到这些很不高兴，他把米饭拾起来，抹干净后吃了，对众人说："可千万不能浪费啊！'取地之财而节用之'，这是人的最起码的道德。懂吗？"大家被他的以身作则感动得泪流满面，说："高辛治理天下，像水灌溉农田一样，平等而公平地遍及天下，日月所能照射到的地方，风雨所能吹淋到的境界，没有不服的。"

高辛帝一生都以"修身而天下服"为行为准则，深得民众赞誉，众人称赞他"其色郁郁，其德嶷嶷"，即称他是一个神态郁郁然非常庄重、道德嶷嶷然特别高尚的好首领。

"历象日月"的尧

在五帝中，尧是第四帝，大家对他也比较熟悉。他是第三帝高辛的儿子。

高辛晚年，部落联盟的首领传子和传贤的矛盾比较突出了，也就是部落联盟首领的权威正渐渐盖过集体的力量。高辛比较喜欢大儿子挚，并有意将部落联盟首领的职位"传"给他。高辛把这个意思讲出后，大家也就"一致通过"了。挚名正言顺地登上了"帝"位。挚是尧的同父异母兄长。

尧

挚登上"帝"位后，对尧还不错。他封尧在唐，称唐侯。挚一干就是九年，但是，没有什么政绩，而他又体弱多病，很少能外出考察，下面议论纷纷。而作为唐侯的尧却干得很出色。他虽然既富又贵，但对百姓从来很谦恭，就是对老、弱、病、残者也关怀有加。他外出时，常常戴着一顶退了色的黄色帽子，穿着黑色的士服，乘着没有文饰的极为普通的车子，驾着一匹朴素的白马，出入于民众之中。他与族中的亲友，与朝中的百官，与其他诸侯国，都能友好相处，得到人们普遍的好评。挚自知维持不下去，就提出辞职，让尧来干。他这一说，大家马上都赞同了。[②]

尧当上部落联盟的首领后，第一件关心的是制定历法，也就是古书上说的"历象日月"。他很清楚，没有一部适宜于农时的历法，要想进一步发展农业是不可能的。他让这方面有兴趣的人自愿报名，组织他们学习。人们对此很感兴趣，积极要求参与其事的有七八十人。尧把这些人召集起来，对他们说："你们要好好地学，弄懂日月星辰的运行轨迹，然后制定出历法来，再把历法知识传播到百姓家去。你们要好好干，我就在你们中间选拔出领头人来。"

　　经过一段时间学习后，选拔出了羲仲、羲叔、和仲、和叔四人作为领头人，带着队伍去四面八方进行考察研究。

　　羲仲带着一批人来到一个名叫旸谷（旸同阳，旸谷，意为阳明之谷）的地方，那是传说中太阳升起的地方。他们在旸谷寻找日夜长度均等的时刻，以及傍晚鸟星（朱雀七宿）在正南方出现的时刻，依据这景象定准"仲春"（也就是后来的"春分"日）。

　　羲叔带着一批人来到了一座叫南交山的地方，每天都记下日影。他们经过一个年头的努力，终于测出了白天最长的时日，那天傍晚火星正好在正南方出现，这一天定为"仲夏"（也就是后来的"夏至"日）。

　　和仲带着一批人来到了一个叫昧谷的地方，恭恭敬敬地观看太阳是如何沉没在地平线上的。他们发现，当傍晚虚星在正南方出现的时候，那天日夜长度均等，也就是"仲秋"时分了（也就是后来的"秋分"日）。

　　和叔带着一批人来到了北方一个叫幽都的地方，测定何时白天最短、黑夜最长。他们发现当傍晚昴星在正南方出现时，白天正好是最短，于是把这一天定为"仲冬"（也就是后来的"冬至"日）。

　　在整个考察过程中，尧只要有空，就到观察站与大家一起研究。考察工作完成以后，尧又把大家召集到一起，对他们说："你们做了一件很大很大的大事，也做了一件很好很好的好事，从此以后，农事就有规可循了。到仲春时，就可以让大家都到田野里去耕作了，这时鸟兽也正在乳化交尾；到仲夏时，就可以组织夏收夏种了，可千万不能误了农时；到仲秋的时候，秋高气爽，要提醒百姓可别忘了抓紧秋收呵；到仲冬的时候，鸟兽都懂得把羽毛长得毛茸茸的，人们可不能忘了冬藏这样的大事。"

　　这时，有人发问："太阳绕黄道一周天（就是一年），是365又四分之一天，一年以大月小月各半计，每岁大约有6天的余数，怎么办？"

　　尧想了想说："那就三年设置一个闰月吧！"

　　最后，尧对大家说："这历书的事，不只我们这些人要知道，更重要的是让广大种田人都知道，大家要下去宣传，下去指导。"在尧的提倡下，农历知识很快就传播到了千家万户，农业也呈现出欣欣向荣的景象。

尧舜禅让

这是五帝时代的一段佳话。

"禅让"这个词儿的使用，本身就很有意思的。"禅让"是什么意思？所有词典上都说，是指原属于自己的帝位转让给不属于自己血统的贤德之人。按理说，在原始公社制社会中，部落联盟的首领是民选的，本来就不属于一家一姓所有，何来转让之理？

舜帝

原来，所谓"五帝时代"，本身就处于原始社会的最末期。这是一个大转变的时期。当时总体上还实行着财产的公有，人与人之间基本上是平等相处的。但是，把战俘作为奴隶的现象已经出现，而且有愈演愈烈之势。氏族内部也产生了分化。氏族和部落首领的权威大大增强了，尤其是部落联盟首领（当时已称为"帝"）的权威日益提高，且有世袭的趋势。选举制度往往流于形式。常常是老的部落联盟首领提出一个名单，大家通过就是了。一些人为了讨好首领，还主动提名首领的儿子呢！五帝中的第三帝高辛不是一度传给了自己喜欢的大儿子挚吗？这样做，不少人也认为没什么不适宜的。

五帝中的每一帝都站在传子还是传贤的十字路口。

尧大约当了 70 年的部落联盟的首领。晚年的时候，他也一直在认真地考虑自己的后继者的问题。

当时有不少人讨好地说："首领，就传给您的儿子朱丹吧。"

"为什么非得是他？"尧反问。

"他是您的大儿子，他有能力接好您的班。"有人这样说。

"不行，绝对不行！"尧十分明确地大声说，"我一共有 10 个儿子，大儿子朱丹是不肖之子，其他几个也是不肖之子，都不足以管理天下。我绝不能为了一家一姓之利而去危害天下。"③

尧有如此坚决的态度，大家就再也无话可说了。

尧叫大家到各处去找，不管是亲是疏，不管是贫是富，只要有德有才，都可继任为部落联盟的首领。

后来，有人向尧推举道："有一个人，生活在民间，尚未娶妻，他叫舜。他的父亲是个瞎子，母亲已经过世，其父为他娶了个后母，也不太贤惠，有个后母生的弟弟，很是狂傲无理，但舜还是能孝顺父母、和睦兄弟。这个舜办事也利索，待人也好，在乡里名声好得很。有人还说，舜，圣人也。"

尧听了，说："这样的人不差，可以试一试。"

后来的三年里，尧对舜进行了种种测试。先是把自己的两个女儿嫁给他，从他怎样对待她们看他的为人。还派了九个男子和他相处来观察他在社会生活中的表现。舜把两个妻子安排在自己的家乡，教导她们要孝敬尊长，爱护子弟，一切都符合妇人之道。这样做使尧很满意。后又让舜宣扬基本的伦理道德，舜做得也很完满。还让舜担任多种公职，事情办理得井井有条。要他到国都的四门去接待宾客，宾客与主人之间一片和睦，诸侯及远方宾客都很恭敬。尧又让他进入原始森林拓荒，他能在暴风雨中都不迷失方向。看到这些，尧心里认为舜有"圣智"，便召来舜说："你谋划的事情都很周密，你所说的都能做到，有实绩，现在，三年的考察期已经到了，你来登帝位吧！"舜认为自己德望不能胜任，再三推让，尧不同意舜的推托，一定要舜登帝位。

尧选了正月上旬的一个吉日，在尧的文祖庙（即尧的太祖庙）举行了庄重的禅让仪式。在仪式上，尧发表了长篇讲演，着重表彰了舜的品行才德，并声明从此由舜来行管理一切的大事，任何人都不得违抗。仪式后，尧就养老于家，舜开始代行帝命。

尧退休后28年才去世。对尧的去世，百姓十分悲哀，像死了自己的父母一样号啕大哭。天下人3年内不举行任何文娱活动，舜也为尧守孝3年。

3年期满后，舜为了让位给尧的儿子朱丹，自己避居到了南河以南的乡下去。可老百姓不答应，纷纷投奔舜，氏族和部落的首领也全都到舜这里来朝觐，表示归顺舜，一些人还编了歌曲颂扬舜。舜感叹道："让我为帝，看来这是天意吧！"于是，便正式就任部落联盟的首领，世称"帝舜"。

大孝子舜 /

在中国历史上，舜算得上是最早的一个大孝子了。他得以继承帝位，是与他的孝行分不开的。

舜早年虽然家道十分贫困，而且流落在民间，但细细排算起来，他还是黄帝的直系后人呢！从舜往上推八代，始祖就是黄帝。他的六世祖，就是赫赫有名的第二帝颛顼。不过，自他上溯五代，都不显赫，只是普通的百姓人家。

舜的父亲名叫瞽叟，这个名字可真有些来头。"瞽"，在当时

孝感天下图

一般指那种既瞎了双眼，又分不清好恶的人，再配上个"叟"字，说明这个瞎眼人真是越老越糊涂，越分不清好坏。他在妻子死后，娶了个后妻，拼命地庇护后妻生的小儿子象，象非常奢侈傲慢，还一而再、再而三地要谋害舜，不是"瞽"人是什么呢？

可舜一面平时防着点，一面还是真心实意地孝待着父亲。只要父亲要办什么事，他马上就会出现在父亲身边。

有一次，建造在舜家门前的仓廪上出现了漏水现象。瞽叟以为这又是杀害舜的好机会，就一再催促他上廪顶去弥合缝隙。舜见是父命，就答应了，但心中还是防备着。他刚上得廪顶，瞽叟就在下面放起了一把火，想把舜活活烧死在上面。这时，聪慧的舜手握两顶斗笠像鸟一样的从仓廪顶

上飞了下来，逃离了火境，自己竟一点儿也没伤着。

又有一次，瞽叟要舜去挖井。舜想，家中原来那口井有点不顶用了，应该打一口新井了。于是，他认认真真地打起井来。等舜深入井底的时候，瞽叟叫来小儿子象，叫来后妻，对他们说："快，快，把土填上，填得死死的，把他闷死在井下。"这时，那个小儿子象也来劲了，说："主意是我出的，将来舜的财物一半分给父母，一半我要。"是非不分的瞽叟也就答应了。于是，三个人得意地填起土来。可是，正当三人兴高采烈地累得满头大汗时，舜却出现在他们的面前。原来，舜在挖井时，预先挖好了一条另外的通道，以防不测。他是在情急之下从另外通道安全出来的。

这些事，虽然使舜有点不高兴，但是，他仍然孝敬父亲和后母，也友爱弟弟，只是更小心谨慎罢了。家庭的不幸使舜更懂得家庭伦理的重要性，后来，他在向尧汇报工作时说："父义、母慈、兄友、弟恭、子孝，这是家庭中的五种最基本的伦理道德。我虽然没有得到这些，但我要通过我的努力让普天下的民众得到这些。我相信，只有家庭融洽，才会有社会的祥和。"尧听了，说："舜的说法，真正是圣人之见啊！"

舜登上帝位以后，车上挂着天子的旗，去拜见自己的父亲瞽叟。他恭恭敬敬的，一点也不敢大意，为的是给天下做出榜样。他父亲看到儿子这样，既高兴，又惭愧，禁不住流下了热泪。

大禹治水 /

大禹也是黄帝子孙。史书上对他辈分的推算可能有误，但他是黄帝子孙这一点还是没有疑问的。

在远古时代，黄河大江的泛滥成灾是常有的事。一直到舜的晚年，还是水患不止。舜正苦闷，有人向他举荐，说：有个叫禹的人，很有能耐。他过去是夏部落的首领，称夏禹，他能把夏地的水患消除了，可见他是有办法的。现在，他被封为夏伯，因此人都称他为伯禹。让伯禹去治水，一定会成功。舜一听就同意了。舜把禹召来，准备委任他去治水。

禹跪拜叩头推让说："我恐怕不行，还是让契、后稷、皋陶三位去干吧！"

舜惊讶地问："那是为什么？"

禹很端庄很沉痛地回答："我不敢轻易答应，我的父亲鲧就是治水不成而受罚致死的。"

舜对禹说："你父亲的死是罪有应得，他玩忽职守，方法又不对头，当然要处罚了。你不一样，只要你好好干，相信是可以成功的。"

禹想了想说："那好吧！我会好好干的。不过，我得要上面几位做助手。契是主管教化的，他同行可以帮助开发民智；后稷是农官，我们一起就可以边治理边垦荒耕种；皋陶是主管法律的，在治水中他可帮助严肃纪律。"

舜听后大喜，说："禹的想法果然与众不同，那我再给你加一员大将，就是益，他是主管名山大川的，可以帮你了解山川地理。"

禹

就这样，禹满怀信心地出发了。

大禹一行的工作可是够辛苦的。他们翻山越岭，整天在野外辛劳。他们陆行的时候，乘的是一种自制的木质小车。水路行进的时候，就自驾一种灵巧的独木舟。来到泥泞地带，就穿上一种两头翘起的橇，在泥泞地里滑行。上山时，穿上一种后齿长前齿短的鞋，下山时，再改换上后齿短前齿长的鞋。有时，穿鞋不行了，就光着脚板行走，走久了，满脚、满腿全是血。

在大禹治水过程中，最让人感动的是"三过家门而不入"的故事了。

禹刚被任命为治水大臣的时候，与涂山氏结婚不久。为了治水大业，他告别新婚的妻子，毅然决然地出发了。

禹伤感父亲鲧因为治水没有成功受到惩处，就劳苦身躯，焦心思虑，居住在外十三年，经过家门也不敢进去。

在治水过程中，家里托人来说："你的孩子出生了，你有空的话，回家来看看妻子和孩子吧！"他也很想回去看看，但就是没空。过些时，治河大军刚好开过家门口，但他知道得很清楚：人人都有一个家，如自己贸然回家，岂不涣散了军心？他咬咬牙，还是决定不回家。

又有一次，治河大军开过他家门口，孩子的哭声也听到了，一些人也让他回家去亲一亲刚生下的孩子，可他一想到大水正在席卷一些人的家园时，想到灾区的人们正在洪水中挣扎时，就再也迈不开回家的步子了。

第三次是 10 年以后，他又一次路过家门口，远远地看到一个 10 来岁的孩子，样子与自己十分相像，他知道这就是自己的孩子。他很想前去问上一问。但这时刚巧有人报告治河工地发生了事故，他什么也顾不得了，就直奔治河工地而去……

从此，大禹"三过家门而不入"的故事在治河大军中传开了，成为一种鼓舞人们奋进的巨大力量。

大禹治水在外 13 年。他手执石耒，亲自参加劳动，率先做出榜样。他皮肤晒得黑黑的，人精瘦精瘦，连小腿上的汗毛也磨光了。他治理过的河道，名川三百，支川三千，小者无数。他的功绩是怎么说也不过分的。正像后来有人说的："如果没有大禹治水，我们这些地方只会有鱼，哪里还会有我们这些人呢？"

大禹为人机敏快捷能够吃苦，他守道德从不违背社会准则，他具仁心可以使人们亲和，他的言谈使大家信服，说话的声音适应钟律，自身的行动成为法度，衡量好了再处理官事，勤勉不倦端庄恭敬，成为了百官的典范。

大禹是民族的英雄。

禹铸九鼎

全国的水患治理好以后，大禹并没有停歇下来，他要做的事情多得很呐！

大禹的工作从划分九州始。天下那么大，必须划分一定的政区。为了划分得合理、准确，他亲自作一次天下的大巡行。巡行从传说中的尧的首都开始。禹把当时的所谓东河之西，西河之东，南河之北地带称为冀州；把济水和黄河中间的地带称为兖州；把从东海到泰山一带地区称为青州；把东边到大海、北边到泰山、南边到淮河的地带称为徐州；把北到淮河、东南到大海的一带称为扬州；把北起荆山、南到衡山的一带称为荆州；把荆山以北到黄河以南这一带称为豫州；把东至华山之南，西到黑水之滨这一带称为梁州；把西到黑水、东到冀州西界这一地带称为雍州。

四鸟扁足方鼎。四鸟翘首，相互顾盼，
四足为龙，寓意辖管天下

梳理完九州后，大禹一行人又对全国的名山、大川进行梳理。

"为什么要做那么多麻烦的事呢？"当时有人这样问。

"这是十分必要的，重要性可能不会比治水本身小。"大禹胸有成竹地作答，"这样做，第一可以解决各地能种植什么和不能种植什么的问题，比如了解哪些地区是低洼潮湿的地区，哪些是干旱的地区，就可以种植相宜的物品；第二可以把天下的地形、地貌图绘制出来，这可是一件挺大挺大的事儿啊！"

通过巡行，九州之间筑起了交通大道，各州之间可以互通有无，以余补不足，由国家予以协调。充分利用春夏秋冬的时节，来开发九州土地，疏通九条河道，陂塞九处湖泽，测量九大山系。命令益把稻种分发给民众，让他们在潮湿的低洼地耕种，命令后稷给民众分发非常缺乏的食品。据说，益派人到处教人种植水稻，水稻大大推广了。

通过巡行，大禹观察各地的特色来确定所能进贡的物产，以及明确地规定了各州的贡品运送到京都所经山川的便利路线。各州进贡的贡品尽管各不相同，但是，有一样东西是各州都必须贡献的，那就是铜。

为什么一定要贡献铜呢？原来禹想得很周全：他要把各州贡献的铜铸成九个大鼎，象征冀、兖、青、徐、扬、荆、豫、梁、雍等九州，而且还要把九州的地形地貌、山川河道铸在上面。这就是中国历史上最珍贵的"九鼎"。

"九鼎"象征着权力。谁拥有了九鼎，谁将是权力的拥有者。

"九鼎"意味着统一。九个鼎合在一起，表示祖国山河的金瓯无缺。

"九鼎"是最古老的中国地图，它展示的是华夏的大好河山。

九鼎铸就以后，禹就召集各路诸侯会集在冀州，共同庆贺九州民众的安康、平和。在一片欢呼声中，举行了对天、地、人的祭祀仪式。从此以后，"中华一体"的意识，永远地、深深地铭刻在九州人民的心碑上了。

为了巩固统一，当然也是为了巩固自己的权威，禹到东南的夷族聚居区去巡视，在涂山（今安徽蚌埠市西）大会诸侯。据传，四方来朝的氏族、部落酋长多至"万国"，而且都带来了朝贡之物。

过了几年，禹又一次巡视东南。在苗山（今浙江境内的会稽山）大会诸侯的时日到了，可就是傲慢的防风氏没到。禹借防风氏违背会规为由，马上杀死了防风氏。这使四方诸侯感到了一股肃杀之气，再也不敢轻举妄动了。

禹庙

大禹陵

　　最后，大禹在苗山大会诸侯。这次大会，具有庆功的性质。在这次大会上，计功行赏，皆大欢喜。从此以后，这座苗山更名为会稽山，为的是纪念这样一次重大的会议。④传说，禹后来还归葬于会稽山头！会稽山下至今有禹陵和禹庙。

注释：

① 《史记正义》引《帝王纪》："帝喾高辛，姬姓也。其母生见其神异，自言其名曰'岌'。龀龆有圣德，年十五而佐颛顼，三十登位。"

② 《史记正义》引《帝王纪》："挚于兄弟中最长，得登帝位。封异母弟放勋为唐侯。挚在位九年。政微弱，而唐侯德盛，诸侯归之，挚服其义，乃率群臣造唐而致禅。唐侯自知有天命，乃受帝禅。"

③ 在《史记·五帝本纪》中，司马迁引述了尧本人的一句话："吾终不以天下之病而利一人。"这话可以看作是尧坚定地实行禅让的思想基础。

④ 在《史记·夏本纪》中有这样的记载："或言禹会诸侯江南，计功而崩，因葬焉，命曰会稽。会稽者，会计也。"

第十六卷 "三代"时势

大禹的归葬会稽，标志着中国历史上一个大时代的终结——长达几百万年的原始社会，寿终正寝了。恐怕连大禹本人也没有想到，他身后将是一个怎样的新时代？

大禹死后，他的儿子启继承了父位，建立了我国历史上第一个国家——夏。人们习惯于把夏和随后建立的商、周（西周）合称为"三代"。这"三代"大约起于公元前21世纪，终于周平王东迁的公元前771年，总共有1400年的时间。

可别小看了这1400年的时间，它的发展之快，变化之大，斗争之烈，可能都要大大超过前面的几十万年，以至于上百万年呢！在这段时间里，一系列的新制度建立了起来，各种文化体制也可说是洋洋大观，人们大踏步地行进在文明发展的大道上。更为有趣的是，因为当时离原始社会还不远，种种观念和做法往往还留存有原始社会的印记。而这些印记，对处于物欲横流的现实社会的后人来说，又往往成为美好的表征。孔子一再说："郁郁乎文哉，吾从周。""斯民也，三代之所以直道而行也。"

"三代"作为后世文化人心目中的"治世""圣世""盛世"。究竟怎样呢？在此，向大家揭开的是"三代"时势的冰山一角。

开创新局面的"启"

应该承认，大禹的儿子启是一个十分了不得的人物。他顺应历史的潮流，打破原始公社传统的选举制度，勇敢地接过父亲大禹的权力接力棒，站立到了历史的前台，成为中国历史上第一个真正意义上的"王"者。

不知大禹为他取"启"这个名字是什么意思（也有人说这"启"名是他后来自己取的）。历史地说，他是真正当得起"启"这个名号的，他是一个伟大的开启历史新局面的人。

禹接替舜的帝位以后，也曾考虑过传子还是传贤的问题。从他先前对舜大讲其没有尽到抚育儿子启的责任这一点看，他是非常喜爱启的，对启的吃苦耐劳、能团结人的品性也是满意的。如果大家都说要启来接班，他从心底里拥护。但是，迫于传统的压力，要他自己提出让儿子接班是怎么也说不出口的，况且他本人是一个品格高尚、大公无私的人。

怀着矛盾的心情，大禹最后还是选择提名皋陶，他的名声和资历都无可怀疑。可是，说来也怪，就在皋陶被委之以政不久，皋陶便莫名其妙地死去了，死因呢？秘而不宣，史书上也只是公告式地写上"皋陶卒"了事，使他的死因成为永远的无头案。[1]皋陶这

夏启

个人自恃资格老，性情刚烈，颇得罪了一些人，被人暗算也说不定。总之，他死以后也再无人提起这件事了。

皋陶死后，禹荐益接班。益年纪轻，资历不深，又只是个分管教化的（文化部门的领导人），有点无足轻重。倒是禹的儿子启的势力在发展，他把自己的本土夏这个地方治理得挺不错，口碑极好。一些人说："启当国君，该是最合适的人选。"

大禹在东南巡视时，突然患病，死于会稽。这时，按照大禹生前的约定，把天下传授给益，由益主持朝政。可是，当时的情势不对，舆论都在

启一边。

"启的品德高尚，贤惠，应该由他接任！"有人说。

"毫无疑问，启才是我们合适的君王。"还有人说。

"为什么禹帝的儿子不能当君主呢？传子也是好的嘛！"有人公然向传统的选举制度、禅让制度提出挑战！

这时，成群结队的百姓向启居住的夏地涌去，在夏启居住的住宅外，大声呼喊："夏启，你是我们拥戴的君主，我们会像拥戴禹帝一样拥戴您！"

在这种情势下，也就是三年的丧礼结束后，益决定把王位让给禹帝的儿子启，自己避居到离箕山不远的阳城去了，并且发表了一个声明，说："禹子启是个深得民心的贤人，天下应该是属于他的。"这时，启也顺水推舟，对大家说："看来这是天意，也是民意。既然这样，我只能顺从天意民心，当君主了。"

因为在他看来这是天意，是上天任命的，因此，启也就自称"天子"了。"天子"这一名号第一次写上了历史的画卷。

禹传子，家天下，这翻开了中国历史的一个新篇章。

征讨有扈氏 /

一种新的制度的产生，总会有人站出来反对的。第一个站出来反对家天下的是有扈氏的首领。有扈氏发表声明，脱离华夏联盟，并积极筹备军事力量，准备攻打夏启。夏启决定先发制人，马上率军向有扈氏所在的扶风地区进发，两军在甘地（今陕西户县一带）相遇，一场大战即将打响。

为了从舆论上压倒对方，战斗打响之前，夏启发表了以《甘誓》命名的声讨书，"有扈氏轻慢金木水火土五行的运行秩序，懈怠废弃天、地、人三者之间关系的正道，如此怠弃政事，淫乐无度，民不聊生，上天因此要断绝它的国运，现在我只是来恭敬地执行上天的惩罚。将士们不该为其卖命，相反应该弃暗投明，反戈一击。至于宣布脱离华夏，更是违侮天命的事。这次征战，完全是顺天行事。天要绝灭有扈氏，这个结局是谁也改变不了的。有扈氏的将士们只有齐心协力，同华夏军一起执行天的惩罚，才有光明前程！"

这声讨书也真起作用，有一部分有扈氏的军队竟不战而溃，也有部分士兵前来投诚。大战打到第三天，有扈氏的军队阵脚就乱了。夏启就乘势发动总攻。有扈氏军队大败而逃，夏启的军队一直追杀到扈地，抓住有扈氏的首领杀了，那些死死跟着有扈氏抵抗的人，都罚作了牧奴。

夏启打败有扈氏的造反以后，就在钧台召集各地部落首领会议，表示正式继位。各地的诸侯纷纷前来祝贺。夏启怕东夷族人进犯，为了安全起见，就把国都从阳翟（今河南禹州）迁到了安邑（今山西夏县西）。

这时，又冒出了一件事：禹的小儿子武观，有谋反迹象。启及早发现后，就把他放逐到边远的西河（河南滑县一带）去。哪知武观到了那里以后，不但没改过自新，相反在积蓄了三年力量后，起兵叛乱。启这时已基本上站稳脚跟，不用亲征，而是派出彭国（今江苏徐州）的方伯率军讨伐，武观力薄势单，很快被击败，人也被俘了。彭国方伯把武观交给启。启把这不听教诲的弟弟处以死罪。

从此，四方诸侯都来朝拜，天下就太平了。由启建立起来的夏王朝，是中国历史上的第一个王朝，从公元前 21 世纪到公元前 16 世纪，它一直维持了近 500 年。

少康中兴 /

第一个王朝的第一个君主启死后，他的儿子太康立。太康死后，其弟弟仲康立。从仲康，经相，到少康，历三代，局面一直动荡不定，到少康时，才安定下来，史称"少康中兴"。这其间大约有百来年的时间。

当时的局面说来也是相当的复杂。部落和氏族首领的选举制度，或者是所谓的"禅让"制度，已经被历史地否决了，此时似乎已经少有人提起了。但是，父系氏族社会曾经流行的兄终弟及制度是不肯轻易地让位于父子相继制度的。启是开国之君，具有绝对的权威，他活着时，说要传给儿

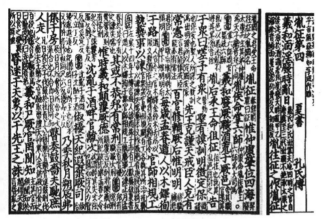

《尚书》中记载的"仲康日食"

子，谁敢说个"不"字？可是，第二代就不同了。当第二代国君太康治国有所失误时，五个弟兄就闹得不可开交了。②等太康一死，矛盾更激化了。其弟仲康抢先占据了王位。

这下局面乱了。王室矛盾重重，下面有些人乘机胡作非为，代表人物是负责制订历法的羲氏与和氏。他们整天沉湎于酒色，而扰乱了四时节令，职责范围内的事就没人管了。

这时，发生了中国历史上有记载的第一次日食。③日食，在当时人看来是一种天灾，是上天对人世的一种警示。这次日食持续的时间之长、造成的影响之大，前所未有。可以说是全国一片惊恐。一些人也就乘机出来造谣生事。内乱不已，外患又生。早在太康时代就参与驱赶太康的夷族方伯后羿乘虚而入，他们的军队占据了夏的不少土地，并把国都也迁入夏地。不少夏民不仅不反对，而且积极拥护他，这样一时间就代了夏政。当然，后羿的日子也不长，被他的下属寒浞杀死了。

寒浞继续攻打夏王室，自以为从兄长那里夺得政权的仲康也不得不与自己的儿子相一起出走，逃到同姓部落那里去避难。不久，仲康在流离失所中死去，名义上把王位传给了儿子相。可是，相在外头避难中又被寒浞捉拿，并被就地杀了。所幸的是相的妻子已有身孕，在黑夜中逃回母家有仍氏（在今河北任县一带），隐姓埋名，在那里把孩子生了下来，这就是日后的少康。

有仍氏是夏的属国，他们对少康母子特别优厚。当少康长大后，还让他当上了有仍氏的牧正，就是管理畜牧的官。不知怎么走漏了消息，寒浞派人来捉拿少康。少康就又逃到了有虞氏那里（河南虞城一带）。有虞氏是舜的后裔，对夏王室特别亲善，让少康当了庖正，也就是管理膳食的官，并把两个女儿嫁给他。少康在那里招募军队，积聚力量。后来，正式打出光复夏室的旗帜。这时，由于寒浞的腐败，不得民心，夏地的人们都倒向了少康一边，复国事业很快成功了。

复国后，少康就按照禹的传统办事，治理水患，克勤克俭，发展农牧业，民众很快过上了和平安康的日子，人们都称赞他是"中兴名王"。

暴虐夏桀 /

少康为夏的中兴打下了基础。少康以后的六世，都比较平稳。可是，到孔甲时，局面又发生了变化。孔甲这个君主一点也不重视民生，整日里以游乐为务，还装神弄鬼，糊弄百姓。

这时，不知他从何处得到了两条龙，一雌一雄。他自己不能养，就专门请来了专业的驯龙师。结果雌龙死掉了，驯龙师就把死了的龙斩成肉酱，做成菜让孔甲吃。孔甲吃后，说："哦，好吃，我还想吃！"驯龙师这才知道这是个贪得无厌的君王，是不好伺候的，就偷偷打点行装，逃走了。从此以后，四方诸侯众叛亲离了。

孔甲以后每况愈下。传到孔甲后的第三代，就是中国历史上著名的桀骜不驯的暴君夏桀。

夏桀（山东嘉祥东汉武梁祠画像石拓片）

夏桀是个性情残暴的人。他看到四方诸侯纷纷叛离，就出兵征讨，这在史书上称为"不务德而武伤百姓"。他当上国君以后，征战不断。他为了显示国君的威风，曾在有仍（今山东济宁）大会诸侯，有缗国的首领不等散会就回国去了，这使桀大为恼火，率参加大会的诸侯、方伯攻打有缗国，硬生生地把一个邦国给消灭了，自己的军队也受到重创，死伤有上万人。老百姓一听到征发兵役，就怕得要死，有哪个愿意为了这个暴戾国君的"体面"而去送命呢？

夏桀还肆意动用民力，伤害了夏国的国力。尤其是到春耕春种时，老百姓正忙着农事，夏桀却调集民力去构筑他的娱乐场所。当时有人别有用心地献给他一个叫妹喜的美女，从此他就与这个女人日夜淫乐，为此还在农忙时节动用近万民夫建造瑶台、宫殿。桀自个儿只顾吃喝玩乐，全然不顾及百姓的死活，他的荒淫无道是路人皆知的。

夏桀视民生为儿戏。据史料记载，一次，他心血来潮，就把关在笼子里的老虎故意放出来，并把老虎驱赶到大街上。百姓们看到老虎在大街上横行，都吓得把手里的东西抛掷地上，只顾着逃命，小孩子被吓得大哭。夏桀看到这些，却哈哈大笑，说自己由此得到了最大的乐趣。

农田荒芜了，他不管。

路有冻死骨，他视而不见。

国库空乏了，他根本不当回事。

百姓怨声载道，他也无所谓。

人们在暗暗地诅咒他："这个十恶不赦的暴君，你快点儿死吧！只有你死了，天下才能安定呢！"

他听到了这种咒骂声，也不生气，反而指着太阳，嬉皮笑脸地回应道："天上有颗太阳，我就是天上的太阳。你们等着吧，太阳什么时候'死'了，我到那个时候才会死去呢！"

广大的民众无可奈何了，只能仰天长叹："天上的那个太阳啊，你要到什么时候破灭呢？我们宁愿跟你一同死亡！"

夏桀的德行堕落到了这般田地，夏王朝的灭亡也为期不远了。

何处是"夏墟"

夏的文化由于没有同时代的文献记载，长期以来停留在传说阶段，有的人还否定夏的存在。可是，一些可靠的史书明明说"夏墟"（夏虚）是存在的，而且言之凿凿，说它就是西周初晋之封国（唐），后来渐次扩大，向南向东发展，到夏桀之时，活动的中心地在河南的伊洛之间了。[④]

考古发掘帮助人们重睹了历史的往昔。位于河南省偃师县的二里头遗址，生动地展现了大约4000年前夏文化的风采。它北临洛河，南枕巍巍嵩山，距伊河也只有5公里，与史书上记载的夏人建都于伊洛之间刚好吻合。

在二里头遗址，人们见到了颇具王者气派的王宫。宫殿东西长108米，南北宽约100米，总面积在1万平方米以上。殿堂八间，一字开并排，十分气派，进深有三，殿堂的前面是平坦开阔的庭院，围绕殿堂和庭院还有十分气派的廊房。殿堂正南70米处是宫殿大门，大门上端是牌坊式的建筑。这可以说是开了古国宫廷建筑的先河。那样气派的宫廷建筑，在原始

夏代镶嵌绿松石的兽面纹铜牌饰

社会是不可想象的，而恰恰与史书上有关夏桀肆意动用民财民力，大造宫殿、瑶台、娱乐场所的记载暗合。

在二里头遗址，人们发现了豪华的大型墓葬。这种大型墓葬现已发现20座之多。在大型墓葬中，随葬品十分丰富，有铜爵、铜刀、铜戈、玉璋、玉钺、玉圭、绿松石，还有各种饰品。大量铜制品的发现，正与《越绝书》"禹穴之时，以铜为兵"的记载相符。

与上面豪华大墓形成鲜明对比，在二里头遗址，人们发现了不少既没有墓道、墓坑，又没有任何随葬品的人体骨骸。这些骨骸被凌乱地埋在灰土内，相互叠压在一起。也许由于年代久远的缘故，这些骨骸大多是残缺不全的，有的身首异处。这里葬的无疑不是奴隶，就是战俘了。

这就是真实的夏。很明显，夏人已经走出了平等的原始公社制社会。

神秘的"楼兰美女"

过去的历史书总是告诉人们，率先步入文明门槛的是中原地带，而祖国的其他地区在一段时间内是相对落后的。是不是这样呢？

并不尽然。

在 4000 年前，也就是与中原地带的夏代同时，在新疆罗布泊岸边的古楼兰，那里的人们已经建造起了城市和村镇，已经发明了冶炼技术，已经有了铜铁制的箭镞，已经有了华美的珠饰。在楼兰古道上发现的一具具昔日的"楼兰美女"更是让人惊异不已。

这些"楼兰美女"身材高大，比一般的中原女子要高大些。她们的脸庞并不大，下颏尖圆，高鼻梁，大眼睛，双眸微闭，体态安详。她们的头发微卷，散披在肩后，充满了青春的气息。头上戴有素色的小毡帽，帽边缀有红色毛线，并插几支色彩斑斓的雉翎，双脚着短筒皮靴。这些古代美女分明是新疆少数民族的先祖。她们身边的木器、骨器、角器、石器，以及琵琶、竖箜、排箫、铜角等乐器，既表明了她们的高贵身份，又反映了多元民族、多元文化结合的特点。要不是后来的文化中断，这里的发展前程真不可估量呢！

4000 年前的"楼兰美女"，生动地展现了那个时代新疆地区人们的生活情状——

白天，这里碧眼高鼻的人们辛勤地在这广漠的土地上劳作着，利用骨器、角器、石器以及先进的铜器、铁器，开发着自己的生命生存之源。

他们制作出的锋利、坚硬的铜制或铁制的箭镞，使狩猎业大为兴旺，也足以让敌手心寒。

一天劳作下来，他们就在自己的庭院里，开阔的广场上，跳起了欢乐的舞蹈，弹起了悠扬的琵琶，吹起了雄壮的排箫。他们的生活是多么丰富多彩啊！

看来，在华夏大地上，同时步入文明社会的绝不止中原地区。当年新疆的楼兰地区是足以与中原并驾齐驱的。

三星堆的黄金手杖

与中原地区步入文明社会几乎同时，被称为西戎的四川广汉地区的

"三星堆"在文明进程上也取得了惊人的成就。

"三星堆"是四川广汉的一个名不见经传的小村庄。村里有两条河流，南面是马牧河，北边为鸭子河。在马牧河南岸有三座黄土堆，像三颗星星一样，"三星堆"由此而得名。在马牧河北岸有一高出地面的月牙似的地段，名为月亮湾，与三星堆隔岸相望，被文人雅士称为"三星伴月"。

在"三星堆"中藏着些什么秘密呢？考古学家为我们揭开了谜底。

在这看来不起眼的黄土堆中，有的是4000年前"三星堆"人的杰作：

这里发现一根世所罕见的金手杖。手杖的芯是木质的，外面用黄金包裹，长1.42米，直径2.3厘米，重约500克。上部刻有三组图案，分别是两背相对的鱼、两背相对的鸟和头戴五齿高冠的两个对称的人头。这根金杖的发现不只说明当时蜀地的冶炼技术达到了很高的水平，同时，金手杖作为权力的象征，充分反映了当时的社会状况尤其是统治阶层的威势。如果说金手杖为当时的王者所用，那它正好说明了王者的赫赫不可一世了。

这里还发现一尊铜立人像。铜人立在高高的底座上，其底座足足有半人高。直立铜人身穿紧身的长袍，头戴官帽，双手作搏击状。很明显，这是为权力者塑的像。他高高在上，气度非凡。

还有一棵高达数米的青铜树，人称"摇钱树"。

还有巨大的黄金面罩。

上左为平顶冠人头像。粗眉大眼，鼻梁高直，阔口大嘴，耳垂有孔，脑后有辫。上右为戴冠饰簪人头像。下为戴金面罩人头像，眼、鼻、耳都给人以恐惧之感。此面罩除了保护面部外，还有给对方以威慑作用

还有青铜头像。

还有铜鸟、铜蛇、铜龟。

还有大量的玉器……

这些都说明，当年的蜀文化一点儿也不逊色于中原文化。

"东方特洛伊"

距今 4000 年前的内蒙古东部的夏家店文化遗址，它姓"夏"，不知与中原地区的夏文化有什么联系。令人惊异的是，地处北域的夏家店文化，其文明程度是足以与同时代中原的夏文化相媲美的。这里土生土长的青铜文化，尤其是这里因山而建的城堡文化，展现了邦国时代及文明初始时代人们的英雄气概。

夏家店先民们建造的城堡，分布在现在赤峰地区阴河、英金河一带的低山丘陵地带，东西横贯数百里，气势非同一般。在这数百里间，每隔数里就有一个石筑或是土筑的城堡，现在发现的此类城堡已有百来个。这些城堡以方形为主，墙体不怎么高，城门一般开在东面或南面。也有一些城堡依山坡而建，成不规则状。山虽不高，但是，每个城堡都设在制高点上，这样便于攻也便于防。城堡与城堡之间距离不远，可以相望相应，一旦有事，即可相互关照。

这种十分有序的组合，说明夏家店文化的先民已经进入了"邦国时期"，以至于进入了文明社会。氏族、部落的首领已经或者正在向国家的统治者转化。他们拥有军队，拥有民众，更拥有防卫和进攻设施。留存至今的城堡和铜制的箭镞，就是历史的明证。

有的学者将这座规模巨大、年代久远的石城比做"东方特洛伊"。特洛伊城是希腊荷马时代位于小亚细亚的一座名城，以石制建筑和雕刻闻名于世，而夏家店的这座石城一点也不逊色于西方的石城。

墓葬是人类社会生活的最真实的写照。夏家店遗址的墓葬级差已经十分明显。那些有地位的人随葬品十分丰富，陶品、玉品、金属制品样样齐全，而贫者葬得草草，而且随葬品一无所有。那些"上等人"墓中的礼器，如陶爵、陶鬶等，十分明显是从中原地区的夏文化传去的，这也说明当时华夏大地有着密切的文化交流。

中原的夏文化，蜀地的三星堆文化，内蒙古的夏家店文化，新疆的楼兰文化，同时勃兴于距今 4000 年前，进一步说明了华夏文化是我国各族人民共同创造的。

殷"革"夏"命"

现在我们又回到中原的夏王朝来。

在中国古代，常常认为王者受命于天，因此国王又常被称为"天子"。但是，如果王者逆天行事，那是否谁都奈何不得他呢？不！天无常命。谁要是不顺应天命，不与民众同心，那么最后天会变易成命，王者的头衔也就会落到他人那里去。这就是对中国历史产生重大影响的革命思想。⑤

伊尹

殷"革"夏"命"，是革命思想和革命精神的典范之作。

夏朝的最后一个君主腐败到了极点，直弄得民怨沸腾。这时，需要有人站出来做应天命、顺人心的带头人，有了，他就是殷商的国君汤。

商是夏东边的一个诸侯国，名义上属夏王朝管辖。到夏朝末年，商已经十分强大，是众望所归的革除夏命的领军国家。

商汤为了灭夏，做了许多准备工作，其中一项就是网罗人才。汤娶了有莘氏之女为妻，作为陪嫁的男仆是伊尹，名叫阿衡。伊尹背负着炊事用具鼎俎来见汤，用烹饪中的滋味游说汤。伊尹说："治理一个国家就好比烧菜，只有五味调和得好，烧出的菜才能有滋有味。说到王道，其实也没有什么特别的学问，是跟烧菜一样的，要懂得调和。"这话给了汤极大的启发。他高兴地说："我找到治国的高手了。"马上任命他为相，负责管理国家政务。

一个陪嫁的男仆能一举为相，这真是千古佳话。

汤后来的治国是深得伊尹的"调和之道"的。

有一次，汤到野外去散步，看到有人四面张网而祷告："愿天下四方的鸟兽都到我的网中来。"汤走上前，笑着对他说："唉，太过分了，那不是要一网打尽吗？"他让那人撤去网的三面，祷告道："要左的就向左跑吧，要右的就向右跑吧，不听命令又无主张的，就入我的网中来。"这虽是一件小事，但很快就传开了。四方诸侯们听到这件事都说："汤的德性太伟大了，他的恩泽连鸟兽都顾及到了。"

为了灭夏，汤先作了一次试探性的进攻。他派兵一举消灭了与自己的国土相连的葛国。

这件事马上引起了夏桀的警觉，他把汤召进朝去，并把汤囚禁在夏台。闻知此事，伊尹不慌不忙。他知晓桀是个贪财爱色而少义的家伙，就在自己国内筹足了金银珠宝，以及多名绝代佳人，献给夏桀。夏桀收到礼品后，马上释放了商汤。

商汤趁桀正沉湎于财色之中，马上又率兵攻灭了韦、顾、昆吾，据说战争打得并不激烈，所到之处，敌军望风而逃，汤亲自举着大钺指挥，"十一征而天下无敌"。与夏较为贴心的几个诸侯小国的消灭，为灭夏创造了条件。尤其是昆吾这样有实力的诸侯国，与夏的关系极为亲密，消灭了它，等于拆除了夏的一座东方屏障。

在汤取得这些胜利以后，伊尹策划暂时停止了对夏的贡纳，为的是看一看夏的反应。不料夏桀对此反应十分强烈，令"九夷"起兵攻商。伊尹认为向夏发动总攻的时机未到，于是又恢复了朝贡。

又过了一年多，商汤又突然停止了对夏桀的贡纳，不自量力的桀又起兵攻商。但是，这次与一年多前大不一样了，"九夷"是按兵不动，其他诸侯国应者也寥寥，民心不稳。于是，汤就毫不犹豫地起兵伐桀。两军大战于鸣条（大约在山西安邑境内），桀军大败。汤率军一路追赶，桀逃到南巢

（今安徽寿县东南），不久就死在那里了。

汤在灭夏的基础上建立了商朝。商的疆域更大，文化发展程度也远远高于夏代。有一则典故是应该记住的：商灭夏后，汤在一只食用的铜盘上刻上了这样著名的铭文："苟日新，日日新，又日新！"其意是说，如果能每天更新，就天天更新，还要不断地更新。这一铭文在当时是商汤自己的执政纲领，后来，成为中华民族的最重要的精神财富。

商代历时 500 多年，约相当于公元前 16 世纪到公元前 11 世纪。

帝太甲悔过自责

这是一则中国历史上著名的君王接受教训、改过自新，从而得到广大民众谅解的故事。

应当说，汤是一个很有远见卓识的开国君王。灭夏以后，他发表了一篇《汤诰》，实际上是一篇教育后代的遗嘱。文告中说："子孙们，我要告诉你们，夏禹、皋陶、后稷这些先辈为什么会得到人们的普遍拥护？就在于他们长久地在外辛劳，兴水利，种百谷，除灾患，造福于民众。而蚩尤、夏桀以及他们的随从为什么最后身败名裂，就是因为他们扰乱百姓，贪财贪色。天是公正的，有功赏，有罪罚，是谁都逃脱不了的。子孙们，你们要努力啊！对先王的言论不可以不用来自勉啊！"

左为商代青铜公鸡，昂首翘冠，十分传神（四川广汉出土）。
右为西周兽面马冠，为作战马匹的头部护饰（陕西宝鸡出土）

　　汤还是不放心，要伊尹在他死后督政，要是哪个子孙不争气，干了违背道义的事情，他可以代表民众严加惩处。为此，伊尹也作了《咸有一德》，用以告诫诸侯。

　　果然，汤死后，局面有点儿乱。一连几个君王有的很早就死去，有的平庸而无治国之才能。一二十年间君王调了四五个。一直到嫡长孙太甲时，局面才稍稍稳定了下来。太甲帝元年，伊尹写了《伊训》、《肆命》、《徂后》，以作先王告诫。太甲身强力壮，也有一定的能力。但是，开始当政的三年，政治不修明。他十分凶残，动不动就处置大臣，也听不得别人的不同意见，而且在生活上开始铺张起来了，这些都是与汤提倡的治国风气和方略不相容的。

　　"怎么办？怎么办？"一时间汤的老臣们急得团团转。

　　最后，不少臣子都来到了肩负辅佐重任的伊尹家中。其实，伊尹比别人更急，他已经三天三夜没有合眼睡一个好觉了。看大家来了，他就与大家商量起来，最后，果断地说："办法是有的，而且只有一个，那就是把帝太甲隔离起来，强行剥夺他的行政权，让他不能与那些游手好闲的人在一起，好好悔过自责。如果真的改了，到适当的时候，再还政于他。"

　　"好！"

　　"只有这样最妥帖！"

　　所有的人都同意了这种不得已而为之的做法。

　　当时还离原始社会末期不远，原始民主思想还有所留存。当伊尹他们真的将帝太甲关起来，并发布公告时，反响并不怎么强烈。相反不少民众说："好，早该这样做了，不这样做，怎对得起祖先商汤！"

　　于是，伊尹把帝太甲抓起来，然后放逐到一个偏远的地方，这个地方叫桐宫。这是商的开国之君汤的葬地，不让他与外面有什么交往，只让他好好地闭门思过。这时的伊尹已经年老，但他还是担当起了代理国政的重任，对内治理国家，对外接受各地诸侯的朝拜，政务十分繁忙。

　　这样做更重要的在于教育这个有点不争气的帝太甲。伊尹为了使他省悟，真可以说是做到了仁至义尽。他一方面派专人对帝太甲进行教育，向他一遍又一遍地宣读商汤当年的种种训词，并为之进行深入浅出的解读，有时还让他参与祭扫汤的陵墓的活动。另一方面让普通的百姓来教育他，告诉他当时的民众过的是一种怎样的日子，有时还直接指着鼻子骂他这个当国君的。同时，伊尹每天办理完公务后，常常再到桐宫来看望帝太甲，离开时常已是月明星稀了。

又三年过去了，帝太甲终于悔过了，他拉着伊尹的手，自我谴责地说："老师，我实在太感激您了，要不是您，我可能成为背负千古骂名的罪帝，成为不齿于人的狗屎堆。真的，我要感谢您！"

伊尹摆摆手说："错了，比我更应该感谢的是那些普通百姓，要不是他们不断地责骂，你可能会永远地昏睡不醒呢！"

帝太甲低着头沉痛地回答："是的，除了您伊尹老师对我的教诲外，我的确是被老百姓的骂声骂醒的。现在，我醒了，我要做一个勇于自责、从善如流的好国君。"

听到这话，伊尹长长地舒了口气。他又发布了一个文告，宣布对帝太甲解禁。同时，又举行了一个隆重的欢迎大会，让所有的诸侯都来欢迎帝太甲的归来。

从此，帝太甲回到了正道，十分注重自我的修养，并且切实地加以实行。他注重发展农业，使老百姓都过上好日子。他注意与诸侯和平相处，极少征伐之事，因此诸侯们也乐于来朝见和进贡。为此，伊尹还专门写了《太甲训》三篇，来称扬他的功德呢！

盘庚迁殷

盘庚是商代的第十代、第二十位国王。在盘庚之前，商代已经十分衰弱，衰弱的一大原因是王室内部的争夺王权的斗争。这时，在夏代早先已经解决了的以子继父位取代兄终弟及的斗争，又卷土重来了。商王实行的是多妻制，妻多，子女也多，这样，兄弟之间为争夺王位的斗争绵绵不绝。自中丁到阳甲，一共九个商王，为争夺王位，造成了九世的混乱。看到商

商早期的兽面纹爵

商早期的兽面纹尊

朝内部很乱，各地的诸侯也都不来朝贡了。

一般而言，越是动乱，统治阶级内部的奢侈腐败也就越厉害。统治者在某一个地方建造了宫殿，堆积了财物，哪里再肯迁移地盘、放弃自己的既得利益？盘庚的迁都对统治层来说是一个极大的震动。

但是，在盘庚看来，为了改变奢靡的旧俗，为了巩固商王朝的基业，也为了避免水患，迁都势在必行。当时所谓的迁都就是要从奄（今山东曲阜）迁至殷（今河南安阳西北）。奄地偏于东部，不易于掌握全局，而殷地处中原，十分便于控制四方诸侯。再说，这样大幅度的变动，也有利于从根本上改变统治格局和统治者的精神风貌，去奢从俭，达到重新振兴商王朝的宏大目的。

在迁都问题上，当时的矛盾很大，遭到了大部分贵族和受他们煽惑的平民的强烈反对。盘庚就把他们召集到王宫来，进行严厉的训话。盘庚利用商人敬畏祖先、迷信鬼神的心理，向他们说："迁都是上天的旨意，反对迁都就是违背先王和上帝的旨意，必然会受到上天的严厉惩处。你们想想后果吧！如果谁一定不愿与我一起西迁，我只能代表上帝杀戮他们，灭绝他们，不让孽种流传。"在强硬的抵制运动面前，盘庚一点也不畏缩，相反下了"绝杀令"：谁反对迁都，必杀无疑。在盘庚的恫吓下，绝大多数的贵族和平民只得随他一起西渡黄河，来到了新都殷地。

迁都以后，问题还是没有完全解决，一些人还利用当时的自然灾害造谣滋事，宣扬什么迁都造成了很多的灾害。这时，盘庚又趁一次大型祭祀活动的机会，对大家说："迁都这件事是十分慎重的，我们进行了占卜，上天告诉我们，要复兴汤的基业，要恢复祖先的德政，就一定得迁都。迁都是为了拯救大家，拯救民众，使大家都过上好日子。迁都决不是谁的心血来潮，而是多次占卜的相同结果。"

又过了些时日，风潮又起。一些人甚至想闹事。于是，盘庚又发表了第三次训词。这次比以往的口气更严厉，他说："迁都的好处是显而易见的，现在一些人还在那里捣乱，那是不能允许的，你们要摈除私心，不要以为有功而傲慢，更不要做那些莫名其妙的蠢事。如果谁妄想闹事，我有足够的力量扑灭他。"盘庚还专对那些旧臣说："中国有一句老话：'用人要用旧的，器具却不要旧的要新的。'从前，我们的先王和你们的祖和父，都曾同甘共苦过，我不会忘记同舟共济、合作成事的先例，我不会对你们施以非分的刑罚。但你们如果搞阴谋，欺负老实人以及欺侮弱小孤苦的幼年人，那一切灾祸可是你们自己招来的。"

盘庚的第三次训词是够厉害的了，言词暗藏杀机。这次训话以后，必然杀灭了一些动乱的制造者，其中也包括很有地位的大臣。盘庚如此力主迁都，主要是想通过迁徙，削弱那些具有争夺王位实力的贵族的政治地位和统治力量，而强化自己的统治权力。历史事实完全证实了这一点。这次训话以后，局面平稳了，迁都也就大功告成了。

盘庚迁殷以后，商王朝才得以真正地强盛起来，后人因此将商朝称为殷。迁殷后，共历 13 王，商王朝又延续了 273 年。史书上说，迁殷后，行汤之政，百姓安宁，殷道复兴，诸侯来朝，疆域扩大，成为当时世界上最大的国家之一。

武丁复兴

武丁是盘庚以后的第四任国王。他年轻的时候曾在民间生活了相当长一段时间，懂得民众的疾苦。他还与一般的民众一起参加过农业生产，也知道种田人的艰辛。他当政五十多年，励精图治，开创了商代历史上的新局面，人称武丁之世为殷代"复兴之世"。现在常使用的"复兴"一词就源于此吧！

武丁从小很有大志。即位后，一心想要恢复殷初的盛况，但是，一时找不到恰当的辅佐，心里相当苦

傅说

闷。因此，在初执政的三年间，他没有发表过任何施政的言论，一切政事都由六卿之首的冢宰发布后推行。他自己则到处考察，体察民情，研究国家复兴之道，并留意寻找人才。

日有所思，夜有所梦。有一日，武丁忽得一梦，梦见一位气度非凡的圣人向他走来，其名为"说"。"说"字在这里应读成"悦"，也就是让人高兴的意思。武丁因这一梦而真的高兴了好一阵子。他把梦中的人物相貌画成像，和所有的大臣比较，并参照大臣们的言行，没有一个对得上号的。

这时，有人对他说："这个'说'，可能隐居在民间吧，您得到民间去找！"

他想，圣人们常常并不显山露水，隐居民间大有可能，就命令百官四出去寻找，自己也到处留意。过了些时日，有人告诉他，在傅险（今山西平陆县东南）这个地方找到了"说"这个人物。这时说还是一个犯法服役的人，在傅险搞建筑和养护。武丁迫不及待地亲赴现场，一看，傅险这个地方真是够险峻的。两边是崇山峻岭，中间只有一条出入必经的人工辟出的小道。这时，山洪暴发，把小道给冲垮了，而说正带领民工用版筑的方法为小道建造防洪工事，虽然工事建造十分艰辛，但效果是有的。武丁心头一热，想："这不正是我要寻找的人吗？"

等工事进行到一个段落的时候，武丁主动迎上去与他交谈。说虽长期处身于山野之间，但说出了一套治国安民的大道理。武丁高兴地向大家宣布："我要找的圣人找到了，他就是说。"因为说是在"傅险"这个地方找到的，就赐给他"傅"姓，称为"傅说"。

武丁任命傅说为辅相，在傅说的帮助下，殷商很快又走上了复兴之路。

在傅说的辅佐下，武丁十分重视农业和畜牧业生产。殷朝人是很相信鬼神的，傅说对武丁说："我们就因势利导吧，让鬼神告诉大家该做些什么。"后来，武丁果真这样做了，效果也很好。通过占卜，显示的是"求年""受年"，意思是天旱了，应求老天爷降雨；是农时了，要及时地做好耕、收、种。卜后，武丁就大肆宣扬。因为这是"天"的意愿，大家也就特别听得进去。武丁时的农牧业特别兴盛，老百姓安居乐业，整个社会显示出一派欣欣向荣的景象。

有一次,忽然有一只野山鸡在王宫的庭院里转了一圈,停在了象征国家政权的大鼎的鼎耳上鸣叫。殷人迷信,认为这是很大的不吉。武丁这时很恐惧,他的弟弟很聪明,说道:"王啊!这有什么可怕的呢?老天爷在上面监看着下民。下民做得好,是不会作难下民的。只有不做好事专做坏事的人,老天爷才会让他早点完蛋。不要相信什么人的胡说八道,最重要的是把政务做好!"

武丁笑笑说:"我从心底里也是这样想的,如果我做得妥当,老天爷怎会惩处我呢?"从此,武丁与傅说更加齐心协力,把殷商建设好。

在发展生产的基础上,殷商强大起来。再加上一系列的扩张战争,殷代武丁时期的版图特别的大。整个的黄河中下游地区,还有东到辽东半岛、山东半岛,西到陕西、甘肃,北抵内蒙古地区,南达长江流域,都在武丁的管辖之下,武功赫赫,前无古人。

司母戊鼎 /

武丁的复兴在商代历史上的意义是重大的,它大大地推进了生产技术的全面发展,而这种发展集中体现在青铜技术的突破性进步上。人们习惯地把商周时期称为"青铜时代",是很有道理的。

1938 年在安阳武官村由几个普通农民发掘出土的特大型礼器"司母戊鼎",是青铜器中的瑰宝和代表作。当时正当日寇大举侵华时期,国运艰难。在十分困难的条件下,普通中国国民保护了这件国宝,使之能留存至今。

"司母戊鼎"通高 133 厘米,横长 110 厘米,宽 78 厘米,重达 875 公斤,这是我国迄

司母戊鼎

司母戊鼎铭文

今出土的最大的青铜器，也是古代世界独一无二的如此庞大的青铜珍品。这一庞然大物出现在 3000 多年前，真是奇迹！

"司母戊鼎"是商王室的物品。你仔细地看一下鼎的内壁，上面清晰地铸有"司母戊"三字。这就告诉我们，这件庞然大物，是一位商王为纪念他死去的母亲"戊"而制作的。对此，考古学家、社会学家作了这样的情景设想——

商王的母亲去世了，商王特别伤心。因为这是一位不平常的母亲，她为国家、为王室作出了非同寻常的贡献，可称为女中英杰。商王对他的臣子们说："我应该好好地纪念我的母亲，我要为她制作一件有价值的青铜礼器。"

"是的，是应该制作青铜礼器来纪念她老人家，她对我们这个国家的贡献是怎么说也不过分的。"众臣子附和着。

商王说："这个礼器的大致规格是：它要有相当的重量，这代表她人格的分量和魅力；这件青铜器的器形应是方形的，这代表她方正的人品和为人风格；这件礼器应有四足，'四'是最吉利的数字，四足代表子孙后代一年四季都在怀念她。"

"大王，您说得很对，我们就去制作吧！"众臣子真诚地接下了这一特殊的、特别重大的王室施工任务。

要制作一个与"戊"这样的王母身份匹配的大鼎，从当时的条件看，是很不容易的。

于是，就在安阳武官村——这可能是王母戊的娘家所在地—— 一场制作巨型礼鼎的大工程开始了：

在差不多一平方公里的土地上，环形地摆开了百来只"将军盔"坩埚，每只坩埚中放入了上等的青铜块。坩埚底下的炭火熊熊地燃烧起来，火焰熏红了大半边天。每个坩埚前肃然站立着一位司炉工，场地的正中放着巨大的司母戊鼎的陶模，陶模前站立着上百位待命的铜汁浇灌工。负责监制的三五名官员穿梭般地来回走动。在场地的制高处，黄盖伞下端坐着的是商王。

差不多是同时，坩埚中的铜汁冒烟了，沸腾了。

司炉总管向负责监制的官员作了汇报。监制官登上高处，向商王作了禀报。然后飞一般地跑了回来，传达商王的命令："开始浇制！"

"开始浇制！"

"开始浇制！"

一声声命令最后传到浇灌工那里。上百位浇灌工冲锋般地来到坩埚前，端起坩埚就往陶模走去，同时又齐刷刷地将铜液倒入了司母戊鼎的陶模……

经过多天的冷却，将陶模打碎后，一只巨大无比的司母戊鼎出现在了人们的眼前。殷人是崇尚祖先崇拜的，能制作出这样一件用以祭祀祖先的举世珍品，是当时人们的最大荣光。

甲骨文中的殷史

甲骨文有许多"外号"："龟版文""龟甲文""甲骨刻辞""贞卜文字""甲骨卜辞"等。其中一种称谓就是"殷墟卜辞"。我们现在见到的甲骨文大多数出土于殷墟，即河南省安阳市西北郊的小屯村一带。殷墟是商朝第二十代国王盘庚西迁后定下的国都遗址。因为这个地方在商朝时叫"殷"，后来成了废墟一堆，就被称为了"殷墟"。几十年来，殷墟出土的甲骨卜辞约有 15 万片，已经发现将近 5000 个单字。据统计其中能认识的和能厘定为汉字者共 1723 字。

为什么会有卜辞，或者说卜辞在殷商王国中的地位怎样？这是很值得加以研究的。

商朝的社会风气与夏朝是截然不同的。夏人注重征战，把一年称做一岁，"岁"字的繁体字中有个"戈"字，代表战争。"一岁"的意思是一年要出战一次。商人从成汤起就

商晚期（武丁）甲骨。有卜辞 82 字，大意为外出打猎时，是否能遇上猎物（河南安阳出土）

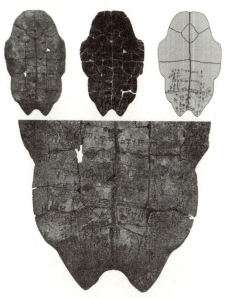

上左为商晚期（武丁）甲骨，上中为甲骨拓片，
上右为甲骨摹本，下为甲骨（局部）

笃信神祇，注重祭祀，就又将"一岁"改成"一祀"，"祀"字的意思是以牲物祭祖，其意是一年至少要大祭一次。商王朝实际上是政权与神权合一的。凡出征、庆典、田猎、种植、婚嫁、丧葬、建筑等等，都要进行问卜、求神、问鬼。一切重大的活动，如重大的国事，重要的法令，都要通过神权的形式去执行。卜龟占骨，是商王朝决定一切政令行止的前提，也是日常生活的必需，还是赏功罚罪的借口。

而把这些占卜的结果用文字的形式记录下来，大概是起于盘庚。众所周知，盘庚迁殷，就是以"上帝"意志的形式出现的，没有"上帝"站出来讲话，在那样多那样大的阻力下，这事恐怕难以办成。盘庚的高明处在于，他不只宣布迁殷是"上帝"的意志，不是哪个人的心血来潮，而且来一个刻甲骨为记，使往后哪一个人都翻不了案。现今发现的大约十万片甲骨都是盘庚一朝以后的，道理也在于此。盘庚以后的诸商王都以盘庚为样板，把占卜所得记录下来。

武丁是盘庚以后最有成就的商王，留存的甲骨文中就有记述他的活动的。他知道，迁都是移风易俗的一件大事，但之后更大的事在于农事。他充分运用占卜这一利器来推动农事的发展。有一片甲骨上记述着这样一个完整的故事："己巳王卜，贞：'岁商受年？'王占曰：'吉。'"译成白话文当是："己巳日的时候，商王（武丁）亲自主持了占卜典礼。贞问道：'今年商朝管辖区域能不能得到农业丰收？'武丁王最后宣布：'得到的是吉祥的兆头。'"在商代人看来，农业是国之大事，因此，占卜农事得由商王亲自在场。占卜的结果往往是模棱两可的，全由贞人（实施占卜者）怎样解释。商王在现场一站，贞人就不敢随意解释了，实际上是商王要他怎么讲就怎么讲。武丁王亲自宣布今年会是个吉年，目的很清楚，一是为了鼓舞大家的士气，二是为了让大家努力生产。不努力，哪来好收成？

一条卜辞的内容，必须要有时间、地点、贞人以及其他在场人物，要有贞问何事或因何而贞问，还要有贞问结果，有的甲骨文上还有验证情况。一片甲骨，简直是一篇独具神韵的散文。可以这样说，殷商时代的社会生活因甲骨而丰富，殷商时代的人文因甲骨而突飞猛进。

甲骨文是我们迄今能见到的最古老的文字之一。在甲骨上刻字，比在一般的书写材料上写作要困难得多，因此，甲骨的篆刻者必须"惜字如金"。甲骨文之所以难读，就因为它的极端简约，是肯定与当时人的口语不同的。正是从这个意义上说，甲骨文是文言文的起源。

中国商代的史料是不多的，这些史料的真伪也往往因年代久远而难辨。现在，放在我们面前的是 3000 多年前的当时人亲自刻写的十万多片文字资料，这是多么珍贵的殷史资料啊！甲骨的史料价值是不容怀疑的。

《史记·殷本纪》是否为实录，以前总有人表示怀疑。通过对甲骨文卜辞的解读，证明《殷本纪》所记的商王世系和名号，除一两点有误外，基本上是正确的。文献资料和地下发掘材料的互相印证和补充，使商史的研究大大前进了一步。

在帝乙或帝辛（纣）时的一块牛胛骨上，记录着某次战争的俘获，可惜上端有所残缺。由此片的反面六十干支推算起来，全文约长 150 字。这是至今能见到的记述文字最长的一片刻辞。如果能完整地解读出来，简直是一篇商代末期的历史实录。周人说："唯殷先人，有册有典。"看来是可靠的。

甲骨文所展示的史料是立体的，有反映战争的，有反映农事的，有反映人事的，甚至生活小事也要占上一卜。一次，商王有事外出，但心里不踏实，就占了一卜，说是没事，才放心外出。一次，外族来犯，商王想问一问年老退位的商王。但是问好呢，还是不问好，实在拿不定主意，于是就占卜，最后才去禀报老商王。又有一次，商王鼻子上长了个东西，他怕得不得了，于是又求之于鬼神，最后得到没什么大碍的结论后，才放下心来。至于王室中女人的生育，何时生为妥，生男好还是生女好，都要占卜。

可见，甲骨文为我们提供了多么生动的商代生活画面啊！

对于一些旧史的看法，也因甲骨文的出现而为之一变。《山海经》一书连太史公都认为它荒诞不经，作《史记》时不敢引用，历代史书都把它列入小说类。王国维却从《大荒东经》里发现了商先公"王亥"的事迹，与甲骨文可以互相印证。《竹书纪年》的成书年代晚，其中讲述到西周以前的史料，大家都不敢信。自甲骨文出，可以看出，书中的整套商代史料，完全可以与甲骨文互相发明。

甲骨文为商代历史带来生命和活力。

暴君纣王 /

殷代的末代君王纣，是我国历史上最臭名昭著的暴君。历代的当政者，都以纣的败亡为鉴，实在是很有道理的。

纣的资质很不错，这是史有明文的。但是，就是"暴虐"二字，把他送上了绝路，把武丁再造的复兴江山给断送了。要知道，他接位时离武丁时代只有短短的一百来年啊！

商后期妇好钺，饰有两虎大张口扑一人头，为两虎相争吞食人头状，正是当年争斗场景之写照

纣的先天条件实在不错。他身材高大，体力好，年轻时能赤手空拳地与猛兽格斗，并把猛兽杀死。他的智力水平也是超人的。他聪敏过人，反应敏捷，再加上生在王室家庭，见识广，阅历深，能想人所未想，思人所未思。他的口才特别好，遇事能把事情的经过描绘得惟妙惟肖，就是有什么不是处，也能文饰得天衣无缝。执掌王权后，他还常常在大臣面前夸耀自己的才华。

可是，聪明反被聪明误。当这些先天条件被用在歪门邪道上时，一切都会走向反面。

纣一共在位30年，是殷代历史上少有的

在位年份长的几个国君之一。刚继位时，还过得去，后来就越来越不像话了。他实际上名为帝辛，但自称为"纣"。在古代，"纣"与"受"同音，且同义，他自以为他的权力是天授的，别人奈何不得他。后来，老百姓接过这个"纣"字，作了另一种解释，说：你的确是"纣"，那是残暴透顶的人，纣者仇也，天下的仇人也。[⑥]

纣喜爱喝酒，就在后院里营造了一个酒池。只要想喝了，就到酒池中去舀。整天喝得醉醺醺的，怎么管理国事？

纣喜欢吃肉，就让厨房师傅在厨房里天天挂满了肉，名之为"肉林"。肉吃不完，就随意扔掉，一点也不可惜，也不想想路边有的是饿死的人。

纣喜欢声色歌舞。他所宠幸的女人叫妲己。妲己喜音乐，妲己爱听什么，他也听什么。于是，叫乐师涓整日为他作新的淫乱声调、靡靡乐曲。

纣贪图享乐，在商都以南的朝歌（今河南淇县）建造了别都，大修离宫别馆。建造鹿台，在里面存满了钱，又修造了叫巨桥的大仓库，里面储满了粮食。这还不满足，他后来又在商都以北的邯郸（今河北邯郸市）、沙丘（今河北平乡东北）修建了离宫别馆、林苑亭台，供自己享乐。他荒唐到了极点，在长夜的饮酒过程中，甚至让男男女女赤裸着身子相互追逐，自己以此为乐。

纣制订了严酷的法律和刑罚。为了制止百姓的反抗和下属的非议，他制定了一种让人毛骨悚然的"炮格之法"。就是在刑具中立一铜柱，下燃炭火。那些所谓的"有罪者"则被置于刑具中，一点点地"炮格"而死。

纣绝对听不进下属的任何劝告。有个叫梅伯的诸侯多次劝他不要对臣子动用酷刑，纣就把他杀了，并将其剁成肉酱分赏给诸侯们吃。后来九侯也在他耳边说个不休，也被他剁成了肉酱，让大家再次品尝。鄂侯听到这个消息，很是气愤，当面批评纣暴虐，纣根本不与他辩白，把他杀了，并将尸体制成干尸示众。

这时，西方的周族正一点点强大起来，并把一个个原先隶属于殷的小国吞并过去。朝中的贤臣祖伊站出来说："现在国家处于危急之中呵，民心不稳，很多人都希望这个王朝早点灭亡呢！请大王想想办法啊！"纣两手一摊，说："我不是有命在天吗？你说这些有什么用呢？"祖伊离开宫廷，仰天长叹："纣真的不可谏了。他是个不可救药的人！"

纣的同父异母兄长微子，深感殷王朝危在旦夕，几经劝谏，纣都置之不理，最后微子只得逃走。

比干主张死谏，他说："作为一个国君的臣子，不能不用死来谏争。"又去极力向纣进谏。纣发怒说："我听说圣贤人的心脏有七个孔窍。"就剖开比干的胸腔，挖出心脏来观看。

纣的叔父箕子，非常恐惧，于是假装成疯子，去做奴仆，纣又把他囚禁起来。

到这时候，纣的末日也就不远了。

武王伐纣

这里先要说一说周族。周族，姬姓，相传始祖的名字叫弃。他善于农耕，尧时举为农师，舜时做农官，号后稷。弃的三世孙公刘，开始定居于豳（今陕西旬邑）。公刘传九世至古公亶父，迁居于周原（今陕西岐山南），

周人奉他为周王朝的奠基人。传三代，就是周文王了，被纣封为西伯。这时，周的势力不断发展，到纣后期，殷商的属国中已有 40 个叛商归周了。

文王死后，太子发（即后来的周武王）继位，迁都于镐（今陕西长安县境），积极开展灭商的活动。

周武王即位的第二年，就召集诸侯，在孟津（今河南孟县）大会，检阅军队，做了一次伐商的军事大演习。

周武王即位的第四年（公元前 1027 年），见纣王杀比干，囚箕子，说明他已到了众叛亲离的地步，于是就发动了伐纣战争。

周武王

在这次战争中，武王率兵车 300 乘，虎贲（精锐的近卫军）3000 人，甲士 4.5 万人，又联合了庸、蜀、羌、髳、微、卢、彭、濮等方国的地方军，一起向东进发。大队人马渡过了孟津，抵达牧野，与纣的住处只有 70 里时，武王集结部队进行了声势浩大的誓师，指斥纣的罪恶是：只听信妇人之言，而不倾听民众的呼声；只顾自己挥霍享乐，不顾百姓的死活；不信任忠心耿耿的亲属，而只是一味自作主张，专横跋扈；招集四方的罪人和逃亡的奴隶，把这些当作私产。武王一宣布这些罪状，在场的将士全都义愤填膺，同声声讨罪恶滔天的商纣王。

而商纣王这边对战事一点也没有准备。当兵临城下时，纣才匆忙应战。当时，纣的军队中主力部队在东线与九夷作战，而应战周武王军队的除少部分正规军之外，大多是临时凑合起来的奴隶和贫穷自由民。这些人平时就无法忍受纣的暴虐统治，一上战阵，反把周军看成是自己的救星。不少商军临阵立即起义，掉转矛头，配合周军进攻纣王。纣王见大势已去，便登上鹿台，穿上用宝玉装饰的衣服，跳到火中自焚而死。周之灭商，主要是纣师"倒兵以战"所致。

周武王斩下纣的头，把他悬挂在一面大白旗杆上，同时又杀死了败坏风化、祸国殃民的妲己，释放了被囚的箕子，对被纣无辜杀害的比干进行祭奠，对殷王室的后裔也作了妥善的安排。

利簋及其铭文。内底有铭文 32 字，足证武王克商的日期，可与史料相印

亡殷后，武王回到周都镐京，心情一直平静不下来。一连好几个晚上，他彻夜不寐。这件事让辅佐大臣周公旦知道了，马上赶到武王居所。

"大王，为什么您不睡呢？"周公旦问道。

"我告诉你，我睡不着啊！我想得太多了。"武王让周公旦坐下，感叹地说。

"好，那就趁着这月明星稀之夜，我们君臣一起聊聊吧！"周公旦实在很想听听武王的心里话。

武王拿起身边的一个粗瓷茶碗，喝了口水，然后慢悠悠地说道："你想想，殷王朝原本也是挺不差的嘛，坏就坏在最后那六十来年。那最后几个王，尤其是纣王，根本不顾民众的死活，只顾自己的享乐和挥霍，结果弄得天怒人怨，政权也丢了，自己的命也没了。这个教训我们要永远记取呵！"

周公旦点点头，不声响，让武王再说下去。

武王又说："殷王朝也不是没有贤人、能人，我计算了一下，可以任用的名贤至少有360人。如果这360人都使用起来，听从他们的意见，那什么事不好办？什么伟业成就不了？话又说回来，这360人中，只要你用10人、20人，事情就不至于那么坏。这也应该说是个教训。"

周公旦还是点着头，不声响，他是想让武王说个够。

武王又说："事情总是要从两面看的，贤人不用，那些奸佞小人就会乘虚而入。就拿纣这个人来说，他不是没有能力，也不是一点智慧也没有，他是被小人包围了，于是就越陷越深，最后就不能自拔了。"

周公旦听了这些，赞道："王啊！你想得太对了。一个王朝要兴盛，就要管住这三条：改善民生、任用贤人、远离奸佞之徒。我们就照着这三条去做吧！"

武王高兴地站了起来，说："我们君臣是想到一块儿去了。我之所以睡不着，是因为现在天下未定，要办的事实在很多很多，又怕有些人认为革命成功，可以躺下睡大觉了。周公你是老臣，你能如此地理解我，帮衬我，我就放心了。只要大家一起好好干，祖宗基业一定会安如泰山的。"

这君臣一席谈，真正铸就了周代的稳固江山。

周公制礼作乐

武王死时，成王太年幼，这时，刚刚建立起来的周王朝内部乱成一团。

由谁来接替周王室的权力，成了一个极大的问题。基
于在伐商斗争中明显高于其他人的业绩，周公旦在不
得已的情况下宣布实行摄政，也就是代成王管理政事。

周公

"什么摄政？还不是实际上的当政？"与周公同是
周文王儿子的蔡叔，很不服气地这样说。

"要当政，也轮不到你周公旦！我们周代的规矩是
兄终弟及，老大老二排下来，先轮到的是我！"周文王
的另一个儿子管叔气愤地说。他比周公旦年长，按照
先周时代的老规矩该轮到他掌权。

周公旦听到了两位兄弟的不平之声。把他俩找来
谈了一次，周公旦一再说自己只是"代行政事"，别无他意，而管叔和蔡叔
怎么也不相信，结果是不欢而散。事关国家大权问题，谁都不让步。最后，
双方都走向了极端：

管叔、蔡叔等怀疑周公旦有野心，就举起了造反的大旗，而且为了壮
大自己的势力，竟与纣王之子武庚搅和在一起作乱。

在不得已的情况下，周公旦也走向了极端。他把大军压向昔日的同胞
兄弟，还有那个不知好歹的武庚，很快将他们击败。最后把武庚和带头闹
事的兄长管叔给杀了，对蔡叔则留了一点面子，把他流放到边远地区去了。

这以后，周公旦一直在东征西战，为的是使周代的一统江山稳固下来。
在征战中，周公旦一直在思索：怎样在纷乱中建立起一种秩序来呢？怎样
使社会上的每个人各就各位、各得其所呢？

一个思想电火花般在周公旦的脑际一闪：制礼！

他向身边的谋士们说："现在看来，最重要的是要建立一套礼制，使君
臣父子都有自己的规矩可循，这样就不会因你争我夺而自相残杀了。"

谋士们说："你说得对。所谓礼，就是规矩，就是秩序。现在是苦于没
有这种规矩和秩序。"

周公旦说："我们要建立这种规矩和秩序。"

谋士问："从何着手呢？"

周公似乎已经胸有成竹，说："就从解决继承权这一环节着手，这是一个国家、一个地区、一个家族的命脉所在。管叔和蔡叔作乱，还不是因为在王位继承的问题上观念不同吗？"

谋士们说："现在有两种继承制度放在面前：一种是兄终弟及，周以前一直实行这样一种制度；另一种是嫡长制继承，殷商的后期已经实行了这种制度。"

周公旦想了想说："很明显，嫡长子继承要比兄终弟及好得多。兄长死了，弟弟必然有好多人，很容易争权夺利而闹个不休。而嫡长继承制就不会有这个问题，嫡长只有一个，谁都争不了。在殷商时代，中丁以后，曾经有九代大乱，这乱就是兄终弟及造成的，到盘庚时确立了嫡长制，才出现了'殷道复兴'的大好局面。嫡长制好，实在好！"

众谋士一致认同。

周公旦最后说："殷是大国，有大国之风。殷的礼制先进，我从殷礼！"

为了表示对嫡长制的真心拥护，在灭殷后六年，天下大定之时，周公旦决定还政于武王的儿子成王，自己北面而就群臣之位。

从此，周公之礼成。王室的嫡长子才有权继承王位，其他庶子则成为诸侯。其他诸侯以至于百姓，都实行嫡长继承制，整个社会的运行都囊括在这一礼制之中。

周公还把礼的教育普及到社会生活的方方面面。尊老、敬老是西周的传统。据说早在古公时期，王者就十分注重敬老，由豳迁岐时，首先征求的是耆老的意见，征得他们同意后，再遍告百姓。西伯也善养老，因此，他准备灭殷时，许多老者从东海、北海星夜投奔而来，共议国事。周公进一步发展了周的尊老之礼，规定 60 岁以上的老者，就是见天子也可以坐着，他们每年可无偿地获取酒食，还定期被各级行政首长接见，贡献自己的大道理义。此外，还制定了孕育礼、产育礼、幼教礼、冠礼、婚姻礼、丧葬礼、祭祀礼、宾礼、客礼、见面礼、告别礼，等等。可以说，大凡人生必要的种种礼俗，在西周时都粗具规模了。

乐与礼是相互联系的。周公旦还努力制定出与礼相应的服饰、器用、乐舞来，不能混用。这就是后人所说的"昭文章，明贵贱，辨等列，顺少长，习威仪"的制礼作乐。在这方面，周公旦的功业是伟大的。

"学在官府"

周公旦看到天下初定，心中自然很是高兴。他的礼乐制度也为大多数人所接受。接下去考虑的问题就是官员的职能了，于是作《周官》一书，书中特别强调了教育。周公旦为了解全国的学校情况，专门让相关官员陪同他作了一次巡行，发现经过多年的战争，原先夏商一直流传下来的学校差不多已被破坏殆尽。

"马上要着手学校的重建。"周公旦指示身边的相关官员。

那位官员一脸的迷惘，问："现在那么多事要做，为什么急着要建造学校呢？"

周公当场斩钉截铁地回答："事情千头万绪，如果学校不抓起来，人才不培养好，一切都将是空的。应以学校为重，学在官府。"

在周公旦的提议下，专门召开了研究复兴教育、恢复学校的会议。经过大家认真讨论，取得了不少的共识——

学校一律由公办，教学规范和内容由国家制定，学校开支由国家负责，这就叫做"学在官府"。据一些史书记载，当时学生学习的内容还偏重于军事（这大约与长期战乱有关），干戈是主科，当然还要学习弦乐、礼制、生活常识。但后来，尤其是西周中叶以后，文化知识、礼制、为人处世的道德行为的学习，成了主要内容。

在全国普遍设立学校。从天子所在的京城，到各地区的州、县，再到基层的乡、党，直至家族，都要有学校。学校的名称可先沿用夏商的，州、县称为序，乡、党称为庠，家族称为塾（这时还没有私塾，应是公塾）。

京城和地方都设置两级学校：小学和大学。小学以识字和学习基础知识为主，大学以学习做人的道德、礼节、法规，以及治国安邦的能力为主。

学校的选址十分重要，一定要远离喧嚣的商业区，最好是建在四面环水中间高起的地方，有山，有水，有林木，比较雅静，适宜于学习。正因为这样，学校又称为"辟雍"，强调的是山水环境。

国家实行强迫教育，凡是自由民到 8 岁就必须上学，"二十而冠"，行过冠礼者就算是成年人了，就要进入大学学习为人处世之道，其中学礼是最主要的。后来孔子在研究了西周的教育制度后认为"不学礼，何以立"，那心得是对的。

教师哪里来？当时作了一个规定：京城的教师均由官员兼任。因为一度军事是主科，不少军官摇身一变当教师也不难。他们有的是军事实践，把实践的体会讲出来就是。当然，道德之类军官教不了，得由文职官员教，音乐得由大乐师教。地方的教师有些不同，专职教师由致仕居乡的乡老、乡先生充任，地方行政长官只是兼课教师。

学校制定了一系列的规矩。因为学校是国家办的，相对来说规矩也相当严。周公旦曾经对管理教育的专职人员说："要把'夏楚二物，收其威也'写进学生规则中去。没有惩罚将没有教育，体罚有时也是必要的。"夏楚，是指用植物荆条做成的教鞭。"收其威"云云，是公然宣扬体罚。周公旦的话并不怎么正确，但倒具体而微地反映了当时的教育状况。

学校每两年进行一次考试，考试直接与升级乃至将来的任官授爵相关联。有的人老是不听教诲，还要受到极为严厉的处罚！

在周公的亲自关怀下，西周的学校教育蓬蓬勃勃地发展起来。在西周300 多年间，学校制度不断得以完善，培养出了一批又一批知书识礼的人。士人（也就是读书人）参与政事，指点江山，意气风发，成了左右社会潮流的一股最为重要的力量。难怪生活在离西周社会不太久的孔子要发出"郁郁乎文哉，吾从周"的感叹了。

召公棠下决狱

在周初，周、召两公的功业可以说是平分秋色。周公的主要成就是在行政和军事上，而召公的主要事业是在建设和司法上。

召公曾经主持了对姜太公的封国仪式，并代表成王授予齐国对诸侯国的征伐生杀之权。这对西周和后来的东周的发展产生了重大影响。

召公

召公是以法治军的模范。在灭殷过程中，也会有少数士兵作乱，或不守军纪，召公就负责对其实施处罚，只要这些士兵改过自新，就让他重新归队。召公的治军以法，拯救了一大批将士。这也是史有明文的。

召公在灭殷后的关键时刻，深入殷地，当众释放了被囚禁的殷的忠臣箕子。这本身象征着对殷民的解放。

召公曾经主持了东都洛邑的营建。这是一项浩大的工程，曾经几度因经济原因而中止，而最后是在召公手中完成的。谁都知道，如此浩大的工程，其中的贪污枉法之事肯定多得难以计数，但在召公主持下，贪污之类的丑闻一件都没有发生。至于洛邑的建成，对周王国日后的作用那是不言而喻的。

最为有名的是，召公之以法治理国家，不是坐在宫廷里实施的，而是亲自走到乡村去，走到民间去，在了解民情的前提下再进行决狱。当他巡行乡邑的时候，发现案情就乔装在民间住下，把案情彻底调查清楚后，就在乡间社祭坛的棠树（社祭坛都有棠树，是吉祥和庄重的象征）下决狱。

召公在棠树下放上一张桌子，一把椅子，现场穿上象征法和公平的衣服，庄重严肃地大吼一声："把犯人押上来！"

接着是宣读充分调查得来的材料，再由相关证人出来作证。最后，召公问犯人："你还有什么要说的？"由于召公之前取证翔实，犯人大多只能低头服罪。

史书上记载，召公决狱，"自侯伯至于庶人各得其所，无失职者"。有些侯伯拒向周王室上交贡品，有些侯伯贪赃枉法，都被召公绳之以法。而老百姓中有冤情长期未白的，经召公查处，也能得以昭雪。

棠树下决狱，既公正，又公开。如果偶有判错的，百姓很快就会通过各种途径反映到召公那里，并很快得以纠正。

召公在棠树下公正公开决狱被传为千古美谈。当时的老百姓作了一首《甘棠》诗颂扬召公，诗是这样写的：

"茂密棠梨树，不剪不伐汝，
茂密棠梨树，召伯居住处。

茂密棠梨树，不剪不伐汝，
茂密棠梨树，召伯止息处。

茂密棠梨树，不剪不伐汝，
茂密棠梨树，召伯滞留处。"⑦

展现召公功绩的召卣

这里说的有人要伐去社祭坛的甘棠树，不知是出于怎样的考虑，但人们是不会同意的，因为那里曾经有着召公"棠下决狱"的故事。砍伐掉社祭坛的棠树，无异于是砍伐人们心中的召公"棠下决狱"的故事，这怎么能答应？

周初大分封

作为"小国""小邦"的周，经过对殷商的战争灭掉了"大国殷"，经过周公的率军东征，又灭掉了东方的商奄、蒲姑、淮夷等十七国，周成为一个空前统一的大王国。为了对辽阔领土进行有效的统治，西周实行了分封制。分封要举行隆重的仪式，在分封仪式上，武王、周公、成王一再对有功的臣属、先圣的后裔、自己的亲属说：

"我想告诉你们：溥天之下，莫非王土；率土之滨，莫非王臣。天下的土地和民众都属于周王。但是，你们或者是我的亲属，或者是我的功臣，我要与你们分享上天赐予的这些东西。我封给你们土地，赐给你们民众，授予你们职权，去好好建设你们自己的国家吧！只要你们真心臣服于我，每年按时献贡赋于我，使当地的民众过上好日子，我是一定会好好地保护你们的。"

这就是中国历史上著名的"封邦建国"或"封建亲戚"。

武王在世时，作了一些分封诸侯的尝试。周初诸侯除同姓外，也有异姓者，其中有些是周族的亲戚，还有些是归服周朝的小国首领。当时最有名的分封是对商后代武庚的封赐和对周武王之弟管叔和蔡叔的分封，还分封了一批先圣的后裔，如封神农之后于焦，黄帝之后于祝，帝尧之后于蓟，帝舜之后于陈，大禹之后于杞。

大规模的分封是周公着手推行的。他深深感悟于武庚的叛乱所带来的恶果和危害，决定把周的亲属子弟分封到各地去，作为周统治的屏藩。经他分封的至少有：文王的儿子受封的有管、蔡、郕、霍、鲁、卫、毛、聃、郜、雍、曹、滕、毕、原、酆、郇等十六国；武王的儿子有邘、晋、应、韩等四国；周公的子孙有凡、蒋、邢、茅、胙、祭等六国。这里加起来有26国。而按照荀子的说法，周公"立国七十一国，姬姓独居五十三人"。这当然也不是不可能，因为当时所封的国大都很小，一下封了七八十个也没什么大不了的。事实上，封国小一点、多一点，对中央政府是有利无害的。

在所有早期的封国中，鲁、卫、宋、唐、齐、北燕是最为重要的。

鲁国。鲁原是武王给周公旦的封地。但是，灭商后不久武王就去世了，成王还是个婴儿，周公怕天下有变，自己不敢离开京城，而是让自己的儿子伯禽到鲁国去。临行叮嘱道："我们家的身份不一般，在德行和治国上应当做出榜样来。我是文王的儿子，武王的弟弟，成王的叔叔，我为打造周朝的天下出的力不算小了，但我还是始终不敢怠慢，用'一沐三捉发，一饭三吐哺'的态度来对待士人，还生怕失去天下的贤人。你啊，到鲁国去，切切不可因自己的地位特殊而骄横对人，遇事要三思而行。"伯禽听从了父亲周公旦的教训，把鲁治理得很出色。

卫国。周公在灭武庚以后，把西阻太行、东南跨大河、北逾衡漳的广大地区，封给了武王同母少弟康叔。在当时，康叔年岁虽然不大，但老成持重，很有治国才能，又是周室嫡传，比较能放心。这是原殷商的一块腹地，相当于今天河南的安阳、淇县、辉县、濮阳、滑县一带，在周初的确是一个大国了。这里的民众是商之遗民，管理好这块地方，有利于护卫周国，因而起名为卫国。

宋国。周公旦平定了"三监"、杀武庚以后，商遗民与周的对立情绪还存在。为了缓和这种情绪，周公选择比较驯顺的商纣王的庶兄微子启，封于宋，都商丘。这是商的发祥地之一，让微子启统治一部分商之遗民，有着安定人心之作用。

唐国。据《史记》记载，唐这个地方，原为古圣人唐尧的故地，后来夏禹也曾建都于唐（今太原晋阳）。按理说，武王初封时应封尧帝的后代在唐，可是结果并不这样，却把尧的后代封到了蓟（今北京一带），而把唐地空缺出来，没有进行任何的封赏，不知是什么缘故。据《汉书·地理志》说，后来有过"周成王灭唐"这样的故事，把唐地打下来以后，才封给了成王的弟弟叔虞，国名仍称为"唐国"。这样看来，唐是一块相当难啃的骨头，商亡时它并没有进入周的版图，又是圣人之地，不敢随便去动它，过了 10 多年，才借故把它收拾掉了。

齐。这是姜太公吕尚的封地。在佐周灭商过程中，姜太公能征善战，是个大功臣，其汗马功劳不可小视。但是，在分封时，周公征求他的意见，他却出人意料地要了一块地域广阔但比较荒僻的地方，这就是地处最东方的齐地。为什么这样做呢？其实，吕尚也有他的心计。被封的许多人都是周的王室，而自己不是，因此，还是去远一点的地方为好！成王封齐的诰命中说："五侯九伯，汝实征之。"有了那么广阔的土地，又有了征讨大权，姜太公还有什么不满足的呢？他后来就是利用这里特殊的条件，通商工之业，便鱼盐之利，使齐国成为真正的大国。

北燕。周召两公，是周初的谋略大臣。到成王时，又同列于三公。周公平武庚之乱以后，将燕地并入周的版图，并封德高望重的召公于燕地，但召公迫于当时的情势，没有到燕地去就封，让自己的大儿子去就封，让次子和自己一起在中央办事。

周初的分封，是一种武装驻防。一方面是安抚，对一些异姓诸侯来说，就有了安身立命之地；另一方面，也就是更重要的，作为王室的助手，形成统治的屏藩。鲁、卫、唐、齐、燕这样一些据点，遥相呼应，成掎角之势，在相当长的一段时间里，是足以镇抚异族、安定邦国的。

"无逸"之训 /

在西周历史上，人们都知道有一个"成康之治"。一些史书上说，这一时期四方安静太平，老百姓得到充分的休养生息，路上没有乞丐，乡里没有饥民，盗贼不起，日夜无忧。在 40 年间，竟连刑罚都无需使用。

为这一时期的到来，周公旦真是费尽了心机。

周公还政于成王以后，成王到了新建的洛邑城，这是周公在前几年兴建的，比起原先的丰镐来，当然另有一番景象。成王在洛邑盘桓了好几天，大有乐此不疲的样子。回到丰镐后，成王不谈民生，不谈治国方略，而大谈洛邑风光，这就使周公旦大为警觉起来。一个王者如果走向贪图安逸之路，那意味着什么呢？

不久，周成王又为封禅事去过一次泰山，不过那是例行公事，都是属下安排好的。至于有什么心得，他自己也说不清楚。

上为西周中期史墙盘铭文拓片。下为史墙盘。盘内有铭文 284 字。墙为赞颂文、武、成、康、昭、穆、共王七人的业绩，并祈求多福而作盘纪念（陕西扶风出土）

周公旦想："得找成王好好谈一谈，为了他，也为了周朝的王者基业。"

谈什么呢？周公旦反复思考了好多天，最后才凝聚成力重千钧的两个字："无逸！"

周公旦把成王请来，先施君臣之礼，然后郑重其事地说道："今天老臣把国君请来，是想跟君王谈一件顶重大的事。"

成王和颜悦色地说："叔父尽管说来，小侄正洗耳恭听！"

看到成王如此谦恭，周公旦显得高兴起来，他说："既然国君愿意听，那老臣就说了。我要说的中心议题就是两个字：无逸。国王，你听清没有？或者说你想过没有？什么叫无逸啊？"

成王谦和地笑笑，说："侄儿见识浅薄，正静候着叔父的教诲呐！"

周公旦说："我觉得所谓无逸，有两层意思：一是要懂得稼穑之艰难。一饭一菜都是来之不易的。明白了这一点，就要珍惜劳动所得的财物，并力求自己参与劳动。二是要明白民生之困苦。统治者与实际劳动者比较起来，总还是相对舒适的，真正劳苦困顿的还是处于底层的民众。要尊重他们，关心他们，事事处处为他们着想。这样的执政者，才真正算得上是无逸者。"

成王端坐在那里，一动也不动，一直在沉思。

周公旦的思绪像是打开了闸门的洪水，他滔滔不绝地说："单是讲道理你还不一定能理解，给你讲一点历史吧！被我们周族灭亡了的殷商曾经也是个了不起的民族，历史上出现过许多了不起的人物，不然，它怎么可能有 500 多年的王命？殷朝的大戊治理民众小心谨慎，从不敢荒废政事贪图安逸，他在位有 75 年呢！殷代的武丁你听到过吧，他长期在外服役，和下层民众生活在一起，即位后，从不敢轻言政事，也从不敢放纵自己，他当政达 59 年，社会繁荣昌盛。还有殷代的祖甲，特别慈爱民众，对孤苦无依之人常予以关怀，因此得到广大民众的爱戴，他当政也有 33 年。如果能这样继承下去，殷还会亡吗？只是因为后代君主忘记了祖宗的遗训，贪图安逸，不体恤民情，这才断送了江山。这样的教训值得后世永远记住的呵！"

周公旦停顿了一下，继续说："我们周代的太王、王季更是了不起的人物。他们在评价自己的时候情愿贬抑自己，多看到自己的不足，也不把自己看成是多么超群的人。他们敬畏天命，常想若是粗疏，就会失去天命。于是，他们穿着粗劣的衣服，从事开垦山泽荒原的艰难劳作，为的就是善良恭敬地保护好属民，使他们能过上安定舒适的生活。文王天天从太阳升起，一直到日落西山，都忙个不停，常常连饭都顾不上吃，在他在位的50年间，周才真正从一个小邦变成一个强国。这些值得我们这些后人永远记取。"

这时，成王听得有点激动了，站起来想说些什么。周公旦摆摆手，不让他插嘴，继续往下说："上面说到的都是殷代历史上和本朝历史上的圣君。是不是说，这些圣君没有一点儿缺点呢？或者说下面一点儿也没有怨恨之声呢？不是的。没有缺点是不可能的，没有怨恨之声也是不可能的。问题是要看到自己的不足，听得进小民的进言和批评。上面说到的殷代的大戊、武丁、祖甲，本朝的文王，只要有人告诉他们：'有小民在怨恨和咒骂你们呢！'他们就会更加谨慎自己的行为，更加注意对自我的反思。我敢说，任何一个君王，如果能做到这样，还会得不到民众的拥护吗？"

听了周公旦的一席"无逸"之训，成王一再拜谢，说道："尊敬的叔父，你今天的教诲比我读十年书还强呢！我一定要做一个无逸之主，把先祖开创的基业继承好！"

果然，成王是这样做了，之后的康王也这样做了。成康时代成了周代最强盛的时代，后人称之为"成康之治"。人们在阅读这段充满阳光的历史的时候，可千万不能忘了周公旦的"无逸之训"啊！

楚的崛起 /

很长一段时间，文化、经济、政治的重心在中原地带，南方是相对落后的。但是，到了周代，南方的楚地强大起来了，这不能不说是一件大好事。

楚国的远祖是颛顼，颛顼是黄帝的孙子，由此可见，楚国的民众也

上为西周晚期毛公鼎，鼎内有铭文497字，记载周王对毛公的册命及赏赐（陕西岐山出土）。下为毛公鼎铭文拓片

是黄帝子孙。处于楚地的黄帝子孙与中原地带的黄帝子孙之间一直保持着密切的交往。商朝末年的时候，楚国的祖先是鬻（yù）熊，看到商统治者的无道，就投奔西伯姬昌，当了一个很好的谋臣，有人还说他是王者之师呢！为灭商出了不少好主意。当西伯被囚时，鬻熊、闳（hóng）夭、散宜生等人设法营救，楚的先祖起的作用应该说是很大的。鬻熊的事迹和文章被后人编为《鬻子》一书传颂。

鬻熊的曾孙熊绎在周成王时，被封为子爵，地位不太高，建都于丹阳（今河南淅川县），统治着今天湖北北部和河南西南部的一些地区。后来，楚还献物于周成王，周成王为了团结它，就将祭肉恩赐给楚，并且传话给楚君："你可有南方的广大地区，但不要侵犯中国（中原）。"从此，楚地千里。后来，楚国几次要求周王室赐予尊号，都没有得到周王室的恩准。楚君当然很不高兴。

这里有一个有趣的故事，充分说明了当时南方与北方间关系的微妙——

周成王在岐阳（今陕西岐山县东北）会盟诸侯，这当然是一件大事，各族、各地区的身价和地位都会充分地显示出来。楚国的国君熊绎也应邀出席了。可是，在祭天地的时候，楚国国君熊绎被安排在了末座，楚君熊绎从鼻子里"哼"了一声，低着头一声都不吭，与哪个都不答理。

到了最后，也就是最重要的一个节目——举行会盟仪式时，楚国国君出人意料地没被排上座次，而是被分配去看守殿前庭院中燃烧的火炬。这在楚君看来，简直是对楚的侮辱了。楚君熊绎勃然大怒，还没等盟会结束，他就离去了，临行扔下一句气话："周王不尊重我楚国，我楚国就自尊为王吧！"

到了西周的第四位国君昭王时，楚国日益强大，常与周廷分庭抗礼。周昭王决定亲自率部队南征楚国。这时的楚国已经今非昔比，兵力十分强大。而且楚地盛产铜锡，生产的青铜军械绝不亚于中原地带。两军一交战，周军大败，周军一下丧失了六个师的兵力，周昭王也死在了征战途中。关于周昭王的死，有好几个版本。有的说周昭王在回逃途中，渡汉水时所坐的胶粘船突然解体，昭王逃生不及，淹水而死。有的记载则说，周昭王返回时，飞马过汉水桥，这时桥梁突然断开，昭王落水而死。总之，这次的昭王南征败得够惨，差不多是全军覆没。

昭王南征失败，可以说是王道式微的开端，而楚国的势力却日益强大。周夷王时，楚国国君熊渠进一步向外扩张，进攻庸国（今湖北竹山县）取得胜利，又攻扬粤（今江西湖口一带）取得胜绩。熊渠很不满于周天子的视楚为蛮夷，因此自封三个儿子为王，长子为句澶王，次子为鄂王，三子为越章王。后来怕矛盾太激化，收回成命，对周王朝进献了鱼贝等珍品，矛盾才稍稍缓解。

到西周末年的周宣王时代，楚的势力实际上已发展到可与周王国平起平坐。到熊通为楚国国君的时候，又一次请王室赐尊号，周王室没有允许。熊通大怒，道："我的先祖还是周文王的老师呢！现在周王室不封，我就自封尊位了。"他说到做到，不久，就自制了一面大旗，旗上大书一"武"字，这就是历史上有名的楚武王。

历史地看，楚的兴起不是什么坏事。南北在经济上、文化上相互砥砺，相互促进，是有利于整个民族的繁荣昌盛的。

厉王弭谤 /

周厉王是西周时期的第十位国王。周厉王在位时间倒不短，一共有 30

周厉王《伊簋铭文》

年，但由于他不断地对楚和西北地区的少数民族发动战争，军事开支十分浩大；再加上当时统治集团内部的腐败奢侈，尤其是厉王自身的奢华无度，财用常感不足。

正当厉王感到财力难以支撑时，很受他重用的近臣荣夷公给他出主意了。荣夷公献计道："大王不可以实行专利吗？如果把山林川泽之利一律收归王室享用，那不是一笔很大而且取之不尽的财源吗？那样做，还怕财用匮乏吗？"

厉王一听，想都不去想，就鼓掌大为叫好，说："那样真好，我的财用从此源源而来，不怕没钱用了！"

这时，大臣芮良夫马上站了出来，大声疾呼道："王啊，这件事万万不可，万万不可！自然界的利益，是百物所生，天地所载，任何人都不可以私得而专。山林川泽历来为王室、百官、民众所共有，怎么可以收归王室专有呢？"

厉王强词夺理地说："不是说'普天之下，莫非王土'吗？我要实行专利，就实行专利，谁敢出来反对？"

芮良夫亢声道："如果一个普通老百姓实行专利，人们可以称他为强盗；而如果大王实行专利，将来再跟着你走的人肯定不会多了。那个荣夷公只想独占财利而不知道会有'大难'而生，如果按照他的办法去做，周王朝必然会走向灭亡！"

对芮良夫的忠告，厉王根本听不进去。他就是一味听荣夷公的。由于献了专利之计，荣夷公被提升为卿士，成为国王之下的第一人。

厉王的暴虐奢傲，引发了众怒。首先站出来与厉王抗衡的是"国人"。原来在西周时，有国野之分。国指城市，尤其是指国都；野指乡村。国都居住的是国人，他们过着较为开明的城市生活，对政治也比较敏感，比起乡野之人来要激烈些。国人们到处宣传厉王的不是之处，揭露厉王的暴行，申言专利之不可行。经国人们的宣传，各大城市，尤其是国都里，呈现出"山雨欲来风满楼"的景象。

召公站了出来，正告厉王："你可要注意啊！老百姓已承受不了你的暴虐政令！"

厉王一听此言，勃然大怒，教训召公："不要听下面胡说八道，天下乱不了。现在有人在毁谤我，我自有办法对付他们。"

厉王的确很有"办法"。他请来了卫国的一些巫士，实际上是一些密探，让他们四处打探消息，监视那些议论的人，只要发现哪个在"谤王"，就不管三七二十一，杀了就是。

厉王的"办法"就是：天天都杀！杀！杀！国都，还有当时的各大城市，充满了血腥味。

上为西周人面盾牌（陕西周原出土），
中为商代铜面具（陕西城固出土），
下为商代铜兽面具（陕西城固出土）

这样一来，"谤王"的人倒的确少了。厉王高兴地说："这办法不是很好吗？看，还有谁敢再谤本王?！"但是，他不知道，他的民心丧尽了，四方的诸侯再也无人敢来朝拜了。

又过些年，厉王认为此法好，便更加严酷了。所有的人都不敢在道路上讲什么了，只是用自己的目光传递着自己的思想。

厉王得意地对召公说："我已经彻底制止了诽谤，人们都不敢说三道四了。"

召公对厉王也失去了信心，明确地告诉他："这是一种表面现象啊！你堵塞人民的嘴巴，比堵塞河流所造成的后果还要严重。水流被堵塞了，总有一天河堤会崩溃，到那时伤害的人一定会更多。所以治理水害的人采取的措施是疏导，治理百姓也一样，应采取办法使言路畅通。"

厉王还是不信。

公元前 841 年，大规模的城市暴动终于发生了。参加暴动的，除城市中的市民，还有一些贵族和武士。这些人围住了王宫，袭击厉王，声称要杀死他。厉王知道大事不好，在一些人的保护下，逃奔到彘地，后来客死在他乡。

厉王的年幼儿子惊惶失措，无处安生，逃到了当时声望最高的召公家。暴动的人们知道后，大队人马包围了召公的住宅，大叫："把厉王的那个小子交出来！"召公没有办法，只得将自己的儿子冒充太子交了出去。这个冒充的"太子"被忿怒的暴动者杀死了，而真太子逃过了一劫，他就是日后挺有作为的周宣王。

厉王逃走后，国不可一日无主，只能由忠臣世家召公和周公来代理政事了，这就是中国历史上有名的"共和政治"。公元前 841 年，就是共和元年。过去把这一年看作是中国历史有不间断纪年的开始。

共和政治一共实行了 14 年。共和十四年，厉王已死，太子静也已经长大，于是，召公和周公就共立其为王，这就是赫赫有名的周宣王。

"始勤后怠"的周宣王

上面说到，周宣王在周一代是赫赫有名的国王。不错，他的名声的确很大，但也一直是人们争议不休的一个重要课题。有的说他是一个有所作为的"中兴之主"，效法了文、武、成、康之遗风；有的则说他是失德的"昏乱之君"，应与周代历史上的诸多昏君同列。但是，仔细梳理一下历史，其实这两说都对，也都不对。"有为"说的是他的前期，"昏庸"指的是他的晚年。周宣王是一个典型的"始勤后怠"的君王，在这一点上，正可以作为历史的借鉴。[8]

经历了不寻常的国人暴动，经历了 14 年的
"共和政治"，最后，在召、周两公的扶持下，厉
王之子太子静登上了王位，其时还不到 20 岁。

周宣王是一直在召公身边长大的，当时风头
正紧，不得不隐姓埋名，又朝暮接受召公的教
诲，早年他能夹紧尾巴做人，也是情理中的事。
登极之前，召公和周公又对他进行了一番语重心
长的训导：

周宣王

"要记住开国之君的圣教，要效法开国的圣
君文王、武王、成王、康王。他们在办事之前，
都会想一想自己做的是否有利于百姓，凡是百姓
不满意的，即使对自己有好处，他们也不会去
做。正因为这样，他们得到了百姓的衷心拥戴。

"要记住你父王的沉痛教训。他视国事如儿戏，视万民如草芥，听不进
百姓的呼声，还搞什么'弭谤'，整日里花天酒地，根本不顾人民的死活。
结果怎样？他自己走进了死胡同，这叫自取灭亡。"

召、周二公说这些话时，初即位的周宣王认真地听着，并不时地点头
称是。他是把两位老臣的话听进去了的。

在初执政的近十年时间里，宣王称得上是一位英明君主，后世有人称
其为"明明天子"决非空穴来风。

宣王对自我的约束很紧，经常向召、周两公讲述自己治国安民的心得。

宣王告诫属下，不可盘剥百姓，不可中饱私囊，不可沉湎酒色。

宣王重用韩侯、召虎、南仲、方叔这样一些大忠臣，把朝政治理得有
条有理。

宣王注意发展农业生产，减轻民众的负担。鉴于当时无偿使用徭役耕
种大田的做法已经名存实亡，他采取了一个极为大胆的举措——"不籍千
亩"，也就是周天子不再亲自举行耕种籍田的仪式，这样必然在很大程度上
提高庶民的生产积极性。

宣王还加强了边防，对猃狁、淮夷、徐国、荆楚的用兵都取得了胜利。这时的周国版图可以和武王时代等量齐观。

宣王的头十年，真正称得上是国泰民安，说有一个"宣王中兴"时期，也是有一定道理的。

但是，宣王的鼎盛期，也是他走向没落的开始。从根本上说，他的治国思想根子是不深的。一旦老一辈的召、周两公去世，一旦在治理国家过程中取得一些业绩，同样是这个周宣王，就忘乎所以起来了。

宣王一共当政45年之久，而最后的一二十年他完全变成了一个昏君、暴君。

晚年的宣王追求生活上的享受，整天沉湎于酒色之中。

晚年的宣王忘乎所以，竟仿照周公、武王实施起分封制来。他封其舅申伯于谢（今河南南阳），封其庶弟于棫林（今陕西华县）。这样做表面上看来是威风八面，实际上留下了无穷的后患。

晚年的宣王进一步四出征战。后期的许多征战，大多以失败告终。这就动摇了国之基础。从一些记录看，宣王晚年远征军中士兵的逃亡还是相当严重的，一些士兵唱出了"我心伤哀，莫知我哀"的感叹之歌。

晚年的宣王被姜戎打败，加上对崩溃的经济一筹莫展，他想出了"料民"的办法，也就是清查户口，计点人口，准备征兵，说明当时的劳动力已十分缺乏。他想按土地数量征收实物税，但由于当时隐瞒土地的现象十分严重，取得的实效也十分有限。

曾一度被人赞誉为"中兴之主"的宣王，晚年给周代带来的是诸多恶果。在他的晚年，社会比他的父王厉王那时更动荡不安。再加上他又有一个不争气的儿子。在他之后，只一代，西周就灭亡了。

周宣王本人的"始勤后怠"，会留给后世永远的深思。

烽火戏诸侯 /

宣王死后，传位给了儿子幽王宫涅。这是个除了会干坏事其他什么都不会的庸人。就在他上任的第二年，岐山地区发生了一次大地震。高高的山陵瞬息之间变成了深谷,深深的河谷转眼之间耸立为山陵。多少条河流在沸腾,多少座山岭在崩裂。面对这一切,负责祭祀的周太史伯阳甫叹道:"山崩川竭,这可是亡国的征兆啊。看来,周朝是要灭亡了!"

听到太史的话,昏庸无能、淫乐无度的幽王却无所谓地说:"管它亡国不亡国,只要有我玩乐的就行。"

幽王是这样说的,也是这样做的。田园荒芜,民众饥饿,流离失所,这些他都不管。他整天沉湎在酒色之中。在他的后宫中,有的是美女,可他还是不满足,非要让人找个倾国倾城的不可。最后算是找到了,那就是褒姒。

自从得了褒姒以后,幽王就一点国事都不管了,整天陪着她在琼台花园玩乐。原先的王后不称幽王的意,就干脆废了,让褒姒当起正宫来。王后不服,就把她打入冷宫,还把她娘家一门都杀了。

褒姒自从进宫以后,虽有山珍海味享用,歌舞音乐欣赏,且用阴谋手段夺得了正宫之位,但是,这个女人从来没有舒畅地笑过一回。

"爱卿为何不笑?"周幽王为此伤透了脑筋,"真正是愁煞朕也!"

褒姒答道:"妾平生不爱笑。"

周幽王凑上去,轻声细气地问:"那爱卿总有喜欢的事吧?"

褒姒沉思了一会,说:"以前有一次,妾听到绢绸撕裂的声音,心里就感到喜欢。"

"好,好!那容易,那容易!"幽王一迭声地说。他叫人把宫中各种各样的绢绸都搬来,供褒姒撕着玩。褒姒把宫中的绢绸撕得粉碎,果然高兴,但还是没有笑意。

"爱卿,怎么不笑呢?"幽王不解地问。

"我就是笑不起来。"褒姒回答。

"怎样才能使你笑起来呢?"幽王简直在恳求了。

周幽王为让褒姒一笑而点燃烽火的烽火台故址

"我自己也说不清楚。"褒姒不阴也不阳。

幽王决心要让褒姒一笑。他在朝堂上公然宣布:"谁能博褒姒一笑,奖赏千金!"

这时有一个奸臣讨好地献策:"先王为防止外患,曾在骊山顶上设置了烟墩二十余所,只要有事,就点燃烽火,各地诸侯就会迅速赶来相救。如果看到诸侯齐集而无事,褒姒也许会笑起来的。"

幽王马上赞同了。当晚,幽王即与褒姒驾车往骊山游玩,并布置好了举烽火的事。此时,幽王的叔叔郑伯友闻知此事,大惊失色,他找到幽王,说:"无故而举烽火,这是戏诸侯也!"幽王说:"朕与王后没什么可消遣的,偶尔戏一下,有什么大不了的?"他把叔叔郑伯友支开后,照"戏"不误。

天色黑了下来。周幽王命令大举烽火,大擂战鼓。霎时间,满天的火光红彤彤,满山的鼓声轰隆隆。京城附近的诸侯们以为有紧急敌情,立即调兵遣将,出动战车,星夜直奔骊山而来。当他们赶到骊山时,看到的却是另一番景象,周幽王正与褒姒一起在乐曲声中饮酒作乐。正在众人迟疑之时,幽王传下话来:"各位辛苦,没有啥事儿,都回去吧!"诸侯们我瞧你,你瞧我,气得说不出话来,只得卷起旗帜回去了。褒姒看到诸侯匆匆而来,垂头丧气而去,禁不住大笑起来。幽王看到褒姒这笑,高兴得不得了,奖给了那个奸臣一千两黄金,这就是所谓"千金买笑"。

这一"戏"可不得了,把周王室的"诚信"两字都"戏"掉了。不多久,来自西北方的外族真的入侵了,周幽王慌忙命令点起烽火。可是,那些上次上了当的诸侯都说:"周王是在'戏'我们呢,不要理会他!"京城的兵力本来就不多,一些将士看到幽王如此的荒诞,也就纷纷离去,能打仗的,就剩幽王的叔叔郑伯友。郑伯友为了保卫周王朝,拼死一战,不幸死于乱军之中。

外族很快攻入了京城,在骊山杀死了幽王,掳走了那个祸国殃民的褒姒,把京城的财宝也洗劫一空。这时关中已充满了戎人,宫室文物都被毁坏,土地一片荒芜。

在十分凄凉的落日余晖中,西周王朝灭亡了。

注释:

① 《史记·夏本纪》:"帝禹立而举皋陶荐之,且授政焉,而皋陶卒。"这里是说授政后死的。而《史记正义》是说似乎还未授政就死了:"舜禅禹,禹即帝位,以皋陶最贤,荐之于天,将有禅之意。未及禅,会皋陶卒。"

② 《史记·夏本纪》:"帝太康失国,昆弟五人,须于洛汭,作《五子之歌》。"对"五子"历来有种种解释,其间的缘由也众说纷纭。我们认为,这里"昆弟五人",就是五个弟兄,他们为父子相继还是兄终弟及发生了矛盾。

③ 《尚书·胤征》中有夏代仲康时日食的记载。20世纪末由历史学家李学勤等领衔启动的"夏商周断代工程",对夏文化中心洛阳地区在公元前2250年至公元前1850年间共400年的日食进行普查性计算,再考虑到日食发生在"季秋"等因素,参阅先秦文献、考古成果,最后推定夏王朝始年为公元前2070年。这样,把原先的中国历史纪年西周共和元年(公元前841年)一下向前延伸了1200多年。

④ 《左传·定公四年》:"分唐叔于大路、密须之鼓、阙巩、沽洗,怀姓九宗,职官五正,命以《唐诰》,而封于夏虚。"《史记·孙子吴起列传》:"夏桀之居,左河济,右泰华,伊阙在其南,羊肠在其北。"

⑤ 《易·革》:"天地革而四时成,汤武革命,顺乎天而应乎人。"孔颖达疏:"革其王命,改其恶俗,故曰汤武革命,顺乎天而应乎人。"《尚书·多士》:"惟尔知惟殷先人,有册有典,殷革夏命。"

⑥ 《史记集解》:《谥法》曰:"残义损善曰纣。"后人取的是人死后取谥号的方法中的一种解释,表明人们对他的确是恨之入骨了。

⑦ 见《诗·召南·甘棠》,原诗为:"蔽芾甘棠,勿剪勿伐,召伯所茇。蔽芾甘棠,勿剪勿败,召伯所憩。蔽芾甘棠,勿剪勿拜,召伯所说。"所引译文依郭竹平。

⑧ 极度称颂宣王的是《诗经》,说他是"明明天子,令闻不已,矢其文德,洽此四国(《大雅·江汉》)。《左传》也说"宣王有志"(《左传·昭公二十六年》),而《国语·周语上》谓:"宣王既丧南国之师,乃料民太原。无故而料民,天之所恶也。"还将其与厉、幽等昏君同列。《史记》也只记宣王失德之事。

第十七卷　大国争霸

公元前770年，周平王为了免受西方戎族的侵扰，东迁都于洛邑（今河南洛阳），史为东周。东周分为春秋和战国两个时期。公元前770年到公元前476年这近300年的时间，就是春秋时期。这一时期的一个显著特点是社会长期处于极度的动荡不安之中，为了争夺土地、人口，各诸侯国之间展开了难以计数的争霸战争，被称为"春秋无义战"。

春秋时期大约可以分为五个阶段：一是齐桓公上台后任用管仲为相，实行一系列的改革，使齐国成为春秋时期第一个大国霸主；二是晋国统一，国力日强，晋文公执政，通过城濮之战，战胜楚国，成就了霸业，后晋襄公继霸；三是晋国中衰，楚庄王上台后国势日强，战胜晋国，取得了霸主地位；四是自晋景公复霸后，即与楚共王争霸，自此晋楚南北两霸进入相持阶段，争斗互有胜负，在这种情势下提出了"弭兵"的口号，实现相对和平；五是南方吴、越两强的崛起，北上争霸，成为春秋后期的显赫势力。至公元前476年，春秋时期宣告结束。

这是一个动乱的时代，但动乱的背后却孕育着文明进步。陈腐观念和陈旧体制渐被破除，杰出人物不断涌现，社会变革积极推进，南北交往日益加强。

平王东迁 /

镐京沦陷，幽王被杀，大将郑伯友壮烈战死，极大地震动了各诸侯国。褒姒所废的太子宜臼，被申后之父申侯立为周王，这就是周平王。

面对西戎的强势入侵，一些与自身利害攸关的诸侯国反应特别强烈。接到郑国诸侯郑伯友战死的消息后，整个郑国都沉浸在悲愤之中。郑伯友的儿子掘突被立为郑武公，并立即统率郑国大军，出动战车 300 乘，星夜杀奔镐京而来。出于自身的利益，同时起兵勤王的还有秦襄公、晋文侯和卫武公。

郑国的大军首先赶到镐京城下，郑武公报父仇心切，急令攻城。西戎军以逸待劳，给郑军一个下马威，分两路把郑军打得七零八落。正在危急关头，秦、晋、卫三支大军赶到，分三面夹攻西戎军。西戎军先是抵挡了一阵，后终因寡不敌众，在抢掠大量财物后突围而去，在离镐京城百里之外，扎下营盘，伺机卷土重来。四支勤王大军也不追赶，进入镐京城以后，安排起种种后事来了。

"镐京差不多被戎人夷为平地了，要不要马上重建京都呢？"晋文侯向大家发问。

"重建？"卫武公沉思了一阵说，"那可不是件容易的事，非得有三五年时间不可。"

"如果三五年真能平平稳稳地重建，那倒是件大好事了。而现在的情况是戎人和夷人近在咫尺，随时可能卷土重来，他们会将三五年之功毁于一旦，那可怎么办？"深受戎夷之害的郑武公显得深谋远虑。

众人犹豫了，一时没了办法。晋文侯和卫武公竟焦虑地在议事厅里打起转来。

"办法应该说还是有的。"年岁较大也显得老成持重的秦襄公扬起手很自信地说，

西周早期的矢令方尊

"两个字：迁都。"

"迁都？"晋文侯、郑武公、卫武公三人几乎同时发问。

"是的，是迁都。"秦襄公显然胸有成竹，"洛邑（今河南洛阳）为天下之中，又远离戎夷，比较安全。而且早在周王朝开国之初，周、召两公着力经营过，宫廷房舍都是现成的，只要稍加整饬，即可使用。"

经秦襄公一提醒，大家一致赞同了。于是，由秦、卫军开道，晋、郑军护后，一路护送周平王一行向洛邑进发。沿途虽有少部戎夷部落的干扰侵袭，但在四诸侯的重兵保卫下，周平王一行总体上还是安全的。

一路辛苦，到得洛邑后，周平王才有了安身之地。他以天下共主的身份对四诸侯说："你们辛苦了，现在大事已毕，都可以回你们的领地了。"卫、郑两公领命而去，可秦襄公和晋文侯却迟迟不肯离去。周平王究竟年轻，不知其内里的奥妙，平王身边的一些老臣看出了缘由，对平王说："护送君王，秦晋是立了大功的，不可不赏啊！"

西周铜戈（彭县竹瓦街出土）

这时，周平王才悟到，周王室的权威已今非昔比，不重赏看来是不肯走人的。在老臣们的建议下，平王将岐西之地赠予秦襄公，并列其为诸侯；将河西之地赠予晋侯，以奖励他们的勤王之功。这时，秦襄公和晋文侯才率部离去。

从公元前 770 年建立东周后的 60 余年里，周王室依靠晋、郑等国的支撑，过了一段比较安稳的日子。

郑庄公"小霸"

郑国是一个晚起的封国，但它的地位却非同一般。西周晚期，周宣王封其弟桓公友于郑（今陕西华县北），这就是郑国。后来，郑国渐次强大，迁都新郑（今河南新郑北），成为中原地区的一个大国、强国。

在周末的宣、幽二代，郑国与周王朝的关系是十分紧密和友好的。幽王乱政，郑国成为周王朝的唯一最有力的支柱。周平王得以东迁，也离不开郑国的护卫和支撑。[①]可是，不知为什么，护送平王东迁的秦、晋二国都得到了赠予，而郑国却一无所获，空手而归。这多少使当时当政的郑武公心存不平。虽然周平王让他担任了举足轻重的卿士（相当于相国）一职，郑武公终究还是不高兴，一气之下灭了郐、东虢（guó）两个小国，也算是对周平王未加赠予的一个回应。

这时，周王朝也感到了与自己接境的郑国对自己是一个不小的威胁，于是想法削弱郑国在中央的权力。周平王晚年，开始信任和重用西虢公，实际上是对郑的分权。郑庄公马上作出反应，要平王解释此事，平王深感自己的地位岌岌可危，马上予以否定。平王为了表示对郑庄公的信任，同意让王子狐到郑国、郑公子忽到周，互换人质，这就是《左传》所说的"周郑交质"。

周平王去世后，桓王即位，准备给虢公以实权，设两卿士。郑庄公知晓后，马上给了周王一回脸色看：乘月黑风高之夜派人把属于周王室的一大片已经成熟的庄稼给收割了。要知道，这可是周王室唯一的生命线啊！可有什么办法呢？周王室力薄势单，周桓王也只得忍气吞声。但当第二年郑庄公去朝见周桓王时，年轻的周桓王故意冷淡了他，只与其他诸侯热乎，把郑庄公冷落一旁。

周桓王想削弱郑的权力。先是正式封虢公为卿士，与郑庄公平起平坐。后又夺取郑的一些重要封土。最后，完全剥夺郑在朝的权力。作为一种回应，郑不再朝见周天子，也不再进贡。这时，周桓王准备作最后一搏：集结蔡、卫、陈、虢四国军队，讨伐郑国。郑国似乎早有所备，马上起兵应战。双方在繻（xū）葛（今河南长葛北）开战。战争一开始，郑的左右军就挥动大旗鸣鼓攻击周军的左右军，蔡、卫、陈的军队还没怎么打就迅速溃退。周军发生混乱，郑马上合击周王师。周军不战而败。周桓王落入了郑军的重围之中，郑将军郑祝聃拉起满弓对准周桓王就是一箭，正中桓王的左肩。桓王"啊呀"一声，差点从马背上摔下。众人竭力护卫，才让桓王突出重围，向西落荒而去。郑祝聃正想乘胜挥师追击，颇识时务的郑庄公知道如果将桓王杀了，罪名担当不起，假惺惺地说："君子不能逼人太甚，何况是对天子。"

十分有趣的是，当天晚上，郑庄公还派出使者祭足去慰问周桓王，装出一副尊王的样子。[②]

繻葛之战以后，周天子的威信一落千丈。周不只政治上失去权威，在经济上也不如一个小国。由于失去了进职贡纳的收入，周平王死后，连丧葬费都拿不出，而要请鲁国赞助，这就是历史上有名的"求赙"。继任的周桓王穷得连乘车都没了，就私自向鲁国"求车"。桓王死后，由于财政穷竭，7年后才得以安葬。周王室的权威名存实亡了。

与周室的衰微形成鲜明对照的是郑的威势日隆。公元前706年，齐国被北戎侵扰，无力抵挡，只得求救于郑。郑太子忽率师大败戎师，获得敌军官首级三百，献给齐国。又隔一年，郑纠合齐国等夺得周天子的两座城池，周天子一点声音也不敢发。公元前701年，齐、卫、宋和郑会盟，这些国家都唯郑之命是从。这说明这时郑之国势极盛，实际上成了春秋初期中原一霸。

齐鲁长勺之战 /

周庄王十三年（公元前684年），作为近邻的齐鲁两国在鲁国的长勺（今山东的莱芜东北）交战，在曹刿的策划下，鲁国以弱胜强。

雄心勃勃的齐桓公即位的第二年，也就是公元前684年，就发动大军侵鲁，长驱直入，只几天齐军就已经抵达鲁境内的长勺。迫不得已，鲁庄公只得亲自带兵前去迎战。

鲁庄公正在筹划战事，有人报告说有个叫曹刿的要求接见。还没等鲁庄公允许，曹刿已经冲了进来。他对鲁庄公深深一鞠躬后，便直截了当地问庄公："君主，鲁国是那样的弱小，你凭什么去与强大的齐军抗衡呢？"鲁庄公想了想说："有衣有食我不敢独自享用，常常分一点给别人，这些得到好处的人就会出力去打仗。"曹刿冷然一笑说："这样的小恩小惠你只能施予一小部分人，广大的民众是不会为你去卖命的。"庄公又说："我按时祭祀祖先和神灵，祭祀所用的牛羊玉帛都是按规定的，一点也不敢马虎，在这方面，我是守信用的。"曹刿摆摆手说："单是守信于祭祀祖先和神灵，显然还是不够的，神灵也不会为此保佑你的。"庄公沉思了一会，说："我做的最值得一提的事是：国内的大小诉讼案件，虽然不可能做到每件亲自审理，但要求相关

长勺之战遗址

部门做到件件按实情处置。"曹刿高兴地说："如果你真能这样做，那是老百姓最欢迎的。老百姓真心拥护你，何惧齐国？"

鲁庄公被曹刿的一番话征服了，相信他是一个有政治头脑的人，就与他一起驱马来到了阵前。

这时，两军正对峙在长勺的一片一马平川上，战前的气氛特别地紧张，空气像冻结了一样，连一丝风也没有。突然，齐军仗着兵众将多，首先击鼓发起了冲锋。这时，鲁庄公也想击鼓反击了。曹刿马上止住他，说："不可。"当齐军第二通击鼓时，庄公问："我军可以击鼓进军了吗？"曹刿摇摇头，还是说："不可。"很快，齐军擂响了第三通进军鼓，这时，曹刿奋然高呼："可以击鼓进军了。"这时，鲁军如离弦之箭，直冲齐阵。齐军竟经不起这突然的一击，溃退了。鲁庄公惊喜不已，马上想下令追击，曹刿却加以阻止。他下车细看齐军败逃时的车轨印迹，又上车观望敌军的旗帜，最后才说："可以追击了。"一举把齐军逐出了鲁国的国境。

战争结束后，鲁庄公问曹刿战胜齐国的缘由。曹刿回答道："打仗，靠的是一股勇气。一鼓作气，二鼓就衰了，第三鼓就竭尽了。在敌军三鼓后发起进攻是最妥当的，因为那时敌军最倦怠。但齐国究竟是大国，有谋有勇的人多的是，我怕敌溃退中有埋伏，因此要上上下下观察一番才敢追

击。"鲁庄公一听这些，完全信服了。

齐桓公用管仲为相 /

管仲

郑国的"小霸"，只是昙花一现。郑庄公一死，到了他的儿子手里，就内乱不已，国力一落千丈了。而地处东方的齐国却在经过一阵内乱后真正强大起来。

到齐襄公时，在打败鲁国的基础上，齐国就较强大了。可是，正在这时，齐国国内出现了内乱。齐襄公在毫无防备的情况下为其叔父的儿子公孙无知所杀。在不得已的情况下，襄公的一位弟弟公子小白避居莒国（今山东胶州西南），他的师傅是鲍叔牙；另一个弟弟公子纠避居于鲁国，他的师傅是管仲。

不多久，齐国国内的局势发生了戏剧性的变化。自立为君的公孙无知出游时被他手下的一个大夫杀死，国内顿时大乱起来。这时，齐国出现了无君的真空时段。填补真空的机会给了两位公子。

闻知消息后，公子小白和公子纠都在其师傅的陪伴下急忙赶回国内。为了阻止小白的回归，管仲受公子纠之命率军阻击小白。远远看到小白前来，管仲拉起弓就朝小白射了一箭，只听小白"啊呀"一声，手捂着胸口应声倒地，随从马上把小白抢走了。管仲从小白手捂胸口这一点猜测，这一箭一定是射中了要害——胸口，丧命是必然的了。管仲高兴地去向公子纠复命了。公子纠错误地以为胜券在握，慢悠悠地行进，走了六天六夜还没到齐国。

话分两头。其实那一箭并没有伤着公子小白，"叮当"一声只是射中了他的带钩。小白故意装着倒下是为了迷惑对方。回营后，小白乘着夜色马上急行军，两天一夜就回到了齐，并通过内应名正言顺地即了君位，这就是赫赫有名的齐桓公。

齐桓公即位后，以迅雷不及掩耳之势向鲁国进军，捉拿公子纠和他的师傅管仲。当时，齐桓公恨恨地说："公子纠是我的兄弟，我不忍亲自杀害他，让鲁国处置掉他吧！至于管仲，实在太可恶了，那是我的不共戴天的仇人，只要我抓住他，非把他剁成肉酱不足以解我心头之恨！"③

鲍叔牙

同时，修书一封，让使者交与鲁君，信上说："我齐桓公的意思很清楚，公子纠交给你们处置，召忽、管仲两个大仇人交给我。"

鲁君一看来书，心想：这不是最后通牒吗？看来不依齐君是不行的了。于是，马上让人将公子纠在一个叫句渎的地方处死了，又把召忽和管仲两员重犯押解齐国。召忽自知不得善终，在半路上自尽了。而管仲似乎在等待着什么似的，心甘情愿地让差役为自己戴上桎梏，一路上也显得十分的平静。

这时，作为齐桓公之师的鲍叔牙，正在与桓公促膝谈心。

鲍叔牙问："你真的要杀管仲吗？"

桓公很气愤地说："当然是真的。管仲是我不共戴天的大仇人，那一箭之仇，不可不报。"

鲍叔牙仰天长叹一声，站起身来，说："我原以为你是个明君，现在看来我是错了，你是个只知报私仇而不计国富民强的小人。"说罢，疾步要走。

桓公赶忙离座，拉住他，问道："难道先生要我有仇不报吗？"

鲍叔牙重又坐了下来，语重心长地说："人世间有的仇可报，有的仇不能报。管仲这一箭之仇，万万不可报，万万不可报啊！"

"这是为什么？"桓公惊异地问。

鲍叔牙请桓公归座，恭敬而严肃地放慢语速说："要知道，管仲是个了不起的人物啊！君主如果只求国家太平无事，社会安定，那么用高傒和我鲍叔牙两人就足够了，如果要国富民强，称霸天下，那非用管仲不可。"

桓公不做声，认真地想了想，问："真的吗？"

鲍叔牙起身下拜，力重千钧地说："君前无戏言。我与管仲是从小相知的君子之交。他出身贫寒，孝敬老母；他饱读诗书，学问非凡；他品格高尚，忠于职守；他阅历丰富，深知治国方略；他对天下形势了如指掌，懂得霸王之道。他比之我鲍叔牙不知要高明多少倍，今天管仲为齐所得，真是千载一时啊！"

桓公又问了一句："果真如此？"

鲍叔牙答得斩钉截铁："果真如此！"

雄才大略的齐桓公这时兴奋地说："好，听先生的，我用管仲！"

于是，桓公派出鲍叔牙远迎管仲。在鲁国的北部边境，鲍叔牙就亲自为他解除桎梏，见齐桓公时，桓公优礼相待，封他为大夫，不久，就任命他为相。

管仲改革齐政

在管仲相府的厅堂前，一左一右放置着两块巨石，巨石上勒刻着用端庄的字体书写的两行文字——

仓廪实而知礼节

衣食足而知荣辱

走过相府的民众总要驻足观赏这两行文字，从早到晚，络绎不断。一些民众在巨石前议论纷纷。有的说："相国说得对！国家的仓库里积满了粮食，民众才会懂规矩，社会才安定得下来。"有的说："这是个再简单不过的道理，要民众知书达理，先得让大家有饭吃，有衣穿。"还有人说："吃饱穿暖了，谁还愿意去干坏事？即使有人干坏事，也是少数几个。"

民众们在说这些的时候，管仲和其他僚属正认真地在屏风后听着呢！管仲对自己的好友鲍叔牙说："看，老百姓是挺希望过仓廪实、衣食足的日子呢！"鲍叔牙答道："当然希望，那样的好日子怕就是在三皇五帝时也难得过呢！"管仲满有信心地说："我们能够把齐国治理得比三皇五帝时还富足。"

管仲是这样说的，也是这样做的。

齐国是一个大国，在当时地多人少，但由于土地高度集中，还是有相当多的民众无田可种。管仲对非法占有者的土地进行了剥夺，再将土地按份额分配到户，使齐国户户有可耕之地。这件事也做得不容易。在实施中，管仲选择了齐大夫伯氏为典型。伯氏是个不大不小的土地所有者，他占有不少土地，在这片土地上劳作的无地农民有300户，是齐国国君给他的采邑。伯氏在上缴赋税时有所隐瞒，那当然是一种犯罪。管仲从他那里开刀，没收了他的土地，解放了这

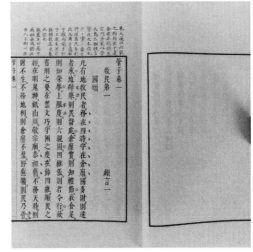

《管子》书影

片土地上的农户，把土地分给农户，让他们自食其力。管仲的妙处还在于，事情并没有这么简单地结束，他亲自去给伯氏做工作，让他知道自己的罪行，心甘情愿地放弃这片土地和土地上的民户。后来，伯氏自己表态："管仲做得对，我到老死也不会有怨言的，我要老老实实地自食其力，即使以后粗茶淡饭过日子，心里也踏实。"④伯氏的话是真心的。

这是一个有说服力的典型。管仲适时地、恰到好处地宣传了这个典型。最后不少人都交出了土地和人口，这一场"土地改革"开展得挺顺利。

管仲把土地划分为各个等级，不同等级的土地收取不同的赋税。划入下等类的土地，如果用户着意改良了土地，得到了好收成，5年之内不调征。这样，农民改进生产技术、改善土地品质、提高粮食产量的积极性就大大提高了。生产有利可图，老百姓就不怕吃苦，老百姓不怕吃苦，国家就有希望。

在农业发展的基础上，管仲还主张多种经营。他设立了"工正"、"工师"、"铁官"等管理手工业的机构，大力推进冶铜、制铁、纺织的发展。这样一方面可以制作精良的武器，加强国防，另一方面改良农具，发展农

业生产。

　　管仲十分懂得商业的重要性。他认为，一个中等的城市，就应该设立以交易为目的的"市"。"市"与"市"之间的交流，可以活跃国家的经济。他认为，齐国的强势在于近海，可以坐收鱼盐之利。他尤其主张让那些还处于贫困状态的家庭去经营鱼盐，这样就可以很快地脱贫。不只是脱贫致富，从中还会涌现出许多杰出人物来呢！

　　管仲提出了"四民"之说，并别出心裁地将"士"放在首位。这充分表明了管仲的一个思想：农是基础，而士是先锋。这一方面说明当时"士"在社会上已颇成气候，人数上也足以形成一个阶层。同时，也可看出管仲对"士"的重视。"士之子恒士"，这里强调的是家学渊源，强调的是学术传统。今本《管子》一书中有《弟子职》一篇，讲的是弟子的学习常规，其中很难说没有管仲的思想和观念。

　　管仲的这些举措，大受齐国人称道。说他是"思民所思，好民所好"，他可说是中国历史上能很好地解决民众吃饭穿衣问题的少数政治家之一。有人问孔夫子："管仲是何等样人？"孔子说："管仲可是个正派人啊，可是个正派人啊！他为老百姓做了不少好事，他可算得上是一个仁人了。"⑤

　　管仲的改革使齐国只花了五六年时间就强大了起来。

　　到齐桓公三十五年（公元前 651 年），齐桓公约鲁、宋、卫、郑、许、曹等国在葵丘（今河南兰考、民权县境）相会修好。周襄王派大臣宰孔赐桓公祭肉，桓公要下阶跪接，宰孔说桓公年纪大了，加上有功劳，不要跪了，可桓公十分聪明得体地坚持要下拜。这年秋天，齐桓公又一次在葵丘结盟，桓公"挟天子以令诸侯"，成为中原霸主。这标志着齐桓公的霸业达到了顶峰。

秦晋之好 /

　　差不多在齐桓公称霸的同时，也就是平王东迁百年后，晋秦两国悄然崛起。为了争夺地盘，它们之间长期互相争衡；为了某种共同的利益，它们之间又常常联姻通好。正是这样一种犬牙交错的局面，推动了两国的发展。

平王东迁时，晋国是出了大力的，为此而受到了周王室的奖励，命其与郑国一起共同辅佐平王。但是，这之后，晋国一直处于内乱之中，直到晋武公时才结束了这种四分五裂的局面，建立了统一的军队和统一的领导层。不久，晋武公去世，继位的晋献公是个雄才大略的国君。他即位后做的第一件事就是与虢国一起共朝周天子，得到了普遍的赞赏，声望日高。

西周前期的盂鼎。鼎内有铭文 281 字，记载周王对大臣盂的册命

同时，地处西陲的秦国也强盛起来。秦国的一大有利条件，它也是平王东迁的功臣，为此，秦还得到了大片的土地。嗣后，秦就不断地向周边地区扩张。尤其是秦武公即位后，开始进军华山之下，大军直逼甘肃天水一带，陕西宝鸡、华县一带，并开始在那里建立县制。此时，秦的发展已与晋的壮大相冲突。到秦宣公时，就与晋国在河阳地区发生了战争，当时晋国内部发生了动乱，结果秦胜晋败。

到公元前 659 年，富有远见的秦穆公即位。虽然在他即位前几年秦国打败了晋国，但他知道，秦晋之间谁要吃掉谁都不可能，而且，长期的对峙对谁都没有好处。

"我想娶晋君的女儿为妻，你们看如何？"一次，秦穆公这样征求最贴身的几个近臣的意见。

"国君，你这是？"近臣们被这突如其来的问讯弄得有点摸不着头脑。

秦穆公解释道："我想，秦晋两个大国之间的和解总要比对峙好吧。如果能结秦晋之好，使两国之间的关系披上亲情的面纱，那无论如何是有好处的吧？"

近臣们都表示了赞同。有一个近臣主动要求担任

饕餮纹鼎，为西周前期铜器

向晋国求婚的使臣。

而在晋国，晋献公也在谋求与秦国和解一事。当秦国的使者来到时，晋献公真是喜出望外。他热情地接待了秦国的使者，并同意了这门亲事。他要使者告诉秦君："秦晋联姻通好，是两国共同的心愿。"

晋献公将自己的大女儿、太子申生的姐姐许配给了秦穆公作夫人。成亲时的婚礼办得隆重而体面。晋国专门派出联姻大臣送献公女儿去秦国，在陪嫁中还配备有新近从虞国俘获的聪明绝顶的大夫百里奚。而秦穆公也十分看重娶自晋国的夫人，破例到秦晋交界处去迎候。⑥

这次带有政治色彩的联姻，不只给秦国带来了安定，还意外地获取了稀世奇才百里奚。作为陪嫁来到秦国的百里奚，初到秦国时，秦穆公也不在意，因此并没重用他。百里奚看到秦君久无动静，便出逃了，流亡到楚国，被当地的一个乡下人收为家奴。这时，秦穆公才听说百里奚是个了不得的大才，于是派专人到楚国去要人。那位乡下人怎肯放手？那位使者说："百里奚是秦公夫人的陪嫁，现在逃离在你这里，我出五张公羊皮（所谓'五羖'）算是赎金，这样总可以了吧！"乡下人一听可高兴了，在当时五张公羊皮不是个小数目，就成交了。这时的百里奚已七十多岁，秦穆公委以重任，戏称其为"五羖大夫"。百里奚又举荐了一位叫蹇叔的名士，一起辅佐秦穆公。

这时晋献公亡故，国内发生动乱。公子夷吾向秦求援，希望秦能护送其回国，如能当上君主，愿以河西等八城相送。正是在秦的积极干预下，夷吾登上了君主之位，那就是晋惠公。可是，事成后，惠公又以大臣不允为由，坚决不予兑现诺言。秦晋失和，还导致了一场战争。结果晋败，连晋惠公也成了俘虏，秦穆公还声称要杀掉晋惠公。

这时还是亲情起了作用。秦穆公的夫人是晋惠公的大姐，大姐看小弟要被杀，岂有不救之理？她带了儿女，哭哭啼啼地来到秦穆公身边，求其释放惠公。秦穆公心软了，就放了惠公，惠公也献河西地予秦，以作报答。

不久，晋惠公将太子圉送到秦国学习，秦穆公让他当了大臣，并将自己的女儿嫁给了圉，又将所得的晋地作为陪嫁回赠给晋国。这门"回头亲"

进一步密切了两国的关系。以后，两国时战时和，但那份亲情总还是在起作用的。"秦晋之好"作为著名典故长期流传，道理正在于此。

宋襄公的"仁义"

宋襄公在春秋时代的历史上，扮演了一个十分有趣、可笑而滑稽的角色，值得一书。

宋襄公即位后的七年，获"一时之霸"的齐桓公死了。宋周围的陈、蔡、卫和其他夷族小国的力量都比宋国弱。鲁国原先是一个大国，但当时正发生着内乱。最早"小霸"的郑国也早已中衰，老天给了宋襄公一个似乎可以称霸的机会。

西周𢼸方鼎甲，有铭文 65 个字，
记载胜利获赏赐，为致谢而铸造此鼎

齐桓公晚年在选择继承人上显得有点犹豫不决。他先是想立公子昭为太子，并明确托孤给当时国力相当强盛的宋襄公，要他在自己亡故后帮助公子昭。可是，到最后，在易牙等人的鼓动下又答应改立无诡为太子。桓公死后，尸体好多天无人安葬，儿子们都把心事放在争夺君位上。易牙等人立公子无诡为君，公子昭出逃向宋求助。公元前 642 年，宋襄公联合卫、曹、邾等国，送公子昭回国。有四位公子不服，率齐军与宋军抗衡，结果齐军大败，公子昭即位。这一胜利冲昏了宋襄公的头脑，他一心想当起霸主来了。

要称霸，大国中齐国是不成问题的，因为国君是宋襄公立的，问题只在于被称为南蛮的楚国。公元前 638 年，宋楚大战于泓水（河南柘城西北）。

整个战争的形势实际上是对宋军有利的。宋军抢先来到了泓水边上，并布好了阵势，而楚军匆匆而来，又急着渡河。楚军渡河一半，司马子鱼

（即宋公子目夷）一眼看出敌人在渡河中阵脚散乱，对父亲说："敌众我寡，必须趁其渡河时发动进攻，可以获取全胜。"宋襄公自以为是地说："我们是仁义之师，不能乘人之危。那样即使取胜了，也算不得什么。"公子目夷叹道："多好的时机啊，眼看就要失去了。"

等楚军大队人马过了河，但还没有列好阵时，公子目夷又急着说："敌人正乱作一团呢，此时攻击正好。"宋襄公摆摆手道："我说了，我们是仁义之师，为什么要在对方还没有布好阵的时候出击呢？那样不是显得不仁义了吗？"公子目夷大呼道："父亲，你那样讲仁义，可只怕敌军是不会对你讲什么仁义的。"

公子目夷的话音刚落，刚站稳脚跟的楚军也不叫阵，也不宣布开战，一股脑儿地挥师向宋军杀奔而来。这时，宋襄公才下令击鼓进军，但阵脚早被楚军冲乱。宋军散的散，逃的逃，敌军一下冲到了宋的中军，准备捉拿宋襄公。这时，宋襄公大惊，命令卫队大力护卫。他的卫队奋力战斗，结果整支卫队惨遭覆灭。最后还是靠颇有战略思想的宋公子目夷奋力将他救了出来。在泓水之战中，宋襄公遭受了重创，自己也受了伤。从此霸业也成了泡影。

国人因此埋怨宋襄公，可是，受着沉重创痛之苦的宋襄公躺在病床上还实施精神上的自娱自乐："我们虽是亡国商人的后代，但我们是仁义君子，君子是不乘人之危的，在战场上是不伤害受伤的对手的，也不擒拿头上长着白发的老人的，所谓'不禽（擒）二毛'。这些我都做到了，还有什么遗憾呢？"

宋襄公泥守"古道"，使宋国国势从此一蹶不振。不久，宋襄公因伤而死。其刻板的仁义道德，成了千古笑柄，也留给人们深深的思索。

晋文公称霸 /

宋襄公在泓水之战中大败于楚，6年后，晋国在晋文公的带领下强大起来，在城濮之战中战胜楚军，称霸诸侯。

在成为晋君之前，晋文公重耳真是历尽艰辛，差不多走遍了当时的列国。

重耳是晋献公的儿子，献公时镇守于蒲（山西隰县西北）。当时，曾深得献公宠信的骊姬为了让自己的儿子继位，阴谋毒死献公。事发后，就嫁祸于太子申生和公子重耳。重耳得知后，就越墙逃跑，宦官紧追不舍砍了他的衣袖，于是逃到狄国。重耳在狄一住就是12年。后来，他的一个兄弟夷吾执政后，也想杀害他，他只得又从狄出逃。过卫，卫文公不接待。在五鹿地区没粮吃，向农民要饭吃，农民把土块放在器皿里送给他，重耳发怒，他的随从赵衰说："这是好兆头呀，土是国家的象征，这是天赐国家的吉兆，你应该跪拜接受它。"重耳听了这话，高兴地向那农民深深地鞠了一躬。

到齐国，齐君对他是友好的，送给他20匹马，又把公室女儿嫁给了他。在齐国，他一住就是10多年。这时，他已年过半百了。

到曹国，曹国的国君对他不加礼遇，还讥笑他的生理缺陷。只有曹国的一位大夫送给他一顿饭吃，还在食物下暗放璧玉。重耳接受了食物，把璧玉退还曹大夫。

在宋国的印象是深刻的。当时宋襄公刚被打败，正在家中养病。一见晋公子到来，十分热情，一下送给他20乘马，还留他吃住。

到郑，郑文公对他不礼，他转身就走了。

在楚国，他受到了隆重的接待，楚君很优厚地让他在那里住了一段时间。临走前，楚君问："我待你这么好，假如你能回国，怎么报答我？"重耳很策略地作答："珍禽异兽，玉器丝绸，都是君王多余的东西，楚国的物产那样丰富，晋比不上楚，我真不知如何报答呢！"楚君说："话虽这么说，但你总得报答我啊！"重耳想了想回答："如果日后楚晋交战，我一定退避三舍（一舍为30里）。"这话使楚君很不高兴，说："待你如此隆重之礼仪，你竟然出言不逊！"甚至有人要杀重耳，但最终还是被楚君制止了。

当时正当晋惠公死，在秦国为人质的太子圉不告而别，匆匆回国继君位去了，这使秦国很不高兴。重耳到秦，得到出乎意料的隆重接待。重耳在秦也积极准备回国取代暴虐的公子圉。因为公子圉不得人心，重耳回国轻而易举地夺得了政权。他就是晋文公，此时已经 62 岁了。

晋文公的霸业从维护周王室权威做起。公元前 636 年冬，周王室发生内乱。王子带联合狄人向父王周襄王进攻，一直攻进京都洛邑。周襄王只得出逃，逃到了郑国，然后向兵强马壮的秦晋求助。刚刚即位的晋文公二话不说，马上率军攻打狄军主力，并很快将狄军主力消灭。然后分兵两路：一路到郑国去迎接周襄王回洛邑；另一路攻击王子带，并轻而易举地将他活捉，然后交给襄王处置。襄王杀死了王子带。晋文公的这一举动，大大提高了他在诸侯中的声誉。周襄王为了报答晋文公的勤王之功，奖给他阳樊等四邑土地，晋这才有了太行山以南黄河以北的土地。这可以算作是成就霸业的基础。

在成就霸业途中，最大的阻力当然来自楚国。晋楚难免一战，一些小国也总是在晋楚间摇摆。公元前 632 年，楚君率军大举北上，与晋的前锋部队相遇。晋文公为了报答楚君以前对自己的知遇之恩，实现自己曾许下的诺言，决定"退避三舍"。晋军退到了城濮（今山东鄄城），楚军马上紧紧追上，并在城濮据险要地扎营。两军剑拔弩张，一场决战在即。

在强大的楚军面前，晋文公采取的是以智取胜的方略。晋军先不去触动楚军的主力，而是集中兵力向与楚联盟的陈、蔡军队进攻。晋军在战马上蒙上虎皮，使敌军见而生畏。这两支队本来就势单力薄，很容易就被击溃了，晋军取得了第一战役的胜利。接着，当楚军的主力部队发起进攻时，晋军采取退却战术。楚军大举挺进，狐毛率领的晋上军马上竖起两面大旗，望风而逃。楚军又向栾枝率领的晋下军发起进攻，晋下军也节节溃退。正当楚军大踏步挥师前进时，先轸、郤溱率领的晋中军突然如神兵天降，从城濮的山谷间杀出，一下把楚军一截为二。这下楚军乱了阵脚，前后的指挥系统也联系不上了。楚军的左右两军差不多全军覆灭，只有主帅子玉带领的中军还有些实力，但也不敢恋战，掉头向南方撤去。楚国的败军退到半路上，传来楚王的话："子玉，你有何面目回来见楚地父老？"子玉自知楚王难以容他这个败军之将，就在归途中自尽了。楚军除少部分回到自己的国家外，十之七八被消灭了。

晋师凯旋。部队回到郑国的践土（今河南原阳西南、武陵东南），在那里筑起王宫，以迎周王。郑曾引楚军击晋，现在看到楚军败退，郑公十分害怕，派使者向晋求和。晋文公显得很大度，满足了郑公的和好请求，并从此结盟。晋文公把各路诸侯请到践土，也请周王驾临。晋文公将楚俘献给天子，共有车百乘，步兵千人。接着，周王宴请了晋文公，赐给他大车，红色弓 1 副、红色箭 100 支，黑色弓 10 副、箭 1000 支，还加虎贲 300 人以及黑黍香酒、玉器等。又下诏称晋文公为叔父，策命其为"侯伯"，也就是侯霸，即诸侯之长。众多诸侯就在践土会盟，宣布盟约：同心协助周王室，不互相侵害，不违背盟约，谁若背盟将受到天神惩罚，使其兵败国亡，祸及子孙和老幼。

"践土之盟"是继齐桓公的"葵丘之盟"之后又一次诸侯会盟。晋文公正式被命名为"侯伯"，这也是空前绝后的。

秦穆公霸西戎

与晋文公称霸中原差不多同时，雄才大略的秦穆公大举向西部发展，辟地千里，逐步成为雄踞西部地区的一方之霸。

秦穆公的霸业从网罗人才始。上面说到，秦晋联姻对秦国来说获取的直接利益是有了"五羖大夫"百里奚，百里奚又举荐了正隐居于齐国山野之地的蹇叔。在长期征战中，穆公又从晋国、楚国甚至戎人中物色到了一大批治国大才，对秦本国的可用之才如公孙支、内史廖等，也尽力起用。秦穆公正是靠这样一个国际化人才集团的大力辅佐，才得以成就霸业。

在当时，秦穆公的图霸之心可以说是昭然若揭。他大力兴建宫殿，名

崇简的秦公簋

之为"霸城宫"。他把关中的一条原名为兹水的河流，更名为"霸水"。他挥鞭指着滚滚西流的河水说："霸水流向哪里，秦国的霸业就将指向哪里！"

为了能集中精力消灭西戎，秦穆公先运用武力扫清了周边地区。他先是向茅津之戎进攻。茅津之戎地处今山西平陆一带，阻挡了日后秦向东发展的道路。这次进攻很快取得了胜利。之后，秦灭梁国（陕西韩城），又灭芮国（陕西大荔），接着又用武力把陆浑之戎（陕西武功县境内）赶走。四方之患清除后，秦就把矛头对准西戎了。

这时，西戎王听说秦穆公有贤德，就派最有才气的谋臣由余到秦国来观察动静。秦穆公接见了由余，并带他去观看了秦国都城中高大华丽的宫殿，以及种种豪华的生活设施。然后笑着问由余："我们这里的一切，你都看到了，怎么样？"

由余显得不屑一顾地说："你这些建筑啊，如果是指使鬼神建成的，那么我不客气地说，太劳神了；如果是用人力筑成的，那无疑是苦了百姓。如此劳神和苦民，其后果是可以设想的。"

秦穆公并不生气。像由余这样的人，长年居于戎地，能说出这样的话，使秦穆公感到十分的奇怪和惊异。他以反问的口吻说："中国历来以诗、书、礼、乐、法度作为治理国家的政治手段，可是还时时出现混乱局面，现在戎夷之地连这些都没有，要想达到大治，不是更困难吗？"

由余笑着回了长长一大篇话："单靠这些来治理国家，正是中原国家出现混乱的原因。黄帝制定了礼、乐、法度，自己率先执行，得到的是小治。到了后世，当政的人渐渐骄淫起来，要下属按法度办事，自己却乱法失度，过着荒淫无度的日子，这样社会怎能得到治理？而你所说的戎夷之地是不同的，他们虽说没有什么诗、书、礼、乐、法度，但在上位的人能饱含淳朴的大德待人，在下面的人能心怀忠信事上，治理一国的政事如同治理自身，他们'不知所以治之治'，可说是真正的圣人之治了。"

这一席话竟说得秦穆公无言以对。秦穆公十分敬重这样一个人才，决定要留他下来。

秦穆公听取内史廖的意见，采用了离间计。先是把由余留在秦国较长时间，使戎国对他产生疑虑。同时，又派了一个由 16 名女子组成的乐队到戎君那里去，以消磨他的志趣。果然，戎王沉湎于声色之中，终年不理政事。由余回去后，一再劝谏戎君，戎君就是不听。由余在无可奈何的情况下，只得投奔秦国了。秦穆公十分高兴，以上宾之礼迎接这位特殊的客人，并向他请教伐戎的方略。由余知戎王不可救，就一心助秦灭戎了。

公元前 623 年（周襄王二十九年），秦穆公用由余的计谋向西戎发动进攻，用各个击破的办法，逐个把 12 个西戎国消灭，辟地千里，实现了秦穆公称霸西戎的目的。这时的周天子也十分无奈，看到秦国强盛了起来，就顺水推舟，派出以召公过为首的代表团表示祝贺，并以金鼓作为贺礼。

两年后，功名卓著的秦穆公去世了。当时的秦国在葬礼上还比较落后，还实行着殉葬制度。因为秦穆公在秦国历史上是一个"广地益国、东服强晋、西霸戎夷"的有为国君，葬礼也特别隆重，从死者多达 177 人，连秦国最优秀臣子子舆等 3 人也一起从葬了。这件事受到了后人的批评，认为这在秦国历史上是十分可悲可哀的事。

楚庄王问鼎中原

春秋初年开始，楚国的势力一直在发展。平王东迁后的 63 年，楚国国君因不满周王的拒绝封号而自立为王，称为楚武王，这时的周王已经衰弱到难以征伐的地步，只能听之由之。之后的楚文王把国都迁到了郢（今湖北江陵县北），这就使楚国北上争霸有了基地。到了文王之子楚成王时期，楚国已经完全有实力与齐桓、晋文对手争霸了。继成王位的楚穆王又吞并了一些周边小国。到公元前 613 年楚庄王即位后，楚就直接问鼎中原了。

《国语》书影

　　在《国语·楚语》有载，楚庄王上台时面临着十分复杂的国际国内形势，因此就假装沉湎酒色，以观时局。即位时，他三年不听国政，日夜作乐，并下令："有敢谏者，杀无赦！"大臣伍举入谏，他左抱郑姬，右抱越女，坐在钟鼓之间。伍举问："有鸟在于阜，三年不飞不鸣，是何鸟也？"楚庄王答曰："三年不飞，飞将冲天；三年不鸣，一鸣惊人！举退矣，吾知之矣！"过了数月，庄王的奢侈生活有增无减，大夫苏从冒死再谏。这时，庄王似大梦初醒，诛杀一百多图谋不轨者，重用伍举、苏从等人，"一鸣惊人"地实现了大刀阔斧的改革。这样，在晋、齐两国势力中落的条件下，楚国一枝独秀了。

　　楚庄王带兵一举击败了晋国，使郑国臣服于己。公元前606年，楚的兵力大胆北进，达到了伊洛地带，在周边境陈兵示威。周定王慌了手脚，马上派出大夫王孙满带了许多礼品，前去慰劳楚军，这就发生了中国历史上著名的"问鼎事件"。

　　楚庄王一面把礼品照单收下，一面问王孙满："听说在周天子处藏有镇国之宝九鼎，请你告诉我，鼎的大小轻重怎样？"

　　王孙满知道这一问实际上是别有用心的，俨然欲取天子而代之的架势，就针锋相对地回答："周天子的权力在德不在鼎，没有德就是有了鼎也没用。况且天命在周，因此，鼎之轻重大小，任何诸侯是没有资格过问的。"还说了鼎的变迁史：夏桀昏乱无德，九鼎才转移到殷朝，享国五六百年。殷纣王暴虐无道，九鼎又转移到周朝。如果君王德行清明，鼎虽小一定重得移不动；若是君王邪恶昏庸，鼎虽大一定轻得可移动。

　　楚庄王本以为周王室软弱可欺，王孙满一定会把鼎的有关实情如数告诉他的。想不到王孙满如此强硬，倒是一下被说得无言以对。转而一想，如果与周王室闹翻了，也是没有什么好处的。不多久，也就知趣地班师回国了。

　　楚庄王回军后，整顿了内部，巩固了后方阵地，然后又北向问鼎中原。楚军先是破陈，然后又征服了郑，接着就与强大的晋国军队短兵相接。双方集结数十万大军于邲（今河南郑州西北）。在这次战争中，内部矛盾重重、指挥不统一的晋军被楚军打得大败。晋军溃不成军，残部在夜间渡过黄河时，又死伤了不少。

邲之战后，楚的力量和威势暂时盖过了晋国，在一段时间里再也没有哪个国家敢与楚国抗衡了。楚国达到了威服中原、称霸诸侯的目的。

鲁宣公"初税亩"

连年的国与国之间的征战，受苦受难最多的还是中小国家及其民众。中小国家的统治者不只要维持其庞大的军事开支和服务于外交内政的官僚机构费用，还要定期地向大国朝贡财物。为此，中小国家的当政者伤透了脑筋。

当时处于较为深重的困境中的是鲁国。

一些大国，如齐国、晋国、楚国等，都把鲁国看成是俎上的一块肥肉，什么时候想"吃"，就会随意地对鲁砍上一刀。伤痕累累的鲁国常常处于在大国间疲于周旋的困境。鲁文公十五年（公元前 612 年），齐国不问情由地侵占了鲁国的西鄙，实在没有办法，鲁公只得让季孙氏到晋国去诉苦，史书上称为"告难于晋"。晋国国君说："我出面帮你讨回公道。"于是，由晋国出面会集一

日己方彝，其盖为大屋顶式样，盖钮作小屋顶造型（陕西扶风出土）

些诸侯于扈地盟誓，起兵讨伐齐国。这当然需要代价，鲁国为晋公送去了不少礼品。但是，晋国为首的盟军走到半路上止步不前了，一打听，原来齐侯得知情况后，派了慰问人员到晋国为首的盟军，送去了更多更丰厚的礼品。这样，晋军怎肯再前进？稍后，也就干脆退军了。就因为这，齐君更不高兴了，又派兵侵占了鲁的一些地方，直到鲁国付出更大的代价求和为止。

除了人祸外，在鲁宣公当政期间，又逢接二连三的天灾。宣公六年，蝗灾。宣公七年，旱灾。宣公八年，大旱成灾，鲁民饿死不少。宣公十年，

大水成灾，又兼饥荒。宣公十三年，蝗灾。宣公十五年，又是蝗灾。

面对天灾人祸、内忧外患，当政的鲁宣公急得像热锅上的蚂蚁，没了主意。"怎么办呢？怎么办呢？"他一边在室内打转，一边口中讷讷着。

一位大臣凑过来，轻声细气地对宣公说："还是把孟孙氏、叔孙氏、季孙氏三人请来商量商量吧，他们对下面的情况了解。"

鲁公心里明白，虽然名义上是自己当政，但实际上是"三桓"（孟孙、叔孙、季孙）在当家，不把他们请来，再好的主意也实施不了。鲁宣公同意了，就把三人请了来。

先是孟孙开了腔，他说："现在，在我们国家实行的还是'籍田制度'，把土地分为公田和私田，私田授予耕种者，作为他们的生活之资；公田分摊到各农户那里，让他们在那里无偿地耕种，收获物归公室所有。这一套，现在哪里行得通？兵荒马乱的，农户走的走，死的死，还有谁在种公田？"

季孙接着说："'籍田'本来就是一本不管用的老皇历了。早在两百多年前的周宣王时，就宣布'不籍千亩'了。周王可以宣布废除'籍田'，我们为什么不可以？"

叔孙说得更干脆："与其名存实亡，不如干脆废除了的好！"

鲁宣公有点处于云雾之中，不知所措地问："那怎么办呢？"

孟孙说："办法还是有的，就是实行'初税亩'。"

"什么叫'初税亩'？谁能解释清楚？"鲁宣公一点也不明白。

孟孙、叔孙、季孙三人显然是事先串通好了的，对如何改革心中都很明白，因此脸上都显得很轻松得意的样子。三人互相推诿了一阵，最后是叔孙作了解释："彻彻底底地取消公田，取消籍田制度。对全国的土地进行一番丈量，谁的就是谁的，谁占有多少就承认谁有多少土地，然后根据土地的多少和土地的好差，决定税收，用一句明白的话说这就是'履亩而税'。这种既公平又公开的税收制度是一定会得到大众欢迎的。"

"那样不是实际上承认土地私有了吗？"鲁宣公小心翼翼地发问。

"事已至此，总是那么回事了。"孟孙显得有点不耐烦，"你承认也罢，不承认也罢，私田制度是一种趋势了。只有公开承认它，大家才能放心、大胆地干农活，国家的税收也才有保证。"

鲁宣公想想也是，不承认有什么用呢？还是承认吧！在鲁宣公十五年（公元前 594 年）的初春，以鲁宣公的名义发布了"初税亩"令。农民们拍手称快，奔走相告。对农民来说，还有什么比获得土地更重要的呢？

春天到了，鲁国的农民忙着在自己的土地上播种。

夏天来临，鲁国的农民高兴地在自己的土地上耕耘。

秋风习习，鲁国的农民唱着歌儿在自己的土地上收割。

冬天是休闲的季节，鲁国的农民第一次尝到了家有余粮的滋味。

鲁国的史官一直愁眉不展，但在"初税亩"后的第二年，史官第一次用饱含激情的笔写上："大有年。"鲁国获取了大丰收的年成！

"普天之下，莫非王土"的公田制度实质上取消了，私有土地制度得到了承认。这在中国历史上是一件大事。

向戌弭兵

周灵王二十六年（公元前 546 年），在宋国执政向戌的倡议下，晋、楚等 13 国在宋会盟，达成了弭兵协议。"弭"是止息的意思，"兵"是指武器，"弭兵"就是大家通过协调和协商达成一致，放下武器，和平友好相处。

从公元前 606 年楚称霸中原，到公元前 546 年，整整半个世纪，以晋楚为主进行了大小几十次战争。大小国家之间的你征我战，差不多年年都有，而受害最深的是中小国家。楚为了征服宋国，曾围困宋都城长达 9 个月，据说城中粮尽，出现了易子而食的惨景。而晋、楚两个大国也在战争中国力大为损耗。晋国的卿、大夫乘势而起，实际上开始操纵国政，使公室大为削弱，再也无力争霸。楚国的王权也衰微了，当时南方的吴国强大

西周铜矛（彭县竹瓦街出土）

西周鸭形盉，鸭头眼睛逼真，尾后立人，双手套在盖环上，多饰凤鸟纹，盖内有铭文

起来了，很大程度上牵制了楚国，楚国已无力北上争霸。弭兵的客观形势已经具备。

这时，需要有一个人出来当"和事佬"，他就是宋国大夫向戌。

宋国在当时的列国中国力中等偏上，又是一个较为中立的国家。而当时宋国的执政向戌与晋楚两国国君的私人关系都相当好，向戌的社会活动能力又是最上乘的。这些都使他顺理成章地成为弭兵的首脑。

为了弭兵这件大事，向戌在大国间穿行。他先是到达晋国，找到了晋的执政赵武。赵武说："这可是件大事，我得与大家商量商量。"于是，赵武把晋君和韩、赵、魏、范、中行、智六家的代表都找来开会。会上是韩宣子先开了腔，他认为：现在战争是天怒人怨，再打仗是不得人心的，还是同意弭兵的好。向戌再来到楚国，找楚国的令尹子商量。楚国这些年也被战事所困，落得送个顺水人情，一口答应了。

到了公元前546年春夏之交，向戌就不失时机地召集晋、楚、郑、鲁、齐、陈、卫、邾、滕、蔡、许、宋、曹等13国的代表在宋都商丘召开"弭兵大会"。会上晋楚两国仍然有些矛盾，但在向戌的劝说下，还是达成了共识。双方表示以后永不言战，互相尊重，友好相处。原先分别属于晋楚两国的属国，从盟约生效之日起，都成为两国共同的属国，听命于两国，向两国同时缴纳贡赋。这些规定虽然换来了和平，而倒霉的还是小国以及小国的民众。

弭兵大会是顺乎民心的，所以受到了普遍的赞同和支持。这次大会换来了晋楚之间将近半个世纪的和平相处，在经受了差不多二百年的战乱之后，难得赢得了几十年的太平时势。从此，中原地带的晋楚争霸，被长江流域的吴楚争霸所取代。弭兵大会后，各国便由过去的国与国的战争逐渐转向国内斗争，一些侯国内部发生了政治经济等方面的变化，旧制度也逐渐为新制度所代替。

子产"铸刑鼎"

弭兵大会后三年（公元前543年）子产开始相郑。他积极改革内政，在与晋楚两个大国的周旋中，恰到好处地维护了郑国的利益。

子产出身在郑国国君家族之中，从小就表现出了政治远见和治国的天才。他的父亲子国是郑国的执政。一次，他父亲亲自率领军队攻打弱小的蔡国，并俘获了蔡国的公子。郑国的领导层都很高兴，为此还举办了庆功宴呢！此时，十五六岁的子产却怎么也高兴不起来，他把父亲从庆功会上拉了出来。

"父亲，这件事不值得大肆宣扬。"他冲着父亲说。

"为什么，那是为什么？"父亲有点儿不快地反问。

子产要父亲坐下，听他好好讲。他说："我们郑国是小国，小国有武功而无文德，那是一种祸害。你打败了蔡国，蔡国是楚国的盟国，楚会轻易放过我们吗？楚国不肯轻易放过我们，我们不得不倾向于楚，那样晋国会放过我们吗？从此以后，国家怕是没有太平日子了。"

子产的父亲子国正在兴头上，被儿子当头一盆冷水浇得扫兴透了，不耐烦地说："国家大事由大臣处理，小孩多嘴什么！"

可是，接下来的事实，不能不使子国这个当父亲的彻底服膺于这个十多岁的小孩子。不久，楚攻郑，再后来，晋伐郑。郑国

子产祠

困难重重，内部的矛盾也表露出来了。

公元前 543 年，郑子产在郑国执政。一执政，他就实施种种改革。子产是幸运的，在数百年的战乱时势中，他执政时刚巧遇上了"弭兵"后几十年的相对和平时期。他利用和把握住了这一有利的国际环境，发展了自己，也发展了郑国，使自己成为了真正的历史巨人。他想到的第一件事就是土地改革。

"我想过了，得把土地交给农民，让他们有地可种，这是安定社会的最根本一着。"子产对热心改革的同僚说。

子产说到做到。他组织了一个庞大的土地工作队。先是划定田界，清理田亩，核对户口。田与田之间开出水渠，疆界明确，矛盾就少。谁侵吞了别人的田产，谁就得按照规定退回。有些农民失去了土地，在按照什伍体制编定户口后，也可相应地得到土地。这件事让老百姓拍手叫好，而一些贵族却叫嚣要"杀掉子产"。子产并不害怕，他说："老百姓正高兴着呢，我有什么好怕的？"出入如常，竟没人敢加害于他。

子产更大的举动是取消当时还残存着的奴隶制度，让奴隶有地可种，有兵可当。这样，实际上奴隶与一般人之间的差异无形中消失了。原来地位有点特殊的国人不高兴了，说："子产越来越不像话了，他把国家搞乱了。"子产笑着告诉大家："我这样做，不是要把国家搞乱，而是要使郑国大治。奴隶有了土地，有饭吃有衣穿，他们还会造反吗？奴隶可以拿起武器打仗，他们的身份不同了，就会自觉地起来保卫自己的祖国，还会怕敌人进犯吗？"大家一听，算是服了他了。

子产做的另一件惊天动地的大事，是在公元前 536 年"铸刑鼎"。也就是制定相关的刑事法律条文，再把这些条文铸造在刑鼎上，公布出去，让老百姓都知道。这件事的风波特别大。

"法律秘而不宣，是贵族掌握的，要是谁都知道了，成何体统？"不少贵族声嘶力竭地反对。

"民众知道刑事法规是一件大好事，那样他们就有所惧怕，就不会违法乱纪了。"子产朗声作答。

"民众都知道了法律，他们反过来要求官僚怎么办？"有人忧心忡忡了。

"这也是件大好事，可以让当官的有'如履薄冰，如临深渊'的感觉，更加注意自励自律。"对此子产早已成竹在胸，明确地作出了解答。

子产明白：过去的刑律是掌握在贵族手中的，他们不愿把刑法公布，怕的是丧失贵族那种家长制的生杀予夺的权柄。如今，子产为时势所迫，为救世而甘冒天下之大不韪，竟把刑典公布出来。

"铸刑鼎"这件事在当时也产生了很大的国际影响，晋国的执政叔向专门让人送来一封信，信上说："子产，你可做了件大傻事。老百姓都知道了法律条文，他们就要说话，就要发议论，对上头也会无所顾忌，人与人之间也会争吵不已，那样天下不就乱成了一锅粥？子产你这小子，赶快收回你的成命吧，不然天下人都学你这样做，事情就不好办了。"递上信件，送信人就想离去。子产让人把送信人安顿住下，连夜赶写了一封长长的回信，信中有这样一些话："让大家不敢说话，是很不好、也很不聪明的做法。如同把河水堵住，一时可能没问题了，但久而久之，河水决堤，危害就大了。不如细水长流，让人有意见讲出来，大家都按照法律条文办事的好。"子产把这封信让来人带回，叔向看了信后，直摇头叹气："真是没办法，看来天道也变了。"叔向虽然曾经竭力反对子产铸刑鼎，然而由于时势所迫，仅隔23年，叔向自己的晋国赵鞅、荀寅也"铸刑鼎"了。

子产"铸刑鼎"是一个大动作，对郑国，也对当时的列国，产生了重大的影响。在他当政的20多年中，郑国明显比其他国家安定，民众过上了比较富足的日子。子产死后，老百姓都哭了，像死了亲人一样悲伤。

伍子胥"十年归报楚王仇"

弭兵大会后，中原地带是相对平静了下来，而南方却战事不断。从公元前538年楚灵王会集诸侯于申（今河南南阳北），起兵进攻吴国起，到公元前506年吴军攻破楚国都城郢，32年间两国战事不断。

在战争中，涌现出了藐视王权、仇视昏君、张扬个性的传奇式人物伍

伍子胥

子胥。

在楚国历史上，楚平王是一个十足的昏君。他听说秦国的女子很美，就命楚大夫费无忌到秦国去为太子建物色妻子。费无忌物色好对象以后，就先回国了，对楚平王说："这个秦国女子漂亮极了，我看还是大王娶了她吧！"平王本是个好色之徒，听费无忌一说，正合心意，真的就娶了这女子。此后，楚平王朝朝暮暮与那秦妇在一起，连朝都懒得上了。后来，费无忌又故意加害于太子建，说太子建因没娶到秦女而日夜怨恨父王。平王一听就火了，把太子建逐出京城去守边。之后，费无忌又说太子之恨平王全是太傅伍奢教唆。平王一怒之下，就把伍奢抓了起来，并听信费无忌的计谋，要把伍奢的两个儿子伍尚和伍子胥召来，一并杀害。

楚平王对伍奢说："你如果能把两个儿子召到京城来，就还有一条生路，如不召来，只有死路一条了。"

伍奢镇定自若地回答："我可以召他们，但是，大儿子伍尚是会来的，而小儿子伍子胥肯定不会来。"

"那是为什么？"楚平王不解地问。

伍奢回答："知子莫若父，我是很了解自己的两个儿子的。伍尚性格平和，慈孝仁爱，听说回来后可以免父一死，必然要来。而伍子胥机智而好谋略、勇敢而好夸耀功劳，他知道，如果真的来了，无异于送死，因此一定不可能来。而一旦出逃，将来造成楚国忧患的就是他了。"

后来的事实完全证实了伍奢的话。伍尚来到郢都，最后与父亲伍奢一起被害，而伍子胥远走高飞，一路风尘，据传他是一夜之间白了少年头。他历尽艰难险阻，来到了吴国，伺机报仇。

一转眼，十年过去了，可伍子胥复仇之心未泯。

十年后，楚平王也死去，继位的是不中用的楚昭王。而这时，雄心勃勃、且与伍子胥交往密切的阖庐当上了吴王。伍子胥推波助澜，力主攻打楚国。

伍子胥为吴国制定了打败楚国的谋略。

伍子胥向吴王推荐了大将孙武。

伍子胥出使被楚国欺压的蔡国和唐国，经过一番周旋，很快就与两国结成了反楚同盟，消除了攻楚的外部阻力。

公元前 506 年，吴王阖庐以孙武为大将、以伍子胥为军师，亲率大军攻楚。经过五次战斗，楚军大败。吴军势如破竹，大军一直攻取了楚国建都 200 年的郢，楚昭王仓皇出逃，先是到郑国，郑国人不收留他，又逃到云梦泽，为盗所袭，最后逃到随国去了。

伍子胥入郢后，亲自掘开楚平王的坟墓，在楚平王的尸骨上狠狠地打了 300 鞭，实现了"十年归报楚王仇"，即谓"十年报仇"的夙愿。

楚国经此一难，也就衰落了下去。南方地区的吴楚之争，被吴越之争所取代。

勾践卧薪尝胆

与吴国交界的还有一个越国。越国传说是夏朝国王少康庶子无余封于会稽而建立的国家，之后传二十多世，都没有多大的作为和名声。在春秋早中期，越国还只是吴国与楚国争斗棋局中的一个小卒子。可是，到公元前 510 年，当越王允常在位时，吴王阖庐攻打越国，结果却被越国意外地击败了。这使吴国上下十分吃惊。5 年以后，越国趁吴兵攻入楚之郢都而国内空虚，就出兵偷袭了吴的后方基地，迫使吴军从楚地撤了回

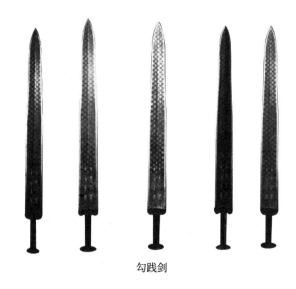

勾践剑

来。从此以后，吴越两国成了世仇。

公元前 496 年，越王允常死去，勾践即位，吴国乘机伐越，越国奋起反击，双方大战于槜（zuì）李（今浙江嘉兴），结果吴军大败。吴王阖庐的一个脚趾被砍去，伤势日重，不久就死去了。儿子夫差继位，决心报仇。

三年后，双方又大战于夫椒（今太湖椒山），吴军大败越军，长驱直入，最后越军退守会稽，士兵也只存下了 5000 人，越国的命脉不绝如缕。

站立在会稽山头，勾践仰天长叹："我的一生就此了结了吗？我就这样成为越国的千古罪人了吗？"

这时，大臣文种站了出来说："不，你不能就这样了结此生。为什么大王一遇逆境就想到死呢？商汤被囚禁于夏台，周文王被拘禁于羑里，晋重耳逃奔狄国，齐桓公不得意而奔于莒，最后怎么样？他们不都称王称霸了吗？"

勾践问："你是要我……"

文种字字掷地有声："我是要你奋起，做一个有大志向、干大事业的人。不过，大丈夫能屈能伸，现在，你得屈膝事敌。"

勾践低垂着的头渐渐抬起，说："我会的。"

不多久，越国向吴国派出了求和的使者，表示越王愿为吴王臣仆，妻子愿为吴王奴妾。吴王夫差经不住种种诱惑，不听伍子胥的再三劝导，答应了越国的投降条件。吴王看越王可怜，还放勾践回了越国。

勾践回国之后，时时不忘复兴越国。

勾践看到亡国后的越国，江山破碎，民生困顿，他就不再吃肉，穿粗布的衣服，亲自耕作，让夫人亲自织布，希望给全国的百姓做个榜样。

勾践住在十分简陋的房子里，睡在铺着席草的木板上。他在自己睡和坐的地方，都悬了颗苦胆。坐着，躺着，或吃饭、休息时，常常要抬起头尝尝那苦胆，自言自语地说："勾践啊勾践，你忘记会稽之耻了吗？你忘记会稽之耻了吗？"这就是中国历史上著名的"卧薪尝胆"的故事。

为了振兴国家，勾践十分重视任用贤能之士。范蠡说："带兵打仗，文种不如我，安抚国家，亲近百姓，我不如文种。"于是，勾践就把带兵打仗的事交给了范蠡，把国家政事委托给了文种。

勾践在国内提倡垦辟荒地，减轻赋税，做到使民"户户有三年之食"。

勾践实施奖励生育制度。规定男子到 20 岁，女子到 17 岁，不结婚不成亲的，就判其父母有罪，要加以处罚。如果生了儿女，公家就派医务人员去护理。生了男孩，可以奖两壶酒和一只犬。生了女孩，奖两壶酒和一头猪。从当时的奖励看，生男生女基本上还是平等的。如果一对夫妻生养两个孩子，国家负责养一个，生三个，国家养两个，以此类推。在这种积极的人口政策下，越国的人口在十多年间差不多翻了一番。

勾践还努力发展冶铸手工业，铸炼宝剑的技术堪称当时的天下第一。

勾践还加强了军事训练，以里闾为行政单位组织征兵。要求士兵严守纪律，服从命令，勇敢杀敌，乐于立功。

在外交上，越国采取了"结齐、亲楚、附晋"的方针，对吴国则在相当长时间内表示臣服。每年都要主动地为吴王送去许多玉帛珍玩，并选送了大美人西施、郑旦，让吴王夫差整日沉湎于酒色之中。还伐取大木为吴造姑苏台，劳民伤财。假装越国饥荒，向吴借粮，使吴国库藏空虚。

越国在复苏，在强大，而吴国君臣大多并没察觉，唯有伍子胥是清醒的。他对吴王夫差说："越人实在靠不住啊，给大王送那么多金钱美女是别有用心啊，大王，你得戒备啊！"夫差回答道："没有的事，不要疑神疑鬼！"过些时，伍子胥又说："越国正在备战呢，它是睡在吴国身边的一只虎，大王，不可不防啊！"夫差摆了摆手，说："勾践昨天还向我保证呢，说是永远忠于吴。"根本听不进去。伍子胥失望了。后来，他利用出使齐的机会，把自己的儿子托付给了齐国国君。这件事使吴王夫差大怒，要伍子胥自尽。伍子胥大笑道："我辅佐你父亲称霸，我又立你为王，当初你要把吴国的一半分给我，我没有接受，现在你反而听信谗言杀我，你一个人必然不能独自立国！"自尽前，又对左右说："我死后，把我的眼睛挖下来挂在东门上，我要亲眼看到越国军队是怎样灭吴的。"

经过大约 20 年的准备，公元前 473 年，强大的越军攻破姑苏城，吴国灭亡，吴国君夫差自杀身亡。勾践占有了整个吴国，版图整整扩大了一倍。当时,齐、晋、楚等大国都已中衰,越国成为春秋最后一个霸主。

注释:

① 《左传·隐公六年》:"我周之东迁,晋、郑焉依。"

② 《左传·桓公五年》:"祝聃射王中肩,王亦能军。祝聃请从之。公曰:'君子不欲多上人,况敢陵天子乎?苟自救也,社稷无陨,多矣。'夜,郑伯使祭足劳王,且问左右。"

③ 《史记·齐太公世家》:"齐遗鲁书曰:'子纠兄弟,弗忍诛,请鲁自杀之。召忽、管仲仇也,请得而甘心醢之。不然,将围鲁。'"

④ 《论语·宪问》:"或问管仲。子曰:'人也。夺伯氏骈邑三百,饭疏食,没齿无怨言。'"

⑤ 孔子赞扬管仲的地方很多。当有人问到"仁"时,他说:"桓公九合诸侯,不以兵车,管仲之力也。如其仁,如其仁!"当有人要孔子将子产与管仲作比较时,孔子赞管仲说:"人也。"

⑥ 《史记·秦本纪》:"四年,迎妇于晋,晋太子申生之姐也。"可见,当时秦穆公对这门亲事是十分热心的,他是跨越秦晋边境去迎候夫人的。

第十八卷 儒墨显学

春秋时期是一个乱世。三百年间，战争绵绵不绝，民众备遭苦难。

春秋时期又是个伟大的历史时期。难以数计的政治家、军事家、思想家、文学家、教育家、社会活动家，驰骋于广阔的历史舞台，出演了一幕幕威武雄伟、业绩赫赫、悲凉壮丽的历史活剧，积淀了也许在平静的社会生活中数千年也难以获取的文化成果。

在林立的学派纷争中，最后有两大学派功成名就，成为世人瞩目且被普遍认可的学派：儒家学派和墨家学派，号称"显学"。所谓"显学"，也就是显赫之学。

儒墨显学阵容庞大，其领军人物一为孔丘，一为墨翟。他们都既是私学的创始人，又是思想界、学术界的权威，一个被奉为"至圣先师"，一个被尊为"平民圣人"。他们的影响远远超越于他们所生活的那个年代。

孔墨是属于他们那个时代的，也是属于子孙后代的；孔墨是属于中华民族的，也是属于世界的。

"学术下移"

到了春秋晚期，随着地方势力的强大，周天子的威望日益衰弱，原先在朝廷中当大官的，不少人没落了，失去了原先的地位，而一些原先没什么地位的人，反倒掌有了实权。尤其是地方诸侯的势力，不少超过了周天子。

这种局面反映在文化领域里，就出现了所谓"学术下移"的局面。

有趣得很，原先那些很荣耀地在周天子辖下当乐官、礼官的人，现在一看形势大变，都不太安分起来，他们走的走，逃的逃。用现代的话说：跳槽去了。

首先乱作一团的是乐府。

"王上，不好了，宫中的首席乐师太师挚出逃了！"周天子的贴身侍从气急败坏地冲到周天子的宝座前。

"什么？你再说一遍！"周天子惊愕得失了态，不由自主地站了起来。

"太……太师……挚……出……出逃了……"侍从结结巴巴地作答。

"快给我追！"周天子大声命令。

侍从站在那里不动。

"怎么啦，去叫人追啊！"周天子有点惊异了。

曾侯乙墓出土的编钟

"太师挚是与齐国串通好的，一出宫早被齐国派来的人接走了。哪里追得了？"侍从胆怯地如实禀报。

周天子像泄了气的皮球一般，瘫呆在宝座上。

当然，这只是第一遭，以后这样的事多着呢！不久，宫中的第二乐师逃到了楚国，第三乐师逃到了蔡国，第四乐师逃到了秦国，打鼓的方叔逃到了黄河一带，摇小鼓的武去了汉水流域，击磬的襄走得最远，到了大海之滨。①整个周天子乐府几乎都空了。

出逃的不只是乐官。

礼官也出逃了。当时有一整套礼制和礼官，有主管冠礼的，有主管婚礼的，还有主管丧礼和祭礼的。这时，那些礼官纷纷外逃。据载，要不了多少时候，原先中原地带的人都不懂礼了，懂礼的倒是原先的蛮夷地区了。②

学官也出逃了。原先周王朝有一整套学官制度，名目繁多，有师、傅、师氏、太师、少师、太傅、少傅、太保、少保、祭酒等不同等级、不同职守的学官。此时，这些学官也都逃之夭夭了，有的不再司教，更多的是逃到民间从事私人教学了。③

文化领域的新气象正在形成。

文士"蜂出并作"

一批又一批原先在官府当乐师、礼师，在学校当教师的文化官员，因为有知识，有文化，因此最先感受到时代的变化。一旦他们走向民间，呼吸到来自社会底层的清新空气，他们就表现得十分活跃，生气勃勃。

他们开始根据自己的理解去阐述和发挥礼、乐、书、诗、易这样一些古典文献，这叫做"各引一端，崇其所善"④。再与当时的现实生活一结合，在学术上就显得生动多了，丰富多了。而这些原先的国家文化官员，也就成了中国历史上最早的文士。这些文士通过招徒传艺，又培养和带出了一大批文士。这批文士中最有名望的一些人物，都是影响了中国整部历史的大师级人物。

　　管仲是春秋初期的一位思想文化大师。他早年饱读诗书，又经过商，从过政，对社会有着自己独特的看法。他主张一手抓民生，使国家仓廪充实，百姓衣食富足，另一手抓社会道德。他最著名的话是："礼义廉耻，国之四维，四维不张，国乃灭亡。"把礼节、仁义、廉洁、知耻看成是维系国家的四根绳子，有了它，国家才能兴盛。

　　子产是活跃在郑国政治思想舞台上的一位思想文化大师。他出生在贵族家庭，从小受到良好的教育，成长后几度沉浮，懂得了治国平天下的真谛。有一次，人家问他政治是怎么回事，他的回答只有四个字："爱民如子。"要他讲得具体一点，他解释道："政如农功，日夜思之。"其意是说，在中国搞政治的，只有把农民问题、农业问题、农村问题日夜放在心上，才会有好的业绩。他后来在郑国当政，就是这样做的。

　　晏婴是齐景公时代的一位思想文化大师。他身居高位，但十分注意节俭。齐景公要为他更换住宅，对他说："你的住房靠近市场，又潮湿，又狭小，喧闹多尘，不能住了，还是换换环境吧！"晏婴不答应。一次，晏婴出访，齐景公就不容分说地把他的旧宅拆了，另建了新的，等他回来后，华丽的新宅已建成了。晏婴对此很不高兴，又把新宅拆了，硬是挤进了平民住的房舍里。太史公司马迁在《史记》中说他"以节俭力行重于齐"。

　　孙武是在军事领域有所成就的一位思想文化大师。他认为，仁爱和威严，

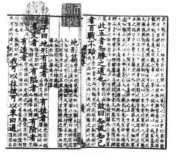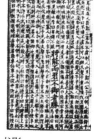

孙武像及《孙子兵法》书影

是治军的两个不可分离的方面。他说："视卒如婴儿，故可与之赴深溪，视卒如爱子，故可与之俱死。"当将帅的要懂得爱士兵，体恤士兵，那样士兵才会视死如归。他的《孙子兵法》一书，是公认的传世之作。后来传入日本，传入欧美，是中外军事学术史上的巨著。

老子是春秋时代最富于哲学思辨色彩的思想文化大师。他当过周王室的"守藏室史"，也就是国家历史档案馆馆长，兼图书馆馆长。后来有人请他出来从政，他不干，就干脆连馆长也不当，躲起来著书立说了。他比孔子年长，在当时名气也比孔子大，孔子曾经向老子问礼，还称老子为老师呢！他花了大半生的精力，写了一部 5000 字的大著作，这就是《老子》。在那动乱的时势中，不少人都不免有些偏激，可老子的作品没有片面性，他把美与丑、善与恶、福与祸、荣与辱、轻与重、高与下、长与短、曲与全、直与枉、虚与盈、智与愚、巧与拙、易与难、柔与刚、有与无、正与反，等等，都看作是互相依存的，一方不存在，另一方也就不存在。他的名言"祸兮福所依，福兮祸所伏"，教育了一代又一代的人们。

在这众多的大师级人物中，最有威望和最具诚信度的要数孔丘和墨翟两人了。他们各自带领的学术流派称为"儒家"和"墨家"，是当时并世的最显赫的学术和教育群体，被人们公认为"显学"。

学无常师的孔丘

孔丘出生在一个贵族家庭中，但由于家道中落，又加上父母早亡，因此他一开始就过着平民化的生活。

孔子从 15 岁开始，就到处求师问道。

孔子曾经拜老子为师的故事，千百年来一直为世人津津乐道。老子和

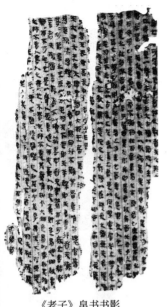

《老子》帛书书影
（长沙马王堆汉墓出土）

孔子，应该说是中国历史上两位最伟大的思想家和学者，他们的地位都应该说是世界级的。从时间上说，老子大约要比孔子年长 20 岁，就当时而言，老子的名气要比孔子大。以孔子之好学，到老子处寻访求学，甘为弟子，是完全可能的。

据有关书籍记载，年轻的孔子是在适周（东周实际已沦为一个无足轻重的小国）观光的过程中，去拜访仰慕已久的这位前辈思想大师的。

经人指点，孔子来到了周代国家图书馆管理员的休憩处，只见一个 50 来岁的学者模样的人正在悠闲自在地翻阅图书，孔子知道那就是老子了，忙上去施礼："老聃先生，后生这里有礼了。"

孔子

老子把目光从书本上移开，笑眯眯地打量了孔子一下，说："你大概就是那位被称为知礼的孔丘吧?"

孔子一迭声地作答："后生不敢，后生不敢。后生不远千里前来见先生，正是为学礼而来。"

老子让孔子在自己身旁的一块草席上坐下，说："你既然想向我学礼，那你先告诉我，你最崇拜历史上哪位礼学大师呢?"

孔子回答道："我最崇拜的历史上的礼学大师是周公旦，他在帮助武王打天下的同时，就着手制礼作乐，使民众相安无事，各得其所。他……"

老子

"别讲了，别讲了。"老子打断了孔子的话，"你所说的那个人，他的肉体和骨骸都已腐朽了，只有他的言论还留存着。况且，一个人如果得着政治机会就做官，就坐高贵的马车，不得势时，就像蓬草一样没精打采的，这样的人称得上是君子吗? 算得上是礼学大师吗?"

"您的意思是?"孔子此时有点迷惑不解了。

老子说："我听说，会做生意的良贾，把宝货严密地保藏起来，不让别人看见，仿佛什么都没有似的。一个真正知礼的君子，他身有盛德，其容貌却谦让得像愚鲁之人似的，要把骄气与多欲，容色与淫逸都去掉。不这样，就成不了知礼的君子。我要告诉你的，就是这些而已！"

在老子那里，孔子住了好长一段时间，学到了不少东西。

孔子告别老子，心里特别舒坦和高兴。他对人说："鸟，我知道它能搏击长空；鱼，我知道它能潜入深水；走兽，我知道它能在旷野奔跑。在旷野奔跑的走兽，可以用网去捉它；潜入深水的鱼，可以钓它上来；在天空飞的鸟，可以用猎箭去射。至于龙，我不知道它是不是乘驾风云而升天的。今天我见到老子了，他大概就是龙吧！"

应该说，孔子拜老子为师的故事是真实的，在孔子的学说中，有着明显的老子哲学的印记。孔子除了向老子学人生哲学外，还向鲁国乐官师襄子学弹琴。

为了认真学琴，他征得师襄子的同意，搬到老师那里去住。一连10天，孔子学习着同一首曲子，反复地弹奏着，体味着，一点也不肯马虎。

"我看是可以了，可以学下一首曲子了。"倒是师襄子反过来催促他。

孔子说："老师，我还不能学下一个，现在我只是学了这个曲子的形式，它的节奏内容我还没有学呢！"

师襄子点点头，说："好，那你就学吧！"

这样又反复学了好几天，看到孔子大有长进了，师襄子又说："你已学了曲子的节奏内容，现在可以学新的了。"

孔子说："还不能，我还没有理解乐曲的情感意蕴呢！"

师襄子点点头，说："好，那你就学吧！"

这样再反复学了好几天，看到孔子更有长进了，师襄子说："你已领会了乐曲的情感意蕴了，现在可以学新的了。"

孔子说："老师，请原谅我，我还不能学新的，我还没有体察到乐曲中描述的那个人物形象呢！"

师襄子点点头，说："好，那你就学吧！"

又过了好些天，孔子天天都在认真地体味，一天他兴奋地对师襄子说：

"老师，老师，我清晰地看到乐曲中描述的那个人物了，他的脸庞黑黑的，个子高高的，这人要不是周文王，能是谁呢？这乐曲是歌颂周文王的啊！"

师襄子极为高兴地说："这首乐曲描述的正是周文王的故事啊！我的学生中，会弹奏这首乐曲的人不少，像你那样能深刻领会的人，还没有呢！"的确，像孔子这样学琴的人，是少见的。

孔子还是个历史迷。他要了解夏、商、周三代的历史，他要了解"十代""百代"以上远古时代的历史，除了读书之外，他就是抓住一切机会向别人学习，拜一切人为师。

首创私学 ╱

"学术下移"的一个直接后果是官僚和官僚子女的教育成了问题。他们需要填补这样一个文化空缺，于是就有了贵族家教的出现。

当时鲁国地位显赫的大夫孟僖子跟随鲁昭公一起出使楚国，到了那里，对楚国的风俗习惯既无所了解，也不知道该如何施礼交流。回来以后，孟僖子对鲁昭公说："我感到太不应该了，我没有襄助您应付好礼仪，这是我的失职。"

温和厚道的鲁昭公说："这也不能全怪你。现在学校也没有了，其他教育机构也没有了，谁还懂得礼仪？"

孟僖子说："有本事的人还是有的，只是我们没好好用他。"

鲁昭公问："你说的是哪位？"

孟僖子回答："我说的是孔丘。孔丘可以担当教育之职。"

还没等鲁昭公与孟僖子讨论出个名堂来，孟僖子就病倒了。临终前，他把自己的两个儿子孟懿子和南宫敬叔叫到跟前，语重心长地说："孔丘这个人，是圣人的后代。他的祖上个个都有道德，有学问，孔丘自己继承了祖上的传统，如今年纪轻轻的就博学好礼，是个了不起的人才。我是不久于人世了，我死了以后，你们俩一定要拜孔丘为师，才会有出息。"两个小孩子同声回答："父亲，你的话我们记住了，我们一定拜孔丘为师，认真地学习礼仪和文化。"

孟僖子死后，他的家人按照死者生前的意愿，把孔子请到了家里，让孔子当孟懿子和南宫敬叔这两个孩子的家庭教师。

这两个孩子很可能是孔子最早的学生。由当家庭教师，引发了孔子的一个大胆想法："现在原先的学校都已被毁了，各地的诸侯忙着打仗，争地盘，哪里顾得上去办学校、兴教育？如果我以个人的名义招收门徒，向年轻人传授知识和礼仪，不就是为国家社会做了件大好事吗？"

孔子首先把想创立私学的想法告诉了自己的两个弟子孟懿子和南宫敬叔。

"我想创办一种私学，你们看行不行？"在一次教学的午休时分，孔子把这一思之日久的想法告诉了自己的弟子。

"老师，我们不懂，什么叫'私学'呢？"两个学生几乎异口同声发问。

"哦，你们不懂，可能绝大多数的人都不懂。"孔子缓缓地说，显得十分的从容，"自古以来只有官学，一切的教育都是官办的，而我现在想自己办学，自己招收门徒，自己讲学，我给这起了个名字叫'私学'，明白了吗？"

杏坛礼乐图

"那行吗？办学校听说是要花很多很多的钱的啊！"孟懿子首先发出质疑。

"钱吗？我想那要看怎么办和为什么办了。"对这个问题，孔子看来早已考虑过了，"如果把办教育看成是谋利的事，那的确要花很多的钱，也可赚很多的钱。但我的想法很不同，我不想赚钱，我只是想让更多的人有文化，有道德素养，因此我不收学费，只要送上一条干肉的见面礼，谁都可以成为我的学生。这一条干肉叫'束脩'⑤，是象征性的，谁都出得起的。"

"那好，那好，有先生这样办学，日后不只我们这样的贵族子弟有书读，就是穷人的孩子也有书读了。"南宫敬叔高兴得差一点跳了起来。

"你说对了，你说对了。"孔子同样兴奋，"我的办学，就是要让更多的人能上学，富家子弟能上学，穷人的孩子也能上学，这就叫'有教无类'⑥——不分地位、财富的等类，都可接受教育。我想，将来不只是鲁国的孩子可以到我这里上学，别国的孩子也可以来我这里上学嘛！"

"还有，我记得古书上说，人到 7 岁时上小学，20 岁弱冠了就上大学，这个规定还要不要？"南宫敬叔又问。

孔子大手一挥，说："这些条条框框都不要了，只要愿来读书的，不管是刚懂事的娃娃，还是四五十岁的成年人，我都收！"

这是一次中国历史上也许是最为重要的文化对话，孔子以后的私学模式在这里已初见端倪了。孔子是这样想的，也是这样做的。

孔门"十贤"和弟子三千

孔子从 30 岁开始收徒教学，一直到 70 多岁的晚年，历时 40 多年。据说孔子有弟子三千，其中最有造就的有十人，世人称为"孔门十贤"。

"孔门十贤"的说法，源于孔子自己的一番话。一次，在招收了一批新弟子以后，他对这些新弟子颇为得意地说："不要看我有那么多弟子，真正有造就的也就是那么十来个。德行好的有颜渊、闵子骞、冉伯牛、仲

颜回

集儒商于一身的子贡

弓，富有外交才能的有宰我、子贡，能办政务的有冉有、季路，熟悉礼仪文献的有子游、子夏。"就这样，"孔门十贤"就成了定评。

孔子的学生中，有贵者、富者，也有大量的贫者、贱者。被列于"孔门十贤"之首的颜回，就是从穷巷中发掘出来的奇才。从小死了母亲、常常衣食无周的闵子骞也是他的爱徒。后来患有恶疾的伯牛，是出身于农家的子弟。那个仲弓在《史记》中明确写着"仲弓父，贱人也"，地位是很低下的。可以说，在孔门弟子中，穷人家的孩子多，富人家的孩子少。

孔子的学生年龄级差也很大。颜路比孔子小6岁，子路比孔子小9岁，颜回比孔子小30岁，公孙龙比孔子小53岁。这样的年龄级差在任何的公私办学中是找不到的，连他的再传弟子也要感叹于其门下的芜杂了。⑦

孔子的学生来自当时的列国。有来自鲁国的（如颜回），有来自卫国的（如子贡），有来自吴国的（如子路），有来自齐国的（如公冶长），有来自陈国的（如子张），有来自楚国的（如子石），有来自宋国的（如司马牛），有来自秦国的（如子南），有来自晋国的（如子期），真正做到了五湖四海，这些都是前无古人，后无来者的。就这一点，孔子的伟大可见一斑。

在孔子的众多弟子中，最受他青睐和器重的，无疑是颜渊其人。因此，人们习惯地称颜渊为孔门"大弟子"。

孔子十分赞赏颜渊的好学精神。有一次，鲁哀公问孔子："你的学生中，哪些人可以称得上好学者？"孔子马上回答："在我的学生中，只有颜回一个人可以称得上是好学者，除他之外，我还没有看到谁是可以配称好学的人。"在学习上，颜渊十分刻苦，一般地说，孔子在讲课时，他是不大插嘴的，只是静静地听，默默地想，有时你还会以为他是相当的

"愚"呢。但是,下课后,问问他,他却能说出一般学生说不出的道理来,甚至可以做到"闻一而知十"。颜渊是个老实人,凡是他学懂了的,就会照着做。孔子当着许多弟子的面说:"我每天都看到颜回在进步,从来没有一天是止步不前的,你们哪一个能做到这样?"大家对此是心服口服的。

孔子的学说被称为"仁学",而颜渊就是孔子所说的"仁"的标本。孔子把他的优秀学生分为几种类型,颜渊是排在"十贤"之首的,是"德行"类的领军人物。孔子对仁的解释是:"仁者,爱人。"颜渊是爱人的榜样。他爱老师,把孔子当作自己的父亲一样对待。他爱自己的同学,同学间从来不闹矛盾。他爱一切的人,当孔子问弟子们志向时,他的答案是:"我愿为一切人做好事,而做了好事以后,不张扬,不吹嘘,也不以为自己有什么功劳。"这样的回答得到了孔子衷心的赞扬。孔子说过:"一个人一天两天做到'仁'还是容易的,像颜回这样'三月不违仁'的人,是最不容易的。"这里的"三月"是永远的意思,孔子是说颜回不管大事小事,不管在何处所,都能不违反仁的原则。

颜渊是个好学生。可是,这个"好学生"也有他的不足,那就是不注意身体健康。他生活上是艰苦的,学习上是刻苦的,但最后把身体搞坏了。史书上说,颜回"二十九,发尽白",他明显地早衰了,不久也就因病死去了。这叫做"因学自毁"。历代人对此批评甚多,其中以王充在《论衡·命义》中的批评最中肯:"颜渊困于学,以才自杀。"在这点上,孔子多少有那么点儿责任。

孔子严斥赖学的人 /

孔子待人接物的基本准则是温、良、恭、俭、让,在处事时,尤其是对待学生时,一般总是和颜悦色的,也就是所谓的"循循然善诱"。但也有例外,那就是当一些学生脱离学习轨道、不想好好学习的时候,他会急,会发脾气。

子路

"宰予昼寝"的故事大致是这样的：孔子的学生来自四面八方，学生难以走读，实行的是寄宿制。这里说的"寝"，就是寝室。这样当导师的就既要管学生的学习，又要料理学生的生活。就孔子而言，对学生的学习管理是很严格的。白天，是学习的时段。当时又没有"课"的概念，一天下来，就是读、读、读，寝室是不准去的。有一次，却发生了一件孔子意想不到的事。

"宰我呢？他人到哪里去了呢？"孔子到处寻找，并向学生们打听着。

"没看见！没看见！"也不知是真的不知道，还是另有隐情，同学们异口同声地说。

"会到哪里去呢？"孔子一面思索，一面自言自语。突然，一个念头闪过脑际："会不会到寝室去了呢？"

孔子有点不高兴，气呼呼地直奔寝室。一群学生也都尾随而来。推门一看，不出所料，此时孔子简直惊呆了：宰我正在呼呼大睡。孔子推推他："宰我，宰我，你怎么大白天的到寝室睡觉呢？"同学们也知道老师一定会为此很不高兴，都帮孔子一起呼叫着他。

终于醒来了。宰我一睁眼，看到那么多同学，还有老师站在身边，知道事情不好，一骨碌爬了起来，睡眼惺忪地叫了声："老师，我……"

"宰予，你好糊涂！"孔子简直被自己的这位一直认为不错的学生气昏了，不礼貌地直呼其名了（通常老师对学生只称字，不呼名。宰予，字子我，亦称宰我），"你大白天睡大觉，那简直是腐烂的木头没法雕刻，粪土的墙头没法粉刷。对宰予这样的人，我还有什么可说的呢？"

这是孔子最恼怒的一次。

还有这样一个故事：子路在孔子那里学了几年后，就去当鲁国的实际统治者季氏的家臣。季氏需要有这样一个粗中有细的人来帮他治理国家。一次，季氏对子路说："费县这地方的县宰空缺了，你看可以推荐哪个充当?"子路爽直地说:"我老师那里有个学生叫子羔,年岁小,但有点儿本事,可以让他当。"

过了些天,子路来见孔子,说:"我已经向季氏推荐了,想让子羔到费县去当县宰。"

孔子惊异地瞪大了眼睛,放大声音问道:"像子羔这样没有读过几天书的小孩子,也能去当县宰?"子路不以为然地说:"啊呀,老师您真是有所不知,有老百姓可以治理,有社稷活动可以参与,有俸禄可以养家活口,就可以了,何必一定要读书呢?"

孔子站了起来,大声责问道:"什么,你再说一遍!"

子路看到老师当真了,有点儿心虚,结巴着说:"我是说,……我是说,……只要有实事干,干得好,就可……可以了,何必一定要读书才算学习呢?"

"嗳,"孔子长长地叹了口气,"我最憎恶你的花言巧语了,难道让你和子羔多读点书错了吗?"

子路想了很久,回答道:"老师,我想通了,我得听老师的话,好好读书。"

孔子就是这样,对弟子要求严,但从来不一棍子打死。只要改了就好。后来,宰我和子路都列名于"十贤"。

文化寻根苦旅

孔子55岁开始了周游列国之旅,一去就是14年。对此,众说纷纭。有的说他因为在鲁不得志,故而外出;有的说他是想外出求官求禄。其实,这些都不对。孔子的周游列国,历尽千辛万苦,是一次非同凡响的"文化寻根苦旅"。他要带着自己的弟子,到列国去走一走,看一看。他要让弟子们在宽广的生活中学会生活,学得更多的东西。

孔子一行进入卫国都城,就看到男女老少成群结队地在街上走,有的地段还发生了拥堵现象,这在鲁国是没有的。孔子有点兴奋,脱口而出:

适卫击磬图（明刻）

"啊呀，那么多的人呀！"帮孔子赶车的弟子冉有回过头来，问："人口多了怎样？"孔子回答："那必定会富起来。"冉有又问："富了以后呢？"孔子说："富了以后，当然得更重视教育了。"

"先富后教"，是孔子周游获取的第一个心得。

孔子在卫国时，闲下来就打击一种叫磬的乐器，这也是对学生的音乐教育。有一天，一个挑着草筐的农夫模样的人走过，听到乐曲声就站定了。他说："这个击磬人，有心事啊！"过会儿又说："从硁硁（kēng）的磬声中可以知道，他好像是在说没有人了解他。其实这有什么呢？人家不了解就独善其身罢，好比是过河，水深就把衣裳脱下来，水浅就把衣服提起来。"孔子对学生说："他的退隐之心很坚决呵！看来我是说服不了他，当然，他也是说服不了我的，我还是要知其不可为而为之。"这又是一种教育。在当时社会的各种思想模式和文化环境面前，孔子要学生们学会选择。

孔子在卫国一件很重要的事是与大贤人蘧伯玉相会。蘧伯玉是当时名气很大的一位思想大师，孔子自己向他学到了不少东西，包括学诗、学礼、学易。孔子晚年专注于易，其基础就是在那时打下的。

孔子离开卫国后，想到更西边的大国晋国去。但是，当孔子一行走到黄河边上时，听说晋国的两个贤人窦鸣犊和舜华被当政者杀害了。孔子想："到这样的地方去，对弟子们有什么好处呢？"孔子在黄河边上望河兴叹了一阵，决定取消这次入晋之行。

后来，孔子听说南方陈国的闵公礼贤下士，决定南下。半路上必要经过宋国。宋国是孔子的祖地，因此孔子感到十分亲切。孔子一行在去宋的国都（今商丘）之前，先去了宋国的栗（今河南夏邑），参观了许多名胜古迹，祭祀了自己的历代祖先。后人为了纪念这件事，在那里营建起"还乡祠"。

宋国的大权被一个叫司马桓魋的人把持着，他做了一口又大又沉的大石棺材，打制三年还没有完工，累死了不少民工。孔子听说后，很是气愤，说："这种人与其让他活着折磨人，还不如让他早一点死去。"这话传到了司马桓魋的耳里，他发誓要对孔子实行报复。当时，孔子常带着弟子在宋都的一棵大树下读书、演习礼仪。有一天，司马桓魋就派人来把大树砍掉了，并且放言："孔子一行必须马上离去，不然就要像大树一样被砍掉脑袋。"孔子一面鼓励弟子不要害怕，说："道理在我们这边，他能把我们怎么样？"继续在原地习礼。

在周游列国过程中，孔子还到过齐国。在齐国最大的文化收获是在不经意间听到了韶乐。这是一种虞舜时代的古乐，原先在周天子的王宫中演奏，后来就失传了。可是，在齐国的一个小村庄中却有人在演奏。孔子听得入了神，一面体味韶乐的神韵，一面把乐章记录下来。他完全沉浸在古乐优美的旋律中了，竟至于三月不知肉味。这里的"三月"是形容词，是说好长时间。

来到陈蔡之间的地方，孔子师徒一行又经受了一次大的生死考验。

孔子一行正在行进，忽有上百人将他们团团围住，不准他们前去楚国，这些人以为如果楚得到了孔子，那就真正无敌于天下了。这些人也不伤害孔子他们，只是不让他们南行。连续七天七夜被围在那里，孔子他们带的干粮也吃光了，很多人生了病，站都站不起来了。孔子虽然年纪那么大了，但还是支撑着，还要做好弟子们的思想工作。这时，心直口快的子路耐不住了，抱怨说："夫子要我们做品位高尚的君子，可是，君子也有穷于应付不能自拔的时候吗？"孔子正色告诉他："君子和小人都有遇到极大困难的时候，但是，态度是不会一样的。君子在任何情况下都能坚持自己的信念，不会去做出格的事，而小人呢，就大不一样了，在穷极潦倒之时，由于素质差，那是什么事都做得出来的。"子路听了老师的话，说："老师，我明白了，我一定做能坚守节操的君子。"

鲁哀公十年（公元前485年），当春天来临的时候，季孙氏向正在卫国的孔子派出了以公华、公宾、公林三位大夫为代表的使团，拿着丰厚的礼物，迎聘孔子归国。这时，孔子已68岁，孔子和他的弟子长达14年的在外周游生活就此结束了。这是文化寻根的14年，由此，孔子对中国的传统文化又多了一份感性而直观的认识。

"孔子之谓集大成者"

孔子

"集大成者"⑧，这是儒家后学孟子对孔子的评价，是说他聚集了中华古代文化的精华，并加以发扬光大。

现在看来，这个评价大致上是中肯的。

高龄的孔子回到鲁国后，得到了统治层的高度尊重。鲁国掌权的季康子为了利用他的名声，巩固自己的地位，特尊孔子为"国老"。这时的孔子，对具体的现实国事已不甚关注，他要利用这一段相对平稳的时日，边读书边整理古籍，为自己钟爱的国家和人民留下一份最为可贵的文化遗产。

孔子花了很大的气力来学习和整理《周易》。他看出，《周易》中的"无过无不及"的思想是何等的重要，他认为，古圣尧、舜的"允执厥中"的观念，是治国之瑰宝，中庸、和平精神是立国之本。他学习《周易》是极其刻苦的，不知读了多少遍，直把穿连书简的牛皮绳子也翻断过多次，这就是著名的"韦编三绝"(此"三"为多次的意思)。他学得很认真，边读，边做札记，边加以整理。在读《易》上，可以看出他是一位炉火纯青的文化大师和古籍专家。

孔子还抓紧无多的时日"删诗书、订礼乐"，还有顶重要的是"作春秋"。

古代的诗是奏乐时配的歌词，既有贵族庙堂上的颂诗，又有大量的广为流传的民歌。"诗言志"，诗歌是可以反映民心民情的，孔子十分重视。据说，当时流传的诗歌有 3000 多首，经孔子整理、删除，成为 305 首，后世称为《诗经》。它大致可以反映出西周到春秋 500 年间的风貌和人民生活状况，是我国最早的一部诗歌总集。

中国很早就有史官的设置。史官曾对统治者的言行作了简约的记录，也记录有一些自然和社会现象，这是保留下来的最早也最珍贵的历史档案。由于社会的大动乱，这些档案资料不少已经散佚，有的流落在民间。孔子在周游列国时进行了大量的搜集、整理工作，并加以重新编排，形成了《尚书》。这是我国唯一的、也是最早的一部反映中国上古社会政治思想状况的历史教科书。

古代的礼为史官所专，乐为乐师所掌。春秋时期，史官和乐师也都飘零四方，流落列国。孔子把最经典的周礼整落成丧、祭、射、乡、冠、昏、朝、聘等八种礼节，下面又各分若干条目，把它作为人们的行为规范。中国是礼仪之邦，孔子在形成中华的礼仪体制过程中起着不可或缺的作用。

一部《春秋》，是孔子一生的代表作。春秋时期，礼崩乐坏，到处呈现出天下大乱的景象。孔子奔波一生，想提倡学术，恢复周礼，改变现状，都没有达到目的。于是，把大量的精力放到治学上，尤其是治史上。他希望通过经他删改订正的《春秋》一书，明辨是非，影响后人。孔子自己就把《春秋》一书看作是自己的代表作。孔子生前就预测："将来后人了解我、赞扬我的，怕是因《春秋》一书而起；将来后人批评我、归罪我的，怕也是因《春秋》一书而起！"孔子作《春秋》，其用心可谓良苦矣！

经孔子之手整理、删改的《诗》《书》《易》《礼》《乐》《春秋》，在中国历史上被称为"六经"。其中《乐》早已散佚，其他"五经"几经辗转，流传后世，成为中国古代文化中最有价值的文献。

孔子还把诸子的理论融合到自己的学说中去，可以很明显地看出，在他的学说中融进了墨家、道家的理论。

孔子于鲁哀公十六年（公元前479年）夏历二月十一日与世长辞。享年73岁，在当时可以算是长寿老人了。

孔子死后，葬在离曲阜古城不远的泗水旁。在孔子的坟墓旁，弟子们在三年守孝期间种上了很多树，日久成林，名为"孔林"。后人又在孔子家世居的曲阜建造了庙堂，这就是世代为后人瞻仰和怀念的"孔庙"。

"平民圣人"墨翟

墨子

差不多与孔丘并世，出了另一个思想界的巨子：墨翟。如果说孔丘是代表上流社会的圣人，那么，墨翟则是一个平民圣人。

墨子出生于鲁国（今山东省滕州市）的一个手工技艺相当高超的家庭中。他究竟姓什么呢？现今也闹不太清楚。有人说他姓墨，又有人说他并不姓墨，只是因为他是一个劳动者，长年累月栉风沐雨，艰苦劳作，于是肤色变得特别的黧黑，于是被人称为"墨子"了。从思想感情上讲，他也与脸色苍黑的黎民百姓比较贴近，于是也乐得以"墨子"自命了。

从懂事起，墨子就跟随父母在家中学艺。在数年间，他学得了一手好手艺，在当时的士人中流传着"墨子大巧"的说法。少年学艺，使墨子成为有才华有能力的"贱人"，为日后成为劳动者的"圣人"奠定了基础。

大约10来岁的时候，墨子开始了文化学习，当时儒道盛行，他就"学儒者之业，受孔子之术"。学啊学，他越来越感到不对劲了。

他对父亲说："儒家那一套礼仪，实在太繁琐了，这也不能，那也不准，条条框框太多，又提倡厚葬什么的，我不想学了。"

父亲问他：“那你想学什么？”

墨子回答：“我想学一点实际的。”

父亲是个劳动者，并不反对。已经初通文墨的墨子从此走上了自学之途。他读了不少的经典，对历史尤其感兴趣。他觉得历史上的大禹是一个真正的英雄，真正为民办事的伟人。从禹道生发开去，一点点形成了自己的理论和学派。

大约20来岁的时候，墨子开始招收门徒，办起私学来了。孔子是什么人都收，而墨子收的则一色是穷人家的孩子。这样，墨家很快成了当时显赫的学派，被世人称为“显学”，与孔子的儒学并驾齐驱了。他招收的学生也很多，至少不会比孔子少。

当时游学之风很盛，墨子也带着弟子们四出游说、讲学。他外出时常常带着几大车的书，边走边读，同时也结合实际著书立说。他的书使一些国君也赞不绝口，称之为“良书”。孔子的主要活动范围在北方地区，而墨子除了北方外，把重点放在南方。他一口气跑了越国、吴国、楚国等，一面宣传，一面招收门徒。很快，墨学在社会上，尤其是在劳动者中间流传开来了，墨子也就有了“平民圣人”的美称。

墨子有一个基本的观念：天下乱成那个样子，从根本上说是因为人间缺少一个“爱”字。他对他的学生说：“我的学说就是那么六个字，叫做‘兼相爱、交相利’，如果大家都按照这六个字去做，天下就可保万世太平了。”

“什么叫兼相爱呢？”有学生问。

“哦，我可以作一点解释。”墨子对弟子始终是十分耐心的，“这里有两层意思：一是说对人要‘兼爱’。‘兼爱’也叫‘周爱’，就是普遍的爱，爱一切的人，也可说是博爱，此爱不分亲疏、不分贵贱、不分古今、不分国别。第二层意思是爱是相互的，叫做‘相爱’。爱别人，本身就包含着爱自己在里面。一个不爱别人的人，怎么可能真正懂得爱自己呢？”

有学生进一步发问：“有些道理您已经讲得很清楚了，但有一点我还不懂，时下普遍地把奴隶不当人，这样做，对吗？”

"这样做，当然不对！"墨子表现得疾言厉色了，"奴隶怎么不是人呢？人人都是天之赤子，人人都是父母所生，父母所育，正因为如此，人人都有爱和被爱的权利。奴隶不是他们生来低贱，而是某种环境驱使造成的。只有连奴隶都得到爱的社会，才称得上是真正合情合理的社会。"⑨

墨子爱满天下和爱无差的思想，在社会上产生了强烈的反响，受到处于社会底层的民众的热诚拥戴。

反战宣言《非攻》 /

面对纷争战乱的现实社会，墨子想得很多很多。为什么国与国之间战事不断？为什么强国老是挑战弱国？为什么老是大国欺凌小国？为什么就是大国之间也不能安然相处？他想着，想着，结论有了：其根子在于人与人之间缺乏应有的爱心。

滕州市墨子纪念馆建在龙泉塔前，表达后人对墨子的怀念和崇敬之情

无爱心则强凌弱，无爱心则大欺小，无爱心则动辄诉诸武力……

墨子把这些想明白了，就决心写一篇名为《非攻》的文章。这是一篇反战的宣言，他要告诉世人：人之所以为人，最重要的是有爱心，没有爱心，人就会退化为禽兽，那是什么坏事都干得出来的；人的爱心是有层次的，有一己之爱，有家室之爱，有地域之爱，有国家之爱，更有天下之爱；不同层次的爱，反映着人的不同的精神境界；一个人单有一己之爱和家室之爱是不够的，还得有国家之爱和天下之爱，那些好战的人，就是因为不懂得天下之爱，以攻异国以利己国……

墨子正写着，忽有弟子飞身前来报告：公输般（鲁班）正在为楚国制造攻打宋国的城池用的云梯，马上就要成功了。听罢，墨子立即放下手中的笔，站起身来，说："你们几个弟子马上去宋国，帮助宋国进行积极的守御，另外我将带几个弟子亲自去楚国，制止这场攻城战。"弟子说："那你的《非攻》还写不写？"墨子十分坚决地说："写，不过那得止楚攻宋回来以后！"

墨子带着三名弟子，步行十天十夜，来到楚国。先找到了公输般。公输般对墨子很尊重，说："先生不远千里而来，有何见教？"墨子一本正经地说："现在北方有人侮辱了我，你是我的好友，我想请你去杀了他。"公输般有点慌了，说："我讲仁义，从来不杀人！"墨子乘机切入，说："你既然不杀人，为什么要为楚国造云梯，去杀无辜的宋国人？宋国没有罪，而去攻打它，能说是仁义吗？"公输般无言以对，沉默了一会儿，只得说："好罢，我带你去见楚王罢！"

他知道，对楚王不能单靠言辞，还得来点实际的。墨子解下腰带比作城池，用木片比作攻城的器械，在楚王面前与公输般比试起攻守的技巧来。公输般九次设计的攻城机变，都被墨子挫败了。公输般叹口气说："我服了。"楚王也叹口气说："我不再去打宋国了。"一场箭在弦上的战争被制止了！

墨子又步行十天十夜，回到了鲁国，继续写他的《非攻》篇。

强本节用的"兼爱"之路

中国邮政 CHINA

80分

古代思想家—墨子
2000-20　　(6-5) J

墨子像

墨子的"爱",是十分实际的。没有社会财富,你用什么去爱人?要真正达到爱人的目的,就得"强本"。他常对弟子们说:"人不同于禽兽,不同于飞鸟,不同于爬虫。禽兽、飞鸟、爬虫可以用羽毛当衣裳,用蹄爪作工具,以水、草、果品作食物,它们不耕不织也能活下去。人为万物之灵,他'灵'就'灵'在不愿意过这样的生活,他要'赖其力者生',讲得通俗些就是人靠自己的劳力生存、生活,因此,人就得耕田、种菜、植树、盖房,谁破坏了这些,谁就是人类最大的罪人!"

后来,太史公在《史记》里,说墨子的这一番"强本"之论,"虽百世不能废也",它的理论价值是永远的。

"强本"之外,墨子还强调"节用"。

墨子是站在社会的最下层的,他清清楚楚地看到多少百姓在受苦、在冻馁、在死亡,因此,他大声疾呼:"去无用之费!"把那些花费在"聚珠玉、鸟兽、犬马"上的钱省下来,"以益衣裳、宫室、甲盾、五兵、舟车",只有那样做,老百姓才会得到实惠,社会才会安定,国家才会富足。在《墨子·辞过》一文中,墨子提出了一个千古命题:

"俭节则昌,淫逸则亡!"

墨子是以俭为美、以俭为荣、以俭为宝的。他和他的弟子是俭朴的身体力行者。他们吃的是粗粮,身上穿的是粗布衣服,脚下蹬的是草鞋,"日夜不休,以自苦为极"。为了实现自己的理想,他们日行千里……

注释:

① 《论语·微子》:"太师挚适齐,亚饭干适楚,三饭缭适蔡,四饭缺适秦,鼓方叔

入于河，播鼗武入于汉，少师阳、击磬襄入于海。"

② 《汉书·艺文志》："仲尼有言：礼失而求诸野。"意思是说：周天子失去了礼的控制权，要问礼只有到民间去寻找了。

③ 《左传·昭公十七年》："天子失学，官学在四夷。"这说明这个时候周天子已经失去了对教育的控制权。

④ 《汉书·艺文志》形容当时的文化局面是："（文士）蜂出并作，各引一端，崇其所善，以此驰说，取合诸侯。"

⑤ 《论语·述而》："子曰：自行束脩而上，吾未尝无诲焉。"

⑥ 《论语·卫灵公》："子曰：有教无类。"

⑦ 荀子道："夫子之门，何其杂也。"（《荀子·法行》）

⑧ 《孟子·万章下》："孔子，圣之时者也。孔子之谓集大成。集大成也者，金声而玉振之也。"

⑨ 《墨子·小取》："爱人待周爱人而后为爱人。不爱人，不待周不爱人；不周爱，因为不爱人矣。"《墨子·天志下》："兼爱天下之人。"《墨子·大取》："天下无大小国，皆天之邑也，皆爱之。"《墨子·小取》："获，人也；爱获，爱人也。臧，人也。爱臧，爱人也。"墨子说的"获"，是指奴婢。"臧"，是指男性奴隶。

第十九卷　战国史诗

　　从公元前475年到公元前221年，这两个半世纪的漫长岁月，史称"战国时代"。

　　这是个继春秋时代后仍然动乱和灾异纷呈的年代，同时也是个史诗般生气勃勃的伟大时代，清代学者王夫之称之为"古今一大变革之会"的时代。

　　在这个时代，由于牛耕和铁器的广泛使用，在形成自耕小农的基础上生产有了巨大的发展。

　　在这个时代，原先贵族使用家臣统治的体制渐被废止，代之以俸禄官僚政治制度，再加上郡县制的普遍确立，为大一统创造了条件。

　　这个时代，由于兼并战争的需要，军事科学深入发展，军事著作大量涌现，军事理论大大走在整个世界的前列。

　　这个时代，在列国纵横捭阖的纷争中，思想家们探索着人生的意义，国家的前途，出现了"百家争鸣"的绚烂局面。这是中国历史上生产发展步幅最大、思想最活跃、文化最繁荣的伟大时代。

三家分晋　/

　　春秋末期，晋国的政权为六卿所把持，到了周威烈王二十三年（公元前 403 年）韩、赵、魏三家分晋，就形成了三个国家，从此，中国历史也进入了战国时期。

　　春秋战国之交，晋国的韩、赵、魏、范、智、中行六大卿族即"六卿"之间的争斗持续了将近一个世纪。这种争斗不只是政治的、军事的，更是经济的。为了达到保存自己、消灭对方的目的，六卿各自都不同程度地进行了经济改革，渐渐不把国君放在眼里，"晋益弱，六卿皆大"。一项重要的改革是土地制度和税收的改革。当时六卿迎合时势的发展，都取消了"步百为亩"的井田制，代之以扩大的田亩制和地税制。当时范氏和中行氏采用最小亩制，以 160 步为亩，智氏采用 180 步为亩。这些对老百姓来说都有一些好处，但好处不太大。韩氏、魏氏采用大亩制，以 200 步为亩，赵氏采取最大亩制，以 240 步为亩。大亩制和最大亩制使老百姓得到的实利最大，最受民众欢迎。也就是说，灭亡早的范、中行、智三家，田制小、剥削重、养士多、生活奢侈，因此不得人心，而韩、赵、魏三家，亩制大、剥削轻、养士少、生活节俭，所以得到民众的支持。当时的大军事家孙武看到晋国六卿的局势后说："别看六卿中智氏是那样强大，最后要看的还是民心。我看范氏、中行氏得先亡，其次是智氏的灭亡，最后能保存下来的怕是韩、魏、赵，而最有希望的还是实行最大亩制的赵氏。"他的这番话，后来完全被历史所证明了。此事从《银雀山竹简》中也得到证实。

　　六卿之间的大比拼是以赵氏家族内部的争斗为导火线的。当时，赵氏执掌着晋国的政权。赵氏攻打卫国后，获取了卫国 500 家人的贡物。赵氏准备将这些作为贡物的人占为己有，赵氏的一位族人不同意，这样赵氏族人联合中行氏、范氏进攻赵氏。当时，韩、魏、智三家是站在赵氏一边的。差不多进行了 40 年断断续续的战争，把中行、范两家彻底打垮了，最后干脆把这两家的土地给瓜分了。

　　这样自说自话的干，使当时的晋出公感到特别的危机深重，他站出来说："你们没有通过我的命令自说自话，是不行的，做了也是无效的。"那四卿也生气了，一下把晋出公赶跑了，结果这个不知好歹的晋出公气死在外逃的路上。后来，势力最强的智氏树立了一个他的傀儡晋哀公。智氏以晋哀公的名义要其他三家各出 100 里土地及其土地上的人口"归公"，韩、魏两家明明知道所谓归公实际上就是"归智"，但迫于势单力孤，只得顺从了，唯有赵氏不交，说："土地和人口是祖先传下来的，哪能随便送人？"这么一来，智氏可不高兴了，就强令韩、魏两家一起攻赵。赵氏派出谋士到韩、魏两家去说明利害，说："你们知道唇亡齿寒的道理吗？如果赵氏灭亡了，接下来亡的将是韩、魏两家了。"韩、魏两家一听猛然醒悟，于是，调转矛头去与智氏作战了。战争打得很艰难，最后算是把智氏给消灭了。三家一商量，把智氏的一大片土地给瓜分了，只留下绛州、曲沃两座城池留给晋国的国君。从此，三家各自独立，称为"三晋"。

到公元前 403 年，经过周威烈王的所谓"册命"，韩、赵、魏三家正式成为三个各自独立的诸侯国，这就是中国历史上的所谓"三家分晋"。

田氏代齐 /

齐国是西周分封的姜姓诸侯国。春秋中期以后，齐国的田氏（陈氏）渐渐地强大了起来。田氏用种种手法争取民众，发展势力，经过长期的斗争，终于在周安王十六年（公元前 386 年）取代了姜齐。这个大变故，离"三家分晋"还不到 20 年。

春秋初年，陈国国内发生大乱，陈国的公子完东逃至齐国。当时正是齐桓公当政的时候，政治清明，社会繁荣，并不排斥外来的人才，于是，任命公子完为工正，负责管理工匠。这样，公子完就成了在齐国的田氏的始祖。由于公子完及其子孙始终办事认真，作风正派，很得齐公室的信任，与齐公

战国时的鸟首兽尊

室的关系也十分密切。

到齐景公当政时，齐国国君对民众的盘剥苛重，民众收成的三分之二要上交给国家，老百姓实在受不了。老百姓有所不满，齐景公就采取高压手段加以镇压。他动不动就实施刖刑，也就是砍掉脚的重刑。而田氏却完全相反。在田氏管理的区域内，田氏制造了一种和谐平和的社会气氛，在路上，不管你的身份如何，只要碰到老年人，都得让道，邻里之间也禁止为小事争吵。尤其令老百姓高兴的是，向民众收税时用小斗收，这样可以少收些；而民众向国家借贷粮食时，用大斗贷出，这样借贷者可以多得些好处。这样，民众就纷纷逃向田氏那里。有个思想家说："民众归之如流水。"劳动力是生产力中最重要的部分，田氏所管辖的地方人口越来越多，生产也越来越发达，田氏在齐国的地位也越来越高了。到公元前 5 世纪的时候，齐国的相位已经是非田氏莫属了。

但当时，齐国大权究竟属于谁的斗争还是很剧烈。

凤鸟衔环熏炉，炉顶立一展翅凤鸟，口衔圆环，方座有许多人物造型，工艺精美绝伦
（陕西凤翔出土）

到了公元前 481 年，田常与监止之间的斗争具有决定性的意义。当时在位的齐简公十分信任监止（子我），让田常和监止同时掌握政权，实际上是让两人互相牵制，以稳固自己的统治。但当时的局势是双方互不相让，有一触即发之势。田常做好了充分的准备以后，就采用突袭的方法让田常的八个兄弟分乘四辆车去宫中把齐君劫持了去。监止见田常劫了国君，起兵攻打国王的宫殿，自己又得不到民众的支持，就准备出逃。匆忙间，迷失了道路，误入了田常的封地丰丘，被丰丘人捉住后杀死。这样，齐国的政权基本上由田氏一家独揽了。

田常是有远见的，他大权独揽以后，并不坐享清福，而是大力采取巩固统治的政策：一是较为彻底地消灭齐国的旧贵族势力，有些竭力反抗者，甚至采取了杀戮的极端手段，把权夺过来以后，再派田氏的同族兄弟到那里去做采邑大夫，这样，从地方到中央，田氏都控制了齐国的政权；二是扩大自己的封地，把安平（今山东临淄东）至琅邪（山东诸城南）的一大片土地都划为自己的封地，这样田氏的封地大大超过了齐君占有的土地。这不只是实力的表示，也在心理上压倒了齐君。同晋国韩、赵、魏三家修好，表示在任何情况下互相支持。齐国原来占有鲁、卫等国的土地，一律归还原有国，这样不只改善了齐国的形象，更重要的是改善了田氏在当时列国中的形象。

田常死后，他的儿子田襄子又进一步扩大了自己的势力。使田氏的势力在齐国变得不可动摇了。田氏代姜齐，明眼人都知道只是个时间问题了。

到了田常后的第四代人田和手里，田氏的势力已经大到淹没姜氏势力的地步。这时，田和耍了个花招，让"三晋"的诸侯出面，联名向周天子申请，确认田氏为诸侯。公元前386年，周天子确认了田氏的地位，姜氏正式在政治舞台上消失了。

魏文侯改革图强 /

魏文侯是从晋国中裂变出来的魏国的第一代国君，表现得英武勇猛，心志高远。他当政以后，一心励精图治。他设置了可以随时任免将相的制度，用以统领百官。

魏文侯十分重视人才的罗致。可以说当时列国的一流人才大多汇集于魏国。他任命早期著名的法家人物李悝为相。招募著名军事人才吴起为将，令他实行军事体制的改革。同时又尊孔子的弟子子夏为师，并让田子方（孔子再传弟子、子贡弟子）、段干木（孔子再传弟子、子夏弟子）协助子夏，等于形成了一个以儒家为主体的参谋集团。

李悝可以说是战国时代的法家的始祖，魏文侯把他请来主持魏国的变革。魏文侯问："先生，请问像我们这样一个人口密集、地少人多的国家，如何才能国富民强呢？"李悝回答道："人多并不是坏事，只要尽地力之教，是一定可以国富民强的。"魏文侯又问："那么，何谓尽地力之教呢？"

李悝在魏文侯对面坐下来，慢条斯理地说："尽地力之教，就是要尽力开发土地的潜力。魏国的土地是少了点，但只要挖掘得好，还是没有多大问题的。要鼓励人民勤奋有为，要鼓励人民精耕细作。人家耕作一遍，我耕作两遍，还要把田间的杂草除干净，收获的时候做到颗粒归仓。这样地力不是被开发出来了吗？"

魏文侯说："话是这么说，但是，作物有大年小年，如果碰到灾年怎么办呢？"

李悝答道："这就要求我们在种植上要有战略观念。一年与一年是不很相同的，灾年也不会是什么都灾。今年可能稷是小年，而黍是大年，如果全都种了稷，不就坏事了？因此在种植上要做到'必杂五种，以备灾害'，就是稷、黍、麦、菽、麻什么都种一点，那灾了这边还有那边呢，怕什么？"

魏文侯说："先生说的这些是对的，但魏国土地总是少了一点，这是难以弥补的大缺憾。"

李悝说："正因为土地不多，对魏国来说，节约土地的意义就更大了。我到魏国的乡间去走了一下，发觉可利用的土地还多着呢！比如，住宅的四周可以栽树和种桑，这样既美化了环境，又实用。俗话说，'十年树木'，十来年就会有大量的可用木材，同时桑可养蚕，蚕丝可纺织丝织品。另外还可实行间种，种大豆的地面还可以种些蔬菜。每块地的田埂更是可以利用，种豆类，种瓜果，都可以。这样，凡是空闲的地方都利用起来的话，人手不是多了，怕还是少了呢！"

魏文侯信服地说："照先生说的办，看来百姓不怕没吃没穿的了。"

李悝对一切早有筹划，继续说："为了经济上让老百姓得到实惠，还得实行'平籴法'。君主，你问什么叫'平籴法'吗？那就是好年成和坏年成都把粮价分为上、中、下三等。好年成由官府按好年成的等级籴进一定数量的余粮，这样不会使粮价暴跌；坏年成由官府按坏年成的等级平价粜出一定数量的平价粮，这样使粮价始终保持平稳。"

魏文侯高兴极了，站起来大声说："好！好！一切照你说的办！"

魏文侯是个有为国君，他当了50年的君主，改革推行得扎扎实实。上面说的是李悝的农业政策，李悝还坚持法治。他所著的《法经》一书，是我国第一部系统的法典，对打击盗、贼，维持社会安定，起了很大的作用。魏文侯又任用吴起，实行"武卒制"，武卒实际上是专业士兵。士兵的待遇很丰厚，但训练很刻苦。吴起又能与士兵同甘共苦，这样战斗力自然很强了。一个强大的魏国，使雄心勃勃的秦国也望而生畏，史称"秦兵不敢东向"。魏国是战国初期最强盛的国家。

西门豹治邺 /

也是在魏文侯时期的魏国，邺（yè）县令西门豹兴建了为世人瞩目的"引漳水溉邺"的巨大水利工程，造福于时人，也造福于后人。

魏国的邺县（位于今河南安阳和河北临漳一带）地处魏赵两国的交界处，战略地位十分重要。而流经邺地的漳水又常常泛滥成灾，使田园荒芜，民不聊生。在这种情况下，魏文侯就派西门豹为邺令，主持治水大业。

西门豹一到邺地，就深入民间了解情况，一些父老乡亲拉着他哭诉道："苦就苦在为河伯娶亲这件事上，使大家民穷财尽。年年河伯娶亲，年年河灾不断，真是民不聊生啊！"

西门豹认真了解了"河伯娶亲"这件事。原来漳河水春秋两季都要泛滥。而地方官和从事装神弄鬼的巫婆串通一气，说漳河水泛滥是"河伯显圣"，只要挑选美女送给河伯为妻，就可以平息水患。这样，以为河伯娶亲为名，每年都要搜刮大量民财。而且谁家的女子好看，就要被河伯娶走。一些人为了躲避，不得不离乡背井，远走他乡。西门豹了解情况后，不动声色地说："下次为河伯娶亲时，请通知我，我也要去为新妇送行。"大家

邺城遗址

都不知新来的县令要干什么。

到了河伯娶亲那一天，乡里父老、相关官员都到了，西门豹也如期到来，来观看的民众有数千人之多。

"河伯娶亲"仪式开始前，西门豹发话了："先把选中的河伯妇带上来，看漂亮不漂亮。"有关人员就把那妇人带了上来，西门豹假意看了看，说："嘿，一点儿也不漂亮，不要了，放了吧！"又对身边的巫婆说："请你去通知一下河伯，新妇今天不能来了，下次等选中了再送上。"不由分说，把巫婆给捆了，扔进河里去，口中还说："让你去见河伯吧！"

过了一会儿，西门豹对身边的属员说："这么长时间了，巫婆怎么还不回来？要不要让人再去看看？"说罢，身边早有人又把巫婆的一个徒弟捆起来，扔进河中，边扔西门豹边说："让他也去见见河伯吧！"

又过了一大会，西门豹假意地对身边人说："这么长时间了，怎么巫婆和巫婆徒弟还不回来？要不要再让人去看看？"巫婆的另两个徒弟一听此言，吓得不得了，分开人群匆忙逃走了。观看的人群看到巫婆的徒弟那狼狈相，大家也似乎悟出了点什么，畅怀地大笑了起来。

西门豹回头对平时帮巫婆为非作歹的地方豪绅说："巫婆和她的徒弟们

都不回来，你们要不要去看看？谁去催问一下？"这些平时作恶多端的人一个个都吓破了胆，跪在地上只知叩头，把头都叩破了，满地是血。

来观看"河伯娶亲"的人群中发出一阵轻蔑的笑声。西门豹站起来大声对大家说："现在大家都看清楚了吧，所谓'河伯娶亲'完全是一场骗局，那些到河伯那里去的人也不会回来了。我们要使河水不泛滥，只有齐心协力治河。"

为了根治邺地的水患，西门豹发动民众开凿了 12 条水渠，并引漳河水灌溉农田，取得了很大的成功。西门豹主持修建的水利工程，一直到后代还在造福于民。

公仲连促赵侯改革

在魏国积极进行改革的同时，赵国也进行了相应的改革。

当时，赵烈侯爱好音乐，而且对流行歌曲情有独钟。后来，他结识了两个叫枪和石的歌手，关系搞得十分热火，常请他们到宫廷中来演唱。久而久之，对这些歌手产生了感情，而且想让他们在宫中有那么一席之地。

一次，赵烈侯问相国公仲连："我有所爱的人，可以让他高贵起来吗？"

公仲连知道赵烈侯指的是那两个歌手，便说道："这种人如果让他们富有一点还是可以的，但千万不能给他们以地位。"

大约过了两三天，赵烈侯突然对相国公仲连说："按照您的可富不可贵的意见，我准备各奖给歌手枪和石一万亩田，您去办吧！"

公仲连的"富之"说法只是敷衍国君一下的，想不到赵烈侯当了真。他只得再敷衍着说："好，让我有点空就办吧！"

公仲连决心促赵侯改革，而不要把心思集中在歌舞上。很快一个月过去了，赵烈侯也从代地出巡回到了赵都，问："您把土地赏给了两位歌手没有？"

公仲连只好再拖了，对赵君说："您放心好了，我会办的，只是还没有找到合适的土地。"

过些时候，赵烈侯又想问这件事了，公仲连索性称病不上朝了。赵烈侯看他老是拖着不办，心中也多少猜到了几分。

又过了个把月，有人从代地来，向公仲连推荐了牛畜、荀欣、徐越三人，并说明了三人都是有特长的改革家。公仲连一听，病也好了，马上要去见国君，把三人推荐给赵君，说："国君啊，这三人才是利国利民的大才，才是真正值得国君奖励的人才啊！"赵君听从了公仲连的话，开始重用这三人。

牛畜对赵君说："您要以仁义治国，实行王道。"

荀欣对赵君说："您要选练举能，以能力来任官职。"

徐越对赵君说："您要在国内，尤其是官僚层中提倡勤俭节约。"

赵烈侯听了很高兴，对三人说："三位都是我的老师，我要拜三位为师把赵国治理好。"不多久，赵烈侯任命牛畜为"师"，负责全国的教化事务；任命荀欣为"中尉"，负责指挥作战和选拔中央及地方的高级官吏；徐越为"内史"，负责征收田租和考核臣下成绩。在三人的共同努力下，赵国的经济政治很快走上了正轨。

过了些时候，公仲连趁人不注意时，悄悄地问赵烈侯："奖给两位歌手的 2 万亩土地有着落了，要不要马上实施奖励。"赵烈侯知道公仲连的用意，摆摆手说："那个奖励就作罢了吧！"

楚国吴起变法 /

吴起，卫国人，出生于"家累千金"的富有家庭。为在政治上求发展，把家产挥霍一空，为人讥笑。他于是离卫入鲁，拜在孔门弟子曾参之子曾申门下。吴起母死不归，曾申以为不孝，与他断绝师生关系，于是，吴起开始学习兵法。一度当过鲁国的大将，率兵打败过齐军。不多久就入魏，率军打败了秦国的进攻，被任命为西河郡守。大约公元前 390 年，因为受魏武侯的大臣王错的排挤，吴起离魏入楚，先是任宛（今河南南阳）守，后提升为令尹，主持楚国的变法。

吴起到楚国时，楚国正处于内忧外患之中。当时楚声王残暴，激起人民的强烈不满，最后被民众杀死，其儿子继位，那就是楚悼王。三晋趁新

吴起

《吴子》书影

王刚立，两次进犯楚国。而楚国内部的旧贵权势极大，上逼主，下压民。楚悼王深感危机重重，决心引进吴起实施变法。

吴起到楚国后，用大约三个月的时间了解情况。最后，他对楚悼王说："楚国的问题，不能简单地用'贫'和'弱'两字来概括。实际上，现在的楚国贫的是百姓，弱的是国家，而又富又强的是权贵，因此，唯一办法是损有余而继不足。"

楚悼王听得很仔细，他问："什么叫'损有余'？又什么叫'继不足'？"

吴起说："现在有余的是那些旧贵，而不足的是国家军政财政。楚国的问题在于大臣太重，封君太众。这些大臣、封君横行无道，虐待百姓，国家怎能不弱，民众怎能不贫？现在应该实行任何大官三世就收其爵禄，那样，可以鼓励人人勤奋向上，国家也就再无无用无能之官。省下的钱就可以富民，可以强兵。"

楚悼王听了，直点头。

吴起又说："另外，楚国的特点是地广人稀。可以把那些旧贵迁移到荒凉的地方去。一可防止他们因不满而谋反；二可以加强对他们的控制，三可以让权贵与其族僚一起去垦边。一举多得，何乐而不为？"

楚悼王说："我觉得您说得很对，我照办就是了。您看，除此以外还有什么要注意的？"

"还有一条，是最为重要的。"吴起继续说，"那就是官吏自身的品格和素质。要让少私心多公心的人去充任官吏，他们对上忠心耿耿，不听逸言，对下体察民情，与民同苦乐，为了国家的利益，面对邪恶势力不回避，不惧怕，也不怕别有用心的人的恶意攻击诋毁，一往无前地为事业而奋斗。楚国有了这样一大批人，还怕改革推行不下去？旧贵及其他恶势力还怕打击不了？"

吴起在变法过程中，曾遇到楚国旧贵的强烈反对，吴起除在舆论上压倒对方外，还采取了一系列果断的实际措施，对权贵镇压的镇压，放逐的放逐。变法终于有了结果，楚国也终于强大起来。在韩、赵、魏的进攻面前，楚国表现了很强的抗御能力。在与秦国的战斗中，也屡屡取胜。

正在楚国改革的关键时期，楚悼王去世了。

风云突变。

就在为楚悼王治丧的现场，旧贵们策划了一场政变，他们准备现场杀害吴起。吴起受到这突然的袭击，慌了手脚，他伏倒在楚王的尸体上，想用楚王的尸体保护自己，而旧贵根本顾不得这些，一箭向吴起射来，吴起一躲，箭正中王尸。这时，吴起想逃也枉然，四面都是旧贵的人，怎么逃得了？吴起被抓获后，被车裂而死。一场轰轰烈烈的变法，以悲剧形式告终。

致力"俗之一改"的屈原

楚国是贵族旧势力习俗特别顽固的国家。上文说到，楚悼王一死，在楚悼王的灵堂上，楚国贵戚大臣作乱而共攻改革家吴起。吴起跑到楚悼王的尸体下躲藏，贵族因射吴起而射中了王尸。楚国之法："丽兵于王尸者，尽加重罪，逮三族。"群臣射王尸者，尽当其罪，因而被夷宗者70余家。但变法也因楚悼王和吴起之死而受到挫折。当然，吴起死后，楚国的改革事业还在前进。大约80年后，具有卓尔不群人格的屈原继承吴起的事业，重又举起了"俗之一改"（意为风俗改革）的旗帜。

屈原出生在楚国的一个世家大族之中。他从小饱读诗书，尤其是在学习楚文化的基础上读了相当多的中原文化典籍，到20多岁时，就以"博学强志，明于治乱，娴于辞令"而闻名天下。在位的楚怀王十分赏识他，任命他为左徒，"入则与王图议国事，以出号令，出则接遇宾客，应对诸侯"，相当于掌握实权的副相。后来又一度让他担任三闾大夫，管理楚国主要的昭、屈、景三姓的贵族。

屈原一旦大权在握，就着力于变革朝政。最主要的当然是管理人员的任用。他宣布："一定得改变官职世袭的旧俗，以德任人，以才录用。"他明确地提出了人才两条标准：一是"内美"，也就是有志向，有高洁的品格，廉洁从事；二是"修能"，也就是不夸夸其谈、哗众取宠，而是有真才实学，会干实事的能人。

屈原在一次朝议时，明确地对楚怀王说："现在，最可怕也是对国家危害最大的，就是那些'竞进以贪婪'的人。什么叫'竞进'呢？即整天盘算着自己怎样捞取更大官位的人。什么叫'贪婪'呢？就是那些化公肥私、贪污腐化之徒。对这些人，非得严加惩处不可。"

屈原

楚怀王听了，说："你说得不错，就照你说的去办吧！"

屈原得了王令，就大刀阔斧地革除了一大批官员，一批年富力强而有真才实学的人才进入了朝廷。那些靠世袭地位坐在高位上而无实际能力的官员，被罢免了。那些庸庸碌碌、无所作为的官员，被调遣了。那些只是靠巧言令色捞取一官半职的无耻小人，全都被赶出了官场，真可谓是"俗之一改"啊！

由此，楚国的朝政为之一新。可是，那些楚国的旧势力怎么甘心退出历史舞台？他们通过种种渠道向楚怀王进谗言。

"大王啊，那可不得了啊，屈原这样做，就是结帮营私啊，你看他用的那些人……"一些人凑在楚怀王的耳边说。

"大王啊，我们这些享世卿世禄的人都下了台，不就是把您大王给架空了吗？"那些老官僚想尽办法挑动楚怀王的心。

"大王啊，屈原是别有用心啊，他在外面说，楚国之所以有今天，全是他的功劳，那样把您大王放在怎样的位置？"一些搬弄是非的小人在楚怀王面前大造谣言。

楚怀王本是一个没有主见的人，一听那么多人说屈原的不是，就下了狠心把屈原驱逐出了朝廷。

对国家对人民忠心耿耿的屈大夫，衣衫褴褛，流落在江南的大街、小巷，流落在田野、荒原，流落在泽边、湖畔……

他是个文化人，他不能眼睁睁看着国家被那些无耻小人糟蹋得不成样子。他的感情像火山一样喷薄而出，于是，吟出了《离骚》这样的伟大诗章。作品一开头就写道：

> 帝高阳之苗裔兮，
> 朕皇考曰伯庸。
> 摄提贞于孟陬兮，
> 惟庚寅吾以降。
>
> 皇览揆余初度兮，
> 肇锡余以嘉名。
> 名余曰正则兮，
> 字余曰灵均。
> 纷吾既有此内美兮，
> 又重之以修能……

这段诗的大意是：我是天帝高阳氏的远代子孙，我的先代的大名叫伯庸。我在寅年寅月寅日生，这是一个多么美妙的日子啊！先皇鉴于我初承大任，通过卜卦赐给我美名：我的名叫"正则"（坚持原则），我的字叫"灵均"（有神灵之气）。我既有内心之美，又有修养和才能。

他是在表述自己的心迹，自己的志向。"吾既有此内美兮，又重之以修能"，这不只是在讲他自己，更多的当然是一种期盼，一种向往。社会是多么需要这样的人来治理啊！

在万般无奈中，他终于"自投汨罗江以死"。

屈原其实是没有死的。后代的人们，每当五月初五"端午节"时，就到江边祭祀他。他没有死，他永远活在华夏子孙的心中。

申不害"修术行道" /

申不害

在"三晋"中，韩国是最弱小的。它西面与强悍的秦国接壤，北面与东北面同魏国交界，南面是地域广阔而有实力的楚国，刚好被大国包围着。当时，韩国的局势相当危急，经常受到邻国的欺凌。韩昭侯执政后，任用郑国人申不害，想通过变法来增强国家的实力。

申不害一到韩国，就对韩昭侯发出了惊人之语："国君啊，韩国的局势看来很是不妙啊！现在是，原先晋国时的旧法规没有取消，新法规又产生了，两者交叉在一起，让人莫衷一是；还有，老一代君主的命令还没有宣布取消，新一代君主的命令又发布了，叫国民听谁的好？还有，在实施法令上，常常是大臣说了算，那样不就乱了套？"

韩昭侯点点头，说："我也感觉到了，现在是有点儿乱。"

申不害点拨道："国君感觉到了乱就好。首先是要梳理一下，一切都要以有利还是无利为取舍的原则。不管是旧令还是新法，都要分析一下，新法中有利于国家人民的，要留存，不利的，就取消；旧令中有利于国家人民的也要留存，不利的，也要取消。一切以利益为原则，重新颁布一套变法令，这样全国上下认识上就统一了。"

韩昭侯完全听从申不害的，将全国大大小小的法令重新梳理了一遍，并加以颁布，让上上下下所有的人都知晓。

韩昭侯很是高兴，说："这样，韩国的变法总可推行了吧，韩国总可由此富强起来了吧!"

申不害回答道:"还不行,因为国君还没掌握最重要的一样东西。"

"什么东西?"韩昭侯迫不及待地问。

"那就是'术'。"申不害答道。

韩昭侯有点不知所以,恳求道:"什么叫'术'呢?请先生说得明白些。"

申不害解释道:"所谓'术',就是掌握在国君手中的权柄,就是国君用以操纵臣下的种种权术。法令由谁去解释?国君!臣下由谁来驾驭?国君!臣子的任用、监督、考核,由谁行使权力?国君!一国之内谁说了算?国君!国君平时要装作什么都看不见,什么都听不见,但暗地里却在考察、研究,因此实际上什么都看见,什么都听见。国君可以知道臣下在想些什么、做些什么,但臣下却不能知道国君在想些什么、做些什么。这就是十分高明的'术'。'术'就是要把权牢牢地掌握在国君一人手中。"

韩昭侯听罢,击掌大笑,说:"先生的论说太高明了,我照先生说的办。"

为了把一切权力都掌握在国君手里,为了出其不意地慑服臣下,不久,在申不害的导演下,韩昭侯实施了一次"术"的演练。

有一天,韩昭侯突然对臣下说:"我在南门外发现有小黄牛在吃禾苗,这是绝不允许的,有关官员应马上下去查清黄牛践踏禾苗的情况,火速从实报来!"

有关官员不敢怠慢,马上赶到南门外,一番仔细查考后,官员回来复命:"报告国君,南门外没有发现践踏禾苗的小黄牛。"

"胡说,怎么会没有?君上还会错了不成?"韩昭侯大怒,把来者重重地责打了五十大板,然后说:"还不再去从实查来!"

有关官员忍着疼痛,只得立马前去查看。可是,查了大半天也不见所谓的"小黄牛"。这次那些官员实在不敢再马上回去复命了,于是,决定在南门外的僻远处再查看一遍。经反复查找,终于在很边远的一角找到了一头正在饱食着禾苗的小黄牛。官员们惊喜异常，马上牵着那头小黄牛去见韩昭侯。韩昭侯见了，一本正经地说："我是明察秋毫的，我说有小黄牛在吃禾苗，不是果真如此吗？"然后，奖励了这些"听话"的官员。

这件事明显是由申不害暗中操纵和导演的，但在那个时代，臣下们却视为神奇，一传十，十传百，越说越神了。有的说："韩昭侯料事如神。"有的说："韩昭侯虽然平时少言寡语，但什么都知道，什么都看到、听到了。"还有人说："以后当臣下的，就得听国君的，那样肯定没错！"

在申不害"术"的思想驱策下，韩国的国君声誉日高，国家的权力开始集于国君，生杀大权由国君一人执掌。由于中央集权的加强，政局比较稳定，国力一度强盛，出现了"国治兵强，无侵韩者"的可喜局面。

商鞅变法 /

商鞅（约公元前 390 年—前 338 年），卫国人，卫国的破落贵族出身。姓公孙，名鞅，因后佐秦孝公变法有功，被封于商，所以称商鞅，或称商君。战国中期前的秦国，发展缓慢，旧贵族势力很是强大，常受外国势力的欺凌。秦孝公即位以后，决心变法图强，他下了一道求贤令：谁能施以奇计，使秦国富强起来，我就一定用他，任之以高官，施之以厚禄，并封给他大片土地。

商鞅本是个志向高远的人，看到这一告示，马上星夜赶到秦国。他住在孝公的宠臣景监的家中，通过一番周折，终于以法家的富国强兵之道赢得了秦孝公的信任。但是，当时的秦国守旧势力实在太强大了，秦孝公周围一片反对声，秦孝公决定让改革者与保守派之间展开一场面对面的辩论，以明辨是非，并确立商鞅的地位。

在辩论会上，商鞅先发制人，抢先发言。他说："现在秦国贫弱到这样

商鞅方升

的程度，谁都可以欺侮秦国，怎么办呢？只有一个办法，那就是变法！只有变法，才可以强国，只有变法，才可以富民。孝公啊，没有什么可以迟疑的了，要变法，就得下定决心！"

重臣甘龙马上跳了出来，说："国君啊！祖宗家法不可变啊！看，古来的圣君从来是严守成规，从来是不变法的。"

"胡说八道！"还没等甘龙说完，商鞅厉声斥道："自有历史以来，从来的有为之君，都是不盲目地效法古人的，也从来是不墨守成规的。商汤、周武，他们就是因为不遵循古礼而敢于称王，才会有天下；而商纣、夏桀他们守旧，不想花气力变革，最后就遭到了亡国之灾！"

这时，老臣杜挚气喘吁吁地跳了出来，用颤抖的声音说："有句老话说得好，利益达不到百倍，就不能变法，功效不超过十倍，就不要去改变原先的器用。效法古代，不会错，还是照老规矩办事吧！"

商鞅用一个指头指着杜挚，说："你说守旧遵古不会错，是真的吗？按照你那套做，魏攻秦国，秦兵望风而逃，只能献上河西大片土地。楚攻秦国，秦国立马败北，汉中之地为楚所有。这些都是'没有错'吗？变革虽说不一定马上就有百倍、十倍的功效，但可使秦国摆脱困境、走上富强之路，那是肯定的。"他转过身对着孝公说："再不能听这些人的胡说八道了，请国君马上变法吧！"

秦孝公拍案而起，说："我定了，变法！一切由商鞅说了算！"

就这样，一场轰轰烈烈的变法运动开始了。

为了取信于民，商鞅亲自导演了一出"南门徙木"的活剧。商鞅派人在城的南门放了一根三丈长的木杆，贴出布告：谁能将此木徙到北门，赏金十两。人们议论纷纷："这能是真的吗？十两黄金，何等代价！"有人直摇头："不可能，不可能！"三日之内，商鞅看无人徙木，另贴布告："凡能将此木徙到北门的，赏金五十两。"这时，有个大胆的人竟轻轻松松地把那木杆扛到了北门，商鞅不但不食言，还开了个庆功会，专门为这位壮士颁奖。这下可惊动了整个秦国，说明商鞅说话是算数的。

公元前 356 年，秦国颁布第一次变法令。主要内容有：一、把居民按五家为伍、十家为什编为户籍。各户之间互相监督，如有一家犯法，而别家不告发者，就要同罪连坐。二、奖励军功，禁止私斗，私斗者按不同情节服不同刑罚。三、打击旧贵族，废除世卿世禄制，只能依据人的军功大小决定爵位、田宅、奴婢和器用。四、鼓励个体小农经济，发展农业生产，一家有两个以上成年男劳力的，必须分家，各立门户。经营工商业或懒惰而贫困者，罚全家为奴。五、焚烧儒家经典，打击儒家复古思想。

新法颁布后，上下议论纷纷，尤其是旧贵及保守的人们竭力反对。当时闹事的有几千人，太子也犯了法。面对这一切，商鞅毫不手软，他把这些闹事的人全都迁到了边远地区，对太子犯法也作了相应的处理。因为太子是继承人，又是初犯，因此不便用刑，但要予以警告，对其师傅公子虔和公孙贾则不客气地处以肉刑。这样，才算把一场风波压了下去。

新法推行了十年，秦国出现了一派新气象。生产得到发展，人们的道德品质也有很大的提高，所谓道不拾遗，山无盗贼，家给人足，老百姓个个"勇于公战、怯于私斗"。商鞅也因变法成功而升为大良造。

公元前350年，秦国把都城迁到了咸阳，同时下达了第二次变法令。

第二次变法触及的问题更深刻，矛盾也会更尖锐。主要内容有：一、彻底废除井田制，承认土地私有，实行土地自由买卖，按耕地多少收取税收。二、把当时的许多乡、邑、聚、村，合并为县，在全国设置了41县。每县设县令一人，为最高长官；设县丞一人，为民政总管；设县尉一人，为县级军事长官。三、统一度、量、衡，大大方便了税收和交换。四、革除陋俗，禁止父子兄弟同室居住。

第二次变法也遭到旧贵的反抗，太子又一次犯法，商鞅毫不客气地对太子的老师又一次用刑。[①]

这次改革同样是成功的。行之十年，秦国更强大。在公元前340年的一次战斗中，秦军大败魏军，生擒魏将公子昂，迫使魏国交还一部分过去夺去的领土。商鞅因为这一大功，被封为商君。

但是，秦国旧贵的势力还是强大的。公元前338年，秦孝公去世，太子即位，公子虔等马上告发"商鞅欲反"。商鞅一看形势不对，马上逃回自己的封地商邑，并发兵抵抗，但是，终因寡不敌众而被击败，被秦兵杀死于彤（今陕西华县西南），并被处以车裂的酷刑。商鞅虽然被杀死了，但他的变法思想和变法措施，一直在秦国起着作用，正如有些思想家说的，商鞅真正地开拓了秦王朝的一代帝业。[②]

诸侯国先后称王

在很长的一段时间里，作为天下之王的只有周天子。平王东迁，周天子的权威衰微，周天子实际上已经不能控制全局，尤其是边远地区。在求封得不到满足的情况下，春秋初楚国首先冒天下之大不韪，自称"楚王"，周王也没有力量去征讨他，只能听之任之了。可到了战国中期，局面就大变了，魏、齐、韩、赵、燕、中山、秦等国都先后称王。它们的目的都在于兼并他国，达到以自己为中心统一中国的目的。

中原地带最早称王的是魏国。魏惠王（公元前369年—前319年）时，魏是各国中最强大的国家，一度攻破赵国的国都邯郸，进而想伐秦，当时秦国也惧他三分。秦王为了讨好魏国，也为了转移目标，派使者对魏国国君说："像魏国这样强大的国家，不能只让宋、卫、邹、鲁这样一些小国听从，应该要敢于伐齐、楚、燕、赵这样的大国。为此，魏国可以称王，秦是全力支持的。"听了这话，魏国国君满心欢喜，就立马建王宫，造王车，穿王衣，自称"夏王"。公元前344年，魏君率12个诸侯国朝见周天子，发起、支持了逢泽（今河南开封东南）盟会，在盟会上魏明确称王，引起各国，尤其是齐、楚两国的反对。

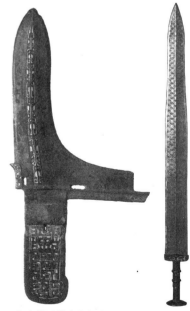

左为战国错金纹铜戈，右为东周铜剑，
剑身有双刃，十分锋利

秦国的目的也算达到了。

后来，魏国在战争中大为削弱。在魏国称王后10年，魏王约请齐君在齐国的徐州（今山东滕州东南）相会，这就是有名的魏齐"会徐州相王"，即魏王与齐王相互承认为王，当然，由于当时魏国势力在削弱中，实际上是魏向齐的让步。

在这以后的9年，即公元前325年，秦、韩也相继称王。

再过两年，魏国出于自己利益的考虑，发起"五国相王"，这五国是：韩、赵、魏、燕、中山。魏国这样提出问题，是为了组织以自己为核心的联合阵线。燕国虽大，但力弱，还容易说话。中山是小国，但有相当实力，可以成为国与国之间斗争的一只棋子。

这样，到公元前322年，被后人称为"战国七雄"的七个大国，再加上一个为他国利用的中山国，都称起王来了。

八国称王事件，实际上是摆开了战国中后期兼并战争的新阵势。

赵武灵王"胡服骑射"

战国中后期，赵武灵王在赵国实行的"胡服骑射"，是当时最重要的一次军事改革，当然也必然会触及政治和思想上的变革。

在变革前，赵国在群雄中只能算是一个二流国家。赵国的东北与东胡和燕国为邻，东边与中山、齐接壤，北面与林胡、楼烦两部落相连。南、西两方与魏、韩、秦交界。赵国常受强国的欺凌，魏、齐、秦都曾打败过赵国。而北方与东方的胡人部落又常对赵进行不间断的掠夺战争，在对胡人的战争中，胡人身穿短衣，骑马射箭，战斗力很强，而赵国军队主要是步兵、车兵，穿宽袖大袍，再加上笨重的盔甲，行动很不方便，因此在战斗中常常要吃亏。

公元前325年，年轻有为、雄心勃勃的赵武灵王登上了国君的位子，他就想进行一番大刀阔斧的军事改革。

赵武灵王先找自己的两个心腹交谈。他对大臣楼缓说："现在赵国腹背受敌，中山国在我腹心，北面有燕国，西有胡、秦、韩，没有一支强大的军队，赵国就生存不了。我想让我的军队改穿胡服，建立一支强大的骑兵，你看怎样？"楼缓说："这是个好办法，是万全之计，问题是许多大臣会想不通。"赵武灵王说："可以慢慢来，但事情是非办不可的。"

赵武灵王墓

赵武灵王又找大臣肥义说："百姓是军队的基础，我想让百姓也胡服骑射。但是，那样做肯定又会受到世俗的非议，你看怎么办呢？"肥义说："关键是你大王要有决心和信心。有一句俗话叫做'疑事无功，疑行无名'。要真正搞改革，就不能惧怕旧势力的非议。自古以来风俗习惯都是可以改变的。从前舜曾向苗人学舞蹈，禹也如此。大王只要自己不疑虑，事情一定办得好。"

这两次谈话，使赵武灵王对改革充满了信心，他首先自己穿上了胡服，学习骑射，还让大臣们都来穿胡服，都来学习骑射。

这一改革在贵族中阻力很大，而在贵族中影响最大的是他的叔父公子成。赵武灵王托信去让叔父胡服，叔父的回答是："中原自古以来的礼教、习俗是不能改变的，我不能胡服。"赵武灵王再次催促他，他就以有病在身为由拒穿胡服。赵武灵王想，看来非得自己亲自到叔父家做说服工作不可了。于是，他以探病为由，带了不少礼品上门造访，这件事本身使公子成很感动。赵武灵王在叔父的床边动情地说："服装为便用，礼义为便事，哪有不变的服饰？哪有不变的礼义？我主张胡服骑射，目的还是为了国家的强大，人民的安康。你叔父是否胡服是小事，而国家和人民的利害得失可是大事啊！叔叔，你想一想，相信你过些天会想通的。"公子成听赵武灵王说得在理，又是情真意切，全都为国家人民着想，便从床上一跃而起，说："我胡服！我胡服！"

第二天，公子成就穿了胡服上朝。

赵武灵王叔父的胡服带动了一大批人。就在第二天，赵国颁布了全国上下都必须胡服骑射的命令。这时，大多官员和民众都愿意胡服骑射了，只有王族赵燕迟迟不穿胡服。赵武灵王趁上朝时把赵燕留下，对他说："你这样做犯了大罪了，小心我严惩你！"赵燕怕赵武灵王动真格，也马上穿上了胡服。

同时赵武灵王积极教士兵学习骑射。大约经过三年时间，训练出了一支强大的骑兵队伍，赵国也很快强大起来。

西帝和东帝

战国中期以后，秦国通过蚕食"三晋"，使国力进一步强大起来，一度号称"西帝"。

在战国初期，魏国曾经是最强大的国家并也曾对秦国产生过一点威胁。但是，战国中期以后，魏国渐趋衰微，尤其是在齐魏之战中失败以后，国势更是一日不如一日。商鞅曾对秦孝公说，魏这个国家是不可等闲视之的。它据有黄河天险，独揽山东之利，一旦强大，就是秦的心腹之患。现在应趁其衰弱之时，乘势攻击，可使其元气大伤，再无强盛之时。秦孝公听从了他的话，一再对魏用兵，夺得了大片土地。

秦对魏用兵取得一系列胜利以后，就以主力出函谷关，大军直指韩国，两军大战于重镇宜阳（今河南宜阳）。宜阳是韩的战略重镇，在那里韩国驻有 10 万大军。秦军经过一年多的苦战，才攻下了这座城池，打通了走向中原的通道。接着，秦军又大战韩、魏联军于伊阙（今河南洛阳南），消灭韩魏联军 24 万人。当时秦的

战国时的兽纹罐

军队实际上不到韩魏联军的一半，秦能取胜，主要是韩魏两军的不团结。后来，魏屡战屡败，被迫将河东 400 里割给秦。

通过连年战争，秦差不多蚕食了韩、赵、魏的一半土地，三国被极大地削弱。"三晋"之地再无力量与秦国争雄了。

秦昭王十九年（公元前 288 年），大臣魏冉对秦昭王说："现在称王的国君不少，大王不应与此辈同列，可称为更高一级的帝。"秦昭王想了想，说："怕不太行，东边还有个同样强大的齐国呢！如齐国不同意，怎么办呢？"

秦昭王的忧虑是有道理的。当时的齐国风头正健。齐国一举大败魏国和赵国，又趁燕国内乱之机，占领燕国土地达三年之久。还几次打败了楚国。如果秦国贸然称帝而不与齐通气，后果是很难说的。想到这里，秦昭王对大臣魏冉说："看来，不征得齐的同意是不行的。"魏冉点点头说："我早就考虑过了，这事得派使者到齐国去。"

战国中期的银首男俑灯。一男俑立在兽纹方座上，身穿长袍，广袖低垂，浓眉高颧，面带笑容，一手托，一手握，造型稳定，构思奇妙（河北平山出土）

使者到齐国去了一趟，带回这样的话："要称帝，齐秦两国一起称帝。"于是，秦称为西帝，齐称为东帝。

过不多久，谋士苏秦对齐帝说："齐称东帝，实际上是尊秦。还不如取消帝号，联合山东六国抗秦好。"齐帝一听，很有道理，就马上取消了东帝的称号。秦一看齐取消帝号，觉得单是自己称帝太孤立了，于是，不久也就取消了西帝的冠名。

合纵与连横 /

张仪像

到了战国后期，统一的端倪已依稀可见。一些敏感的政治家、思想家甚至说出了这样的话：统一是人民的心愿，统一是历史的大势，天下很快就要统一了！但是，天下由谁来统一呢？哪一个国家最具统一的条件呢？这就见智见仁，各不相同了。于是，就产生了战国后期的合纵与连横的种种活动和思想。

在战国时期，各大国纷纷拉拢友好国家，开展激烈的军事、政治、思想、外交斗争，从而产生了合纵、连横活动。所谓"合纵"，就是"合众弱以攻一强"，就是许多弱国联合起来抵抗和攻打一个强国。所谓"连横"，就是"事一强以攻众弱"，就是由强国拉拢一些弱国来进攻另外一些弱国。这一斗争，最终导致秦的统一。

在公元前 3 世纪末叶到公元前 2 世纪前叶差不多半个世纪内，以秦、齐两强为轴心、以其他五个弱国为辅助展开了形式多样、纷纭复杂的斗争，其间高潮迭起，各色风云人物登台导演了一出出威武雄壮的历史活剧。

公元前 328 年，张仪任秦相，提出了连横的主张。他极力怂恿秦王攻魏，一下攻占了魏的大片土地，对山东各国造成了现实的危险，这样，公孙衍就起而提出合纵口号。公元前 318 年，魏、赵、韩、楚、燕五国合纵攻秦，由楚怀王任合纵长。由于楚、燕两国对此举并不热心，因此真正投入战斗的只有韩、赵、魏三国。三国与秦大战于修鱼（今河南原阳西南），三国军队大败，8 万军队被消灭。第一次"五国合纵"失败。

第一次"合纵"失败后，齐楚之间结成了联盟，以抵御强大的秦国。秦国派出张仪实施离间计。公元前 313 年，张仪入楚。张仪首先在楚收买了贵族靳尚等人，然后约见楚怀王。他对楚怀王说："秦国国君十分仰慕于楚王，要我来向您问候。秦国国君说了，如果您肯与齐国断交，秦愿献商于一带的土地 600 里给楚国。"楚王一听，可高兴了，马上答应与齐国绝交。齐王听到这个消息，大怒，马上调转头与秦国结盟，来对付楚国。这时，楚王还在做美梦，派人去向秦国要 600 里的土地，张仪却耍起无赖来，说："楚王你是听错了，臣只有 6 里的俸邑，愿献给楚王。"为此，楚怀王大为震怒，出兵攻秦。楚军在丹阳（今河南丹水北岸）被秦军打败，折精兵 8 万，主将被擒。张仪的这次"连横"活动，大大削弱了楚国，使秦进一步站稳了脚跟。

楚被削弱以后，秦齐两强之间的对峙更加明显。这时，苏秦取代公孙衍登上了"合纵"的政治舞台。公元前 300 年，苏秦至齐。齐湣王听了他的话，决定联合韩、赵、魏、燕五国一起伐秦，五国外，楚国虽没有参加这次"合纵"，但也派使者去齐国表示支持。这次"合纵"行动由于内部不和，结果无功而终。当时，除齐国外，最积极的是赵国和燕国，其他各国都没拿出什么实际行动来。

由于宋国的内乱，齐国趁机灭宋，这就引起了各国的强烈不满。公元前 284 年，发生了秦、韩、赵、魏、燕、楚六国联合攻齐的重大事件。

注释：

① 学界有秦太子犯法一次还是两次之争。这里依《史记·商君列传》的说法。秦孝公六年，卫鞅为左庶长，下令变法，"令行于民期年"，太子犯法，卫鞅"刑其傅公子虔，黥其师公孙贾"。秦孝公十二年，卫鞅第二次变法，"行之四年，公子虔复犯约，劓之"。这里的"公子虔复犯约"，肯定是因太子而起。

② 东汉大思想家王充说："商鞅相孝公，为秦开帝业。"（《论衡·书解》）

第二十卷　百家争鸣

　　早在春秋时期，就有老聃、孔丘、墨翟、孙武这样一些杰出的思想家、教育家活跃在文化舞台上，并且以儒墨两大显学为轴心装扮出前所未有的文化景观。进入"战国时代"，文化园林里更是气象万千，百花怒放，草木榛榛，形成了空前的"百家争鸣"的景象。

　　说是"百家"，一点也不过分。有人作过统计，当时大的家派就有儒家、墨家、道家、名家、法家、农家、阴阳家、纵横家、杂家和小说家，这些大的家派又分成若干个小的家派。就拿最有势力的儒墨两大显学来说，到战国时期，孔丘和墨翟的弟子和再传弟子也随之分化，据说是"儒分为八，墨离为三"。他们对老师学说的取舍有所不同，理解也有差异，而各自以为是"真儒"或"真墨"。这样，大的家派之间的争斗，家派内部的争斗，错综复杂，形成了百家争鸣的热火朝天的场面。

布衣士成王侯师 /

时势在变。出身于平民之家的布衣之士在社会上渐被看好。这里有一个里程碑性质的故事：

晋国的赵襄子当政时期，任命一个叫任登的年轻人当中牟地方的长官。当时实行的是保举制度，大致上是三年一保举（称为"大计之年"）。当保举年到来的时候，任登向赵襄子举荐道："中牟地方有两个很有才学的读书人，一个叫胆，一个叫胥己，你见见他们吧！"

《战国策》书影

"不用了，我早听说这两人有学问，品行又好，我委任他俩为中大夫吧！"赵襄子说。

"您只是耳闻，还是亲自见见他们，考察一下吧！"任登提醒赵襄子。

"是这样的。"赵襄子说，"我当年用你的时候，不是既听别人说，又亲自考察了吗？我信得过你，你举荐的人错不了，等于我亲自考察过了。"

"这两人都是布衣出身，家世贫寒呵！"任登还是不放心。

赵襄子仰天大笑，说："贫寒有什么，贫寒之士只要有才学、办事更可靠、效率更高，就行了。这两人我用定了。"

过了不多久，赵襄子召见胆和胥己。没问几句话，就把两人留了下来，担任了卿士的宫中要职，实际上相当于赵襄子的老师。

这件事一传出去，竟然产生了巨大的轰动效应。

中牟地区沸腾了。有关文献上记载，说中牟的老百姓有一半弃农从学了。[①]说"弃农从学"是一种历史的夸大，事实上是那里的老百姓不只从农，还从学了呢！因为他们感到读书有出息。

整个晋国轰动了，人们发出这样的心声：布衣之士有出路了！布衣之士登上历史舞台，使晋国的文化格局发生了根本性变化。

　　整个天下震撼了，人们都举双手欢迎这种社会新格局的出现。

礼遇智者的旋风 /

　　战国时代，在许多国家，出现了布衣卿相之局和礼贤下士之风，智者成为千金难求的国宝。一些诸侯国的国君，刮起了一阵不大不小的"礼遇智者"的旋风。

　　当魏文侯进行改革时，有句名言：家中贫穷就想娶贤妻，国内混乱就想选良相。当时选择相国，不是魏成子就是翟璜。翟璜先后推荐了乐羊、吴起、李克、西门豹、翟角五位智者，得到了重用。这些智者年岁都很轻，先前都没有多大的名望，魏文侯相中的是他们的才。一旦起用，信而不疑。

　　魏成子的俸禄千钟，十分之九用在他人身上，十分之一用在家里，因此从东方招来了卜子夏、田子方、段干木推荐给国君。对这三个人，魏文侯给予极大的礼遇，他说："卜子夏是我的老师，我要以师礼待他；田子方是我的朋友，我要以友礼待他；段干木是亦师亦友，我要以师友之礼待之。"他是这样说的，也是这样做的。

　　鲁缪公听说公仪休是个博学多才的人，就不管他家世多么低微，让他来参与管理国家。当时有许多人反对，说什么："他只不过是个穷读书人，有什么理由重用他？"鲁缪公不予理睬，反驳道："是的，他只是个穷读书人，但他有本事，有什么理由不重用他？"后来，公仪休治绩优良，正直无邪，使有俸禄

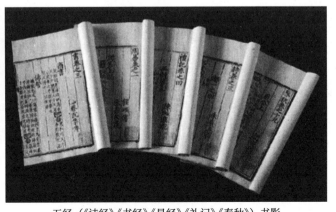

五经（《诗经》《书经》《易经》《礼记》《春秋》）书影

的士大夫不敢再与民争利，当官的不敢再枉法胡为，人民拍手称快。鲁缪公又提升他当上了鲁相。鲁缪公还重用了子柳、子思这样一些有才干的儒家代表人物。

赵烈侯曾重用下层推荐上来的牛畜、荀欣、徐越等人，后来这些人成了治理赵国的中坚和柱石。

周威烈王不相信那些世家大族出身的王公贵族，而是把目光投向乡鄙之地，最后拜农民出身的宁越为"师"。

这是一股知识的旋风、文化的旋风。刮得人们开始把目光投向文化领域。

养士之风 /

战国中叶以后，各国有权势者兴起了一股养士之风。他们依靠自己雄厚的经济实力和政治权势，大力招养各类士人，既为食客，又为谋士。平时闲散而养，急用之时即可为主人出谋划策、奔走游说，或经办某些特殊事务，有的还为主子著书立说呢！

战国"四公子"，是养士的名家。他们是：齐国的孟尝君田文、赵国的平原君赵胜、魏国的信陵君魏无忌、楚国的春申君黄歇。除这"四公子"外，还有秦国的文信侯吕不韦。他们所养的食客都达三千人之多。可见养士风气之盛。

"四公子"养士，讲究的是礼遇。不管地位怎样，才学如何，一进入其食客行列，就会得到同等的尊重。据传，孟尝君一次待客夜食，有一人蔽于火光后面，分食的人没有发现他，因此没有分食给他。此人大怒，就愤然离去。孟尝君知道这件事后，马上亲自拿了饭食赶上去亲手送给对方，并表示深深的歉意。从此，食客们人人感到孟尝君待自己像亲人一样。

"毛遂自荐"的故事，说明所养之士中是大有人才在。秦国围赵之邯郸，赵国君使平原君去楚国求救，实施"合纵"。平原君想从门下的食客中选有勇力、文武兼备的 20 人随行，结果选来选去只选了 19 人，正在迟疑之际，毛遂挺身自荐。平原君将信将疑。但是，在与楚谈判过程中，毛遂出乎意料地显示了他的智慧和勇力，迫使楚王签约出兵。回去后，平原君感叹道："毛先生一至于楚，而使赵重于九鼎大吕。毛先生以三寸之舌，强于百万之师。胜不敢复相士！"于是，就以毛遂为上客。[②]

养士之风中处处透出文化之风。"士"中有文化的交锋、争鸣。养士者依靠士人提升了自我的文化素养，形成自己的文化观念。传世的《魏公子兵法》、《吕氏春秋》可以看成是战国时期养士的文化结晶。

稷下学宫和稷下先生

为了招揽人才，战国时代的各国都设立了一种教育学术机构，名为"学宫"。在学宫中聚集社会名流、学界巨子，而且诸子们"各著书言治乱之事，以干世主"。当时，以齐国的稷下学宫为最著名。有学者称稷下学宫为中国最早的社会科学院，这不是没有道理的。

齐国的学宫建造在齐国都城稷门外的稷山脚下，故称"稷下学宫"。稷下学宫的初创时间是战国初期的齐桓公时代，到战国中期的齐威王、齐宣

稷下学宫遗址

王时期达到了鼎盛。当时，一代学术大师邹衍、田骈、慎到等都聚集在学宫中，尤其是孟子和荀子两位超大师级人物的先后到来，更使这一学宫增添了异彩。这些大师和超大师级的人物，都称为"稷下先生"。他们的待遇是十分优厚的，常常被赐以千金、车骑百乘。他们一面在学宫中讲学，宣传自己的学说和主张，一面广收门徒，一些大师收徒往往是上百，以至上千。

最为可贵的是，稷下学宫为诸子百家提供了十分舒适、宽松的自由演讲、自由争论的平台，可以做到"百人百议"的自由程度。③当时的辩论是不拘形式的，不管对方接受与否，双方处于完全平等的地位。当时，同在学宫的孟子和淳于髡两位大师级人物就是否应该"男女授受不亲"进行了一场大争辩。淳于髡首先发难："孟先生，男女一定得授受不亲吗？"孟子毫不含糊地作答："是的，这是人生的大礼。"淳于髡不依不饶，说："如果你的嫂子掉到井里去了，也不能用手去拉她一把吗？"孟子很冷静、很机智地回答道："那完全是两回事，男女授受不亲是一种人生礼节，把嫂子从井里拉起来，那是为了救人，这是一种特殊情况下的权变，说得明白些，是一种人道精神，你怎么连这点都不懂？"孟子显然有点火了。可淳于髡凭着他的善辩之才，继续发难："你说要救人于危难之中，现在整个天下都在危难之中，你为什么不去救一救？"孟子看对方说得有点离谱了，这才站起来走了。

这样的争鸣在稷下学宫每天、每月、每年都在继续着。

稷下学宫式的争鸣十分自由，十分宽松，最后也不一定有结论，只是让人们自己去思考就是。

"儒分为八"

"稷下学宫"反映的多为各大家派之间的争鸣和辩白。其实，像儒家、墨家、道家这样一些大家派内部，也不是铁板一块的。由于出身不同，经历不同，气质不同，就是同一家派中的学者的观念也不可能完全相同。

像儒家这样的大家派内部的争鸣和分化可以说是势所必然的。

早在孔子在世时，儒家内部的不同见解已初见端倪。颜回热衷于做大仁人，子路追求着尚勇尚武，冉求要学理财，子贡不想学那么多经典，子游想当孝子。他们都强调了孔子学说的一个方面。孔子一死，势必会各走各的路，而且走得更远。

战国时期，儒家分化为八个流派。这八个流派大致是：

孔子学生子张，在孔子死后，自立门户，号称"子张氏之儒"，这一支派的势力很大，大约门生弟子很多，且都为贱人，因此被时人讥为"贱儒"。

孔子嫡孙子思，早在孔子在世时就小有名望，孔子过世后，子思以儒家正宗的身份聚徒讲学，号称"子思氏之儒"。

早于孔子而逝的颜渊，看来也有自己的弟子和崇奉者，这些人大力张扬作为孔子第一得意门生颜渊的"仁人"学说，形成了"颜氏之儒"。

子思有许多门人，门人又招徒讲学。子思门人的弟子中有一个叫孟轲的，他深研了孔子学说，自以为已得孔学之精粹，并以孔子之"私淑弟子"自谓，大胆地改造和发展了孔子学说，称为"孟氏之儒"。

孔子有一个学生叫漆雕开，孔子在世时名望不太大，但实际上很有能耐，自个儿著书立说，写成《漆雕子》12篇，自称"漆雕氏之儒"。

有一个叫仲良子的人，兼采曾子、子夏的学说，又精通《诗经》，其人可能与孟子同代，自成一派，号为"仲良氏之儒"。

被称为"先秦儒家最后一位大师"的荀卿，他崇敬先师孔子，但又不拘泥于孔子学说，形成了别具一格的"孙氏之儒"。

孔子学生曾参的弟子中，有一个叫乐正氏的。其人以孝道闻名于世，又以诚信深得诸侯的欣赏。他所带领的学派称为"乐正氏之儒"。④

这八个儒家学派，都自谓是孔学正宗，相互之间争鸣不已。比如，荀子就写过《非十二子》，其中的"三子"就是冲着孔门后学的，而且毫不客气地称之为"贱儒"。而这些"贱儒"也以笔为枪，反唇相讥。这样你来我去，当然是好事，实际上是发展了儒学。

曾子学派：孔门后学的主流

　　在孔子的后辈弟子中，以曾子的影响最大。曾子名参，字子舆，比孔子小 46 岁，是孔子弟子中最年轻的人之一，而且也是最认真地接受孔子学说的人。

曾参

　　曾子是以修身著称的。他自己说过："我啊，每天都要多次地反省自己。想一想：为人谋划做事是不是尽力了？对朋友是不是诚信了？老师教给我的学问是不是认真复习了？"孔子听他这样说，十分高兴，赞道："还是曾参行，他舍得在修身做学问上下死功夫！"⑤听了老师的赞誉，曾参越发努力了。

　　曾参在孔子死后，做了两件大事。

　　一件是著述《大学》。孔子曾亲口对曾参说："你知道吗，我宣扬的'道'是一以贯之的。"曾子回答道："我知道了。"出了讲堂，曾参自己的学生问他："孔老先生说的'一以贯之'的'道'，是什么呢？"曾参说："老师知道我是真懂的，所以不再追问了，老师所讲的道，就是'忠恕'两字。"孔子死后，曾参一直在琢磨"忠恕"两字的含义，久而久之，终于有了感悟："孔子说的忠，就是办事、待人都要诚信而尽力；孔子说的恕，就是推己及人，就是'己所不欲，勿施于人''己欲立而立人，己欲达而达人'。"把这想通了，就以修身为本，道出了一篇修身、齐家、治国、平天下的大道理，这就是后来收在《礼记》中的《大学》。

　　另一件就是编辑老师的遗言。参与编写的除曾参本人外，还有他的弟子和其他孔门弟子，但曾参是主编，不然《论语》一书中不会有曾参那么多的话。

　　曾参晚年的时候，把自己的学问传授给了自己的得意门生、孔子的孙子子思。孔子曾说："中庸是最高的道德境界，可是民众间信奉和实施中庸的人越来越少了。"这是孔子的终身之憾。为了扭转这种局面，也为了告慰先师和先祖，子思写作了《中庸》一文。文中除仍然强调修身和忠恕之道外，还点出了"无过无不及"的中庸主题。

《大学》、《中庸》的思想，作为中华优秀的传统文化，其价值是难以估量的。

以孔子继承人自居的孟轲 /

有一种说法，由孔子到曾子，由曾子再到子思，由子思再到孟子，一脉相承，在一百多年时间里，孔子的学说得到了相当充分的发展和完善，也初步站住了脚跟。这种说法是有一定道理的。

孟子是孔子孙子子思的再传弟子。他十分推崇孔子，说孔子是文化上的集大成者，自有人类以来，没有一个人是超得过孔子的。自己最大的遗憾是不能成为孔子的入室弟子，自己最大的心愿是学习孔子，做孔子学问的继承人。

孟子说的继承，是一种发展。

孔子的核心理论是"仁"，教导弟子们要做仁人君子。孟子也一再说，有仁心之人才真正算得上是人，并且申言："仁者无敌！"在这基础上，又提出了"仁政"学说，认为"仁政"才是治国平天下的不二法门。孟子是把孔子的仁学充分政治化了。

孔子一再要人立志，孟子则在强调"志"的前提下，进而强调"气"，形成了"志气"这个新概念。

孟子是一个好辩的人。他的学生公都子对他说："外面人都说先生您是个好辩的人，这是为什么啊？"孟子回答道："我哪里是好辩呢？我是不得已而为之啊！"好辩就是争鸣，孟子的学说是在争鸣中形成的。

孟子的"浩然之气"说，就源于他与公孙丑的一次论辩。

有一次，孟子与公孙丑讲到了勇与大勇的问题。公孙丑说："如果有人让你去当齐国的卿相，你会动

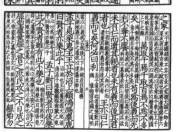

《孟子》书影

心吗？"

孟子说："我已经 40 岁了，我不会动心。"

公孙丑问："不动心，有办法吗？"

孟子想了想说："我举出两个有勇气的人来，一个叫北宫黝，他是个勇者，刀把子架在他脖子上他都不会躲避；另有一人叫孟施舍，他养勇的方法是对待失败像对待胜利一样，他什么局面都应付得了，他好在能守气自持。"

"守气自持？什么意思？"公孙丑不懂了。

孟子解释道："一个人身上有两件东西：一是志，一是气。志是主宰，是挂帅的；气充斥全身，表现为喜怒哀乐。我们既要守住那个志，又不要错乱了那个气。"

"先生，您的长处在哪里呢？"公孙丑问。

孟子目光炯炯，洪声答道："我的长处在于：既拥有正义和大道，又善于养浩然之气！"

主张"君子必辩"的荀子

与孟子一样，荀子是战国时代另一位儒家的超大师级人物。

荀子，名况，赵国人。15 岁时到齐国国都临淄的稷下学宫游学，边学习边讲学。后南游楚国，到齐襄王时，重返稷下，成为最年老的老师。晚年曾入秦，又到楚国当兰陵令，最后是居家著书。

荀子富于争鸣精神，可以说是四面出击，多所批判。他批判它嚣、魏牟的理论助长了纵情任性、放荡恣肆的行为，是禽兽之论；他批判陈仲、史鰌的理论抑制人性、偏离大道，有悖礼仪法度；他批判墨翟、宋钘的理论不知道统一国家的重要，也不知道建立国家礼法的重要，只是崇

荀子

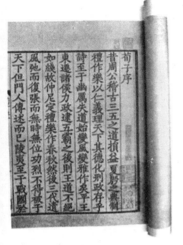

《荀子》书影

尚功利实用；他批判慎到、田骈的理论是表面上崇尚法制，但又不去建设法度，对上只听从君主，对下又顺从流俗；他批判惠施、邓析的理论不效法古代圣王，不讲礼仪，喜欢奇谈怪论；他批判子思、孟轲的理论是假借孔子之名，而无孔子之实，真正是志大而才疏……

"老师，您这样四面出击、四面树敌，是不是说这些学派都一无是处呢？"一个学生大惑不解地发问。

"不，不，不！"荀子一看到学生发问总是很高兴的，他和颜悦色地说，"我是把这些学派作为一面镜子，使自己不再去犯这些方面的错误。其实，只要有所长、有所益的学派，我都是很尊崇的，我还要好好向他们学习呢！"

荀子是这样说的，也是这样做的。他是批判的大家，也是继承和吸收的大家。

荀子的思想以孔子思想为支架和核心。孔老先生主张仁、义、礼、智、信，荀子差不多全都接受了，他强调做仁人，建仁兵，认为"仁义之兵行于天下"，他强调"仁者爱人"；他主张"隆礼"，明确提出"礼以正身"的观念；他主张"贵义"，要求把义实际化；他比孔子还强调"智"，主张一切的知识都是学习所得；他主张"信"，认为信是"君子之大本"。

荀子的出众处在于，吸收儒家，但不排斥其他家派，可以说做到了"兼采百家"。

荀子吸收了道家学说。他把天看作是没有意志的自然的天，显然是吸收了老子的学说。他把道家的"清静无为、养心治气"，与儒家的"修身养性"天衣无缝地结合在一起了。

荀子也吸收了墨家学说的精华。当时天下学者往往是"非儒即墨，非墨即儒"，走极端，而荀子却能糅合两者。他把墨家的"尚贤""兼爱""非攻"这些积极思想融进了自己的学说，使自己的理论更有实用性，更面向民众。

　　荀子吸收了名家和辩家的精华。他一面与惠施、邓析、公孙龙这些大辩家激烈辩论，一面又向这些大辩家学习辩术。"君子必辩"是他一面鲜明的旗帜！

　　荀子吸收了法家思想的精华。儒家是不讲法治的，而荀子这个大儒却不同凡响，他力主"好法而行"，让礼法并肩而行，成为维护社会安定的两大柱石。这一点，足以使荀子名传千古！

　　伟大的时代产生了伟大的思想家。战国时代一方面是一个战事频发的"乱世"，同时又是催生和孕育伟大思想家的开放而自由的时代。在那个时代产生像荀子这样的大师是毫不为怪的。

"墨离为三"　/

　　儒墨作为当时的两大"显学"，弟子可能都有上千人之多。儒家的弟子来自社会各阶层，有平民子弟，也有贵族后裔，而墨家的弟子则一色来自社会底层，甚至最底层。

　　在墨翟死后，墨家也分化了，"墨离为三"，也就是说分离成了三派。他们之间，也是既联合，又斗争。

　　按照《韩非子·显学》的说法，墨家后来分成这样三派：

　　第一派名为相里氏之墨。墨子有个再传弟子（有的说是三传弟子），名为相里勤，

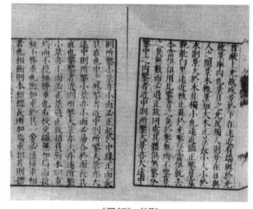

《墨经》书影

他身在北方，以勤俭力行为宗旨。由于他继承了墨家的勤奋作风，后来成为北方之墨的首领。这里说的"勤"，大概主要是"勤"于奔走，"勤"于劳作，也"勤"于非攻，这是墨者的本色。

　　第二派名为相夫氏之墨。这一派的情况不太清楚，很可能聚集了一些社会最底层人物。这些人只有活动，没有多少文化知识，因此后世就没有

什么记述了。据史家考证，墨家后学中的这一支派，因为处于社会最底层，后来又有不少人转化为侠义家了。

第三派名为邓陵氏之墨。邓陵子主要活动在南方一带，他也是墨子的再传弟子或三传弟子。邓陵子一派与相里勤一派很有些不同，前者重实际，后者重理论。邓陵子及其弟子大都是楚人，他们对《墨经》很有研究，有的还有自己的著作，可见，这些人的文化水准相对要高些，有的还有不少科学技术方面的知识。

有的学者认为，"墨分为三"是因为墨子有三个大弟子同时听老师讲学，各人都有自己的笔记和心得，因此《墨子》书中的许多篇章都有内容大致相同的上、中、下篇。久而久之，就成为墨家三大派了。这种说法也可供参考。

巨子和巨子制度 /

墨翟死后，墨家集团涌现出一些有相当权威的首领，这些首领称为"巨子"。巨子也称圣人，是品格最高和能力最强者。巨子具有很高的权威性，他的职位由前任巨子传给。在巨子的代代相传中，渐次形成了巨子制度。

巨子领导下的墨家后学，有着严密的纪律。在墨家内部，个人服从集团，集团服从巨子，全体成员都得服从墨者的"家法"。

战国时期，墨家的一位巨子住在秦国，为秦国的发展也立下了汗马功劳。后来，这位巨子的儿子杀了人，按理应处死刑。

可是，秦王却说："先生，您是秦国的功臣，您已经老了，而且也只有一个儿子，我赦免您儿子的死罪了。"

这位巨子听后，大不以为然，大声抗争道："大王，那是怎么也不行的。墨家有明确的家法：杀人者处死，伤人者处刑！⑥大王虽是好意，但我不能不严格执行墨者之法，这赦免万万不行！"

"先生，难道您一点也不痛惜您儿子吗？"秦王还是想规劝他。

"痛惜自己的儿子或亲友也许是人之常情，但必须有个度，那就是法规。我儿子触犯了法规，不可原谅了。"这位巨子最后还是将自己的儿子送进秦国的牢房，并依法被处了极刑。

庄子的"逍遥游"

庄子

庄子，名周，宋国蒙城人，长年在家乡过着隐居生活，一段时间当着管理漆园的小吏。他重于著述，过着逍遥自在的诗化生活。在学术思想上，他是老子道家思想的继承者。

庄子正在写他的力作《逍遥游》，忽有小童来报："楚威王听说先生有贤才，特派使者带着厚礼来相请，请先生出任楚相。"正说着，楚使者已经来到了他的面前。庄周笑着对楚国的使者说："千金，是重利；卿相，是高位，但这些我都不要。你快带着这些臭礼品走吧，不要玷污了我的清白。我宁愿在小水沟中游戏自娱，也不愿为当政者所束缚。我是终身不仕的，我只追求我的自由！"

把楚使驱赶走之后，庄子继续写他的《逍遥游》。"北溟有鱼，其名为鲲。鲲之大，不知其几千里也。化而为鸟……"

正写到关键处，一位名叫惠施的朋友到了来了。惠施说："我家有一棵大树，是木质不太好的臭椿树。树虽大，但周身生有许多疤瘤，树枝弯弯曲曲，难以剖成合用的材料，这棵大树长在众目睽睽的大道旁，可就是没人看它一眼，就是匠人也不屑一顾。我为此心里挺难过的。"

庄子说："为何要这样想呢？树大而无用不是件坏事，相反，是件大好事啊！第一，你为何要让大树长在熙熙攘攘的大路旁呢？你应当把大树移植到空寂、广漠的原野中去，最好是无人过问，自个儿生活；第二，大树的不成材是个福，成材了就要被人砍了伐了，不成材才能永久地、自个儿地生存。你惠施也可以傍着大树散步，自由自在，其乐融融。"

惠施恍然大悟，说："你说的是……"

庄子说："孔丘主张'克己'，我比他彻底，我主张'无己'。一个人，一件物，只有无己、无名、无功，才能成全自己。我要告诉你的是：天地与我并生，万物与我为一。"

说完这些，庄子再也不理惠施，自个儿写他的《逍遥游》了。

杨朱的"为我"学说 /

天下大乱，纷争不已，会让人想到：这究竟是为什么？人究竟应该如何善待自己？一个叫杨朱的大学者给出了自己的答案。

杨朱带着他的弟子游历各方，来到了鲁国，住在一个姓孟的人家里。姓孟的发问："一个人老老实实做人就够了，要名气干什么呢？"

杨朱回答："不就是靠名气发财致富嘛！"

姓孟的问："已经富了不就得了，为何还不肯罢休呢？"

杨朱回答："还要图显贵嘛！"

姓孟的又问："已经显贵了，为何还不肯罢休呢？"

杨朱回答："为了身死之后。"

姓孟的还问："人都死了，还要名干吗？"

杨朱回答："为了子孙后代呀！"

姓孟的想了想，问道："那样，人的一生不是太苦了吗？"

杨朱高兴了，说："你想对了，那样是太苦了，那叫什么？叫自苦！"

姓孟的不知所从了，说："那，那，怎办呢？"

杨朱顿了顿，说出一篇大道理来："现在世人都为了名，为了利，为了显贵，为了子孙后代，自苦着，挣扎着，何必呢？人应该摆脱这些，唯我是图，要快快乐乐地生活，要吃就吃，要玩就玩，我这叫做'存我为贵'。"

杨朱的思想代表了战乱之中相当一部分人的灰色心态和追求。

首席名辩公孙龙 /

公孙龙，赵国人，战国时代的首席名辩家，早年是平原君的门客，与平原君有道义之交。

公孙龙

当时，魏、赵合力击退了秦军的邯郸之围，平原君是有功劳的。为此，目光短浅的游说之士虞卿要平原君向赵王请求封赏。

公孙龙听到这件事，连夜乘车赶来见平原君，说："虞卿要你向赵王请求封赏，有这事吗？"平原君如实回答："有这事。"公孙龙说："这事最好不要答应。赵王提拔你当首相，已是人臣之极。如果再请赏封地，那人家会说什么呢？会说你是赵王的亲戚，所以才有这样的厚遇，那样对你的声誉，对你的日后发展，都不好，还是不要请封吧！"平原君听罢，十分感谢，从此两人结为生死之交，公孙龙的一些著名论辩都是在平原君府完成的。

公孙龙是一个伟大的辩者。公孙龙曾经与"其书五车"的惠施相应而辩，在《庄子·天下》中记载有所辩之"二十一事"，十分有趣——

卵有毛；鸡三足；郢有天下；犬可以为羊；马有卵；丁子有尾；火不热；山出口；轮不蹍地；目不见；指不至，至不绝；龟长于蛇；矩不方，规不可以为圆；凿不围枘；飞鸟之景未尝动也；镞矢之疾，而有不行不止之时；狗非犬；黄马骊牛三；白狗黑；孤驹未尝有母；一尺之棰，日取其半，万世不竭。

这二十一个辩题，在当时看来，都是不可思议的。据说，公孙龙与惠施辩论时，相辩终日、终月、终生，惠施都不能接受。但是，历史将证明，公孙龙不只是一个伟大的辩家，还是个伟大的科学预言家。"孤驹未尝有母"，不是已经被现代生化理论和克隆技术证明了吗？"一尺之棰，日取其半，万世不竭"，不也被物质无限可分的物理学原理证明了吗？

熔法术势于一炉的韩非 /

韩非的一生，充满着传奇色彩。他出生在韩国，是韩姓的同宗公子，但得不到王室的重用。他为人"口吃"，却少言务实，多谋善断。他师从荀子，最后却转向了法家。他面对风雨飘摇的韩国政局，忧心如焚，十次上书以"干韩王"，却始终得不到重用。于是，他发愤著书，成为法家的顶尖人物。他被迫出使秦国，最后被昔日同窗李斯所害，毒死在云阳狱中。

韩非个人生命是一出大悲剧，而他的学说和理论却光照千秋。

先前的法家，有的重于法，有的重于势，有的重于术，只有韩非把三者有机地结合了起来。

"法、术、势三者，都是帝王手里的工具，片面地只是强调一方面是不对的，帝王手中一定得同时有这样三件治具。"韩非在他所著的《定法》一文中反复强调了这一点。

在韩非看来，法是居中的，根本的，可以名之为"以法为本"。

在韩非看来，势是凭借，是力量和威严的表现。没有气势，或者没有权势，法就推行不下去。高高在上的帝王，必须懂得借势推法，使不服从法的人有一种有形以至于无形的压力。

在韩非看来，术是手段。帝王不能太老实，不能把自己想的和要做的全数告诉臣下，要有"权术"，用权术来调度、支配群臣。"术"使帝王犹如腾蛇游雾、飞龙乘云一般，使臣子似在云中雾中，难以把握。

韩非虽然被他的同门兄弟李斯杀害了，但他的理论是光焰四射的。两千多年来，韩非的法治思想若隐若现，极大地影响着中国社会。

"大出诸子之右"的吕学 /

战国末期，在百家争鸣中涌现出了一位最杰出的思想家，他就是被世人赞誉为"大出诸子之右"的吕不韦。吕不韦是名副其实的先秦诸子学说的集大成者。

在秦国，吕不韦可以说是权势赫赫。嬴政即秦王位后，他被尊为相国，号称"仲父"。但是，吕不韦并不满足于这些。一次，他对身边的人说："天下有四公子，都以礼贤下士闻名于世，我们秦国是如此的强大，如果不能做到这一点，真是羞煞人了。"

"相国的意思是……"身边的人一时还摸不透他的想法。

《吕氏春秋》书影

"四公子能招致食客三千，我为何不能？"吕不韦大手一挥，高声说。

"相国说得对，以秦之实力，不要说食客三千，就是四千、五千，都不在话下的。"那些食客也起劲起来。

吕不韦在相府的厅堂中踱了一圈，说："我不只要让食客超过三千，还要物色各色人等，让他们发表各自的见解，形成一种新的观点，写出一本新的书来，你们看行还是不行？"

"行的，一定行的！"身边的人也被鼓动起来。

就这样，一项巨大的、前无古人的文化工程，在吕不韦的亲自带领下开始启动了。大约经过五六年的时间，一本"备天地万物古今之事"的大书写成了，名之为《吕氏春秋》。书写成后，把文章公布在咸阳城门口，贴出布告，能够增减一字的，可以得到千金奖赏。

这真是一部了不起的作品。《吕氏春秋》是中国历史上"杂家"作品的代表作。它博采诸子之长，会集百家之精，融会贯通，杂而不乱，自成一家之言。改造后的道家思想是《吕氏春秋》一书的思想基础。取道家之"柔"，将其理解为柔韧、不屈。以儒家的"仁"，来协调人与人之间的关系，构建和平、温馨、美满的社会环境。墨子的节俭、勤奋、孜孜以求，成为走强国之路的不二法门。孙膑的贵势、王廖的贵先、兒良的贵后，糅

吕不韦像

合成古代的《战争论》。既同意"同法令",又反对严刑峻法,体现了对法家思想的批判吸收。——这些综合在一起,鲜明地体现了"大出诸子之右"的吕学特色和优势。

吕不韦在《吕氏春秋》一书中提出了一个观点,认为宇宙万物本身就源于"太一"。何为"太一"?实际上,"太一"的"太"就是"大",因此,"太一"就是"大一"。在吕不韦看来,整个宇宙,整个天下,本身就是"大一"的,大一统是天下的本来面貌,而支离破碎的割裂局面是人为的,是与自然背道而驰的。

吕不韦看似在说世界的本源,在说大自然,实际上指的是现实社会。春秋战国时代,大国侵吞小国,大国与大国之间恶战不已,中华大地四分五裂,这些都是反"天常"的。要顺乎"天常",就得依"太一"而行,实现天下(当时所说的"天下"是指中华大地)的大一统。

吕不韦虽然最后命运不济,但他不愧是先秦诸子百家的集大成者。就这一点,他是不朽的。

"天下定于一"的呼喊

在战国时代的思想家中,明确地提出"天下定于一"的,是孟子。孟子提出这一观念的时候,是战国的中后期,离秦始皇统一全国还有100多年的时间。在恶战不已的战乱时期,能提出这样伟大的预言,实在了不起。

这里有一个故事。

孟子

　　孟子与梁国的国君历来有些交谊。梁襄王刚即位，孟子就去看他。两人见面后，一会儿襄王有事外出了，孟子悄悄地对身边的人说："这个人啊，远望就不太像国君，近距离接触后也感到缺少威势。"孟子刚说完这些，襄王走了进来。

　　"先生，您说说，天下怎样才能安定下来？"梁襄王突然发问。

　　"要安定，就得天下统一！"孟子不假思索地回答。

　　"您看看，当今谁能统一天下？"襄王这样问，显然是想让孟子对他说些好话。

　　"不嗜好屠杀老百姓的人才能统一天下。"孟子回答得十分干脆。

　　"那样做，谁肯归顺他呢？"襄王又问。

　　"那样做，天下人都会归顺他的。"孟子不紧不慢地说，"大王知道禾苗生长的情况吗？七八月间，如果天气干旱，那禾苗就会枯死。这时，如果有一场及时雨，那有什么力量能阻止禾苗的蓬勃生长呢？现在天下的国君都喜好战争和杀戮，只要有一个国君站出来以仁义之心待人，那大家肯定会把他当作救星，像大水向低处流一样归顺他。"⑦

　　梁襄王听了这一番话，若有所悟，默然不语。

　　在这场著名的宫廷谈话中，孟子提出了"天下定于一"的伟大预言，这也是一种社会与民众的呼喊，在百年后得以实现了。

注释:

① 这一故事比较完整地见于《吕氏春秋·知度》，在写了赵襄子毫不迟疑地任用布衣之士后，作者评述道："襄子何为任人，则贤者毕力。"可见当时的反响是很大的。另外，在《韩非子·外储说左上》中，说到"中章、胥己仕，而中牟之民弃田圃而随文学者邑之半。"可能有些夸大，但总体上说，应该是真实的。

② "亲持饭食"和"毛遂自荐"两则故事，见于《史记·孟尝君列传》和《史记·平原君虞卿列传》。

③ 稷下学宫言论自由，《孟子·公孙丑下》说是"无官守，无言责"。《墨子·尚

同》说是"一人而一议，十人而十议，百人而百议"。

④《韩非子·显学》："自孔子之死也，有子张之儒，有子思之儒，有颜氏之儒，有孟氏之儒，有漆雕氏之儒，有仲良氏之儒，有孙氏之儒，有乐正氏之儒。"

⑤《论语·先进》中有孔子对曾参的"参也鲁"的评述，这显然是一句赞语。"鲁"直译是迟钝、动作不快，作为赞语则该释为学得扎实，不浮夸，不单纯追求速度。

⑥《吕氏春秋·去私》云：墨者有一位巨子居于秦，其子杀人。秦惠王看他年已八十，想免予治罪，可这位巨子却说："墨家之法云：'杀人者死，伤人者刑'，此所以禁杀伤人也。夫禁杀伤人，天下之大义也。""杀人者死，伤人者刑"一语，后来成为汉高祖刘邦入关"约法三章"的理论依据。

⑦《孟子·梁惠王上》："孟子见梁襄王，出，语人曰：'望之不似人君，就之而不见所畏焉。'卒然问曰：'天下恶乎定？'吾对曰：'定于一。''孰能一之？'对曰：'不嗜杀人者能一之。'"

第二十一卷　大秦帝国

　　秦始皇二十六年（公元前 221 年），当秦国的军队在大将王贲的率领下，进入不战而降的齐国都城临淄的时候，也就最终结束了长达数百年的诸侯割据称雄的时代。曾经称雄一时的山东六国的国君，降的降，俘的俘，伤的伤，死的死。十年间，秦军犹如秋风扫落叶一样，势如破竹，节节胜利。在中国土地上出现了空前的、统一的中央集权的第一个王朝。大秦帝国虽说是一个短命的王朝，但它在中国历史上的作用是不可磨灭的。

"始皇帝" /

当山东六国中的最后一国——齐国被消灭的消息传到咸阳城的秦宫中时，秦宫中一片欢腾，对秦王嬴政的称颂不绝于耳。

"大王，六国的被灭，全赖您的神力啊！"

"大王，从此天下大定，您真是洪福齐天啊！"

"大王，您打下的江山，将会千秋万代，固若金汤！"

在一迭声的"大王"欢呼声中，秦王嬴政显得难以抑制的兴奋，他不停地在大殿中打着转，有时还会莫名其妙地吼叫几声。直到深夜，群臣散去后，他才稍稍地平静下来。

"王"、"大王"，原先只有商、周的君主才能称，可是，到了战国时期，大国的诸侯都自称为"王"了，秦国称"王"也已有百来年的历史。秦王嬴政即位 26 年来，就天天被人称为"王"，可是，从来没有像今天这样的

画家笔下的始皇像

如雷贯耳。

夜深了。他躺到了床上，可是，怎么也睡不着。他细细品味着这个几百年来被多少人梦寐以求的"王"字。突然，一个奇怪的念头从脑际冒了出来："王"这个字眼，六国的君主不也全都用过吗？他们不全都成了我的阶下囚吗？可见，"王"这个名号并不怎么好。

"得更改名号，一定得改！"想到这里，秦王嬴政从床上跳了起来，亲自草拟了一份"议帝号"令。①

丞相王绾、御史大夫冯劫、廷尉李斯马上召集"掌通古今"的博士们商议，最后大家的意见是：古代有天皇，有地皇，有泰皇，泰皇最贵，因此请王更号为"泰皇"。

秦王嬴政似乎早已胸有成竹，让大家议一议只是走过场。他说："可以去'泰'保留一个'皇'字，采用上古'帝'位号，合起来称'皇帝'。自古以来无一人称'皇帝'的，我秦王嬴政是第一人，因此名之为'始皇帝'，后世以数计，称二世、三世、四世，至于万世，传之无穷。"

秦始皇是统一全国的开国君主，功业赫赫，他定下了的名号，谁敢说个"不"字？不过，他所说的"始皇帝"倒是名副其实的，"至于万世，传之无穷"那只是他的美好愿望和一厢情愿罢了。实际上，秦的天下只维持了二世，短短的 15 个年头。

建兴安运河

灭六国的同一年，秦始皇就派精通水利的史禄将军着手开凿连接湘水与漓水、沟通长江水系和珠江水系的兴安运河。人们一定会想，六国刚灭，百废待兴，为何要在如此偏远的地方兴建运河呢？

秦始皇是个永不知足的人。六国的消灭让他高兴，但他并不满足。还有大片南方、东方、北方的土地没有划入秦帝国的版图，他心有不甘。他把视线首先投向东南和南方的"百越"地区。就在秦始皇二十六年（公元前 221 年）的深秋时节，秦始皇命尉屠睢率军 50 万向"百越"地区进军。

可是，由于山路崎岖、河道纵横，军粮运不进去，大部队被阻途中，迟迟不能前进。

"实在太艰难了，陛下，是否可以暂时退军呢？"尉屠睢派副使星夜赶回咸阳，向秦始皇请示。

"不行！"秦始皇声色俱厉，"秦军是从来不走回头路的。"

这时，颇通水利的史禄将军站了出来，他对秦始皇建言："是的，秦军是从来不走回头路的，但是，我们可以择路而行，陆路走不通，就走水路。水路如果一时走不通，还可以打通河道，开拓新的水路。"

"好，好，好！"秦始皇是个好大喜功的人，听了史禄将军的话连声叫好，"史将军，就命你带兵去开山辟路、引水搭桥！"

史禄将军不敢怠慢，领兵而去。他经过大约3个月的勘查，终于查明了那一带的水路状况，建议在湘水和漓水相距最近的兴安地区修一条运河。

"好，好，好！"听了史禄的汇报和建议，秦始皇又是连声称好，"开凿运河这建议好！既然在兴安境内建造的，就定名为兴安运河吧！归根到底兴建这条运河是为了国泰民安嘛！"

运河工程兴建得十分艰苦。为了凿去渠中碍舟之石，采用"燎石以攻"的办法，即用柴薪烧渠中顽石，使之热度增高，然后泼上冷水，使石头由热胀后突然冷缩而发生爆裂，然后凿除。尤其是铁炉村附近到始安水汇合处的5公里，全由人工一凿子一凿子凿出来，有的地方为了建造分水坝，还得用巨石垒起6米多高的石壁。但是，在秦始皇的亲自督导下，通过两年多的努力，兴安运河终于建成了。它不只是连接长江水系和珠江水系的纽带，让秦军轻松自如地进入岭南地区，后来在很长一段时间里它一直为南北交通起着极大作用。[②]

开凿"五尺道"

在西南地区，以滇池为中心，散居着氐、羌等族群。这些少数民族与内地民众有着长期的交往和友好相处的关系。战国末年，楚顷襄王曾使将军庄蹻循沅江而上，经夜郎等地，到达滇池一带。庄蹻在那里传播了先进文化，也安定了局面。正准备归服楚王，适逢秦夺了楚的黔中郡，归路被切断，庄蹻便重返夜郎等地，并被拥戴为王。这样，内地文化与西南文化之间的交融更为密切了。

秦灭六国后，始皇下令筑驰道，以咸阳为中心修了多条大道，还有盘旋于高山峡谷之间的栈道。因地制宜，或凿山为道，或修桥渡水，或依山傍崖构筑用木柱支撑于危岩深壑之上的木构道路。

当时派出一员名叫常頞的大将出使西南地区。常頞出使不久，就回京复命，他对始皇说："路途实在太艰险了，怕是一时半刻难以到达。"

秦始皇似乎早有所料，他对常頞说："你去的目的，不只是要那里的人臣服，而是要打通这条通道，建千秋万世之业。"

常頞若有所悟："陛下，您是要我为长远着想，修筑一条直通滇池的通道吗？"

秦始皇朗声大笑："对了，对了。不过穿山筑道不易啊！我看，在险峻处筑栈道，五尺宽足矣！"

"五尺道？"常頞重重地追问了一句。

"是的，五尺道足矣，那也不易啊！"秦始皇经历得多，是知道事情的艰难的。

的确不易。大约历时两年，在西南山岭间绵延数百里的"五尺道"才开筑成功。"五尺道"于花岗岩悬崖上，向壁凿出凹字形空间，路面宽五尺，工程异常艰险。也就是从秦代开始，人们一提起"五尺道"，就会想到蜿蜒在崇山峻岭间的那窄窄的通道，它可是古代社会连接内地与西南少数民族地区的一条纽带啊！

重设九原郡 /

燕人卢生奉始皇之命入海求仙，结果什么有用的信息都没带回来，只神秘兮兮地带回了一本谈鬼论神的所谓"仙书"，并对"仙书"上的"亡秦

铜车马

者胡也"一语在始皇面前大加渲染。这一渲染极大地触动了始皇的神经，他立马把将军蒙恬和公子扶苏叫来，大声宣布自己的命令：

"以蒙恬为主帅，以公子扶苏为督军，发精兵 30 万，北征胡虏。"

这是不是秦始皇一时的心血来潮，或者说是听信"仙书"一言之后的贸然发兵？不是的。当时的东北和北方，是"胡"人和匈奴人聚居和游牧的地方。东胡分布在辽河上游、老哈河一直到辽阳、锦西、旅顺一带。匈奴人主要分布在蒙古高原，南至阴山、北至贝加尔湖一带。长期来，胡人与中原的华夏族有着密切的经济、文化联系，关系也相当和谐。但是，战国以来，胡人趁中原纷争之时，不断进犯。秦建立后，对秦帝国也造成了很大的威胁。秦始皇多次提出北征，都被李斯为首的臣属劝阻了。其反对的理由：一是击匈奴"难得而制"，二是击匈奴"不足以为利"。秦始皇不同意李斯他们的看法，认为对待匈奴靠一般的防守是不行的，只有坚决出击，才能使边境安宁。而且认为，这次是一个机会。于是秦始皇就果断地发兵征胡，主要是征战匈奴。

战争打得很顺利，只花了三四年的时间，就夺回了河套地区，接着趁势挥师北进，又夺回了河套以北阴山一带地区，在那里设置了 34 个县，重设九原郡。

"这样一来，北方边疆可以大定了。"一些臣僚认为可以高枕无忧了。

"要使北方边疆真正得以大定，看来还得采取一些新的措施。"秦始皇是深谋远虑的。

秦始皇所说的新措施，主要是指大规模移民实边。他采用了"谪戍"和"拜爵"的办法，将数以万计的中原内地人迁徙北河、榆中屯垦。这样做，不只安定了北方，对民族的融合也是功德无量的。

修筑万里长城

两千多年前秦始皇时代建造的万里长城留给了中国人民永远的骄傲。

出于多重考虑，北击匈奴以后，秦始皇就着手花费巨大的精力、财力、物力、人力建造气势恢宏的万里长城。

"陛下，建造万里长城是不是为了防止胡人的卷土重来?"当秦始皇宣布这一重大的决定时，有臣子疑惑不解地问。

"对胡人的卷土重来，当然不能不备!"秦始皇昂着头，胸有成竹地说，"建造长城更多的是为了维护天下的一统。我们一方面是把原有的燕、赵、秦的北方长城连成一片，加固、加高、加宽，另一方面是拆毁齐、韩、楚、魏之间的长城及其关隘。过去是诸侯称雄割据，现在已经天下统一，还要那些干什么? 这些不都是为了巩固天下的一统么?"

"建造长城真的可以抵御胡人的铁骑吗?"有人问。

秦始皇回答:"你们只知其一，不知其二。筑长城不只是为了御敌，将来汉胡友好了，不可以沿长城开边市，互通有无吗?"

听了秦始皇的这一番宏论，群臣纷纷称是。

秦始皇这时谈兴正浓，接着他又说:"我们是泱泱大国，大国要显示出大国之风。在塞北的群山间建起万里长城，靠数十万民工的双手把长数丈、重千钧的石条搬上崇山峻岭，在高山峡谷的险要之处筑起一夫当关、万夫

莫开的关隘，筑起高、宽各数
十尺的城墙，那是多么雄伟，
多么气派，多么能展示中华的
雄风！让我们的子孙后代为我
们而骄傲吧！"③

万里长城

　　秦始皇说这些的时候，他
简直成了一位迎风高歌的诗人，
他说这些时，也许当年的群臣
没有一人能理解他，但历史已
经、并将继续证明，他所说的
这一切都是正确的。

　　在秦始皇短短的执政年月
里，万里长城奇迹般地建造起来了。长城西起临洮，东至辽东，沿广阔的
黄河，依峻峭的阴山，经蒙古草原，蜿蜒曲折，全长万余里。除部分利用
旧有长城、因河为塞外，多为新筑，并在险要处建筑许多屏障。长城修筑
后，虽未能阻挡匈奴贵族的南下，但在当时的历史条件下，还是起过一定
的防卫作用。同时，长城以其特有的雄姿向全世界展示着古老中国的文明。

　　长城的建成，象征着中国多民族国家的形成。

"三公""九卿"制

　　秦始皇统一全国以后，倚仗着无上的权威，总揽朝政。当时天下的事
情无论是大是小，最后都得由他定夺。他的案头每天都堆着大量的以竹木
简制成的文书，他自己给自己作了个规定，每天要查看和批阅 120 斤（秦
代称为一石）的文书，否则，他是决不休息的。

　　秦始皇不愧是一个有为之君。虽然，许多事情得由他"定夺"，但纵然
有天大的本事，他也不能事事躬亲，包揽一切。很快，以皇帝为首脑的朝
廷制度建立起来了。

处于最核心地位的是"三公"。

一是丞相,既为文官之长,又居三公之首,助理万机,被称为"一人之下,万人之上"。他是政务的总理人。

二是太尉,武官之长。在秦皇朝建立前,如有对外战争,则由丞相、大将军、大良造带兵,事毕解除兵权,并无太尉一职。太尉在秦统一六国后始设。

三是御史大夫。这是十分特殊的官衔,上承皇帝诏令制书,下有监察百官之权,堪称皇帝的耳目和心腹。

"三公"之下设"九卿"。"九卿"的职责比"三公"更具体,相当于一个个部门,有掌宗庙礼仪的奉常;有掌宫殿宿卫的郎中令和卫尉;有负责饲养和供给皇室车马的太仆;有依法治罪的廷尉;有掌礼仪的典客;有管理边远地区事务的典属国;有掌钱谷、租税、收支的治粟内史,等等。

以皇帝为首的"三公""九卿"制,是中央集权制的政治核心,是绝对受制于皇帝并代行皇帝政务的最高权力机关。围绕核心,向外辐射,就形成了遍布全国的统治网络。

废分封,置郡县

兵马俑

中央政权建立以后,应该采取怎样的地方统治形式?在秦朝君臣中曾发生过著名的分封与郡县之争。

当时在朝廷中握有重权的丞相王绾首先站出来发难,他振振有词地说:"现在诸侯刚刚被破除,天下还没有真正实现治平,我看可以在离咸阳较远的燕地、齐地、楚地,设置王位,仿效周代的做法,'封亲建戚,以藩屏周',请陛下加以考虑。"

秦始皇不动声色,追问一句:"你的意思是

什么，要讲明白！"

王绾从始皇的神色中窥视出皇上的一丝不满，嗫嚅着："臣下的意思是请立诸子为王，这样可以辅助皇上治天下。"

群臣以为秦始皇有 20 余子，理应效周，"皆称其是"。

还没等"是"的话音落地，廷尉李斯大声呼道："不可，万万不可！周文王周武王分封了那么多的同姓诸侯王，这些姬姓弟子，分封之初当然是高兴的，但一旦羽翼丰满，就与周天子离心离德，甚至分庭抗礼了。他们之间相互攻伐如同仇人，就是周天子也奈何不了他们。陛下，王绾之论是亡国灭种之论，切不可采用啊！"

两派剑拔弩张，争议不休。李斯的发言，既有对历史的回顾，又有对现实的思虑，还有安置"诸子功臣"、协调统治集团内部关系的筹谋。秦始皇看来不动声色，实际上却想得很多很多：他想到在自己的祖上秦昭王时，太后当权，大封宗室、贵戚以及宠爱之人，结果泾阳君、高陵君、华阳君、新城君等所谓的"四贵"闹得天下大乱；还有昭王之子被封为安国君，结果国不但没有因此而安，相反因争夺王位而发生了叛乱；还有，对始皇来说有切肤之痛的是嫪毐和吕不韦两大势力的尾大不掉，差一点酿成大患……

想到这些，秦始皇拍案而起，对李斯建议当即予以肯定。他大手一挥，大声宣告："分封之事，切不可行，以后再也不准提了。天下长期来苦战不休，还不都是因为有侯王？现在是天下初定，决不可再立诸侯国了，还是以实行郡县制为好。"

这是一个历史性的决定，历史会永远记住它。[④]

秦始皇先是分天下为 36 郡，以后随着边境的开发，全国郡数最多时达 46 个。郡下设县，它的行政和军事长官都由中央直接任命，这是一大创举，对中央集权的加强是大有好处的。但是，从三公九卿到乡里什伍的一套庞大的、多梯级的统治机构恰似一座金字塔，高居塔尖的是封建皇帝，而压在塔底的则是劳动大众。

为吏资格 /

为了维护秦王朝的统治，需要有一个以崭新面目出现的官僚集团，为此，秦始皇确立了一整套选拔和考察官吏的制度。也就是，在他看来，不是什么人都可以当官的，为吏还得有一定的资格呢！在这方面，地下发掘的《睡虎地秦墓竹简》中的《置吏律》和《除吏律》提供了直接的证据。

当时秦始皇定下的为吏资格至少有三条：

第一条是要有一定的家资。这也有其道理。在秦国，自商鞅变法以来，以功（尤其是军功）论赏已成惯例。有无家资是与有无功绩直接联系在一起的。如果你这个家穷得叮当响，那就说明你无功于国，不得为吏也是理所当然的了。

第二条是要成年人。当时生命周期比较短，因此以 17 岁为是否成年的界限。只有 17 岁以上的男性才有资格当官。比周代的成人标准提早了 3 年。

第三条，也是最重要的一条，就是要有文化。在选择官吏时，先得考考你是不是读得通数千字的一篇长文，然后再考你是否很熟悉法律条文，是否懂得何者该赏，何者该罚，何者该赦，何者不该赦，如此等等。⑤

秦始皇有一句名言："欲有学法令，以吏为师。"当官者必须知法，当了官以后，还得以法授业于年轻人。这样辗转相传，法律知识自然就普及了。

另外，秦始皇还规定了一整套官吏管理制度，如大小官吏一律由中央任免，发现有私自任免的处以重刑。官吏离职、调动时，不准带随员，以防形成私人势力；对官吏要进行一年一度的审计，切实查考实绩。这些都是十分重要的。

"事皆决于法" /

秦始皇着意要打造一个依法治理的国家，不允许任何人——包括国君在内——超越或凌驾于法律之上。秦始皇喊出的口号十分响亮："事皆决于法！"

在秦始皇看来，任何人都得守法，这是自商鞅变法以来秦国的一个好传统。记得秦昭王当年有病，百姓中有人很好心地卖掉耕牛为昭王做祈祷。秦昭王听到这件事后很生气，说："这样做是违背法规的，虽然是出于爱寡人的好心，但也得罚他出二甲，如果我不带头这样做，怎么能实施法治？"这个故事让后来秦国的统治者——包括始皇帝都牢牢记住，他们要身体力行，实施法治。

秦铜权

在法律规范的要求上，可以说秦律是做到了细致入微。

某人偷了人家的一头羊，秦律规定要按照盗羊的相关法律处置。这时有人提醒道："这头羊颈上还有一根绳索呢！"在《法律答问》中写道：这个账也得算，加罚一钱吧！罚得不多，但那顶真劲让人信服。

某人偷了人家的少量桑叶，怎么处置？有人以为那是小事一桩，何足道哉！但是，秦律本着轻罪重罚的原则，明确规定：那得服30天的徭役，不然他怎么记得住犯罪的严重后果？

秦律对两性关系也规定得十分严格和严厉。如果同父异母的子女间发生性关系，那就要处以杀头并弃市示众的重刑。[6]

秦帝国是中国历史上第一个想实施依法治国的王朝，从秦始皇的主观愿望看，也许是认真的，但它的最大弱点在于没有考虑实施这些法律条款的主客观条件，因此它是不成熟的，最终造成的社会后果也是出人意料的。

"使黔首自实田"

秦始皇继承了中国历史上重农、以农为本的传统，在扫平六国后的第五个年头，就明令"使黔首自实田"，发展农业，安定民生。

黔首，指的是农民。农民整天在田野里劳作，脸上被太阳晒得黑黑的，

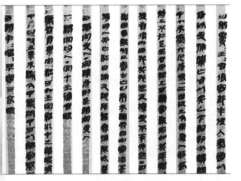

《法律答问》竹简

因此在秦时被称为"黔首"。在战乱中，有的黔首失去了土地，有的虽占有了土地，但没有得到政府的承认，就名不正言不顺。现在好了，秦朝对黔首占有的土地进行重新丈量，树立界牌；对失去土地的给予一定的土地，让他们安安心心地在土地上劳作。这叫做"使黔首自实田"。

农民有了土地，国家就要按规定征收一定的田租。逃避田租的当然要受处罚，甚至没收他占有的土地。这样做，一般来说，农民是欢迎的。农民有了实田，生活安定了，相对来说，也富足一些。

当然，小农毕竟是小农，在一段时间里，乘人不备移动土地界牌的事时有发生。这是一种不安定因素，常常引起农户之间的争吵以至于发生械斗。秦始皇充分注意到了这种情况的危险性，他对臣属说：

"界牌是国家竖立的，怎么可违规随便移动？得有土地界牌方面的法规，来约束黔首的行为。"

法规很快就有了。法律明确规定凡是擅自移动田界的人，要按"盗窃"性质处以一种"耐刑"，服一定期限的徭役，或出一定的赎罪费，当然，如果一再重犯，那是要处以重刑的。

这样，此类事再也不发生了。

重农而不轻商

秦始皇虽然在某些公开场合说一些类似"上农除末"之类的套话，但是，在实际处理上，他是不轻商的，甚至可以说还很重商呢！实例多得很。

在秦朝的法律中，对有技艺的人，是加以保护的，即使是奴隶也如此。在《均工律》中规定，凡是有技术的奴隶，不要让他们从事杂役，要让他们发挥自己的技术专长。在《军爵律》中还规定，如果有技能高超的奴隶犯了死罪，可以减刑不杀，让他当技术工戴罪立功。

有一个叫乌倮的人，他善于经营畜牧业，牲畜养得很多的时候，他看准时机，把牲畜全部卖掉，然后用卖掉牲口所得的钱去经营丝织业。他把丝织品运到西戎去，西戎的国王十分赏识，用大约十倍的钱买他的丝织品。这时，乌倮又回过头来养殖牲畜，成了秦代初年少有的大富翁。秦始皇知道了这件事后，对乌倮大加赞扬，对大臣们说："乌倮真了不起啊，你们不要看不起经商的人，他的才气比雄踞一方的郡守还大呢！"每年，秦始皇都要召见郡一级的地方长官，乌倮也有幸列名其中，在谒见秦始皇的时候，还受到特别的礼遇呢！

还有一个名叫"清"的巴蜀寡妇，她的祖上以开采朱砂矿而得巨利，一连好几代都垄断着朱砂矿业。到她这一代时，不幸丈夫早逝，她只好独自担起这份家业。这对一个女人来说，是多么的不容易啊！可她就是巧妙地利用自己的财势，守住并发展了祖业，获得了很大的成功。

"这是一个了不起的女人！"秦始皇听完她的故事，热烈地赞扬起她来，"一个寡妇，凭借自己的能力和才气，善经营，巧应付，不使自己受到侮辱，这可算是一个真正的贞洁妇女了。"

为了表示对寡妇清的尊重，秦始皇多次以客礼招待她。寡妇清过世后，还为她建造了一座"女怀清台"呢！

统一货币　/

经济的发展，商业的繁荣，要求流通工具——货币的统一。

秦统一之前，中华大地上的各诸侯国的货币实在太繁杂了，不只形状、大小不一样，就是计算单位也很不一致。在齐国和燕国，使用的主要是刀形的货币；而在魏国、韩国、赵国，主要流行的是铲形的铸币（亦称为"布币"）；楚国使用的却是形若海贝的蚁鼻钱；秦国和魏、赵两国的黄河两岸地区，都使用圆钱。不仅各国使用各国的钱币，就是一国之内使用

秦统一前的列国货币

的钱币也不尽统一。币制的相异、混乱，货物如何流通和交换？

"货币必须改革，货币必须统一！"秦始皇对此下定了决心。

首先，废止六国原先使用的旧币，同时，规定凡珠玉、龟贝、银锡等物，只允许作为器饰宝藏，一律不作为货币使用。

规定以原先的秦币为基础，制作一种圆形方孔的铜币，重半两，俗称"秦半两"。这种钱币，形状比较规范，易于使用和收藏。它的出现意义实在非同一般，从此，长达两千多年，中国钱币有了定式，在民间则称之为"孔方兄"。除此之外，还在某种特殊场合使用一种金币，称为"上币"。

秦始皇还把铸钱权收归国有，规定任何个人不得私自铸钱，凡私自"盗铸"者，除"索其室"，没收其所铸之钱及钱范外，还应予以拘捕和严惩。《法律答问》上有一案例，说是某甲伙同某乙、丙一起，铸造了一种所谓的"新钱"。官府发觉后，马上将甲、乙、丙三人捉拿归案，同时将其所铸之钱如数熔化，并通报全国。秦始皇这样重视，以后就少有此类事件发生了。

秦帝国是一个泱泱大国，地方大，当时交通又不便，钱币全由中央政府铸造，实在有点困难。于是，秦始皇又作了点变通，规定地方政府在中央政府授权下也可以铸钱，但必须受中央所派官员的严格监督，并在所铸钱币上铸上地名，那样出了问题也可及时查处了。

统一货币，是秦始皇的一大历史功勋。

统一度量衡 /

与统一货币具有同等重要意义的是度量衡的统一。

统一前的度量衡可说是杂乱无章。拿量器来说，秦国以升、斗、桶为单位，齐国以升、豆、区、釜、钟为单位，魏国以益、斗、斛为单位。即使同样名为"斗"，量值也很不相同，魏国的斗大约比秦国的斗大三倍多。在衡器上，不只名称不同，连进位制也不同，秦国是十进位，韩、赵、魏是五进位，齐国则既用十进位又用五进位。不加以统一，怎么得了？

秦铜量器

秦始皇决定在原秦国度量衡的基础上实施改革。

在度、量范围内，充分确立了十进位的权威。度以寸、尺、丈、引为单位，以十为进；量以合、升、斗、桶为单位，也以十为进。只有衡器还有些乱，它的单位是铢、两、斤、钧、石，以24铢为1两，以16两为1斤，以30斤为1钧，以4钧为1石。后来，在长达两千多年的时间里，16两为1斤制一直流传了下来。

为了使统一度量衡切实可行，官府专门制作了相关的标准器，在标准器上再刻上铭文，以尽可能减少做假的可能。如果办事人员玩忽职守，或营私舞弊，那轻则要实施物质处罚，重则对相关人员实行刑事处分。

两千多年来，秦始皇推行的度量衡制度因为有利于生产事业的发展，受到了广大民众的欢迎，其形成的一套制度，也基本流传下来了。

统一文字

秦始皇实施的"三大统一"中，意义最为重大的是统一文字。它对民族思想的统一、多民族国家的形成，有着难以估量的作用。

在秦统一之前，字体结构没有统一规定，汉字形体十分紊乱，随时都在变化。这对广大民众带来了很大的不便。就拿一个"马"字来说，在齐国就有三种不同的写法，在楚国又有另两种不同的写法，在燕国、三晋（韩、赵、魏）还各有两种新的写法。文字的紊乱和分歧，不仅妨碍了秦朝

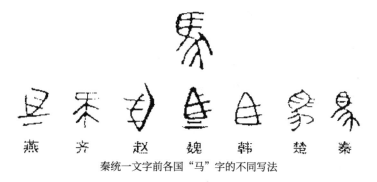

秦统一文字前各国"马"字的不同写法

政令的畅通，又不利于各地区之间经济文化的交流。

秦始皇下令："书同文字！"

具体措施主要有三：一、以秦字为基础，废除与"秦文"不同的原六国的异体字；二、简化字形，斟酌简省繁杂的史籀大篆，整理为小篆，作为全国规范化的文字；三、为推广小篆，撰写文字范本，作为标准的小篆范式。

其意很清楚，以后书写一律要用同一种文字，必须废除原有六国使用的文字，一律沿用秦篆。这件事由丞相李斯具体负责去做。李斯受命以后，不敢怠慢，他把原先使用的秦篆加以简化，以前官方的文书中有的字比较繁复，现在沿用民间的简笔字，既便于书写，又合乎情理。如原先大篆的"车"字，很是繁复，左边是上下相叠的两个"車"字，右边是上下相叠的两个"戈"字，用"車""車"相叠和"戈""戈"相叠来具体形象地描述战车，虽然相当逼真和传神，但失在太繁。李斯根据民间的简笔写法，直接写成一个"车"字，很快就被广大民众接受了。

为了起到规范划一的作用，当政者就亲自着手书写范文。传世的《仓颉篇》《爰历篇》《博学篇》就是由李斯、赵高、胡毋敬三位高官亲自书写的。另外，泰山刻石等铭文，也是李斯等人的杰作。秦始皇则是文字统一的最强有力的推动者和示范者，他一生巡游八方，制作了许许多多歌功颂德的石刻碑文，那都是统一文字的范本。有了这些，学生读书，百姓写作各种类型的文稿，都有所依据了。毫无疑问，统一文字工作是卓有成效的。

秦小篆字体整齐划一，布局紧凑，笔画匀称，明显改变了六国文字那种构造繁杂，难写难认的弱点。秦小篆文字的规范，为后世的汉字打下了基础。虽然在日常生活中已经被淘汰，但它创立的字形结构原则，使汉字形体走向了定型。

条条大道通"咸阳" /

"若要富，先筑路"，凡是有一点政治和经济头脑的人，都应当懂得这一点，雄才大略的秦始皇，更是深明此理了。在统一全国后的第三年，他就号令修筑"驰道"，"驰"者，马的奔驰也。"驰道"和后世称的"马路"是一个意思。让作为首都的咸阳与四面八方畅通无阻。

真正是条条大道通"咸阳"。当时所筑的大道，一条向东，直通齐、燕地区；一条向东南，直通吴、楚地区。驰道工程的标准很高，道路要厚实，它的宽度一律为50步，每3丈距离要种上2棵青松。到始皇晚年，青松长得已掩映如盖了。

在下令修建咸阳向东和向东南的驰道后的7年，秦始皇就着手修筑九原直道，它的工程量比前者要大得多。大概当时的驰道工程已经完毕，秦始皇有足够的人力、财力、物力来开始这样一个大工程。这条直道由咸阳经上郡（今陕西榆林东南）、云阳，直达九原（今内蒙古包头西北），全长1800余里，它的工程量仅次于修筑长城。秦始皇的雄心很大，动

驰道旧址

员了几十万军民上阵，花了两年半时间就竣工了。翻山越岭，填谷塞壑，这在工程史上不能不说是一大奇迹。

此外，还有贯通西南的栈道，直达南海的新道。大约十来年间，由咸阳出发通向秦帝国边远地区的道路，可谓四通八达了。

战国时期各国为了割据一方，建立了许多关塞、堡垒、城郭。在建造驰道和直道过程中，秦始皇命令各路建筑大军毁坏城郭，决通川防，夷去险阻，荡平关塞，为统一国家的建设创造了良好的条件。

焚书坑儒 /

随着统一大业的步步成功，秦始皇的声誉和权威也节节攀升，同时，他的独断独行、专横跋扈的一面也迅速膨胀起来了，终于引发了"焚书坑儒"事件。

秦始皇三十四年（公元前 213 年），也就是统一六国后的第八个年头，秦帝国处于国势强盛、社会相对稳定的登峰造极时期。为了庆祝国运昌盛，秦始皇在咸阳宫置酒宴饮，大宴群臣，另有 70 名博士也来向秦始皇祝贺 47 岁大寿，气氛是相当的热烈。

"以前，秦国地不过千里，人不足百万，全赖陛下圣明，平定了海内，统一了全国，使日月所照，没有不宾服的。"身为仆射的武臣周青臣首先站出来歌功颂德，"陛下做得最出色的是，在全国设立了郡县，这样再无割据之虞、战争之患，定能传之万代、万万代，可以说，自上古以来，功德没有一个比得上陛下的。"

这一番话说得秦始皇心花怒放，禁不住仰首大笑起来。群臣也顺水推舟，纷纷颂扬起始皇帝的功德来。

"陛下，臣以为不然！"博士淳于越却不知好歹地站出来唱反调了，"周代称王天下一千多年，就是因为分封子弟功臣，使他们成为周天子的支辅。现在陛下统一了天下，可弟子没有一点地位，如果天下一旦有事，谁来救助？办事情不按照先代的惯例而能够天长地久，我可从来没有听说过"。

本来分封郡县之争，早在秦朝初建时就出现过。眼下，淳于越旧事重提，秦始皇听到这些话，很不高兴，冷冷地说："那大家可以议论议论嘛！"

敏感的丞相李斯一下听出了秦始皇的话中之音，马上义形于色地加以反驳："五帝从来不简单重复，三代也从来不因袭前朝，各有各的治理手段和办法，那倒不是标新立异，而是时势变了，治术也得变。现在，你们这些不识时务的读书人一味地宣扬学古，实际上是非难当今，虚言乱世，为害极大。我建议，除了秦国的历史书之外，其他各国的史书一律烧掉；百家争鸣的作品、言论，全数收缴；以前学校中读的《诗》《书》《礼》《乐》等书籍，一律上交国家，私藏者杀头，以古非今者灭族；只有医药书和占卜用书可以留存。"

秦始皇听后，冷峻地说："可以，就这样！"于是，一场铺天盖地的焚书事件发生了，许多珍贵的诸子著作以及其他历史文献在熊熊的烈焰中付之一炬，这对中华民族来说，造成了多大的文化损失啊！

焚书事件的烈焰还没有熄灭，紧接着又有了更为惨酷的坑儒事件。这事件是由几个方士的畏罪逃亡引起的。

原来，秦始皇一直十分迷信方术和方术之士，以为这些人可以为自己找到神仙真人，求得长生不老之药。后来，他甚至自称为真人。而侯生、卢生这样一些方士，实际上是一些江湖骗子。他们投秦始皇所好，自称自己可以与神相通，可得奇药妙方。但时间一长，他们的许诺毫无效验，骗术总是会被戳穿的。经过多次受骗后，秦始皇也有点不耐烦了，他十分严厉地对方士们说：

"再得不到妙方，我就要杀掉你们这些人！"

侯生、卢生之辈本是一批十足的骗子，目的只在骗取钱财，哪有灵丹妙药？听到此言，马上卷起铺盖出逃。

"侯生、卢生那一帮子人都出逃了。"负责招待这些方士的人急匆匆地向秦始皇禀报。

"什么？"秦始皇万没想到这些人的行径如此恶劣。

"外逃前还肆意辱骂皇上，说皇上刚愎自用、专任狱吏、贪于权势，说对这样的人不足以为之求仙药……"

秦始皇勃然大怒，大声说："我如此恩待卢生等人，而他们恩将仇报，诽谤于我，我要把这些读书人通通杀掉。"

"皇上，此举万万不可！"始皇的长子扶苏站出来进谏，"天下刚刚安定下来，如此重法治罪，怕会有变。"

"胡说！"秦始皇在盛怒之下把扶苏赶出了咸阳城，接着就下令开始了对包括方士在内的儒生的大行抓捕。数天之内，抓捕了"犯禁者"460余人，统统坑杀在咸阳城下。同时还谪迁一批人至北方边地。秦始皇焚书坑儒，意在维护统一的集权统治，但手段太粗暴，而且并未收到预期的效果。

建阿房宫和骊山墓

天下一统以后，秦始皇采取了一系列巩固统治和加强统一的措施，同时为了满足自己的私欲，大肆建造宫殿，供自己享用。短短的十多年中，仅在咸阳及附近地区建造的宫殿就有数百座之多。[⑦]一座宫殿连着一座宫殿，弥山跨谷，连成一片。据文献记载，单单渭南上林苑中的所谓朝宫就连绵300余里，宫门口立着12个威风凛凛的大金人，它的前殿就是有名的阿房宫。

阿房宫是秦始皇居住和寻欢作乐的主要场所。它东西500步，南北50丈。这个宫殿十分高敞，殿下可树五丈高的大旗杆。在这个宫殿的大堂中，可以同时坐上万个人。宫殿通过阁道与各旅游胜地以及其他宫殿相连，活动十分方便。

秦始皇就在阿房宫中纵情享

阿房宫图（局部，清代画家袁耀绘）

乐，过着荒淫奢侈的腐朽生活。在宫殿中，充斥着从全国各地搜罗来的珍奇宝物。秦始皇贪恋酒色，说是宫中的年轻美貌女子有一万多人，酒气直冲云天。秦始皇是迷信神仙的，他就常常让他的宫女打扮成仙女，在宫中游乐。秦始皇的歌舞班子也有千余人，一些专业的宫女常年寄居在阿房宫中，供始皇玩乐。

兵马俑

巍峨的阿房宫是用劳动者的尸骨堆积起来的。为了建造包括阿房宫在内的众多宫殿，秦始皇动员了 70 万徒工，历时数年才营造成功。其中有成千的徒工，就葬身在这一座座华丽的宫殿脚下。

秦始皇生前要享乐，死后也要安居。于是，在他登基之后就开始大规模地兴建陵墓，名为骊山大墓。

大墓完全依据秦始皇生前的气派建造。以宇宙万物为背景，上具天文，下具地理，表明墓主人是宇宙的主宰者的非凡身份；大墓绘画有统一后的江山全貌，其中的百川、大江、河湖，都灌以水银，用以象征滔滔之水；有秦始皇办公的地方，由百官侍立在他的周围，如众星拱月一般；有秦始皇日常居处的地方，堆满了奇器珍怪之物；为了防止当世人或后人盗墓，还在地宫的机要处暗设机关，装以强弩，一有动作，强弩便急速射出，将其杀死；大墓深藏于地层之下，号称"穿三泉"……

最让世人称奇的是骊山墓东侧的兵马俑坑，坑中展现的是一个地下大兵团。

在 1 号兵马俑坑中有 6000 余件陶俑、陶马。在 2 号兵马俑坑中有战车 89 乘，陶质车士 261 人，驾车陶马 356 匹，骑兵武士俑 116 人，陶鞍马 116 匹，步兵俑 562 人。在 3 号兵马俑坑中有驷马战车 1 辆，武士陶俑

68 件。至今发掘的三个兵马俑坑，面积有 2 万多平方米，坑内的陶俑有步兵，也有骑兵，还有车战兵，总数在万人上下。这些武士陶俑，十分写实和逼真，身高都在一米八上下，神态庄重，大有威武之师神韵，由此可见当年秦帝国国力的强大。

注释：

① 《史记·秦始皇本纪》："寡人以眇眇之身，兴兵诛暴乱，赖宗庙之灵，六王咸伏其辜，天下大定。今名号不更，无以称成功，传后世，其议帝号。"

② 兴安运河（灵渠）沟通了我国南方两大水系——长江水系和珠江水系，成为我国古代南方交通的大动脉，它的作用长达一两千年，明清时仍被称为"三楚两粤之咽喉"（《修复陡河碑》），它有力地促进了中原与岭南地区的经济文化交流。

③ 从现存的秦时长城的遗址看，当时长城的城墙平均高约 7.8 米，墙基平均宽 6.5 米，顶部 5.8 米。八达岭长城砌墙的石条长达 2 米，重两千多斤。在当时条件下，要将这样重的石条运上高山，砌成石墙，困难是可想而知的，同时也可想见我国古代劳动人民的伟大创造力。

④ 司马迁在《史记·李斯列传》中，对秦始皇废分封作出了公允的评价："秦无尺寸之封，不立子弟为王、功臣为诸侯者，使后无战攻之患。"

⑤ 《说文解字·叙》引《尉律》云："学僮十七以上，始试讽籀书九千字，乃得为吏。"《睡虎地秦墓竹简·为吏之道》强调为吏必须熟知律令。

⑥ 这里举的三个法律例证，都见之于地下发掘的《法律答问》中，具有极大的权威性和真实性，是当时法律应用和解释的真实写照。

⑦ 据《史记·秦始皇本纪》记载："关中计宫三百，关外四百余。"《三辅黄图》说："咸阳之旁二百里内，宫观二百七十。"

第二十二卷　楚汉之争

在历史的长河中，楚汉之争只是短短的一瞬。从公元前209年（秦二世元年）初秋刘邦、项羽响应陈胜的号召先后起兵算起，到汉高祖五年（公元前202年）刘邦称帝，前后也只有七八年的时间。

可是，就这七八年，在中国历史上地位之重要是难以估量的。它面临的严峻课题是：坚持统一和进步，还是走向分裂和倒退？楚汉之争的本质就在于此。

在这段时间里，风云变幻无穷，戴着不同面具登上历史舞台的杰出人物层出不穷，让人们永远不能忘怀的历史故事比比皆是。就是流行在民间的棋谱上也会标上"楚河汉界"的字样。人们不能忘怀这一段历史，是有其道理的。

"始皇帝死而地分"

秦始皇虽然讳言"死"字，但满朝文武，以至于普通百姓，都在思索着一个最严峻的问题：这位气吞日月的始皇帝死后，天下将是怎样的呢？

人们尽管不说，但心中都有一个答案——只是答案并不相同罢了。

秦始皇三十六年（公元前 211 年）某天的夜晚，在东郡一带从天际坠落下一块偌大的陨石，次日天明，大家好奇地围拢来一看，只见石上有一行大字。

"始皇帝"一个中年人读到此，再也不敢读下去了。

"始皇帝死而地分！"①一个小孩读出了陨石上的全部文字。童言无忌，众人大惊失色。听到小孩读出的声音，小孩的父亲大惊失色，第一时间把小孩的嘴捂上了。

消息马上传到了秦始皇那里。最犯秦始皇忌的是两件事：一是说他要死，二是说要分裂。秦始皇为此大怒，他派出负责刑律的御史，逐家逐户地盘查，最后还是一无所获。秦始皇虽然迷信，但理智和经验告诉他：陨石上的字决不可能是来自上天的"天书"，而是那些对他不满的谋反者恶意刻上去的。他要尽快地查出肇事者。

"把陨石四周几个乡的人，不管老的少的，都抓起来，杀掉！再把那石块用火烧了。"秦始皇用最严酷的手段来对付裂地而治者。

同一年，竟有人在华阴的平舒道（在华阴县附近）拦截秦始皇的使者，对这位使者说："今年祖龙死！""祖龙"就是秦始皇的外号，有人公然希望秦始皇马上死掉，那还了得！秦始皇下令抓这个拦截者，但没有抓到。

这可以说只是分裂势力和维护统一势力间的一场大的较量的预演，更大更酷烈的斗争还在后头呢！一旦秦始皇真的死了，分裂和统一双方的斗争必然会更加激烈。

大泽乡的烽火

秦始皇的滥用民力和横征暴敛，使全国的老百姓再也难以生存下去了。

虽然秦始皇统治严密，但地下的怒火还是越烧越旺了。

秦始皇三十七年（公元前210年），秦始皇在最后一次巡游中死去，秦二世即位。燃烧已久的地火马上冲上了地表，汇成了燎原之势。而首举烽火的是当时的两个贫苦农民——陈胜、吴广。

秦二世元年（公元前209年）的七月，陈胜、吴广同九百贫民一起被征发去戍边，并被推为屯长。行至大泽乡（今安徽宿县东南20公里处）时，滂沱大雨，不能行进。按秦法规定，戍卒不能如期到达，必斩无疑。死亡威胁着每一个人。

"苦苦地赶到那里，要被处死，如果逃亡出去，也最多是个死。弟兄们，不如造反了吧，那倒可能是一条生路！"陈胜、吴广举起那粗壮的臂膀，高声向大家发

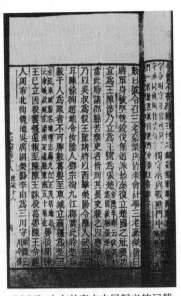

《史记》中有关秦末农民起义的记载

出号召。

"好，我们听你们两位的！"下面是山呼海啸般的赞同声。

陈胜虽是农民出身，但他是有一定见地的。他觉得起义得有个说法。他想了想，这里原先是楚地，而楚国的将军项燕爱士兵、爱国家，在民间威信很高。项燕虽然在抗秦的战斗中已被杀害，但大家都还不太知道他已离开了人世。陈胜决定利用项燕的威名，以兴楚为由发动起义，以"伐无道，诛暴秦"为旗帜，以"大楚兴，陈胜王"为口号，起兵西进。他们还采取各种方式，制造反秦舆论，用丹砂写了"陈胜王"的帛书，悄悄塞进鱼腹里。当义军发现这种帛书，甚感神奇；夜里又让人学着狐狸嗥叫"大楚兴，陈胜王"。义军们纷纷传说有关帛书和狐鸣的奇闻，这些显然为陈胜、吴广起义增添神奇色彩，增强了号召力。

大泽乡起义的烽火被点燃了。

当时，全国的铜器已全部收归国有。起义者，便以树木作为兵器，史称"斩木为兵，揭竿为旗"！

起义如干柴烈火，马上燃烧起来。仅仅10天，起义军横扫数百里，当

起义军进入陈这座城市时，这支队伍已拥有战车 700 辆，骑兵千余人，步兵数万人了。陈地原是楚的首都，战国末楚曾迁都于此。陈胜就在这里建立了第一个农民政权——张楚，也就是壮大楚国、统一全国的意思。

起义的烽火飞速地蔓延到了全国大部分地区，原来分散在各地的革命力量很快汇集起来，形成一支巨大的洪流，最终埋葬了秦王朝。

"裂地称王"势力泛起

秦始皇死后，陈胜、吴广在大泽乡举起了反秦的义旗，许多六国旧贵乘势而起，加入了农民起义的队伍。他们中有齐王田氏的宗族田儋，以及他的从弟田荣、田横，有原魏宗室魏咎，有魏国的所谓名士张耳、陈馀。他们加入起义队伍，目的是为了"立六国后"，回过头来再走分裂之路。

在陈胜、吴广起义军顺利发展的形势下，这些六国旧贵蛰伏不动，但一旦认为形势对他们有利，或革命队伍处于危机状态之时，他们就公然出来闹分裂。

张耳、陈馀接受陈胜的委派，北略赵地到达邯郸后，听到陈胜的主力周文败退的信息，马上唆使北路军的主帅武臣闹独立，张耳煽动道："看来陈胜的称王，是想自己占有天下，'张楚'的意思是张大楚国、统一全国，将来也未必肯裂地而治。"陈馀应声在旁煽动，献策道："您武将军已攻下赵地数十城，为什么不可以自个儿称王呢？"

在两人的鼓动下，武臣自称为赵王。消息传到陈胜那里，他明知武臣是拥兵自重，但出于无奈，只得派出使者表示祝贺，并促其挥师西下，助起义军主力部队周文一臂之力。这时，张耳、陈馀又对武臣说："祝贺您为赵王，不是陈胜的本意，如果陈胜的部队灭了秦，必加兵于赵。还是北向进军，退可拥兵自重，进可扩张地盘。"由于武臣部队的按兵不动，致使周文部全数被消灭。

武臣的部将李良在战斗中也一点点自大起来，他反过来举兵反赵，杀死了武臣，赶走了张耳、陈馀，成为割地自重的一股势力。

另外，起兵后的燕国旧将韩广将兵北略燕地，亦在燕地贵人豪杰之士的怂恿下，自立为燕王。

先期进入农民起义军队伍的六国旧贵周市，也乘机拥立魏公子咎为魏王。最先加入陈胜起义军队伍的齐国宗族田儋更是振振有词地说："大家都在裂地称王，齐为何不可称王？齐是古国，我又是田氏，应当称王！"他说到做到，就自立为齐王。

沉渣泛起。以六国故旧为主干的旧势力，纷纷裂地称王。他们是想走回头路，历史又行进到了十字路口。

刘项薛城之会

陈胜领导的农民起义，其兴也速，其败也速，前后只坚持了6个月。究其原因，有秦王朝的残酷镇压，有六国旧贵族的分裂割据和破坏，也有自身的军事失误。陈胜、吴广都被杀害，张楚政权覆灭了。

分裂割据势力奔走相告，额手相庆，以为割地为王的机会到来了。

他们高兴得太早了。统一是大势，为民心所向。刘邦、项羽顺势而起，接过了反秦暴政、坚持统一的大旗。

刘邦和项羽（先是他的叔父项梁）在陈胜起义后不久就投入起义队伍。刘邦出身于农民家庭，后为泗水亭长，他响应陈胜在沛县举义，号称"沛公"。项梁是楚国名将项燕之子，当陈胜起义的消息传到吴中时，项梁和项羽叔侄两人就带领子弟兵在会稽起事。不久，陈胜战败身亡。陈胜部将假借陈王令，拜项梁为上柱国，实际将兵权交付于他。项梁与项羽就率八千江东兵渡江而西，势如破竹。这时，刘邦也投身于项梁麾下。

项羽伐秦兵

秦二世二年（公元前 208 年）六月，项梁得知陈胜已死的确切消息，为了稳定局势，团结起义队伍的各路人马，在攻下薛城后，在那里召开大会，共谋反秦大计。刘邦也专从沛地赶来参加这次会议。

在这次会议上，刘邦基本上无所作为，处于项氏叔侄的制约之下。在会上，项梁的谋士、七十高龄的范增提出了一个带根本性的策略，他说："俗语说得好，'楚虽三户，亡秦必楚。'消灭暴秦，没有楚这面旗帜不行。当时陈胜称王举的是这面旗帜，我们要立于不败之地，也得举这面旗帜。"

大家对这一策略性的提议表示赞同。不过，怎么举起这面旗帜呢？深谋远虑的范增自有主张。他说："为长久之计，可以复立原楚王之后。"

根据范增的建议，项梁找来了已流落在民间的牧羊人、楚怀王之孙心，立为楚怀王。项梁自号武信君，掌军政大权，成为各路起义军的实际首领。

薛城会议是秦末农民起义进入第二阶段的标志。在以后的一段时间里，项梁成了起义军的盟主。

巨鹿之战 /

秦二世二年（公元前 208 年）的九月，秦名将王离率 30 万精兵，渡河攻击赵地，将赵歇、张耳的军队包围在巨鹿这样一座不大的城邑中，秦将章邯也率 20 万军队前来助攻。孤城巨鹿危在旦夕。

当时，项梁已在战斗中阵亡，项羽代其叔成为反秦各路军的首领。项羽知道得很清楚，如果秦军消灭了赵地的势力，接下来就会挥师南下攻楚，因此，救巨鹿之围，实际上也是一种自救。

他们决定出兵救赵，打的还是楚怀王的旗号。主将是宋义，项羽为副将。在战争策略上，宋、项之间发生了很大的冲突。宋义率军至安阳便驻足不前，坐视秦赵之战。而项羽主张"楚击其外，赵应其内"以破秦。最后二人冲突发展到了顶峰，项羽断然杀掉宋义，统领大军救巨鹿之围。这样做项羽虽然显得有点唐突和粗鲁，但当时是出于万不得已，也是可以原谅的。

在巨鹿之战中，充分表现了项羽的英勇善战。他先遣以勇猛著称的当阳君英布率 2 万人迅速渡过漳河，直奔巨鹿，以突然袭击方式断绝章邯粮道，使王离陷于缺乏粮草的境地。接着，项羽亲自统领全军抢渡漳河。渡河后，立即下令把所有的船只都沉没了，把所有的锅锅盆盆都打碎了，随即带着三天粮食出发，准备与敌人作殊死战斗，这就是中国历史上著名的"破釜沉舟"的故事。②项羽军自断后退之路，就似猛虎下山般扑向秦军，包围了正处于饥饿中的王离军。项羽一共发起了九次进攻，一次比一次猛烈，秦军兵败如山倒，连秦主将王离也被俘获了，章邯军一看大势不好，就引兵退却了。

当时，燕、齐等各路军来救巨鹿，设壁垒于其周围的不下十余家，但都不敢出来应战。等项羽发起进攻时，全都龟缩在壁垒里惊奇地观望。人们被项羽的盖世神武折服了。

从此，项羽被公认为各路反秦军的首领。

项羽新安坑降卒

巨鹿之战的胜利，本来为项羽赢得带领起义军一统江山的筹码，但是，随之而来的新安坑降卒，又把他推到了仁义之师的反面。

项羽全歼王离军以后，又迅速追击犹如丧家之犬的章邯军，章邯节节败退。这时，秦二世在赵高的唆使下，严责章邯。有官员又向章邯献计道："现在，皇上全听赵高的，将军如打胜了，赵高会嫉妒于你，打败了，赵高会加罪于你。你进也不是，退也不是，不如降了项羽为上策。"

正当章邯犹豫不决的时候，项羽军又两度重创秦军。章邯自知山穷水尽，别无出路，于是在殷墟投降了项羽。项羽接受了章邯之降，还封他为雍王呢！

怎样来处置那么多降卒呢？项羽想了很久，最后萌

项羽

生一计。"你们这些士兵，大多是关中人，我现在把你们送回关中去。"项羽不动声色地对降卒们这样宣称。

于是，20 万降卒浩浩荡荡地由殷墟出发，直奔关中而去。可是，当军行至新安（今河南渑池西）时，项羽凶相毕露了，他对押解的将军说："这些降卒人太多，他们的心里又不服，恐怕会发生变乱，不如杀光了之。"

于是，在一个风高月黑之夜，项羽采取突然袭击的手法，把这些原本无辜的普通士兵全都坑杀在新安城外，成为了千古冤魂。

一夜之间，项羽的英雄形象褪尽了它应有的色泽和光华。人们疑惑着：这究竟是一个怎样的人呢？

"约法三章"

秦二世二年（公元前 208 年）九月，楚怀王与各路将领约定：先入关中者为王。当时秦的兵力还相当强，许多将领不敢也不愿入关，只有刘邦、项羽两支部队自告奋勇地表示愿意入关。

刘邦走的是西征之路。从秦二世二年秋起，历时一年，连克泗水、东郡、三川、颍川、南阳等郡的广大地区，突破武关，直指关中。当时秦的主力如王离、章邯等部都被项羽吸引住了，因此，刘邦除与一些地方部队交锋外，阻力不算大。

当时，秦二世已被赵高所杀，立公子婴为秦王。刘邦逼近关中时，赵高派人来与刘邦联系，说如不进关可以"约分王关中"。刘邦没有理睬他，

刘邦

率军直入关中，驻军霸上（今西安市东南），向秦王子婴发出"约降"的最后通牒。即位刚 46 天的子婴，茕茕（qióng）独立，无力抵抗，只得亲至枳道亭旁向刘邦投降。

刘邦入关后，对民众实行了安抚政策。隆冬时节，刘邦在霸上召集关

中父老，当面向他们宣告：

"天下人被秦的暴政压迫得够苦的了，我带兵到此，就是为了废除秦的苛法，让老百姓过上安稳日子，现在我跟大家约法三章：杀人者死，伤人及盗抵罪！"

这就是中国历史上著名的"约法三章"。

刘邦叫人把此"约法三章"，用大字书写在各县、各乡、各邑墙上，让人人都知道。老百姓高兴得不得了，纷纷杀牛羊、备酒菜来慰劳刘邦的军队，刘邦把这些慰劳品都退回去了，说："现在大家都不富裕，还是不要这样吧！"

老百姓真的感动了，信服了，唯恐刘邦离开关中，他们可从来没看到过如此秋毫无犯的军队啊！

鸿门宴

这是中国历史上极有名的故事。

项羽听说刘邦率先进入关中，又气又急，连夜命大军西进。到了函谷关，被关守军所阻，项羽大怒，杀关将而入。很快，项羽大军进入了关中。他的百万大军雄踞于鸿门（今陕西西安临潼区东北），怒气冲冲，非杀了刘邦不可。

这时，有人把项羽要杀刘邦的消息告诉了刘邦的谋士张良，刘邦急与部属商议对策。张良说："我了解项羽，现在只有一个办法，就是你沛公（刘邦）亲自到鸿门去，软化他。"

有人说："那太危险了，去不得。"

张良说："去了，才能显出沛公的诚意，他项羽再要怎样，理上就亏了。"

有人说："项羽是杀人不眨眼的，怕是去得了

张良

而回不了。"

张良说："我陪沛公一起去，好见机行事。"

刘邦这时也说："去，我去！"

项羽听说刘邦要来，就假意设宴招待，用谋士范增之计，暗藏杀机。刘邦来到鸿门，对项羽低三下四地施礼，并十分真诚地说："我与将军一起勠力攻打暴秦，将军战于河北，我战于河南，真想不到我会首先入关。到了关内，我不敢进入咸阳城，驻军于霸上，为的是等待将军的到来。"项羽无话可说，把刘邦一行请上了宴席。

在席间，范增一再以眼神向项羽示意，要他动手杀刘邦。可是项羽就是不动手。范增一而再、再而三地将自己所佩的玉玦举起，项羽还是无动于衷。范增没了办法，就偷偷把项庄叫了出去，要他以舞剑为名刺杀刘邦。

项庄回到席间，对众人施礼道："项王与沛公豪饮，席间无所乐，请以舞剑助酒兴。"说罢，就在席间舞起剑来，剑锋不时指向刘邦。这时，项伯一看情势不对，大吼一声，说："一人舞不足乐，两人同舞才好看呢。"一面舞着，一面随时以自己的身体护着刘邦，使项庄下不了手。

张良一看席间剑拔弩张的样子，知道此地绝非久留之地。于是，让刘邦以上厕所为由，逃离了鸿门。范增得知刘邦逃脱的消息后，仰天长叹道："看来项羽这小子是不能与他商量什么的。等着吧，将来夺项王天下的，必定是刘邦无疑！我们这些人都将成为刘邦的俘虏了。"从此再不多说什么了。

项羽分封十八王 /

进入关中以后，项羽逐步从农民起义军的首领，蜕化成分裂割据势力的总代表，这也就决定了他败亡的命运。

鸿门宴后的数日，项羽便率军至秦都咸阳大肆屠杀，杀了秦王子婴，放火烧掉秦宫殿，大火烧了三个月都不熄。他还掳走了大批的财宝、妇女。他的所作所为，使曾经寄希望于他的秦民大失所望。

《史记·项羽本纪》书影

楚怀王当时表面上是起义军的最高领袖。他曾说过，先定关中者为王。结果大出项羽所料，刘邦抢先一步进了关中。项羽于是去问楚怀王："你看怎么样？"意思是要他改口，哪知楚怀王回答了一句："照原先所说的办。"这可使项羽十分恼怒，他假意把怀王封为义帝，让他由彭城迁往郴地（今湖南省境内），在半路上又派人将他杀了。

公元前206年春，项羽实施大分封。他把那些爱将亲信以及六国故王的后代召集到咸阳，说：

"当年发难的时候，大家齐心协力，披坚执锐，英勇杀敌，三年后，终于灭秦定天下，这都是大家的功劳。为奖掖大家的业绩，决定实行分封，叫做'分其地而王之'。"

众人震慑于项羽的威势，谁敢说个"不"字？只听得下面是一迭声的"善"字。

封沛公（刘邦）于巴、蜀、汉中之一隅，称汉王。

立降将章邯为雍王，王咸阳以西。

立项梁的故旧司马欣为塞王，王咸阳以东至黄河一带。

立当年劝章邯投降的董翳为翟王，王上郡。这三王之设，为的是"雍"死、"塞"死刘邦的出路。

又大封故六国王及其后代。封魏王豹为西魏王；封从张耳那里分化出来的申阳为河南王；韩王成，仍封为韩王；封赵王歇为代王；封张耳为常山王；燕将臧荼随项羽入关，封为燕王；齐王田市封为胶东王……

项羽一口气封了18个王③，把一个统一的中国切割得支离破碎。而他自封为"西楚霸王"。

分裂者不会有好下场。全国哗然，一片责骂声。

那些得到王位者不一定感激他，那些没有封得王位的就群起而攻之。他们乘势而起，挑起了新一轮的分裂战争。

故齐国的王室实力派田荣听到项羽封齐王田市在胶东，又立原齐将田都为齐王，大怒："如此不公，我反了！"他在齐地起兵，并自立为王。

这时，田荣又与梁地的彭越串通，鼓动他在梁地起兵。

差不多在同时，陈馀派使者到田荣那里去联络，说："项羽的分封不公平，把他的亲信分在中心地带，而原六国王都分在边远地区，我们不能容忍！"于是，打着"复赵王"的旗号，与田荣一起击打常山王。

分封又造成了天下大乱。

刘邦率军入汉　/

当项羽在咸阳当众宣布分封名册时，刘邦愤怒得差一点冲上前去与这个不讲理的"西楚霸王"拼了。他手下的众将也摩拳擦掌，愤愤不平。要不是萧何及时加以阻拦，那场面说不定是难以收拾，其后果也会十分严重。

回到军营，刘邦的怒气一时还是难以平息，他一拳狠狠地击打在桌面上，说："他项羽自封西楚霸王，占梁、楚九郡，而把我置于荒僻、边远的巴蜀之地，他还讲理不讲理。我跟他拼了，大不了鱼死网破！"

众将也应声大吼："拼了！拼了！我们跟沛公一起干！"

等大家发泄了一阵子，萧何站出来笃悠悠地说："好啊，去拼吧，不知你们众位想过没有，你们这样拼啊拼的，最后十之八九是鱼死而网不破啊！"

"鱼死而网不破，真的这样吗？"有人惊讶地反问。

"是啊，事情只能是这样的。"萧何还是笃悠悠的，"眼下，项羽有多少兵马？你沛公有多少兵马？再加

萧何

上他的党羽，你去碰他，无异于以卵击石，除了自己粉身碎骨之外，不会有别的结果。你想得好，鱼死网破？项羽编织的那张大网可结实着呢，你一条不大不小的鱼撞得破那张大而结实的网？结果只能是：网未破，鱼先死！"

"那怎么办？"此时刘邦冷静了一点。

萧何把刘邦扶到一边坐下，深谋远虑地说："现在只能是顺着他，到汉中去，当那个汉王去，把那里的地盘建设好，让项王放下心来去与别人拼杀。等别的'大鱼'把项羽编织的网折腾得差不多了，你汉王再待时而起，天下还怕不是你沛公的？"

刘邦奋然而起，拥着萧何说："先生真是我的好军师，您的一席话，把我心头的疑云都拨开了！"

这时的刘邦根据萧何的计谋，就顺着项羽的安排率军进入了汉中。关中的老百姓看到刘邦如此的仁义，真舍不得他离去，有几万关中人还跟着他来到汉中呢！

刘邦的军队从杜南入蚀中，过褒中（在秦岭太白山内）时，刘邦又接受了张良的建议，烧掉了进蜀的栈道。这样做，一是防备有些不安好心的人尾随着来袭击，二是似乎在告诉项羽，我刘邦是再没有向东发展的意图了。项羽听到这个消息，高兴地说："看来沛公再无还心，一心当他的汉中王了。"

刘邦进入汉中后，致力于养精蓄锐，保存实力，操练士兵，并派出张良，到项羽身边去鼓吹"汉王无还心"，同时张良也四出游说，为刘邦的复出制造舆论。静卧汉中的刘邦正蓄势待发，准备着与项羽决一雌雄。

"萧何月下追韩信"

"萧何月下追韩信"，虽说只是根据历史文献演绎的一出京剧，但是，它的故事概貌，它的大致情节，都与《史记》所描述的史实相吻合，具有极大的历史真实性。可以说，萧何这一追，很大程度上决定了刘邦的命运以及整个中国历史的走向。

　　韩信的故事在中国可以说是家喻户晓。他少时家贫，不得为吏，也不愿从事生产，曾乞食于漂母，也在家乡受过恶少年的"胯下之辱"。秦末农民起义军起，韩信随项梁渡淮，项梁亡后，在项羽军中任郎中。多次向项羽献策，都没有受到重用。当刘邦入蜀时，韩信由楚投汉。

韩信

　　在刘邦那里，韩信仍然是个无名之辈。他几次向刘邦上书，都没有得到重视，只是给他一个治粟都尉的小官，为军中筹备一点粮草而已。后来，韩信找到了萧何，两人有数度畅谈，萧何认定韩信是个可用的奇才，答应在刘邦面前力荐他，只是要找个机会。当时，刘邦初到汉中，军心有点儿不稳，有些将领吃不了苦，擅自逃亡了，前后有数十人之多。对此，萧何也不太在意，不想好好建功立业的逃兵，走了反倒好。韩信在军中闲着无事，心中闷得慌，一直没有候得什么好消息，以为萧何的力荐不会有什么好结果。

　　有一天，有人向萧何报告："韩信逃跑了！"

　　萧何大惊，也来不及报告刘邦，就亲自去追赶韩信了。好不容易才把韩信追上，好说歹说请了回来。萧何气喘吁吁地来向刘邦回报，刘邦却一脸的不高兴。

　　"丞相为何要逃亡？"原来有人误以为萧何追韩信是自己出逃而报告了刘邦，刘邦故而这样责问他。

　　"臣不敢也不会逃亡啊！我是去追赶韩信啊！"萧何大惑不解地作答。

　　"什么？什么？你再说一遍，你在追谁？"刘邦已经记不起韩信这个名字了。

　　"韩——信——！"萧何一字一板拉长了声音又说了一遍。

　　"韩信？他是个什么样的人？"刘邦惊奇地问。

　　萧何把韩信的身世，韩信的政治主张，韩信的军事才能，原原本本地向刘邦说了一遍。最后，萧何说："诸将易得，而像韩信这样的国士却举世无双。您沛公想称王汉中，不一定用得着韩信，如果您沛公想争天下，就非得用韩信不可。"

刘邦豪爽地说："我哪里想郁郁久居汉中，我用韩信为将吧！"

萧何说："您只是给他一个将位，他必不能留。"

"那我拜他为大将吧！"刘邦脱口而出。

萧何道："那很好。"

刘邦又说："那就把他叫来好了。"

萧何忙说："您历来对人傲慢无礼，拜大将怎能像呼小儿一样。您一定要择良日，设将坛，以礼拜之。"

刘邦听从了萧何的话，即日拜韩信为大将，统帅全军，全权委之以部署出兵关中事宜。

事实证明，刘邦这一步是走对了。

"明修栈道，暗渡陈仓"

公元前206年七月，东方的田荣已经兼并了三齐之地，占领了原齐国的全部土地，彭越又起兵，击楚自立。这对项羽是一个极大的牵制。韩信看准了这一个极好的时机，他对刘邦说道：

"项王是不得人心的，他所过之处多所杀戮，天下多怨，百姓不亲附。现在三秦地区所封王者，都是秦将，老百姓对这些人恨之入骨，全靠项羽撑着。目前，项王的绝大多数兵力都被齐军牵制于东方，这正是您汉王东进的好机会。

"再说，您汉王部下的将士，都是山东之人。他们都视巴蜀为暂居之地，日夜盼望东归。只要您在这节骨眼上一声号令，必定人心大振，三秦立时可夺。"

刘邦说："行，听将军的！"

公元前206年的八月，刘邦起兵东进。这时，韩信又献一计："项羽此时还是有相当实力的，必须声东击西，才能出奇兵取胜。可以明里大张旗鼓地修复以前烧绝、毁坏的栈道，把敌方的注意力吸引到那里去，同时组织精兵从敌人兵力较弱的陈仓（今陕西宝鸡东）进发，出其不意地击溃敌军。"

刘邦大喜，说："将军之计可行。"

于是，进出蜀地的原栈道处热闹非凡，旗帜招展，鼓声喧天，汉工程兵日夜重筑栈道，似乎不日就要由此东进似的。项羽得信，急令章邯等三秦诸王备战，堵塞栈道出口，三秦诸王的军队重心移向了故栈道处。

而蜀军暗地里却向陈仓处集结。刘邦令萧何收集巴、蜀大量的粮食，以备军用。一个月黑风高的夜晚，汉军如利箭般走出陈仓口，奔袭章邯部，由于章邯部主力不在那里，一连三战，章邯部节节败退。数天内，汉军一举攻占雍地，雍王狼狈地逃至咸阳。汉军又趁势东向北进，塞王欣、翟王翳望风而降。秦地三王全被消灭，"三秦"轻而易举地归入汉王的版图。这就是历史上有名的"明修栈道，暗渡陈仓"。

垓下之战

正当项羽军被牵制于东方之际，汉军于公元前 205 年三月，从临晋渡河，大举东进。在取得一系列胜利以后，即南渡平阴津（河南孟津东北），到达了洛阳新城。在那里，发布了著名的对项羽的宣战书。④

在那里，有一名叫董公的"三老"要求刘邦接见，刘邦高兴而有礼貌地接见了他。董公向他献计道："我听说'顺德者昌，逆德者亡'，'兵出无名，事故不成'。现在，项羽杀死了义帝，如果您以此出师，可说是师出有名。为此东征，四海之内都会信服的，请汉王三思而后行。"

刘邦听此"善言"，高兴极了，说："老先生说得对极了，我一定会这样做的，即刻以此声讨项羽的无道！"

这样，刘邦一面亲自为义帝发丧，在丧仪上，刘邦号啕大哭，显得十分伤心的样子。同时，以此为由头，写了一封告诸侯书，书中这样说：

"义帝是天下人共立起来的，得到大家的一致拥戴。现在项羽暗杀义帝

虞姬

于江南，这是大逆不道的事。现在，我带领关内的兵士，南浮江汉以下，愿与大家一起讨伐杀害义帝、罪大恶极的项羽！"

这封告诸侯书，实际上就是向项羽的公开宣战书。从此刘邦与项羽成为势不两立的敌手。

楚汉相争，楚军一度处于强势地位。但是，刘邦意在统一，很得民心。再加上用离间计，除去了项羽最得力的战将钟离和最有才华的谋士范增，这样，就使项羽处于彻底孤立的地位了。

公元前203年十二月，楚军行至沛郡垓县之垓下（今安徽灵璧南陀河北岸）时，汉军出其不意地将其包围在壁垒之中。楚军长期东奔西突，疲于奔命。一旦被重重包围，则完全丧失了战斗力。

入夜，刘邦令围城之汉军士兵大声唱起楚歌。这时，处于惊慌失措中的楚军，听到悲凉的楚歌声，军心更加涣散。项羽半夜惊起，以为楚军尽为汉所虏，饮酒帐中，悲歌慷慨，问左右："难道汉军已经占领了全部楚地？不然，为何有那么多的楚人在唱悲歌呢？"

左右避而不答，纷纷作鸟兽散。

项羽自知末日来临，抚着他心爱的乌骓马悲歌慷慨，泣数行下。美人虞姬边舞边歌，为其壮行。夜半，项羽亲率壮士800人，策马突破重围南走，边战边走，伤亡十分严重。天明后渡过淮河，从骑只有百来人了。

项羽行至阴陵（今安徽凤阳南），突然迷路了。于是就去向路旁一老农问路。老农故意指给他错误的方向，使这一小股残军陷入大泽之中而不能自拔，而汉军的轻骑马上追赶了上来。

项羽引兵东向，跟随的只有二十八骑了，而追击的汉军有数千人。项羽边战边退，来到了乌江边上，乌江亭长要用船载他过江，项羽不肯，说："我带江东子弟八千人渡江而西，现在无一人生还，我无颜再见江东父老了！"

于是，下马步行，与汉军作短兵相接的战斗，最后身负十余处伤，自刎而死。

项羽的自杀身亡，意味着楚汉战争的基本结束，不久，刘邦称帝，建立起了在中国历史上有着巨大影响的汉王朝。

注释：

① 《史记·秦始皇本纪》："三十六年，……有坠星下东郡，至地为石。黔首或刻其石曰：'始皇帝死而地分'。始皇闻之，遣御史逐问，莫服，尽取石旁居人诛之，因燔销其石。"

② 《史记·项羽本纪》："项羽乃悉引兵渡河，皆沉船，破釜甑，烧庐舍，持三日粮，以示士卒必死，无一还心。"

③ 据《史记·项羽本纪》载，项羽所封十八王为：汉王刘邦，雍王章邯，塞王司马欣，翟王董翳，西魏王魏豹，河南王申阳，韩王韩成，殷王司马卬，代王赵歇，常山王张耳，九江王黥布，衡山王吴芮，临江王共敖，辽东王韩广，燕王臧荼，胶东王田市，齐王田都，济北王田安。如果再加上项羽这个西楚霸王的话，是封了十九王。此外，还有被封为所谓"侯"的，一共加起来有二十多个。

④ 关于刘邦向项羽宣战一事，《史记·高祖本纪》和《汉书·高祖纪》都有记载，目的是号召各路诸侯团结在汉王周围一致进攻"大逆无道"的项王，事实上也确实起到了孤立项羽、团结各方的作用。

郭志坤 陈雪良 著

中华一万年

下册

汉　朝

共和国成立

上海人民出版社　　上海书店出版社

第二十三卷　汉家气象

汉高祖五年（公元前202年）"楚汉战争"结束后，中国广袤的国土复归于统一，建立起了一个强大的、朝气蓬勃的大帝国，它就是西汉王朝。这一王朝延续了200多年。经过一段战乱以后，由汉高祖刘邦的后裔刘秀建立起了仍称为"汉"的统一新王朝，因其首都设在原"汉"王朝首都长安的东方洛阳，故称为东汉，这一王朝又延续了将近200年。

西汉和东汉，合称两汉。

两汉是中华民族初步形成的重要历史时期。铁工具的广泛使用，牛耕的普及，使中华大地上作为立国之本的农业有了长足的发展。农业的发展，又推动了社会经济的全面繁荣，推动了国内各地区之间联系的加强，推动了各地区、各民族之间的交流和融合，在此基础上，开始出现了被东西南北各地的人们认同的"中国人"的新观念。

两汉时期中华文明的大格局渐次推出，这种格局甚至影响了整部中华文明史。中国被称为"丝之国"，指的就是汉代。中国铺天盖地的小农经济，也大致定格于汉代。还有汉字、汉服、汉代的礼仪制度和精神气质，都影响了中国数千年。

两汉是当时世界上可数的几个强国之一。公元前2世纪到1世纪，在从东到西的古文明地带上先后形成了三大帝国：地处东亚的汉帝国、据有伊朗高原和两河流域的安息帝国、横跨欧亚的罗马帝国。到公元1至2世纪，在亚欧大陆古文明地区，又兴起了雄踞于帕米尔以西、里海以东的贵霜帝国。西汉和东汉都能与这些帝国友好相处、互通有无。

这是一个伟大的时代，值得大书的时代。

由"汉王"到"汉皇" /

垓下之战后的三个月，迫于形势，一些诸侯王联合上书，请求刘邦称帝。殊不知，这幕"上皇帝尊号"喜剧的总导演就是刘邦本人。在这之前，在刘邦的策划下，萧何、曹参、张良等谋臣四出奔走，一面是施压，一面又是使各种地方势力感到刘邦称帝是势在必行。

"得让那些头上长角的地方势力牵头上书。"刘邦对自己的心腹这样交待。所谓"头上长角的地方势力"，当然是指那些迫于形势追随汉王，而内心里别有所图的地方势力。这些人一牵头，谁还敢说个"不"字？

在萧何等谋臣们的恩威并用下，最具反叛性的楚王韩信、韩王信、淮南王英布、梁王彭越、衡山王吴芮、赵王张敖、燕王臧荼等不得不联名上书，"请求"刘邦称帝。

富有喜剧意味的是，看到各地诸侯王的上书，刘邦虽然心中窃喜，但并不喜形于色，相反，却装模作样地召集群臣，着力地"推让"了一番。他说："大家拥戴我当皇帝，我哪里配得上呢？皇帝是德高望重的贤者，我离这个标准可远着呢！大家看还是选别人吧！"谦虚地表示不愿接受"皇帝"这一至高无上的尊号。

这些诸侯王虽然各怀鬼胎，有的也明明知道刘邦是在演戏。但为了保住自己的既得利益，不得不陪着刘邦把这出戏演完。他们集合起来，用更为忠诚恳切的言辞，又一次上书，书中说道："大王的恩德施于四海，这是天下的臣民有目共睹的事实，我们这些诸侯王说也说不完。大王居于帝位是最适宜的了，这也是上天的昭示，愿大王不要辜负上天的昭示以及天下百姓的期盼。"

刘邦再一次谦让，各地的诸侯王再一次上书劝进。最后，刘邦似乎实在推脱不了，

汉王印

才答应了下来，他说："诸侯王如果真的以为这样做有利于天下百姓，那么，我就只好登上皇帝位了。"

这种有人劝进、本人一再"谦让"、最后半推半就地登上帝位的模式，成为中国此后 2000 年封建社会中开国之君故作姿态的先范。

刘邦成功地登上帝位后，先是建都于"氾水之阳"的定陶，后迁都于洛阳，最后定都于当时的所谓"天下之中"的关中长安。

刘邦的"五湖四海" /

刘邦战胜项羽后，在洛阳南宫大开筵宴，招待功臣将领，开了个像模像样的庆功大会。酒行数巡，刘邦忽然向大家提出个问题：

"我原先是那样的弱小，最后为什么能得天下？而项羽一度是那样的强大，为何会失天下？列侯诸将不要有顾虑，要讲真话！"提出这一问题时，刘邦显得有点神采飞扬。

谋士将领们听了，各抒己见。有的说，那是陛下英明，有能耐。有的干脆说，那是天命所归。刘邦觉得群臣"知其一，未知其二"，都没有说到点子上，只好自己站出来说话了。他说：

"据我想来，成败得失，还得从用人上找原因。试想：运筹于帷幄之中，决胜于千里之外，我不如张良；镇国家，抚百姓，我不如萧何；统兵百万，战必胜，攻必克，我不如韩信。这三个人都是当代的豪杰，但是，我能全心全意重用他们，这就是我能得天下的道理。而项羽只有一个范增尚且不能用，这就难怪要被我消灭了。"

群臣听了刘邦这一番话，随即下座拜伏，言称极是。结果，原先设定的庆功会，开成了经验总结会。刘邦十分中肯地评价了"汉初三杰"为创建西汉王朝所立下的卓著功勋。

刘邦在用人上是搞"五湖四海"的。刘邦原先只不过是个在官僚层中根本排不上号的"泗水亭长"，家中虽略有田产，但其父母得自己参加田间生产劳动，他自己连欠人的酒钱也无力偿还。再说，他所交往的人也多为社会下层人士，这就决定了汉初"布衣将相"的基本格局。他手下的主要谋臣将领中，萧何、曹参、夏侯婴等当过下层官吏，陈平出身寒门，樊哙是屠狗的，灌婴是个小商贩，周勃以编席为生，兼为人办丧事当吹鼓手，娄敬靠拉车卖艺过日子，各行各业，样样都有。

刘邦是沛县人，他后来虽委重任于萧何、曹参、樊哙这样一些"丰沛集团"的人，但总体上来说，用人绝不以同乡为限，他们有的祖籍高阳，有的出生武阳，有的世居淮阴，东南西北，各处都有。

刘邦起事后，有的同时起兵，有的中途相识，有的沾亲带故，有的来自敌垒，对这些人，无论亲疏远近，刘邦都一视同仁，都能为自己所用。这些人在统一中国的过程中，各自起到了自己应有的作用。

正是从"五湖四海"汇拢的这样一些英雄豪杰，支撑起了大汉王朝的天下，成为汉王朝的第一代领导核心。

巧除韩信 /

项羽败亡以后，扫除了刘邦统一全国的最大的、公开的障碍。但是，他知道还有一个隐患未除，那就是表面上受他统辖，而实力比他还大的韩信。

韩信这个人可谓实力很大，野心不小。在楚汉战争的关键时刻，刘邦好不容易把他争取了过来，可他受命击败了齐国后，就派使者来见刘邦，说："齐国就靠在楚国的边上，如果我的权势太轻，恐镇不住它，请汉王封我韩信为假王。"当时项羽的军队将刘邦围困在荥阳，形势十分危急。刘邦一听使者的话，就勃然大怒，骂道："我被困在这里，日夜盼望你韩信来救我。你倒好，只想着自立为王！"这时，张良、陈平在下面踢踢刘邦的脚，附在他耳边悄悄说："现在与韩信闹僵了会坏大事，不如暂且满足他的欲望，让他安下心来共同对付项羽。"刘邦一听顿时醒悟了过来，当着来使的面假作很生气地高声说："大丈夫要当就当真王，当什么假王？！韩信是一位了不起的将军，我封他为齐王！"接着，马上派张良到韩信营地去，一面是探个虚实，一面送去了齐王的封印和服装冠带。韩信的欲求暂时得到了满足，就死心塌地地跟着刘邦打项羽了。在这期间，韩信也曾有过"三分天下，鼎足而居"的设想。当时，他迫于形势，不敢公然提出来，因为他虽手握重兵，但威望是怎么也不能与刘、项两人相比拟的。应当说，韩信在楚汉之争过程中起了极为重要的作用。

但由此刘邦心中埋下了一念：韩信这个人非除掉不可！

项羽败亡后，刘邦就着手剪除韩信势力的准备工作。汉高祖六年（公元前201年），有人上书告发韩信谋反（这当然也可能是刘邦自己设定的圈套）。当天上朝时，刘邦把告发韩信谋反的书信拿在手中，故作姿态地垂问左右：

"你们看该怎么办？"

臣下一片喧哗声："讨伐！讨伐！"

这时，只有谋士陈平不作声，等群臣退朝后，刘邦把陈平留下，问："大家都说应讨伐韩信，你为何一声不响？"

陈平说："那样做不是会重新招来天下大乱吗？"

刘邦问："那你看该怎么办？"

陈平答道："依臣下之见，可仿先圣巡狩会诸侯故事，将韩信拿下。"

刘邦大笑，说："此举正合我意！"

于是，这年的十二月，中央政府通知各地诸侯王，近日皇上将巡狩南方，会诸侯于云梦大泽。各路诸侯得此消息，纷纷会集于云梦地区。韩信虽然略有迟疑，但自度无罪，还是按时到达了指定地点。哪知，一到那里，韩信就被武士拿下，解除兵权，押上囚车，直解京城。在囚车上，韩信悲愤万状地说："兔子死光了，捉拿兔子的猎狗也就该被斩杀了。现在天下已定，我是当杀了。"①

刘邦不在乎韩信说些什么，解除了韩信兵权后，把韩信押到京城，再宣布赦免他的罪，封给他一个没有任何实权的淮阴侯。韩信自此怏怏不快，称病不朝。当然，刘邦对他还是一百个不放心，过些年又以"谋反"罪把他杀了。

叔孙通定朝仪　/

　　在刘邦初称帝时，朝廷的礼仪法规很不齐备。上朝时乱哄哄，下了朝更是乱作一团。臣子见了皇上，也没有个规矩。更有甚者，一些大臣喝了酒，便在大庭广众之间争功论赏。酒喝得多了的，就在厅堂上乱吼乱叫，有的还拔出利剑击砍庭柱，弄得汉高祖刘邦既难堪又烦恼。

叔孙通

　　这时，一位叫叔孙通的老资格儒生来到刘邦身边，对他说："这样不行，看来得制定朝仪才好。"

　　刘邦回答道："你说得对。但由谁来制定呢？"

　　叔孙通回答道："靠一般只懂得读书的人来制定朝仪怕是不行，我想去鲁国征召那些儒生，加上我自己的学生，共同来制定朝仪。"

　　刘邦又问："将来实行起来，会不会有不好办的地方？"

　　叔孙通回答道："五帝时代，夏商周三代，那时的礼仪和乐章都是不同的，当时人都是依据先前的礼仪和乐章，根据时势加以损益制定出来的。我们把古礼和秦礼作为参照，主要根据现今的实际制定礼仪，那样实行起来就不会有困难。"

　　刘邦高兴地说："那样就好，要简单、易行。"

　　叔孙通在鲁地征得了 30 多位懂礼仪的儒生，加上自己的 100 多位学生，再加上皇上左右的一些学者，开始了朝仪的筹建工作。他们先是讨论，有了一个大致的规划后，就实地操作起来。

　　他们在野外进行实地操练。拉起一根长绳，让用茅草扎成的人一直线站在绳线上，然后根据需要变换队形。朝仪排练了一个多月，叔孙通就对高祖说："皇上可以前来试看一下了。"高祖看了操练的全过程，点头称是，说："这些我都能做得到。"并命令朝臣去学习一些基本的礼仪规矩。

　　汉高祖七年（公元前 200 年）十月，长安举行长乐宫建成大典，就是按照叔孙通所定的仪式。

整个典礼由谒者（相当于司仪官）统一主持和指挥。文武官员严格按尊卑次序分别列队拜见皇帝。天刚刚放亮的时候，百官已在宫外肃立等候。从殿中到廷中，有手持军械的步卒保卫着，闲杂人一律不得入内和随意走动。上朝的时辰到了，就由谒者宣布"百官依次入廷"。于是，功臣、列侯、将军、军吏，依级别大小列队于左边，面向着东方。而文官、丞相依级别大小列队于右边，面向着西方。文武两队列队后，百官再也不得走动，全都垂手低头肃立在那里。其中有极少数不按仪式做的，被谒者请了出去。天子上朝时辰一到，皇帝就坐着天子的专车从寝宫出来，引赞官（相当于仪仗队）在前面传呼开道。皇帝在最中央的宝座上坐定以后，谒者带领群臣三呼"万岁"，并从级别最高的诸侯王开始直到年俸六百石的官吏，趋前向皇上恭贺。恭贺毕，皇帝宣布臣下可以奏事，奏事毕，皇上举行盛大的酒宴，酒过九巡，谒者宣布："酒宴到此结束，百官退出！"整个过程有条有理。事后，汉高祖高兴地说："我到今天，才知道当皇帝的尊贵啊！"

叔孙通由此被拜为太常。他所定下的朝仪，代表了等级制度下尊卑有序的政治体制，它的基本模式，在中国一直沿用了 2000 多年。

文帝躬行"节俭"

汉文帝

由于长期战乱，汉初 60 年的社会经济是十分困难的。当时的统治者适应时代的要求，采取了发展生产和提倡节俭的政策，连皇帝自身也节衣缩食。在这点上，汉文帝是一个难得的典范。

每年春天到来的时候，汉文帝就带头在皇家拥有的籍田上亲自扶犁耕作。这时，观者成千上万。文帝从小在民间长大，懂得耕耘农田之道，犁起田来像模像样，引得那些老农也啧啧称是，赞叹不已。犁了好长时间，文帝已是满头大汗，他一边擦汗，一边对围观的民众说："农是天下的根本，农业搞好了，衣食有了保障，就什么都不怕了。朕在籍田上亲耕，决不是摆摆样子，朕带领百官都耕作，朝廷官员的衣食是可以自给的。民众都这样做，还会愁吃愁穿吗？"②文帝这样做和这样说，极大地鼓舞了民众。

文帝最为宠爱的是慎夫人，但对她生活上要求却很严格。规定她穿的衣服不得因为追求美观而长裙拖地，为的是节省布料；睡的帏帐上不得有文饰；还让她亲自织布，为万民做出了榜样。

文帝在位 23 年间，皇宫后苑中的玩物一直没有增加过。有一次，文帝想在骊山上建一个观赏用的露台，先让工匠来计划一下，看要花多少钱。工匠回答说，再精打细算，也得花费一百两黄金。文帝一听"百两黄金"连连摇头，马上做出决定，说："一百两黄金，相当于中等收入十户的家产，那样太奢华了，不能干。我现在住在先帝营造的宫室里，时时担心干出羞辱祖宗的事呢，还造什么露台啊！"

帝王往往都在生前建造墓穴，文帝也不例外。在建墓穴时，他明确规定：学习古人的纯朴风气，因山为墓，不堆土为坟。建造高高的坟地，得花大量的民工，太烦民了。在墓穴里，不放置任何金、银、铜、锡的器物，一律以泥土烧制成的瓦器代替。这些都是为了让老百姓能够安心生产。2000 多年后，人们发掘其墓地时，看到埋葬文帝的霸陵的情形与他说的完全吻合。

文帝躬行节俭，后被继任的景帝进一步发扬光大。

文景两代，史称"文景之治"。武帝时经济繁荣，国力强大，在征战和兴建工程上有点大手大脚，但整个统治集团包括武帝本人还算是相当节俭的。武帝后的昭帝、宣帝时期之所以得以持续发展，也与帝王自身的节俭有关。有汉一代的节俭之风，成为整个中国历史上的一道放射异彩的风景线。

巨犁时代

一个特别值得引起注意的史实是，汉代出现了前所未有的巨型铁犁铧。20 世纪 50 年代于辽宁辽阳三道壕出土的一件巨型铁犁铧，长 40 厘米，宽

42 厘米，高 13 厘米，断面呈三角形，重量约在 21 公斤。

这是一个了不得的发现。在巨犁的背后，隐藏着几多历史的故事呢？

巨犁代表了整整一个时代——铁器时代。在一次讨论盐铁的会议上，有人就振振有词地说："铁器，民之大用也。"这里所说的"大用"，是指铁器既用于生活，又用于生产。秦汉以前，也有铁器，但不够普及。汉代是铁农具盛行的时代，铁农具中，除钱、镈、耜、铫、镰、椎、锸、镢、锹、铲外，最重要的就是犁了。犁的普遍使用，标志着粗放农业的终结和精耕细作农业时代的到来，而从中小型的铁犁铧到大型以至于巨型铁犁铧的出现，更是说明了农业的飞跃性发展。

犁具有象征意义。联合国广场上"化剑为犁"的图像中的"犁"意味着和平、美满、繁荣。汉代巨犁，告诉人们的是那个时代的繁华景象。史书上说的武帝时代"民人给家足，都鄙廪庾尽满，太仓之粟陈陈相因，充溢露积于外，腐败不可食"③的兴旺景象与巨犁的出现是分不开的。因为巨犁不只可以直接用来耕地，还可用来开沟修渠，改善农业生产的环境，大大提高劳动生产率。

值得注意的是，汉代这样的巨犁时不时地有所发现。在东北的辽宁，在华北的河北，在沿海的山东，在南方的福建，都有所发现。它们是辗转相传，还是独立的创造，现在一时还难以定论。但是，由巨犁可以证实，在当时，精耕细作的农业已经在广袤的中华大地上出现了。

有人作了估算，这样的巨犁再壮实的大个汉子也是难以拖动的，就是最有能耐的单头牛也不可能拉动，至少要有两头或两头以上的牛才能牵动它。这就反映出汉代的牛耕已经发展到"二牛抬扛"以至于"多牛抬扛"的相当先进的耕作阶段。

"授牛安民"

"授牛安民"是汉王朝的政策常规。

在汉代，不只鼓励私人畜养耕牛，就是公家也畜养了大批的耕牛。这些公家畜养的耕牛按时按批地分送给缺乏耕牛的地区或农户。这种以国家名义无偿地赠送耕牛叫做"受（授）牛"，目的当然是为了发展生产，安定民众。

武帝在征战过程中设立了武威、酒泉、陇西等三郡，称"三边"。为了开发这些边远地区，武帝下令徙民屯田。有大臣奏道："把大批民众迁徙到那里去还不太难，难的是缺乏耕牛，担心生产一时发展不起来。"武帝想了一想，说："那好办，就由国家无偿地授予耕牛吧！"那大臣问："有那么多耕牛可授吗？"武帝大手一挥，很有气派地说："把现有的公家养牛都授予三郡，再赶紧畜养一批，事情不就解决了吗？"在武帝时期，"授牛安民"的政策一直没有变。

昭帝是武帝的小儿子，继位后继续执行这一政策。元凤三年（公元前78年），发生了严重的自然灾害，昭帝马上下令把国仓打开，以周济那些缺衣少食的灾民，同时，他也想到了那些更加贫困的边民。他问身边的大臣："向边郡授送耕牛这件事落实了没有？"大臣如实说："不太清楚。"昭帝果断地说："这件事非同小可，一定要办好，而且不能收取任何费用。"昭帝时代被称为"中兴时代"，这与"授牛安民"很有关系。

汉代陶仓

平帝时代，汉朝已是一派衰败气象，但是，"授牛"还是在继续着。元始二年（公元2年），全国大旱，青州地区灾情特别严重。平帝动员王公大臣献出自己的财产田宅，同时，在原准备建造游乐场所安池苑的地方，设立了安民县，动员贫民迁到那里去居住，并无偿地给予铁犁和耕牛。④

东汉时期基本上延续了西汉的政策，奖励牛耕更广泛，使用牛耕的地区也更普遍。东汉的统治者甚至规定，私自杀牛者要处死，盗牛者要重罚。东汉末年，曲周地方有一户人家，父亲病重，情急之下，男儿把耕牛给杀了，以牛作为祷告鬼神的祭品。这件事被县官知道了，验明正身以后决定将那男子杀头弃市。这时有一位叫陈矫的有识之士知道了，即刻向皇上进了一表，认为这是孝子行为，应赦免他。⑤皇上一想，也是，孝子之举虽不妥，但实在也是情有可原的，决定赦免他。但是，这件事本身告诉我们，在当时人看来，杀牛是一件挺大的甚至是难以原谅的大事儿。

小农的汪洋大海 /

汉代砖画《种水稻》

中国的古代社会，是小农经济的汪洋大海，这种社会经济模式，起于战国和秦，而成于汉代。⑥

战国时期最著名的思想家孟子设想的"五亩之宅，树之以桑"的经济就是小农经济。商鞅变法规定的"民有二男以上不分异者，倍其赋"，要求发展的也是以一对夫妻加上几个子女的小家庭为基础的小农经济。秦始皇统一中国后，强化的也是"男乐其畴，女修其业"的男耕女织的小农经济。汉承秦制，汉代巩固并发展了小农经济的地位。

汉高祖五年（公元前202年），发布了"复故爵田宅令"，虽说这对地主是有利的，但得益的更大层面在于小农——许多失去土地的小农，重新有了土地；许多原先没有土地的人有了土地，加入了小农的行列；就是原先的奴仆，也得到了解放，成为有相当自由的小农。

在昭帝时代，有过一次御史大夫桑弘羊与贤良文学就"假公田"问题的大辩论。贤良文学认为，把公田、苑囿、池泽租给农民耕种不好，政府的得利不多。而桑弘羊则认为这样做国家既可以得到贡赋，佃农又可以得到实利，应该坚持。辩论的结果桑弘羊赢得胜利。以租佃形式出现的依附农民的地位甚至比自耕农还稳定。

此外，在中国广大的农村，自汉代始还有数量相当可观的雇农，称之为"佣"或"佣作"。在农忙季节，不仅地主有佣工，农民也有佣工。在佣工中有一种人是自由身份，地位相当于自耕农，称为"市佣""卖佣"。鲁迅笔下的阿 Q 就是。另一种是带有依附性的佣工，有些农民由于种种原因，远走他乡，投靠大族，以"隶佣"为生。但他们的生产和生活方式仍然都是小农式的。

小农经济的汪洋大海一旦形成，就绵延了 2000 多年，成为中国社会的一大特色。小农虽然在历史发展中时有沉浮，但总体的格局是不变的。

张骞与"丝绸之路"

汉代陆路交通的最高成就，莫过于"丝绸之路"⑦的开辟了。

"丝绸之路"是由张骞通西域而开辟的由汉长安通往中亚的运输线，后经东汉人班超进一步打通，成为世界上最古老的联结欧亚的国际商道之一。

这条商道由许多条道路组建而成。东面由西汉的首都长安出发，向西北经河西走廊、出玉门关后即分为两路：北路经吐鲁番、库车、阿克苏和喀什；南路一条穿西藏北部高地和沙漠边缘之间，经米兰、安迪尔、和阗等地，在喀什同北路会合。从这里再向西，越过世界屋脊帕米尔高原进入中亚地区，再向西经撒马尔罕、布哈拉等地，经伊朗、伊拉克到达地中海沿岸。古代的船只从这里把商货运往罗马和亚历山大。另一支路在塔克拉玛干尽头离开南路，经阿富汗，通往印度。

通过"丝绸之路"西去的物品主要是丝绸，而由西向东运输的物品有黄金、羊毛、象牙、宝石等。

"丝绸之路"的东西两头连接着当时世界上两个最强大的国家——中国和罗马帝国。公元前 106 年，第一个丝绸商队从中国，经波斯，进入了罗马帝国。罗马帝国的皇帝完全被神异的丝织品迷住了，他甚至穿上汉人的丝绸服装出现在大庭广众之中。

"丝绸之路"沟通了中西文化，加速了人类文明的发展，大大提高了古代中国在世界上的声望，同时也极大地开阔了中国人的眼界。

昭君出塞

汉元帝的时候，由于昭君的出塞，汉与匈奴之间的关系上了一个新台阶。

汉元帝竟宁元年（公元前 33 年）春正月，匈奴的呼韩邪单于亲自来到长安，求见汉元帝。汉元帝十分热情地接待了他。在相见之时，呼韩邪单于对汉元帝说："我极愿意做汉皇的女婿，不知皇上是否允诺？"汉元帝马上爽快地作答："如能这样，汉人与匈奴之间必能世代友好。"

汉元帝就在宫中选择适宜于出塞的人。这时，已经入宫多年的良家女子王嫱（字昭君）自告奋勇，愿意出塞扮演"和番使者"的角色。汉元帝亲自对王嫱进行考察后，让王昭君以汉皇室公主的身份出塞。

昭君到匈奴后，成为呼韩邪的妻子。呼韩邪单于对昭君十分敬重和爱怜，称她为"宁胡阏氏"，意思是安宁汉廷也安宁匈奴的绝好女子。在昭君的住处，还树立了"单于和亲"的标志牌，表示汉匈将世代友好。两年以后，呼韩邪单于死去，根据匈奴的习俗，昭君又成为了呼韩邪长子的妻子。

昭君是个有志气和有远见卓识的女子，在匈奴住穹庐，披毡裘，食兽肉，饮熏酪，骑战马，从不叫苦。她以自己的青春和生命，换来了汉匈之间的和睦和安定。

昭君在匈奴生了一男两女。男的

昭君出塞

后为左日逐王，长女和次女也都在匈奴族的王宫中当家。他们日后都为汉匈友谊做出了贡献。

历史的认同：我是中国人！

国家的统一，经济的发展，对外联系的加强，促进着人们思想观念上的变化，尤其促成了对自我及生活在其中的社会群体的认识的加深。

在广袤的中华古土的疆域里，从远古开始就居住着各个族种的人民。由于风俗、习惯和长期形成的人文条件的差异，他们之间不可避免地会产生矛盾，会有斗争，但更多的是沟通和融合，是友好的相处。人们要问：他们之间从何时开始认同"我是中国人"的呢？这似乎是个难解的谜。

对此，大思想家、大学问家司马迁作出了圆满而确切的回答：汉代。正是汉代，有了"我是中国人"的极为明确的意识和观念。司马迁早年"行万里路，读万卷书"，他 20 岁开始从长安出发，壮游大江南北，他到过汨罗江畔、上过九嶷山巅，寻访过大禹葬身的地方，涉足于普通百姓之家。成年以后，又奉命出使过祖国的大西南，到过僻远的夜郎地区。他了解中国，了解汉王朝。他撰写《史记》，说到底，是要写出中国人的心。

当司马迁在山西考察了竹、谷、木材、玉石等物产，在山东考察了鱼、盐、漆、丝等物产，在江南考察了姜、桂、金、锡、丹砂等物产，在龙门、碣石以北考察了马、牛、羊等物产后，感慨万千地写道："这些物品，都是中国人民所喜欢和爱好的，各地的人们虽说风俗习惯有所不同，但是，他们把这些当作自己衣着、饮食、养生、送死所必需的东西，可是一样的。"

在这里，司马迁以千钧之笔写出了"中国人民"四个大字。

"中国"一词是发展变化的。⑧在远古时期，"中国"指的是帝王（尧舜等）的京师地区。到了夏、商、周三代，中国主要指中原的发达地区，与相对落后的蛮夷地区相对。到了汉代，由于国家的大一统，由于交通的改善，各地人民之间的交往和走动频繁了，甚至有相当部分人实现了地域性迁徙，这样，"中国"的范围就大大扩展了。

司马迁笔下的中国和中国人民，囊括了太行山以西直至巴蜀的大片土地，太行山以东直至大海的广阔疆域，长江以南直到闽越的大好河山，龙门、碣石以北为游牧者所居的地区，大致涵盖了黄河流域、长江流域、珠江地区以及长城内外的极为广大的土地。可以说，在司马迁笔下，不，在汉代人的心目中，"中国"一词成了汉帝国有效统治地域的一种提法。

这是一种由于国家大一统形成而带来的新观念，原先被视为蛮夷的地区，现在都囊括进了"中国"的范畴；居住在这些地区的人们，现在都认同为"中国人"，这在历史上是一个巨大的进步。同时，"中国人"这一观念又是相对于外国人而言的，这是只有在眼界充分开阔以后才会有的新观念。

特别值得注意的是，长期以来，人、民是有严格区分的。"人"指的是有一定地位和教养的人，而"民"指的是奴隶，因刺其目而盲，名为"氓"，衍为"民"。随着社会的发展进步，人、民的界限在逐步缩小、消失，司马迁在《史记》中"人民"或"民人"连用，正是汉人心目中人际平等观念的体现。

把生活在中华大地上的人们统称为"中国人"，这就是汉人的气度和心态。这正说明了汉代中华民族大家庭初步形成了。

一日三餐

有人会想，"一日三餐"这样的话题也值得一写吗？很值得一写！有道是，一日无食则饥，一日无衣则寒。人们苦心经营、不倦奋斗，从一定意义上讲，不就是为了吃得好些、穿得好些吗？那么汉代的统一、繁荣，必然会在人们的日常生活上有所反映。

在原始社会，茹毛饮血，食不果腹，说不上是一天食几餐。总的情况是，有物则食，无物挨饿。经过夏、商、周三代的发展，经济条件改善了不少。在汉以前，一般是一日两餐。《睡虎地秦墓竹简·仓律》所规定的秦代罪徒早晚各一餐，应该是前朝生活状况的反映。

随着社会经济的发展，事情在发生变化。处身于春秋晚期的孔子，就主张一日要吃三餐，那样对人的身体才有好处。[⑨]不过，绝大多数的学者认为，在当时条件下，普通老百姓是不可能一日三餐的，孔子是没落贵族家庭出身，自己又是事业挺兴旺的教书先生（史称"弟子三千"），他一日三餐是可能的，但整个社会要达到这一水平，还要过上数百年。到了汉代，种种迹象表明，那时普通老百姓家才有了一日三餐的生活状态。

当时，帝王为了表示自己的与众不同，定为一日四餐，即早晨食早餐，中午食午餐，傍晚食晚餐，夜间又要食一餐夜宵。一日四餐又与阴阳五行联系在一起，使帝王的饮食制度也抹上一层神秘色彩。这也可以反证当时在民间的确已经存在着一日三餐制了。

汉代的许多生活习俗和制度定格在了民族文化百花园中，汉代的"一日三餐"制，一直延续至今。

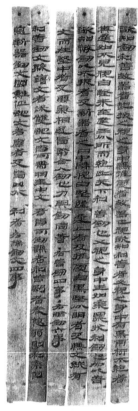

汉简

主食三种：饭、粥、饼

汉时，人们的主食原料的种类已大为丰富，五谷食粮常见的有黍、稷、稻、粱、大豆、小豆、麦、麻、瓜。这些原料可以制作成各类品种的主食。

"饭"是汉人主食中最常吃的。把食物原料加工淘净后，加上适量的水，在陶制或铁制的锅内用火煮熟后，就成为香喷喷的饭。当然，中国地域广大，各地所食的饭是不尽相同的。在关中地区主要以粟、稷为饭，江南和巴蜀地区主要以稻米为饭，西部边境地区则往往以青稞和胡麻子为饭，北部地区以荞麦和高粱为饭。

汉人也食粥，一般人大约每天食一顿粥，通常是夜晚吃，那样比较节俭，同时对养胃也有利。汉代老年人有终日食粥之风。据说，汉宣帝诏征很有学问的被公，让他为自己教《楚辞》。当时，被公年纪已不小了，且其老母还健在，被公每诵读一篇"楚赋"，宣帝就大加赞赏，并奖给他一桶粥。得到御赐粥后的被公十分兴奋，就向宣帝告假，说："皇上赐我的是好粥，我不能一人独食，得赶快趁热送给我老母去喝！"宣帝看他如此孝顺，也就允诺了。后来，宣帝想，这样既麻烦又费时，因此又下了一道圣旨：每当赐予被公一桶粥时，也给其老母送去一桶粥。可见，在当时，对老年人来说，食粥并非生活艰辛，亦不是难为情的事，相反，还是养生之道呢！

汉人还好食饼。大约自西汉始，面食之饼进入了主食行列。首先是麦子的大量种植和食用，二是制饼方法从西部传入。饼又称为胡饼，可见它是从西域传入的。到西汉时，人们学会了把麦粒打磨成面粉，再将面粉加水糅合制成饼，再用蒸、烤、煮等法，制作成熟食品，就可食用了。

饼因其可口和携带方便，深受汉人的喜爱。有一个故事说，汉灵帝一次在宫中吃到了一只胡饼，大惊道："这是什么物品，这样好吃？"左右告诉他："这是胡饼，麦面里面加了糖和果品，再用围炉烤制出来的。"灵帝大为兴奋，以后每天都要食几个胡饼。皇上一提倡，整个京师的老老少少都食起胡饼来了。在京城的大街小巷，老老少少、男男女女，都边走边咬嚼着香甜可口的胡饼，那景象当是十分好看的。

汉人留给后人的饭、粥、饼的主食模式，不是直至今天还留存着吗？

豆制品

豆制品的制作和食用，是汉代人在饮食文化上的一大发明，也是中国人对世界饮食文化的一大贡献。

在汉之前，人们已经食豆，但豆制食品并不太被重视，豆的功能也没有被开发出来。"豆饭"被看成是粗茶淡饭的代称，甚至将食豆饭与食糟糠并提。当时的食法也相当单一，就是把豆磨成粉（称为豆屑）与其他主食合在一起食用。到了汉代，豆已是食品中的一个大类。有大豆、小豆、黄豆、青豆、绿豆、白豆等，人们开始想到在"豆"字上有所突破。

首先是有人把豆制成色香味俱佳的豆豉。它的制法实际上很简单。先

酿酒（汉砖雕）

把豆蒸煮成熟食品，再密封促其发酵，加茴香、花椒，再加一定量的酱油，就成了极为美味的豆豉。这种豆豉既可作副食，又可作调味品。据《汉书·货殖列传》载，有樊少翁、王孙大乡两户人家，率先制作豆豉，大受欢迎，后来成了大富商。

汉代也已经有了豆芽的发明。先将豆用水浸泡，再用草席覆盖其上，不时洒上水，等其长出长长的豆芽来，再拿到市场上去卖。豆芽嫩而味鲜，深得民众的喜爱。从史料可见，在汉代，豆芽成了重要菜肴。

最重要的是豆腐的发明。豆腐，据传是汉代的淮南王刘安和他的幕僚所发明。制作方法并不复杂：先将豆浸透，磨成豆浆。再将豆浆煮开，加进石膏或盐卤，根据需要压去一部分水分，就成了又白又嫩的豆腐。淮南王有三千幕僚，其中有不少人具备一定的科学知识，豆腐发明于淮南王门下，并不奇怪。淮南王治下的八公山，据说就是他的豆腐制作场所。"八公山豆腐"至今名扬天下。河南新密打虎亭一号汉墓画像石上，有一幅豆类加工图，专家考证其为中国最早的豆腐作坊图。

有人说，豆腐的"腐"是别字，应写作豆脯，以其类乎肉脯而名之，实际上是说豆脯是一种素肉，营养上不亚于荤肉。

蔬食和肉食 /

蔬食和肉食，在相当长的一段时间里，是两种相互对立的生活状态。蔬食，就是以草菜为食，是平民阶层的生活状态，谓之为"布衣蔬食"，长期以来一直如此。肉食，以肉类为食，有势力、有地位的人才能肉食。《左传·庄公十年》说的"肉食者鄙，未能远谋"，就是指那些居高位、享厚禄的人眼光狭隘短视。

时代在发展，饮食情况也在一点点地发生变化，蔬食的"蔬"的品种也大量增加。汉人食用不少传统的蔬菜，如葵、芹、芋、韭、荞、笋、萝卜、葫芦、藕等，但也敢于和善于接受外来的蔬食，如黄瓜、西瓜、菠菜、葱、蒜。

原则地说，六畜中的马、牛、羊、猪、狗、鸡都可成为肉食对象。但是，马在边区是必不可少的代步工具，又是骑兵的最重要装备，因此马不可肉食。汉政府大力提倡农耕，禁止宰杀耕牛，因此牛也不可肉食。常被食用的是后四种，其中又以食猪、狗肉为最常见。汉人以宰猪屠狗为业者大有人在。食用猪肉和狗肉也十分讲究，一般是选幼不选壮，选壮不选老，这可从马王堆出土的肉食标本中得到证实。此外，也有很多人养食鸭、鹅。汉人也喜食"下水"，尤其是西北地区，舌、心、肺、胃、肠、肝、头、蹄，无所不食。这个传统一直留承了下来。这与西方人的普遍不食"下水"形成鲜明的对比。

汉代因为民众生活水平的普遍提高，大多数人步入了荤素杂食的阶段。普通百姓也开始成了肉食者。老的猪、狗，富人不食，就成了穷人的美味食品。穷人吃不起好的肉，就吃"下水"。《东观汉记》上说，有一个叫闵仲叔的人客居于安邑，他年迈多病，又没有什么正当职业，但还是想吃一点肉食，于是，每天买一点猪肝之类的下水吃吃，也算是饱口福了。

肉食敬老 /

汉代生活水平相比前朝有了大幅度的提高，因此有了荤素杂食的可能性。就是在普通百姓家庭中也有了肉食。但是，总体上说，肉食还是不多的。如果一个家庭中肉食不多，那么依照汉代提倡孝道的做法，就应该把肉食省给老人吃。

中国历来认为"死者为大"。对已经去世的长者以至祖宗，也要优礼相待。家中再有困难，祭祖时都得有肉食，有好酒。祭先祖时，宗族团聚，子子孙孙恭恭敬敬地送上肉食类供品，送上酒食，然后行礼如仪。

据《后汉书》记载，有一个名叫孔奋的读书人，十分清正廉洁。他家里很穷，夫妻俩整天都吃蔬食，而把仅有的一点儿肉食省给老母吃。有一次朋友请客，有肉食，那时大约也有分食制，他便把分给自己吃的那份肉食藏在衣袋里，拿回家去孝敬老母。孔奋的孝行，得到了社会上人们的敬重和传颂。

汉文帝是"以孝治天下"的肇始者。他即位后的第一道诏令就是《养老令》，在诏令中，文帝说：老人没有帛布就不能暖身，没有肉食就不能饱肚，今后每年岁首时，第一件要务就是要慰劳长者和老者，给予一定的酒肉之赐。他说到做到，下令每一县级官府负责每年给 80 岁以上的老人每月米 1 石、肉 20 斤、酒 5 斗。后来，汉武帝又规定，90 岁以上的老人享受更为优厚的待遇。每年的八月间，还要给高龄老人赐以牛、酒或羊、酒。这些，对社会尊老风气的形成是有作用的。

群庶崇饮

中国社会饮酒之风的大盛，大概是始于汉代的。生产的发展，社会的繁荣，为造酒业的昌盛提供了必要的条件。

河北满城西汉刘胜夫妇墓内耳室中，陈放着 33 个大陶缸，发掘时，可以清楚地看到酒液蒸发后留下的痕迹。每个陶缸高约 70 厘米，口径有两人之围。部分陶缸上写着"黍上尊酒十五石""甘醴十五石""稻酒十一石"等字样。据估计，这些陶缸的总贮酒量达到如今的 5000 公斤以上。

一个皇家贵族如此，整个社会就可想而知了。

拜谒图（甘肃嘉峪关新城 5 号墓出土画像砖图）

炊事揉面图（甘肃嘉峪关新城 5 号墓出土画像砖图）

　　据史料记载，汉代的将相百官常饮酒。曹参为相的时候，日夜饮醇酒。所谓"醇酒"，在当时是指米酒。曹参是汉初大功臣，有时喝酒多了，连上朝都忘了。一些属僚和宾客到他那里议事，他也每每让来者饮酒，而且让人一醉方休而去。

　　那些文人儒士，也常豪饮不休。西汉的王式被征为博士官，高兴得不得了，就把那些大夫博士邀集到自己的居舍，畅饮通宵。东汉的卢植是一位名士，他能饮酒一石。汉末的经学大师郑玄，则能饮酒一斛，简直无人匹敌。当时据说不只男子善饮酒，女子也好饮酒，有些女子甚至比男子还能饮，谓"女子海量过男人"。

　　《汉书·食货志》中说："有礼之会，无酒不行。"饮酒文化成为中国传统文化的一个有机组成部分。娶妻生子，待客会友，祭天祭祖，都要敬酒、祝酒。现在出土的大量汉代砖石画像、帛画、壁画，不少是以宴饮为题材的，它生动地反映了汉代"酒流犹多，群庶崇饮"的情景。

"峨冠博带"贵族装

汉代是等级制度渐次形成的时期，这也反映在服饰上。作为贵族，多为峨冠博带，宽衣大袖，为的是表示豪华和尊严。谁要是违反规定，那是要受到相应的惩处的。

在汉武帝时代，曾经发生过一起因穿衣不当而被革职查办的案件。以外戚身份当上太尉的武安侯田蚡，行事为所欲为，甚至连皇上都不在他眼中。汉武帝执政后，早就想除掉他，就是抓不到把柄。田蚡病死后，由其子田恬继任武安侯。这个年少气盛的田恬比他的父亲更为放纵。元朔三年（公元前 126 年）的某一天，武安侯竟然大饮而醉，没穿朝服，只穿着一种短内衣进入皇宫，还大摇大摆地朝见皇上呢！汉武帝为此大怒，说道："穿着短内衣上朝，简直是大不敬！把武安侯田恬的封爵废除！"就这样，田氏从此再没有抬头之日。

这个故事说明在汉代服饰上已是等级森严，谁要是轻举妄动，是要受到严厉惩处的。尤其是贵族，非得按规定穿戴不可，绝不可犯"不敬"之罪。

汉代的帝王称为天子，戴通天冠，高九寸。衣着为最上等衣料制成的黑红色上衣，红色下裳，内穿镶红边领袖中衣，红色绔袜，足登丝履，外套名贵的玄色长袍。文武百官按等级各有自己的服饰。

到了东汉时，官服的体制更完善，百官的服色分为青、红、黄、白、绛五种，按不同季节变换。官员穿的朝服和祭祀穿的服装有十分明显的标志，以区分其身份。袍上的花纹有日、月、星、辰、山、龙、花、虫、藻、火、粉、黼黻等区分，称为十二章。皇帝的大袍上用的是全份十二章，诸侯、大臣以下分别用八章、六章、四章不等。大袍长拖地三寸，以示华贵。

内衣：衬衫和汗衫

汉代的普通外衣有襟而无领，内衣才有领。内衣的领有方领和圆领之分。一般人都穿圆领内衣，只有士人（知识分子）才穿方领衣。因此，在当时，方领衣又称为"学者之服"。大概有知识的士人知书达理，行为方正，所以才特许穿方领服。

一般内衣有领但无袖。有领，就能防风沙，也能防止虫类的侵入。无袖，则穿着更贴身，也更舒适。即使有袖，也是不太长的袖。汉代人对内衣的要求特别高，在用料上甚至比外衣还考究。长沙马王堆汉墓出土的一件内衣，由上等丝织成，衣长 128 厘米，总共只有 49 克重，还不到现今的一市两，可见其面料是十分讲究的。

重视内衣，本身说明汉代在穿戴上的一大进步。

内衣，在汉代又称为衬衫或汗衫。衬衫之名，是由内衣衣着的部位而得名。这种衣衫衬于外衣的里层，于是自然而然地被称为"衬衫"了。而"汗衫"的称呼就有些来历了。有这样一个典故：相传汉高祖刘邦当年与项羽大战，项羽武艺高强，刘邦拼死抵挡，每每战罢回到军帐中时，内衣早被汗水浸透。刘邦脱下内衣，便戏称："此汗衫也。"从此，"汗衫"之名被人们传开了。

开裆和弥裆

现代人一般小孩穿开裆裤，而大人穿弥裆裤，其中的道理是不言自明的。但是，在人类的童年，有相当长一段时间是有衣无裳的，上衣长长的，下身可没有裤子穿。后来有了裤子（称为袴），但有裤而无裆，这种情况大约到汉代才有了变化。

这里有两个故事。

一个故事与孔子有关。孔子外出去办事，在路上，远远看到一个人衣衫不整，披头散发地坐在地上，把两条腿叉开，呈八字形，显得十分的不雅。孔子走近一看，是原壤那个老头。他大概知道孔子外出必经此道，便守候在那里，准备跟孔子胡搅蛮缠一通了。孔子走近去，鄙夷地用手

汉裤

杖敲了敲原壤的小腿，对他说："把腿合拢吧，那么大年纪了，不要在大庭广众之下出丑了吧！"哪知原壤根本不理不睬，反而把两腿叉得更开。孔子这时怒火中烧，恨恨地骂了一句："老而不死，是为贼！"原壤不过是把双腿叉开了，孔子为何发那样大的脾气？原来，当时人穿的裤是无裆的，因此一般情况下在裤外要套裙，而原壤这个无耻之徒既不穿裙，又在大庭广众之下张开双腿，人体的下部不就一览无余了吗？所以，孔子见此状才会发大火。

另一个故事是说：韩信年少时，淮阴的一些恶少年常侮辱他。对他说："你虽长得高高大大，但内心里是个胆小鬼！"一个恶少张开双腿，对他说："从我的两腿间钻过去，我就饶了你！"韩信审视了一下情势，觉得"无碍"，真的钻了过去。这就是有名的"裤下之辱"的掌故。时当楚汉之交，那恶少张开双腿让韩信钻过去，此时十之八九裤子是有裆的了，不然，从情理上似乎说不太过去。

开裆与弥裆的交叉，恐怕有相当长的一段时间。但趋向是走向弥裆，因为那样比较符合文明发展的大势。根据汉代的文明发展状况，成年人应该是进入弥裆时代的了，尤其是在公众场合。从汉代砖刻人像看，他们应该穿的是有裆裤，不然实在是太有失雅观了。有人根据《汉书》上说到宫女服"穷袴"一语断定汉代男性之袴有裆，而女性之袴无裆。这也是一种妄断。宫女穿"穷袴"，不等于所有女子都穿"穷袴"。从情理而言，女性比男性更注重性器官的隐蔽，在日常生活中怎么可能是相反呢？

平民的短打服

汉代的社会分化已十分明显，在服饰上的分野也相当鲜明。短打平民装的普及，就是这种分化的一个明证。

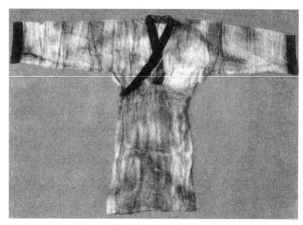

出土于长沙马王堆汉墓的薄如蝉翼的西汉素纱禅衣

从汉砖的画像看，汉代平民短打服的第一个特点是上衣与下裳的分明。上衣长则垂至膝下，短则在腰间。也许是为了劳动方便的需要，穿短打服者腰间都束有一根腰带，有的还束上两根呢！

平民短打服的又一个特点是贴身，不像官服那样宽袖大袍的。一般头上戴的是圆形（有舌或无舌的）的小帽、斗笠，有的则是在头上裹一巾子。穿的上衣下服也紧贴在身上，为了劳作的方便，一些人还把袖子卷起，那样就利索得多了。

汉代的法律还有一条规定，平民（包括农民）只能穿本色的麻布衣，不许穿彩色或杂色的衣服。平民中的商人更是连丝织品都不准穿的。但是，事实上，这种规定早已成为空文，平民穿青色绿色衣服的多的是，在喜庆场合穿红色的也会有。在这种情形下，到了西汉末年的成帝永始四年（公元前 13 年），朝廷又下了这样一道诏令："青绿民所常服，且勿止。"这不能不说是一种历史性的进步。

小康民宅：一堂二室

西汉单于和亲砖以及
"汉并天下"汉瓦当

住宅是整个社会生活状况的现实写照。当然，社会是分阶层的，社会阶层中的贫民、贵族、富室，各有不同的住宅居室条件，而小康之家的居住状况可以看成是整个社会生活水准的缩影。

秦汉时期，小康民宅的基本形式是三间房：一堂二室。

《睡虎地秦墓竹简》和《汉书》中都记述了小康人家民宅的"一堂二室"构架。这种小康之家大致上是两代人的五到七口之家，一对夫妇与若干子女共居于一个"家"之中。这种民居的平面图成曲尺形——外面是一个院子，由院子处叩开户门，即进入堂室。堂室是迎宾接客的地方，一般不是最为亲密的人士只到堂室。"二室"一般都有一大一小。大者为正室，为户主夫妇的居室，小者为侧室，为子女所居的地方。

　　一般在院子的背阳角落里，家家户户都盖有厕所和猪圈。如洛阳金谷园出土的明器中，就有一件厕所、猪圈的陶器制品。其西半部为厕所，中间有一矮墙将其分为两间，东半部即为猪圈，猪圈边上还自南向北放置有一长条猪槽，圈中有公猪母猪各一，小猪七只，一般农户大致都如此。

　　这种一堂二室的小康家园，除少数采用承重墙结构外，大多数采用木结构。墙壁用夯土筑造，屋顶为囤式顶。每个房间都有窗，形式分为方形、横长方形和圆形，有的还别出心裁地制作成三角形。有的房间做到四面有窗，使室内分外亮堂。

　　汉代"一堂二室"的小康民居这种模式，一直延续了 2000 多年，是中国古代社会民居的范式。

席地而坐

　　汉代登堂入室，不管是主人还是客人，都要席地而坐。席地而坐是一种生活状态，也是一种生活规格和礼仪。当然，如果是一个赤贫家庭，连吃穿都顾不上，哪有条件席地而坐？因此可以这样说，有席地而坐资格和习惯的，至少是小康之家。

　　小康之家以上，坐卧饮食起居，都离不开席。席是居家必备之物。席一般用蒲草或蔺草编织而成，这是草席。此外还有竹席，当时会稽的竹席特别好，地方上有献竹席供御用的，谓之"贡席"。开始是偶然的机缘，皇上用了觉得舒服，就成了惯例，年贡"会稽席"一次，地方长官是不会忘记的。最为上等的是兽皮席，有些贵族还制作貂皮、虎皮等材料不一的席。

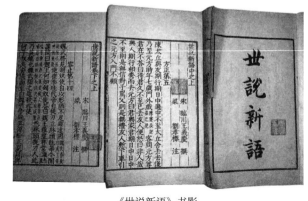

《世说新语》书影

所谓坐席，实际上就是后世的跪。将足向后屈，以双膝抵住席面，臀部则依在脚后跟上。如果伸足向前，则称为箕踞，那是很不礼貌的，也是没有教养的表现。当时，大约在客人或长者面前，都要席地而坐，在私密的状态下，或在并不严格遵守礼教的人群中，坐并不一定会席地的。《后汉书》上有一则记载，一群农夫在田间耕作，突然一阵大雨，农夫们都到大树下避雨，这时只有一人膝着地而坐，其余的都作箕踞状，或蹲在那里，谁也没说什么。对于一般农夫来说，怎样休息好就怎样坐，再则又处于紧急状态时，哪管得了许多。

从坐次看，汉时以东向为尊，即坐西朝东之位为尊。在家中，在社会上，尊者必有专席。家中为长者设专席，在学校中为老师设专席，在宫廷中为帝王及皇后设专席。专席一般要比其他席好些。除专席外，其余依南向、北向、西向为次。凡同席者，身份应当相当，不然被视为不恭。

同席而坐，同席而食，同席而学，是友谊的表示，如果一方对另一方有所不满，往往断席。《世说新语》中记述，管宁与华歆同席而学，是很好的同学。有一次外面有华丽的车子经过门前，华歆就离席去看热闹了。管宁很不高兴，就拿出刀子把席割开，分席而坐，说："你不是我的学友！"这就是"管宁割席"的著名典故。一般来说，割席相当于断交，是很严重的事。

床、榻、几 /

睡眠一般都要用床，不过当时的床都比较矮。属木制品，在睡面上铺木板。木板上一般都施以席，只有清贫者才睡光板床。

床上用品为三大件：枕、被、褥。枕的形状与功效与当今相同，枕中置棉絮，用以枕头。古人在生活实践中懂得了将头部适当垫高，比较舒服，也有利于血液的流畅，所以才有"高枕无忧"之说。被是睡眠时盖于身上以防着凉的织品，一般人家用布被，富有者用锦被。褥是冬季垫身用品，在被套中填以棉絮即是褥，富贵人家有皮褥。

东汉的时候，西域的胡床传入中原，称为榻。榻一般比较窄长，宽只有现今的七八十厘米。比床要低矮，近地，占地小，可以随便移动，还可以将其悬挂起来。西汉的武帝和东汉的灵帝都特别喜爱睡榻，犹如现今的人喜欢西式家具一样。由于帝王的提倡，榻的身价也就高了起来。汉时，一般人都跪坐在榻上看书、交谈、饮食，坐累了，才斜倚在"几"上，即半躺半坐"凭几"休息。

"几"是一种木质或竹质（富贵人家也有玉制的）的窄而长的凭依物，只在闲憩时使用。独处时，或是与家人共处时，可"凭几"。有客人在的时候，除非是特别要好且特别熟悉的，一般不"凭几"。后来，"几"的功效有了发展，客人来到后，先敬果品，交谈，送客的时候，献上茶，这茶就放在"几"上，茶几之名由是而生。

榻的身价逐渐提高后，它与床在交际中的功能有了分工。一般客人来，仍坐床，而贵客临门时，则必坐榻不可。因此，有的人家平时将榻收起，罩好，只在特殊的场合使用。尤其是在家中宴饮时，常常是主客各坐一榻，中间设一食案，一边饮用食品，一边交谈，有钱的人家还可同时欣赏歌舞。

不管是坐床、坐榻，在汉代都要屈腿正襟危坐。说明汉人的生活还比较严谨规矩。魏晋后，人的思想得到了大解放，才有了在床和榻上垂足而坐的习惯。唐宋以后有了椅子，人在坐立中的自由度就更大了。当然那都是后话。

条条道路通长安 /

秦汉人的交通是空前的畅通方便的。当时修建道路的目的也许是为了帝王控制全国的需要，但最终这些道路却利于国家，亦利在百姓。

秦皇汉武，都十分注重于道路的建设。驰道是秦汉时的道路网主干，它始建于秦始皇二十七

金牛道故址

年（公元前 220 年）。驰道本为天子专用道。为安全起见，驰道两边还建有墙垣，所以又称为甬道，相当于如今的全封闭高速公路。驰道由黄土夯筑而成，路面平整，每隔一段路程便种有树木，十分便于交通。从秦始皇起，经两汉 400 年的修建和不断修葺，陆上道路交通网络基本建成了。

秦汉时的驰道，自京师东出函谷关，经洛阳，抵定陶，直达临淄，形成了东西贯通的干道。由这一干线，又分支出自洛阳北向的东北干线，以及向长江流域延伸的东南干线，并与水上交通连接。

除驰道外，还有全长 900 多公里的直通北境的直道，通向巴蜀和西南的"金牛道"和"子午道"，通向南粤的岭南新道，以及被后人称为"丝绸之路"的直抵中亚、南亚的国际通道。

中国人好言"修身、齐家、治国、平天下"，但是，长期以来，"天下"也只是那些思想家、政治家、军事家眼中的列国而已。水陆交通的畅通，使中国人的"天下"观念发生了巨大变化。

牛车和马车 /

史书有这样两则有趣的历史记载：一则是，汉初，经济凋敝，当时，皇上要配齐同一毛色的四驾马车都办不到，而将相这样的高官，上朝时也只能乘坐牛车了。另一则是，东汉末年，长期战乱，马匹都征用到战场上去了，宫廷御驾和官车也多用牛车，汉献帝出入京城，也不得不乘坐牛车了。

汉代主要的交通工具有两种：牛车和马车。

牛车，主要做货运车，当然也可将就着兼做载人的车。牛车是厢式车，因其装载量相当大，在秦汉时又俗称大车。当年孔子周游列国，据传大部分时间坐

东汉时期车马出行图局部，此车有帷幔，是汉代妇女老弱所乘坐之车

的就是牛车。孔子有那么多学生，又带着那么多书卷，又有行李什么的，坐牛车又便宜又省事，那也是可以理解的。据说，汉代的一些卸职官员，有的步行外出，有的干脆乘牛车外出，以示俭朴。

牛车因为是厢式，车上的空气一定不太好。普通人坐坐尚可，有地位有势力的人是不太愿意坐牛车的。当时社会上看不起商人，规定他们只能坐牛车，不能坐马车。可是，一些商人"发"了以后，还会偷偷摸摸地乘坐马车呢。

马车除了作战用车之外，一般用作载人车。它只能坐人，不能载货，容量小些，因此又俗称小车。

马车分为轺车、轩车、辎车、辂车等类型。所谓轺车，就是一马驾驶的无盖小车。轺，遥也。因为没有盖，就可以看得很遥远。它没有座位，只能站着。马车被称为"乘"，而不称为"坐"，可能就是从轺车的无座位引申出来的。我们平时外出坐车称"乘车"，也由此而来。轩车是有盖但不密封的一马或二马拉的小车。轩，言其敞开也。辎车是一种相当舒服的大马车，有多马拉，大概也可乘多人。辎，厕也，大概这种车可坐可卧，可休息，还有大小便处。辂车是专供妇女或夫妻同坐的车，也是相当舒适的。辂，屏也，就是有所屏蔽，不被人看到隐私的车辆。四种车中的后两种车，大约是汉代的贵族所乘坐的。

汉代从西域引进了驴，于是也就有了驴车。驴这种动物，当时人没有见过，一见到此物觉得很有趣，也觉得很新奇。据说汉灵帝在宫中西园驾驴车，躬自操纵，驱驰周旋，以为大乐，公卿贵戚也争相仿效。但驴车的实用价值只在于运物，量也不大。

"木牛流马"独轮车

读过《三国演义》的人，都知道诸葛亮发明了"木牛流马"。故事大概是这样的：诸葛亮六出祁山，大军驻扎于祁山大营，而粮米皆在剑阁，沿途都是山路，人夫牛马搬运不便。正在焦急之时，诸葛亮胸有成竹地说：

"对此，吾已运谋多时了。前时吾收买了大量木料，教人制造木牛流马。这种牛马，皆不吃东西，但可轻运，昼夜不绝。"不多久，在诸葛亮的指导下，"木牛流马"真的制造出来了，解决了山路运输的大问题。

这是真的吗？

事实上，"木牛流马"不是什么神秘得不得了的东西，它就是独轮车。它的出现要大大早于诸葛亮所处的三国时代。

其实，早在汉代就有人制作了独轮车，并用独轮车装载物品。据说汉时有一个叫杜林的人，他在独轮车上装满了祭祀物品，推车去为自己的亲人奔丧。因独轮车车身狭小，车的宽度仅可供一鹿穿行，这种车在当时又称为"鹿车"。

《后汉书·赵熹传》中有一则很生动的故事：赵熹与友人在避难途中，友人的妻子很有美色，怕被贼人强暴，因此想藏在路人家。赵熹认为那不行，他说只要以泥涂面，再假装有病就行了。于是，就将友人妻脸上涂满泥水，让她坐在独轮车上，由赵熹推着。每逢到贼人时，妇人就装做病得很重的样子，终于躲过了一劫。用独轮车推着病人在路上走，贼人不以为怪，说明当时这种车辆已相当普及，说诸葛亮发明"木牛流马"，完全是小说作者的无稽之谈。

大风歌

一个时代有一个时代的精神风貌。汉代人好歌舞，精神昂扬，意气风发。刘邦的《大风歌》集中反映了那个时代的精神风貌和人们的精神境界。

刘邦称帝后，继续周游宇内，征讨那些图谋不轨的地方势力。路过他的故乡沛县时，在那里住了好几天。他邀集故乡的父老乡亲举行了一次盛大的宴会。在宴会上，他请乡亲们一起畅饮。酒过数巡，刘邦带着几分酒意纵情高歌起来：

大风起兮云飞扬，

　　威加海内兮归故乡，
　　安得猛士兮守四方。

　　刘邦在醉意朦胧中引吭高歌。这时，他想到了自己战胜项羽和其他地方分裂势力过程中的种种血腥场面，想到了日后治理国家会有更多的艰难险阻，想到应有更多的猛士为自己镇守四方，情绪更为激昂。他一遍又一遍地重复着这几句歌词，并且像一个大指挥家一样挥舞双臂让宴席上的所有沛县少年跟他一起高唱《大风歌》，仿佛这些少年在他带领下一下都成了"壮士"似的。

　　刘邦歌意兴起，情不自禁地仗剑起舞，把人们的情绪引向了高潮。

　　应该说，《大风歌》的精神是一种汉代的时代精神，在那样一个大时代，具有那样昂扬的斗志、崇高的精神境界的绝不止刘邦一个人。汉代志士所言的"大丈夫当雄飞，安能雌伏""丈夫生不五鼎食，死则五鼎烹""大丈夫居世，生当封侯，死当庙食"，以及张骞、班超的"凿空"探险精神，都是这种"大风"精神的延续和光大。

"不弃糟糠"

　　汉光武帝刘秀（公元前6年—公元57年）是汉高祖刘邦的九世孙。9岁丧父，寄养在叔父家。王莽天凤时曾往长安学习过儒家经典，家中养有许多宾客。时值王莽末年，天下骚动，刘秀遂与兄刘縯举兵于宛，后与绿林军合。刘秀等大败莽军后以恢复汉王朝为号召，取得旧臣以及义军的支持，力量进一步壮大。

　　建武元年（公元25年）六月于鄗称帝，

汉光武帝刘秀

沿用汉的国号。即位后移都洛阳。趁赤眉军和绿林军冲突之时，刘秀镇压了义军，接着又削平了地方割据势力，统一了天下。建武二年至十四年（公元26—38年）前后六次颁布释放奴婢的诏令，三次颁布禁止虐待奴婢的诏令。建武六年（公元30年）下令裁并郡县、省减吏员，并在中央削弱"三公"的权力，加重尚书台的职权，使其成为皇帝发号施令的机构。军事上废除郡国都尉，取消地方军；经济上减轻赋役，兴修水利，并组织军屯；思想上提倡儒学，宣布图谶。

刘秀即位后，于建武二年（公元26年）封其姐姐为湖阳公主，不久湖阳公主的丈夫死了，湖阳公主一直守寡在家。有一天，她看中了一位叫宋弘的大臣，就想请弟弟刘秀出面提亲。

宋弘是东汉初年大司空，他为人正直，做官清廉，对皇上直言敢谏。曾先后为汉室推荐和选拔贤能之士30多人，有的官至相位。光武帝刘秀对他甚为信任和器重，封他为宣平侯。

此时，刘秀也有意为姐择偶，便在朝臣中议论，微察意向，试探臣心。有一次议论到大司空宋弘时，公主倾慕地说："宋公（指宋弘）威容德器，群臣莫及。"其意谓，宋弘仪表不凡，气宇轩昂，德才兼备，群臣没有一个能够比得上他的。

刘秀得悉湖阳公主的意愿后，欲搭鹊桥，便专意召见了宋弘，并设宴招待了他，又让湖阳公主坐在屏风后面。

刘秀从朝廷之事说起，先问：对朝廷政务有何高见？

宋弘道：一切顺从天意民心。

刘秀又问：家中父母安泰？

宋弘道：承蒙鸿恩！

席间，刘秀故意用话来考察和暗示宋弘，他对宋弘说："人生在世，只要有了地位与财富，就不难找到朋友和妻子，你说对吗？"

刘秀心想，宋弘一定会同意他的观点。于是就直言不讳地对宋弘说："谚言'贵易交，富易妻'，人情乎。"其意是：俗话说，人贵了就得更换朋友，人富了就要更换妻子。这也是人之常情！

　　宋弘一听，便猜到这是皇上为他姐姐再嫁来试探自己的。按理说，这本是一桩攀龙附凤的好事，而宋弘却在刘秀面前严肃地回答："臣听说，贫贱之知不可忘，糟糠之妻不下堂。"其意是说，在贫贱时结交的朋友，不能因为自己的地位变了而忘记，同自己一起吃糠咽菜过苦日子的妻子，不能因为自己富贵了就抛弃！

　　刘秀又问了一句："此为内心？"

　　宋弘婉谢了光武帝的好意，说："此乃真诚！臣忠于君，夫爱于妻！"

　　光武帝刘秀甚为感动，认为此话十分有理，只好劝姐姐另行选偶。他把对宋弘不遗弃共过患难的妻子的恩爱称为"爱垂竹帛"，并赐匾额，予以彰扬。后人根据这个故事，把与自己生死相依、同甘共苦的妻子称为"糟糠"。

立"熹平石经"

　　汉灵帝刘宏（公元 156—189 年）是汉章帝玄孙，名宏。汉桓帝无子，皇太后与城门校尉窦武迎刘宏于宫中即帝位，时年 12 岁。刘宏即位后，窦太后临朝，窦武掌朝政。窦武嫉恶宦官，起用党人。宦官诬告窦武欲废帝谋反，灵帝大兴党狱，杀李膺、范滂等一百余人，禁锢六七百人，捕太学生一千余人，制造了历史上第二次党锢之祸。

　　灵帝在位期间，在文化典籍上做了一件很有意义的事，即立"熹平石经"。

　　汉武帝采纳董仲舒"罢黜百家，独尊儒术"建议后，儒家书籍被奉为经典，法定为教科书，设专门博士官讲授，成为判断是非标准与决策的依据。

　　儒学被定为官学，必须有一部标准本作为评定正误的依据，然而，皇家藏书楼里的标准本"兰台

熹平石经

漆书"却由于腐败而遭偷改。

有一次上朝时，大臣奏章说法不同，各据经典，灵帝不知所措。

原来，汉代立五经于学官，置十四博士。各家经文皆凭所见，并无供传习的官定经本。多次博士考试，各据经典，固执己见，引起纷争。

对经文的解说不同，是两大学派之间的根本分歧所在：今文经学家认为六经皆孔子所作，其中寓含着他的政治理想和思想精华，可以垂教万世，所以，解经多着意于阐发其中的"微言大义"。古文经学家认为"六经皆史"，孔子是"述而不作，信而好古"的圣人，六经不过是他将前代史料加以整理，作为传授弟子后人的教科书而已，所以解经多侧重说解章句训诂、名物典章。

汉代的博士考试亦常因文字异同引起争端，进而行贿改"兰台漆书"经字。此事引起了灵帝的关注。该怎么办？

此时，蔡邕想了一法，他向汉灵帝提出校正经书、刊刻于石的奏请。

蔡邕，是汉灵帝刘宏的经学大师。他认为经书典籍流传已久，文字转抄多有谬误，有的穿凿附会，臆解经文，贻误后学。熹平四年（公元175年）与五官中郎将堂谿典，光禄大夫杨赐，谏议大夫马日磾，议郎张训、韩说和太史令单飏等上书灵帝，要求正定六经文字（一说五经）。灵帝随即下诏诸儒正六经文字，并命蔡邕写六经文字。

在下诏之前，朝臣也有一番争论。

"谁来定夺？"

"以何为本？"

灵帝作了裁决，命蔡邕用隶书体书丹于碑，使工人镌刻之。蔡邕主持校订六经工作结束后，以小字八分将校正的经文书于石碑，因始刻于熹平四年，故称"熹平石经"。历时9年，共刻7部经典于46块石碑之上，字体一律采用隶书，故又称"一体石经"。

"熹平石经"共有46碑，立于洛阳城南的开阳门外太学讲堂（遗址在今河南偃师朱家圪垱村）前。碑高1丈许，广4尺。当时前来观看摹写者甚众，每天不下千辆车子，大街小巷常为之拥堵。此为中国最早的官定经本。所刻经书有《周易》《尚书》《鲁诗》《仪礼》《春秋》和《公羊传》《论语》。除《论语》外，皆当时学官所立。石经以一家本为主而各有校记，备列学官所立诸家异同于后。《易》《书》《礼》三经校记不存，无可考；《诗》用鲁诗本，有齐、韩两家异字；《公羊传》用严氏本，有颜氏异字；《论语》用某本，有毛、包、周诸家异字。共计 200911 字。这对纠正俗儒的穿凿附会、臆造别字，维护文字的统一，起了积极作用。石碑已毁，北宋以来屡有残石出土。近人马衡汇为《汉石经集存》，存 8000 余字。考证其源流的有顾炎武《石经考》、万斯同《石经考》和张国淦的《历代石经考》等，可供参考。

"熹平石经"从某种意义上可以理解为印刷术发明前的一种图书编辑出版活动，无论在内容上还是在形式上都产生了巨大的影响。这不仅订误正讹、平息纷争，为读书人提供了儒家经典教材的范本，成了雕版印刷术的先驱，同时开创了用刻石向天下人公布经文范本的先河，自后有魏三体石经、唐开成石经、宋石经、清石经。佛、道等诸家也刻有石经，构成中国独有的石刻书籍林。

不让"白首空归"

汉献帝刘协（公元 181—234 年）是汉灵帝中子，名协。母为王美人，被何后杀害。少帝时被封为渤海王，徙封陈留王。中平六年（公元 189 年）九月，董卓逼少帝退位，拥立刘协即帝位，时年 9 岁。即位后，东汉政权已名存实亡，汉献帝成了军阀董卓的傀儡。关东的豪强见董卓专权于己不利，便结盟抗拒，并推袁绍为盟主，出兵讨伐董卓。董卓挟持刘协西迁长安，并将旧都洛阳付之一炬。初平三年（公元 192 年）董卓被部将吕布杀掉，其部将李傕、郭汜旋即攻陷长安，控制献帝和公卿大臣，随后李、郭发生矛盾，互相攻

汉献帝刘协

杀，汉献帝成了双方争夺的对象。此后，逐渐形成了袁绍、曹操、孙策、刘备等军阀。建安元年（公元 196 年）汉献帝被曹操挟持到许昌，又成为曹操的傀儡。曹操杀伏皇后，挟天子令诸侯，逐渐形成了割据局面。

汉献帝初平四年（公元 193 年）九月，有 40 余名儒生在长安参加考试。考试结果分三等：成绩上等者赐给郎中，成绩中等者为太子舍人，成绩下等者全部罢免归家。结果大多数头发斑白、年逾六十的老儒属"成绩下等"，什么也没有得到，都得归家，谓为"白首空归"。对此，汉献帝刘协甚感同情，认为应该给这些老儒"功名"。

侍臣问："何以功名？"

刘协道："苦读功名！"

侍臣问："何以为之？"

刘协道："以弥苦读一生！"

侍臣不以为然说："仅此而已！"

刘协说："岂止，还可以劝儒生勤读！"

于是，汉献帝特下一道诏令，诏令这样写道：

"今老儒年过六十者，远离本土，营求粮资，不得专业，从孩童之时入学，到头发白空手而归，未取得一官半职，这样便被长期遗弃于农野之中，永远断绝了荣望之路，朕非常怜悯这些人。那些原来依照规定该罢归家者，现在可补为太子舍人。"

诏令下达后，使得老儒们个个欢喜欲狂，因为此诏令让许多老儒有了功名，有了粮资。

所以，长安有这样的歌谣在传诵着："头白皓然，食不充粮。裹衣褰裳，当还故乡。圣主悯念，悉用补郎。舍是布衣，被服玄黄。"

"自衒鬻"气概

据史书记载，汉武初年，征召天下品格崇高、才学出众人士参与国家治理，说明可以不按常规加以选拔。征召书一发布，来自四面八方应征的人极多，其盛况当时被称为"自衒鬻者以千数"。

这是一种"以天下为己任"的自我献身气概。

东方朔

这里有必要对"自衒鬻"作一点解释。"衒"，由"行"和"玄"两部分组成，而"玄"同"言"，因之，"衒"字为"有言有行"之义。"鬻"的初义为出卖，可转义为奉献。这样，"自衒鬻者"的意思很明确了，就是愿意以自己的言行为国家作出奉献的人，相当于时下的志愿者。一时有那么多人志愿为国效劳，绝不是一种偶然的现象。

以滑稽人物著称的东方朔读到武帝的征召启事后，马上作出了回音，他在自荐书中写道："我很早就失去了父母，由兄嫂抚养长大。13 岁开始读书，文史知识学得不少。15 岁开始学剑，也颇有造就。16 岁开始学习《诗》《书》，诵读心得写了 22 万言。19 岁开始学习《孙子兵法》，在布阵列队进军退兵方面也写了 22 万言心得，我的创作已有 44 万言之多。我身高九尺三寸，伶牙俐齿，能言善辩，论勇敢可与孟贲相比，论才思敏捷可与庆忌相比，论廉洁可与鲍叔相比，论信誉可与尾生相比，像我这样的人，当可成为天子的大臣了吧?!"武帝接到这封"文辞不逊、高自称誉"的自荐书后，不只不生气，相反"上伟之"，认为这是个了不起的有点伟大的人物。东方朔进入朝廷后，相随武帝数十载，为武帝出了不少好主意。

勇于自荐，以天下为己任，这是汉人的大气概，大精神！

尚武与习文并重

有汉一代，培养了大批的士人。这些士人与后世的文弱书生大异，他们大多既能舞文弄墨，又能击剑带兵，是文武全才。当时的武将可事文职，文臣亦常常可将兵征战。汉人把骑射、击剑，看成是成长中的基本功。

可以举"汉代文章两司马"的司马相如和司马迁为例。

司马相如是蜀地成都人。从小就爱好读书，并学击剑。乳名犬子，因慕战国时赵国大臣蔺相如的为人，而更名为司马相如。他年少时就才气横溢，所著的《子虚赋》，使他文名满天下。一次，汉武帝与主管猎犬的杨得意在一起读《子虚赋》，武帝感叹地说："真可惜啊，我不能与《子虚赋》的作者同时生活！"杨得意也是蜀地人，便告诉武帝说："《子虚赋》的作者还在，便是我的蜀地同乡司马相如。"武帝大惊，马上派人将司马相如请来，当面问他："这作品是不是你写的？"司马相如回答："是的。那是写诸侯之事的。现在我可以为皇上赋天子游猎，立马赋成奏上。"一会儿工夫，就写成了。上奏天子，天子大为高兴，封司马相如为郎将。汉武帝元光五年（公元前 130 年），司马相如以郎将的身份出使巴蜀，很好地完成了使命。之后，又以中郎将的身份作为武帝特使出使西南夷，一年后回报天子，武帝认为他使命完成得很好。

"读万卷书，行万里路"的司马迁也是文武兼备的大才。他花 20 多年的时间，写成了传世名著《史记》，开创了中国古典史学的新时代。同时，他又是位能征善战的将领。司马相如出使西南夷后的 20 年，司马迁又奉武帝之命行进在通向西南边陲的大道上，他是"奉使西征巴蜀以南"的功臣。他辟山道，通夜郎，定滇南，绘地图，功业赫然。回朝报命后，深得武帝的赞赏。祖国西南地区的开发，有司马迁的一份功劳。可以说，他在武事方面的功劳一点也不逊色于他在文化上的贡献，只是以往这方面没有做多少宣传罢了。

蔡伦造纸

蔡伦是东汉和帝时代的一名小太监。长大后任尚方令，专门负责监制宫中皇家用的器物。那时皇宫中集中了一批来自全国各地的能工巧匠，都归蔡伦管。蔡伦让他们搞出些发明创造来，受到汉和帝嘉奖，蔡伦也不贪功，把奖励的财物分给大家，大家也就乐意与他一起干事。

蔡伦在宫中感到最不方便的是文书的笨重。当时，宫中的文书还都是竹片制成的。一篇短短的文稿，就得一大叠竹片，让人搬来搬去，实在不便，有的拿都拿不动。蔡伦是个聪明人，他肯动脑筋，总想改进这一笨重的东西。

蔡伦

据《后汉书·蔡伦传》的记载："伦有才学。每至休沐，辄闭门绝客，暴体田野。"这一段史料透露了有关蔡伦的重要信息，说蔡伦每到休息天（休沐）的时候，就"暴体田野"，一面是出去透透空气，一面又是到民间去了解下情，从民间学到些新东西。

蔡伦是个有心人。一次，他带着宫中的几个小伙伴来到一个僻远的乡间，只见那里的人们正在把一些破烂的麻头、布条、树皮，放在一个大锅子里烧，再把烧得稀烂的浆糊状物品沥干，摊平在桌面上，晒干后，就成了一张张薄膜。

"这是做什么用的？"蔡伦好奇地问。

"用处可大着呢！可以包裹东西，识字人也可以在上面写字嘛！"那乡下人边说边干活儿。

蔡伦如获至宝。他觉得今天的收获实在太大了。都说能工巧匠在宫中，哪里知道真正的能人可在民间哪！这从树皮、麻头等物中沥出来的一层薄膜，可是一个大发明啊！回到宫中，蔡伦马上如法炮制。宫中物品多，他所用的材料就更多，有树皮、麻头、破布、鱼网，还有原先当书写用的竹片和竹片上刮下来的竹青，搅和在一起，加以精心制作，造出了比民间更加精细的真正意义上的纸来。

蔡伦把这一发明上报给了皇上。蔡伦是个平和而有德性的人，他并不贪天之功，在奏本上就写明"此法来自民间，伦只精细加工而已"。皇上觉得这个蔡伦可爱、实在，发现了民间的创造，又加以改进，很了不起，就承认了他的发明权，封他为"龙亭侯"，称这种纸为"蔡侯纸"。

纸的发明是对世界文明的极大贡献，被世人誉为中国的"四大发明"之一。

张衡发明地动仪

公元 119 年 2 月，中原地带大地冰封，春寒料峭。一天凌晨，天地间突然轰然一声巨响，洛阳一带山摇地动，树木连根拔起，成排的房屋顷刻之间成了一堆堆瓦砾，成千上万的百姓死于非命。

京城内外到处都是号哭声。人们沉浸在极大的恐慌之中。朝廷为了安抚百姓，在地震后的第三天，马上举行了盛大的祭天仪式，文武百官都怀着发自内心的极大诚意登上了祭台，让老天爷来保护普天下的苍生吧！

只有一位官员坐镇在自己官署里，没有参加这一祭天仪式。可能是当时局面慌乱，连皇上也没有发现文臣队伍中少了一个他。

他是谁？他就是主管天文历法的当朝太史令张衡。

张衡没有参加祭天仪式是有道理的。因为，他清楚地知道，要抗御地震带来的灾难，单靠祭天是没有用的。他手头的资料表明，从当年的洛阳大地震往上推的 50 年间，洛阳和陇西（今甘肃一带）先后发生了 33 次较大的地震和 13 次山崩，每次震后都是劳民伤财的祭天，可是结果又怎样呢？

地动仪

"得发明一种仪器，可以测定地震的方位和烈度，那样可以及时救灾。"张衡对太史署中的工作人员说出了自己的想法。

"对，对。这样才是办法。"大家都这样以为。

以后的年月里，张衡和太史署里的人们几乎是闭门不出，只有一些不时被召唤进署的工匠进进出出，忙个不停。他们一直在设计着、思考着。在张衡的办事署里，草图堆了满满的大半屋子。废弃的实验材料则更多。人们观察到，张衡办事的处所，常常是彻夜灯火通明。

时日流逝，十多年过去了。

到得汉顺帝阳嘉元年（公元 132 年），由张衡出面宣布了一个惊人的消息：可以精确地测定地震的地动仪制造成功了。

这是一台完全用精铜铸成的地动仪器，形状像是一只大酒樽。上大下小，有四尺多高，直径有二尺六寸，四周的铜壁上刻着篆文，还铸有八条倒伏着的铜龙，按东、东南、南、西南、西、西北、北、东北八个方位排列着。龙尾上翘，龙头外昂，仿佛龙是从云天外飞腾下来的一般。龙头的嘴中都含着一颗铜球，龙头的正下方都蹲着一只铜蟾蜍，好像等待着龙嘴里的铜球落下来似的。

"这八条龙是干什么的？"

"龙嘴中为何要含球？"

"地上怎么蹲着铜蟾蜍？"

人们好奇地问。张衡一一作了解答：八条龙代表八个方位，只要哪个方位有地震，哪个方位龙嘴里的球就会落到下面的铜蟾蜍中去。由于灵敏度高，就是千里之外的地震也能测量出来。

这是多么伟大的发明！要知道，这是世界上最早的测定地震的仪器啊！西方发明同类的仪器，要在千年之后。

汉字：中国"第五大发明"

没有汉字，也就不会有辉煌灿烂的中国古代文明，可以说，汉字是中华文明之母。从这个意义上说，令国人自豪的"四大发明"都是汉字这第五大发明的衍生物。

汉字之所以称为"汉字"，是因为它成形于汉代。

汉字有一个历史的发展过程。早在 3300 年前的殷商时期，就产生了刻在龟甲和牛骨上的甲骨文。这是一种古老的文字。之后又有刻在青铜器上的金文。在那时，文字很不统一，不同地方的人表达同一个意思，可以有

"龟"字的一些写法

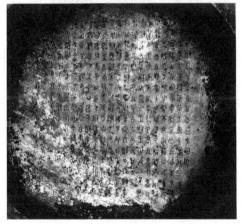

中为大克鼎铭文，记载厉王赐克为传达政令之官，并歌颂克的祖父师华父曾辅佐王，有盛德。下为逨盘铭文，此铭文中出现了十一位西周王人名

不同的表述法。甲骨文中单是"龟"字，就有50多种写法。而金文中的"鼎"字，我们现在看到的也有70多种写法。

到春秋战国时期，列国称强，各国的字体也很不相同。在秦国使用的叫大篆，秦始皇统一六国后，实行"书同文"，字体比以前的大篆更简略，并淘汰了甲骨文、金文中的大量异体字，称为"小篆"。小篆相传是秦丞相李斯所书。

到了汉代，隶书成为书写的主要字体。秦时也有隶书，是流行于民间的一种简便的书写方法和文字体例。到了汉代，把流行于民间的这种隶书规范化，并进一步简化，就成为汉代官方确认的汉字。文字学家把汉字分为两个阶段：自甲骨文到小篆，称为古文阶段；自隶书以后，称为今文阶段。

汉朝末年，出现了楷书。"篆书如圈，隶书如蚕，楷书如站。"楷书改变了隶书的波折之势和挑法，笔画平直匀称，字体明晰方正，是名正言顺的"楷模之书"。由此，真正意义上的"方块汉字"形成了。

这种"方块汉字"一直延续到今天。今天在使用汉字时，不能不想到2000年前的汉代祖先。

中国第一部分析字形、说解字义、辨识字音的大型字书《说文解字》产生于东汉时期，它的作者是许慎。许慎是汉明帝时代的大学问家。他前后用了20多年的时间，完成了这部析字训诂之书。《说文解字》一书是古代语言文字学的集大成者，在该书中，保留了大量珍贵的文字资料和古代社会各个领域的重要史料。《说文解字》首创的汉字部首检字法，以及字音、字义、字形综合研究法，一直被传承了下来。有人把许慎在析字训诂上的成就与孔子在思想上的地位相比拟，也是有一定道理的。

《尔雅》拓片

《说文解字》一书在总结前人经验的基础上，确切地提出了"六书"之说。"六书"是对汉字独特的造字、用字法则的总结。具体地说是指：一是象形。象形是中国文字的基础。比如"鸟"字，其字形与所表述的字义同，其头部的一点，就是鸟的眼睛。可"乌"字就不同，因乌指乌鸦，通体墨黑，眼睛看不清，因此头部就无一点。二是指事。就是用象征性符号组成指事字。"刀"是象形字，在刀口处加上一点，就成为指事字"刃"。三是会意。就是把两个或两个以上的实物形体会合起来，表示一种新的、通常是抽象的东西。如把"日"和"月"加起来，造出的"明"字，就是会意字。四是形声。形声字由"形"与"声"两部分组成。如"忍"字，"心"是形，"刃"是声。五是转注。文字是发展的，为了在字形上反映这种变化，就给本字加注或改换声符，这就是转注。"豖"是猪的象形字，但各地读音不同，有些地方读作"者"，为加注，写成了"豬"（现作"猪"）。六为假借。由于某种原因而假他字用作本字。如"请柬"，应为"请简"，意为把请帖写在竹简上，后有人借"柬"字用上，本字反而不用了。

"六书"对理解中国文字的形成和使用也很有意义。

注释：

① 《史记·淮阴侯列传》："上令武士缚信，载后车。信曰：'果若人言，"狡兔死，良狗烹；高鸟尽，良弓藏；敌国破，谋臣亡。"天下已定，我固当烹。'上曰：'人告公反。'遂械系信。至洛阳，赦信罪，以为淮阴侯。"

② 《史记·孝文本纪》："正月，上曰：农，天下之本，其开籍田，朕亲率耕，以给宗庙粢盛。"

③ 《汉书·食货志》。

④ 《汉书·平帝纪》："罢安定呼池苑，以为安民县。起官寺市里，募徙贫民，县次给食。至徙所，赐田宅什器，假与犁、牛、种、食。"

⑤ 《三国志·魏书·陈矫传》："曲周民父病，以牛祷，县结正弃市。矫曰：'此孝子也。'表赦之。"

⑥ 按照白著《中国通史》的提法，"小农主要是从生产规模方面说的。自耕农必然是小农，而小农则除自耕农以外，还包括各种依附农民和雇农。"

⑦ "丝绸之路"这一名词，是19世纪的德国学者迪南德·范李奇索芬男爵所创造发明的。

⑧ 《史记》最早使用"中国"这一概念是在尧舜时期，尧让位于舜后，"舜而后之中国践天子位焉"（《史记·五帝本纪》）。而实物史料（金文）要到周代时才出现"中国"这一概念，上距司马迁在世有1000年的时间。

⑨ 《论语·乡党》："食不时不食。"意思是吃饭要定时，不到该吃的时候，不该吃；到了该吃的时候，就得吃。食定时，就是食定餐也。那么一日定为多少餐呢？汉代的郑玄注："一日之中三时食。"也就是一日三餐。

第二十四卷　汉武雄风

　　汉王朝刚建立的时候，经济困难，民生凋敝。据说，当时要为皇上拼凑纯色的四匹马都不可能，而宰相只能坐牛车了。针对这种情况，从汉高祖刘邦开始，一直到汉景帝，一连五代，都采取"无为而治"和"与民休息"的政策，经过 60 多年的整饬，到武帝时，经济发展，社会安定，民众富足，西汉王朝达到了它的鼎盛期。一个强大的西汉王朝，如丽日经天，辉耀于世界的东方，成为当时世界上最为强大的国家。武帝时的强势发展，一直延续到之后 40 年的昭、宣两朝。

　　汉武帝是中国古代社会有数的具有雄才大略的帝王。在他统治中国长达半个多世纪的岁月里，在政治、经济、军事、文化、思想、外交领域里实施了一系列大刀阔斧的改革，取得了空前的成就。正是在这时，中国开始走向了世界，世界开始认识了中国。

　　汉武雄风，是强盛的西汉王朝的一个缩影。

16 岁的少年帝王

汉武帝名刘彻，是汉景帝刘启 14 个儿子中的第九个。刘彻的母亲姓王，出生在没有什么社会地位的平民家中。后来，她被选入宫中，得到了宠幸，被封为"王美人"。帝王常常是"后宫三千"，"美人"是宫中地位不算太低的妃妾，已经有机会接近皇上了。就在刘启即位的景帝元年（公元前 156 年）七月，生下了刘彻。

刘彻 4 岁那年，被封为胶东王。胶东地区是儒家思想的发源地，虽然汉初以来，都提倡道家的"无为而治"的思想，但是，在胶东地区儒家的思想气息仍然很浓郁。被封为太子太傅的卫绾，就是个十足的儒生。这使刘彻从小就喜欢上了文学，能够背诵《诗》《书》《礼》《春秋》这样一些儒家经典。经过十来年的学习，他成了一个既天真活泼又彬彬有礼的少年。[①]

有人一定会问，一个皇家子弟去读孔孟之道，去学道家以外的东西，难道他父亲景帝被蒙在鼓里吗？不是，绝对不是。刘彻学习的情况景帝应当说是了如指掌的，但他有意放纵，并有所赞同。景帝自身的思想，其实也在变，在向儒家方向转。有这样一个故事：一次，极端喜好道术的窦太后把大学问家辕固生请来，问他《老子》书中的一些道理，辕固生说："那不过是庶人之言罢了，与治国无关，要治国还得靠儒术。"窦太后大怒，把他放到野猪栏中去与野猪搏斗。汉景帝不敢与母后抗争，但为了保护这位大儒，偷偷给了他一把利刃，辕固生借此杀死了野猪，保全了自己的性命。景帝敢于偷偷帮一个儒生脱险，当然

汉武帝刘彻

也不会干预刘彻的学儒了。

刘彻原本只是 14 个王子中的一个，要想登上皇位，实在是难上加难。但是，说来也巧，机遇终于有了。原来景帝有一个同胞姐妹叫刘嫖的，生有一女，名唤阿娇。刘嫖想在王子中物色一位德才兼备的人成为自己的乘龙快婿。她把 14 个王子比了又比，最后觉得还是刘彻最为"合适"，人长得高挑、挺拔、英俊，性格明快、豪爽、大气，又知书达理，懂得待人接物。一来二去，她喜欢上了刘彻。她决心要把刘彻扶上太子的宝座。于是，她凭借皇上姐姐的特殊身份，常在皇上面前说太子刘荣及太子母亲的坏话，又时时抬举刘彻。后来，景帝终于废掉原太子刘荣，而改立刘彻为太子了。

长期在窦太后阴影下生活的景帝只活了 48 岁，早早地离开了人世。刘彻就名正言顺地登上了皇位，这就是汉武帝。那年，他只有 16 岁。

"举贤良"

可别小看了这个少年君主，他登位的第一年就有惊人之举——下令大规模征召有才能之士，名之为"举贤良"。

就在汉武帝登帝位的这一年的十月，这位 16 岁的少年帝王发布了他的一号诏令——此时，离他登"九五至尊"之位仅仅只有三个月。这一诏令就是历史上负有盛名的"举贤良"诏。诏令说：

"你们这些身居要津的官员——丞相、御史、诸侯、九卿、郡守——都给我听着：每年都应该认真地推荐品质高尚、才能出众、敢于说真话、敢于批评时弊的人，供国家使用，有了一大批这样的干才，正气才能张扬，社会才能安定，国家才能昌盛。"

这一诏令的口气是严肃的，语调是强硬的，充分表现了这位少年君主革新政局、革除时弊、物色士俊的决心。可是，出乎汉武帝意外的是，反响并不怎么强烈。也许，在那些丞相、御史、诸侯和一大批老臣的眼中，那时的汉武帝只是个无足轻重的娃娃，娃娃的话，顶得了什么？

张掖太守虎符与"千秋万代"汉瓦当

　　汉武帝并不气馁，也并不发太大的火——少年汉武了不得，他沉得住气。

　　第二年，宣布要建立"明堂"。"明堂"是相传古代圣明君主宣明政教的地方。凡朝会、祭祀、庆赏、选士、养老、教学等大典，都在明堂举行。汉武帝决心学一学古代圣君，在明堂选士，这也可以看成是政治公开化的一个高招。

　　再过三年，设立五经博士，决定通过考试选取合格人才。到他登位第六年的时候，也就是元光元年（公元前 134 年），命令各郡国举孝廉各一人。孝是孝敬父母和长者，廉是廉洁自律。并且规定，被推举上来的人，要交政论文一篇，交给汉武帝亲自过目，并由他亲自察问后方能录用。这一次最大的收获是，大儒董仲舒和公孙弘都以治《春秋》被举荐上来，董仲舒则在对策中提出各郡每年要选出优秀的官吏和民众各两人，供皇上选用，这就使所举"贤良"的面更广。

　　当汉武帝登位 10 年的时候（元光五年），汉武帝又一次征招贤才，特别强调要征招"明当世之务"者。

　　在"举贤良"上，汉武帝真可谓三令五申、求贤若渴。可是，效果还是不太明显，一些官员就是找种种理由"不举"。这下，汉武帝动了大怒，在元朔元年（公元前 128 年）冬十一月，下诏对这种现象严加督责，明确规定，要追究"不举者罪"。[②]如此，中央大臣和各级地方长官才慌了神。在汉武帝的高压下，"举贤才"这件事才走上正轨，各种人才才源源进入国家管理机构。

"异人并出"的气象 /

汉武帝的一张张"举贤良"诏令，无异于一次次破冰之旅，使人才冻结的现象为之一扫。在这位"千古一帝"的大力倡导下，很快就出现了"异人并出"的新气象。这在整个中国古代社会中也是极少见的。[③]

第一个"异人"是公孙弘。

公孙弘，年少时曾经当过狱吏，后来犯了法，被革去了公职，就去做一点小生意糊口度日，生活过得很艰辛。他是个聪明人，上了40岁还自学起《春秋》来，学得像模像样，颇有心得，在社会上也有了点小名气。

汉武帝即位后，下诏举贤良，公孙弘被举为贤良之士，马上又征为博士，当时他已经60岁了。汉武帝让他出使匈奴，没有完成使命，被武帝怒斥了一顿，他就顺势称病回归田里，仍自个儿学他的《春秋》去。

十年以后，汉武帝又一次大规模征召贤良之士，那时公孙弘已经年届古稀，但他所在地区还是推荐了他。他一再固辞，说自己已经试过了，证明不合适，还是推举别人罢。可是，上上下下都定要举荐他，盛情难却，他又一次面对汉武帝。公孙弘在对策中，提出了著名的"治国八策"。他说：

"治国又难又不难，如果能抓住'八策'，则不难。一要按照才能任用官员，让他们各人干好各人的。二要去无用的言论，提倡苦干加实干。三要提倡勤俭节约，改善民风。四要抓住时机，发展生产，让百姓富起来。五要提倡德教，让有德者受到重用，无德者受到冷遇。六要以功论赏，无功者备受鄙视。七要强化法制，让犯

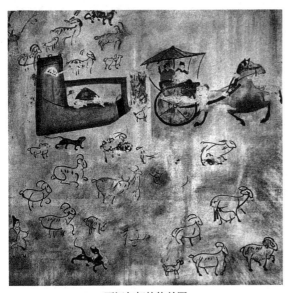

西汉匈奴的牧羊图

罪者受到应有的惩罚。八要普选社会贤达，让他们成为国家栋梁。这八条是治国之本，治民之本。"

公孙弘的对策使汉武帝大为兴奋，对他破格重用，由博士接连晋升，很快当上了"一人之下，万人之上"的丞相，还被封为平津侯。为了招揽人才，在汉武帝的授意下，他在相府中建起客馆，开了方便出入的东门，延请天下贤人共商国事。

在此以后，便"异人并出"了。

卜式，原本只是个山野的牧羊人，被汉武帝看中后，赐为关内侯，后进而成为御史大夫。

兒宽，一个治《尚书》的穷文士，被武帝发现后，官至御史大夫，还为汉武帝主持了盛大的泰山封禅大典呢！

连匈奴的降将金日磾也受到重用，常随于汉武帝左右，成为他的一员爱臣。

汉武帝的"举贤良"，使得人才辈出，这是社会发展的首要条件。

尊崇儒学

少年的汉武帝一即位，就在寻找一种社会的主流文化，用以支撑庞大的汉帝国。他很早就学习儒学，深明儒学与明教化、凝人心相通，对提高官员以至民众的思想素养大有好处。因此，他尊崇儒学，并把它作为治国安民的思想基石。

汉武帝即位后，任命好儒术的窦婴为丞相，田蚡为太尉，提拔他当太子时的儒学老师王臧为郎中令，主管宫内事务。但是，碍于窦太后的威势，汉武帝还不敢有更大的动作。建元六年（公元前 135 年）窦太后一死，武帝立即大批征召儒生，准备改变汉初半个多世纪实施的"无为而治"的思想方针。

董仲舒

此时，正好董仲舒向他建言道："现在，人们的思想乱得很，各种学派的人都在宣传自己的学说，提出自己的治国方案，使人们不知怎么办好。看来还得有一个统一的说法，统一的思想支柱，这个思想支柱就是孔子的学说。"④

这就是后世所谓的"罢黜百家，独尊儒术"。

汉武帝一听，正合心意，立即大笔一挥："可。"这一挥非同小可，那可是确立了整个汉代以至2000年封建社会的正统思想。

"那么，如何实施儒术独尊呢？"武帝继续询问。

董仲舒一一道来："要实施儒家独尊，就要着力培育儒学人才，要培育儒学人才，最好的办法没有超过办太学。而要办好太学，就得延请名师，用以教导天下的学子。"

汉武帝又是大笔一挥："可。"

于是，在京城建起了国家的最高学府——太学，由国家任命的五经博士进行教学，学生被称为博士弟子，教学的内容是儒家的经典。学生学成后，经考试由国家量才录用。这一制度后来也被长期沿用下来了。

当然，汉武帝不愧是一位有主见的有为之君，他对董仲舒建议的采纳是有限度的。他把儒学提高到社会主流文化的地位，同时也没有把其他思想学派斩尽杀绝。像被武帝称为"千里驹"的刘德，是一个知足常乐的老子学说拥护者，照样受到重用，照样著书立说，照样招徒讲学。尤其是像汲黯这样的一些法家人物，还颇受汉武帝赏识呢！

"内多欲而外施仁义"

在满朝文武中，汲黯是一个相当特殊的人物。他性格直爽，敢说敢为，常得罪于皇上，皇上又离不开他。这里有一个著名的历史掌故。

当时，汉武帝刚刚听从董仲舒之议，大力崇尚儒术。一次，武帝又在群臣面前大谈儒道。冷不防汲黯站了出来，冷冷地说：

"陛下实际上是内里多所欲求，只是外表上施行仁义罢了，再何必去仿

效古圣尧舜那种治理办法呢？"说罢
还冷笑了两声。

　　大概是汲黯的话点出了汉武帝治
术的真相，使他颇为尴尬，下不了
台。汉武帝先是默然不语，接着是大
怒，满脸通红地说："罢朝！"

　　群臣没有一个敢站出来说话的，
都匆匆离去，生怕招来什么祸害似
的。大家心里只有一个念头："这下
子，汲黯可要倒大霉了，皇上非整他
不可！"

　　让群臣散尽以后，汉武帝的气也
消了一大半，他环视左右，问："你
们看汲黯这个人怎么样？"

赵孟頫《楷书汉汲黯传》

　　左右都不敢言，只有个别人在那里喃喃着："是……是……个……不识
时务……的人啊！"

　　汉武帝看群臣都那样，原先的气全消了，他笑着打趣地说："汲黯这个
人啊，我说他真是做得太过分了，何必那样顶真地冲着我呢？又是在巍巍
的朝堂之上那样做，实在太过分了。我说，他实际上是个大憨大啊！"[⑤]

　　汉武帝这样说，实际上也就承认自己"外施仁义"只是表面文章，内
底里还是有所为，甚至是崇尚法治的。说汉武帝既尊儒，又尚法，一点也
不过分。他所用的人，往往是儒法兼备的，包括公孙弘在里面。[⑥]

　　事后，武帝也没有一点怪罪汲黯的意思。

以法辅德

　　武帝时期，一面是大力倡导德治，用儒家思想提高民众的思想道德水
准，同时又辅之以法治国。武帝即位后十年，他就着手请一些资深的法律

专家制定和修正法律，那个时代的法律在中国古代大概要算是最完备的。律令条目繁多，大大细化了法律规范，为的是便于人们的实际操作。

当时，法律形式大致有四类：一是律，那是比较稳定的法律形式，规定法律适用的基本范围；二是令，主要是皇上的诏令，也有地方政府颁发的文告之类；三是科，是法律条文的细目，条目就十分多了；四是比，就是可作为法律规范的典型案例。这样看来，当时的法律是相当完备了。

在武帝时期的法规中，有不少涉及维护社会和谐、促进经济文化发展的条款。

为了确保人们的文化学习，法律明文规定：17岁以上的人，如果你想当官，那就要有一定的文化条件，这个条件就是能讽诵9000字的经典文稿，不只能读，还要讲解，并能加以诠释，有自己独立的见解和看法。这些都要经过有关部门的考核验证。如果考核成绩优秀的，就可以成为尚书。如果在学习上特别差，那就要受到批评教育，乃至于诉诸法律，予以处分。这是多么具体的要求！

水为生命之源，汉武帝时代的法律在用水上也"具立法令"。这倒主要不是指生活用水，而是指生产用水。谁如果以邻为壑，或垄断上流水源，是要受处分的。

汉武帝时的法规禁止宰杀耕牛。凡是宰杀耕牛食用的，要受到严厉的惩处，当然，病牛不在此例。

严密的法网，使汉武帝时期的社会基本处于平稳发展的佳境中。

任用酷吏打击豪猾

任用酷吏，委酷吏以重权，是汉武帝用以推进法律的实施、维护社会的安定和平稳发展的重要举措。

被汉武帝委以重任的酷吏，自身往往是清正廉洁的。酷吏张汤生前位至三公，经手的案件不下千宗，可死时全部的家产还不到五百金，据说全部是为官俸禄的积余，此外也没有经营什么产业。死后丧事也办得很节俭，用一牛车把盛尸的棺材拉到墓地就是，一点儿也不张扬。

被汉武帝委以重任的酷吏，刚正不阿、不徇私情。大酷吏赵禹任官以来，家中没有食客。一些公卿邀他去赴宴，他只是应付应付罢了，而从来不回请人家。对知友宾客的请托，连一件也不予以答应。众人都说他是"孤立行一意而已"，用通俗的话说就是"一意孤行"、六亲不认。

被汉武帝委以重任的酷吏，办事果敢、不畏权贵、不惧黑恶势力。身为御史的王温舒，到达广平以后，先把那里的豪门奸诈之人的情况了解得一清二楚，然后着手整治。他自备了私马 50 匹，每杀一批犯法的权贵，就飞马向远在长安的天子禀报一次，奏书往还，只要两天，这种雷厉风行的作风是不多见的。他到那里不到三个月，整个社会就安定了，地方恶势力销声匿迹了，老百姓为此拍手称快。

酷吏是武帝太平盛世的壮观一景，如果没有酷吏，那些豪猾之徒将会如何兴风作浪，社会能不能保持平稳发展，都是一个未知数。

盐铁官营　/

汉初，政府一任盐铁私营，一些富商大贾、豪强地主，往往占有山海，或采矿冶铁，或煮海制盐。有的人办盐铁业发了大财，家里使用的工人有多至上千人的。这些人的存在，不仅影响了中央政府的财政收入，还很可能成为割据势力的社会基础。

"必须把盐铁业收归国有！"汉武帝不止一次地这样提出问题。

身为大农丞的东郭咸阳和孔仅，还有在侍中的桑弘羊，共同向武帝提交了一个盐铁官营的计划。这个计划主要有三个方面的内容：一是将煮盐、冶铁的权利收归国有，所得的收入，以充赋税之不足；二是由官府招募人员煮盐和冶铁，国家提供一定的器具和费用；三是对敢于违令，擅自私自煮盐和冶铁的人，进行重罚，还要在经济上加以制裁。

桑弘羊等人的盐铁官营计划一出台，社会一片哗然。

"这不是不让人活了吗？"那些靠盐铁发了大财的"浮食之民"明明家

有万贯之财，也偏偏在那里大叹起"苦经"来。

"这是与民争利，不符合祖宗古训！"连一些士人也在那里瞎起哄。

听此说三道四的议论，汉武帝大气凛然地对群臣说："的确，盐铁官营这是古来不曾有过的事，但是我要问：前人不曾做过的事，我们为何不可以做呢？只要利国利民，我们就是要做，这就叫前无古人，超乎古人！"

汉武帝不为舆论所左右，毅然决然地批准了桑弘羊等人的提议，并于元狩六年（公元前117年）春，委派孔仅、东郭咸阳为总代表到全国各地去选用有经验的人担任盐铁官，并着手建立盐铁专卖机构。由于行动果断，措施实在，推进的速度特别快。

在以后的两年间，全国建立盐官的有27郡，建立铁官的有40郡。这样，从北到南，从东到西，都设置了盐铁官，全国的盐铁生产和销售都控制在中央政府的手中了。经济命脉一经掌握，中央政府对地方的控制也强化了。

瓠子负薪

元封二年（公元前109年），47岁的汉武帝又一次率领大批人马东去，准备封禅泰山。行至半途，有快马来报：黄河的瓠子口（在今河南濮阳县北边）决堤，情形十万火急。汉武帝想了一下，便决定马上率百官折道到瓠子口治河工地去实地考察。

汉武帝一行匆匆来到治河工地，只见黄河水猛涨，淹没了四处的一些小山头，冲决了黄河的第一道堤岸，狂暴的浪涛如千万头猛兽，正

徐州狮子山汉兵马俑一号俑坑军阵

呼啸着向 10 万民工塞河的第二道堤岸奔来。往远处看，水面上都是被冲刷浸泡透了的物品和人畜尸体。在一大捆已经发黑了的茅草上，驮着一具被水浸渍得鼓胀了的女尸。她仰面而卧，披散着的长发随水波起伏着，那对大睁着的双眼，似乎诉说着死者在被洪水吞没时的怨愤、悲哀、恐慌。

汉武帝的脸上挂满了悲哀，口中讷讷问道："怎么会这样呢？怎么会这样呢？"

群臣百僚一个个垂手肃立，连大气都不敢出，尤其是负责治河的两位大员——汲仁和郭昌——更是一身泥水地跪倒在武帝跟前，不住声地求饶："皇上，臣下罪该万死，没把治河工程办好，请皇上处置我们吧！"

这时的汉武帝忽然变得温和起来，他让人把两员治河大臣扶起，说："这么大的洪水，责难谁都没用，现在重要的是马上想办法把黄河治理好！这是最重要的！你们知道吗？"

群臣一口称："是！"

汉武帝不愧是一位有作为的英明君主，霎时间，他一下转换成了治河总指挥的角色。他命人从不远处的淇园运来大量长竹，把这些竹子编成篮子装泥，以建造牢固而结实的治河大坝。

他命令调集百万民工和军队紧急修建河堤。养兵千日，用在一时，军队被充分地调动了起来。

他命令百官一律脱掉官服，参与治河工程。他宣告：自己要在这里住一段时间，亲自挑泥推车，负薪建堤，为治河出一份力。武帝亲自治理黄河，史称"瓠子负薪"，这在中国帝王史上亦属首见。

这样，治河工程大大加快了。经历一个多月的努力，一座坚固结实的瓠子口河堤巍然矗立在黄河岸边了。兴风作浪数十年的黄河终于被镇住了。

汉武帝太兴奋了。他命令官员在瓠子口岸边上建造一座宫殿，名为"宣房宫"。宫殿建成后，他亲自在殿堂里主持了一次祭河大典。他把白马和玉璧沉入河底，表示对河神的祭祀，同时，又高声吟诵了自己的新作《瓠子之歌》。

悲壮的歌声在黄河岸边回响，使参加祭河典礼的官员和百姓感动得流下泪来。

"卫青奋于奴仆"

卫青

从元光二年（公元前 133 年）开始，汉武帝下诏反击匈奴。

在对匈奴战争中，多次建立奇功、被汉武帝提拔为大将军的，是出身于奴仆的年轻将领卫青。

卫青是平阳人。他的父亲郑季当过一段小官吏。后来被委派到平阳侯家中去办事，在那里与平阳公主家的女仆卫媪好上了，有了一个私生子，那就是后来大名鼎鼎的卫青。

卫青因为是私生子，名声不好，又没有什么靠山，因此生母一方和生父一方都不认他。父亲郑季办完事后，把他带回了家。但郑家有许多弟兄，都不认他这个小弟弟，反而把他当奴仆来使唤，父亲也不太管他，就让他去牧羊。

长大后，卫青先是在平阳公主那里当一名家骑，常骑着马保卫平阳公主。但是，事有凑巧，卫青虽不得志，但卫媪的一个小女儿卫子夫（应该算是卫青的同母异父姐姐）却被汉武帝选中了，卫青借着这个天造地设的机缘跟着卫子夫进入了宫中。武帝一看这年轻人，心中一喜："好英武的小伙子！"就让他当了个宫中的卫士。他虽然没有什么身份，但因为卫子夫的关系，人们还是另眼看待的。

不多久，卫子夫怀孕了。皇后得知这一消息，十分忌恨，但不敢对卫子夫怎么样，只得把怒气发泄在卫青身上。她派人把卫青抓起来，准备杀害他。汉武帝知道这件事后，出于对这个英武的年轻人的怜爱，亲自出来干预。不仅不准伤害他，还提升他为宫中的武装总监，干得好，又加以赏赐。当卫子夫正式成为卫夫人时，卫青也提拔为大中大夫了。

元光六年（公元前 129 年），卫青以车骑将军的名义被委任出击匈奴。在几路大军中，公孙贺无所获；公孙敖被匈奴击败，损失万人；名将李广惨败雁门关，只身逃回；只有卫青一支，率兵出上谷，直捣龙门，斩虏敌人上千。汉武帝很是兴奋，赐卫青关内侯。第二年，卫青率 3 万骑兵乘胜追击，收回了"河南"（河套一带）。"河南"一地是秦末被匈奴占领的，80 余年后，由卫青收回。

元朔五年（公元前 124 年），汉武帝派卫青率 10 万大军由朔方出高阙关北进。10 万铁骑飞行 700 余里，突然出现在匈奴左贤王驻地附近，尚在睡梦中的匈奴军全军溃败，1.5 万多人被俘，汉王朝取得了巨大胜利。汉武帝听到这一消息，兴奋异常，当时，卫青还没有班师回朝，汉武帝迫不及待地说："我要创一个先例，不等回朝，就在军中封卫青为大将军，统帅全军。"天子的特使马上出发，在军中封卫青"大将军"号（在汉代一度是最高职位，权重于丞相），加封六千户。还封卫青年幼的儿子为宜春侯。

卫青一回到皇宫，就对武帝说："我要感谢皇上的恩宠。但是，我的孩子尚在襁褓之中，没有一点功劳，如何可以封侯？请皇上免封！"

汉武帝想了一想，说："好，听你的！"

卫青又说："这次胜利，全靠三位大将的合力拼杀，也靠全体将士的努力，我觉得奖励他们比奖励我还要重要！"

汉武帝哈哈大笑："你怎么知道我不奖励他们呢？我会的。"接着，除加封三位主要将领外，还犒劳了出征的全体将士。

此时，一个奴仆出身的卫青，事业达到了登峰造极的地步。

"匈奴未灭，无以家为"

元朔六年（公元前 123 年），汉武帝又一次部署对匈奴的反击战，派卫青率 10 万骑兵由定襄（今呼和浩特）向匈奴进攻，一直向北推进了数百里。在这一战役中，一位年轻的将领像一颗新星一样升起，他就是 18 岁的

霍去病墓石刻

霍去病。

当时，霍去病随大将军卫青出击。此场战役打得很艰难，在关键时刻，霍去病率八百骑突入敌阵，左冲右突，把上万人的敌方精锐部队冲击得阵脚大乱，最后大获全胜，而且俘虏了单于的祖父、叔父及许多重要的首领。凯旋之后，霍去病得到了汉武帝的极大赞赏和嘉奖，因为他功冠全军，被封为"冠军侯"。

封侯的第三年，霍去病又被封为骠骑将军，率1万人远征敌后。霍去病转战千里，捷报频传，共消灭敌军近万人，杀死匈奴的两个王爷，夺得了祁连山地区的大片土地。又过了两年，匈奴军又来犯，霍去病又率军北行，这次又消灭敌军八九万人，俘获匈奴的三个王，还有将军、大臣83人。经此一战，匈奴再也站不住脚，便逃到漠北去了。霍去病转战2000余里，全胜而归。

为嘉奖霍去病的赫赫战功，汉武帝决定为他造一座雄伟的私人宅第。为了给他一个惊喜，汉武帝故意事先不让他知道。宅第初建成，汉武帝就派人通知霍去病，让他去看看是不是满意，如不满意，还可改建。霍去病一听，大为惊异，连夜跑到武帝那里，长跪不起。武帝问他有什么话要说，他只说了短短的八个字："匈奴未灭，何以家为！"①

其意是说：匈奴还没有被消灭，我怎么可以一心建设自己的小家庭呢？他坚决不肯收下汉武帝特为他建造的宫殿。汉武帝看他那样的坚决，那样的真情，也就作罢了。专门召集文武百官，在金銮殿上公开表彰了这位功盖全军又不肯贪图享乐的年轻统帅。

天不作美，如此一位具有伟大军事天才和指挥才华的统帅型人物，却英年早逝，病故时只有24岁。

　　听到霍去病死去的消息，汉武帝十分震惊和痛苦。为了追念他的军功和为人，就派大将为他送葬。霍去病的陵墓被特许建造在汉武帝陵的近旁，以示自己对他的最大恩宠。陵墓封土堆成祁连山形状，墓前又放置了"马蹈匈奴"的石塑像以张扬霍去病的千秋功业！

苏武牧羊

　　武帝天汉元年（公元前 100 年），汉与匈奴间出现了祥和的和解气象，双方交换了长期战争中的战俘，使者也来往频频。在这种背景下，汉初名将苏建之后苏武，作为汉武帝的使者被派往匈奴。

　　由于说不清道不明的原因，也许还由于积怨太久所造成的种种误会，匈奴单于的态度一下变了，把苏武扣留下来，要他投降，并用种种利害诱迫他。苏武威武不屈，富贵不移，他说："我是堂堂汉使，决不做没骨气的贱人！"

　　匈奴单于对他没了办法，就把他流放到条件极为艰难的北海（今贝加尔湖一带）去放牧公羊，不投降就不准回来。北海是个没人烟的地方，匈奴又不给他提供吃的，他只得每天掘些地洞中的草籽充饥。牧羊的时候，他还是不忘自己是汉使，早晚不肯放下手中的那根节杖。年复一年，节杖上的牛尾毛都脱光了，成了一根光杆子，可他仍牢牢地紧握在手。他始终没有忘记自己的神圣使命。

苏武牧羊图（任伯年绘）

　　后来，汉朝派使节多次要求匈奴放回苏武，可匈奴单于推托说苏武已经死了，再也回不来了。一天，汉王朝的上林皇家花园中射下一只大雁，发现脚上拴着苏武的一封亲笔信，说他在北海牧羊，正等待着汉廷的召唤。汉廷以此与匈奴交涉，匈奴单于仰天长叹："苏武真了不起，他的忠义连飞鸟都感动了，我还有什么可说呢？"于是，只得放苏武重归故土。

　　苏武去时是一个 40 岁的壮汉，而过了 19 年归汉时，已是须发皆白的老人了。去时随行者 100 多人，归时也只有三四人了，这一点，不能不使苏武感到伤感。

张骞"凿空"

张骞出西域图（敦煌壁画）

汉代人把玉门关以西今日新疆及其以西（包括中亚以至更远的地区）的广大地域，称为西域。武帝时代的张骞是通西域的第一人。

汉武帝建元三年（公元前138年），张骞应募率 100 余人西行，目的是联合大月氏攻打匈奴。这是有着极大危险的、陌生而充满神秘色彩的远行。不幸的是，当他们走出陇西刚进入匈奴的势力范围时，就被匈奴俘获了，他们一行人马被押送到单于王庭。单于一听说欲去西域，当然不再肯放行，一下扣押了 10 余年。匈奴也不杀害他，相反给他娶妻生子，通过笼络手段，试图让张骞为其所用。可张骞始终手持汉节，西行之志未变。

利用一个难得的机会，张骞终于逃脱了出来。经 10 多天的西行，越过葱岭（今帕米尔），来到了大宛国。大宛国国王对汉使十分友好，送给他许多礼品，并将他护送到康居国，再由康居转到了大月氏。

不料，在 10 多年间，大月氏一路西迁，来到了土地肥沃、无敌骚扰的帕米尔以西地区，过着安居乐业的和平生活。他们再不愿卷入战争的旋涡之中。张骞一行在大月氏、大夏盘桓和逗留一年多，了解了那里的许多情况，结识了不少朋友，然后返回。张骞是个勇于冒险的人，回汉走的是一条新路，试图沿塔里木盆地南边和柴达木盆地绕道东行，不料又被匈奴扣留。一年后匈奴内部发生内讧，张骞趁机带领妻子逃回。他们回到长安时，已是汉武帝元朔三年（公元前 126 年），其间过去了整整 13 年。

汉武帝元狩四年（公元前119年），张骞以中郎将的身份率300多人、马600多匹、牛羊万头，并持大量金币财物，浩浩荡荡地直奔乌孙，进行第二次通西域之行。

张骞到达乌孙之时，恰逢乌孙国内乱，国内分成三派，互相攻击。但是，他们对远道而来的汉使都十分热情，将张骞一行送回，同时回赠数十匹马给汉天子。到长安来的乌孙使臣，看到汉王朝的兴盛景象，十分高兴，回去后进行了宣传，这样，大大促进了汉与西域地区的友好关系。

汉、乌、匈"三方和亲"

中华大地上的各族之间，在历史发展中会有这样那样的矛盾和斗争，但是，和解和友好始终是主旋律。汉武帝时期，汉、乌孙、匈奴的三方和亲，本质上反映的就是中华民族之间的这种深情厚谊。

在张骞通西域过程中，乌孙始终是积极配合者，并且数度派使者进入长安，一面是了解情况，一面又是表示友好的情谊。到了元封五年（公元前106年），乌孙使者送来了书面的和亲请求书，上面是这样写的：

"乌孙王昆莫问汉武皇帝安好，乌孙王极愿以汉公主为妻，并与汉皇结为兄弟，望汉皇能够允诺。"

对于此事，汉武帝很是重视，专门组织了一次朝议。朝臣们根据乌孙十年来岁岁派友好使者入京的情况，一致认为这一和亲请求是真诚的，最后汉武帝一锤定音：

"选贤惠、美貌、年轻的宗室女子去乌孙，这件事切不可草草了事。"

得到汉王朝允诺和亲的消息后，乌孙王昆莫即派使臣入长安迎聘汉皇室女，聘礼是千匹优等的乌孙宝马。到元封六年（公元前105年）春暖花开的时候，汉宗室女江都王刘建的女儿作为乌孙王的妻子被隆重迎到了乌孙国的都城。乌孙王昆莫当时已年近70，他看到年轻美貌的汉公主，十分高兴。他说：

"我老了，我不能耽误了年轻美貌的汉公主，还是让她与我的孙儿结为夫妇吧!"

这样，这一曲和亲的乐曲演奏得越发美满了。

得到汉与乌孙和亲的启示，匈奴王也提出要与乌孙和亲。乌孙王很爽利地答应了这一请求，同时也许配给了他的孙儿。为了表示真诚，将汉公主定名为右夫人，而匈奴公主定名为左夫人。

汉武帝"罪己富民"

汉武帝长期的对周边战争，一方面显示了汉帝国的强大，同时也消耗了大量的人力物力。到了汉武帝晚年，他开始认真反思自己的所作所为。

征和四年（公元前 89 年），真是多事之秋。这一年，汉又遣数万骑兵出击匈奴，虽说是捷报频传，但士兵的伤亡情况也十分严重，这对长年征战又已到 70 高龄的汉武帝来说，心头不免投下了些许阴影。而搜粟都尉桑弘羊与丞相、御史此时联合上奏，提出增派军卒到西域的轮台（今新疆轮台县以西）屯田，说这样可以威震西域，稳固江山。如果同意意味着还得在北方投入大量的人力、物力，国家和民众承受得了吗？武帝正在犹豫间，传来了他的爱将贰师将军惨败并投降匈奴、将士死伤数万的消息。于是，他经过一番痛苦的深思，决定停止战争，把重心移到恢复经济上来。这一年，汉武帝发表了著名的轮台"罪己诏"。他这样写道：

"这些年来的战争，有得有失，但将士伤亡如此之大，财力损耗如此之巨，的确是我的过错。回过来想想，我的心情可用一句话概括：'悔远征伐！'我本不该花那么大的精力、财力、物力去对匈奴用兵。在战争中死了那么多人，使我伤心不已。

"这次贰师将军的深入匈奴腹地征战，是我亲自发的命令，死伤那样惨重，应该说是我的罪过。经此一难，我决定改变政策，力求减轻民众的负担，发展农业生产，使社会安定平稳地发展，使老百姓尽快地富裕起来。"

汉武帝的轮台"罪己诏"，是他一生中的极为重大的决策，对汉王朝的继续发展有着决定性的意义。一个雄才大略的帝王，能在晚年反躬自问，罪己自责，实为不易。史家对此予以极高的评价。⑧

　　同一年，汉武帝封主张"无为而治"、关心民生的丞相田千秋为富民侯，并明确宣告："我这样做，目的只有一个，就是明确规定以后要以与民休养生息为宗旨，让老百姓过上富足的好日子。"

　　接着，汉武帝又任命在农业技术上有特长的赵过担任搜粟都尉，推行他的"代田法"。这种耕作技术主张深耕细作，加强农田管理；开沟作垄，垄沟互换，轮番使用，保持地力；把作物播种在沟里，幼苗出土后，及时中耕除草，并及时施肥，把垄上土铲下培壅在禾苗的根部，使根扎得深，既防风又抗旱。

　　代田法先是在关中试行，取得了成功后，马上推向全国。由于栽培得法，又调动了农民积极性，经济很快得到了恢复和发展。这一系列卓有成效的措施，使汉王朝的兴盛局面又延续了几十年。

注释：

① 翦伯赞先生对汉武帝的形象有过极生动的描述："说到汉武帝，也会令人想到他是生长得怎样一副严肃的面孔。实际上，汉武帝是一位很活泼、很天真、重感情的人物，他除了喜欢穷兵黩武外，还喜欢读书，喜欢音乐，喜欢文学，喜欢神仙。汉武帝，是军队英明的统帅，又是海上最经常的游客，皇家乐队的最初创立人，文学家最亲密的朋友，方士们最忠实的信徒，特别是他的李夫人最好的丈夫。他绝不是除了好战之外，一无所知的莽汉。"(转引自上海人民出版社出版的《秦汉史》)

② 《汉书·武帝纪》：冬十一月诏云："朕夙兴夜寐，嘉与宇内之士臻于斯路。故旅耆老，复孝敬，选豪俊，讲文学，稽参政事，祈进民心，深诏执事，兴廉举孝，庶几成风，绍休圣绪。……且进贤受上赏，蔽贤蒙显戮，古之道也。其与中二千石、礼官、博士议不举者罪。"规定了严格的处罚条例："不举孝，不奉诏，当以不敬论。不察廉，不胜任也，当免。"

③ 《汉书·公孙弘卜式兒宽传论》："是时……上方欲用文武，求之如弗及，始以蒲轮迎枚生，见主父而叹息。群士慕向，异人并出。卜式拔于刍牧，弘羊擢于贾

竖，卫青奋于奴仆，日磾出于降虏，斯亦曩时版筑饭牛之朋已。汉之得人，于兹为盛。"

④《汉书·董仲舒传》："今师异道，人异论，百家殊方，指意不同，是以上亡以持一统；法制数变，下不知所守。臣愚以为诸不在六艺之科孔子之术者，皆绝其道，勿使并进。邪辟之说灭息，然后统纪可一而法度可明，民知所从矣！"

⑤《汉书·汲黯传》："上方招文学儒者，上曰吾欲云云。黯对曰：'陛下内多欲而外施仁义，奈何欲效唐虞之治乎？'上怒，变色而罢朝。公卿皆为黯惧。上退，谓人曰：'甚矣，汲黯之戆也！'"

⑥《汉书·公孙弘传》："（公孙弘）习文法吏事，缘饰以儒术，上说之。"

⑦《史记·卫将军骠骑列传》："骠骑将军为人少言不泄，有气敢任。天子尝欲教之孙吴兵法，对曰：'顾方略何如耳，不至学古兵法。'天子为治第，令骠骑视之，对曰：'匈奴未灭，无以家为也！'由此上益重爱之。"

⑧司马光在《资治通鉴》中评论说："孝武能遵先王之道，知所统守，受忠直之言，恶人欺蔽，好贤不倦，诛赏严明，晚而改过，顾托得人，此其所以有亡秦之失而免亡秦之祸乎！"

第二十五卷　英雄时代

　　三国鼎立的时间不长，总共只有半个多世纪（公元220—280年），如果加上它的准备期，也只有七八十年的时间。但是，它在中国历史上的影响力，却远远超过通常情况下的一个世纪，乃至几个世纪。在以后的近两千年间，说三国，唱三国，演三国，品三国，喋喋不休，层出不穷。每个时代的人，都可以从三国这段历史中获取他想得到的东西。

　　三国时代是英雄的时代。三国之所以在中国历史上如此地出彩，是因为有一部《三国志》，还有一部《三国演义》。《三国志》写出了历史的真实，《三国演义》"演"《三国志》之"义"，使历史的真实演化成了艺术的真实，使三国英雄的形象永远地活在了中国人民乃至世界人民的心头。

　　"滚滚长江东逝水，浪花淘尽英雄。"《三国演义》的这句卷首语常使人感慨万千，难以忘怀。在三国之前，有英才之说，有雄才之说，到三国时代，才有"英雄"的观念和说法。大致与三国时代相终始的大思想家刘劭，晚年作《英雄篇》，指出，"聪明秀出谓之英，胆力过人谓之雄。英可以为相，雄可以为将，若一人之身，兼有英雄，则可以长世。"三国时代，一人之身兼有英雄而可以长世的，简直难以数计！

黄巾起义 /

东汉末年，朝廷的腐败，地主豪强的压迫，再加上接二连三的天灾，逼得老百姓没法活下去了，纷纷起来反抗。

这时，巨鹿郡（今河北宁晋西南）有兄弟三人，老大名叫张角，老二叫张宝，老三叫张梁，他们决定利用一种叫"太平道"的宗教把群众组织起来。他们兄弟三人都懂得一点医道，于是，一面周游全国各地为民治病，一面传道，准备起义。大约花了十年时间，教徒发展到了几十万人。他们秘密约定，"甲子年"（公元184年）三月初五，在京城和全国同时策动起义，口号是："苍天已死，黄天当立，岁在甲子，天下大吉。""苍天"指的是东汉王朝，"黄天"指的是头戴黄巾的太平道。

黄巾军是汉末第一批真正以自己的血肉之躯献身于国家社稷的英雄豪杰。

起义军攻打郡县，火烧官府，打开监狱，释放囚犯，开仓放粮，惩办豪强。本来就摇摇欲坠的汉王朝再也难以支撑下去了。汉帝下了一道诏令：各州各郡各县都可以自己招募人马，对付黄巾军。这么一来可不得了，各地的宗室贵族、州郡长官、地主豪强，都借着打黄巾军的名义，抢夺地盘，扩张势力。当然，那些有志之士，也乘势而起，为的是重铸江山，再造社稷。有道是，"天下大势，分久必合，合久必分"，英雄豪杰们暂时的"分"，还是为了将来的"合"。

头披"黄巾"的英雄们被强暴者镇压了下去，而东汉王朝却再也维持不下去了，群雄蜂起的局面一时难以收拾。

一时间，袁绍崛起于冀州，曹操现身于兖州，刘表盘踞于荆州，袁术固守于扬州，刘备活跃于徐州，孙策经营于江东，韩遂、马超割据于关中，还有张绣、张鲁、吕布、张邈、陈宫、陶谦、公孙瓒这样一些不可小视的地方势力。

天下大乱，在纷乱的局势下，究竟谁是真英雄，一时似乎难以分辨。

长安街头的歌谣 /

在社会的动荡中，汉王朝的故都长安，已经破落得不像样子。原先繁华的集市不见了，往日富丽的宫廷衰败了，只有时不时现身于街头的蓬头垢面的少年浪子，口吟着一首悲凉的歌谣匆匆而过：

"千里草，何青青；十日卜，犹不生。"

这是一首寓意歌谣，它惟妙惟肖地道出了当年汉王朝的一个悲惨而血泪斑斑的宫廷故事。歌谣中的"千里草"，隐含一"董"字，"十日卜"，暗指一"卓"字。"何青青"，言其一时的猖獗，"犹不生"，预言其必然败亡的结果。民众对一度把持朝政残忍暴戾的董卓恨之入骨。

镇压黄巾农民起义军的直接恶果是，一方面地方武装势力蜂起，另一方面中央政权进一步腐败和分裂。在东汉，外戚与宦官势力的明争暗斗由来已久，到东汉末年，已经到了水火不相容的地步。当时是皇帝年少，何太后临朝。为了镇压黄巾军，何太后必须给外戚大将军何进以实权，而何进一有了实权以后，首先想到的是铲除政敌宦官。他与祖上四世三公的袁绍密谋，把大宦官、禁卫军头目蹇硕抓起来杀了。

"一不做，二不休，此时何不乘势召集有实力的地方兵马进京，把宦官杀它个干干净净，那才叫痛快呢！"袁绍给何进出了个主意。

"好！"何进极力赞同，"那召谁呢？"

袁绍想了想，说："召董卓，他手中的凉州兵凶狠，下得了手。"

何进点点头，同意了。事情就被这

陆绩怀橘遗母图

两个执掌大权的人定下了。但哪知，宦官一边也在积聚力量。宦官们假传何太后的密旨，召何进进宫，何进一进宫，就被宦官围住杀了。袁绍听到何进被杀，就召自己的异母同父兄弟袁术进京报复。袁术是个粗汉，他进京后一把火把王宫的大门烧了，又冲进宫里见宦官就杀。这样，宦官与外戚之间的矛盾进一步尖锐化了。

最粗鲁的是董卓这家伙，他进京后，纵容部下烧杀抢掠，一下子把洛阳城搅得不像样子。并且大权独揽，对主张召他进京的袁绍也不买账。在废立的问题上，两人闹翻了，差一点又当场火并，最后还是袁绍"识相"，主动退出了京城，并且组织起了一支讨伐董卓的联合部队。

董卓赶走了袁绍后，就马上废掉汉少帝，另立刘协，即汉献帝，还任命自己为"相国"。之后，他带头到处烧杀抢掠。一次，洛阳郊外举行庙会，百姓都到那里赶集，董卓就驱兵把庙里的男子全杀光，掳掠了所有财物和妇女，供自己享用。后来为了对付反董大军，他又把汉献帝和上百万洛阳民众强迁到长安。走时一把火，把洛阳的宫室、官府、民房全部烧光，到长安后又对长安进行大洗劫。

长安街头的歌谣再好不过地反映了民众对董卓的愤恨。

多行不义必自毙。董卓的倒行逆施逼得天怒人怨。最后，在司徒王允的策划下，被收为董卓干儿子的吕布用他那柄长矛刺穿了董卓的喉头。百姓听说董卓死了，奔走相告，有的还典当掉家中仅有的一点衣物，买来鞭炮庆贺！

曹操起兵 /

董卓进了洛阳以后，为了笼络人心，用高官收买了一些官员。曹操是一个年轻有为的将军，当然也在他的搜罗名册之中。

曹操 20 岁那年，当上了洛阳北部尉，负责京城北部地区的治安工作。他一上任，就叫工匠做了 20 多根五色

曹操

大棒，悬挂在衙门左右。他立下禁令，谁要是犯了禁，不管是豪门大族，还是平头百姓，一律绳之以法，大棒责打。那时，大宦官蹇硕有个叔父，是个出了名的恶霸。他横行京都，谁都不敢惹他。曹操当了洛阳北部尉后的一天，他在深夜带刀乱闯，触犯了禁令。曹操也不问是谁，一顿棒打，竟把那家伙打死了。蹇硕当然对曹操恨之入骨，但因曹操是以清正廉洁和法治出了名的，一时也拿他没办法。从此以后，曹操就名声在外了。

董卓以为像曹操这样的青年将领是可用之才，就提升他为骁骑校尉。但曹操是个明白人，知道在倒行逆施的董卓手下办事，迟早要完蛋。他一方面虚与周旋，表面上对董卓表示尊重，一方面准备待时机成熟，一逃了之。

在一个月黑风高的夜晚，曹操逃出了董卓控制的洛阳地区，来到他父亲所居的陈留（今河南陈留县）。得到父亲的支持，曹操开始招兵买马。当地有个财主，也愿意出钱帮助他。不久，曹操的堂弟曹洪带一千人来投奔曹操。曹操终于聚集了五千人马。他一面操练兵马，一面派人四处打探动静。

当时袁绍身边集结了一大批人马，打出的旗号是反董。曹操也很快加入了这支队伍。这支冠名为关东军的反董联军，是临时拼凑起来的，没有多少战斗力，而且各人心中都有着一把小算盘，因此队伍虽然汇拢来了，但互相观望，按兵不动。曹操实在看不下去了，他在一次袁绍大营召开的会议上激昂慷慨地对大家说："大家起兵，为的是讨伐逆贼董卓。董卓劫走天子，屠杀百姓，天怨人怒。只要众志成城，董贼必败无疑，诸公为何还要犹豫不决呢？"

曹操虽然说得声情并茂，但座中的将领没有一个为之所动的，连作为盟主的袁绍也不作任何表示。曹操一气之下，独自带领自己的五千兵马直奔成皋（今河南荥阳汜水镇）前线。在半路上就与董卓的部属发生一次遭遇战，曹操的军队受到重创，他自己也为流矢所伤，所骑战马也受了重伤。幸亏曹洪沿汴水找来了一条船，才趁夜色渡河逃走。

曹操经这次挫折，感到自己的军队兵力实在太少了。他派自己的亲信到扬、徐二州招募军队。同时，曹操利用当时各派地方势力的明争暗斗，在夹缝中发展自己。尤其在农民起义军被镇压和击溃的情况下，他不失时机地收编了这支队伍，名之为"青州兵"，这也是他后来转战中原的主力部队。他击败了吕布、张绣等地方势力，在兖、豫两州（今河南省及山东省的西部）站稳了脚跟，有了逐鹿中原的地盘。

"挟天子以令诸侯"

建安元年（公元 196 年）二月，曹操驱兵攻下了豫州重镇许县（今河南许昌），派重兵驻扎在那里，并在短时间内对这一县城加以修葺整固，准备把这座县城建设成自己的军事政治重心。

在许县，足智多谋的曹操一直关注着那个名存实亡的汉献帝的动向和命运。

自从公元 192 年王允计杀董卓后，董卓的原部将李傕、郭汜、樊稠、张济等联军攻破长安，汉献帝就落入他们的手中。后来，李傕与郭汜自相火并，汉献帝又被李傕所劫持。李傕的部将杨奉叛变，就拥帝至陕县（今河南陕县），其后又北渡黄河退至大阳（今山西平陆东北），这时，跟上汉献帝的朝臣只有几十人了。

汉献帝到达大阳时是建安元年（公元 196 年）十二月，那时朝廷的秩序已经荡然无存。皇帝的仪仗队不成个样子，皇帝的乘舆常停在野草堆中，连门户也没有。皇帝与大臣们相见的时候，士兵伏在篱笆上暗自好笑。皇帝有一顿没一顿的，一些好心的将官带了酒菜去给皇上吃。[①]但日子还是过不下去，于是，又只得返回到洛阳。

这时，最关注汉献帝动静的有两个集团。

一是袁绍集团。袁绍的谋臣沮授劝袁绍："迎大驾到邺都来，这样一来可以挟天子以令诸侯，二可以吸收有才华的士人。"袁绍想了想，摇摇头，说："不要，皇帝来了，什么都要请示他，太麻烦了，还是我自个儿作主好！"袁绍是个没有远见的人，只图一时的快活。

二是曹操集团。曹操攻下许县是公元196年初。这年的年底，许县已经建设得颇具规模了。一听到汉献帝回到了洛阳，曹操的谋臣荀彧马上献计："奉迎天子到许县来，让他建都在许，这样我们就主动了。这事办得要快，要果断，如果被别人占了先，事情就难办了。"曹操笑道："你说的和我想的完全一样，我建设许县，就是为了迎驾天子啊！"

曹操派大将曹洪先行，然后自己亲自赶到洛阳，朝见天子。他对汉献帝说："皇上，洛阳太破旧了，现在皇上您是缺粮少食，居无安处，皇上过这样的日子，我实在太痛心了。我把许县建设好了，那里有的是粮食，宫廷虽说不上华美，但供皇上安居乐业是不成问题的。到了那里，百官的吃穿住用也有了着落。我劝皇上就暂且将许县作都城吧！"

汉献帝是个没多大主意的人，听曹操说得实在，态度也恳切，就同意了。

公元196年底，曹操把汉献帝迎到了许县，从那时起，这座县城就成了东汉王朝的都城，称许都。从此，汉献帝成了曹操手中的傀儡。曹操以汉献帝的名义任命自己为大将军。袁绍出来反对。曹操知道袁绍的实力，就把大将军衔让给了袁绍，自己当三公之一的管行政和土地的司空，行车骑将军事，这样一来，行政和军事大权集于曹操一身了，真正能"挟天子以令诸侯"的就不是袁绍，而是曹操了。

割据江东的孙策

曹操手中有了汉献帝这块王牌以后，政治上占了极大的优势。建安二年（公元197年），袁绍的异母同父弟袁术在寿春称帝。原先与袁术关系密切的孙策坚决反对，并与之绝交。这时，曹操趁机拉拢业已占有江东六郡的孙策，让汉献帝封他为讨逆将军，并封为吴侯。这样，孙策就名正言顺地割据江东了。

孙策的父亲是著名的破虏将军、长沙太守孙坚。在讨伐董卓的大战中，孙坚战功卓著。在与董卓的首战中，孙坚立马斩杀董卓的爱将华雄，名震华夏，连董卓也不得不说："关东军各路首领，一个个都是我的手下败将，只有孙坚这个小偓头，值得畏惧。"后来的小说家为了塑造关羽的英雄形象，把"温酒斩华雄"移花接木到了完全不搭界的关羽身上。可惜后来孙坚在一次大战中中箭身亡，死时只有 37 岁。孙坚死后，接替他的是同样勇武善战的 17 岁的儿子孙策。

孙策大战严白虎

孙策于兴平元年（公元 194 年）投靠寿春的袁术。袁术既赏识孙策，同时又很有戒心。袁术两次许诺任孙策为九江太守、庐江太守，而又两次悔而改授自己的亲信。孙策也知袁术无大气，随时准备离他而去。这时，孙策的舅舅吴景遭扬州刺史刘繇的攻击，处境相当困难。孙策就以此为理由向袁术要精兵 3 万，跨江南去。这就是历史上所谓的"袁术放虎归山，孙策如鱼得水"。

孙策以曲阿（今江苏丹阳）为根据地，东冲西突，只一年多工夫，就平定了江东六郡，自领会稽太守。到曹操以献帝名义任命其为吴侯时，算是修成正果了。

不多久，袁术在惶惶不安中病死。袁术的余部早就心仪孙策，袁术一死，纷纷投向孙策。收编了袁术残部后，孙策更强大了。

煮酒论英雄 /

《三国演义》中的第 21 回，名为"曹操煮酒论英雄"，是整部书中最精彩的篇章。应该说，这一篇章是以基本的史实为依据演义而成的。[②]

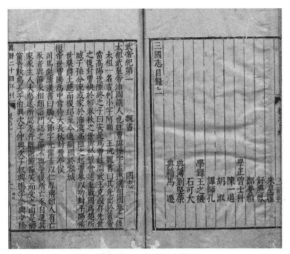

《三国志·魏书》书影

建安三年（公元 198 年），实力正日益壮大的曹操大举向吕布进攻。刘备审时度势，决定在这场斗争中站到曹操一边，这直接导致了吕布的败亡。由此开始，到建安五年（公元 200 年），刘备一直在曹操麾下任职。先是曹操以汉廷名义任命刘备为豫州牧（因之后人称刘备为"刘豫州"），不久，又任命他为左将军。

刘备投靠曹操后，表面上曹操对他十分尊重，有什么珍奇物品，总要送一份给他。平时进进出出，常要刘备陪着他。当然，曹操也知道刘备是胸有大志的人，绝不愿久居人下，因此也暗地里防备着他。一次，以关心为名，派人去打探，只见刘备正自个儿在后园的菜园子里种菜浇水。曹操知道这些后，稍稍放心了一些。

又有一次，曹操派人去请刘备喝酒。刘备应邀到了那里，一盘青梅，一樽煮酒，早已备好，曹操也早早地迎候在那里。于是两人对坐，开怀畅饮。酒至半酣，话也就多了起来。

曹操首先发问："玄德（刘备字）久历四方，想必知当今有哪些英雄，请借此次酒兴，一一道来！"

刘备当时寄人篱下，事事小心，此时并未喝醉，从容地答道："刘备是肉眼凡胎，哪里识得英雄？！"

曹操还是要他说，催促他："你也不要过分谦虚了，照实说来吧！"

刘备还只是推托，不肯说出自己的心里话。他只说："我虽得到您的恩庇，在朝中当官。但天下的英雄，实在不知！"

曹操又一次紧逼，说："即使没有亲谋其面，但有哪些英雄，总是听到过的吧！"

这下子刘备无辞推托了，只得试探性地说："如一定要说，那淮南袁术，兵粮最备，可以称得上是英雄了吧?"

曹操笑了起来，不屑一顾地说："那不过是墓中的枯骨，早晚会被我擒拿的。"

刘备又说："河北的袁绍，四世三公，门多故吏。现今虎踞于冀州大地，部下能办事的人许多，可算是英雄吗?"

曹操大笑道："袁绍这个人啊，表面上很凶狠，内底里胆小如鼠。干大事不肯尽全力，见小利却拼着命去做，这种人怎能称为英雄!"

刘备见曹操把上面说的人都一一加以否定了，就试探地问："刘表这个人有文化，有武功，名列八俊，威镇九州，可当得起英雄名号?"

曹操还是笑着说："刘表是有名无实，不算英雄!"

刘备还说了一些，都被否定了。最后，他说："除此之外，刘备实在想不出了。"

这时曹操才说："所谓英雄，要胸怀大志，腹有良谋，有包藏宇宙之机，吞吐天地之志者。"

刘备问："这样的英雄，现今谁能当之?"

曹操略一沉吟，然后先用手指了一下刘备，然后又指指自己，说："天下英雄，只有你我两人啊!"

据说，刘备听到这话，吃惊得手中所拿的筷子都跌落到地下去了。这时刚巧有一声惊雷，算是把刘备的惊慌之情掩饰了过去。

后来，曹操派刘备带兵去截击袁术，刘备乘机远去。这时，刘备参与的外戚董承谋杀曹操案告破，刘备更不敢再回曹操处安身。左思右想，最后暂且投奔了袁绍。

官渡之战

曹操自以为真英雄，而把袁绍排斥在英雄的行列之外。而袁绍却不这样认为，他以为自己才是真正的英雄，而对付曹操之辈，把他们消灭掉，如翻手一样容易。双方谁都不服谁，曹袁之间的战争只是早晚的事了。③

袁绍一面是小看曹操，一面又感到曹操的存在对自己是个威胁，一定要消灭他不可。建安五年（公元200年），袁绍集中了十万精兵，从邺城出发向曹操进攻。曹操的军队最多只有3万多人，处于绝对的弱势。袁绍气势汹汹地派大将颜良渡过黄河，进攻战略要地白马（今河南滑县）。

曹操听说白马要地被围了，准备亲自去救。他的谋士荀攸劝他说："敌人兵多，我们兵少，不能跟他们硬拼。不如分一部分人马去延津（今河南延津西北）一带假装渡河，把袁军主力引向西边，然后派一支轻骑到白马，把他们打个措手不及。"曹操采纳了荀攸的意见，来个声东击西。袁绍是个无能之辈，听说曹操要渡河，果然派大军去堵截，而在白马的袁军一点也没防备，结果被打得一败涂地，连大将颜良也被杀。

白马之战的失利，使袁绍心急火燎起来。他不听部下的劝告，下令倾全军之力渡河追击曹操，企图一口气把曹操压垮。并派大将文丑率六千骑兵打先锋。而曹操则边战边退，一点也不着急。听说袁军来追，就把六百余名骑兵埋伏在延津南坡，叫士兵解下马鞍，让马在山坡上溜达，把武器盔甲丢得满地都是。文丑骑兵看到敌军如此样子，认为曹军已望风而逃，就叫士兵收拾地上的"战利品"。正在此时，埋伏的曹军一齐杀出，袁军大败，一代名将文丑也糊里糊涂地丢了脑袋。

这两仗，使袁绍失去了两员大将，袁军士气低落。可是，袁绍还是不听手下谋士的劝告，把大军开到官渡，非得与曹操决战不可。

曹操知道自己的军力根本比不上袁绍，因此不去硬拼，采取了坚守营垒的策略。袁军每天都在挑衅，曹操只是不予理睬。这样，曹袁两军在官渡相持了一个多月。日子一久，曹操的军粮有了问题，军队也显得疲劳不堪。而袁绍兵精粮足，并在离官渡40里的乌巢一地囤有十分充足的粮草，而且大批军粮正在从后方源源不断地运来。

正在紧要时刻，在袁绍那里得不到重用的谋士许攸前来投奔曹操，给曹操出了个火烧乌巢粮仓的妙计。曹操让曹洪守住大营，自己亲自带领五千骑兵，星夜向乌巢进发。他们打的是袁军的旗号，每逢沿途岗哨盘问，都说是来增援乌巢防务的，因此一路并没有受到多大阻力。到了乌巢，一把火就把那里的粮草烧个干干净净。袁军的两员主将张郃、高览平时就不满袁绍的专断，这时看大势已去，就投奔曹军了，并得到了曹操的重用。

袁绍的军队看到主将投降，有的跟着投了曹军，有的四散走了。袁绍和他的一个儿子带着八百骑余部，北逃了。又过了两年，袁绍病死了。曹操又花了大约 7 年的时间，扫平了其他割据势力，统一了北方。

曹操身边的"四大谋士" /

曹操之所以能以弱胜强，打败袁绍，最后统一北方，这与他身边有一个庞大的士人智囊团是分不开的。这个智囊团的核心就是所谓的"四大谋士"——荀彧、荀攸、程昱、郭嘉。

荀彧是三国时代一流的谋略家，是智囊团的领军人物。他比曹操小 8 岁，投奔曹操后既没有带过兵，也没打过仗。但曹操慧眼识英雄，当荀彧弃袁绍而投奔他时，他高兴地说："我的子房（昔日刘邦手下的张良字子房）来了！"厚礼相迎，并引为军师。从公元 191 年到 212 年的 22 年间，荀彧"七出奇计"，所立功勋，无与伦比。其中迎汉帝于许都、官渡断粮、反对分封复古等，都具有决定性意义。无怪乎曹操会说："天下之定，彧之功也！"

荀攸也是曹操的一员大军师。当时，曹操要攻打张绣，荀攸对曹操说："张绣与刘表之间是既联合又有矛盾，攻张绣太急了，他们会联合起来，不好办，不如等一等，坐观其变。"曹操不同意，结果打了个大败仗。之后，曹操对荀攸说："不听你的，我吃了大亏，以后当多听听你的高见。"曹操说到做到。此后，活捉吕布、策斩颜良、离间袁氏家族、协调曹操上下，荀攸的功劳都是第一等的。曹操常说："荀攸这个人啊，外表看来并不聪明，内心却明白；外表不气势逼人，但内里有定见。不枉自夸耀自己，真可谓'智可及，愚不可及'也。"

郭嘉字奉孝。每次出征，郭嘉都是曹操的随从参谋。官渡之战后，袁绍死，曹操乘胜进攻袁谭、袁尚兄弟，并大破二袁。将领们个个摩拳擦掌，要求曹操一举消灭袁氏势力。当曹操征询郭嘉时，郭嘉却说："现在二袁各拥重兵，如果急于进攻反而是促其联合，那仗就不好打，只有缓一缓，等一等，让他们自相残杀，最后由曹公来收拾他们。现在是四个字：静观其变！"曹操不听众将的，听了郭嘉的，回军西平（今河南西平县）。不久，袁氏兄弟果然大打出手，曹操挥师北攻，各个击破，轻而易举地取得全胜。郭嘉比曹操小10多岁，两人算是忘年知己，可惜郭嘉英年早逝，曹操大为伤心，哀伤地说："哀哉奉孝！惜哉奉孝！"

程昱被称为"世之奇士"。曹操起兵之初，一度境况十分困难。曹操东征徐州时，地方实力派张邈、陈宫等突然反叛曹操，而迎吕布入主兖州，当时，兖州的大部分地方都响应了反叛。程昱不慌不忙，私下到东阿等三城去做工作，他对三城的县令说："方今天下大乱，英雄并起，中间必定有足以平定天下的真英雄。曹操就是这样的真英雄！"在程昱的开导下，东阿等三城没有倒戈，保住了曹操的一块立足之地。曹操从徐州归来，拉着程昱的手，动情地说："不借助程公之力，我就没有地方可以立足了！"曹操后来一统北方后，一次饮酒时说："没有程昱，哪有我的今天啊！"

三顾茅庐

三顾堂

官渡之战时，刘备正依在袁绍帐下。刘备是个志向高远之人，当然不会与袁绍这号人同心同德。后来袁绍派他去汝南，与刘表取得联系，以夹击曹操。这使曹操很恼火，因此官渡之战结束后，曹操马上率军打刘备。刘备无奈，只得南奔荆州依附了刘表。刘表收容了他，但不重用，让他屯兵于樊地，以抵御曹操。

刘备在刘表处一待就是五六年，其

间最大的收获是得到诸葛亮出山作为自己终身最得力的助手。

刘备知道诸葛亮，是得力于司马德操和徐庶的推荐。④刘备是个求贤若渴的人，一听说诸葛亮如此的了得，就一定要得到他，于是就有了"三顾茅庐"的传世故事。

诸葛亮的老家在琅琊郡阳都县（今山东沂水南）。他年少的时候，父亲就亡故了。他的一个叔叔诸葛玄跟刘表是朋友，而且都很有文才。叔父就带他到了荆州来。不久，叔父也死了，诸葛亮就在隆中（今湖北襄樊西）定居下来。家里很是贫困，他搭了个茅屋，一面耕种庄稼，一面苦心读书。等刘备"三顾"时，他已27岁，他学问渊博，见识丰富，朋友们都很钦佩他，他也每每自比古时候的管仲、乐毅。但他看到天下纷乱，刘表也不是能用人的人，所以长期隐居在隆中，过着恬淡的生活。

刘备为了发展自己的霸业，决定亲自带着关羽、张飞两位将军到隆中去请诸葛亮这位了不起的相才出山。

诸葛亮听说刘备要访问他，故意避开，实际上是要试一试刘备的诚心。一顾茅庐，让刘备他们扑了个空。

刘备决定二顾茅庐。出发前，张飞发起脾气来了，说："诸葛只不过是一村夫，有什么了不起的，何必你刘备亲自前去，使人把他叫来便是了。"刘备批评张飞："你那样做，必然坏了大事。诸葛亮乃是当今天下的大贤，怎么可以随便听你召来？你们愿意同去便去，不愿我就自己去。"张飞、关羽看刘备那样当着一回事，也就不说什么了。走不多远，天下起鹅毛大雪来，张飞又提出回新野避风雪，刘备却说："我们就是要冒雪而去，方显得我们是一片诚心。"可第二次诸葛亮又不在，只是让他的弟弟见了他们三人。临走，刘备留下了一封情恳意切的信。

过了几天，刘备一行又去了，即为三顾茅庐。这次诸葛亮虽在家，可是大白天在家睡大觉，让刘备白白干等了半天。诸葛亮起来后，见有"俗客"来访，便到后堂更衣，又是半天，方整衣弹冠出来迎接客人。刘备诚心诚意地拜他为师，诸葛亮也就心悦诚服地讲出了他对时局的真知灼见。

隆中对 ∕

　　诸葛亮见刘备那样的虚心求教，就在隆中推心置腹地跟刘备谈出了自己的识见和主张。那一番交谈，就是中国历史上著名的"隆中对"。

　　两人虽说是初次见面，但都显得十分的坦诚。刘备虚怀若谷，他向诸葛亮请教："备奔走半生，志在匡复汉室，但智短术浅，雄心难酬，先生有何以教？"

　　诸葛亮从分析曹操与袁绍入手分析天下大势。他说："自从董卓之乱以来，豪杰并起，跨郡连州者不计其数，但成其气候者无多。拿曹操与袁绍相比，原先是名位低微，力量也十分薄弱。但最后能克袁绍，化弱为强，固然与天时有关，主要是依靠了人谋。现在曹操拥百万之众，其人又大气，足智多谋，又有挟天子以令诸侯的政治优势。以将军之力，实在难以与曹操争锋。"

　　刘备点了点头，觉得这个年轻人说话实在、有分寸。虽说只是一介书生，却十分明白社会的大势和各派势力的内里。

　　诸葛亮顿了一顿，又说："在长江流域，现在有孙权、刘表和刘璋三股

隆中故址

势力。其中，孙权据有江东，已经历三世。那里地形险要，民心稳定，贤能之士为其用，局面已经巩固。刘表据有的荆州，北据汉、沔，利尽交、广，东连长江下游，南接巴、蜀，是个用武之地，只可惜刘表是个平庸之辈，只知保境，没有远谋。刘璋所在益州是四塞之地，沃野千里，天府之国，往昔汉高祖据此而成帝业，但刘璋懦弱无能，北受张鲁据汉中的威胁，又不知体恤百姓，内部矛盾重重，智能之士欲得明主而事之。"

诸葛亮如此一路讲来，刘备一股劲地点头称是，真是如鱼得水，十分投合。待诸葛亮将天下大势分析完，刘备迫不及待地问道："处此境况，刘备该如何动作？"

诸葛亮似乎早已胸有成竹，他一下奉献出三条计策："第一步，先夺取荆州，利用孙权难以独力抗曹的弱点，与之结好，抢得先机；第二步，规图刘璋，夺取巴、蜀，西和诸戎，南和夷越，继续结好孙权，稳定局势；第三步，静观时势，一旦天下有变，即由荆州兵进宛（今河南南阳）、洛（今河南洛阳），由益州进击秦川，两路钳击，则霸业可成，汉室可兴矣！"

"隆中对"是千古绝唱，是中国历史上定天下大计的典型方略，三国鼎立局面的蓝图如此一来已经基本绘就。这使刘备为之五体投地。从此，诸葛出山，力辅刘备，干出了一番轰轰烈烈、惊天动地的大事业。

张飞长坂扬威 /

曹操平定北方以后，于建安十三年（公元208年）七月，南征刘表，八月，刘表病死。刘表的儿子刘琮看到曹军声势如此浩大，吓破了胆，马上派人求降去了。这时，刘备在樊城据守，听到曹操南下，决定听从诸葛亮的计谋退守江陵（今湖北江陵），那里是军事要冲，又备有充足的军粮。荆州地区的百姓听说刘备要走，都要求跟着走。刘备心软，同意了百姓的跟随。同他一起撤退的竟有十余万人。

曹操赶到樊城，只见刘备已主动撤退。听说刘备要走向江陵，一下急了，于是催促军队急行军追赶。刘备的军队有百姓，有家小，一天只走10

里路，而曹操的军队一天就行军 300 里。很快，曹操在当阳长坂坡追上了刘备。

刘备的队伍虽说处于绝对的弱势，但战斗得还是十分英勇。刘备的虎将张飞更是表现得神勇非凡。他只身断后，面对曹操的数万雄师，毫不畏惧。他怒目横矛，立马于长坂桥头，大吼："吾乃燕人张翼德也！谁敢与我决一死战？"

曹操的军士听其声如巨雷，全都不寒而栗，不敢向前。曹操则对左右的随从诸将说："我以前听关云长说，张飞在百万军中取上将首级，如探囊取物般容易。诸位都不可小视他啊！"

这时，又听到张飞睁怒目大喝："燕人张翼德在此！谁敢出来决一死战？"正在迟疑间，张飞又吼："战又不战，退又不退，却是何故？"颇有策马冲阵的态势。曹操一看情势不对，疑有伏兵，就指挥大军后退。张飞的英雄气概，后人有诗赞道：

> 长坂桥头杀气生，横枪立马眼圆睁。
> 一声好似轰雷震，独退曹家百万兵。

退不到一刻时光，曹操的大将张辽、许褚赶到，说："丞相（曹操此时已任汉丞相），并无伏兵，急急回军，刘备可擒也。"曹操此时方觉上当，马上回军追赶。这时，张飞已将长坂桥拆毁，随刘备而去了。

刘备乘着夜色从小路斜投汉津，然后与关羽的水军会合，又与来迎接的刘表长子江夏太守刘琦会合，一同到夏口（今湖北武汉）暂住，总算有了一个立足之地。

英雄际会：孙刘联盟

曹操征荆州和刘表死的消息传到江东后，在各地引起巨大的反响。这时，孙权以吊丧为名派大谋士鲁肃去荆州察探军情。鲁肃到荆州时，曹操已驱兵南下。鲁肃与刘备会于当阳，同至夏口，商谈得还可以。后来，刘备派诸葛亮随鲁肃去吴，在柴桑（今江西九江市）见到了孙权。

孙权

诸葛亮到东吴，可谓是一次群英会。

诸葛亮对孙权说："现在曹操攻下了荆州，马上就要进攻东吴了。将军如果决心抵抗，就趁早与曹操断绝关系。要不然，干脆向曹操投降算了。"显然，诸葛亮使的是一种激将法。

孙权反问道："那么，眼下刘将军已惨败于曹操，为何不投降呢？"

诸葛亮回答道："刘备的军队虽败于长坂，但还有大将关羽、张飞、赵云，有精兵两万。曹操远来，兵将疲乏，且北方之人，不习水战。荆州之人，虽被征服，但决不心服。刘备才气盖世，怎能投降曹氏？"

孙权说："既然刘备有如此大的能耐，就一定能独自击败曹操的了？"

诸葛亮站了起来，神色庄重地对孙权说："我绝不是这个意思。我要说的是，孙、刘两人谁都离不开谁，只要我们同心协力，一定能打败曹军。"⑤

孙权高兴极了，说："我要听的就是这样一句话，孙刘同心，必能击败曹军！"

孙权与诸葛亮交谈后，信心足了起来，他马上召集群臣，商讨抗曹大计。但是，大臣们大多主和，主投降。尤其是重臣张昭，认为曹操力量不可抗御，如果一味对抗，反会招致灭顶之灾。

在东吴集团中，力排众议坚决主张联刘抗曹的是鲁肃。为了壮大抵抗派的力量，鲁肃建议把正外出在鄱阳的周瑜召回。周瑜得到消息后，火速赶回。他分析了当前的形势，当众宣布："只要真心联刘，不仅能遏制住曹操的攻势，若发展得好，还能擒获曹操呢！周瑜愿得精兵三万，与刘备军校一起破曹。"周瑜的话大大鼓舞了东吴集团上下的信心，张昭等投降派也就不敢再多说什么了。

孙权听从了周瑜、鲁肃、诸葛亮的话，振作了起来，为了表达自己的决心，他拔刀砍去面前奏案的一角，说：

"以后哪一个敢说要投降曹操的，就像这奏案一样！"

到这时，孙刘联盟真正建立起来了。

赤壁大战

建安十三年（公元 208 年），大江南北战云密布。曹操八十万大军从江陵水陆并进，孙、刘联军由樊口、夏口溯流而上。两军相遇于赤壁（今湖北赤壁西北），展开了三国鼎立的关键性战役——赤壁大战。

战争打响前夕，孙权任命周瑜为都督，拨给他水军三万，叫他协同刘备抵抗曹操。

正像诸葛亮预测的那样，曹操带领的北方军队不习水战。他们一站到战船上，遇到风浪就受不了。不知谁出了个馊主意，用铁索把战船都串连在一起，那样站在船上是平稳多了，但是却埋下了致命的后患。

周瑜的部将黄盖看到曹操的船都串连起来了，就向周瑜献了个计："敌人的兵多，我们的兵少，打得时间长了，对我们不利。眼下敌人的船都串在一起了，我们可以用火攻的办法一举消灭他们。"

周瑜觉得黄盖的主意实在好，就同意了。两人商量了一下，让黄盖派人送了一封信给曹操，表示要脱离东吴，投降曹操。曹操收到信后，很是高兴。

黄盖叫兵士偷偷地准备好了 10 艘大船，每艘船上都装着引火用的枯枝，还浇足

赤壁大战故址

了火油，在外面裹上布幕，插上旗子，与一般的船只没有什么两样。另外，又准备了一批轻快的小船，拴在大船的尾部，这样在大船点着火的时候，船上的士兵可以迅速地撤走，避免发生伤亡。农历的隆冬十一月，天气突然变暖，刮起了东南风。当天晚上，黄盖带领一批将士分乘 10 艘大船乘风向北岸驶去，前头的一艘船还隐隐可见一个"降"字。船队到江心后，扯满了风帆，像飞箭般向江北驶去。

曹操水兵以为东吴的降将到来，都放松了警觉。哪里知道东吴的 10 艘大船到江北岸不远的地方突然同时起火。火借风势，风助火威。10 艘大船犹如 10 条大火龙冲进了曹营。曹营的战船都是连在一起的，一条烧着，其他战船很快都着了火。一眨眼工夫，曹营烧成了一片火海。一大批曹军被烧死，慌乱跳进水里，大多淹死了。

东吴的统帅周瑜一看北岸起火，就按照原先的计划率军渡江。吴军实际上并不多，但他们勇力百倍，把战鼓擂得震天价响，北岸的曹军不知有多少敌军，吓得全线崩溃了，自相践踏而死的不计其数。

曹操带着他的残兵败将向华容（今湖北潜江县西南）小道逃走，那是一条全是水塘泥坑的小道，骑兵简直没法通过，曹操赶忙让老弱兵士在路上铺草，那些士兵也大部分死在路上了。曹操逃到南郡（今湖北江陵），几十万大军大约损失了一半。曹操让大将曹仁、徐晃、乐进留守襄阳地区，自己带兵回北方去了。

赤壁一战，三国鼎立的局面就大致形成了。曹操占有了襄阳，以及以襄阳为中心的荆州北部地区；孙权占有江陵、夏口、陆口，也就是荆州的东半部；刘备得到了荆州南部的零陵、桂阳、武陵、长沙四郡，以油口为驻军地，后改名为公安。三分荆州是三分天下的一个缩影。

刘备取益州

诸葛亮在"隆中对"中就有先据荆州，再取益州（今四川、云贵等地），进而兴汉的战略图谋。赤壁一战，刘备出力最少，主要是诸葛亮在孙

刘备

刘之间起协调作用，而战后得益却是刘备最大，他至少在荆州的南部地区有了相对稳定的立足之地。这无论对作为敌手的曹操来说，还是作为盟友的孙权来说，都是不甘心的。这一点，雄才大略的诸葛亮心中很明白。

稍稍安顿以后，诸葛亮就及时地提醒刘备，说："现在虽然有了荆南立足之地，但要看到，北有曹操之强敌，东有孙权大军的紧逼，危险还是很大的。"

刘备一下紧张起来，问："那该怎么办？"

诸葛亮显然早已成竹在胸，他不紧不慢地说："现在的要务是走我们设定的第二步，也就是跨据益州。"

刘备同意了自己军师的看法。问题的关键是要等待机会。

原来东汉末年刘焉、刘璋父子入蜀时带去南阳和三辅地区流民数万家，其中的上层后来成了刘璋父子的统治核心，其与益州地区的土著地主之间一直存在着矛盾。刘璋是一个无能的人，不善于处置两者子弟间的关系。益州土著的排外性特别强，先后发起了三次起义，起义被镇压了下去以后，他们就转向利用外力来推翻刘璋政权。而这时汉中的张鲁恰好又构成了对益州的威胁。刘璋不得已，就想借外力来巩固自己的统治。开初，刘璋看重的是曹操，派出了张松作为谈判代表。其时曹操势力正盛，认为自己能攻下江东，再直奔益州，因此对其貌不扬又态度傲慢的张松相当轻视。张松盛怒之下离开曹操，在回程中，途经刘备驻军的公安，诸葛亮认为这是一个千载难得的机会，与刘备一起热情地接待了张松，从此张松成了刘备攻取益州的内应。张松回益州后，也力促刘璋拒曹联刘。

建安十六年（公元 211 年），曹操率军进取关陇，瞩目汉中，刘璋惶迫，张松抓住机会力促刘璋以谋臣法正为使联合刘备。于是，法正便率军四千带着厚礼赴荆州礼请刘备。刘备一看机会难得，就命关羽、诸葛亮留守荆州，自己亲率数万步兵，以庞统为军师，不畏艰险，奋然逆江西进。

但一旦进军益州地区，战争还是十分激烈。邀刘备入益州打张鲁，不只益州的土著不愿，就是刘璋手下的官员大多也不愿。但刘璋还是一意孤行，甚至亲自至涪县（今四川绵阳）迎接刘备。两人相见，相互推奉，一起欢宴100多天。最后，刘璋说出了心里话，要刘备率军征张鲁。老谋深算的刘备欣然上路，兵至葭萌关（今四川广元）便驻军不前，如此持续了一年多。之后，借口荆州告急，突然回兵，刘璋这时突然醒悟，杀张松，并与刘备闹翻，双方在雒城（今四川广汉）相持一年多。其间军师庞统中流矢身亡。诸葛亮将荆州交与关羽，自己与张飞、赵云等入蜀支援，与刘备会师于成都郊外。刘璋内外交困，抵抗了一阵，举城投降了。前后战斗有3年时间。

刘备得益州，地域广阔，又相当富足，在历史舞台上算是站住了脚跟。三国鼎立的局面最终形成了。

曹刘争汉中 /

建安二十年到二十四年（公元215—219年），曹操与刘备之间进行了严酷的汉中（今陕西秦岭以南地区）争夺战。汉中对刘备来说十分重要。它是益州的北大门，汉中不取，益州不安，同时，它又是出兵雍、凉，进击中原的必由之道。对刘备集团来说，汉中是必争之地。

刘备得益州后，曹刘的矛盾激化了，力量雄厚的曹操抢先一步进击汉中。阳平关（今陕西勉县西北）一战，张鲁弟张卫败北，张鲁闻风逃窜。在曹操的威胁利诱下，不久张鲁投降曹操，被押解到邺地去了，张鲁在汉中经营了30余年就此结束。司马懿建议乘胜席卷巴蜀，但曹操考虑到蜀道艰难，刘备又非等闲之辈，加上内部为立世子争吵得不可开交，就只得班师回邺了。

为夺回汉中，建安二十二年起刘备主动出击。为得汉中，刘备举国征发。提倡男子力战，妇女运输。由于刘备在益州采取了安抚民心、与民休息的政策，兵源和给养都十分充裕。而曹操虽然兵多将广，但运输线太长，后方基地太远，而且对曹操来说，如果暂时无法实现统一，汉中倒是可以放一放的，曹操戏称汉中之地是"弃之可惜、食之无味的鸡肋"。于是，在几经征战之后，曹操放弃了汉中。

不过，曹操是绝对不愿将一个完好的、富庶的汉中留给刘备的。曹操在建安二十四年（公元219年）五月拔营起寨时，把十余万有生产能力的民众掠至关中和河北，并对汉中的经济进行劫掠性破坏。这样，当刘备在战火中从曹操手中接管汉中时，往昔的繁荣不见了，留下的是疮痍满目、残破不堪的汉中。当然，这一地盘无论如何还是必要的，是刘备的立国之地啊！

"一身都是胆"的赵子龙

赵云庙，又称将军庙。赵子龙死后葬于此，
后人建祠祭祀

在曹刘争夺汉中的定军山大战中，涌现出了无数的战斗英雄，刘备麾下的五虎将之一的赵子龙（赵云）就是这样一个"一身都是胆"的英雄。

常山赵子龙的威名始于当阳长坂一战。刘备兵败，甘、糜两夫人和阿斗都失散。赵子龙在乱军中找到甘夫人后，杀开一条血路，将甘夫人送至张飞处，然后又折身回旧路去找糜夫人和阿斗。找到时，已经受伤的糜夫人不愿拖累阿斗和赵云，投井自尽了。赵云孤身一人，怀抱阿斗，挥剑挺枪，突破重围。这一场恶战，前后在曹营中七进七出，杀死曹操的有名望的将领50多员，砍倒曹营大旗两面，连在山顶观战的曹操都叹道："真虎将也！"并关照下属不许放冷箭，要捉活的。

建安二十四年（公元219年），刘备与曹

操争夺汉中达到白热化的程度。定军山是两军争夺的要冲之地。先是蜀将黄忠力斩曹将夏侯渊，占领了定军山。于是，曹操带领大批人马从关中杀来，两军争夺激烈。曹军运来米粮数千万囊至北山下，黄忠领兵想去夺取，赵云带领少数骑兵去接应，中途突然与大队曹军遭遇，赵云所带部队损失惨重。赵云身陷于曹军的重重包围之中，但毫无惧色，他在重围中左冲右突，如入无人之境。赵云每一冲锋，曹军被迫溃散。当曹军又一次汇集拢来时，赵云再一次冲锋。赵云且战且退，半个时辰以后，直退到自家营寨门口。

这时，赵云突然命令将士将自家寨门洞开，他自个儿匹马单枪，立于营外，偃旗息鼓，好像什么事都没发生一样。曹军中大将张郃、徐晃领兵至曹营前，见如此情景，疑有埋伏，不敢进攻，并急令后退。这时赵云才擂响战鼓，并用号箭射击曹军，曹军溃退，自相践踏，落汉水死者无数。这一切都被高处的曹操窥见，惊问左右："敌营中这是何人呀？"有人告诉他："这是常山赵子龙。"曹操叹道："昔日当阳长坂的英雄尚在啊！"忙告诫下属，以后遇到赵子龙切不可大意啊！

第二天，刘备、诸葛亮来到赵子龙的营地察看，了解到他设"空城计"智退曹兵，十分惊喜地说："子龙真是一身是胆啊！"

从此，"赵子龙一身是胆"的故事传开去了，后人认定赵云乃是三国时代智勇双全的第一号真英雄。[6]

曹操三下"求贤令"

曹操是一个有雄才大略的领袖型人物，他知道，事业的兴衰成败，最后还是决定于人才。他在与刘备的对垒中，见到一身是胆的赵子龙，顿生惜才爱才慕才之心。就在与刘备争夺汉中的前后，曹操三下"求贤令"。

第一个"求贤令"发布于建安十五年（公元 210 年）春。当时，离赤壁之败还不远，在曹操的脑子里，老是回旋着这样一个问题：我兵多将广，为何反败于弱小的孙权、刘备？为什么有人会出把战船连锁在一起的馊主意？他想来想去，觉得赤壁之败主要还是败在人才上。一天，他把书记官叫来，让他们起草"求贤令"文稿。第二天，文稿出来了，曹操一看，说："主要的意思是有了，但还要加上两点：一是要强调，当今天下未定，为统一天下计，必急于求贤；二是要写上'唯才是举'四字，就是只要你有一方面的才能，我就用你，各地方各部门也都可举荐之。"

第一个求贤令发出后，反响热烈。各色人才都被举荐了上来。

第二个"求贤令"发布于建安十九年（公元 214 年）冬。当时，曹操正率军进兵关陇，击溃韩遂、马超也成定局。这时发生了几起军中的典狱执法不当的事件，曹操知道后甚为生气，说："现在的典狱根本不懂法，实在是用非其人，让这些人来执掌三军的死生大权，实在太危险了，要选派明达法理的人来担当典狱重任，成立专门机构'理曹掾属'来管理此事。"曹操的谋士进言道："现在明达法理的人实在太少了，请曹公明断。"曹操坚决地说："看来还是要招贤，原则是一句话：不要求全责备！只要有这方面专门知识且有进取心的士人，就可用，至于他有这样那样的缺陷，不要去管他。"按照曹操的这一主旨，就发布了第二个"求贤令"。

第三个"求贤令"发布于建安二十二年（公元 217 年）夏。征战汉中告一段落，曹操准备安定下来建设北方，这时，他又想到了人才问题。在这份"求贤令"中，他着重写上了这么一段话："负污辱之名，见笑之行，或不仁不孝而有治国用兵之术，其各举所知，勿有所遗。"这是一种反世俗的观念，必能使大批被世俗视为"不仁不孝"的有为之士破格得以录用。这是曹魏后来之所以能统一中国的一个重要条件。

关羽败走麦城 /

荆州一直是个极敏感的地方，早在建安十五年（公元 210 年），为了孤立曹操，在鲁肃的建议下，孙权将南郡、江夏的一部分"借"给刘备。此举对曹操的打击颇为严重。当时曹操正在写信，一听到这消息，惊得笔都掉落于地。他这时才知道，东南暂不可图，还是先取关陇，经营北方吧！

但是，荆州对曹操、孙权和刘备来说，都十分重要，曹操策略性地暂时退出，实际上是一种战略，他想坐视孙权与刘备之间矛盾的激化，来个"渔人得利"。果不出曹操所料，后来，孙权与刘备在荆州问题上的矛盾尖锐起来，最终导致了关羽的败亡。

孙权为了北拒曹操，需要联合刘备。孙权也知道关羽非等闲之辈，也曾向他频送秋波。每当年终岁初，还让鲁肃送点礼品去，以示友好。最有意思的是，孙权居然派人去为自己的儿子与关羽的女儿说媒，想建立一种政治联姻。这本该是件大好事，可骄狂的关羽却当着来使的面大骂："虎女岂能嫁犬子！"孙权虽没马上发作，却暗暗地把仇恨埋在了心底。

不久，孙权这边亲刘备的鲁肃死了，接替他统兵的是雄才大略的少帅吕蒙。吕蒙一登台，马上根据孙权的旨意规划袭取荆州。

武财神关羽（民间年画）

建安二十四年（公元 219 年），刘备打败曹军，取得汉中后，关羽趁势举兵北伐，向曹仁驻守的樊城进攻。曹操也有点儿慌，急派大将于禁去樊城增援。恰遇那一带大雨大水，樊城内平地水深五六尺，城外的于禁营地被淹。关羽乘大船进击，曹操手下的勇将庞德被斩，号称百战百胜的大将于禁被擒。关羽威名大振，曹操甚至想从许昌迁都洛阳，以避关羽。关羽在军事上达到了全盛。

但是，对关羽来说，极大的危机也潜伏着，只是他没看到没想到而已。

关羽北上节节胜利，吕蒙却看到了他后方的空虚，这正是袭取荆州的最好机会。吕蒙为了麻痹关羽，装病回东吴，推荐当时还没有什么名声但却很有才干的陆逊接替自己。有人对关羽说，远离荆州北上，一旦东吴发兵，难以自救。关羽仰天大笑，说："谅黄毛小子陆逊也不敢！"关羽一向主观专断，他这样说，部属也就不敢说什么了。

这时，假装有病的吕蒙，会同陆逊率大军神不知鬼不觉地发兵荆州。关羽平时从不体察下情，这时部下走的走，逃的逃。重镇南郡的守将不战而将城池献给东吴。关羽大惊，匆匆率军回荆州，与以逸待劳的吴军一交手，马上败下阵来。这时，孙权又亲率大军来援，关羽更是兵败如山倒。

关羽又向上庸地区的蜀兵呼救，不料，那里的守将刘封、孟达正在内争，平时又看不惯关羽的骄横，于是坐视不救。关羽陷入了四面楚歌的境地，一路上将士逃散，溃不成军。关羽只得入麦城，马上又被包围，最后在突围中被吴将潘璋所擒。孙权下决心杀了关羽，把头送给了曹操。

曹操"决不称帝"

孙权擒杀关羽后，曹操借汉献帝的名义封他为骠骑将军、荆州牧，名义上确定了荆州的归属权。为了对付怒气冲冲的刘备，孙权也一再地向曹操示好。就在建安二十四年（公元 219 年）岁末，孙权遣使到许都入贡，公然向曹操称臣，在上表中要曹操代汉称帝。这时虽显得老态龙钟的曹操头脑却十分清醒，他把孙权的上表让朝中的群臣传阅，要大家发表自己的见解。

侍中陈群首先站了出来，说："汉代自安帝以来，气势已绝。虽说有汉之名，但没有尺寸土地，一个民众，曹公取而代之，理所当然。"

尚书桓阶更是引经据典，振振有词，他说："早在桓、灵年间，那些明知图纬的人就说过，'汉行气尽，黄家当兴。'这'黄家'，暗指的就是曹公。臣以为虞、夏不以谦辞，殷、周不吝诛放，畏天知命，曹公是用不着再推让的。"

两人一带了头，群臣都来了劲，纷纷上前凑趣。这

曹丕

时的曹操却一本正经起来，说："我知道，你们都是好心，但却是只知其一，不知其二。孙权这小子是极聪明极有心计的人。他急匆匆地要我称帝，图个啥？还不是想把我放在火炉上烤！"[7]

听曹操这么一解释，大家都不再说什么了。曹操却略作停顿后说："假若天命真的在我的话，我也只能当周文王了。"意思是自己不能称帝了，让自己的后代来追认吧！

建安二十五年（公元220年）正月，曹操带兵还师洛阳，当时他已经病得很重了。他当着儿子曹丕的面立下遗嘱，说道："天下还没有安定，一切从简吧！葬礼要尽量简单，大殓时我只要穿时服就可以了，墓中不得藏有金玉珍宝。葬礼完毕，一切人都马上除去丧服，有关人员都要坚守自己的岗位，不得因办丧事而随便离开职守。"就在这个月，曹操病死在洛阳，终年66岁。

当年的十月，曹丕代汉称帝，国号为魏，追尊曹操为太祖武皇帝。刘备看到曹丕称了帝，也于第二年（公元221年）的四月正式称帝，国号为汉。孙权实际上已据有江东，但一方面迫于曹氏政权的威力，只得表面上俯首称臣，另一方面也怕刘备来报关羽之仇，不敢张扬，直到8年后的公元229年，趁诸葛亮北伐、魏汉大战之时，才宣告称帝，国号为吴。

刘备殒身白帝城 /

自从关羽被孙权杀害以后，刘备一直想报仇雪恨。他在章武元年（公元221年）四月称帝，七月就要起兵征吴。

当时，蜀汉内部分为主战和主和两派。在张飞等众将领主战的鼓噪声中，老将赵云听到刘备要出兵东吴，星夜从驻地赶到成都，他力排众议，声泪俱下地对刘备说：

"现在关羽新败，这仗是打不得的。若一定要打，则该打的是国贼曹操父子，而不是孙权。只要养精蓄锐，能彻底击败曹魏，那么，孙吴就不征

白帝城故址

自服了。当务之急是重修蜀吴之好，征伐曹魏。"

此时的刘备怎么也听不进去，他不耐烦地挥挥手说："老将军下去休息吧，我意已定，不必再多言了。"

赵云还是不死心，找到了历来以深谋远虑著称的诸葛亮，要他出面力阻刘备出兵东吴。诸葛亮叹道："能劝止主上东征的，看来只有法正一人，可惜他已病死了。现在主上征吴之志已定，将士们又是一个个声称要为关将军报仇，就是我说了也没用的。"赵云知道此事已难挽回，叹息着离开了成都。

于是，刘备亲率四万余大军沿长江，浩浩荡荡，直扑江陵。刘备接连打了几个小胜仗以后，就沿长江南岸缘山截岭，舍舟登陆，树栅连营 700 余里，准备与孙权的主力部队决一死战。而这时东吴率军的是大都督陆逊。陆逊虽然年少，但多谋略。他集中五万精兵，只是坚守不出。他是在观察形势，等待时机。

双方在猇亭（今湖北宜昌西北）相持了半年多，任凭蜀军如何挑战，吴军就是坚守不出。七八个月过去了，蜀军已是疲惫不堪，远离后方，粮草又跟不上。当时时值盛夏，陆逊决定采用火攻战术。他命东吴将士各执一把火，向蜀军发起攻势。包围了蜀军以后，就一面放火，一面进击。结果长江沿岸 700 里的蜀军 40 余营都处于大火之中。蜀军大败，4 万余人大部死于火海。刘备在部将的奋力护送下，冲出重围，抄羊肠小道仓皇逃往白帝城（今四川奉节县东）。

在白帝城，一败涂地的刘备病倒了。他自知不久于人世，临终前把驻守成都的诸葛亮请到白帝城，要他辅佐嗣子刘禅。诸葛亮哭着说："我一定竭尽全力，效忠贞之节，死而后已！”到章武三年（公元 223 年）四月，刘备病死于白帝城。从此，蜀汉开始了诸葛亮辅政的新历史时期。

诸葛亮"七擒七纵"

刘备一死，其后方基地就大乱起来。当时，南中四郡中的益州郡（今云南晋宁）、牂柯郡（今贵州贵阳一带）、越巂郡（今四川西南部）相继发生了叛乱。诸葛亮见情势危急，先是采取安抚政策，待政局稳定以后，才分三路进军南中地区，取得胜利以后，再集中兵力围攻叛乱中心益州。这时益州的叛军首领是孟获。

诸葛亮出行征战时，前来送行的参军马谡对他说："南中地区偏远，常常是今日征服，明日又反。看来用兵之道，攻心为上，攻城为下；心战为上，兵战为下。愿宰相能服其心。"

诸葛亮听了，连连称是。进入益州地界以后，诸葛亮就下了一道死命令："对孟获，只可生擒，不可伤害。"

孟获虽是高级的勇将，但少谋略。诸葛亮采取诱敌深入的手法，让孟获陷入包围圈，并将其擒获。事后，诸葛亮亲自为他解缚，带着他到蜀汉军营的各个营地去观看，故意问孟获："这样的威严之师，你能打得赢吗？"

孟获很不服气，昂着头倔强地回答："我是不知虚实，被你用计打败。如果……如果……"

孟获一时语塞，说不下去了。诸葛亮大度地扬扬手，慢悠悠地说："你说吧，如果怎样啊？"

孟获是个硬汉子，突然沮丧地低下了头，

诸葛亮

带着哭声说："要杀就杀，现在已没有什么'如果'的了。"

"不能这么说嘛，"诸葛亮坦然以对，像是与朋友交谈似的说，"你可以说出你的心里话，只要合情合理，一切都可商量。"

孟获一下抬起了头来，长久地注视着诸葛亮，说："如果你能放我回去，我们认认真真打一仗，我一定能打败你！"

诸葛亮听了他的话，笑了笑，爽快地放他回去了。

孟获回去后，集合好部队，果然又来交战。但结果又是战败被抓。诸葛亮见他还是不服气，又放他回去。如此一捉一放，前后有多次，民间也就演绎出了"七擒七纵"的故事。最后一次诸葛亮又要放他回去，孟获着实被感动了，他说：

"孟获现在真正心服了，从此，南人再也不反了！"

诸葛亮让孟获留在原地管理益州地区的少数民族，同时又在成都给了他一个不低的官位。这种民族政策受到后人的盛赞。

孟获降服后，诸葛亮运用同一模式，与少数民族的上层结好，稳定了蜀国的统治，也为日后的民族大团结奠定了牢固的基石。

挥泪斩马谡 /

建兴六年（公元 228 年）春天，诸葛亮趁曹操之子曹丕新亡之际，亲自统领二十万大军，发动了长达 8 年的北伐战争，这就是历史上有名的"六出祁山"。

在公元 228 年的一场血腥大战中，出现了为后人永远津津乐道的"失街亭"和"斩马谡"两大事件。

诸葛亮进军中原，使魏国朝野震动。魏明帝坐镇长安，一面派大将军曹真防御赵云的进击，一面又派名将张郃率五万大军抗拒诸葛亮雄师。诸葛亮知道张郃不可小视，立即派马谡扼守要地街亭（今甘肃秦安县）。马谡自幼熟读兵法，能说会道，但缺乏实践经验。刘备临终时曾对诸葛亮说："马谡言过其实，不可大用。"但诸葛亮历来重视马谡，对刘备的劝告不以为然，还经常与马谡一起谈论兵法，有时通宵达旦。所以，这次北伐让马谡充当先锋，又将守街亭的重任托付给他。

马谡到街亭之后，没听副将王平的劝告，弃城不守，舍水上山。张郃一看，正中下怀，马上切断了水源，并进行围攻。蜀军因为缺水，饥渴难耐，不攻自乱。张郃乘机带兵出击，结果蜀军大败，马谡狼狈逃出，街亭由此失守。亏得王平带领的 1000 余人没有上山，在山下与马谡的残军呼应，才把马谡救出。诸葛亮所派出的几路军马都不顺，又失了军事要冲街亭，见势不妙，只得带兵退回汉中。

诸葛亮回汉中后，严厉追究了失街亭的责任。马谡虽是他的亲信，但街亭一役的失利，大大挫伤了蜀军的锐气，罪不可饶，于是当众宣布"斩马谡"，还将劝导有方并救援有功的王平提升为讨寇将军。最为重要的是，他宣布自己用人失当，导致败绩，因此上疏请自贬三等，代理丞相事。

海峡两岸的交往

在三国时期，中国国内各地区之间的联系大大加强。东吴地处长江流域，东部濒临大海，与祖国的宝岛台湾（当时称为"夷洲"）隔岸相望。在孙权黄龙二年（公元 230 年），台湾的高山族与大陆居民之间有了正式的接触。

这是一件值得大书的大事。

据有关史料记载，夷岛在中国大陆的东南部，气候温暖，没有雪霜，华木不死。当时的夷岛上的高山族，大约处于原始氏族制社会的末期，内部分成若干部落或部落联盟，"各号为王，分划土地人民，各自别异"。农业和渔业是他们的主体生产事业。"土地饶沃，既生五谷，又多鱼肉。"他们同大陆早有了贸易交往。会稽（今浙江绍兴一带）地方的人到海上去打鱼，遇到狂风暴雨，常漂流到夷洲这样一些海岛上去。而夷岛上的高山族人民，也到会稽来进行货物交换，应当说关系是相当融洽的。

黄龙二年（公元 230 年），当这一年的春天到来的时候，在历史上被称为"英人之杰"的吴主孙权，派出大小船只上百艘，士兵上万人，由将军卫温、诸葛直两人率领，浩浩荡荡地向令人神往的夷岛进发。

经受了几多风浪，他们终于来到了这个神秘之岛。他们在这个岛上停留了多久，有些什么交往，史料上无记载。但是，留下不少传说，当时的夷岛人对大陆文明十分向往，最后有数千人跟着返回的船队来到了大陆，却是肯定的。⑧

诸葛亮病逝五丈原 /

诸葛亮多次北伐，魏国的大将军司马懿基本上采取防御的政策。倒不是魏的实力不如蜀，而是司马懿想采用防御的手法来拖垮诸葛亮。这也是诸葛亮在出兵中遇到的最大难题，诸葛亮最后的"壮志未酬身先死"的症结也在于此。

魏国青龙二年（公元 234 年），诸葛亮动员了十万蜀军，作最后一次北伐。司马懿采取"坚壁拒守"的方略，任凭诸葛亮一再挑战，他就是不应战。情急之下，诸葛亮向司马懿送了一套妇人的衣服和首饰，讥笑他胆怯得像妇人一样。司马懿却一点也不生气，出人意料地把衣服首饰都收下了，反而向来使者打听诸葛亮的起居生活，当使者回答说到诸葛"事多而食少"

《后出师表》

时，司马懿说："如果那样，怕是活不长了。"果不出司马懿所料，不久，诸葛亮在进退维谷中病死在五丈原，这正是，"出师未捷身先死，长使英雄泪满襟"。

公元207年诸葛亮27岁时出山辅佐刘备，到公元234年病死军中，恰好又是27年。诸葛亮的前半生修身养性，是他立志用世的准备阶段。他隐居隆中，静观时变，不北依曹操，也不南归孙权，而是选择了一条以复兴汉室为己任的艰难道路。诸葛亮后半生操劳，致力于明法、治军、和吴、正身，真正做到了在《后出师表》中说的那样"鞠躬尽瘁，死而后已"。

诸葛亮病死前，给刘禅上了一个奏章，唯一也是最后一次谈了自己的生活和家境。他说，他自己的成都家中，有桑树800株，薄田15顷，供家族中的子弟生活没什么问题了，不需要什么特殊的照顾。因为自己常年在外征战，衣食全赖国家，家中是没有任何积蓄和产业的。他死后，经清点，果真如其言。他是个清廉纯正的人。

"扶不起的阿斗"

说起阿斗，大家都知道是指刘备的宝贝儿子刘禅。从公元223年刘备病死，到公元263年蜀汉政权被司马氏铲灭，阿斗整整做了蜀汉的40年皇帝。可是，这个阿斗，庸庸碌碌，一无所为，正如民间所说，是个"扶不起的刘阿斗"。

在诸葛亮秉政期间，一切内政外交都由诸葛亮执掌，蜀国虽贫，阿斗照样在成都过着清闲的日子。诸葛亮死后，接着主持大政的蒋琬、费祎、姜维，都没有什么大作为，而阿斗却宠信起宦官黄皓来，同这些人整天混在一起，在醉生梦死中打发日子，全然不顾国家的命运前途。

公元263年，司马昭派钟会、邓艾统军十八万，大举进攻蜀汉。两路大军进军到雒（今四川广汉），离成都只有80里了。这时，阿斗召集群臣开会，问大家怎么办。

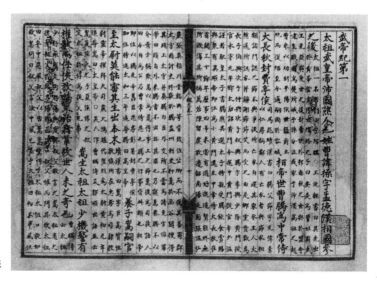

明内府抄本
《三国志》书影

　　有的说："迁都。"

　　有的说："赶快到东吴去。"

　　还有人说："干脆投降为好。"

　　阿斗想了想，说："好，那就投降吧！"倒是他的一个儿子刘谌有点血性，先是力劝父亲不能投降，得不到结果，到祖庙大哭一场后，自杀了，以此来抵制投降。

　　阿斗投降时，也实在狼狈得很。他自己将自己反剪着捆起来，出北门十里而降。身后的车上载着一具棺材，表明自己是该死了。就这样，蜀汉政权灭亡了。司马昭封了他一个有趣的名号，叫做"安乐王"。为了防止出什么事，司马昭把阿斗及其下属迁到魏的京城洛阳看管起来。

　　司马昭是个很有心计的人。对阿斗一面是控制，一面生活上又相当优厚，让他享尽"安乐王"的荣华富贵。一次，司马昭举办盛宴，也把阿斗和蜀汉的一些将相"请"了去。席间奏的是魏乐，跳的是魏舞，蜀汉的一些降官不免伤心泪落，唯有阿斗嬉笑自若。酒过三巡，司马昭来到阿斗的身边，问："还想自己的蜀地吗？"阿斗傻乎乎地回答道："这里快乐，一点都不想蜀地了。"引得司马昭及众人哄堂大笑起来。阿斗在中国历史上就是这样一个没出息的丑角。

司马昭之心　/

　　在三国后期的历史进程中，三国中最强大的魏国也在发生变化。曹操死后，其儿子曹丕还是有些能耐的，可惜掌权仅三年就病故了，接下来都是少主当政，这样，大权就渐渐地旁落到了司马氏的手中。

　　曹操、曹丕父子相继去世后，一度曹氏势力与司马氏势力处于此消彼长的相持阶段。正始十年（公元 249 年），司马懿趁掌实权的大将军曹爽到离洛阳 90 里的高平陵去祭祖的机会，发动政变，杀掉曹爽及大批曹氏党羽，这样，曹氏权力就大大削弱了。

　　司马懿死后，他的长子司马师为抚军大将军、录尚书事，代其父主政。嘉平六年（公元 254 年），司马师又清除了一大批曹氏忠臣，还废除了渐渐年长起来、不太听话的曹芳，另立曹髦为帝，改年号为"正元"。

　　正元二年（公元 257 年），司马师死去，他的弟弟司马昭秉政，他比父兄还要有手腕。在平定了曹氏政权的最后一个大忠臣诸葛诞的谋反后，便痛痛快快地将曹氏党羽全数剪除干净了。可怜 14 岁的少帝被他当傀儡随意差使。

　　当了 6 年的傀儡，已经长到 20 岁的曹髦忍无可忍，甘露五年（公元 260 年）四月，曹髦决心与司马昭一拼。他召集自以为都是忠于他的近臣侍中王沈、尚书王经、散骑常侍王业，对这"三王"说道：

　　"现在是司马昭之心，路人皆知了！我不能坐等着被废或受辱，今日就与各位爱卿一起共讨此贼！"

　　尚书王经是忠于曹髦的，他苦苦地规劝曹髦，说："皇上，还是不要这样吧，现在的大权都在司马氏手中，上上下下都是司马昭的人，还是忍着吧！"

　　曹髦此时血气方刚，站起身来大声说："我已决定了，就是死有什么好怕的？总比活受罪好些！"说罢，曹髦将讨伐司马昭的诏书用力地

陈寿雕像

扔在地上，说："我决心已定，诸卿同心协力去做吧！"

曹髦哪里想得到，正当他将此事禀告皇太后的时候，他所相信的"三王"中的王沈、王业已跑去把消息告诉了司马昭，要他早作准备。司马昭其实早已得到消息，他派兵包围了皇宫，其死党毫无顾忌地一刀把曹髦给砍死了。陈寿在《三国志·魏志》评说曹髦"才慧夙成，好问尚辞，盖亦文帝之风流也"。从此，曹魏政权真正是名存实亡了。不久司马昭带兵灭了蜀，这在上面已经说到。

灭蜀后的第二年，司马昭就死了。他的儿子司马炎推翻了曹魏政权，开始自己称帝，改元泰始元年（公元 265 年），西晋开始。又过了 15 年，起兵灭吴，成就了"分久必合"的天下大势。

注释：

① 《后汉书·献帝纪》："（其时）群僚饥乏，尚书郎以下自出采稆，或饥死墙壁间。"《三国志·魏志·董卓传》："乘舆时居棘篱中，门户无关闭。天子与群臣会，兵士伏篱上观，互相镇压以为笑。"

② 在史书中，曹操自以为称得上英雄，又称刘备是英雄的记述是有的。《三国志·魏志·武帝纪》说道，刘备初投曹操时，曹操的谋士对曹操说："观备有雄才而甚得众心，终不为人下，不如早图之。"意思是把他杀了的好。曹操没同意，却作了这样的回答："方今收英雄时也，杀一人而失天下之心，不可！"《三国志·蜀志·先主传》说道，刘备在许，甚得曹操器重，曹操曾经对刘备说："今天下英雄，唯使君与操耳！本初（袁绍字）之徒，不足数也。"

③ 在进攻曹操前，也有人说曹操难打，袁绍及其谋士们却以为："今以明公之神武，连河朔之强众，以伐曹操，其势比若覆手。"（《后汉书·袁绍传》）

④ 《襄阳记》："刘备访世事于司马德操，德操曰：'儒生俗士，岂识事务，识事务

者在乎俊杰，此间自有伏龙、凤雏。'备问：'二人为谁?'曰：'诸葛孔明、庞士元也。'"

⑤《三国志·蜀志·诸葛亮传》："亮曰：豫州军虽败于长阪，今战士还者及关羽水军精甲万人，刘琦合江夏战士亦不下万人。曹操之众，远来疲弊，闻追豫州，轻骑一日一夜行三百余里，此所谓'强弩之末，势不能穿鲁缟'者也，故兵法忌之。且北方之人，不习水战，又荆州之民附操者，逼兵势耳，非心服也，今将军诚能命猛将统兵数万，与豫州协规同力，破操军必矣。"这段话，为后面的"赤壁之战"定下了基调。

⑥ 金庸在论史文稿中说道：《三国》人物中，我最喜欢的是赵云。我一直觉得他远远胜过关羽、张飞。他在长坂的曹军中七进七出，勇不可挡，比之关公斩颜良、诛文丑、过五关斩六将难得多，也精彩得多。同时赵云人品很高，精细而有智谋。"金庸先生的说法应当说是精当的。

⑦ "孙权上书称臣，称说天命。王以权书示外曰：'是儿欲踞吾著炉火上耶！'"（《三国志·魏志·武帝纪》注引《魏略》）

⑧《三国志·吴志·吴主传》："二年春正月，遣将军卫温、诸葛直将甲士万人浮海其夷岛……得夷洲数千人还。"

第二十六卷　文化融合

　　自公元265年司马炎代魏称帝，建立西晋起，到公元581年杨坚逼周静帝让位，建立隋朝止，其间300余年，是中国古代社会由天下大乱走向天下大治的历史时期。其间西晋王朝只存在了40余年（公元265—317年），偏安东南的东晋王朝存活时间也只有百来年（公元317—420年），与之对峙的"十六国"政权更是转瞬即逝。到南北朝（公元420—581年）时，南方政权更迭了宋、齐、梁、陈四朝，每朝长则50多年，短则二三十年，北方的政权也不怎么稳定，北魏政权最后分裂成东魏和西魏两部分，东西魏之间争战不已，互不相让，可说局面惨不忍睹。

　　这是个分裂的时期，也是个战乱的时期，不过，又是个文化融合的时期，表现为中原的汉文化和北方少数民族文化之间的融合，长江以北的文化与长江以南的文化之间的融合，儒家文化与道家、佛家文化之间的融合。而这种文化的融合，又正是国家重新走上统一的必不可少的前提条件。

世族特权 /

晋武帝司马炎出身于权倾一时的大世族。他靠自己身边的士族阶层，发动宫廷政变取得了政权。因此，他一上台，就制定了允许世族大家拥有特权的官品占田和荫人的制度。

法令规定：官品一至九等，各以贵贱占田。第一品可占田 50 顷，以下每低一等，递减 5 顷，至九品，也可占田 10 顷。这样一来，即使只按规定，天下的土地就大部分为特权者所占有了，更何况那些士人是贪得无厌的，哪肯满足于只占明令规定的数额？

除田亩外，士人又可各以品第高低荫其亲属，多者及九族，少者三世。官吏还可荫庇食客和佃户。官至六品以上，得荫衣食客 3 人，第八品的可荫 2 人，第九品可荫 1 人。第一、二品的，可荫佃户 50 户，第三品可荫佃户 10 户，以下递减，到第九品，荫 1 户。而实际上哪止这些呢？被荫者实际上成了家内奴隶，生杀大权也都操在主子们的手里。

晋武帝司马炎

在这个社会中，皇帝是最大的特权者。皇帝靠政变得来政权实在太容易，根本不懂得珍惜。晋武帝灭吴后，在宫廷的豪奢上学起了腐败的吴君来。他把后宫一下扩展到了数万人，其中宫姬后妾就有上万人，其中受宠幸的不计其数。反正每到夜晚，晋武帝就乘着羊车，到他宠幸的女人那里去行乐。那些被告知皇帝将至的宫姬，就在户门前插上竹叶、门前以盐汁洒地，以引领帝车。这样的皇上，还能办什么国事？

皇上做出了样子，那些大小官员就竞相淫奢。一些官僚每天花在吃饭上的钱要成千上万，但还是对人说："怎么一到餐桌前，就找不到合胃口的东西呢？都不知如何下筷！"钱花光了，就卖官，在当时卖官是普遍而公开的现象。有些正直的人，冲着晋武帝的面说："汉末灵帝、桓帝的时候卖官得来的钱，还要入官库，现在是每况愈下，卖官钱都中饱私囊了。"晋武帝见怪不怪，嘿嘿一笑，不了了之。

石崇王恺斗富 /

在整个特权者阶层中，称得上是豪富的，一个是晋武帝的舅父王恺，一个是侍奉皇帝左右的散骑常侍石崇。两个人的背景都很深，权势很大，田宅遍天下，家财不计数，家奴成百上千。

石崇和王恺过着奢侈腐化的生活，对家内的奴婢自有生杀大权。一次，王恺家大宴宾客，让一名女艺人在席间演奏笛子。也不知是吹笛人紧张还是其他原因，演奏过程中忘记了一小节曲子。王恺勃然大怒，命下人将这一女艺人拉到台阶下当场打死。石崇更是一个混世魔王，每当要办宴席的时候，他就要那些家奴中的美女出来敬酒和陪酒，如果客人不能尽兴，就要杀掉陪酒女。有一次有一个客人坚决不肯饮酒，石崇就连杀三个行酒女子。[1]其残暴可想而知。

石、王两人曾为斗富而无谓地消耗大量的钱财。

有人告诉石崇，王恺家是用麦芽糖清洗锅子的，石崇听后，很不服气地说："那有什么，我们家用蜡烛当柴火烧呢！"这件事传出去，大家都说石崇大约比王恺富有。

王恺不服气了，为了炫耀自己有钱，他在家门前的大道两旁，夹道40里，用紫丝编织了屏障。谁要到他家去，非要途经这异常华美的40里屏障不可。这样的排场，使整座洛阳城为之轰动。这下轮到石崇心里不舒畅了，他用了几天时间，在自己家门外沿途50里用更加名贵的紫丝织成屏障，用以迎宾接客，使王恺又输了一阵。

王恺哪里甘心，他拉出皇帝来帮忙。晋武帝觉得这样的斗富很有趣，就把宫里收藏的一株两尺多高的珊瑚树赐给了王恺。王恺喜出望外，特邀一大批文武百官来家观赏。为了气气石崇，把石崇也"请"来了。酒过三巡，王恺叫侍者郑重其事地捧出那株珊瑚树，顷刻发出一片叫好声，正当大家在兴头上，石崇冷笑一声，拿起案头的一支铁如意，朝珊瑚树砸去，珊瑚树马上成为碎枝残叶。众人大惊失色，王恺气得话都说不出来，石崇早有准备，嬉皮笑脸地说："不要生气，我还你一件就是。"话声刚落，石崇的家人已把家中几十株珊瑚树统统搬来，其中竟有四尺多高的，说是让王恺自己从中挑选中意的。

王恺惘然若失，半天说不出话来。他这才知道，自己的钱财的确比不过石崇家。这场比富的闹剧也就这样收场了。从这场斗富中也可看出当时权贵们的无聊和无耻。

司马炎三临辟雍

在魏晋洛阳故城址，出土了一块大型碑石，它就是著名的《大晋龙兴皇帝三临辟雍皇太子又再莅之盛德隆熙之颂》之碑，碑名实在太长了，后人又简称为《临辟雍碑》。此碑中称的"大晋龙兴皇帝"即是指晋武帝司马炎，亲临辟雍②的时间是公元265—268年的四年间，碑文是十年后的咸宁四年（公元278年）刊刻的。

司马炎刚刚从曹氏家族手中夺得政权，为何要匆匆忙忙跑到辟雍去，而且是一而再、再而三地去，而且还要他的那个出了名的"白痴太子"一同去，这究竟为的是什么？

碑身正面刻写的1500余字的碑文，揭开了内中的秘密。

原来司马氏从曹氏家族中夺得政权后，心中总是感到忐忑不安，总觉得有人在背后指指点点。于是，有谋臣向他献策："皇上，汉代能立基业四百多载，靠的是崇孔学、兴儒术，大晋要能天长地久，莫过于设立学官，兴办学校了。"司马炎虽然在生活上极其奢华，但头脑却像他的祖父司马懿和父亲司马师一样，是十分灵通的。被属下这么一

司马炎手迹

点，他就知道该怎么办了。他关照有关部门："即日起就在洛阳曹魏太学旧址处着手兴建太学的殿堂房舍，并重立学官。"

皇帝一声令下，群臣万马奔腾。不到一年的工夫，被称为辟雍的学宫建成了。接着就择吉日举办开学盛典。听说皇上亲临，百官全数都来了，王公卿士全数来了，西晋15个州、70余个县的行政首长全部到齐，各地的风流文士都到了，辟雍的学官、博士、助教、礼生、弟子也全数到了……

当日气候也正好宜人，400余人排成十行，齐崭崭地列队站立在辟雍前的广场上，接受晋武帝司马炎的检阅和训示。晋武帝的话不多，他说道："朕今日重建辟雍，为的是宣儒教，讲经学，重礼仪，奖勤学。众生员都要修德行、习通艺，研精好古，务崇国典。"

很清楚，晋武帝司马炎是想通过重振太学、重立学官来恢复儒学的权威，以巩固这个新政权的思想基础。可是，司马炎自身的行为和当朝群臣的腐败，早已用铁的事实把司马炎精心打造的"研精好古"的梦境打得粉碎。"好古"者少知音，儒家一统的局面必然被打破，多元的文化局面正在"乱世"中形成。

"竹林七贤"

"竹林七贤"是魏晋政权交替之际朝野七位著名的文化人的合称，他们是嵇康、阮籍、山涛、向秀、王戎、刘伶、阮咸七人。他们一改士人直道而行、直言强谏的作风，或走向清静无为的缄默，或崇尚玄妙虚无的"清谈"。

可以说，东汉末年以来的乱世，让天真朴实的儒学之士吃足了苦头。汉末桓、灵年间的两次"党锢之祸"，以"清议"为能事的士人入狱的入狱，流放的流放，被杀的被杀，连在太学生中传颂一时的"天下楷模李元礼（李膺）"和"不畏强御陈仲举（陈蕃）"都不能幸免。三国后期，在曹魏和司马氏的长期仇杀中，不少文人名士被卷入，甚至被满门抄斩。可以说，那时有点名望而又有正义感、敢于说话的，几乎没有一个不遭迫害。③于是，文士们一是学乖了，二是开始寻找新的思想武器，这样，儒家一统的局面就被打破了。

竹林七贤画像砖

士人们转向了，从臧否人物、愤世忧国、议论朝政的"清议"，转向到了自然无为、放言玄妙的"清谈"。"竹林七贤"就是最著名的代表。"七贤"都以老庄玄学思想为精神寄托，悠游于山间泉畔、竹林茅舍，以纵酒谈玄、高尚其志著称于世。

"七贤"中应推嵇康为第一人，他与曹魏家族有联姻之谊，司马氏掌权后，形势对他很不利，他就以尚奇任侠、好言老庄自娱和自卫。一次，朝中司马昭的权臣钟会来看望他，这时嵇康正在赤着膊打铁，满头是汗，全神贯注，旁若无人。"七贤"中的另一位正在起劲地为他拉风箱，也好像什么事都没发生一样。钟会站了半天，自觉没趣，正想要离去时，嵇康突然发问："何所闻而来？何所见而去？"钟会只得回答："闻所闻而来，见所见而去。"对话一点没有实质性的内容，彼此都抓不到对方什么。

与嵇康齐名的是阮籍。阮籍出身于文化世家，其父就是著名的"建安七子"之一的阮瑀。阮籍自幼博览群书，崇好老庄。他对儒家礼法的批评更尖锐，他写《大人先生传》，抨击那些借名教"出媚君上、入欺父兄"的小人，斥那些礼法之士是裤裆里"饥则啮人"的虱子，说儒家的礼法是帮助贼人作恶、让人走向死亡的理论。他终生不屈于权贵，当司马炎向其女儿求婚时，阮籍根本不予理睬，而是以狂饮大醉 60 天不醒的手法，硬是拒绝了这门皇家亲。

　　"七贤"中的刘伶也是以不得意而酗酒闻名。他常常乘车携酒出游，让随行的人带着铁锹紧随其后。他对随行人说："我如果在哪儿喝酒醉死了，你随地把我埋了就是！"他甚至裸体喝酒，客人来了批评他，他却笑着说："我以天地为屋，以屋为衣，你们这些人怎么钻到我的裤子里来了呢？"在他身上愤世之情转化成了放浪形骸的玩世不恭。

　　"竹林七贤"的这种藐视礼法的态度可谓是前人不能想象的，恐怕后人也难以理解吧。

葛洪家族修仙传道

　　魏晋以来，政风险恶，士族名士少有能自全者，致使山林隐逸阶层迅速扩大，神仙道士日益增多。神仙道教的兴起，打破了儒家在思想领域的一统天下。为神仙道教奠下理论基础的，是晋代的葛洪及其家族。

　　葛氏道教世家，从汉末三国起，直到东晋末，前后两百年传承不绝，而且都有理论上的创造。

　　葛洪的祖父辈人物葛玄，是道教史上很有影响的人物。他15岁开始学道，游历名山大川，学道凡20年，拜著名道家人物左慈为师，一起在深山中炼丹，求长生不老之术。左慈80余岁隐去时，授葛玄以《九丹金液仙经》。之后，葛玄辞去三国吴君孙权的当官之邀，坚持在江南一带传道。后来，葛玄的道术，由弟子郑思远传到了葛洪手里。

　　葛洪21岁时，就随师郑思远入霍山炼丹。郑思远归隐后，葛洪想北上洛阳"广寻异书"，当时正是晋室内部大乱的时候，向北的道路走不

葛洪炼丹遗址上的"稚川丹灶"

通，他就南下广州，在罗浮山修道炼丹，并写成了在道教史上有划时代意义的《抱朴子》一书，成书后，又回到家乡丹阳句容（今江苏丹阳县）。在丹阳一带传道一两年后，听说交趾（今越南）出产上等的丹砂，便不顾年老，带领子侄、弟子多人南行，准备远涉重洋去那里炼丹。但到了广州之后，为广州刺史邓岳所挽留，于是就又重回罗浮山修道。一面优游闲养，炼制金丹，一面进一步完善他的传世之作《抱朴子》。

葛洪的道教神学理论，冲破了方仙道教中一些不合时宜的老规矩和旧思想，为士族道教向社会布道开辟了一条新道。尤其值得一提的是，葛洪的道教理论开了儒道合流的先河。他在自己的书中写道："欲求仙者，当以忠孝、和顺、仁信为本。"这实际上调和了神仙道教和儒家礼教的关系，增强了道教的社会教化作用。葛洪在道教发展史上是一位承前启后、继往开来的大师级人物。

佛教东来 /

佛教的东来，与东汉末年一个动人的传说故事有关。

故事是这样的：汉明帝永平七年（公元 64 年），明帝遣郎中蔡愔、博士弟子秦景等赴佛教圣地天竺国（即今印度、尼泊尔一带）取经。两人十分认真，不只在那里取得了真经，还宣明了中国的国策，深得那里佛教徒的信任。三年学成回国时，天竺国君命摄摩腾、竺法兰两位高僧同行，护送经卷到洛阳。沿途有着说不尽的千难万险，亏了那匹负经的白马，翻越万水千山，有时除背负经卷外，还要作为病者的坐骑。到洛阳后，汉明帝十分感激，除将两位高僧留下，继续让他们传授经术外，还决定在洛阳门外建造寺庙，以藏经卷。白马因劳累过度，不久死去，为纪念它，此寺定名为"白马寺"，并将白马的形象塑造在寺前的广场上。后来，来自佛国的两位高僧圆寂后，据说也被安葬在白马寺通道的两侧。

白马寺究竟建于何时，难以考释，但徐州地界的塔寺确实造于三国时代。当时徐州地区（今山东南部和安徽、江苏一带）的一个名叫笮融的粮

白马寺

食运输督管，是一位纯正的佛教信徒。他利用职权之便，把徐州地区三州
的运粮收入的大部分用于建造了一座佛教塔寺。这是一座多层楼阁式的塔
寺。这所塔寺中，供奉着妆金饰彩的金像和铜像，建筑规模之大前所未有，
可供3000人同时膜拜顶礼，学习佛家经典。笮融所造之佛寺，不像以前
那样佛陀与黄老同供，而是独尊佛祖，所课诵之经，也只是佛经。这说明，
此时的中国化佛教已大大前进了一步。

　　魏晋时代，最大的进步是佛家真经的译出和通俗化，这方面功绩最大
的是康僧会。

　　康僧会是来自交趾的佛教代表人物。他的祖先是康居人，后世一直居
住在印度，对佛教非常熟悉。后来，他父母因经商来到交趾，但是不幸的
是，康僧会10岁那年，父母双双去世，康僧会就出家从佛，经过刻苦研
读，成了交趾地区最有名望的佛学家。于是，他来到中国的江南地区从事
传教工作。

　　康僧会首先博览中国的儒家经典和方术图书，他知道，只有将佛理与
中国本土的儒、道两家的学说结合起来，才能使东传佛教收到实效。他了
解到，处于苦难中的中国民众，对佛教所讲的因果报应和三世轮回是会认

同的。"好有好报，恶有恶报"，这是善良的中国民众的心里话。那么怎样去行善呢？康僧会又搬出了讲"施"讲"戒"的理论。"施"就是施舍，作为善人要肯于施舍。"戒"就是戒除恶习，有所谓"五戒"——不杀生、不偷盗、不邪淫、不妄语、不饮酒。

这些浅近的佛理，对普通百姓来说，真是一点就通。康僧会，及其众多的同伴、弟子，在江南传道 30 多年，出入于普通百姓家中，教其烧香祈祷、诵经念佛、自我反省。在他们的努力下，佛教在民间大大传播开来了。

胡华杂处 /

魏晋时期是少数民族与汉民族杂处最为密切的时期。当时所谓的"五胡"（匈奴、鲜卑、羯、氐、羌）和汉人之间进行了频繁的接触——其间有压迫与反压迫的斗争，有互相之间的摩擦和抗争，但更多和更重要的是民族与民族之间的交融。

内迁各族中，以匈奴人为多。当年曹操将内迁的匈奴人分为五部，让其中有才气的匈奴人当帅，又选汉人为司马，实际上是起监督作用。后来，到晋武帝时，塞外的匈奴地区发水灾，这样匈奴人又涌进了平阳、西河、太原、新兴、上党、乐平等地（今山西省境内）。当地的父母官向朝廷报告，怎么办？晋武帝回答道："让他们到中原地区居住吧，他们背井离乡的，也有难处，能帮人家就帮人家一把吧！"这样，在太原等郡居住的匈奴人达几十万人，比中原的本乡本土人还要多。

当时所说的关中，主要指的是秦岭以南的汉中、巴蜀，还有陕北、陇东等地，是秦、汉帝国的发祥地。但是，经汉末和三国时期的战乱，关中人口一则是死亡多，二则被掠走。曹操攻汉中，撤走时就带走了几十万有劳动能力的人，这样，关中的人口就显得奇缺了。西方的氐、羌等民族就趁虚而入，大量涌入关中地区。史书有载：到晋代时，关中的人口大约是 100 万，其中汉人和少数民族各占一半。

胡汉杂处中，那些汉族的地主、豪强常常欺压少数民族的民众。太原地区的豪强以匈奴人为田客，有的多达千人。他们还买匈奴人为奴婢，有的还公开掠买人奴。匈奴的右贤王刘宣愤恨地说："晋为无道，奴隶御我！"你把人家当奴隶般差使，积怨久了，人家怎会不反抗？一旦条件成熟，胡人必反！

西晋王朝很快走到了它的尽头。司马懿、司马师和司马昭、司马炎，这三代人聪明绝顶，可是，到了第四代，却是一个白痴皇帝。除了吃、喝、玩、乐之外，什么都不懂。这就为皇后的专权和大臣的横行腾出了空间。这个白痴皇帝一死，八位司马姓的皇室人员为争夺皇位就大打起内战来，这就是历史上有名的所谓"八王之乱"。对少数民族来说，这是一个好机会，那些长年来有着一肚子气的少数民族贵族，马上顺势而起，开始了推翻腐朽的晋王朝的斗争。有意思的是，这种斗争又恰恰加速了汉民族与其他少数民族之间的文化交融。

这就是历史的辩证法。

"汉氏之甥"刘渊

面对西晋王朝的腐败，第一个起兵反晋的是匈奴人刘渊。刘渊是匈奴的贵族。王浚、司马腾讨成都王司马颖时，司马颖拜刘渊为北单于，参丞相军事，发匈奴兵抵抗王浚和司马腾。不到半月，就聚集军队五万余。公元304年，刘渊在左国城（今山西离石北）即汉王位。登基的时候，他说了一番意味深长的话：

"在我看来，帝王从来是变化不居的，今天命在此，明天天命又可能在彼，也不在于你是华族人，或是其他族类人。大禹出于西戎，周文王生于东夷，后来他们不都成了天下的共主吗？大家记得吗，汉高祖的时候，就将宗女下嫁给匈奴王，互为相约，永结兄弟，正因为此，匈奴单于的子孙就姓了刘。我作为汉皇的外甥，继承汉廷的基业，有什么不可以呢？"

刘渊说的这一套话，应该说是很符合汉人的伦理道德观念的。

晏平三年（公元308年），刘渊又改称皇帝，建都于平阳（今山西临汾西南），国号仍然称汉。他按照汉代的构架设置了官职：丞相、御史大夫、太尉、大司徒、大司空、大司马、大司农，只有极少部分是匈奴建制。为了证明自己是承继汉统的，追尊刘禅为孝怀皇帝，立汉高祖以下三祖五宗神主而祭之。

　　刘渊为何对华夏的一套官制能了如指掌呢？原来，他从小就苦学汉文化。他拜当时著名的经学家崔游为师，学习《毛诗》《易经》《尚书》，尤其爱好《左氏春秋》《孙吴兵法》，对《史记》《汉书》以及诸子百家之书也经常综览。他曾对一起学习的同门说："我每学习书传，常鄙薄随陆的无武，绛灌的无文。大道是要由人来弘扬的，一物之不知，乃君子的耻辱也。"刘渊除学文外，后来又学武。还曾到洛阳见过司马昭，两人一交谈，对对方都很赞赏。司马昭感到刘渊此人了不起，并料定其将来必能成就一番事业。

　　继刘渊位的刘和，也是少习《毛诗》《左氏春秋》《易经》，汉化是比较深的。在他执掌政权的时日里，也大致执行汉化政策。

　　刘渊的另一个儿子刘聪，也自幼深受儒家思想影响，他身边的主要谋臣，也主要是汉人。刘聪掌权后大兴土木，他的大臣陈元达上疏诤谏："臣闻古之圣王，爱国如家，故皇天亦佑之如子。你兵疲于外，人怨于内，这能算是为民父母吗？"刘聪听了，觉得很有道理，马上把原定的浩大工程取消了。

"王与马共天下"

　　西晋政权被刘渊起兵摧垮后，南逃的中原人，在北方世家大族率领下拥立琅邪王（治所在今山东临沂市东北）司马睿为帝，在建康（今江苏南京市）建立了东晋政权。南下的世家大族中，王导是代表人物。

　　司马睿为了在江南站住脚，移镇建业（今南京）。可是，南方的大族豪强的代表人物，一个都没来朝贺。司马睿有点急了，王导马上安抚他，对他说："主公祖上没立过大功，又是皇室的远支，江南士人不了解你，也在

王导像

情理之中，得慢慢来！"当时正值春天，三月三日是江南的所谓"丽人节"，王导决定利用这一传统节日来抬高一下司马睿的身价。

王导为司马睿特意打造了一副极其富丽堂皇的肩舆（也就是南方人所谓的轿子）。三月三日那天，正当建业城中百姓倾城而出观看祭水典礼的时候，司马睿的肩舆出现在城市的最繁华地段，只见司马睿坐在肩舆中，十分端庄威严，而北方来的王导等大族领袖骑着高头大马，紧随其后，好不威风。三吴大族的代表人物纪瞻、顾容看到这种情景，想不到司马睿在北人头脑中有如此地位，又惊又惧，马上拜倒在道旁。

回到宫中，王导马上向司马睿献策："要趁热打铁，应该引荐这些江南名流出来做官。"司马睿即派王导为代表，亲至纪瞻和顾容府上拜访，并邀两人出山。两人正在慌忙之中，一看到司马睿诚意相邀，也就马上答应了。

王导对江南士人表现出了极大的诚意。他曾向江东士族的头面人物陆玩请婚，陆玩却傲然地说："小地方长不出大松柏，香的薰草不能与臭的茺草放在一个容器里，我陆玩虽然不才，但这门亲事我不能答应！"此话对王导来说，是极大的侮辱，可王导却不当一回事，依旧与陆玩友好相处，后来陆玩病了，王导还抢先去看望他呢，使陆玩感动得不知说什么为好。

为了与江南人士拉近距离，王导主张北人要学一点吴语，他自己就带头学。有一次，江东名士刘惔到王导家去，时值盛夏，只见王导光着膀子，在客厅里走来走去，口中念念有词。刘惔好奇地问："王公在做什么啊？"王导一本正经地回答说："正在学吴语，你来得正好，你说说，'真凉快'该怎么说呢？"刘惔看他学得那样的顶真，着实也被感动了，就把相关的读音告诉了他。后来，刘惔逢人便说王导学吴语的故事。大家听了，也对王导执意要与江南百姓一起建国立业的心情多了一份理解。

司马睿初到江南时，腐败的晋王室的坏习气难改，嗜酒成性，常常喝得酩酊大醉。王导认认真真地找他谈了一次，要他以国家社稷为重。司马睿听了，回答道："你让我再喝一次吧！"王导回答道："行！仅此一次！"喝了一杯，司马睿把酒杯翻过来往桌上一扣说："从此不再喝了。"王导顺势提出了励精图治的四条主张：一，接纳士人要谦虚；二，日常开销需节俭；三，为政要力求清静；四，南北之士人应安抚。这四条，后来得到南北士人的一致拥戴。时日一久，人们都有了一个共识，东晋王朝的天下是司马氏与王姓共同支撑起来的，以至于民间有"王与马，共天下"的直白说法。

大兴元年（公元 318 年）三月，西晋的最后一个皇帝被杀，南北士人一致劝进，让司马睿即皇帝位，那就是晋元帝。元帝登极那天，鸣钟击玉，百官陪列，大典隆重。这时，司马睿突然作出一个怪异的决定：邀请王导共升御座，王导再三推辞说："如果太阳与大地上的万物等同，老百姓怎能得到阳光的普照？！"这样，司马睿才只好作罢。

一代书圣王羲之

王羲之的父亲是淮南太守，是宰相王导的兄弟。在"王与马，共天下"的大格局下，王氏一门不少人都选择了从政，唯独王羲之一再辞官。一次，晋穆帝要王羲之到中央任护军将军，这等于是中央政府的城防司令，其地位是十分崇高的，可是，王羲之不为所动，说："我不想当护军将军！人各有志，此职留给他人吧！"

王羲之想干什么呢？他的回答是：我要学书法。

王羲之学书法，真是到了痴迷的程度。一次，书童几次请他用饭，他只"嗯嗯"了数声，仍然习字不停。书童只好端来一盘馒头放在桌上，让他抽空吃。不料过会儿书童到书房来一看，只见他右手执笔在那里专心致志地写字，左手则拿着馒头，边蘸着墨汁往嘴里送，弄得满嘴都是黑墨了。

晚上睡觉，王羲之也不"老实"。他常常在梦中写字，在被子上写，在自己的身上写，结婚以后还在老婆的身上写，常常弄得老婆也无法入睡。

王羲之《兰亭序》帖

几年后，他对妻子说："我想出去游历一下，亲眼看看古人的原碑真迹，追寻书法的本源，你看怎样？"

妻子是知书达理的，支持他说："司马迁走遍名山大川，写出来的文章才有奇气。我想书法也应该是师法自然的。你放心去吧，路上多多保重。"

王羲之渡过了长江，游览了北方的许多名山，到了许昌等地，见到了蔡邕的《石经》的真迹，真使他爱不释手，久久不愿离去。他在泰山见到了秦代李斯所题的石刻，懂得了什么才叫真正的古朴典雅的书法艺术。雄伟的山河，美丽的田园，大大丰富了他的生活感受，使他悟到了中国书法与中国人所处的自然和人文环境之间有着某种密不可分的联系，而这种联系又是不可言传只可意会的一种灵感。

北游以后，王羲之的书法大有长进。经过潜心学习，终于一变汉魏以来质朴的书风，创造出了一种优美、流畅、方便的新书体——王体。王体书法将草、楷两体有机结合起来，形成了一种别具一格的行书，开辟了一个全新的书法时期。而他每写一字，都融入了自己的感情，后人评价他是"羲之万字不同"，是有道理的。

王羲之把书家写字比作是一场严肃的军事活动。他说："夫纸者，阵也。笔者，刀矟（shuò）也。墨者，鍪甲也。水砚者，城池也。心意者，将军也。本领者，副将也。结构者，谋略也。扬笔者，吉凶也。出入者，号令也。屈折者，杀戮也。"王羲之对中国文化的理解真是达到了出神入化的程度。真可谓"书圣"！

石勒读《汉书》／

在晋元帝即位的同一年，匈奴族建立的汉国的国君刘聪病死了，汉国的内部发生了动乱和分裂。汉国的原大将石勒（公元 274—333 年）趁势而起，出兵占领了平阳、洛阳，自称赵王，定都于襄国（今河北邢台）。

石勒是上党郡武乡县（今山西榆社县）的羯族人。他原先有一个很怪异很难叫的羯族名，"石勒"是一位谋士为他起的汉姓汉名。他年轻时，老家闹饥荒，饿死了不少人。他自己与同部落的人失散了，曾经被迫给人当奴隶、佣人。有一次，石勒被乱兵捉住，关在囚车里。正好囚车旁有一群野鹿跑过，乱兵都去追捕鹿群了，石勒乘机而逃。

在此以后，石勒受尽了人间苦难，最后选择了从军一途。在协助匈奴族刘氏父子推翻西晋的战斗中，石勒是立了大功的，同时也渐渐壮大了自己的势力，在这过程中，有一大批汉族知识分子集结到了他身边，其中有一位叫张宾的最著名。他建议石勒把有知识者组织起来，为军事斗争所用。石勒听从了他，组成了以汉族的"衣冠人物"（实际上还是知识分子）为骨干的"君子营"。从此，石勒这支部队成了最为多谋善战的军事力量，最后取匈奴族国君而代之，建立了以他为首的后赵国。

石勒原先不识字，在与"君子营"的人们的交往中，他深感学习文化的重要，便开始刻苦地学习汉文化。他最喜欢读的一部书是《汉书》。他文化水平低，读不了，就在行军的闲暇时让人读给他听。

有一次，当陪读者读到谋士郦食其劝汉高祖刘邦立六国之后时，石勒大惊说："这个提议大错了，要是立了六国之后，如何得天下？"陪读者马上告诉他："好在另一谋士张良谏止了这一建议，刘邦没那样做。"这时石勒才松了口气，说："看来刘邦的得天下，全赖此一谏！"又环顾周围的人说："我石勒有今天，也全

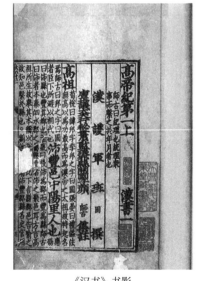

《汉书》书影

是因为有我的'张良'张宾啊！"石勒学汉文化算是学出了名堂。

建立起自己的国家后，石勒仿照周代的体制，在都城襄国的城西建造了明堂、辟雍、灵台，进行教学活动，并在学校中号召学生读汉人的经典。石勒称王的第六年，他亲自到襄国的大、小学，考查学生的经义，对其中成绩优异的，立即加以奖励。后来又规定，不只大小学生要读经，孝廉、秀才也要读经、考经。他设立了"经学祭酒""律学祭酒""史学祭酒""门臣祭酒"，目的都是为了提倡学习汉文化。他特别颁发诏令，明文规定："不得侮辱衣冠华人，以后号'胡'为国人。"这些都是为了让汉族文化与少数民族文化得以沟通交融。

慕容氏收容"流人"

前燕的慕容氏，是鲜卑族的一支。曹魏时期，入居于辽西。魏晋之际，迁居辽东北，在其部落首领慕容廆以及他的儿子慕容皝的苦心经营下，建立了燕国（史称前燕），发展了生产，尤其值得称道的是收容了来自中原的所谓"流人"，为民族融合做了一件大好事。

西晋之时，中原大乱，中原地区的民众除了向南方迁移外，不少是向辽西地区流亡，称为"流人"。当时，流向辽西的人口不下数十万。慕容廆采取与西晋政权和睦相处的策略，辽西整体上比较平稳。但随着大批"流人"的涌入，辽西社会的平稳局面被人为地打破了。

"是不是要关闭通道，杜绝中原汉人的涌入？"有人向慕容廆请示。

作为辽西地区首领的慕容廆在这方面表现得十分的大气，他说："不要关闭通道！汉人的涌入是利多弊少。一则可以引进他们的耕作技术，二则可以学习汉人的文化风情。没什么不好的，重要的是在于引导。"

在收容和引导"流人"上，慕容廆及其儿子真可谓是高手。

一是认认真真地把"流人"组织起来，让他们有地方居住，有饭吃。当时来自冀州（今河北地区）、豫州（今河南地区）、青州（今山东地区）、并州（今山西太原一带）的流人杂居在一起，常有矛盾，有的甚至发展为

械斗。慕容廆找到他们的头领，
要求他们按原籍归并在一起住。
这样，就组建起了冀阳郡、成周
郡、营丘郡、唐国郡。各郡推选
有声望的士人作为郡长，实行相
对的自治。后来，各郡发展很顺
当，还相互走动和通婚呢！

西晋"亲晋胡王"铜印，为政府颁发给少数民族首领的印章

　　二是给来归的汉人以土地、
耕牛，使他们从事农业。原先
当地用官牛的二八分，用私牛的三七分，现在为了奖励汉族流人，改为
"四六开"和"五五开"。这对流离失所的汉人来说，是极大的宽容了。而
对高丽、百济的流人就没有那样客气了。

　　辽西地盘不太大，一下来了那么多"流人"，土地一度成了问题。慕容
氏父子就主张将原先王家及大族的苑囿全数拆除，变成农田，供流民使用。
另外，大兴水利，大量开垦荒地，这样可耕土地一下多了十分之四。这些
都可说是大手笔，是应该永远记入史册的。这样做，当然是大得民心的，
慕容氏也乘势把燕的疆域拓展到了中原一带。

苻坚与王猛

　　慕容氏最强大时，占领了中原的东半部，差不多同时，氐族的首领苻
洪起兵，以长安为中心，建立起了秦国政权，史称前秦。中国历史上著名
的大军事家和大策略家苻坚，就是他的孙子。

　　苻坚自幼聪明好学，深得祖父的喜爱。苻坚8岁时，主动要求读书，
苻洪高兴地说："我们氐族人世代只知饮酒和射箭，你却知道读书，好
啊！"为此，祖父专门为他聘了一位汉族的家庭教师，让他学习汉族文化。
到十四五岁的时候，苻坚已经以"博学多才"著称了。公元357年，苻坚
19岁的时候，当上了秦国的国君，只八九年的工夫，便统一了北方，这同

南朝仪仗画像砖（河南邓州出土）

苻坚与汉人王猛的合作是分不开的。

王猛是北海剧县（今山东寿光县）人。他出身贫寒，小时候曾经当过小商贩，长大以后，以博学而擅长兵法著称，一班庸俗的贵族轻浮弟子瞧不起他，他也不愿与这些人为伍。苻坚一上台，急于要物色人才，有人就把王猛推荐给他。两人一见面，谈及国家大事，马上一拍即合，苻坚大喜道："我遇见你，就像刘玄德遇见了诸葛孔明一样。"可见当时"三国"故事已深入人心了。

氐族的上层贵族苻坚与汉族寒士王猛的密切配合，使两种不同文化中的精华部分得以相融相会。

在氐族发家的始平县，氐族贵族豪强飞扬跋扈，从上到下形成了一股强大的社会恶势力，危害极大。他们大多是随苻洪起事的人，自恃有功，无法无天。苻坚派王猛去那里当县令，到任第一天就杀掉一名作恶多端的王亲。苻氏官僚层大哗，反而强行将王猛押解回京。苻坚问是怎么回事，王猛回答："陛下不嫌弃我，派我去治理混乱的始平县，如今我只杀了一人，该杀的还多得很呢！"接着历数此人的罪状。众人先是气势汹汹，看王猛搬出一大堆那人的作恶事实，都不敢说什么了。苻坚见大家都不作声了，便说："王景略（王猛字）是管仲、子产式的人物，我支持他！"

王猛日益受到苻坚的信任，朝中的宗戚勋旧妒火中烧。樊世是个当年立有大功的人，他对王猛恨之入骨，当面冲着王猛说："我一定要把你的脑袋挂到长安城的城门上去，不然，我誓不为人！"王猛将此事告诉了苻坚，苻坚非常生气，说："必须杀了这个老氐，文武百官才会有规矩！"正在这时，樊世来到殿前，他根本不把苻坚放在眼里，听到王猛在告发他，拉住王猛就打，苻坚忍无可忍，就将樊世推出去给斩了。从此，公卿以下的官员没有一个不怕王猛的了。

　　不久，王猛领京兆尹。京兆是氐族贵族聚居之处，社会恶势力也非常集中。强德是苻坚兄长的妻弟，他经常酗酒滋事，在光天化日之下也强抢民女，强夺民财，老百姓恨之入骨。王猛一上任就将他逮了。强太后出来说情，苻坚也只好下诏赦免，可等使者赶到，强德早已陈尸街头了。王猛接着杀了百多个豪强，如此一来，京城太平了，天子的威信也树立起来了。苻坚感喟地说："现在我才知道法的重要，才知道天子的尊严！"王猛 36 岁那年，一年中五次升迁。

　　在王猛的倡言下，苻坚十分重视文化建设。他广置学官，用以教授公卿以下的官吏的子孙。他亲临太学主持考试，评定学生优劣。他经常提一些《五经》中的问题考问博士。他对博士们说："朕一月三次到太学亲行赏罚，这样做，也许孔学不至于失传，汉代的盛世可以再现吧！"

　　建元十一年（公元 357 年），正当盛年的王猛一病不起。在临终前，他一再对苻坚说，不要对江南用兵，还是和为好！王猛之死，使苻坚悲痛万分。他们君臣的合作，是民族合作治国的典范。

"夷狄应和" /

　　在魏晋南北朝时期，不只汉族与各少数民族之间在接触中达到了互融互解，就是各少数民族之间也表现出某种和解精神。在鲜卑族和氐族的恩怨历程中，在两族的此消彼长中，有远见的政治家身上也会时时透出那种可贵的民族和解精神。

　　公元 4 世纪中叶，北方鲜卑人建立的燕国和氐人建立的秦国，曾经并峙过一段时期。一度是燕大秦小、燕强秦弱，但终究因秦政治修明、经济发展、社会安定，最终战胜并消灭了政治腐败、经济衰落、社会穷困的燕。

　　苻坚灭燕后，有人曾建言杀掉燕王及其王公大臣，苻坚的回答却是："现在天下正处于多事之秋，仇杀总不是好事。我在想：老百姓应得到安抚，夷人与狄人之间的芥蒂宜解不宜结。天下原本是一家，燕国的君臣已投降了，又何必斩尽杀绝呢？"④

　　苻坚的说法和做法，表现了一个大政治家的豁达气度和胸怀，也表现了他的学识和政治远见。人家目前处在危难中，并不断定他日后一直处于这种境地！

　　苻坚没有杀掉燕王，也没有杀掉燕国的王公大臣。他仍让他们当官，仍让他们享受一定的荣华富贵。

　　前燕降于前秦是建熙十一年（公元 370 年）。13 年后，苻坚发动了中国历史上有名的淝水大战，结果大败。他所率的号称足以"投鞭断水"的百万雄师，逃回洛阳时只有残军十万，其中最精锐的三万人马是鲜卑人慕容垂所率领（当年如果苻坚将其斩尽杀绝，也就不会有这个慕容垂将军了），而真正属于苻坚自己统领的只有一千余骑。不得已，苻坚只得投奔慕容垂。原燕国的王公大臣中的一些人，这下可得意了，纷纷要求恢复燕国，最起劲的是慕容垂的儿子和弟弟，要求把 13 年前将燕国灭掉的苻坚杀了。可慕容垂却坚持说不可，他说：

　　"当年慕容氏内部斗争时，我连置身之地都没有，逃到秦国，苻坚收留了我，而且以国士之礼待我。这样的恩惠，如何能忘？再说，燕被灭后，如果苻坚把燕国皇亲国戚都杀了，哪里还有今天的我，杀苻坚是不义的，不可为！"

　　对这段历史，说法种种，评述不一，但苻坚和慕容垂所奉行的"夷狄应和"的观念，无论如何是正确的。

儒、法、佛并举的姚兴 /

　　羌族和氐族是关陇地区的两个较大的民族。公元 4 世纪中叶，氐族在苻氏的带领下趁势而起，建立了强大的前秦政权。在相当长的一段时间里，姚氏的羌族依顺于苻氏氐族。当时的姚兴曾经当过苻坚的太子舍人，相当于皇太子的家庭教师，讲的是儒学，可见他的儒学根底是很深的。太元九年（公元 384 年），姚兴的父亲脱离氐族苻氏，自称"万年秦王"（其政

权史称后秦）。之后的 10 余年间，姚
兴父征战在外，姚兴以皇太子身份镇
守长安，与汉族的儒家学者建立了融
洽的关系，并深受他们的影响。父亲
病故后，姚兴就成了后秦政权的一代
君主。

　　姚兴实施的是颇具创意的儒、法、
佛并举的治国方略。姚兴一登台，就
大兴"讲论经籍"之风。各地的硕儒
名士，皆应命而至长安。一时间到长
安学习儒学的人有万人以上。姚兴自
己作为一个儒学的饱学之士，与学者
们一起阅读经典，一起探讨经典的奥
义。遇到自己弄不明白的，就向学者
们请教。他的虚心好学，推动了儒学
的发展。

三国两晋时的戏车画像砖和舞俑

　　洛阳城中的硕儒胡辨，是个远近
闻名的大学者，单弟子门生就有千余人，关中不少学者慕名前去求学。从
关中到洛阳，中间有不少关卡，都在姚兴的管辖范围之内，有人提议将那
些青年儒生截住，不让他们去洛阳。姚兴不同意，他发布命令："对来往的
儒生，一律都应放行，关卡不得刁难。谁要刁难，定予处置。"这样一来，
长安儒生的集结势头不仅没有被减弱，反而更盛。

　　中国传统文化是强调"以农为本"的，而羌族文化是游牧文化。入居
关中又学习了中国传统文化后，姚兴也十分重视兴农。他的部队解甲归乡
后，他就鼓励部下致力于耕作，并给予适当的奖励。以前因穷困而沦为
奴婢的，一律予以解放，并给予土地。对租税也大为减轻。这样，后秦时
期的经济有了很大的发展。除了发展生产外，姚兴还强调厉行节约，禁止
过多的宗教祭祀，禁止办事铺张，禁止厚葬。他自己的马车也从不用金银

饰物。

姚兴对法家理论深有研究。他在长安设立了律学。调集各地郡县的官吏来京学习。让他们学成后，再回原郡县。有些疑案，他甚至亲自过问。在守法上，他也颇能作出榜样。当时的城门校尉王满聪对姚兴的出游晚归很不满意。一次，姚兴夜半而归，王满聪以天黑不能辨奸良为由，拒开城门，迫不得已，姚兴只得从旁门而入。第二天，大家以为王满聪一定要大难临头了，想不到姚兴反而表彰了王满聪的忠于职守，还特意提升了他的官职。这样一来，还有谁敢违法乱纪？

姚兴也颇能吸收异域文化。鸠摩罗什是天竺著名的佛学家，初学小乘，后改学大乘，精研《十二门论》等经典。隆安五年（公元401年）姚兴攻破后凉，迎接已经58岁的鸠摩罗什到长安，不久，又在长安开辟"逍遥国"，作为他的译经场。他的弟子、助手、门徒有三千人之众。鸠摩罗什精通汉语，发觉原先的汉译文与原意相差甚大，就在姚兴帮助下重译佛经，姚兴也亲自参与译经。经鸠摩罗什译出的经卷共有98部，425卷，在中国佛学史上这是件大事。大乘学说的主要经典由他译出，小乘佛学的不少经典也出于其手。他不只促成了佛学在中国的发展，而且奠定了中国翻译文学的基础。

在姚兴的倡导下，举国上下都信佛，一时寺院佛塔林立，仅长安一地僧人就有5000多人，各地事佛者达到"十室而九"的地步，这似乎又显得过头了。

寒族皇帝刘裕 /

在战乱中，北方的局势在变，总体是在进步。南方的局势也在变，总体也是在进步。进步的一个方面是掌权者由世家大族走向庶族寒门。

东晋时期，门阀大族发展到了顶峰，他们既掌政权又掌兵权。渡江以后权力最大的是王家，王导掌握朝中大权，王敦领兵屯驻荆州，居战略要地。王氏之后，有庾氏，庾亮在朝廷任宰辅，庾翼、庾冰领兵。庾氏之后是桓氏，桓温领兵，桓家子弟都领兵。桓氏之后是谢氏谢安掌政，谢玄、谢石领兵。这是世家大族的末世了。

末世的世家大族轻视世俗事务，脱离实际，逐步丧失了处理政务的能力。《世说新语》记述了在桓府中任骑兵参军的王子猷的一副愚蠢丑陋相——

桓氏问王子猷："你在哪个官署干活啊？"

王回答道："不知哪个官署，只看到常有人牵着马匹来，好像是马曹。"

又问他："有多少马？"

王不伦不类地用孔子的话答道："'不问马'，因此不知马多少。"

又问他："马死去多少？"

王又用孔子的话胡乱回答道："'不知生，焉知死'！"

这也许是演义小说，但多少反映了当时大族末世的状况。如此愚蠢之人，又怎能治国平天下？

在这种情况下，庶族寒门乘势而起，刘裕就是一个杰出的代表。

刘裕（公元 363—422 年）的小名叫寄奴，先祖居于彭城（今江苏徐州），后迁居京口（今江苏镇江）。刘裕幼年家境十分贫困。他年轻时，干的是谁都看不起的力气活，有时还出门做点小买卖，赚钱养家糊口。当时，京口有一家刁姓大族，有钱有势，鱼肉乡里，人称"京口之蠢"。一次，刘裕与刁家人赌博，结果输了，又还不起赌债，竟被缚在马桩上，受尽了耻辱。从此，刘裕恨死了世家大族。

成年后，刘裕一登台就气度非凡。在战场上，他一马当先。在一次战斗中，他率领的百名敢死队，脱去甲胄，手执武器，鼓噪着直冲敌阵，使上万敌军为之丧胆。在平定桓玄之乱中，他虽然已是主帅，但还是亲率大军冲锋陷阵，这是多少年没看到的景象。后来的北伐南燕，进军长安，直至称帝建宋，都表现出一种人们久违了的英雄主义气概。

刘裕

刘裕称帝后，仍然保持着细民作派。他衣着简朴，常常穿着短打衣衫外出，拖着连齿的木拖鞋，大摇大摆地走在大街上，带的随从也很少。他睡的床，帐子是土布做成的，墙头挂着布做的灯笼，以及麻绳做的拂尘扫把。他的儿子也说老子像个穷酸透顶的"田舍公"。

有一次，宁州地方官吏献上一个"虎魄枕"，说是睡了可以壮虎胆、健虎魄，又能治病强身，且十分精致美观。可是刘裕听说琥珀可以治刀箭创伤，他不愿自己独自享用，马上命令左右把它捣碎，分给下属的将士们。

刘裕平定关中时，得姚兴的侍女，十分漂亮，也十分善解人意，刘裕对她分外宠爱，如此一来，连政事也有点荒废了。一个大臣当着众大臣的面谏道："皇上志在经国治世，怎能为一女子所误！"刘裕听后，沉思片刻，说道："卿言极是。"下朝后，马上让人把那女子给赶走了。

亲授经籍的萧衍 /

梁武帝萧衍（公元 464—549 年）实在是南北朝时期的一个奇人，他的亲授经籍和亲为僧人，可说是中国帝王史上的一大奇观。

南朝时的萧衍，虽相传是汉相国萧何的后裔，但其祖先于魏晋时期都是官位不显的人。萧衍的建功立业，直至夺取政权、称帝建梁，完全是自我奋斗的结果。他实际上也是寒族掌权的典型。

萧衍自幼好学，文武之道兼而习之，有文武之才。在与北魏的战斗中，他屡建奇功。萧衍后被委任为司州刺史，在任期间，威望日高。曾有人赠马给他，萧衍坚决不肯收。赠马人遂偷偷地将马拴在萧衍房前的柱子上，也不留名姓。第二天，萧衍见到马后，就写了一封措词十分恳切的信，拴在马头上，叫人把此马赶出城外，希望其主人认领。不料，不久又被人送回萧府。如此三番五次，才最后把马退还。

萧衍称帝建梁后，长期保持着寒族精神。他上台伊始，除了将宫女两千赐与将士外，又下诏将凡属于后宫、乐府等处的妇女全部放遣民间，并禁绝一切礼乐浮华费用。他提倡节约，经常只穿布衣，吃的也常常是素食。

他诏令在公车府设立木、石函各一，想对在位者所未注意的政事有所议论者，可投谤木函；如果有谁因功劳、才能、冤屈未为人所知，可投石函。对此他自己常常亲自过问，解决了许多官民的切身问题。他勤于政务，在冬天也四更天起身，点起蜡烛批阅文件。他还自己起草文件，至今留存的由他亲自起草的文稿就有 120 卷之多。

萧衍即帝位后，就大兴儒学，制礼作乐。天监元年（公元 502 年），萧衍自制了四种弦乐器，名之为"通"。后来，他又自制十二笛，辅以钟器，厘正雅乐。天监四年（公元 505 年），始设五馆讲授儒学，并分遣博士祭酒到各州郡立学。他是个经学上的通人，凭借其才学，他经常亲自讲授国学，策试生员。天监十一年（公元 512 年）制成五礼，共 1000 余卷、8019 条，颁布施行。他博通儒玄，当了皇帝以后，日理万机，仍学而不辍，常常在烛光下通宵达旦，手不释卷。他著有《制旨孝经义》《周易讲疏》《乐社义》《毛诗答问》《春秋答问》《尚书大义》《中庸讲疏》《孔子正言》《老子讲疏》等，凡 200 余卷。在中国历代帝王中无疑首屈一指。更为难能可贵的是，他还具有高贵的学术民主精神，朝臣对他的释义凡有不同意的，都可以奉表质疑问难，他十分乐于答问。

萧衍信佛，尤其是到了晚年，信佛信到痴迷的程度。他提出了"三教同源说"，认为孔子、老子实际上是佛的学生。佛教是太阳，儒、道是众星，三教之中，佛教最高。他以苦行僧自居，每晚都去佛寺礼拜。普通七年（公元 526 年），63 岁高龄的他，突然表示要出家当和尚，在寺殿待了 4 天才回宫。之后两年，他再次舍身，群臣出钱 1 亿才将他赎回。72 岁高龄时，他又一次舍身同泰寺，群臣出钱 2 亿才将他赎回。73 岁那年，第四次舍身，在寺中待了 37 天，群臣又花了 1 亿赎回。由此足见，萧衍的信佛，确实到了痴迷的程度。

在萧衍的亲自倡导下，江南一度处处是佛寺，信奉佛教的人多达全体民众的一半以上。举国崇佛，花费的钱财比日常的财政开支还要大得多。他几次舍身的"同泰寺"，后来被一把大火烧掉。梁武帝萧衍花巨资重造 12 层高塔，历时数年，用人十万，这样，国家的财力、人力、物力在佛事中耗尽了，梁国的灭亡也为期不远了。

范缜著《神灭论》

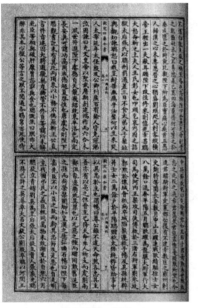

《神灭论》书影

正当佛教之风大盛时，南朝的著名唯物主义思想家范缜站了出来，以鲜明的立场，宣传无神论思想。

范缜出身于士族家庭，但到他这代时，家道已经中落。他一生下来就失去了父亲，母子两人相依为命。他孝顺母亲，刻苦勤学。10多岁时，就被名儒刘瓛收为弟子，并受到十分的钟爱。刘瓛的门生多为"车马贵游"的权势子弟，而范缜在求学的数年中，一直穿着布衣草鞋，上下学都是步行，从未自卑自愧。他刻苦学习，研究儒、道、佛各家经典，据说，由于他过于努力，29岁时已是满头白发，有他当时写的《白发咏》一诗为证。

由于范缜以文才名世，在南朝的宋、齐、梁三代，他经常是王公贵戚的座上客。齐朝的宰相萧子良，有聚会名士的雅好，因此范缜也常在被邀之列。永明七年（公元489年），39岁的范缜又一次被邀到萧府，这次实际上是佛门信徒的一次大聚会。在席间，萧子良大谈人的生前身后，他说道："人的灵魂是不灭的，人死后，灵魂就转移到他的后代或其他人身上去了。"

范缜听了萧子良反反复复说那一套，就冲口而出道："你所说的人的灵魂，其实是不存在的，人死如灯灭。"

在座的佛门信徒哗然了。

有的说："人死了没灵魂，那人活着还有什么意思？"

有的说："你说灵魂不存在，那你的祖宗还存在不存在？"

范缜镇静自若地回答："人活着就是要追求现世的幸福，至于死后，就如灯灭了一样，就什么都不存在了。不只是我的祖宗的所谓灵魂不存在，就是在座诸位祖宗的灵魂也是不存在的。"

这时，萧子良再也忍不住了，大声斥责范缜是"不忠不孝"，是"辱没祖宗"，还说："灵魂不灭、因果报应，是人们的通识，你范缜是中了邪了。你敢说因果报应也是虚无的吗？"

范缜霍然而起，说："我当然敢说，因果报应原本就是骗人的把戏！"

一个僧人指着范缜的脸说道："你不信因果报应，那你说说为何世间有富贵贫贱？"

范缜略一思索道："人生如同树上的花，它们同时开放，但境遇不同。当这些花随风飘落时，有的落在厅堂里，有的落在粪坑里。你殿下就像落在厅堂里的花，有幸成了富者贵者，而我犹如落在粪坑中的花，成了贫者贱者。"这一番妙喻，使萧子良无言以对。

这场灵魂和因果有无的大争论，使范缜觉得有必要将自己的无神论观点写出来，此后，他就埋头于《神灭论》的写作。

《神灭论》问世后，影响巨大。梁武帝先是劝说，范缜不听。于是梁武帝严厉地处置了他，将他流放到了当时还十分荒凉的广州。公元504年，梁武帝下诏："大经中说道，有九十六种，唯佛一道，是为正道，其余九十五种，名为邪道。公卿百官侯王宗室，宜反伪就真，舍邪入正。"这实际上是宣布佛教为"国教"。一时，朝野人士，无敢言佛外事。这时，55岁的范缜，在流放中将《神灭论》又一次充实完善，修订定稿，广为传播，向佛教发起了又一次挑战。

祖冲之精求圆周率

祖冲之是我国南北朝时期最著名的科学家。他在多方面都有杰出的成就，尤其对数学可谓是情有独钟，史书上说他是"专攻数术，搜炼古今"，其中最突出的贡献是在圆周率的计算上所取得的成就。

说祖冲之是"搜炼古今"，那倒是实在的。他把前人的数学成就加以总结，并大大推进了一步。中国古代最初采用的圆周率是"周三径一"，也就是周长为直径的三倍。随着生产和科学的发展，"周三径一"越来越显得不够精确了。公元 1 世纪，新莽王朝时的圆周率是 3.1547，公元 2 世纪初，东汉的张衡的计数为 3.1466。三国时的天文学家王蕃的说法是 3.1556。这些比起"周三径一"来都是个进步，在当时的世界上也是处于领先地位的。

"这些都还不够，得想办法突破。"从小对数学产生浓厚兴趣的祖冲之暗暗下了决心。他出生在科技世家之中，他的祖父担任过朝廷的大匠卿一职，是专门管理建筑工程的官员。后来他的父亲也承袭了这一职位。青少年时代他常由祖父和父亲带着出入于各种设计场所和建筑工地。到 20 多岁时，他被推荐到了高级学术研究机关"华林学省"工作，这样，研究圆周率的条件就更好了。

在整理前人资料的过程中，他读到了魏晋之际的大数学家刘徽《九章算术注》，里面讲到了用"割圆术"求得圆周率可得 3.1416。

"割圆术"？祖冲之的思路一下被打开了。"割圆"，不就是一次次地对圆用直线去切割吗？

祖冲之是个聪明人，他的思想一下开了窍。"周三径一"，实际上就是将一个圆"割"成一个正六边形（六个半径就是三个直径，即"周三径一"中的"三"）。那么，如果用 12 边形、24 边形……去"割"，不是更精细了吗？

祖冲之决心用这个"笨"办法去不断地"割"。6 边形、12 边形、24 边形、48 边形、96 边形、192 边形、384 边形……

穷年累月，算下去，算下去！经过数千次的切割，祖冲之一直计算到上万边形。最后，他得出了这样的结论：

圆周率在 3.1415926 与 3.1415927 之间。

整整花了 10 年的心血，才得出这样一个看上去似乎并不复杂然而却是了不起的结论，这意味着中国古代的一位科学家登上了当时数学天地的巅峰。西方的数学家登上同样的巅峰，得要在 1000 年后。15 世纪的中亚数学家阿尔·卡西（AL-Kashi）和 16 世纪法国数学家韦达（F.Veta）才能真正望其项背。无疑，这是中华民族的光荣，中国人的光荣！

魏孝文帝的改革

公元 420 年，南方的刘裕代晋建宋，南北对峙的局面由是开始。在北方，鲜卑族的拓跋氏渐渐强大起来，建立了北魏，到拓跋珪时，基本上统一了北方。传到第六代，出了一个具有雄才大略的卓越人物，他就是魏孝文帝拓跋宏。

魏孝文帝像

魏孝文帝决心实施改革，而改革的第一步就是迁都洛阳。

北魏长期都于平城（今山西大同一带），这里偏北地寒，六月飞雪，风沙常起，当时有人作《悲平城》诗，诗中写道："悲平城，驱马入云中，阴山长晦雪，荒松无罢风。"恶劣的气候条件，难以适应经济的发展；偏北的地理位置，更不利于北魏对整个中原地区的控制。魏孝文帝决心迁都。

为保证迁都的顺利进行，魏孝文帝作了周密的安排：先召集百官，宣称要大举征伐南方的齐国，这样，在南伐过程中造成迁都的既成事实。在朝会上，让掌管宗庙祭祀的官吏占卜，卜得的是"革卦"，魏孝文帝马上解释道："'革卦'讲的是'汤、武革命，应乎天而顺乎人'，没有什么卦比它更吉利的了！"群臣见状，不敢多言，就是有少数顽固派出来反对，也成不了什么气候。

公元 493 年 6 月，孝文帝带领三十万人马，离开平城南进。大军行至洛阳，连日淫雨不止，但孝文帝仍坚持进军南向。这时，尚书李冲等出来反对，说："当今的南征是人们都不愿的，只有陛下在一意孤行，我作为臣下，愿请陛下停止错误的南下行为。"魏孝文帝听了，大怒道："我现在刚刚开始经营天下大计，你们却出来阻挠。如果你再说泄气话我就不客气了。"这时，皇室的一些人也都跪地痛哭，苦苦哀求。魏孝文帝见状松口道："如不南伐，就须在此洛阳建都！"并立即宣布：欲迁者左，不欲者右！群臣害怕南征吃苦，只得答应了下来。

迁都成功后，魏孝文帝就着手进行全面的改革，其核心是汉化，是文化上的变革。太和二十年（公元 496 年），孝文帝下诏改姓，改鲜卑姓为汉姓。这可是一件头等的大事。"姓"是家族繁衍的印记，将鲜卑姓改为汉姓，是在明白无误地告诉人们：鲜卑和汉本来就是一家亲。

改姓先从改魏的皇族姓做起。公元 496 年，孝文帝在改姓诏中，明确改"拓跋"姓为"元"姓。他是这样解释的："中国北方的人们，历来以'土'为'拓'，以'后'为'跋'，因此，'拓跋'实即'土后'。魏国的祖先不是别人，而是黄帝，以土德王，因此称为'拓跋氏'。土地是黄色的，它是万物的最基本元素，拓跋氏应当改为元姓。"⑤这样的改姓，可以说既入情入理，又煞费苦心。拓跋氏的人们一听是这样，也都心服了。后来，以此为例，改乙旃氏为叔孙氏，改丘穆氏为穆氏，改独孤氏为刘氏，改素和氏为和氏。这在中国的民族发展史上应该说是一件大事。

公元 495 年，孝文帝一回洛阳，不顾鞍马劳顿，马上召集群臣议禁绝胡语问题。

孝文帝问群臣："你们想使魏朝与殷、周比美吗？"

群臣回答："当然想。"

又问："要想超越前代的圣朝，是因循守旧好呢，还是变易风俗好？"

群臣回答："当然是变易风俗好。"

又问："这样做，仅仅是为了自身呢，还是为了子孙后代？"

群臣回答："当然是为了子孙后代。"

孝文帝说："好，既然大家这样认为，我就要定出规矩，禁绝胡语，学习汉语。"

紧接着就颁发命令：以后一律运用汉语交谈。30 岁以上的可以慢慢来，30 岁以下的得马上改用汉语。凡朝廷中人，一律不得使用胡语。谁明知故犯，必严惩！

改了姓，禁了胡语，孝文帝又下令禁穿胡服，改穿汉服。孝文帝对禁穿胡服是下了很大的决心的。公元 499 年，孝文帝从作战的前线回到洛阳，他坐在车中，留意着路上行人的服饰，见仍有不少人穿着鲜卑服在街上大摇大摆地走，心里很不高兴。第二天，他对群臣说："朕昨天入城的时候，看到不少人仍然穿着胡服，尤其是妇女，对这种现象，当尚书的为什么不察举？"尚书马上出队，诚惶诚恐又答非所问地说："现在穿胡服上街的是极少数，大部分人是守规矩的。"孝文帝立即予以驳斥："这话说得太奇怪了，你难道还想让满城人都穿胡服吗？"为此，孝文帝重新任命了尚书管理此事，明令："以后谁胆敢再违令穿胡服，必严惩不贷！"

后来，孝文帝又规定：凡迁到洛阳的鲜卑人，死后要葬在河南，不得还葬平城。这样，从代郡迁到洛阳的鲜卑人，全都成了河南郡洛阳县人了，连祖籍也改了。他们开始过上了定居的农业生活。孝文帝还提倡学习汉代的文化典籍，他自己也身体力行，在汉学上是个很有修养的人。[6]

宇文泰创立府兵制

东晋灭亡后，南北长期对峙。在祖国的北方，先是鲜卑族的拓跋氏建立了北魏政权，这个政权维持了百年后，到公元 534 年，正式分裂成东魏、西魏两个国家，东西魏的军政大权分别掌握在高欢和宇文泰手中。

宇文泰（公元 507—556 年），代郡武川镇（今内蒙古武川西）人。他的家世有点特别。他的先世是匈奴族宇文部的一位首领，后来，匈奴从东汉末起渐次衰落，宇文部就加入了鲜卑的一个部落联盟，历时 300 来年，已经完全鲜卑化了。魏本身是鲜卑族建立的政权，对宇文氏来说是有利的，北魏初年的汉化措施，宇文氏也是参与实施的。这样看来，在宇文氏身上，兼有汉族、匈奴族、鲜卑族三者的血脉优势。

东西魏一建立，两国间的战争持续了 10 多年，投入兵力之多，持续时间之长，战斗之惨烈，都是历史上不多见的。在这场战争中，东魏占有

天下第一关

的关东地区，地盘大，人口多，历来是中国经济较发达地区；而西魏占有的关陇地区，人口少，经济不发达，一直处于弱势。为了寻找生路和出路，宇文泰决心走改革之路。宇文泰采纳了汉人士大夫苏绰的建议，以"爱民如慈父，训民如严师"的治国思想，实行了一系列的改革，建立府兵制就是极为高明的一招。

初创时的府兵制，脱胎于鲜卑中期部落的一种兵制。按这种兵制，氏族部落的每一个成年人都是战斗员，统一在部落首领的率领下。既是同一部落的，那么他们之间就有着血亲的关系。宇文泰建立的府兵制就是强化了这一点。府兵制的情况大致是这样的：

把府兵看成是一个特殊的集团，它不再由所属的郡县管辖，而是直属于被称为柱国大将军的宇文泰统率，下设8个柱国，相当于部落首领。其下所统的军队，一律改从柱国的姓，为的是说明他们之间是同一血统的。

府兵内部的关系犹如同姓兄弟，内部团结好、组织好，大家的目标不仅是为了个人，还是为了柱国统领下的府兵的整体。这样，部队战斗力就强，常常能以寡克众。

南北朝时期，兵的身份一般都很低，他们是没有人身自由的依附民。而现在的情况大为不同了。这些府兵的身份是部落成员，是自由人。他们年轻时当兵，年岁稍大后，政府保证他们的仕途通达，也保证他们有田种，衣食无忧。这样的士兵战斗力当然是强的。

府兵制淡化了兵将关系。士兵的最高统帅是皇帝（实际上是宇文泰），有战事，命将出征，战罢"兵士归府将归朝"，这样在很大程度上解决了一些人拥兵自重的弊端，保障了中央对军队的充分控制权。

府兵制使西魏由弱而变强，最后击败了东魏，为统一北方打下了基础。这种制度后来被大部分统治者采用，一直维系了 200 多年。

北周武帝灭佛 /

西魏的宇文泰行改革，建府兵，拓疆域，可惜他 50 岁时在征战中染病而亡。公元 557 年执掌朝政的宇文泰侄宇文护立宇文觉为王，建立北周政权。560 年宇文泰的第四个儿子宇文邕（公元 543—578 年）接过其父的政权接力棒，这就是中国历史上有名的北周武帝。

南北朝时，佛教在中国兴盛起来。北朝佛教的势力更大，北魏末年有佛寺 3 万余所，僧尼达 200 万以上。北齐佛风更灼，境内佛寺 4 万多所，僧众 200 万。僧侣不仅干涉政治，也干涉经济生活，寺院经济日益发展，寺院占有大量土地、佛图户、寺户。寺院不仅享有免除赋役的特权，内部还形成了等级森严的教阶体系和教律，僧尼除杀人要受国家惩处外，其余一切都由寺院自行了断。这不只严重影响了国家财政，还搅乱了政令法令。宇文泰和宇文护都信佛，在父兄的影响下，最初周武帝也信佛。但是，面对严重的兵源和财源不足，加上当时处于周、齐、陈三国鼎立的非常时期，最后周武帝在大臣们的力促下，断然决定实施灭佛。他向公众宣告：

"灭佛事大，不灭佛不足以兴国安民！"

公元 567 年，有一个叫卫元嵩的佛教徒，给周武帝上书。他在信中写道："在唐尧、虞舜那个时代，不搞什么佛教，不建什么寺庙，大家好好生产，国家是安定的；而到了当代的齐、梁，到处都建有寺庙佛舍，结果闹到国亡家破的田地。看来我们需要的是佛心而不是佛寺佛庙。大建佛寺佛庙，是劳民伤财的事，还是取消为好。"身为佛教徒而提倡灭佛的卫元嵩虽然是另有所图，但这一建议却正合周武帝的心意。周武帝将这封信公之于众，告诉大家，连佛教徒本身也认为信佛是一个骗局，那灭佛还有什么可以非议的？

周武帝很懂得舆论的重要性。他先后召开了几次大会，召集百官、道、僧聚集一堂，讨论是否应该灭佛。尽管周武帝灭佛之意已经十分明显，但讨论了四次，在"是否要灭佛"上仍无结果。那是因为当时佛教已经相当深入人心，一时难以扭转，而且当时朝政还是掌握在拥兵自重的宇文护手中，他可是个虔诚的佛教徒，灭佛之事，阻力首先来自他。

公元 572 年，周武王诛杀宇文护，把军政大权收到自己的手中。第二年的十二月，又召开道士、百官、僧人大会，先不谈灭佛，要大家排定三教位次。讨论结果是：儒为首，道为次，佛为末。有了这一结论，周武帝就伺机大刀阔斧地进行灭佛了。

公元 574 年，周武帝下令灭佛。没收寺院的一切财产，收归国有；佛家占有的大量土地，分给农民耕种；焚烧佛教经典，禁止宣传佛教教义；僧尼一律还俗，以生产为务。在以后的四年中，有 300 万僧徒还俗，一切佛塔都被铲平，不少的寺庙，都赐给了王公大臣作为宅第；那些佛像也被砸碎用来制作钱币。这些措施，当时就受到称道，有一位名士说："武帝此

《平复帖》是存世最早的墨迹，相传为西晋陆机手迹

举是有远见卓识的，它是强国富民的上上之策。"

可是，佛教势力对周武帝的威胁并没有完全解除，他们随时准备伺机反扑。当时有位叫慧远的僧人求见武帝，说："今陛下恃帝王的权力灭佛，可是，佛家的阿鼻地狱是不分贵贱的，你死后不怕下地狱去受苦吗？"

周武帝镇静地笑笑，回答道："只要百姓能得到欢乐，我是不怕下地狱之苦的！"⑥

周武帝下决心灭佛，虽受后人的唾骂，但在当时条件下具有相当的积极意义，它在经济上和政治上为以北周为基础统一全国准备了条件。

注释：

① 《世说新语·汰侈》："王恺宴客，命女伎吹笛。吹笛人有小忘，君夫（王恺字）闻，使黄门阶下打杀之，颜色不变。""石崇每要客燕集，常令美人行酒，客饮酒不尽者，使黄门交斩美人。"

② 辟雍，本为西周时的大学，校址圆形，围以水池，前门外有便桥，后来历代都有辟雍，以为高等学府和最高统治者举行礼仪活动的地方。汉班固《白虎通·辟雍》："天子立辟雍何？所以行礼乐宣德化也。辟者，璧也，象璧圆，又以法天，于雍水侧，象教化流行也。"

③ 《晋书·阮籍传》说："魏晋之际，天下多故，名士少有全者。"

④ 《晋书·苻坚载记》：（苻坚回答苻融道）"今四海事旷，兆庶未宁，黎元应抚，夷狄应和，方将混六合以一家，同有形于赤子，汝其息之，勿怀耿介。"

⑤ 魏孝文帝在太和二十年（公元 496 年）发布的改姓诏书中宣称："北人谓土为拓，后为跋。魏之先出于黄帝，以土德王，故为拓跋氏。夫土者，黄中之色，万物之元也。宜改姓元氏。"（《资治通鉴》卷一四〇）

⑥ 僧人慧远道："陛下今恃王力自在，破灭三宝，是邪见入。阿鼻地狱不简贵贱，陛下何得不怖？"帝对曰："但令百姓得乐，朕亦不辞地狱之苦！"（《广弘明集》卷十《叙释慧远抗周武帝废佛教事》）

第二十七卷 短暂隋代

　　历史常常会有惊人的相似之处。秦汉和隋唐，是中国古代文明发展史上极为重要的历史时期。秦朝建立前，有长达250多年的战国时期，秦的建立最终结束了战乱和纷争；隋朝建立之前，有长达270余年南北朝时期，隋的建立重现了大一统的局面。秦非常强大，但二世而亡，隋也非常强大，亦二世而亡。这两个王朝都是在农民大起义的烈火中，结束了它们的统治。汉承秦制，又鉴于秦的暴政，与民休息，发展生产，出现了长期的繁荣安定的局面。唐承隋制，亦鉴于隋的暴戾，居安思危，安不忘危，成为中国历史上最强盛的一个朝代。

　　我们常说"以史为鉴"，秦隋两朝的借鉴意义是最为深刻的。

隋文帝一统天下 /

从公元 5 世纪末到 6 世纪中叶的短短半个世纪中，北方政局不稳，战事连连，政权更迭频仍。

一直追随于北周武帝的杨坚，统一北方后，因战功而晋升为柱国大将军。大象二年（公元 580 年），22 岁的周宣帝病死，7 岁的周静帝立，翌年（公元 581 年）二月，杨坚迫使周静帝退位，自立为帝，改国号为隋，年号为开皇，建都长安，这就是中国历史上有名的隋文帝。

这时偏安江南的陈国也传到第五代，即陈后主陈叔宝。他是个只知喝酒享乐的人。他大兴土木，造起了三座豪华的楼阁，挑选了 1000 多个美艳的宫女为他演唱戏文和供他享乐。他的穷奢极欲，逼得老百姓的日子过不下去了。有些大臣向他上劝谏的奏章，他一不高兴就杀人。

北方的隋国实施了一系列改革，逐渐强大起来。经过一系列的准备，开皇九年（公元 589 年），隋文帝下令伐陈。隋文帝造了大小上千艘战船，派其子杨广和丞相杨素为元帅，率五十一万大军，分兵八路南下。发兵前，隋文帝对臣下说："要造足舆论，让百姓都知道陈后主必亡，我们是仁义之师。"隋文帝亲自草拟了声讨陈后主的诏书，列举了他的 20 条罪状，抄写成 30 万张传单，派人到江南一带去散发。

陈朝的百姓本来就恨透陈后主，看到了隋文帝的诏书，人心更加动摇起来，有的骂道："陈后主早该死了！"有的咒道："这是天道使然！"

杨素率领的水军从永安出发，乘上千艘黄龙大船沿着长江东下，只见满江都是旌旗，战士的盔甲在阳光下闪闪发光。南陈的江防守兵看了，都吓呆了，哪里还有抵抗的勇气。不少士兵手里拿着隋文帝散发的传单，心里想："还是让隋的大军打过来，统一了好！"江边陈军守将告急的警报接连不断地送到建康。

陈后主正跟宠妃、文人们醉得七颠八倒，他收到警报，连拆都没有拆，就往床下一丢了事。

后来，警报越来越紧了。有大臣一再请求商议抵抗隋兵的事，陈后主

隋文帝像

这才召集大臣商议。

一些忠心耿耿的大臣说："隋军马上要过江了，得赶快组织抵抗！"陈后主却带着斥责的口吻说："东南地区是一片福地，从前北齐来攻过三次，北周也来了两次，都失败了。这次隋兵来，也同样是来送死，没有什么可怕的！"

他的宠臣孔范马上附和着说："陛下说得对。有长江天险，隋兵又不长翅膀，难道能飞得过来！这一定是守江的官员想贪功，故意造出这个假情报来。"

大家你一言，我一语，根本不把隋兵进攻当作一回事，笑话了一阵，又照样叫歌女奏乐，喝起酒来。

几个忠臣看局势已无法挽回，叹着气偷偷溜走了。

隋军一路打到陈都建业（今南京），陈后主还在云里雾里，直到有人报告："城门攻破了！"陈后主才慌了神，与他的爱妾一起跳进了后宫的一眼枯井中，陈国灭亡了。陈后主从枯井中被打捞出来，成了隋国的俘虏。

长期的分裂局面终于结束了。

隋初"二圣"

隋文帝的皇后独孤氏，是北周功臣独孤信的女儿。独孤氏14岁嫁给了杨坚，两人感情一直很好。由于她特殊的鲜卑族身份，使她成了作为汉人的杨坚与鲜卑宇文氏、独孤氏贵族间的一座思想上和感情上的桥梁。杨坚得以在北周王朝中步步高升，靠的是独孤氏的穿针引线，在建国后十余年间平定北周贵族的反抗斗争中，独孤氏也起着不可小视的作用。

独孤氏特别提倡节俭，这是隋开国之初得以兴盛的一大因素。有一次，幽州总管来到宫中，对独孤氏说："在与突厥的互市中，得到一筐价值八百万的名贵明珠，那是稀世之宝，我劝皇后可以将它'买'下。"

独孤氏知道，所谓"买"下，只是无偿收下的一种隐语。如果收下了这一篓明珠，那整个官僚层就会群起效尤，皇后可收受巨额财物，其他人为何不可以照此办理呢？独孤氏十分清醒，她说："名贵的明珠，我不需要，皇上也不需要！"

幽州总管不解，再三劝道："名贵明珠，不易获得！"

独孤氏回话："不易获得，作为皇后更不得自得！我看，还是将这价值八百万的明珠分赏给有功的将士吧！"于是，独孤氏将一篓明珠分赏给了有功将士。这件事受到了上下的一致赞誉。

独孤氏的节俭极大地影响了隋文帝杨坚。杨坚也是以节俭名闻天下的。他一即位，就明确宣布："凡是犬马玩物，一律不得献上！"当时，有一些官员用布袋献上一些干姜或一些香料，隋文帝以此大做文章，说："那样不是太花费了吗？还是不要奉献的好，以后再发现这种情况，定当严责！"有些官员以为文帝只是说说罢了，还是偷偷地送上，结果引得隋文帝大为恼火，那官员差点掉了脑袋呢！这些做法，一般认为都是与独孤氏在幕后操纵有关的。

独孤氏还积极参与政事。隋文帝也常常征询她的意见。文帝临朝时，独孤氏常一同前去。她坐在阁内，派宦官了解情况。如果决策有所不当，她会马上出来匡正。因此，宫中戏称其为"二圣"。

"三省六部"制度

隋文帝的一个历史性重大功绩，在于创建了"三省六部"的中央集权制度。说到这一制度，不能不说一说当时担任少内史职务的崔仲方。

崔仲方出身于将门，其祖上有人当过荆州刺史。他从小好读书，被时人称为"有文武才干"的奇人。15岁的时候，有一次见到了周太祖，周太祖见他才思敏捷，就让他到太学中学习，这时杨坚也在那里读书，日子一久，两人的关系也就密切起来了。

隋钱币

北周末年，杨坚时任丞相，与崔仲方常相见。崔仲方见杨坚有大气，决心投靠杨坚。一次两人交谈到深夜，谈到周宣帝的腐败，崔仲方为杨坚献上计策，从十几个方面审视，让杨坚处理好各方关系，准备条件成熟时取而代之。周宣帝亡后，崔仲方不失时机地对杨坚说："你现在众望所归，时下宣帝刚亡，静帝新立，是应天受命的时候了。"杨坚于是巧妙地用受禅的方式兵不血刃地夺取了政权。

杨坚做皇帝的第一年，崔仲方就提出建议："应当取消北周纯粹照抄《周礼》的不实用的六官制度，参照历代制度得失，建立崭新的朝政机构和制度。"杨坚此时正在为建立怎样的朝政制度发愁，便急不可耐地催促他："你快说吧，该采取何种朝政机构？"

崔仲方说出了一套完整的朝政机构设想来，这套朝政机构就是"三省六部"制。

所谓"三省"是指中央最大的三个朝政板块：尚书、门下、内史。尚书省总管行政，一切国家大事都由尚书省管理和实施；门下省掌管对皇帝诏令的传达，还拥有对诏奏的封还和驳正之权，甚至连对皇帝的决定也可以进行评议；内史省负责起草皇帝的诏令，基本上可算是个决策机构。

"三省制，实际上是朝政权力的鼎足三分。"崔仲方解释道，"内史省直接对皇上负责，表达皇上的意愿；尚书省负责实施，努力将皇上的诏令落实贯彻好；门下省负责督责，看诏令本身是否完备，实施过程中有无疏失。三省在权力上平起平坐，互不相属，同时又互相促进，也互相牵制。"

杨坚赞道："这一朝政构架好！不过从运转角度来看，它的核心还是该在尚书省吧？"

崔仲方也兴奋起来，说："皇上说得完全对，整个朝政运转的核心还是在于尚书省，因为它是办实事的行政机关，因此在尚书省下应设立六部，也就是六个办事部门。"①

崔仲方所言"六部"指的是：吏部（负责管理官僚）、礼部（负责内外礼仪）、兵部（负责管理军队）、刑部（负责司法）、户部（负责管理民政）、工部（负责公共建设事业）。六部的总管称为左右仆射，是尚书省的负责人。

杨坚这个人是听得进别人意见的，他差不多将崔仲方的见解照单全收。当时尚书省定员 54 人，门下省 191 人，内史省 16 人，整个朝政机构仅250 多人，就轻轻巧巧地运转起来了。隋的六部制度是精简而高效的典范。这一制度一直运转到清代，持续了 1000 多年。

改变"十羊九牧"局面

除了在中央实施"三部六省"制外，隋文帝杨坚还大刀阔斧地实行地方职官的精简。这一改革的起因在于当时河南的一名叫做杨尚希的官员的一折奏书。

杨尚希是杨坚的远房同宗，曾在地方任职多年，也曾代表皇上巡视过山东、河北、相州等地，对下情比较了解。开皇三年（公元 583 年）他在河南任上时向隋文帝杨坚上了一份言辞恳切、内容充实的改革地方职官制度建议书。[②]在建议书中他明确指出：现在的郡县，实在太多了。一是因为长期战乱，当道者为了结好下属，胡乱册封，使郡县的数量多于秦汉时的数倍。再则是，有些地方势力，凭借自己称霸的一方，自立郡县，当道者为了免生是非，也只得默认了。一个地无百里的小地方，却设置三四个县治，还不满一千户的区域内，由两三个郡分而治之。那样一来，不只国家加重财政负担，也易于造成地方割据。杨尚希的结论是："地方机构要去闲设，并小为大！""闲设为懒散、腐败滋生之地，不可不废！"

隋文帝杨坚马上同意了杨尚希的建议，下达命令：废去郡一级机构，由州、郡、县三级制改为州、县两级制，这样就裁掉了一大批冗员；对州、县两级实施清理，去重复，并细小，这样又裁去了一大批冗员；精简机构，每一州县实行定员制，这样更是改变了人浮于事的局面。

与地方职官的精简改革配套的是，开皇五年（公元585年）开始了地方户口整顿。当时厉行坚决，一旦查出有谎报、缺报者，基层官吏保长、里正等都被流徙远方，并鼓励民众互相检举。

通过上述这样一些措施，国家的财政有了保证，农民相对安定，有了生产的积极性，生产也发展起来了。去郡、并州县，削减了大约1/3的官员，使政府的财政负担大为减轻，工作效率大为提高，国家机器的运转正常化了。

制定《开皇律》

开皇元年（公元581年）和开皇三年（公元583年）隋文帝两度派高颎、郑译、杨索与苏威、牛弘等人根据齐、周以来的种种法律，制定成了中国历史上著名的《开皇律》。这一法律比起前代法律有不少进步的地方，不仅废除了一些残酷的刑法，更为重要的是赋予冤者可上诉的权利，而且可以一诉再诉一直可以申诉到中央大理寺（最高司法机构），这在历史上是破天荒的。

隋文帝任用了一大批严格执法的官员。赵绰就是这方面的典范。赵绰是个性格质直刚毅的人物。杨坚刚当上皇帝时，他担任大理丞，在中央司法审判部门协助工作。由于考绩一直是第一，两三年之间官位直线上升，由大理正，进一步升为大理少卿，成为隋王朝司法审判的最高长官。他有一句名言道："律者天下之大信，其可失乎？"其意是说，法律是整个国家的最高信条，怎么可以随便更改呢？他是这样说的，也是这样做的，为了严正执法，他甚至不怕冒犯皇帝的天威。

有人告发刑部侍郎辛亶曾经穿着一种怪诞的花衣裤出入于市井，隋文帝得知后认为，这是借助于旁门左道祈求除灾降福，以致灾祸于人，是不能容忍的，便下了一道严厉的诏令："该员当处斩！"并责令赵绰执行。

赵绰觉得与事实有出入，便马上去面见隋文帝，说："辛亶那样做确实是不对的，但说他搞旁门左道，是缺乏根据的。辛亶没有死罪，我不能奉诏!"

隋文帝感到自己的权威受到了挑战，大为恼火，说："你这样为辛亶说话，难道不考虑你自己的身家性命吗？"

赵绰昂然回话："陛下可以杀我，但不可以杀辛亶！"

隋文帝一时在气头上，竟命左右把赵绰的官服给剥了，将他五花大绑，准备处斩。临斩前，隋文帝派人去向赵绰问话："给你一个最后的机会，你认罪不认罪？"

赵绰脸不改色，朗声回答："执法就要一心一意，为了法之尊严，我不惜一死！"

有人劝说道："你就认个错，这又不伤皮肉！"

赵绰回敬说："虽不伤皮肉，但伤帝威，有损法严！"

"天下粮仓"砖刻铭文，隋朝建立仅十二年就已"库藏皆满"，有此为据

派去问话的人把赵绰的答话回报了隋文帝。隋文帝默默沉思了一阵子，对左右说："还是放了他吧！"

第二天，隋文帝单独召见了赵绰，对赵绰说："你做得对，我应该感谢你。"为了嘉奖赵绰的严正执法精神，隋文帝召集群臣，当众赐给他上等织锦三百段，并要求上上下下都向赵绰学习。后来赵绰死时，隋文帝亲临祭奠，痛哭流涕。

《开皇律》是中国古代历史上最重要的法律之一，它是唐代律法的先声和基础。

"大索貌阅"

最使隋文帝伤透脑筋的是户口问题。在长达数百年的战乱中，豪强地主把大量的朝廷编户变成了依附佃客，还有些农民为了逃避沉重的赋役负担，故意把年龄报大，有的故意把年龄报小，有的索性投到豪门家中做依附农民，使自己的户籍"没"掉。到隋文帝时代，户口数量只有南北朝最盛时的三成上下。这样一来，不只生产难以发展，连赋役的来源也成了问题。

"人口是朝廷的命脉，必须进行户籍整顿！"开皇五年（公元585年），隋文帝在一次朝会时把问题提了出来。

曾经协同隋文帝制定《开皇律》的大臣郑译出班奏道："隐瞒户口是多少代的事了，实在是积重难返，看来还是得制定法规，依法行事。"

当时某些持保守态度的官员站出来说："要把户口弄清楚，实在太烦难了，弄不好劳民伤财，反而影响社会稳定。"

郑译坚持道："查处隐瞒户口，感到不稳定的只是那些豪富，广大民众是会赞成的，这是一件关系国家存亡的大事，非干不可！"

隋文帝当即表态：虽为大举之事，可对课税及社会稳定大有益处，非马上推行不可！

隋文帝令郑译带领一班人马上着手制定相关法规，由他亲自批准后实施执行。

他们制定保闾制度。以五家为一保，设保长；五保为闾，设闾正；四闾为族，设族正。由保长、闾正、族正们负责编定户籍、组织劳力和征集税收。

可还是不行。一是那些地主豪强把属下的户口瞒着不报怎么办？另外，保长、闾正、族正办事不力怎么办？隋文帝的回答斩钉截铁："进行一次户籍大调查，凡隐瞒人口、谎报年龄的，一律依照法律从重处置！"

这就是中国历史上有名的"大索貌阅"。就是让民众先自报户籍，要求大家一定要如实申报。申报以后，再挨家挨户将登记的户籍与本人的体貌一一核对。如查出有问题的，不只本人要处重罚，就是保长、闾正等也要处以流放。隋文帝还鼓励民众互相检举，举报者有功，可奖以田亩，而被举报者查实后将处以更重的惩处。

这一举措也实在有效。这一年的"大索貌阅"，就一下"阅"出了44.3万丁，164万余口，比原先所登记的户口多了近一倍。这是除少数不法者之外人人称快的事。户籍把人们安顿在自己的土地上，安安心心地生产和生活，社会出现了一派欣欣向荣的景象，正所谓是"仓廪实，法令行"。③

"朝野属望"的杨广

杨广是隋文帝杨坚的第二个儿子，也就是后来的中国历史上著名的隋炀帝。据史书记载，杨广其人体貌长得漂亮，很有威仪，又十分聪慧灵敏，因此，从小就得到其父杨坚的钟爱。杨坚称帝的时候，杨广只有 13 岁，被立为晋王，当时就表现得深沉凝重，为朝野人士所瞩目和看好。

围猎是帝王经常举行的活动，既可看成是一种礼仪，又可视作是尚武精神的体现。有一次，隋王朝正在举行大型的围猎活动，突然，天下起大雨来了，站在左右保护杨广的人忙送上了蔽雨的油衣来，杨广却说："将士们都在雨中淋着，我一个人独自穿上油衣，说得过去吗？"叫左右把油衣马上拿走了。历史上对这件事的评价很不相同，有的说他是一种"仁心"，有的却说是"矫饰"、故意作秀。无论评说如何，历史确有这样的记载。

隋炀帝杨广

开皇八年（公元 588 年），当时 20 岁的杨广已是出色的青年将领，其父隋文帝任命他为行军元帅，统领五十万大军，全面负责南征灭陈事宜。

当时朝臣有疑，认为杨广太年轻了，无力承担大任。

隋文帝不这样认为，他说："正是杨广的年轻才有为，怎说无力！"

朝臣又谏："得皇上辅助，方得功成！"

隋文帝说："战事在于勇，杨广年轻有智有勇，定能成功！"

果真，杨广智勇双全，率大军飞渡长江天堑，数月间灭掉陈国，统一了全国。这也是年轻的杨广的一份大功劳。

更为难能可贵的是，在灭陈后，杨广果断地就地处决了原陈国湘州刺史施文庆等一大批误国害民的官员，将这些民众恨之入骨的败类斩杀于建康城的城门下。当时观者如云，民众无不拍手称快。同时，他下令将士不得侵犯百姓，不得掠夺民财，不得奸淫妇女，体现了王者之师的军容军貌，史称："封府库，资财无所取，天下称贤。"

由于杨广的出色表现，后来他取代太子杨勇，被立为皇太子。隋文帝杨坚去世后，他即皇帝位，是为隋炀帝。

营建东都 /

隋炀帝即位后的第一件大事，就是着手营建东都洛阳。

隋炀帝是一个相当有政治谋略的帝王，他曾经北登邙山（在今河南省洛阳市东北），远望伊洛，无限感慨地赞叹道："山河控戴、四域相围、万方辐辏，何其壮阔，可谓形势甲于天下了，只可惜自古帝王都未曾留意于此！"

大臣杨素附和道："是啊！洛阳北界黄河，有太行之险；南通宛叶，有鄂汉之饶；东临江淮，食湖海鱼盐之利；西驰渑崤，据西岳关河之胜。这些前圣都没有看到，只有皇上圣明，看到了这一点。"

此时的隋炀帝头脑还比较清楚，他回答道："也不是什么都没有看到，只是当时或者因为山河还未曾一统，不得而为之；或者是因为府库困乏，难有作为。现在不同了，可以着手办这件事了。"他心中有一把算盘，是想通过营建洛阳更好地控制南北各地。

仁寿四年（公元604年），也就是炀帝即位的这一年，他下令以洛阳为东都。在洛阳附近的洛口、回洛建粮仓，作为备荒之用，是年年底，营建东都的工程也开始了。他命尚书杨素为营建东都太监，纳言杨达为副监，宇文恺为将作大匠。

营建东都工程开始时，炀帝下了道诏令，引经据典，要求"今所营构，务从节俭"。但是，好大喜功的隋炀帝在建造过程中胃口越来越大，结果在汉魏洛阳故城以西 18 里处建造起来的这座都城，规模空前的大。新城南对龙门，北依邙山，洛水穿流其间，都城分为宫城、皇城、东城、含嘉城、圆壁城、曜仪城和外廓城等。当时营建东都的太监杨素，役使两百万民丁日夜辛劳着。经一年的奋斗，东都就建成了。

正在江南巡游的隋炀帝听说东都竣工了，即速从江都出发，四月到达东都洛阳。接着六宫百官也迁居洛阳。洛阳遂成为全国政治、经济、文化和交通的中心。人口过百万，富商数万家，城西的西苑是全国最大最美的花园。

东都建成以后，隋炀帝邀请西域诸国的国王和巨商，到洛阳城来观光和交易。为了夸耀国家的富庶，事先要求整饬店肆，店面大致上要一致，有阳光的处所要盛设帷帐，货物要充沛，尤其要有高档次的物品。那些胡商来到洛阳，住宿和酒食一律免费。这些炫耀丰饶之举，对促成东西方的友好往来是有好处的。

督修图书馆　/

隋炀帝在营建东都洛阳、修建宫殿和西苑的同时，还着力关注修文殿、观文殿的建造。

对于两殿的兴建，大臣中也有不同意见，认为战事在前，武功当首。隋炀帝不同意这种说法，他认为，乱后有治，治国必以文治，而文治又必以"教学为先"。

为此，他多次下诏"劝学"，在大业元年（公元 605 年）发布了《劝学诏》，诏中写道："君民建国，教学为先，移风易俗，必自兹始，而言绝义乖，多历年代，进德修业，其道浸微……"

隋炀帝的《劝学诏》，蕴含着拨转战争年代世习"尚武"的精神，而汉晋秘藏兴衰之运亦为有隋太平之世"佑文致治"所取。隋炀帝"劝学"、崇尚文治的思路非常明确——

文治该始于何处？

隋代一佛二菩萨雕像

隋炀帝认为，应该从"进德修业"着手。

"进德修业"该怎么办？

隋炀帝认为，应该"教学为先"。

那么，"教学为先"又该如何操作？

隋炀帝认为，应该先从整理经籍图书开始，把经籍图书的整理推向"教学为先"的前台。在中央机构的变动中可以得到见证。大业三年（公元607年），中央官制作了改革，《隋书·百官志下》载：秘书省降监为从二品，增置少监1人，增著作郎阶为正五品，减校书郎为10人，改太史局为监，进令阶为从五品，又减丞为1人，置司辰师8人，增置监侯为10人，其后……连校书郎员也增40人，还加置楷书郎员20人，掌抄写御书，等等。

中央机构人事组织明确后，即刻进行修文殿、观文殿的建造，以尽快解决图书的收藏问题。两殿的建造甚为讲究，观文殿书堂装潢豪华，堂内书橱精美，"皆饰以杂宝"，室内橱前之机关臻尽其善，所藏书籍"装翦华净，宝轴锦褾"，堪称中国古代卷轴图书装潢艺术首创。观文殿殿后妙楷、宝迹二台所藏曰"古迹、名画"，应为特藏无疑，观文殿"橱中皆江南晋、宋、齐、梁古书"，则说明观文殿所藏已不尽在副本而集有江左历代的善本，其故纸书香的温润洋溢着六朝文化的流风余韵。东都修文、观文两殿是建筑优美的大型藏书殿。这种过于雕饰斧凿的宫廷建筑，正是南朝文化的格调。隋的统一，促使南北文化大交流。隋炀帝受南朝诗风熏染至深，他也颇富文才，他的《宴东堂》《嘲司花女》等诗作，是标准的南朝宫体诗，而《江都宫乐歌》《江都夏》形式上则非常接近唐代的七律，因而说"有唐三百年文学之盛，实由隋炀帝奠其基础"，实不为过。

据《资治通鉴》载：隋炀帝命令秘书监将37000余卷精选书籍收藏在东都（洛阳）的修文殿。炀帝在观文殿前设14间书室，书室的窗户、床褥、橱幔，都极为华丽。每三间书室开一个双扇门，垂下锦质的幔帐，上面有两个飞翔的仙人，室外的地面上设置机关。隋炀帝驾临书室时，有宫人手捧香炉，走在前面踏踩机关时，飞仙就会下来将幔帐缓缓地卷上去，窗扉和橱扉都随之自动打开，炀帝离开书室，则窗扉橱扉及幔帐又自动地垂下关闭起来。古代帝王中像炀帝如此喜爱图书字画、如此保护古籍名画是少有的。

隋代对图书搜求广泛而别庋典藏精到，其气派之阔大豪华与隋炀帝好读书著述有着极大的关系。史称："帝好读书著述，自为扬州总管，置王府学士至百人，常令修撰，以至为帝，前后近二十载，修撰未尝暂停，自经术、文章、兵、农、地理、医、卜、释、道乃至蒱博、鹰狗，皆为新书，无不精洽，共成三十一部，一万七千余卷。"

其实，早在开皇三年时，隋文帝采纳了秘书监牛弘的建议，颁发征集图籍诏令，明文规定："每书一卷，赏绢一匹，校写既定，本即归主。"（《隋书·经籍志》）并派遣人员到各地去搜访异本。不久，"民间异书，往往间出"，至平陈之后，"经籍渐备"，收集到大批散佚的经典。隋炀帝即位后，继承父皇的旨意，对图书又作了进一步的整理，并亲自督建修文殿、观文殿，以作收藏、阅读典籍之用。

开凿南北大运河　/

开凿贯通南北的大运河，是隋炀帝当政 12 年中的一件头等大事，也是这个颇具争议的帝王对中国历史的一大贡献。

早在隋文帝杨坚时，就注意到了兴修水利工程，用以运输山东及江南之粮食以接济关中这样一个大问题。开皇四年（公元 584 年）命宇文恺率领水工凿渠，引渭水经大兴城东至潼关，300 余里，名之为"广通渠"。大业元年（公元 605 年），也就是隋炀帝登极的那一年，他发出诏令："改广通渠为富民渠。"表面上是为了避帝讳，实际上包含着隋炀帝深刻的水利思想。在他看来，对已经实现了大一统的隋王朝来说，欲强国富民，必须兴修水利，这也是千百年来对隋炀帝何以要那样劳民伤财地开凿南北大运河

《康熙南巡图》中所绘南北大运河漕运情景

之谜的最佳答案吧！

在 270 多年的南北分裂和战乱中，关陇地区的生产相对停滞甚至衰退，而江南地区却开发成了富饶之区。可以说，中国的经济重心已经逐步转移到了南方。然而，隋王朝的政治、军事重心仍在北方。隋炀帝的水利"富民"说，实际上就是为了把南方的经济重心和北方的政治军事重心协调和联系起来，使南北成为一个真正的统一整体。南北大运河工程可以说顺应了时代和社会的要求，即使隋炀帝不开凿，日后也会有另一个有为之君来带领民众开凿。

开凿南北大运河，隋炀帝真可说是雷厉风行、不惜工本。这条运河以洛阳为中心，共分为四段：

第一段是通济渠。当时是发河南诸郡百万男丁开渠。从洛阳的西苑引谷水、洛水入黄河，再引黄河入汴，再引汴水至山阳（今江苏淮安）。从大业元年三月二十一日开工，到同年八月十五日隋炀帝乘龙舟游江都，前后不过 171 天。

第二段是山阳渎。从山阳起，利用春秋时吴王夫差所开凿的邗沟故道，加以疏浚扩大，引淮水入长江。全渠广四十步，两旁均筑御道，种柳树。

第三段是永济渠。大业四年（公元 608 年）又发河北军民百万开永济渠，引沁水至黄河，又连卫河通涿郡（今北京西南郊）。史书上记载："丁男不供，始役妇人。"（《资治通鉴·隋炀帝大业四年》）。

第四段是江南河。大业六年（公元 610 年）又开江南河。从京口（今江苏镇江）引江水到余杭（今浙江杭州），入于钱塘江。

在短短的 6 年时间里，以洛阳为中心，北起涿郡，南至余杭，长达 4800 多里的大运河开通了。这不能不说是一大奇迹。这是一项举世罕见的伟大工程，它沟通了海、河、淮、江、钱塘五大水系，贯穿了河南、河北、山东、安徽、江苏、浙江六省，是世界上开凿最早、航程最长、最雄伟的一条人工运河，它的历史功绩也是难以估量的。④

创置科举制 /

隋炀帝为了巩固集权统治，他多次下诏，以科举制度选拔人才。这在中国文化发展史上是值得大书的一大创举。

魏晋南北朝时，世家大族已经十分腐败，而当时选拔人才却仍然是以门第取人的"九品中正制"。当时，各州郡都设有"中正"官，负责察访、评定本地人才，按其才德声望划为九品：上上、上中、上下、中上、中中、中下、下上、下中、下下，结果是"上品无寒门，下品无势族"。取得了政权并实现了统一的隋文帝杨坚清楚地知道，要使国家繁荣昌盛，就要冲破"九品中正制"，建立解放人才的制度。隋文帝一登极就下令"罢中正"、"废乡里之举"，把选拔人才的权力收归中央。这事阻力很大。当时很受隋文帝宠信的卢恺任吏部尚书，他表面上赞同隋文帝的新的人才举措，但暗地里仍以是否名门望族作为选取人才标准。对此，有人向隋文帝作了揭发。

隋俑

隋文帝十分生气，当面责问了卢恺："在选取人才上，你是否口是心非？"

卢恺一点也不掩饰，他说："以名门望族取才，乃祖宗家法！"

隋文帝说："就是祖宗家法，也是可变的嘛！"

卢恺仗着自己是老臣，强横地说："陛下，祖宗家法，不宜变更！"

隋文帝盛怒之下，当廷宣布：解除卢恺的吏部尚书一职，"除名为百姓"。

卢恺受不了这重重的打击，没有多久，就死去了。之后，坚持"九品中正制"的高官薛道衡、陆彦师也被解除官职。

隋炀帝杨广一上台，继承父志，下死力摧垮九品中正制，于是就大刀阔斧地推行科举制。大业元年（公元605年）七月，就发出诏令：州县官员应采访和举送"在家及现入学者"，而后由朝廷"随其器能"，加以"选择任用"。这里很明确，有两种人都可以任用：一种是"现入学者"，就是在现有的各级官办学馆中学习的生徒，他们中的优秀者不管是什么出身，都可录用；另一类是"在家"者，也就是没进过官办学校，自学成才的，只要是优秀的，也可加以录用。

过了两年，即大业三年（公元607年）四月，隋炀帝又下了一道"十科举人"的诏令，诏令规定：只要在家孝顺父母、友爱兄弟的，个人注重修身养性的，讲求气节和道义的，操行廉洁足为世之楷模的，强毅而正直的，对法规有独到见解并能坚持执法的，学业优秀深明儒道，文才美秀能写出一手好文章的，有将帅之才懂得军事的，力大无比善于战斗的，这十个方面中，只要有一个方面出众的，就可为朝廷所选用。这一诏令的公布，给久受压抑的广大中下层士人带来了极大的希望。不少读书人，只要带着名为"牒"的身份证明，就可上京应试了。隋唐时代人才辈出，道理也在于此。

又过了两年，即大业五年（公元609年），炀帝又下了"四科举人"诏令。此"四科"是指：一为"学业该通，才艺优洽"，二为"膂力骁壮，超绝等伦"，三为"在官勤奋，堪理政事"，四为"立性正直，不避强御"。从这里可以看出，以科取士的味道越来越浓了。

隋炀帝时代创立起来的科举制度，把读书、应考、任官三者有机结合了起来。这样，一方面人才的选拔权回归到了中央手中，另一方面使几乎所有的人都有了通过科举考试晋升的机会，大批有用的人才也涌现出来了。由此，大大促成了社会的进步、发展和繁荣。

原本名不见经传的孔颖达，就是以精通《左氏传》《郑氏尚书》《王氏易》《毛诗》《礼记》，并兼善算历，而且能写一手好文章，在隋炀帝时代上京应考，而被选拔上来的。他在中国文化史上取得那么高的地位，也有隋炀帝的一份功劳。

隋通台湾

　　台湾自古以来是中国的领土，早在新石器时代，大陆与台湾之间就有相当密切的血脉联系。汉、魏时代，台湾称夷洲，江南的孙吴政权曾派将军卫温率众万余人渡海到台湾，密切了与台湾民众的交往。隋、唐时代，台湾称流求（非指现在的琉球群岛），隋炀帝曾多次派人到那里去，大陆与祖国的宝岛之间关系更为紧密了。

　　隋炀帝执政的初年，国力强大，大陆与外界的联络多了起来。当时有一位熟悉海上航道并经常驾海船出海的名叫何蛮的人，每当春秋两季天气晴朗之时，常常站在海边的岩石上极目东望，指着依稀可见的海中岛屿说："那就是宝岛流求！"他曾经与一些勇士一起来到过流求附近的海域，大致了解那里的情况。

　　大业三年（公元 607 年），隋炀帝准备派羽骑尉朱宽到流求去，不知怎么的，这一消息被何蛮知道了，他直上隋都，见到了隋炀帝，要求与朱宽同往。

　　隋炀帝问他："你了解流求的情况吗？"

　　何蛮说："我了解，流求是一个好地方，那里土地肥沃，物产丰富，盛产稻、粱、黍、麻、豆等物品，还有枫、樟、松、楠、梓等名贵树木，风土气候与大陆岭南（今福建、广东一带）相类。陛下派人去流求，实为英明之举，臣下愿跟陛下所派大员同往。"

　　隋炀帝又问："所言真假？"

　　何蛮回答道："我整天与大海打交道，熟悉大海。未有半点虚假，不敢欺君！"

　　隋炀帝看何蛮这个人身强力壮，又熟悉海事，就同意他与朱宽同往了。

临行之时，隋炀帝还专门对他们说："这次入海到流求去，主要是求访异俗，了解一下那里的情况，便于更好地交往。"

何蛮与朱宽一行，在海上航行五天五夜，终于到达了流求。由于语言不通，实在难以交流。回来时，带了一个当地人回来，为的是更好地了解那里的情况。

第二年，隋炀帝又令朱宽前往流求去，临行，炀帝又关照朱宽："这次去，主要是宣明大隋王朝的政策，不要忘了'慰抚'二字。"当时朱宽等带了不少大陆的物品去，离开时也带回了不少流求的东西，如当地出产的布匹等。

大业六年（公元 610 年），隋炀帝又派虎贲郎将陈稜和朝请大夫张镇周带领东阳郡（今浙江金华）的兵丁万余人，从义安（今广东潮州）出海，到了流求。这次的出访颇带喜剧性。流求人看到大陆来的船舰，大为兴奋，纷纷上船争相购买先进的日常生活用品，原来他们以为这是前来的商旅之船。可见当时大陆与流求两地的总体关系是密切而十分友好的。

从此，大陆与台湾之间的关系日益紧密了。后来隋炀帝又派陈稜和张镇周率东阳（今浙江金华）兵万余人前往流求，受到宝岛居民的盛情欢迎，并进行了很好的商务交流。

《隋书》和《资治通鉴》记隋炀帝大业年间派员去流求的任务是"慰抚"或"招抚"，不同于对一般外域的用词，可见流求与大陆关系近密，隋代已有意将台湾收入版图。不只两地经常有所交往，就是大陆到台湾和台湾到大陆定居的人也逐渐多了起来。唐朝时期，台湾划归岭南节度使管辖。

炀帝之死 /

经济的发展，事业的成功，国家的强大，使原本好大喜功的隋炀帝忘乎所以起来。也许，他并不知道，他所做的一切，从某种意义上讲，是在自掘坟墓。

筑长城，开运河，建宫殿，动用的劳力有数百万之多。在这过程中，全国大约有一半的家庭在服役中丧失了亲人。

　　重新打通西域之道，是隋炀帝毕生事业中的一件大事，为此，他长年对突厥和吐谷浑用兵。在通西域方面，从一定意义上讲是成功的。他在吐谷浑故地设置了鄯善（今新疆若羌）、且末（今新疆且末）、西海（今新疆柴达木盆地一带）、河原（今青海西海地区）四郡，并大开屯田，捍卫了通往西域的通道。当然，所付出的代价也是巨大的，有几十万将士丧身异域他乡。

　　更为惨重的损失是三次对高丽的战争。汉朝时，曾在朝鲜半岛设立四郡，后来的历代王朝或在此设郡，或封其为王。隋统一中国后，认为应该收拾旧的疆土，而高丽王却不愿来朝，而且派间谍滋事。于是，隋炀帝就想用武力解决。大业八年（公元 612 年），一次对高丽之战就动员了水陆兵丁 110 多万人。这一支队伍，浩浩荡荡，鼓角相闻，绵延长达 900 多里，史书上称"近古出师之盛，未之有也"。而这样大规模的战事，所消耗的人力、物力也是可想而知的。有史家认为，"隋王朝之亡，亡于高丽战事"，此说是有一定道理的。这场战事还直接引发了农民起义。

　　隋炀帝的三次巡幸江都（今江苏扬州），其目的主要是为了控制江南，巩固大一统的局面，但是，付出的代价也是巨大的，再加上炀帝的日益追

隋炀帝陵

求享乐，更是给民众带来不堪忍受的重压。一次巡幸，出动的船只上万艘，随从数万人，单是拉纤的纤夫就有七八万人，还有数十万其他的役使者。第三次巡游时，北方各地农民起义已风起云涌，炀帝自知帝国的大厦已难以支撑，便准备偏安江淮，做残守半壁江山之梦。

隋炀帝在江都一住就是一年多，在那里过着醉生梦死的腐化生活。江都"迷宫"有百余房，装饰华丽，美人充塞其间。他每日令一房为主人，轮流前往享受。他与属下狂饮，每天有千余从姬常醉。正当他沉醉于纸醉金迷之中时，一次兵变正在筹划中。

原先炀帝宠信的虎贲郎将司马德戡，承担着江都城守卫之职。这时，司马德戡反戈一击，率师自玄武门直闯帝宫。炀帝闻乱，换上便服出逃，结果被其下属捉着，而反叛的司马德戡立马赶到。

司马德戡持刀在手，准备杀炀帝。炀帝叹道："我何罪？至于被弑？"

贴身而立的一位将官马文举说："陛下不在京师守宗庙，而到处巡游不止。对外征战不已，对内穷奢极欲，百姓不得安生，怎能说没罪？"

炀帝沉默良久，说："我实在对不起百姓，至于你们，荣禄兼及，怎么会这样！今日这事，谁为首领？"

司马德戡应声道："你之作为，普天同怨，何止一人！"

隋炀帝知众叛亲离，自己的统治再也难以维持，自缢身亡了。时年50岁。

注释：

① 尚书省是核心机构，当时有明确的说法。所谓"朝之众务，总归于台阁，尚书省事无不总"（《隋书·百官志》）。高颎当时在开皇初即任尚书左仆射，"论者以为真宰相"（《隋书·高颎传》）。

② "高祖受禅，拜（杨尚希）度支尚书，进爵为公。岁余，出为河南道行台兵部尚书，加银青光禄大夫。尚希时见天下州郡过多，上表曰：'自秦并天下，罢侯置守，汉、魏及晋，邦邑屡改。窃见当今郡县，倍多于古，或地无百里，数县并置，或户不满千，二郡分领。具僚以众，资费日多，吏卒人倍，租调岁减。清干

良材，百分无一，动须数万，如何可觅？所谓民少官多，十羊九牧。琴有更张之义，瑟无胶柱之理。今存要去闲，并小为大，国家则不亏粟帛，选举则易得贤才。敢陈管见，伏听裁处。'帝览而嘉之，于是遂罢天下诸郡。"（《隋书·杨尚希传》）

③《隋书·高祖纪》称：当时是"仓廪实，法令行，君子咸乐其生，小人各安其业，强无凌弱，众不暴寡，人物殷阜，朝野欢娱"。

④ 在历史上，有识见的人们对隋炀帝开凿南北大运河都给以积极的评价。唐代宗的宰相刘晏说："浮于淮泗，达于汴，入于河，西经底柱、砥石、少华，楚帆越客，直抵建章、长乐，此安社稷之奇业也。"（《唐会要·转运盐铁总叙》）唐宪宗时的宰相李实甫说："炀帝巡幸，乘龙舟而往江都。自扬、益、湘南至交、广、闽中等州，公家运漕，私行商旅，隋氏之作虽劳，后代实受其利焉。"（《元和郡县图志·河南道》）唐代的皮日休说："隋之疏淇汴，在隋之民不胜其害也，在唐之民不胜其利也。"（《皮子文薮·汴河铭》）

第二十八卷　大唐盛世

　　唐帝国的建立，标志着中国的封建社会走上了全盛时期。唐朝的统治者总结了隋二世而亡的历史经验，建设清廉政治，协调社会关系，致力于发展经济，努力改善民生，致使政治上强大，经济上繁荣，文化上绚烂。唐代不仅在中国历史上占有重要地位，在世界历史上也有很大的影响。在当时，唐帝国不论在政治、经济、文化还是在综合国力上，都是世界上最先进的国家。

　　唐代实行的对外开放的国策，不只改变了中国自身的形象和面貌，同时，也极大地改变了世界的某些面貌。

唐王朝的建立 /

唐王朝的建立者是李渊。李渊是西魏八柱国之一的李虎的孙子。李虎因有功于西魏而死后被追封为唐国公。李渊的父亲李昺，称柱国大将军，袭封唐国公。父死后，李渊又袭封为唐国公。大业十一年（公元615年），隋炀帝以李渊为山西、河东抚慰大使，目的是让他镇压农民起义军。而李渊此时眼看隋帝国将亡，便乘机积蓄力量，收罗人才，准备条件成熟便取而代之。

大业十三年（公元617年），李渊为太原太守。就在这一年，他起兵于太原。

当时，隋王朝在北方的军事力量已经空虚，李渊可以说轻而易举地取得了北方大片领土，也招降了大部隋朝官员。是年七月，李渊率三万大军入关，十一月便攻破了长安。当时直接夺取政权的条件尚未成熟，就迎杨侑为帝，即所谓的隋恭帝，遥尊杨广为太上皇。李渊自己则以尚书令、大丞相身份掌握了实际的大权。

当时，全国各地称王称帝的极多，李渊得一个一个地将其剪除，以实现统一。

统一事业的第一步是平定薛举与李轨。当时，薛举割据于陇西一带，号称有三十万大军。唐军用围而不攻的手法，拖垮了对方，在对方粮尽的情况下，一举消灭之。李轨号称河西大凉王，唐军利用其内部矛盾，发动兵变，然后将其俘获。

唐统一全国的第二步是击败刘武周，以巩固太原。刘武周时为马邑太守，这时，他勾结突厥，图谋依附突厥，进而率兵向南，"以争天下"。当时他占据了有充足食粮和库绢的晋阳，攻陷了河东大部。留守太原的李元吉弃城而逃，回到了长安。唐军李世民部不得不急渡黄河，一夜行军200多里，大败"军无蓄积，以掳掠为资"的刘武周部将，夺回太原。刘武周逃到突厥，结果却被突厥人所杀。

唐统一的更重要一步是攻取当时为全国政治中心的、最繁荣的城市洛阳。隋炀帝死后，洛阳落入了大将王世充的手中，王世充当了自命的郑国的皇帝。唐军平定刘武周以后，倾全力攻取洛阳。经过激战，迫使王世充军退入城内，唐军随后赶到，把城团团围住。这时，河北起义军的窦建德起而增援王世充，使唐军面临腹背受敌的危险。此时，唐军之一部继续围困王世充，将最精锐的李世民部抽出，用突然袭击的方法将窦部消灭。然后再回过头来对付王世充。王世充走投无路，只得投降。

自此，中原、河北一带为唐统一了。唐军马不停蹄，挥师南下。此时，人心思治，人心思定，人心思统。唐军又很快消灭了长江中下游的割据势力，完成了统一大业。

唐高祖"拨乱反正"

唐高祖李渊

隋炀帝死后，李渊称帝，建立唐朝，年号为武德。武德年间（公元618—626年），摆在唐高祖眼前的一大任务是完成全国的统一，消灭割据势力；同时，又要及时地改变隋炀帝晚年的种种错误政策，使社会回到正常的轨道上来。

这种重回正轨的举措，唐初君臣名之为"拨乱反正"[①]。

武德元年（公元618年），万年县的一位负责司法诉讼的官员孙伏伽，向唐高祖李渊连上三折。一个相当于科级的小官吏，敢于这样做，本身就很不简单。他的第一折是针对当时有些人"今天向皇上献琵琶，明天又向皇上献弓箭，还有人向皇上献山珍"这类的不正之风，认为要严加打击。他指出，这种吹吹拍拍的行为都是"前朝之弊风"，应予扫除！第二折针对五月五日准备在玄武门举行的庆典，用的是百戏散乐，实际上是黄色音乐。他说得很直白：不要把这看成是一件小事，实为隋末之淫风，这样做实在是"非贻厥子孙谋，为后代法"。第三折强调要选好皇太子左右的僚友，那些"专作慢游犬马声色歌舞之人，不得使亲而近之也"。三个奏折秉笔直书，直来直去，令人有耳目一新之感。

唐高祖看了孙伏伽的奏折后，大为兴奋，他把手中的奏折扬了扬，问群臣："你们知道吗？他在奏折中说的是什么？"

群臣无言，没有一个答得上来的，也没有一个猜得出来。

唐高祖站起身来，十分庄重地告诉大家："三份奏折，总起来说的就是四个字：拨乱反正！大家听清楚了没有？就是拨乱反正啊！"

有位大臣问："何谓'拨乱反正'？"

此时，孙伏伽已应诏在殿前，他朗声作答说："拨乱反正出典于《公羊传》，谓'拨乱世，反诸正'。"

唐高祖进一步解释说："拨乱反正，就是消除混乱局面，恢复正常秩序！"

接着，唐高祖给大家讲起了历史故事：秦始皇晚年自以为是，听不得不同意见，结果闹到亡国灭身的地步。汉高祖刘邦执政后，做的一件大事就是"拨乱反正"，恢复从善如流的作风。北周和隋代晚期，主政者也听不得不同意见，上下相蒙，直弄得忠臣结舌，谁都不敢讲话，直闹到亡国了事。最后唐高祖说："现在，朕取得了政权，建立了大唐帝国，心里还是很不踏实的，总感到自己才寡德薄。朕想，要使国家兴旺起来，唯一的办法就是听取像孙伏伽这样的敢于直言的忠臣的话，实施'拨乱反正'。其实，治国的好办法原本是有的，只是秦始皇、隋炀帝把它丢掉了，我们要把这些好东西重新拾起来，根本用不着挖空心思另搞一套。"

此后，武德年间的一系列举措都是服务于"拨乱反正"四个大字的。租庸调制和均田制，本是前代人创造的让农民获取土地的好办法，只是隋炀帝时没认真实施，现在要把它恢复过来。隋代的《开皇律》是一部好法典，到隋炀帝时又加进了许多严刑峻法的条款，现在得把这些条款去掉，在此基础上形成《唐律》。隋代的三省六部体制是个好制度，隋炀帝时破坏了这种制度，变成隋炀帝一个人说了算，现在也要予以恢复，让吏、户、礼、兵、刑、工各部各司其职。科举制度也是隋代创办的选拔人才的好办法，只是由于战乱，没有好好实施，唐高祖一入长安，就提出要恢复科举考试。

"拨乱反正"口号的提出，使初唐政权既充分吸纳了前代的治国安民的经验，又有所创新。社会很快又走上了正轨。

"开元通宝"

开元通宝

武德四年（公元 621 年）七月，李渊在河北地区平定了窦建德、王世充割据势力，大致统一了北部中国以后，马上宣布"废五铢钱，行开元通宝钱"。当时百废待兴，唐高祖李渊为何在天下未定的状况下匆匆忙忙地实行钱币改革呢？

话要说到四年之前。当时李渊起兵于太原，到这年的年底，他率三万大军进入隋王朝的首都长安。大军新来乍到，要吃，要穿，要住，这些都离不开个"钱"字。可是，当时长安城内的钱币紊乱不堪。千钱说是重二斤，可是，实际上只有一斤，有的一斤还不到。有的甚至以铁叶、皮纸代替钱币。主管财货的官员处置不了，常常状告到李渊那里。当时，李渊就愤愤地说："待政局初定，第一着就得变革币制！"

四年过去了，政局的变化很大，李渊成了唐帝。他没有食言，他想到了币制的革新。

当时有官员问："还是恢复使用五铢钱吧，它从汉武帝起流通了七百多年了。"

李渊说："新朝不能恢复旧币！"

官员说："五铢钱已有信誉了。"

李渊回答得十分坚决："旧朝已失民心，还有什么信誉，使用极不方便，不能再用五铢钱了，得创造一种新的币制。"

说到五铢钱，它起始于汉武帝时期。五铢钱的流通有两个条件：一是中央政府要有绝对的权威，要控制得住钱币的铸造、流通、回收等环节，这也大约只有在强大的汉武帝时代能推行。第二个条件是商品经济还不太发达，因为五铢钱的币面面值太小，是与实际的金属重量相等的。如果交换频繁，带那么多、那么重的钱币叫人怎么受得了？再说，历经七百年，五铢钱也早已名不副实。现在出土的隋五铢钱，只相当于一点七铢，即实际重量的三分之一。同时，隋末假币、劣币充斥市场。币制改革势在必行。

开元通宝

唐高祖李渊让大家议定一个方案。大家议论的结果是：汉代以来的衡量制度，以二十四铢为一两，不方便，难以折算，还是以十进位的好，新币可以以十文为一两；不必要求货币的面值与实际重量一样，定出一个标准后，可以加以换算。建议新币径八分，重二铢四，积十文重一两，一千文重六斤四两。

有人把设想中的新钱币样品呈上。唐高祖李渊将钱币在掌心中掂了掂，笑着说："好，好，这钱币的轻重大小，最为折中，外出带在身边也很方便。"当有人要他为新钱币起个名时，他不假思索地说："就叫'开元通宝'吧！'开元'，就是开国，就是开辟新纪元，'通宝'，就是流通的宝货。"

群臣高兴得欢欣雀跃，齐声说："的确，我们是在开创新纪元啊！"

"开元通宝"钱的流通，在中国的货币发展史上具有划时代的意义。它改变了以重量为币值的传统。同时，以钱为宝，也反映了人们对货币作用有了进一步的认识，把货币当作财富的观念是大大增强了。

玄武门之变

武德九年（公元 626 年）六月初四，唐高祖李渊的次子秦王李世民伏兵玄武门，诛杀太子李建成、齐王李元吉，胁迫其父让出帝位，史称"玄武门之变"。

　　李渊的元配夫人窦后育有四子，长子建成，次子世民，三子元霸（早天），四子元吉。太原起兵，主要是李世民之谋，当时李渊就曾对世民作过许诺：如能得天下，由世民为皇太子。李渊即皇帝位以后，仍遵封建法统，以建成为太子。唐朝建立后，世民先后平定了王世充、窦建德等地方势力，为统一全国奠定了基础。再说，世民周围罗致了一大批人才，文有房玄龄、杜如晦等，号称"十八学士"；武有尉迟敬德、秦叔宝、程咬金等。这就对建成的太子地位形成了直接威胁，于是，建成和元吉联合起来，想除掉世民。

　　除掉世民可不容易，因为世民手下良将谋士多，难以对付，于是，他们就想出了分化的计策。建成私下给世民手下的勇将尉迟敬德送去一车金，表示要与他交好。可是，尉迟敬德不为所动，对建成的使者说："我是秦王的部下，如果私下跟太子来往，对秦王三心二意，我就成了贪利忘义的小人。这样的小人，对太子又有什么用呢？"毫不客气地把一车金给退了回去。

　　建成等人一计不成又生一计。当时，刚巧唐王朝与突厥之间发生战事。建成向父亲李渊建言，让四弟元吉代替世民出征，并将尉迟敬德、秦叔宝、程咬金等勇将划归元吉指挥，这就等于剥夺了李世民的兵权，把他逼到了死角。这时，李世民手下的长孙无忌、尉迟敬德等人都劝李世民："先下手为强！"

　　当天夜里，李世民向唐高祖李渊告了一状，说太子建成借送元吉出征之机要谋害于他。实际上是给诛杀太子埋下一伏笔，让其父有心理准备。李渊不知就里，答应第二天一大早叫兄弟三人进宫，由他亲自查问调停。

　　第二天天蒙蒙亮，李世民已叫长孙无忌和尉迟敬德带领精兵埋伏在皇宫北面的玄武门了。没多久，建成、元吉策马到来，感到那里的气氛不对，调转马头准备回去，这时伏兵乱箭射出，把两人射杀于马下。

　　这时，唐高祖李渊正在皇宫中等着三个儿子来朝见，忽见尉迟敬德汗涔涔地拿着长矛冲进宫来，忙问："出了何事？"尉迟敬德说："太子和齐王作乱，秦王已经把他们诛杀了。秦王怕惊动皇上，特派我来保驾。"

唐高祖李渊闻言，吓得不知说什么好。

这时，宰相萧瑀站出来说："建成、元吉的功劳本来就没世民大，又时时施用奸计，不足为人主。现在秦王既然把他们杀了，这是好事。陛下应把国事交给秦王，就什么事也没了。"

到这个田地了，唐高祖李渊要反对也没用了。只好命令各府将士一律归秦王指挥，各府人员不得起事，谁要起事，作谋反论。过了大约两个月，唐高祖李渊就正式让位于秦王李世民，自己做太上皇。李渊当太上皇一直当了 10 年，他亲眼目睹了贞观时的太平景象，对"玄武门之变"这样不痛快的事，也就不说什么了。

李世民即雄才大略的唐太宗。

"官在得人，不在员多"

唐太宗曾对他的宰相房玄龄说过："官在得人，不在员多。"此话讲于贞观元年（公元 627 年），可以看作中国历史上第一个号召"精兵简政"的宣言。

唐初的官僚机构走了个"之"字形。大乱之中，人们不乐仕进。因此，武德初年，"官员不充"的现象十分严重。刚建立起来的朝廷，官员有所缺额。唐高祖李渊曾多次派员到各州府补选官员，并立即推行科举制度。这样，官僚层就迅速扩大了，而且显得有点庞杂，连旧官僚裴寂这样的人，一转身就成了唐帝国的要人。唐太宗李世民即位后，面临的已经不是缺员的问题，而是官员太多、太杂了，一些地方甚至出现了"民少吏多"的怪现象。

房玄龄

在一次早朝时，唐太宗发出圣旨："如今不在员多，而在得人，唯'省官'，才能政清。"

有的大臣不同意"省官"，说："百废待兴，极需官员，'省官'将误事！"

唐太宗向满朝文武明确宣告："现在必须大刀阔斧地来一番省官，道理很简单，官多了，百姓负担就重，社会也安定不了。再说，官多了，也不一定能办事，相反效率不高。这个道理相信大家是能理解的。"

唐太宗说干就干。他任命房玄龄为这次"省官"的总指挥。"省官"分中央和地方两级进行。中央一级原有文武官员 2000 余人，现在经过并省，只留 643 人，一下砍去了 70%。对地方一级的官员，唐太宗要求房玄龄"大加并省"，意思是比中央裁员还要多。房玄龄不敢怠慢，一个州县一个州县地查审，最后把原来 7000 多人的州县一级的主要官员裁到 1500 多人，裁去了 3/4，完全符合了唐太宗说的"大加并省"的要求。

精简机构也真不容易，"去"和"留"之间常常矛盾重重，而唐太宗秉公办事，尤其是能处置好亲属关系。他的叔父淮安王李神通向他伸手要官做，还提出去哪里不去哪里的苛刻要求。唐太宗在回函上明确告诉他，不是哪里去哪里不去的问题，而是京官已员满，没有官可给你做了。这个淮安王一点也不知趣，又通过皇太后试图对皇上施加压力，唐太宗就把他召进京，着着实实地批评了一顿，这件事才算了结。

唐太宗的选官也不以亲疏为标准。有些人在秦王府（李世民原封为秦王）奉事多年，但除了少数真能办事的外，有的被"除官"了，有的被降职了，而有些来自原先的建成太子府或元吉齐王府的人，反而当了大官。尤其是魏徵，曾经要太子建成伺机杀了世民，就是在世民当政后，也多次犯颜直谏，有时弄得太宗下不了台。可这样一个人却与房玄龄一起当上了官至极品的左右仆射（宰相）之职，总领六部，纪纲百揆，除了最重要的事要奏请皇上裁决外，其他一切事务都可由他两人决定，真是有职有权。这样做不少人不理解，唐太宗的回答是："我设置官员，是为了能为老百姓办事，为此当然要择贤才而用了，怎么可以以新交故旧为划分用与不用的标准呢？"

他这样一说，大家也就无话可说了。②

太宗与魏徵 /

唐太宗与魏徵，可以说是中国古代君臣关系的典范。三国时的刘备，三顾茅庐，终于把多谋善断的诸葛亮请出了山，刘备喻之为如鱼得水。唐太宗看了魏徵给他写的几份谏书后，也说："你陈述的意见，使我知道了自己的过失，我将把这些看成座右铭，永远放在案头。你的行为，使我懂得了君臣之间什么叫如鱼得水。"③

魏徵

魏徵出生于书香门第。他早年曾投身于李密为首的农民起义军，后又被窦建德所俘获。窦建德败亡，魏徵被引荐到唐太子李建成门下，成为东宫的座上客。魏徵事奉太子，可以说是竭智尽力。他见秦王位望隆重，严重威胁到太子的地位，常常劝说太子快想对策，李世民也风闻此事。武德九年六月，玄武门事变，秦王诛杀了太子及齐王元吉，召来魏徵，责问他："为何离间我兄弟？"魏徵却毫无惧色，直言不讳地答道："皇太子若从征言，必无今日之祸！"秦王当时虽然很生气，但一向器重魏徵才干和耿直的秦王马上改变了态度，以礼相待，并引荐他为詹事主簿，掌管太子的家事。李世民当上皇帝后，又马上任命他为谏议大夫，参与议论时政，规谏讽喻。在这个岗位上，他尽心尽责，深得唐太宗的欢心，在实际的事务中，两人渐渐成了知己。唐太宗有要事之时，屡屡将魏徵引入自己的卧室，"访以得失"。这时，魏徵也"喜逢知己之主，思竭其用，知无不言"。

贞观初年，原太子和齐王的一些党羽，还在地方上作乱，尤其是山东地区。唐太宗就命魏徵去宣慰山东，并说："我不定什么条条框框，你看怎么行就怎么办吧！"魏徵到达磁州（今河北磁县），正遇上州县押解原东宫官员李志安、原齐王府官员李思行的队伍。魏徵说："他们并没有什么罪，放了他们吧！如果连他们都要处置，人人自危，天下怎么安定得下来？"押解官说："没有皇上的命令，我们不能放。"魏徵强硬地说："皇上给了我权力，现在是我说了算，我说放就放。"把人全都放了。李世民知道这件事后，对魏徵不避嫌疑、忠心奉国的精神深表敬佩。

有一次，唐太宗问魏徵："历史上的人君，为什么有的明智，有的昏庸？"魏徵回答说："多听各方面的意见，就明智；只听单方面的话，就昏庸。"他举尧、舜为例来说明兼听的好处，还举秦二世、梁武帝、隋炀帝为例说明偏听的坏处。最后，魏徵归纳道："治理天下的人，如果能够采纳下面人的意见，那么下情就能上达，谁想蒙蔽人君也蒙蔽不了了。"唐太宗听了这一番话，点头称是："你说得太好了！"

又有一天，唐太宗读完隋炀帝的文集，跟他的左右大臣说："我看隋炀帝这个人，学问渊博，聪明，也懂得尧、舜好，桀、纣不好，为什么会干出那么多荒唐事来？"魏徵接口说："一个当皇帝的光凭聪明和学问渊博不行，还应该虚心倾听下面的意见。隋炀帝自以为才高八斗，骄傲自大，说的是尧、舜的话，干的是桀、纣的事，到后来越来越糊涂，就必然注定自取灭亡了。"唐太宗听了，叹息道："真是前事不忘，后事之师啊！"

贞观六年，唐太宗的"九成宫"建成，大宴群臣。长孙无忌当着众人的面半开玩笑半当真地说道："当年王珪、魏徵这些人在太子建成那里办事时，我们相见时就像见了仇敌一样，想不到今天也能在一起参加宴会！"这话被唐太宗听到了，他说："魏徵昔日确实是我的仇敌，但是，我敬重他那种侍奉主子尽心尽力的精神，这是很值得称道的。魏徵到我这里以后，他常常不顾情面恳切劝谏，不许我做错事，这是别的臣子做不到的。朕所以特别器重他。在用人唯贤这一点上，朕自以为面对古圣人也毫无愧色。"魏徵下拜道："陛下引导我提意见，我才敢把心里话和盘托出。如果陛下听不进臣下的意见，我又怎敢去犯龙鳞、触忌讳呢？"太宗听了十分高兴。

魏徵对唐太宗常面折廷争，有时会弄得唐太宗面红耳赤，下不了台。

一次罢朝后，唐太宗余怒未息地说："魏徵每每廷辱我，有机会我定当杀了这田舍翁（意为乡下佬）！"当时，在朝的官员都为魏徵捏着把汗。但是，太宗回到内室后一想又不对，马上整理衣冠到魏府去道歉，态度十分恳切，使魏徵感动不已。第二天早朝时，太宗还主动重提此事，向魏徵表示歉意。

魏徵还经常提醒太宗要保持即位时的孜孜以求的作风。贞观十三年（公元639年），魏徵自觉不久于人世，乘太宗诏五品以上官上封事之机，上了《十渐不克终疏》，全面系统地批评太宗在劳役百姓、疏离君子、崇尚奢华、频事游猎、无事兴兵等十个方面不如贞观初年，提醒他要"慎终如始"。

太宗看完奏疏后，欣然接纳，并当堂对魏徵说："你这样提醒我、批评我，好得很！朕一定知错必改，以终善道。"

朝会散去后，太宗亲自把魏徵批评的十条写成屏条，置放在自己的住处，这样，可以朝夕见到，对照执行。

唐太宗严惩"贪腐人"

唐太宗李世民正式当上皇帝的第一个年头，有一次，他突然问侍臣："我听说西域的一些商人，得到名贵的珍珠之后，就剖开自己的腹腔，把珍珠藏在腹里，真有这样的事吗？"侍臣回答说："确有此事。"针对这一点，唐太宗就借题发挥了一番，说："这些商人啊，真是蠢笨到了极点，如果剖腹而死，那再珍贵的珠宝有什么用呢？那种爱珠而不爱身的做法实在不可取。"而后，唐太宗话锋一转说到了当官者，他说："在我们当官者中间，像那些爱珠而不爱身的人有没有呢？我看是会有的，诸君可得用心防范啊！"

魏徵听后，旁征博引，指出古来"爱珠而不爱其身者"，到头来都身败名裂，为后人留下的只是千古

长孙顺德

笑柄。这段有价值的史料，留在《资治通鉴》中，十分珍贵。

事情总是不以人的意志为转移的，尽管唐太宗一再警示，但是，"爱珠而不爱身"的悲剧还是时有发生。

就在太宗警示群臣后不久，大臣长孙顺德"受人馈绢"案发，他用不正当的手段获取大量财物，犯了贪污罪。这着实让人大吃一惊。长孙顺德在战争年代可以说是建有不朽之功业。他是文德皇后的族叔，一起追随李渊、李世民在太原起兵。最初的万余人那支部队，还是长孙顺德牵头募集起来的。之后他平霍邑、破临汾、下绛郡，一直打到洛阳，真可谓战功赫赫。唐高祖李渊即位，拜其为左骁卫大将军，封薛国公。可是，就是这样一位在战争年代英武不屈的大英雄，到了和平的年月为何"贪冒如是"呢？

当时的主管刑狱的大理少卿胡演说："顺德枉法受财，且数额巨大，罪不可恕！其咎不律。"

唐太宗思之再三，一方面"惜其功，不忍加罪"，同时，又要以此案例教育群臣，因此，当场将顺德之罪公布于众，并将其从官员名单中除名，削职为民了。后来，唐太宗每每检阅开国功臣图，就会对着长孙顺德的图像叹息不已："你实在不该，你实在不该，我当年对你罚之应得啊！"

还有一例是太宗的太子承乾。他原先是接班人，可就是很不争气，喜欢声色犬马，常常不学习政事而外出田猎，甚至多日不归，还与一些不三不四的被称为"群小"的人混在一起，做了不少的坏事。唐太宗一再训斥，都不见效。最后，竟发展到与人一起偷盗老百姓的马牛，并宰杀煮来吃。唐太宗闻知后，大为光火，最后采取断然措施："诏废太子承乾为庶人！"

有些大臣为太子说情，说道："念其初犯，就饶太子一次吧！"

唐太宗毫不留情地说："再饶，就会再犯！"

大臣又进谏道："废立太子可是一件大事啊，得郑重处置呵！"

唐太宗说："我意已决，不可更改！"

太子承乾就这样被废为庶人，也算是唐太宗反贪防变之措施。后来，司马光在评论这件事时说："唐太宗不以天下大器私其所爱，以杜祸乱之源，可谓能远谋矣！"

"贞观之治" /

贞观时期（公元627—649年），由于唐太宗李世民的励精图治、政治清明，社会安定、经济发展、文化繁荣，国势极为强盛，出现了中国历史上备受美誉的"贞观之治"。

"贞观之治"的历史经验永远值得记取和加以认真的总结。

如果说隋文帝创设了"三省六部制"的话，那么，唐太宗是认真地实施了"三省六部制"。实施比创设更艰难，意义更重大。唐太宗时时提醒中央官员，要知道，设立三省六部制，正是为了分工明确，为了相互制约。当官的要兢兢业业，不得以个人之"小情"，铸成国家之"大弊"。一次，唐太宗特意把主管监察的黄门侍郎王珪找来，十分严肃地对他说：

《贞观政要》书影

"我听说，中书省所草拟颁发的文告命令，你们门下省颇有不同意见，有时还发现了错误的地方，你们有没有提出来加以纠正？现在设置中书、门下省，本来就是为了相互制约，防止发生重大的错误。人的意见有不同，这是正常的，也是好事，提出来，不是跟某人过不去，而是为了公事。如果护短，讲私情，搞关系，那可是亡国之政啊！我希望当官的要坚守直道，不要只有一个声音，不要'上下雷同'，这样才有希望。"④

唐太宗的这番话，可以看成是贞观时期治官之纲。他对地方官的治理也很严格，他经常把都督、刺史的姓名写在屏风上，对他们的吏治和政绩进行考察。

贞观时期除注重治官外，特别注重治民。唐太宗牢牢记住了魏徵说的"君，舟也；人，水也。水能载舟，亦能覆舟"这句话，并且反复吟诵，警示自己要"居安思危",做一个"励精之主"。贞观十一年(公元637年)七月二十日,洛阳地区暴雨成灾,唐太宗听到这一消息,马上下诏令把原先明德宫、飞山宫圈的大片土地分给失去土地的农民。太宗还经常派农官到乡间农舍了解下情,帮助解决农业上的问题。他还特别规定,农官下乡不得迎送、不得扰民,不得收受财物。这样,对社会的安定起了很大的作用。

贞观时期也是教育事业大发展的时期。唐太宗命令在朝廷设置国子监,下隶国子学、太学、四门学、书学、算学、律学六种学校。另有弘文、崇文两馆,专为皇亲国戚和大官僚子弟而设。在地方设京都学和府、州、县学。这些学校的门类、数量、规模,都是前代所不能比拟的,特别是专科性质的学校的出现,在中国教育史上具有重要的地位。

贞观时期的社会安定和繁荣还表现在各民族的友好相处上。当时,唐太宗提出了"四夷可使如一家"⑤的口号,十分注意吸收各民族的代表人物参政。唐平东突厥后,将突厥降众安置在内地,让他们保持原有的生产和生活习惯,突厥首领在长安任为五品以上将军、中郎将的官员有100多人,定居长安的突厥人有1万多家,一直能和平相处,很长时间都未发生令人不悦的事端。

玄奘西天取经 /

贞观三年(公元629年)三月间,长安发生饥荒,朝廷同意僧侣外出就食,29岁的被称为"释门千里之驹"的玄奘乘机离开长安,私自跟一些商人一起,踏上了西行的漫漫长途。玄奘来到了凉州(今甘肃武威),凉州都督李大亮为执行朝廷有关规定,逼令玄奘回京。幸得当地高僧慧远的帮助,才得以偷偷西行。

玄奘昼伏夜行,经张掖(今甘肃张掖西北),抵达瓜州(今甘肃安西东南)。这时,朝廷的访牒(或作"访牌",相当于通缉令)也已到了瓜州,严令押解玄奘回京。瓜州系天高皇帝远的边远地区,瓜州州吏李昌为玄奘的立志求经的精神所感动，毅然放行。

途中玄奘碰到一位熟悉西行地理状况的老者。老者告诉他："西途险恶，沙河阻远，鬼魅热风，几无生还者。"意思是要他作罢。玄奘则表示："自己已下决心，不到天竺不回头，就是死在路上也决不后悔！"老人被感动了，便将一匹往返伊吾（今哈密）十五次的老马赠送给了他。

玄奘

在由天山南麓过葱岭时，吃不了大苦的唯一一名向导借故离玄奘而去，玄奘不得不独自一人继续西行。在茫茫的荒野上，玄奘凭借着一堆堆驼马粪和动物骸骨的痕迹前进，过了四座烽火台，便进入了大戈壁。路途足有 800 里，上无飞鸟，下无走兽，险途莫测。玄奘迷失了方向，匆忙之中又倒翻了水袋。走了四五天，由于找不到水，玄奘昏倒在了沙漠之中。半夜里冷风把他吹醒，他又骑上马前行。而老马识途，终于在附近找到了水源，玄奘度过了一劫。

出了大沙漠，玄奘来到了高昌国（今吐鲁番）。高昌国王笃信佛教，也久闻玄奘的大名，一定要留玄奘于高昌。玄奘不从，高昌国王就不准他出境。玄奘以绝食表示自己的决心，高昌国王终于被感动了，放他西行。

玄奘西行中到达了凌山地区（今天山山脉的腾格里山）。凌山高入云天，山顶冰雪不化，登攀极为困难。玄奘就转道中亚地区，爬过了艰难程度高于凌山的大雪山（即阿富汗的兴都库什山），翻越黑岭（阿富汗兴都库什山南面的一座大岭），终于在第二年的夏末进入了北印度。

玄奘从高昌国到达印度，经过大小 20 多个国家，历时一年，其遭遇的困难是常人难以想象的。

玄奘进入印度后，印度僧、俗两界人士对这位来自大唐的高僧表现了极大的尊敬，并给予热诚的欢迎。玄奘并没有陶醉于初步的成功之中，而是马不停蹄，到处瞻仰佛教圣地并随处求学，足迹遍及北印度、中印度的

40 余国。贞观五年（公元 631 年），他进入中印度的伽耶城（今印度比哈尔邦加耶城），前往著名的那烂陀寺学习。

在那烂陀寺刻苦学习五年后，玄奘又到南印度等地考察学习，在外六年后，又重返那烂陀寺。这时玄奘的学术已达到极高的水平。戒贤对玄奘也极为钦佩，安排玄奘以留学生身份主持讲席，为全体僧众讲授《摄大乘论》《唯识抉择论》等佛学经典。该两论是那烂陀寺以外的宗教思想体系，戒贤让玄奘主讲此两论，足见那里学术空气的自由活跃。

当时，寺内的戒贤的高足弟子子光，对玄奘所持的学说有异见，他从东印度请来著名高僧，怂恿其来院与玄奘辩论。谁料这位高僧来此听了玄奘讲论的佛经后，心悦诚服，不单不参与辩论，反而附和玄奘的学说。这样，玄奘的声誉进一步提高了。

当时的印度大、小乘佛教争论不休，大家把统一佛法的希望寄托在了玄奘的身上。五印度的十八位国王，决定在曲女城召开学术辩论大会，请玄奘主讲。通晓大、小乘佛教的僧人 3000 多人，婆罗门教 2000 余人，还有那烂陀寺的僧人 2000 人参加了大会，真是人山人海，前所未有。这是印度历史上空前的佛教学术大会。玄奘以主持人的身份宣读了自己写的《会宗论》《制恶见论》，阐发了大乘精义。在场数千僧人只有数人提出问题，一经玄奘解释也就没了异议。18 天过去了，再也无人能难倒玄奘。大会结束后，由高贵的大臣陪同骑在大象背上的玄奘巡游四方，并宣扬："支那国法师大乘义，破除异见，成为普见！"

玄奘在印度的学术地位牢牢地树立起来了。

玄奘在印度赢得了最高的荣誉，那里的一些国王和佛学界人士，也有意留他。可是，他学成回国的心从未改变过。贞观十七年（公元 643 年），玄奘带着多年来搜集的佛经、佛像，以及自己的创作，离开印度，踏上了回归祖国的途程。

贞观十九年（公元 645 年）正月，玄奘终于回到了长安。从贞观三年偷偷摸摸地离开长安，到贞观十九年风风光光地回到长安，时间已经流逝了整整 16 个年头。去时是 29 岁的青年人，回来已是 45 岁的壮年人了。

可以说，玄奘把人生最美好的时光献给了"西天取经"的事业。

玄奘在御赐的弘福寺安顿下来。那里有按唐太宗指令的护卫日夜守卫着，的确比较清静。玄奘从印度带回佛家真经 520 箧、657 部。归国后的 19 年间，他孜孜不倦地译出了梵文经典 74 部，共 1335 卷，比历代高僧译出的总量还要多，而且质量是不可同日而语的。

日本"遣唐使"来华

唐代社会是一个开放的社会，不只大批有为之士走出去，到世界各地去学习和取经，还敞开大门让世界各国的人们走进来。在唐代，尤其是贞观年间，日本多次派遣遣唐使来华，就是一个明证。

中日交往，源远流长。东汉初年，倭奴国（约在隋大业年间国号为日本）曾遣使入贡。隋朝建立后，日本先后三次派遣隋使来华，随同遣隋使来华的留学生高向玄理和僧文，分别在中国留学 33 年和 25 年，回国后，担任日本国的重要职官。唐朝建立以后，日本国来华的积极性更高，从贞观四年（公元 630 年）到昭宗乾宁元年（公元 894 年）的 264 年间，日皇派遣的"遣唐使"有 19 批之多，当然主要还是集中在贞观年间。

日本遣唐使团，设大使、副使，均由贵族且文化素养高的人担任。下设判官、录事数名。除译员、医师、船匠、水手等大批人员外，每次都有留学生 20 名上下，留学僧数十名。日本遣唐使团少则百余人，多则 500 多人。

大唐帝国对日本的遣唐使团十分重视。使团一踏上大唐国土，有关地方当局就会优礼相待，安排食宿等一切事宜。地方上报唐廷后，唐廷就会安排他们沿大运河北上长安。到了长安，唐廷会派专人接待，并以优礼相待，住入"四方馆"内，并由遣唐使将携来的贡物进献给大唐皇帝。皇帝表示感谢，并予以接见。

随团而来的留学生和留学僧，对中国与日本的文化交流起了很大的作用。大唐高僧玄奘从印度传入法相宗，在中国一时风行，这一教派也很快由留学僧传入日本。尔后，华严宗、律宗盛行于唐，也成了日本最有影响的教派。唐政府对留学生十分优待，在学习期间，食宿、衣被都由唐廷供给。有一名叫吉备真备的留学生，在唐 17 年，精通中国的历史和文化典籍，回国后向 400 多名学生讲授《史记》《汉书》《后汉书》三史，导致了日本国后来《大宝令》有关学制方面的改革。他讲的《五经》，对日本文化影响也至深至大。

文成公主入藏

唐太宗贞观十五年（公元 641 年），唐宗室女文成公主赴吐蕃，与吐蕃赞普松赞干布和亲，揭开了汉藏两族友好关系的序幕，具有重大的历史意义。

吐蕃，藏族的祖先，活动在今西藏和四川西部一带。公元 7 世纪，吐蕃人在杰出的赞普（即"王"）松赞干布的带领下，统一了西藏，迁都于拉萨（古称"逻些"），建立了吐蕃王国。松赞干布仰慕唐朝的风情与强大，力求与唐朝建立和平亲睦的关系。

贞观十四年（公元 640 年），松赞干布命大相禄东赞为正使，率领随从百余人，携聘礼黄金 5000 两，珍玩数百件，赴长安求婚，太宗经过反复考虑以后，决定许以自己长期收养的文成公主为藏王的妻子。

贞观十五年初，文成公主踏上了全长 5800 余里的去拉萨的途程。唐太宗命江夏王李道宗以长者的身份作为送亲使者，护送文成公主入藏，带去了丰厚的妆奁，包括珍宝、金玉饰物、金玉书橱、绫罗绸缎，以及大量的书籍、食物、饮料、药物、日用品，以及一尊释迦铜像。随行的侍女有 25 名，还有许多乐队、工匠。为了表示诚意，松赞干布亲自率兵到黄河源头附近的柏海来迎亲。

文成公主的入藏，对西藏人民来说，简直是盛大的节日。沿途既有地方官员的迎送，更有大量民众的热情欢迎。文成公主到达拉萨那天，是藏历的四月十五日，那一天拉萨成千上万的民众倾城而出，争相一睹这位汉家公主的容貌。这以后，藏历的四月十五日，成了藏族人民的传统节日。

　　为了安顿这位崇高的文成公主，松赞干布特地为她建造了一座华丽的宫殿，这就是布达拉宫。现在的布达拉宫中还保存着他们结婚时的洞房遗址，还有文成公主带去的那尊释迦佛像，以及他们夫妻两人的塑像。

文成公主像

　　文成公主入藏在汉藏交往史上是一件大事。她带去了汉族人民的先进文明，犁耕、纺织、建筑、造纸、制墨、制陶、冶金等技术传入了西藏。文成公主是一个笃诚的佛教徒，佛教在西藏的传播和发展与文成公主的努力是分不开的。同时，西藏的打马球、女子椎髻等习俗和游艺也传入了中原地带。唐代诗人陈陶作诗道："自从公主和亲后，一半胡风似汉家。"确实如此。

唐高宗的"贞观遗风"

　　贞观二十三年（公元 649 年），唐太宗因病去世，太子李治继位，那就是唐高宗。唐高宗做了 34 年的皇帝，其间基本上政局稳定、经济发展、社会繁荣，当时在世界上可以与强盛的唐王朝相比拟的，只有东罗马帝国和阿拉伯哈里发帝国（大食帝国）。

　　唐高宗时代的强盛，是与当时的统治阶层能固守"贞观遗风"分不开的。

　　高宗初即位的时候，召集群臣，开诚布公地说："朕刚刚即位，许多事情可能不太了解，大臣们对于那些不利于民生和百姓的事，尽可以奏陈，不要有任何的顾虑。"高宗主政做得十分细致实在，他勤于政事，大一点的事都要亲自抓。他主张一个州一个州地解决问题。永徽、显庆年间，年富力强的高宗每天让十个州刺史来京，亲自询问百姓的疾苦，商讨如何解决问题。在高宗的亲自过问下，那些州长官也不敢怠慢，对下属的县吏也严加督责。如此层层推进，高宗一代的吏治大致上比较清明。当时的人口比唐初大约增加了一倍，可见民众是能安居乐业的。

唐高宗

高宗也比较注意纳谏，听得进不同的意见，就是逆耳之言也能倾听。永徽五年（公元654年）十月，高宗已经登基五个年头，国家的整个发展趋势也很好，于是，就下令大兴土木，雇佣雍州地区的4万多民工准备修筑长安外郭城。雍州参军薛景宣进谏道："皇上还是不要大兴土木的好，当年汉惠帝大筑长安城，最后倒了大霉，连命也送掉了。当今国力虽强，但也经不起大举筑城这样的大折腾的，弄得不好会出大乱子，请皇上三思。"当时有一个叫于志宁的官员霍然站出来，义形于色地说："薛景宣危言耸听，故作惊人之语，罪该当死！"高宗却说："景宣态度虽然显得有点狂妄，但说的却是真心话，说得也有道理。如果因为态度不好而获罪、被杀，那以后谁还敢犯颜直谏？"高宗不只按照薛景宣的意思马上停止了工程，还重重地嘉奖了他呢！

高宗在位期间，尤其是他当政的20来年，表现出一种积极进取、务实求真的精神状态。高宗即位的第二年，当年曾蒙骗过唐太宗的娑婆寐又来到了长安，向高宗推销他所谓的"长生不老药"。高宗果断地说："自古以来哪里会有神仙？哪里会有长生不老药？秦始皇、汉武帝花那么大的力气去追求，结果除劳民伤财外，什么都没有得到！世间哪里有不死的人？有的话站出来让我看看！"这时，大臣李勣站出来作证，说："娑婆寐这个人，先帝在世时我就见过他，那时身体尚行，没过多少年，现在头发白了，身体也衰败得不成样子了。这样的人，哪里能让人长生不老，是个骗子是肯定的了！"于是高宗就把这个骗子驱逐出了宫廷。不久，娑婆寐病死在长安街头，证实长生不老只是荒唐的梦想。

永徽六年（公元 655 年）十月，也就是高宗登基后的第六年，他做出了一件非常之举：废名门出身的王皇后，立庶族出身的武则天。

废立的消息一传出，出现了一场"皇后废立"之争。反对得最厉害的是两位德高望重的顾命大臣。一位是长孙无忌，他是太宗长孙皇后的兄长，高宗的舅舅。当年高宗以太宗第九子的地位立为太子，长孙无忌起了关键的作用。另一位是参与过太宗很多军政大事决策的"忠烈之臣"褚遂良，他与长孙无忌一起被太宗列为顾命大臣。他们坚决反对废王皇后而立武皇后，还搬出了三条理由：其一是"王皇后名家"，在长孙无忌这样一些名门权贵看来，皇后是非名门莫属的。退一万步，就是王皇后不行（王皇后未生育），也应"妙择天下令族"。其二是王皇后乃"先帝为陛下所娶，废后，违先帝之命"。违先王之命，是一条大罪状。其三是武氏出身低微，因此"何必武氏"。

不搬出三条倒罢，搬出这三条更使高宗坚定了废立的决心。他虽没明说，但内心里很明白，这次废立，倒不在乎谁上谁下，而在于要把士族的残余势力扫除掉，真正树立起帝王的权威。

针对长孙无忌和褚遂良所言"何必武氏"，高宗作了明确的回答："必在武氏！"

"这是为什么？"

"因为她是庶族出身的一个杰出女子！"

"仅仅是如此？"

"还因为我是君王，君王之威！立武氏是作为君王的朕定下的。"

在废立上，高宗很讲究策略。他先把比较随和的同样是权臣的李勣找来，推心置腹地对他说："朕想立武昭仪为后，可是，顾命大臣长孙无忌、褚遂良坚决不同意，你看该怎么办？"李勣是善于察言观色的，他知道高宗废立之意已决，便顺水推舟地说："这是陛下的家事，何必要问外人！"有了李勣这一句话，高宗就放心大胆地行废立之事了。

坚决站在世族一边反对废立的元老派长孙无忌被贬到边远的黔州（今

四川彭水），并被逼自杀。褚遂良则被贬于爱州（今越南清化），老死在那里。就在永徽六年的十一月，宣布武则天为后。

武则天执政 /

武则天

显庆五年（公元 660 年）以后，高宗经常头晕目眩，影响了处理政务。这时的武则天就开始插手政治，参与国家大事。如果从与高宗共理朝政算起，到唐中宗复位武则天退出政坛止，那她前后执政达半个多世纪。她是中国历史上唯一长期执政的女性，也是中国历史上唯一正式称帝的女皇帝。她对中国历史的正面影响不可低估。

武则天执政后，第一件大事就是积极支持高宗打击以元老派为代表的世族势力，培植新生的、富于朝气的寒族势力。宰相上官仪反对武则天干预政事，请高宗废之。当时，武则天寻找出上官仪的种种劣迹，将其打入了牢笼，最后死于狱中。为培植寒族势力，她建议高宗设立了"北门学士"，目的在于削弱宰相的权力。北门学士根据政治需要编撰必要的书文，成为名副其实的武则天的政治助手。从此，"北门"与"南衙"（以宰相为首的朝廷机构）相对，"北门"常常据于上风。

上元元年（公元 674 年），武则天向高宗"建言十二事"。[①]当时高宗已经步入他生命的晚年，武则天是个聪明人，她要在高宗在世的时候，推出她的执政纲领。"十二事"涉及的范围极广，包括政治、经济、军事、社会生活各个方面，其中五条是关于提倡农业、减免赋役、与民休息的内容的。这"十二事"也是考察州县官吏政绩的依据，如果所辖地区"田畴开辟，家有余粮"，则加以奖励；如果所辖地区"为政苛滥，户口流移"，则加以惩处。

唐高宗病逝后，武则天又立了几个李姓皇帝，都不中意，最后于天授元年（公元 690 年）九月，宣布革命，改唐为周，自称圣神皇帝，建都洛阳。她在位十五年，是中国历史上唯一的女皇帝。

在一段时间里，武则天在用人上有点滥。当时凡是负责巡行天下、视察政治和民风的"存抚使"引荐的人都使用，高者试凤阁舍人、给事中，次试员外郎、侍御史、补阙、拾遗、校书郎，试官制度由此开始。当时社会上流行这样的讽刺诗："补阙连车载，拾遗平斗量，欋推侍御史，碗脱尚书郎。"一位名叫沈全交的举人再续了两句："糊心存抚使，眯目圣神皇"。这首诗不只讥刺那些"存抚使"，还直接讽刺到"圣神皇"武则天头上来了，那还了得？御史纪先知到处捉拿，最后把沈全交擒获了。这位御史以为可以大受赞赏了，不料武则天大笑道："这有什么呢？如果你们这些当官的人不选官太滥，人家怎会写那样的讽刺诗呢？问题在朝廷这里，不在人家，应该马上把那举人释放！"武则天在政治上显得是那样的大度和大气。

武则天还广开言路，对于实事求是的官员深表赞赏。长安元年（公元 701 年）三月，当时春气已发，万物复苏，天突然下起了大雪。这时大臣苏味道以为是瑞雪，率领文武百官向则天皇帝朝贺，只有一个名为王求礼的御史不贺，他朗声对武则天说："如果三月雪为瑞雪的话，那么可不可以说腊月雷为瑞雷呢？"武则天并不因为他的话扫了兴而不高兴，相反和颜悦色地要他讲下去。王求礼说："现在已是三春时节，草木已经发荣，下了这样一场大雪，只会摧残农作物，造成灾害，哪里说得上一个'瑞'字呢？借口祝贺的人都是拍马谄谀之徒，是不可信的！"武则天首肯了王求礼的话，马上宣布罢朝，再不搞什么"瑞雪朝贺"了。

武则天执政的半个多世纪，基本上是沿着"贞观之治"的路线前进的，因此，史家称其为承前启后的武周政权，之后的"开元之治"很大程度上得益于武则天的治理。

"开元之治"

神龙元年（公元 705 年），有为且高寿（她活了 82 岁）的"则天大圣

唐玄宗

皇帝"在洛阳上阳宫去世后，他的儿子唐中宗亲自护送灵柩回长安，将其与唐高宗合葬在乾陵，并在陵前树立起了一块高高的"无字碑"。这位风云半个多世纪的女皇帝的一生的功过是非，只能让后人去评说了。

经过七八年的你争我斗的战乱，政权落到一脉仅存武则天的小儿子李旦手里，他就是睿宗。延和元年（公元712年）睿宗禅位给他的第三子李隆基，改元先天，一年后，又改元开元，他就是在我国历史上有名的唐玄宗（唐明皇）。

开元这一年号一直维持了近30个年头，那是唐代经济繁荣、政局稳定的太平盛世，也是中国封建社会的鼎盛期，史称"开元之治"。再加上之后的天宝年间的14年，这将近半个世纪的岁月，史称"开元盛世"。

唐玄宗很注意从历史中总结经验，吸取教训。他自己阅读史书。为了读懂读通史书，特设置了侍读一职。马怀素、储无量就是他最早的侍读。在这点上，玄宗继承了太宗"以古为镜"的传统。

唐玄宗即位后，即将被贬为同州刺史的姚崇调至京师，拜为宰相。玄宗励精图治，遇事多与姚崇商量。姚崇对玄宗的献策是16个字：

"抑制权势、虚心纳谏、严格选官、不受贡献。"

对此理政名言，玄宗牢记在心头。玄宗又任卢怀慎为相。卢怀慎与姚崇配合默契，严惩侵害百姓的贵戚，由是使贵戚束手。开元四年（公元716年），代替姚崇为相的宋璟，随才授任，使百官各称其职、刑赏无私、敢犯颜直谏。宋璟从广州都督任调回京师，广州吏民为他立"遗爱碑"。宋璟知道后，认为这是一种拍马的作风，断不可长，请玄宗下令禁止。这样其他州都不敢为长官立碑了。

开元年间，唐玄宗提倡节俭。要求从皇帝的服饰、车辇上的金银器玩起，一律销毁。宫廷中的所有金银物品也加以销毁，熔化后的金银原料，供军国之用。他甚至走了极端，要求把宫廷中的珠玉、锦绣这些以往的帝王视为珍品的东西，付之一炬。在他看来，这些都是让帝王将相走上腐化蜕变的诱因。在日常生活中，他穿着常人所穿的衣服，吃的东西也十分简单。开元二十二年（公元 734 年），他亲自在苑中种了一片麦，平时浇灌、养护都由他与家人自己料理。到收割的时候，就动员家里的皇太子等一起来干。事后，他对皇太子等人说："这些粮食是要用来祭祖宗的，我们得亲自栽培。同时，亲自种一点粮食，就能知稼穑之艰难了。"

开元时的宰相都很清廉。姚崇为相，在京城无宅第，就寓居在大宁坊中的罔极寺中。接替姚崇的宋璟同样不置个人宅第，同样住在罔极寺中，终老致仕时，同样家无余钱。宰相卢怀慎不置产业，所得俸赐，全都散给亲旧，妻子不免饥寒，所居不蔽风雨。张嘉贞不营产业，有人劝他购买田宅时，他说："吾贵为将相，何忧寒馁！若自身或子孙有罪，虽有田宅，还会有什么用呢？看历史上和现实中，有些人广占良田，身故之后，不过成为无赖子弟酒色之资罢了。那样的事，我是不做的。"

有这样好的三个宰相行政，是出现"开元之治"的重要条件。

人们习惯于将唐太宗时的房（玄龄）、杜（如晦），与唐玄宗时的姚（崇）、宋（璟）相提并论，这实在是很有意思的。[⑦]如果太宗一朝没有房、杜，那将不可能有彪炳千秋的"贞观之治"；如果玄宗一朝少了姚、宋，那也不会有政治、经济、文化登峰造极的"开元之治"。

鉴真东渡

玄奘西天取经后大约一百年，唐玄宗时代，又出了个伟大的僧者，那就是鉴真和尚。他的东渡日本的事迹，同样催人泪下，在中日友好史上，添上了重重的一笔。

鉴真俗姓淳于，扬州人。他父亲是个虔诚的佛教居士，经常到大云寺参禅拜佛。在家庭的影响下，幼年的鉴真对佛教产生了浓厚的兴趣，14 岁那年，他在大云寺出了家，取法名鉴真。从此，他勤学苦修，并到长安、洛阳等地游学，学习了声明、工巧、医学、语言、文学、工艺、思辨、建筑、雕塑等多方面的学问，成为公认的学问家。开元元年（公元 713 年），鉴真回到扬州，成为大明寺的大师。后来的数十年间，鉴真和尚一直在大明寺修行，当然他的盛名已经远远越出扬州地区，甚至在国外也享有很高名望。

当时，从中国传入日本的佛教已在那里扎根，且相当盛行。可就是缺少大师级的人物为那里的佛学掌舵。开元二十年（公元 732 年），日本派遣遣唐使时，专门有两位"具有跨海学唐朝之志"的青年和尚荣睿、普照加入。他们一到唐朝，就马上在各地物色能到日本传道的名僧，最后相中了鉴真。荣睿和普照在回国途中，来到了扬州大明寺，问他能否到日本去弘法。当时鉴真已经 54 岁，见对方"辞旨恳至"，为了弘扬佛法，就不顾生命危险，决定前行。

第一次东渡失败了。先是当鉴真征求弟子们的意见时，竟无一人愿意随行，主要是怕远洋航行不安全。但是，鉴真坚定地说："我冒险东渡不为别的，是为了法事也。为弘扬佛法，就是死了，也是值得的。你们不去，我去。"弟子们被感动了，有 21 个弟子表现愿随师父前去。但这时遇到了麻烦，有人告发他们偷渡，还认为随行者中有的人行为不端，并抓捕了日本来的荣睿、普照，没收了海船。就这样，首次东渡失败了。

不久，鉴真个人出钱 80 贯买下一条退役军船，雇用 18 名水手，准备了种种佛事用品，除正式东渡的僧人外，还备了画师、雕刻师、镌碑师等，共百余人，天宝二年（公元 743 年）十二月启程，但一出发就遇上大风，第二次东渡又失败。

第三次东渡船行至舟山群岛，又遇大风，船触暗礁沉没，鉴真一行被困荒岛三天三夜，后被人发现救至明州（今宁波）阿育王寺安息。

第四次东渡鉴真一行偷偷来到福州，准备在

鉴真

不太为官方注意的地方出海，不料又被
官府知晓。鉴真船刚出海，就被官方发
现，后押送回扬州。

　　鉴真没有因为一次次的失败而放弃。
他在扬州继续做东渡准备。天宝七载
（公元748年）六月二十七日，鉴真与
僧众30人从扬州出发，出长江口后遇大
风，船一直在海上漂了14天才着岸，有
人告诉他们，他们是来到了海南岛。在
那里，留居了1年多。随去的日本和尚

鉴真纪念邮票

荣睿因病死去，普照吃不起苦，不告而别。鉴真受了酷热，两眼十分模糊，
虽医治不见好转，而最得意的弟子祥彦又死去。鉴真在磨难中，仍不改东
渡之志。

　　天宝十二载（公元753年）日本的第十次遣唐使来华。日方希望鉴
真随行。这次，鉴真终于如愿以偿。船只从十一月十六日出发，到十二月
二十日终于到达了日本。在日本，民众热情地欢迎这位中国人民的友好使
者，他得到了"传灯大师"、"大僧正"的称号。天宝十三年（公元754年）
四月初，在鉴真的指导下，在东大寺大佛像前筑起了戒坛，成为日本举行
受戒仪式的主要地方。鉴真首先为天皇举行戒礼，接着是皇太子、皇后。
400余沙弥受戒，开创了日本佛教徒登坛受戒的先例。鉴真在日本弘法10
年，一直到76岁高龄时安详圆寂。他的奋斗精神，他的献身精神，永远为
中日人民记取。

"科圣"一行和尚

　　盛唐时期，人才辈出，差不多在各个文化领域里都涌现出了登峰造极
式的人物。有"科圣"一行和尚，有"药圣"孙思邈，有"史圣"刘知幾，
有"画圣"吴道子，还有"诗圣"杜甫。这里先说说一行和尚。

　　早年的唐玄宗，为了国家的发展和社会的繁荣，特别重视科学人才的发掘。在古代，农业是根本，而农业的发展又有赖于科学和科学人才。当时使用的历法是高宗时制定的《麟德历》，但根据这部历法推算的日食，多次失准，在农时上误差也相当大。唐玄宗为此伤透了脑筋。他想找一个真正懂得天文历法的人来主持制定新法。

　　有人告诉玄宗，在天台山国清寺（在今浙江天台）有一个一行和尚，因不满武三思等人的专横，就躲进深山修行。此人不仅道行深厚，在天文学与数学方面也有超乎常人的造诣。玄宗听说之后，甚为高兴，当即就派要员去请一行出山，并答应让他做管理天文历法方面的官员。但是，一行决意不肯做官。开元五年（公元 717 年），玄宗特意把一行安排在长安城内的华严寺。玄宗明确告诉一行："这样安排，一是可以让你安心在这里研究天文和翻译佛经，同时朕也可以随时来看望你，询问治国安民之道。"

　　玄宗这样说，使原先孤高自傲的一行感到很温暖，也很踏实。

　　玄宗说到做到，时不时地来到华严寺看望一行。两人年岁相当，虽说一行还年长两岁，可在一起交谈时，还称兄道弟。在最初的几年间，玄宗亲自造访一行竟有数十次之多。

　　开元九年（公元 721 年），玄宗诏令一行改造新历，以纠正旧历的失误。一行很爽快地答应了。

　　一行先制造了黄道游仪，以确定黄道的进退。接着，用其测量了二十八宿与天体北极的度数。在实际测量中，一行发现二十八宿的位置与古籍记载的不同，从而证明了恒星的位置是不断移动的。得出这一伟大的结论，要比英国天文学家哈雷在 1718 年提出恒星自行的学说早了将近1000 年。

　　一行的另一科学成就是首次测量了子午线的长度。一行使用自己设计的"覆矩图"仪器，利用勾股图计算，得出了南北两地相距 351 里 80 步（约合今 129.22 公里），北极高度相差一度的结论。一行等人实地测量了子午线的长度，不仅在中国天文史上是一次创举，在世界上也是首次。一行所测子午线长度，与现代值相比，也仅相差大约 11.8%。国外测定子午线长度要在一行之后的大约百年。

一行在用黄道游仪测定二十八宿与天体北极的度数，以及测量子午线长度的基础上，参考历代历法，写出了《大衍历》的初稿。在这期间，玄宗一直关心着一行的事业，为他取得的每一个成就而高兴。两人的交谈内容不仅在于天文历法方面，还涉及农业、商业、文化以及政治。开元十五年（公元 727 年），一行将《大衍历》的初稿呈给玄宗，玄宗仔细地审阅着，还不时在文稿的天头上写下自己的心得。有些不甚了了的，就派人去向一行请教。这时，恰逢玄宗有事须东去洛阳，玄宗就邀一行同行。也许是长期辛劳的缘故吧，一行途中突发暴病，

一行和尚

抢救不及，死于途中的新丰（今陕西西安临潼区新丰镇），年仅 45 岁。玄宗为此甚感伤心，也甚为愧疚，马上诏大臣张说与历官陈景玄一起写定《大衍历》，完成了一行未竟的事业。

一行的事业是不朽的。后人评述道："一行造《大衍》，非圣人而何？"他是完全配得上"科学圣人"称号的。

"史圣"刘知幾

唐中宗景龙三年（公元 709 年），自称"三为史臣，再入东观"的大史学家刘知幾毅然决然地向史馆监修萧至忠提交了辞职信，那时他已年近五旬。在辞职信中他严厉批评了当朝史馆的五大弊端，以为在这样的机构中办事是难以忍受的。史馆当局知道刘知幾是个大才，对辞呈不予批准。而刘知几去意已定，自个儿打点行囊，回到长安的家中，埋头著述。在玄宗的开元年间，刘知幾除了"再入东观（指皇家藏书馆）"外，基本上是闭门谢客，埋头写作。他用了自己生命的最后十年，写出了皇皇史学批评巨

著《史通》。

《史通》一书，对过去的史学作出了批判性的、建设性的全面总结，为他抑郁不得志的一生，树立起了一座永远的丰碑。

刘知幾依照流派和体例，将众多的史书概括为"六家"和"二体"。所谓"六家"，是指《尚书》家、《春秋》家、《左传》家、《国语》家、《史记》家、《汉书》家；所谓"二体"，是指"纪传体"和"编年体"。"二体"中，"纪传体"的编纂技术更为复杂，《史通》对它的分析也更细致，对"纪传体"的"本纪""世家""列传""表历""书志"，多所剖析，且具体到某篇某章。如《史记》中的《陈涉世家》，刘知幾就认为欠妥。陈胜起义仅6个月即兵败身死，子孙未嗣，封地也无，"无世可传，无家可宅"，太史公作《陈涉世家》实在"名实无准"。这样的批评，大致上还是中肯的。

刘知幾提出了史家"三长"说——即"才""学""识"俱长。对此，他与一位礼部尚书之间有过一段对话。

礼部尚书郑惟忠问："自古以来，文士很多，但史才不多，是何道理？"

刘知幾作了长篇大论的回答："这也是不奇怪的，因为史学人才要有三长：才也，学也，识也。如果有学而无才，就像家有良田万顷，黄金万两，但主人是不懂得营生的蠢人，结果还是不能增值。如有才而无学，即使是像鲁班那样难得的巧匠，若没有斧头凿子这样一些工具，也是建不了屋宇的。一个史家，一是要有才气，二是要有学问，三是要有识见。三样中一样也不可少。"

郑惟忠："请先生对史识、史才、史学作具体一点的解释。"

刘知幾回答："具体地说，史识是指正确的观点、见解和秉笔直书的精神。史才是指编纂史书、述说史事的能力。史学是指掌握丰富的史料，学问渊博。优秀的史家应该具备这三长。"

郑惟忠问："这三长中，哪一长更为重要呢？"

刘知幾回答："都重要。但如果一定要说何者更重要的话，那就是史识。才能是可以培养的，学问是可以积累的，唯有识见最难得。史学中有史识者百无一人。"

《史通》一书奠定了中国古代历史编纂学、史学史研究、史学批评学的基础。《史通》的诞生，标志着中国古代史学批评已形成全面的理论系统。宋人黄庭坚将它与《文心雕龙》一起视为文史领域的"双璧"。

"医圣"孙思邈

历经高祖、太宗、高宗三朝的药学大师孙思邈，在当时就有"三不应诏"的美誉。

武德之初，高祖起兵于太原。当时孙思邈就在境内。高祖早就闻其医德大名，要他随军，并任这位正当盛年的"苍生大医"以四品高官。可是，他固辞了，理由是为了普济苍生，他必须游历四方，居无定所。

贞观初，太宗急如星火地把孙思邈征召来京，见面后，答应授以高爵。孙思邈立即婉言谢绝，他对太宗说："皇上对草民的厚爱，我会一直铭记在心，但草民只知为民治病，别无他长，实在不值得陛下垂青。"太宗看他无意仕途，也就罢了。这次，孙思邈没有马上离开长安。长安有诸多医药图书，他要借此机会阅读，长安有诸多医家，他要向他们学习。这次他接触了长安的针灸大家甄权，得益匪浅。后来深州刺史成君绰患急症，颈部肿胀，喉中闭塞，滴水不进已三日。孙思邈见了，与甄权一起会诊，最后使其痊愈。

孙思邈

显庆四年（公元 659 年），唐高宗召见孙思邈，欲授以谏议大夫一官。当时，孙思邈已年近八旬，面对高宗的封官，他仍然不为所动，他说："草民老矣！来日无多，还是让我把更多的时间花在救治苍生上吧！"高宗没有相强，但要他住在长安，随时可以咨询。孙思邈答应了，并一住就是16 年。

武德、贞观年间，当时孙思邈年岁还不太大，他基本上穿行于城镇乡间，足迹遍历关中山川，并在贞观年间南下四川考察风土人情、采集药材、炼制丹药，并沿途施诊。在此期间，他曾在峨眉山道士处得高子良服柏叶法，在江西治愈湘东王的脚气病，为梓州刺史李文博治愈消渴病（今谓糖尿病）。其间，他亲自为 600 多麻风病患者作过治疗，疗愈者达十分之一。

到了高宗的显庆、龙朔年间，孙思邈年迈体弱，主要住在长安整理著述。他曾对人说："人命至重，有贵千金，一方济之，德逾于此。"因为身体重于"千金"，因此他把自己的著作定名为《千金方》与《千金翼方》。可以说，这两部书是我国早期的医学百科全书。

永淳元年（公元 682 年），101 岁高龄的孙思邈与世长辞。人们为了纪念他，尊其为"医圣""药王"，将他晚年隐居的五台山称为"药王山"。在"药王山"上的一块石碑上人们这样写道：

"凿开径路，名魁大医。羽翼三圣，调和四时。降龙伏虎，拯衰救危。巍巍堂堂，百代之师！"

"画圣"吴道子

唐玄宗开元年间，民间流传着这样一则有趣的故事：有一次，名画师吴道子去访问某僧人，想讨杯茶喝，不意这个僧人不予理睬，白眼相视。吴道子很不高兴，迅即随手在僧房的墙壁上画了一头驴子，然后马上离去。不料一天晚上，他画的驴子一下变成了真驴走下画来。驴子性格暴躁，满屋子地乱跑、乱跳、乱叫，把僧房的家具杂物践踏得乱七八糟，一片狼藉。那僧人只好去恳求吴道子，请他把壁上的画给涂抹掉。吴道子来到僧人居处，僧人热情款待，吴道子再不好意思作弄，就把那画抹掉了，一切就相安无事。

画上的驴会变成真的，当然只是民间的传说故事，不过却说明吴道子的画作有着非同一般的传神之笔。

这个传说被颇有文才的玄宗皇帝听到了，他要见识见识这个非同凡响的画师。原先，吴道子当过一段时间县里管治安的小差使，后来画兴来了，就辞官不干，浪迹洛东。皇上要找吴道子，也不好找，洛阳那么大，到哪去找？只有贴文书让大家一起找，终于在郊外的一个地方把他找到了，匆匆送到宫里。玄宗让他当堂作画，果然是个奇才，就把他留下了，并宣布："吴道子的画太玄了，以后吴道子更名为吴道玄，因为他的画太玄妙了。他从此入宫供奉，充任内教博士，奉诏作画，非诏不得画。"

吴道子画

从此，白山黑水间，再也见不到吴道子的身影。

吴道子常随玄宗巡游各地。一次来到东都洛阳，会见了将军裴旻和书法家张旭。玄宗要三人各自表现自己的绝招：裴旻武艺非凡，当场走马如飞，将剑抛向天空数十丈，落地如电光下射。张旭善于草书，挥毫泼墨，作书一壁。吴道子奋力作画，俄顷而就，有如神助。洛阳士庶，观者如云，人们一日之中，亲睹三绝，真是大饱眼福。

开元十三年（公元725年）唐玄宗东封泰山，吴道子随行。事毕后还至潞州（今山西长治），车驾过金桥，玄宗见千里之中三十万大军随行，甚是壮观，十分兴奋，就要吴道子、韦无忝、陈闳三人共同合作《金桥图》。于是，陈闳主画玄宗真容及所乘照夜白马，韦无忝主画狗马、骡驴、牛羊等动物，而吴道子画桥梁、山水、车舆、人物、草木、雁鸟、器杖、帷幕等。《金桥图》绘成后，玄宗称为"三绝"。

天宝年间，一天，唐玄宗突然想起，蜀中嘉陵江山清水秀，遂命吴道子乘驿传赴嘉陵江去写生。这倒是个好机会。到了嘉陵江上，吴道子纵情漫游，此地好山好水，一幕一幕地在眼前掠过，甚是快意。在那游山玩水的日日夜夜里，吴道子竟没有画一幅草图。随行的人都为吴道子捏了一把汗：你回去如何向皇上交差呢？回到长安，玄宗皇帝急着要看草图，吴道子回答道："臣无粉本，都记在心里、画在心中了。"玄宗显然有点不高兴了，说："那好吧，你就马上给朕画在大同殿的殿壁上吧！"吴道子不慌不忙，把嘉陵江的一山一水、一丘一壑的胜景引人入胜地画了出来。他画的不是表面罗列的嘉陵江景观，而是嘉陵江三百里风光的高度概括。他凝神深思，一挥而就，玄宗看了，啧啧称赞，说：

"吴道玄的画真是玄妙无穷，堪称神来之笔！"

后人评论吴道子的画技多有创新，他写蜀道山水，始创山水之体，自为一家。至于禽兽鸟虫，台殿草木，皆有神来之笔，堪称国朝第一。他被历代画工尊为"师祖""画圣"是有道理的。

"诗仙"李白

太白醉酒图（清苏六朋绘）

李白是我国历史上伟大的诗人。他一生纵游祖国的名山大川，并从中汲取养料和精气，融会在自己的血液和经脉中，发而为诗章，人们称之为"诗仙"。

李白出生在蜀地的一个文人家庭中。据说，幼时他在溪边看到一位老婆婆，正半跪在那里磨一根铁杵。老婆婆已满头白发了，李白好奇地问："老婆婆，你磨它做啥啊？"

老人头都不抬，边磨边说："我要把这铁杵磨成一根绣花针。"

李白简直不相信自己的耳朵了，反问道："这么粗的铁杵，何年何月才能磨成绣花针啊？"

老人抬起头望了一眼李白，说："若要工夫深，铁杵定能磨成绣花针！"

这件事对李白启发极深。从此，他认真攻读诗书，打下了深厚的文化根底。他5岁时就能把当时的一些童蒙读物背得滚瓜烂熟，并能发表自己的独特见解。10岁时"遍观百家书"，"通五经"，到十五六岁时，就"精于诗书"，能写出同龄的孩子写不出的好诗美文。

开元十三年（公元 725 年），李白 24 岁。他觉得自己长大了，应该出去看一看精彩的世界。从此四方游历一发而不可收。他的一生中，除了少数几年当过不大不小的京官外，都是在游览名山大川中度过的。

他来到风光秀丽的峨眉山，瞻仰了"相如台"、扬雄故宅。

他登上蜀道，写下了"蜀道之难，难于上青天"的千古丽句。

他携琴佩剑，顺江东下。当他途经三峡时，两岸的悬崖陡壁、奇峰异境，令他目不暇接。他无限欢欣，即席写下了"朝辞白帝彩云间，千里江陵一日还。两岸猿声啼不住，轻舟已过万重山"的不朽诗章。

他来到了武昌，登上了文人际会的黄鹤楼，正想挥毫作诗时，眼中映入了崔颢的题诗。李白再也不敢落笔。当别人问他究竟时，他谦虚地说道："眼前有景道不得，崔颢有诗在上头。"

他来到襄阳，雇上匹马，登上鹿门山去拜访当时名诗人孟浩然。"绿树村边合，青山郭外斜"的田园景象又使他诗兴大发。

42 岁时，李白在京城长安当过短期的官，但很快就辞官不做了。犹如雁回长空，龙归大海一般，他又回到壮游全国的轨道上来。面对滚滚奔流的黄河，写下了气势磅礴的壮丽诗篇："君不见黄河之水天上来，奔流到海不复回……"

他在远游中，结识了同为大诗人的杜甫、高适。三人结伴而行，同游了梁（今开封）、宋（今商丘）等地，吟诵唱和，成为中国历史上文人结交的佳话。

李白被称为"诗仙"。对于此"仙"，人们会有种种解说。我们认为，所谓李白身上的"仙气"，更多的是一种灵气，而这种灵气，又源于对祖国、对祖国山河的热爱和钟情。

"诗圣"杜甫

唐代是诗歌的时代。

300 年间，诗人数以万计，诗歌数以十万计，而被公认为"诗圣"的是伟大诗人杜甫。

杜甫

杜甫可说是生逢其时，他来到这个世界的时候，正当"开元全盛日"。当时，国家经济繁荣、文化发展，交通也很便捷，所谓"九州道路无豺虎，远行不劳吉日出"。当时，青壮年的读书人风行漫游全国，杜甫从20岁到35岁，就有三次壮游的经历，这为他日后的成就打下了基础。

第一次是南游吴越。江浙的山水人物，引发了他无穷无尽的想象。这一次虽然没留下什么诗作，但应当说对其成长还是大有好处的。

第二次是漫游齐赵平原。这时他的父亲正在兖州做司马，他在兖州一带过了四五年的"裘马轻狂"的生活，也留下了现存最早的几首诗，如《登兖州城楼》《画鹰》《房兵曹胡马》，还有一首最重要的，就是《望岳》，可算是其中的杰作了，结尾两句千古流传："会当凌绝顶，一览众山小。"

第三次是天宝三、四载（公元744、745年）间的事。天宝三载，杜甫在东都洛阳遇到了被唐玄宗赐金放还的大诗人李白。这一年，李白43岁，杜甫32岁，两人虽然相差11岁，却一见如故。同年秋天，同游梁（今开封）、宋（今商丘一带）。天宝四载，又在齐鲁相见，两人还互赠了诗篇。只是可惜，两人就此一别再未相见。

三次壮游，是杜甫一生中最快意的岁月。以后的岁月都是在艰难困顿中度过的。

天宝五载（公元746年），杜甫西回到了长安。当时，玄宗诏令天下，让通晓一艺者到京城就选。但是，当时把持朝政的是宰相李林甫。这是个口蜜腹剑的人。他深深地知道，如果让那些真正通晓一经和数经的士人进入了朝廷，那就会危及他们一伙人的根本利益，那是万万行不得的。因此，在玄宗下诏后的相当长一段时间内，竟无一布衣之士被提拔到中央的重要岗位上来。杜甫在长安困守10年，一无所获。

　　等待着这位有才气有抱负的大诗人的更大的灾难是"安史之乱"。安禄山起兵范阳，攻下东京洛阳，接着又攻陷潼关，玄宗皇帝匆匆奔蜀，长安沦陷。杜甫带着妻子儿女东奔西跑，一度被贼人所获，强行驱赶回已经零落不堪的长安。尔后，又从长安逃出，见到了继位的唐肃宗。当时杜甫的境况是相当狼狈的，"麻鞋见天子，衣袖露两肘"。他被任命为左拾遗，担当天子近臣的谏官。此时，他的心情是很激动的，所谓"涕泪受拾遗，流离主恩厚"，他想好好干一番事业。但现实又一次教训了这位天真的书生。当时的天子不再是盛唐时的圣明天子，朝廷紊乱，朝纲不举，很快，杜甫被不知不觉地卷入了党争之中，他莫名其妙地被贬到华州（今陕西华县）去当一个司功参军。后来又流落到了成都，"五载客蜀郡"。到成都后的第二年他开始经营浣花溪西岸的草堂住宅，在战乱中奔波多年的杜甫总算有了个栖身之所了。但是，他是个"穷年忧黎元"的诗人，他仍关心着国事。中原的形势一天天好转，他的一个个朋友都"下峡""归京""入朝"了，而他仍"自怜犹不归"。再后来，他又举家流落到了湖南，在那里度过了人生最后的岁月。

　　杜甫十分痛恨鱼肉民众的权贵，乃至当今皇上。他批评穷兵黩武的战争给民众带来了无尽的灾难，在《兵车行》中愤怒指责："边庭流血成海水，武皇开边意未已！"在《丽人行》中，他鲜明地点出："炙手可热势绝伦，慎莫近前丞相嗔！"

　　杜甫极其爱怜战乱中流离失所的贫困百姓。在《石壕吏》一诗中，他让一老妇来控诉战乱给民众带来的痛苦："三男邺城戍，一男附书至，二男新战死，存者且偷生，死者长已矣！室中更无人，惟有乳下孙！有孙母未去，出入无完裙。老妪力虽衰，请从吏夜归。"一个原本完好的家庭就这样被战乱给毁了。他多么希望千家万户都过上安居乐业的生活呵，他在《茅屋为秋风所破歌》中写出了自己的心声："安得广厦千万间，大庇天下寒士俱欢颜，风雨不动安如山？"

　　杜甫是一个忧国忧民的大诗人，他十分热爱自己的祖国。《春望》一诗，读来动人心魄："国破山河在，城春草木深。感时花溅泪，恨别鸟惊心。烽火连三月，家书抵万金。白头搔更短，浑欲不胜簪。"他在《闻官兵收河南河北》一诗中写道："剑外忽传收蓟北，初闻涕泪满衣裳。却看妻子愁何在，漫卷诗书喜欲狂。"他自己则多么希望为祖国献身，建功立业，"许身一何愚，窃比稷与契。""穷年忧黎元，叹息肠内热。"

　　杜甫是不朽的。作为唐代最伟大的"诗圣"，他的诗与祖国同在，他的诗与他所钟爱的民众同在！

"万国都会" /

　　隋文帝建国后，就在昔日汉王朝都城长安的东南建造新都大兴城（后更名长安）。唐代继续以此地为都城，并作了大规模的修建。长安城面积为 84 平方公里，分为宫城（皇帝居住及处理朝政处）、皇城（政府机关所在地）、郭城（居民区和商业区）三大部分。郭城采用中轴对称的布局，以宽约 155 米的朱雀大街为中轴线，11 条南北向的大街和 14 条东西向的大街把整座城市分为 108 坊，有如棋盘。郭城设有东西两市，手工业和商业都集中在此。考古发掘表明，东市较大，市的周围有围墙，四面各开两门，也就是说整个东市有八道门。市内东西、南北均有街两条，交叉成井字形。西市较小，周围不筑围墙，但市内也有交叉成井字形的街道。各街道考古

唐西域边城遗址

实测宽为 30 米以上。

　　长安城拥有大量住户和外来人口，据估计，常住人口当在 100 万以上，是当时世界上无与伦比的大都会。⑧

　　唐代的大都会的特色在于它的国际化。唐代的长安堪称"万国都会"，城中居住着数以十万计的外国使节、商人、留学生、僧侣。当时，与唐朝建立使节往来关系的，至少有 70 多国，包括日本、新罗、大食、罗马、印度、真腊、林邑等，有时一年中来华的使节多达万人。这些来华的客人中，不只有亚洲人，还有欧美人、非洲人。在长安出土的一孩童陶俑，头发高度鬈曲，嘴唇十分厚实，专家认定这是来自非洲的黑种人。

　　与长安相类似的国际化大都市，还有好几个。

　　唐代的洛阳也十分繁华。它有南、北、西三市。南市即隋代的丰都市，占据了两个坊的面积，市内有 120 行，商家 3000 多家。西市即隋代的大同市。在洛阳除汇集了全国的富商大贾外，也有大量的外国商人。

　　长江下游的扬州，因为处于南北大运河与长江的交汇处，成为唐中叶以后的一大都会。一些外国史家甚至称"8 世纪时，扬州是中国的一颗明珠"。在唐代诗人张祜的笔下，扬州呈现"十里长街市井连，月明楼上望神仙"的一派繁华景象，甚至到晚上，商业活动仍未停止。一些外国商船通过水路运来的货物，都要经扬州换船，所以这里也是世界各地商人的聚集之地。

　　地处南地的广州市也在唐代发展了起来。唐建立以后，阿拉伯和东印度群岛的商人纷纷将他们的商船驶向广州。那些皮肤黝黑的外国人在广州出售从热带带来的木材和各种神奇的药材，以换取中国的丝绸和瓷器。由于外国商人在贸易中发了大财，更吸引了大批外商的到来。

　　这样繁忙的外事活动，要求唐帝国的政府机构与之相适应。中书省本身就有外交职能。唐朝发出的外交文书，都由中书省负责起草，而对方的文书也相应发送到中书省。中书省还负责接受国书与贡献，负责外事翻译。同时，门下省、尚书省等也有各自的外交职能。在中书省下，专设外事机关四方馆，四方馆又分为东、西、南、北四个方位的部门，专门负责属于自己方位的外交事务。在各地方，也都有各自的外交职能部门。

当时的唐王朝完全是以开放的姿态迎接四方宾客的。对返程的使节常还发给粮食和路费。不少人到了长安以后，不愿回国，于是便让他们在长安购买田宅，娶妻生子，长期居留下来。新罗的崔致远、波斯的李密医、大食的李彦升，还在朝廷中担任了官职，以至有唐朝的大臣说："近日中书尽是番人。"这当然是一种略带夸大的说法，但一定程度上反映了当时的情况，这里也是国际大都市。

大唐境内的外国人 /

唐代是一个强盛的国度，也是一个开放的社会。在古代社会，从来没有一个王朝像唐代那样吸引了那么多的外国人的到来，其中有外交人员，有僧侣，有文化人，尤其是留学生，还有为数更多的商人。他们对这片神奇的土地表现出了极大的兴趣。现在已经难以对当时在大唐帝国境内的外国人作出确切的计数。

不少学者估计，在长安城 100 多万的人口中，外国人至少有二三十万之多。在这些外国人中，有相当部分是显赫的使臣。他们来到大唐，当然是为了保护自己国家的利益。波斯王伊嗣俟三世的儿子，长期居于唐都长安，受到唐王朝高官的礼遇，一方面视为是一种荣耀，另一方面也提高了自己国家的身价。据说，"到唐朝来乞求恩惠"的外国使节还真不少。其中有一些外国政要来到中国后，看到经商有利可图，便也经起商来。突厥王子做起了珠宝生意，贞观年间日本的一些参拜者开始转向与西方人做生意。

另外，来唐帝国居住的相当部分人是各国僧侣，唐王朝在执行宗教自由政策这一点上，使外国宗教界人士十分满意。太宗贞观五年（公元 631年），太宗应波斯祆教徒之请，在长安建立了祆寺，使他们可以自由传教。贞观十二年（公元 638 年），首批景教徒（基督教的一支）来华，唐太宗了解他们的教义后，马上为他们建造了首个教堂。甚至显得有点儿怪诞的摩尼教徒也得到了恩宠，他们的教义被破天荒地允许带进唐朝的宫廷。这实在是太吸引外国传教士的眼球了。

当然，更多的是外国来华的商人。

在唐朝时，中国沿海的各港口中挤满了远涉重洋而来的航海商船。唐朝人对这些体积如此庞大的商船表示惊讶，将这些商船称为"波斯舶""南海舶""南蛮舶""昆仑舶""师子舶"等。对这些商船，大唐帝国极有气度地一视同仁，都能友好相处。当时风头最健的是来自锡兰的"师子舶"，他们的商船长达200英尺，可以载六七百人，许多船还拖着救生艇，并配养了信鸽以传信息。

在作为唐朝政治中心的长安，居住着数以十万计的外国政治家、学者、商人。长安的外来居民主要是北方人和西方人，如波斯人、突厥人、回鹘人、吐火罗人、粟特人，而其中又以波斯人为主，唐朝政府甚至专门为波斯居民设置了"萨宝"（意为"商队首领"）来监管和保护他们的利益。在长安西市区里，一排排的屠宰市、金属器皿市、衣市、马市、药市后面站立的常常是碧眼金发的外国人。唐中叶以后，饮茶之风大盛，波斯商人得风气之先，摇身一变又成了茶叶商人。

广州的外国人居住在行政当局划定的居住区内。外国人一般由德高望重的长者管理。各个国家的人们居住在一起，和平相处，有秩有序，来自印度的佛教僧侣与什叶派穆斯林之间也能友好相处。每当午时鼓声敲响时，居住在广州的各种肤色的外国人以及唐朝的汉人一起涌向市场，进行各种紧张的讨价还价的交易，每当日落鼓声再响起时，他们又各自散去，回到

进贡图

了自己的居住区。有些人当然还会到夜市去。

扬州对外国人来说是个好去处。从广州运来的盐、茶、宝石、香料和药材，从四川运来的珍贵的锦缎、织花毛毯，都集中到了扬州，然后再转运到全国各地。扬州还是一座工业城市，扬州的青铜镜、毡帽、刺绣，尤其是精致的蔗糖，著称于世。外国人在扬州设立的店铺常常占了整条街的大半条街。

可以说，唐代的外国人无孔不入地进入了中国的城镇，以至于乡村。美国教授谢弗形象地说："不管是在哪里，只要是有利可图的地方，你就会发现外国人在美丽的中国活动的踪迹。"

在富庶的川中流域，或者在洞庭湖附近的低湿地区，都会发现求购绸缎的外国商人。在边远的凉州，也有外国商人出没，那里的主政者常常以舞狮、舞刀的表演来款待外国商人。在发达一点的城市郊外的乡间，也时不时地可以看到外国人在那里游荡。

一份外来文明的清单 /

大唐帝国以它的繁荣和文明吸引着世界各地的来客，同时，勤劳勇敢的中国人民又从纷至沓来的外国来客身上吸收着文明的养料。唐代的外来文明有哪些，一直是个难解的谜。前些年，美国学者爱德华·赫策尔·谢弗在厚达 800 页的《唐代的外来文明》一书中，为读者开出了一份较为详尽的外来文明清单。

作者将唐代的外来文明分为十八大类：

第一类：有着一定技艺的人。这包括的范围似乎很广，有一定技能的家内奴隶，他们大多被外国的有钱有势的人们贡献给唐的当权者。这些家内奴隶有的充当婢女，有的作为猎场的看守人。还有能表演的侏儒，以及乐人、舞人，带来的是异域音乐与舞蹈。唐玄宗的"霓裳羽衣曲"，实际上就是中亚一带"婆罗门曲"的改写本。

第二类：家畜。马——唐太宗在征战中的坐骑"六骏"，大都具有西方马的血统。唐朝人又将康国（西域）出产的马引进中国，作为繁殖战马的种马。骆驼——杜甫诗中有"胡儿制骆驼"的说法，可见当时有大量骆驼品种来自西方，牧驼人、驯驼人也都来自中亚等地。此外还有西方品种的牛、羊、驴、骡、犬。著名的"波斯犬""波斯猫"就是在唐代中叶引进的。

昭陵六骏图

第三类：野兽。作为动物界最强大、最可怕的狮子，给唐人留下了深刻的印象。贞观九年（公元 635 年），唐太宗得到了一头由康国贡献的狮子，太宗命虞世南作赋赞誉，这位诗人写了一首辞藻华丽的《狮子赋》，表现了当时的中国人对狮子的敬畏态度。其他兽类还有大象、犀牛、豹、猎豹、黑貂、白貂、瞪羚、小羚羊等。

第四类：飞禽。唐代的统治者常将飞禽中的猛禽与自己手中的权力联系在一起，唐太宗尤其如此。因此，地处东北亚的外国人就为太宗献上了鹰中之王"金雕"，后来，有外国人又为他送来了白色的"格陵兰"鹘，唐太宗十分高兴，为它起了个大名叫"将军"，可见其何等地重视。飞禽类还有印度孔雀、鸵鸟、频伽鸟等。

第五类：毛皮和羽毛。唐高祖李渊取得政权的第二年，西突厥叶护可汗将一张活剥的完整的狮子皮，从千里之外送到了唐都长安。唐高祖十分高兴，因为他知道，狮子皮是真正有名望的人或大力士的纪念品，送狮子皮代表着对唐政权的认可。以后，献皮时有发生，所献有鹿皮、马皮、海豹皮、貂皮、鲨鱼皮、兽尾皮、鸟羽，等等。

第六类：植物。贞观二十一年（公元 647 年），唐太宗别出心裁地要在各国献给唐朝的"土贡"中，征集外国植物新产品。于是，外国使者纷纷献上自己国家的特产，其中最受到重视的是一种所谓的"金桃"。它金灿灿的色泽使唐太宗爱不释手，于是，太宗就下令在皇家果园中开始种植金桃，并获得了成功。此外，还有与金桃对应的银桃，还有枣椰树、菩提树、娑罗树、郁金香、佛土叶、水仙、莲花、青睡莲等。

第七类：木材。贞观二十一年（公元 647 年），一个叫隋婆登的印度尼西亚群岛的小国向唐朝贡献了一种高档的"白檀"，这种白檀可治鬼气、杀虫，还可治肠胃病。唐太宗高兴地接受了这批木材。在此以后，进入唐帝国的木材有榈木、乌木等，大都产自南亚。

第八类：食物。中国长期以来制作发酵饮料的原料是粟、稻和大麦，用葡萄制作酒类那是唐代的事。贞观二十一年（公元 647 年）春天，西域的叶护可汗向唐太宗贡献了长长的名为"马乳葡萄"的紫色葡萄，并赠送了以此酿造的美味葡萄酒。也不知道唐太宗是否有勇气喝下这种葡萄酒，人们只知道这种优质的葡萄后来种植到了长安禁苑的两座葡萄园中。而后来的杨贵妃是真的喝了用玻璃杯装着的"西凉葡萄酒"的。此外进口的食物还多得很，如菠菜（俗称波斯草）、甘蓝菜、苦菜、千金藤、甜菜、新罗松子、文鱼、胡椒、胡芥、蔗糖。

第九类：香料。唐朝上层社会的男男女女都生活在香云缭绕的环境之中。他们的身上散发着香味，浴缸中加有香料，而衣服上则挂着香袋。庭院住宅内，幽香扑鼻；公堂衙门里，芳香袭人；庙宇寺观，更是香烟袅袅了。连唐代的皇帝阅览大臣的章疏，也必须首先"焚香盥手"。这些都起始于唐代，而唐代的这种种"规矩"实属外来文明，香料也大多来自国外。作为香料，有沉香、榄香、樟脑、苏合香、安息香、爪哇香、乳香、没香、丁香、青木香、茉莉香、玫瑰香、甲香等。

第十类：药物。有人依据最权威的医药著作推算，唐代合成的药物已经多达上千种，而其中大约有 1/5 的药物来自异域。有来自伊朗的肉桂、五倍子、丁香、密陀僧等；有来自印度的胡椒、犀角等；有来自锡兰的斑蝥等。更为重要的是外国医药理论对中国的影响。公元 7 世纪翻译出版的印度医药学巨著《千手千眼观世音菩萨治病合药经》对唐代中国的影响尤大，其中既有医疗药方，又有特殊效验的印度眼科医学。当鉴真和尚行脚到达广州时，就请一位印度医生治疗眼疾。

第十一类：纺织品。9世纪中叶，有个叫"女蛮国"的国家。这里的人璎珞被体，危髻金冠，所以又被称为"菩萨蛮"。女蛮国向唐帝国进贡时，贡品中就有一种叫"明霞锦"的纺织品。唐人历来以纺织品精美自炫，看到这些贡品后才自叹弗如。使唐人大开眼界的织品还有来自大秦（罗马）的石棉制品，来自西部吐火罗的金衣，来自安南国王的妻子献给唐皇后的毛毯，来自小婆罗门国的越诺布，来自波斯的彩饰丝绸，来自朝鲜的朝霞布。

第十二类：颜料。原先唐朝宫廷中染工公认的是五种官方确认的颜色：青、绛、黄、皂、紫。可是，到唐代中后期，又有了一种名为"猩猩血"的绯色。有一则唐人故事说，在安南武平县封溪中，有一种如美人、解人语、知往事的猩猩，用这种猩猩的血制成颜料，就是所谓"猩猩血"红。唐人十分喜欢以这种颜色为织品染色、作画料、作时髦女人的口红。除此之外的颜料有：紫胶、龙血、苏方、骨螺贝、青黛、婆罗得、藤黄胶脂、雌黄、扁青等。

第十三类：工业用矿石。中国有丰富的矿石资源，但在对外交往中，当发现有同类更纯正更有效力的矿石时，同样会吸纳进来。当时吸纳的矿石大致有：盐、明矾、硼砂、硝石、朴硝、芒硝、硫黄、雄黄、纯碱、金刚石等。

第十四类：宝石。外国首脑似乎很懂得唐国君的心理，要想得到唐国君的好感，送宝石是一种妙法。这方面的实例不少。武德二年（公元619年），西方某国献宝带（镶有小宝石的腰带）；贞观元年（公元627年），西突厥献宝钿金带；永徽元年（公元650年），吐蕃献"金银珠宝十五种"；先天元年（公元712年），大食使臣送"宝钿带"；天宝三载（公元744年），大食、康国、史国、西曹国、米国、吐火罗等国向"唐献马及宝"。天宝五载（公元746年），锡兰向唐贡献多件珠宝。尤其一些西方国家在制作玻璃器皿上要比中国先进，因此常将玻璃来冒充宝石。这些宝石大致是指：玉、水晶、孔雀石、天青石、金精、玻璃、火珠、象牙、犀角、鱼牙、珍珠、玳瑁、珊瑚、琥珀、煤玉等。

第十五类：金属制品。唐朝从域外进入的最显赫的金属制品是黄金制品。这多少与佛教的发源地印度有关。在印度人心目中，黄金意味着永恒、辉煌和价值。印度、波斯的精美的金制品，极大地影响了唐帝国。此外还有紫金、白银、黄铜，公元七八世纪时，西域一些国家已使用金币和银币，还有西域商人手中的罗马金币和波斯银币。在长安郊外的一座唐墓中发现有拜占庭的金银币，说明对当时中国有一定程度的影响。

第十六类：世俗器物。唐宣宗大中七年（公元 853 年），日本王子给大唐帝国的皇帝带来了一些宝器，如银饰刀、腰带、书写用具。这些本来是十分普通的世俗器物，但由于来自异域，造型又奇特，因此深得唐皇的喜爱。从此，世俗器物源源而来。有各种器皿，如盆、罐、刀、壶，有的外国人还向唐皇送棋类物品。还有灯树、盔甲、弓、箭等。

第十七类：宗教器物。在相当长一段时间里，唐代人对宗教物品的追求不亚于对世俗物品的求索。其来源一方面是外国宗教人士带入中国，另一方面是一些人主动外出搜求。唐高僧义净，从广州出发，去印度等地搜求佛家物品，历 24 年之久，于晚年回到洛阳，历三十余国，得梵本经、律、论四百部，舍利（佛家圣者、高僧的骨殖）三百粒，还得到一些佛家图像，自认"不虚此生"。宗教器物中最被看重的是舍利、佛像、经文。

第十八类：书籍。唐人有藏书之风。贞观二年（公元 628 年），由魏徵负责检查新收藏的图书，从事编目工作。唐朝的国家图书馆当时藏有 2 万多卷图书，这些图书中有相当部分是外来品，其中宗教图书特别多。现存的一份由梵文翻译的佛典目录中，就具列了 2480 种不同的著作。外国进口的书籍以内容分目大致有：旅游书、地理书、宗教书、科学书、兵书、地图册等。

"胡风"劲吹

唐朝人是大气、开放、崇尚新奇的。唐朝人追求外来物品的风气，渗透到唐朝社会的各个阶层和日常生活的各个方面。在各式各样的家庭用具上，都出现了伊朗、印度和突厥人的画像和装饰式样。胡服、胡食、胡乐，遍地皆可说是"胡风"劲吹。"胡装"成为时装，尖锥形花锦帽、条纹裤、翻领小袖长衣及乌膏注唇、黄粉涂面到处可见。唐代诗人元稹所写的"胡音胡骑与胡妆，五十年来竞纷泊"就是对当时"胡风"的最佳写照。

这可能影响了中国整部历史。

唐朝东西两京的风尚尤其注重效仿突厥和东伊朗的服饰。7 世纪中叶，伊朗的妇女开始从面纱中解放出来，外出时喜欢戴一顶带有垂布的宽边帽，使女性显得风姿绰约而华贵美丽，这就是所谓的"胡帽"。这种帽子一传入大唐，马上为东西两京的时尚女性所追逐。她们骑在马上招摇过市，得意极了。这件事引起了朝野的瞩目，连相当大气的唐高宗也受了影响，他于咸亨二年（公元 671 年）发布了一道诏令，试图禁绝那些"深失礼容"的女骑手。但是，似乎人们没去理会这道一点也没有刚性的诏令，到后来，头戴"胡帽"，甚至穿着男人们骑马时着的衣服靴衫在街市上策马驰骋的女子比比皆是，唐高宗只得以叹气口吻说道："任意！"随它去吧！

追求突厥人的生活习俗的热情，让一些文化人也过起了实际上并不舒服的帐篷生活来。唐代最著名的诗人之一白居易，在长安城里有着一套相当舒适的住房，可是，他偏偏要在自己家的后院搭建一个帐篷，甚至把自己写作的桌椅也搬到了帐篷中，以体现域外的草原生活。每当客人到来的时候，他总要把客人引进他那厚实的毡帐中，还不无得意地对客人说："帐篷太舒适了，冬暖而夏凉。"其实，冬季里帐篷中还是寒风习习，远没屋宇中舒适，但听他说得那样真情，客人们只好笑而不言了。

最热衷于刻意学习突厥人的毡帐生活的，要算唐太宗的儿子承乾太子了。他所表现出来的行为时尚可谓是"放纵"了。他背着父亲，把自己打扮成突厥可汗的样子，坐在帐篷前的狼头纛之下，亲手将煮熟了的羊肉用佩刀割成一片一片的，在侍从面前大嚼大吃起来。他还让专人教他突厥语，让自己身边的人也学突厥语。他们这些人在一起的时候，谁都不许讲汉语，为的是过上地道的突厥人生活。承乾太子的这些行为被其父亲视为纵欲，从而受到了斥责。后来他被废为庶人，从表面上看似乎与一件皇兄弟之间的暗杀案有关，实际上他的放荡不羁的行为早已为他自己的败亡埋下了祸根。

当时，从外国传来的食品很受民众的欢迎。最流行的是一种"小胡饼"。制作胡饼的都是西域人，卖者也都是西域人，而食用者则大多是唐人，后来连唐皇的宫廷中也食用了。比"小胡饼"高一个档次的是一种叫"千金碎香饼子"的食品，因为加了相当高级的香料，因此味美，而价格自然也不菲。

文化人崇"异" /

在"胡风"劲吹的社会背景下，文化人也开始对胡人的生活习俗产生某种程度的好感和兴趣，于是，在宫廷里和社会上，渐次涌现出了一大批以反映外来事物为创作主题，并崇尚异国风情的诗人、文学家和艺术家。可以这样说，在贞观时期以及以后的相当一段时间里，在绘画和其他文学形式中，外来题材最为流行。

在 7 世纪，表现外来题材的画家中名气最大的是阎立德。阎立德是阎立本的哥哥。阎氏兄弟齐名，阎立本曾以图写唐太宗本人的真容而享有盛誉。在外来题材的画作中，阎氏兄弟是无可匹敌的。中书侍郎颜师古曾向朝廷引荐过一位来自南亚的土著居民。为了表述所谓的"圣德所及，万国来朝"的精神，唐太宗让阎立德把此人描画出来，结果获得了很大的成功，阎立德由此而得到了圣上的嘉奖。贞观十七年（公元 643 年），阎立本受命绘画太宗一朝的"万国输诚纳贡图"，这是一幅既写实又需有丰富的艺术想象的画作，阎立本画得非常成功，附带他还创作了两幅《西域图》，也受到了唐太宗的表彰。阎立本还绘有一幅《职贡狮子图》，据传，画面展示的是西方人献上关在大铁笼中的雄伟的狮子，然后躬身向大唐的皇帝致礼，大唐皇帝也微笑着向对方回礼。这是多么庄重而有意义的画面，可惜这些画

职贡图

早已失传。

　　另外，张南本创作的《高丽王行香图》、周昉的《天竺女人图》、张萱的《日本女骑图》，也都向大唐民众准确地传递了域外的信息。

　　唐代的一些画家为真实地描述异域人奇特的相貌，与工匠一起创作了惟妙惟肖的赤陶小塑像。他们塑造的头戴高顶帽、神态傲然的回鹘人，浓眉毛、鹰钩鼻的大食人，头发鬈曲、皮肤黝黑、启齿微笑的非洲人，很有象征意义。而这些作品的背后传递出的一种对异域人种的友好情感。

　　唐代的大诗人李贺，把自己的大部分才华倾注于域外文化。他在诗歌创作中，喜欢以"琥珀"指代"酒"，用"冷红"借指"秋花"，表现了他对域外文化的尊重和好奇。他在《昆仑使者》一诗中，对一名鬈发、碧眼的胡人儿童表现出极大的兴趣和爱抚，这种情怀是只有在一个开放的社会中才会有的。

　　唐代文化人对域外文化有着巨大兴趣，但又对其高深莫测的文化底蕴了解不甚真切，于是，就演绎出无数生动而离奇的传奇故事来。唐代的传奇故事是最富生命力的，它植根于唐人对域外文化的极端的好奇心理。传奇故事说：来自龟兹的一件贡品，是由一块酷似玛瑙的光滑的石头制作而成的。贡者告诉唐天子，有幸能用这块奇妙的石头做成枕头在上面睡觉的人，就可以在梦中四处漫游，海洋陆地，无所不至，甚至还能到世俗凡人闻所未闻的仙境中去游历。这块宝石后来据说是流失了，谁能找到它，将万分幸运。这样的传奇故事是把域外和域外之人神秘化了，同时也使唐人更向往仿佛虚无缥缈的域外神奇世界。

有位美国学者说，七八世纪初唐和中唐时代的中国，是国际的时代、进口文明的时代、融合中外的时代，也是黄金的时代。这一评述是正确的。

晚年唐玄宗 /

唐玄宗晚年，是唐帝国由盛而衰的转折期。一个曾经励精图治、大兴文治、重视科学的唐玄宗，到了晚年，变成了一个拒谏饰非、宠信奸佞、纵情声色的唐玄宗。如果不把历史联系起来看，简直令人难以置信。

然而历史就是这样告诉我们的。

晚年的唐玄宗，骄侈心替代了求治心，过去"焚锦缎毁珠玉，矢志俭朴"的作风被抛到了一边，代之以穷奢极欲、挥霍无度。他越来越崇好神仙，以为从此天下太平，自己也可以安享太平日子了。

在开元后期，玄宗已经显现出骄惰荒政的迹象。开元二十一年（公元733年），玄宗已年近五旬，主政唐王朝也已有20多年。他开始听不得忠逆之言了。当时是刚正不阿的韩休为相，只要玄宗"小有过差"，他即据理力谏，弄得玄宗面子上很过不去，以至于"殊瘦于旧"。玄宗虽然口头上称"吾貌虽瘦，天下必肥"，内心里却十分厌恶他，韩休只做了7个月的宰相，就被赶下了台去。

开元二十四年（公元736年），玄宗要用牛仙客为尚书，张九龄极力反对，劝谏不止，玄宗就不耐烦了，勃然大怒道："事皆由卿耶？"意思是，国家大事，你说了算、还是我皇上说了算？这样，张九龄也被罢了相职。崔群在一篇文稿中说到，开元二十四年，罢张九龄相，专用李林甫，是由治转乱的开端。这是很有道理的。

唐高宗文武兼备的名臣裴行俭

　　听不得逆耳忠言，就必然宠信奸佞之徒。"口蜜腹剑"的李林甫因善于迎合而被提升为宰相，并且玄宗一度认为，现在是天下无事，可以把政事委托给李林甫，而自己坐享那无为而治的太平日子了，后经人劝阻才没有这样做。而李林甫却一天比一天猖獗，甚至威胁那些谏官，说："现在是明主当道，群臣都顺着他，你们这些当谏官的何用多言。你们没有看到宫前那些充仪仗用的骏马吗？它平时可以不声不响地食三品官的食料，但如果乱鸣一下，就不可能再有充仪仗的地位了，非斥去不可！你们可得当心啊！"在他的威逼利诱下，一些朝臣明哲保身，再也不敢说什么了。李林甫在相位 19 年，朝政乌烟瘴气，是造成天下大乱的一大原因。

　　50 岁以后的唐玄宗，明显走向碌碌无为。生活上懒懒散散，处理政事也缺乏原则。当年太宗有规定，"内侍省不置三品官"，为的是怕内宠夺取高位。玄宗却对心腹宦官轻易地授予三品上下的左右监门将军，穿朱紫之服的高级宦官竟多达千余人，这时的宦官已不是受人驱使的家奴，而是主宰政事的大臣了。

　　在宦官群体中，高力士是最受玄宗宠信的。高力士善骑射，在诛灭韦武集团和太平公主党羽的斗争中曾建有大功，因此迁为右监门卫将军、知内侍省事。玄宗对他深信不疑，常说："力士当班，我寝则安。"后来，各地送来的奏文，也必先要送高力士，高力士除大事上奏外，一般都自行决定，几乎成了玄宗的代言人。

　　玄宗身为一国之主，而不理政事，国家安有不乱之理？

唐玄宗和杨贵妃 ╱

　　这里得另写一篇，意在说明：凡是败国之君，除了生活上奢侈无度、怠于政事外，往往还沉湎于女色。

　　唐玄宗晚年迷恋杨贵妃的姿色，一切以杨氏是非为是非，也是造成天宝之乱的一大因素。

　　杨贵妃，小字玉环。她从小在洛阳长大，在叔父的调教下，能歌善舞，

杨贵妃华清出浴图

通晓音律，又娴熟各种器乐。开元二十三年（公元 735 年），她 17 岁那年，被选为玄宗第十八子的妃子，从此过起了宫廷生活。

开元二十五年（公元 737 年）十月，50 周岁的玄宗的宠妃武惠妃死去，他为此十分伤心，后宫数千人，竟无一人是他中意的。高力士深知主子的心思，就外出寻觅。终于在玄宗的第十八子的后宫中找到了杨玉环其人。

开元二十八年（公元 740 年），玄宗行幸骊山温泉宫，经高力士的引荐，命人从寿王邸中召来了杨玉环。玄宗一见，十分满意，马上别赐汤沐。沐浴后的杨玉环，更是别有风情，在她进奏《霓裳羽衣曲》时，舞姿翩翩，楚楚动人。玄宗高兴极了，当晚就赠以香物定情，还到梳妆间亲自为她戴上金首饰。

作为一种过渡，见过玄宗的杨玉环出家为女道士，先与玄宗之子脱离关系，进入宫中修道。天宝四载（公元 745 年）的八月，也就是初见杨玉环后的整五年，玄宗于凤凰园册封杨玉环为贵妃，位在诸妃之上，仅次于皇后。

杨玉环被册封为贵妃后，真是一人得道，鸡犬升天，杨门上上下下个个都飞黄腾达。她的亡父受到追赠，她的母亲封为凉国夫人，他的叔父擢升为光禄卿，两个族兄也封为侍御史。贵妃的三个姐姐都被接到了长安，赐给良第，大姐封为韩国夫人，二姐封为虢国夫人，三姐封为秦国夫人。三姐妹在京城大炒房地产，大造豪宅，相互比富，一旦发觉比不上人家，马上不惜工本拆除。而玄宗见了这三个女人，亲昵地称之"姨"。

最为有趣的是，一向为族中人所不齿的、杨氏家族的一个远房兄长杨国忠，也因杨氏姐妹的引荐而像模像样地当起官来了。此人不学无术，吃喝嫖赌倒是行家里手。这时的唐玄宗已经完全失去了理智，因为爱杨玉环，杨家的什么人都看着顺眼。明明是个无赖，玄宗一照面就封他为金吾卫曹参军。

"金吾卫"这一机构,在唐代是掌宫中和京城昼夜巡视的。杨国忠本是个鸡鸣狗盗之徒,叫这样的人来管宫中和京城的治安简直是儿戏。不过,这也不要紧,因为这一组织本身无定员、无定编,杨国忠当了这个官照样可以优哉游哉,还可以披着虎皮吓人呢!也许流氓管流氓特别地在行,也特别地有效,玄宗对这个远房的小舅子特别地垂青,一年之间,着实让他兼领了十五职。后来,连老奸巨猾的李林甫也耍不过他,他硬是从李林甫手中夺得了相位。

玄宗得了杨贵妃以后,曾对宫人说:"朕得杨贵妃,如得至宝也。"为此,还特意谱了一支《得宝子》的曲子。所谓"天宝"这个年号,也许与杨贵妃有些关系。

杨贵妃常常轻舒广袖,翩翩起舞,引得龙颜大悦。贵妃还善弹琵琶,所用琴弦,是末库逻国贡献的。贵妃还善击磬,玄宗就命人去采蓝田绿玉,磨制成玉磬。又专门做了两个金狮子,以为磬座。杨贵妃极度奢华,宫中供贵妃院织锦刺绣的女工就有 700 人之多,为她雕刻熔造的又有数百人。杨贵妃小时在四川生活,喜吃荔枝。岭南的荔枝色香味俱佳,玄宗就不惜千里迢迢,每年命岭南驰驿传送,就是盛夏酷暑,荔枝送到长安也不变色。杨贵妃也善于迎合玄宗的心意,整天与他嬉戏调情。于是,玄宗就蜕变成了一个只知享乐调情、不理国事的昏君。

作于元和年间的白居易的《长恨歌》,就是有感于唐玄宗和杨贵妃的故事而作的。这首千古流传的长诗的主题就是"长恨"两字。"重色思倾国"的唐玄宗和"回眸一笑百媚生,六宫粉黛无颜色"的杨贵妃,两人全不顾国家社稷,只求个人花天酒地,结果既断送了国家的命运,使万民涂炭,同时也断送了他们自己。"春宵苦短日高起,从此君王不早朝",乐是乐了,可这样的君王的政治生命就完了。正像这首诗的最后一句说的:"天长地久有时尽,此恨绵绵无绝期。"这样的历史教训是永远值得人们记取的。

安史之乱 /

唐玄宗天宝十四载(公元 755 年),兼领范阳、平卢、河东三镇节度使的胡人安禄山，与其部将史思明发动了叛乱，一度攻陷洛阳、长安。这次动乱，史称"安史之乱"。经过七年，叛乱才平息下去。"安史之乱"标志着唐帝国由盛转衰。

玄宗晚年，与朝政混乱互为表里的是边镇的失控。唐初，全国有军府634个，而单是京师就有军府270个，即所谓的"内重外轻"。而到天宝年间，边镇兵达49万，京师宿卫不到20万，形成"外重内轻"之势。当时，危机四伏，但沉湎于女色中的玄宗一点也不觉得，他甚至说："朕今老矣，朝事付之宰相，边事付之诸将，夫复何忧？"高力士提醒他："边将拥兵太盛，陛下何以制之？一旦祸发，不可复救，何得谓无忧也！"玄宗却一点也听不进去。

"外重内轻"的重中之重是兼领三个节度使的安禄山。他看唐玄宗年老，中原无武备，日益骄恣。天宝十四载十一月，安禄山率所部十五万精兵，以讨杨国忠为名，在范阳郡发兵叛乱。

安禄山所部叛军，自博陵郡至常山郡，一路南下。自灵昌郡（今河南滑县一带）渡黄河，攻武牢。玄宗临时组织起来的抵抗军一败涂地，叛军攻陷东京洛阳，安禄山就在洛阳称帝，自称大燕皇帝。

第二年正月，玄宗任命朔方节度使郭子仪发朔方军攻打东京，另任李光弼为河东节度使，攻常山郡。郭、李军一度大败安禄山部将史思明，形势有望好转。但这时，在驻守潼关的攻守问题上，发生了分歧。玄宗采纳了杨国忠的意见，主张由潼关引兵出击，结果一败涂地，潼关也失陷了。潼关一失，长安大门洞开了。

这下玄宗急了，上朝请百官议事，结果官员到者不到十分之

伊斯兰圣墓坐落于泉州东门外灵山南麓

一。玄宗知事不可收拾，就放弃长安直奔成都而去。安禄山在长安大索三日，恣意抢掠，把千年京城给全数毁了。这时，安禄山又被其子安庆绪所杀，安庆绪自立为大燕皇帝了。而其部属史思明拥兵自重，不服安庆绪。叛军内部出现了裂痕。

这时，宦官李辅国向太子李亨献计，请分玄宗部分军北趋朔方，以图复兴。玄宗接受了这个建议。在得到部分地方势力的支持后，至德元年（公元 756 年）的七月初九日，太子李亨在灵武（今宁夏灵武县）即位，即唐肃宗。唐肃宗主要依靠朔方、陇右、河西、安西诸镇的力量，东山再起。

至德二年（公元 757 年），在天下兵马副大元帅郭子仪的统领下，北方诸镇的军队大多集结，肃宗到达了凤翔（今陕西凤翔县）。这时又请回纥军助阵，从三月一直到十月，战斗都在艰难地进行中，但总体上局势是在一点点好转。直到十月二十三日，肃宗才又回到长安。不久，玄宗也回到了长安。

收复长安，战争还没有结束。叛将安庆绪盘踞在邺城（今河南安阳），还有很大的势力，时时准备卷土重来。郭子仪等九节度使围攻邺城，久攻不下，从乾元元年（公元 758 年）十月，一直打到乾元二年（公元 759 年）二月，还未攻克。史思明又派兵来助安庆绪，形势十分微妙。九节度使围邺失败，最后损失的兵马在十万以上。

宝应元年（公元 762 年）十月，肃宗以雍王李适为天下兵马元帅，分三路攻占洛阳。叛军史朝义北逃至范阳，叛将李怀仙拒其入城，史朝义自杀于丛林中。叛将余部眼看形势极为不利，纷纷率部降唐。历时七年的"安史之乱"这才告结束。

马嵬驿之变　/

唐天宝十五载（公元 756 年），玄宗在逃往成都途中，在马嵬驿（今陕西兴平县）发生了一次带有预谋性的兵变，史称"马嵬驿之变"。

安史之乱爆发后，河北州县望风瓦解，洛阳失陷，潼关失守，京师震动。玄宗体面全失，带领百官不得不外逃。六月十三日凌晨，天空下着细雨，随玄宗出逃的只有杨贵妃姐妹、太子、皇孙、公主，以及杨国忠、韦见素、魏方进等朝臣，再加上龙武大将军陈玄礼和他统领的禁军、亲随宦官。一行人天明时分过了西渭桥后，杨国忠便下令将桥焚毁，以防叛军追踪而来。到达咸阳望贤宫时，宫中已空无一人。午夜到达金城（今陕西兴平）时，得到了潼关失守的消息，更是人心骚动。有人曾劝玄宗杀杨国忠以谢天下，没有得到玄宗的同意。玄宗一行继续西行。

十四日一早，至马嵬驿。军士饥疲交加，群情为之激愤。率军的陈玄礼恐士兵猝然发难，遂通过东宫宦官李辅国向太子李亨请示解决办法，李亨不置可否。陈玄礼于是对士兵说，今天这种局面，都是杨国忠克剥百姓、积怨朝野所致，如果不杀杨国忠以谢天下，就无法平息天下人的怨恨。军士受其鼓励，表示都有此念。当众人看到吐蕃使者 20 人拦住杨国忠在驿门交谈时，将士们便大呼：杨国忠与蕃人谋反！马上有人冲上去围追而杀之。杨国忠的儿子杨暄、杨氏姐妹韩国夫人、秦国夫人及御史大夫魏方进同时被杀。宰相韦见素亦遭误伤，幸亏被人认出，才免于一死。

这时，群情更是激动，禁军士兵将玄宗围在驿中不肯散去。玄宗闻驿外喧哗，问是怎么回事？回答说是杨国忠叛乱，已被将士处决。玄宗无奈，只得走出驿门，对将士表示慰问，并令将士速速归队。军士不应。

这时，玄宗不得不派高力士出面，询问士兵们还有什么要求？这时，陈玄礼代表将士出面回答："国忠谋反，贵妃再也不宜供奉，愿陛下割恩正法！"

玄宗情绪极为低沉地说："让我自己来处置吧！"返身进入驿门，支杖呆立在那里，久久不言如何处置。良久，自言自语道："贵妃常居深宫，安知国忠谋反！"

这时，驿门外将士的喧哗声又起。宰相韦见素的儿子、京兆司录韦谔上前劝道："众怒难犯，安危在片刻之间，望陛下速决。"

玄宗迫不得已，强忍着巨大的痛苦，走进行宫，扶着贵妃出厅门，至马道北门口与她诀别。贵妃泣涕呜咽，语不胜情，最后说："妾诚负国恩，死无恨矣。乞容礼佛。"高力士将贵妃缢死在佛堂前的梨树下，经六军将士验明已死后，将尸体埋在西郭外 1 里多远一条道路的北坎下。那时贵妃是 38 岁，而玄宗已是 71 岁高龄了。

作为天宝之乱的一个罪人，杨贵妃得到了她应得的下场。

天宝之乱（或称安史之乱）的确是唐代社会的一个转折点。之前的大唐帝国，如日中天，繁荣昌盛，之后的唐代社会衰弱多故，灾异四起。从时间上看，从武德元年（公元 618 年）起到安史之乱止，只有 137 年，而安史之乱后，到唐帝国的灭亡，却有 150 年之久。但是，从历史学的角度看，后 150 年简直难有可书之处了，它留给人们的只是耻辱和苦难。从这点上看，杨贵妃与安禄山、史思明一样，是历史的大罪人！

郭子仪击鼓退敌 /

安史之乱后，吐蕃的势力强大起来，他们不只占领河西、陇右之地，还深入至凤翔（今陕西凤翔县）以西、邠州以北的广大地区，逼近长安。广德元年（公元 763 年）十月，吐蕃占领了泾州，泾州刺史高晖投降，带着吐蕃军向长安进发。当时吐蕃军有 20 万之众，弥散数十里，浩浩荡荡渡渭水而来。唐帝国的京师危在旦夕。

郭子仪

唐代宗面对强敌，只得率宫廷中人逃出长安，暂往陕州安顿。十月七日，代宗逃离长安。九日，吐蕃便尾随而至，进入长安后，就大肆劫掠财物和人口。长安肃然一空。唐代宗想起了名将郭子仪，马上命他组织力量抵抗强敌。

郭子仪在安史之乱中就是平息叛乱的一员主将。安史之乱平定后，由于多种因素，郭子仪被解除了兵权，一直闲居在家。此次受命，他匆匆招募了骑兵 20 人，来到咸阳面君，然后踏上征途。

郭子仪知道，唐军的六军散卒大都流落在商州一带，如把这些散卒动员起来，倒是一股不小的力量。他来到商州，对散卒们晓以利义，散卒们一听说名将郭子仪来组织他们，也就纷纷来投军了。数日间，果然集合起4000余人。经过短期的训练，算是一支挺像样的军队了。郭子仪凭借自己在军队中的影响，号召蒲、陕、商、华各州的将士合力进击吐蕃军。并请人筹措充足的军粮。

一切布置好后，郭子仪使左羽林大将军长孙全绪率200骑出蓝田观察形势，相机而行。长孙全绪是个足智多谋的人，他率军至韩公堆一地时，并不马上进击，而是日夜击鼓，大张旗鼓，大造声势。郭子仪也命光禄卿殷仲卿聚众千人，保蓝田，与长孙全绪互为呼应。这时，长安百姓传言：郭子仪自商州率数万大军正向长安开来！入夜，长安百余名少年击鼓大呼于朱雀街。

吐蕃军大为恐惧，连夜带着抢劫来的财物和少量人口，逃离长安城了。郭子仪乘机组织军队追击，取得了全胜。

这一年的十二月十九日，唐代宗回到了长安，郭子仪率城中百官出城迎候。代宗执着郭子仪的手，激动地说："不早用卿，故及于此！"广德二年（公元764年）正月，郭子仪出任朔方节度使。

唐与回纥的和战

回纥是祖国北方的以游牧为生的民族，是维吾尔族的祖先。回纥应唐帝国之邀，帮助平定了安史之乱，立下了不小的功劳。但在之后的岁月里，还是战和不定，当然，其间"和"始终是发展的主流。

安史之乱发生后，唐肃宗即位，遣敦煌王李承采出使回纥，求援军怀仁可汗遣其太子叶护领其将帝德等兵马4000余众，助讨安庆绪，配合朔方军收复了长安。郭子仪也率军收复了洛阳。这为平定安史之乱奠下了基础。

自此以后，唐与回纥之间的交往密切起来。为了嘉奖回纥的平乱之功，唐肃宗每年送回纥2万匹绢，还有其他杂物。而回纥也常常遣使以回纥马与唐的丝织品互市。当时的比例为，马1匹调换绢40匹，交换的数额十分巨大。见于记载的有，贞元六年（公元790年），德宗赐马价30万匹。文宗大和元年（公元 827 年）以绢 20 万匹充回纥马价。这两笔交易，交换马都在近万匹。

五祖再来图（元因陀罗绘）

在晚唐，有过一次唐与回纥间和亲的美事。唐肃宗对回纥的助讨安史等叛贼，十分感激，便将自己亲生的幼女封为宁国公主，嫁给回纥的毗伽阙可汗，希望唐与回纥之间永"宁"。回纥对此也十分重视，派专员至长安迎接公主。这在中国历史上以"天子亲女"和亲，还是第一次。

唐与回纥之间也有种种摩擦，而一些聪明的政治家和军事家善于化解矛盾。永泰元年（公元 765 年）秋，回纥起兵十余万，进犯奉天、礼泉。唐大将郭子仪闻此消息，只带了数骑直接来到回纥营，见其大帅药罗葛，直截了当地对他说："回纥对唐有大功，唐对回纥也不薄，为何负约，侵入唐境，并骚扰京城诸县？这样做，结果会搞得前功尽弃，结下怨仇。还是以和为好吧！"药罗葛说："有人告诉我，唐天子已被驱离京，你郭公也已经不主兵，闻此，我才敢来。今天知道情况并不是这样的，我就再也不敢犯唐境了。"

这时，郭子仪先执酒杯，对天起誓："大唐天子万岁！回纥可汗万岁！两国将相万岁！若起负心违背盟约者，身死阵前，家口屠戮！！"

接着，药罗葛也举杯起誓："定如令公约，如有违约，愿受重责！！"

此后，唐与回纥之间和平相处了好长一段时间。

两税法的推行

德宗即位以后的第一件大事就是在建中元年（公元 780 年），听从宰相杨炎的建议，废除租庸调及一切杂徭，改作"两税法"。"两税法"是中国古代租税制度改革的重大成果，使唐后期国家收支情况大为改善，使唐政权又能延续统治了 100 多年。

德宗即位后，杨炎被任命为宰相。杨炎是一个有头脑的政治家，他对当时国内的户籍和税收情况作了调查。发觉由于连年的战争，人口的确有某种程度的减少，但是，更严重的是不少农民在战乱中逃亡，"荡为浮人"，这样，在册的户口只是实际人口的百分之三四十，国家的财政当然便成问题了。

杨炎想：这个局面若不改变，国家的财政就好转不了，社会也安定不下来。他在给德宗皇帝的上疏中说了三个改变：

"丁口转死，非旧名矣；田亩移位，非旧额矣；贫富升降，非旧第矣！"其意是说，人口走动的走动，死伤的死伤，与原先的花名册很不相同了；田亩从此人转移到彼人手中，与原先的额定数很不相同了；家中的境况，原先贫的有的变富了，原先富的有的变贫了，门第之变大得很呢！因此，按老办法收税是行不通的。

德宗同意杨炎的看法，问他怎么办？杨炎说："实行两税法。"

"两税法"中的一税是户税，以前以土户（也就是当地户口）计户，现在客户（主要指外来流动人口）也要计入。另一税是田亩之税，也要按现在已经变动了的实际情况计税。具体办法是：

一、"户无土客，以见居为簿"。这是针对各州县大量存在客户而制定的税收原则。不管你住在哪里，是土户还是客户，一律在居住地登记户口，编为民户，加以征税。居人之税，秋夏两征之。

二、"人无中丁，以贫富为差"。这是两税法的主要原则，废除租庸调制时以"丁身"计数的人头税，改为以耕地、资产为主要征收对象的资产税。

三、州县的"行商"，征收三十分之一税。在商业有相当发展的唐代社会，这也是一笔不小的收入。

为了实施"两税法"，政府设立了黜陟使。当时初设的黜陟使有 11 人，由他们巡行全国各地，制定两税定额，监察实施情况。这样一来，第二年，户口就多了大约一倍，国家的财政当然也就大大好转了。

"两税法"为唐以后各朝所认可与使用。后来，明代的"一条鞭法"，清代的"摊丁入亩"，都是"两税法"的继承和发展。

"二王八司马"事件

永贞元年（公元 805 年），唐顺宗即位后，提升韦执谊任宰相，朝廷大权由王伾、王叔文掌握。这为唐德宗旧臣所不容，他们迫使顺宗退位，二王被贬斥，并死于贬所。韦执谊等 8 人被贬于远州，任州司马，这就是"二王八司马"事件，因为事情发生在永贞年间，史称"永贞革新"。

"二王"在顺宗为太子时，都曾在东宫值班，为太子侍读，从而受到太子的宠信。一般地说，侍读是只能"读"不能"议"的。但是，有着某种革新意识的"二王"常在太子面前议政，不只议政，还臧否人物，实际上是为顺宗即位以后的改革埋下伏笔。"二王"还向太子推荐了一大批具有革新意识的人才。

顺宗即位，马上提拔韦执谊为尚书左丞、同平章事（宰相），王伾为左散骑常侍、翰林待诏如故，王叔文为翰林学士，柳宗元为礼部员外郎，刘禹锡为屯田员外郎，判度支、盐铁案。顺宗即位后得风疾，不能言，这样，表面上是顺宗旨意，实际上都由王叔文定可否，再由中书省的韦执谊承而行之，再由柳宗元、刘禹锡等"谋议唱和"。就这样，一场革新的悲喜剧开了场。

"二王"革新的矛头直指执掌大权、猖獗一时的宦官。长安城中的"宫市"是宫中的宦官以宫中需要为由，低价强买乃至掠夺民间财物的机构，"二王"强行取消"宫市"，给宦官物质上的打击。同时，提出取消"进奉"，除了常规的贡献外，不准有外加的进奉，这矛头当然也是对准宦官的。另外还要"罢五坊小儿"，五坊指的是雕坊、鹘坊、鹞坊、鹰坊、狗坊，这些"五坊小儿张捕鸟雀于闾里者，皆以暴横以取人财物"，这些被称为"五坊小儿"的无赖之徒，大多与官府有联系，取缔这些人，实际上就

彩绘胡人牵驼俑（唐郑仁泰墓出土）

是取缔社会恶势力，对端正官风也是有好处的。

革新的最重头戏是削夺宦官的神策军的指挥权。王叔文派韩泰、朝廷大将范希朝至奉天县，接管驻扎在那里的、由宦官一手指挥的神策军。因为王叔文等也知道，一个政权，手里如果没有军权，那是什么事都办不成的。

事实上，事情并没有这些文化人想象的那样容易。宦官的势力是强大的。他们与朝廷内、社会上的保守势力勾结起来，反对这次改革。再说，这些主张改革的人，本身没有任何的政治经验。当一些人以纳贿为事、以求官为能时，他们不会识别真伪，结果常常受骗上当，面临严峻形势时，又不会采取果断的措施。比如，当范希朝去接管神策军时，神策军诸军竟以无一人出席为形式加以抵抗，这是违抗君命的行为，王叔文等完全可以采取断然措施。但这时的"二王"表现得十分的懦弱，只是连呼："奈何！奈何！"结果坐失了良机，让对方有了反扑的时间。

朝中的旧势力马上与宦官势力勾结起来，轻而易举地击败了革新势力。王伾经不起惊吓，一下中了风。王叔文告假归第。等着他们的只能是贬斥边地。当年的十一月，贬韦执谊为崖州司马、韩泰为虔州司马、韩晔为饶州司马、柳宗元为永州司马、刘禹锡为朗州司马、陈谏为台州司马、凌准为连州司马、程异为郴州司马。这就是所谓的"八司马"。

永贞革新的失败具有必然性，当时的唐王朝气势已尽，任何具有新气象的改革注定是要失败的，另外，"二王八司马"都是一些有政治热情但没有政治经验的人，他们在朝中没有生存和发展的基础，他们大多是士人，也就是读书人，手中又没有一点儿兵权，这样的革新，是不可能成功的。

牛李党争

从唐宪宗元和三年（公元 808 年），到唐宣宗大中初年（公元 850 年前），以牛僧孺、李宗闵为代表的官僚集团，与李德裕为代表的官僚集团之间展开了一场尖锐的斗争，史称"牛李党争"。"牛李党争"是唐朝后期政治生活中的重大事件，唐文宗曾经慨叹不已地说："去河北贼（指河朔三镇）非难，去此朋党实难！"

牛李党争源起于唐宪宗元和三年的策试贤良方正科。当时的伊阙县县尉牛僧孺、陆浑县县尉皇甫湜、华州参军李宗闵在时事对策中痛陈时政之失，无所讳避。主考、复试官都极为满意，唐宪宗也很欣赏。可是宰相李吉甫却认为牛僧孺等人的对策是在攻击自己。宪宗不得已，只得免去考官职务，考生牛僧孺等也不予升迁。这件事在牛、李之间种下了仇恨的种子。

13 年后，即唐穆宗长庆元年（公元 821 年），右补阙杨汝士与礼部侍郎钱徽主持进士录取事宜。西川节度使段文昌受人之托，结果他所托之人没有录取，而录取名册中有主考官杨汝士的弟弟杨毅士和中书舍人李宗闵之婿苏巢。这引起段文昌的极大不满，就向穆宗告了一状。穆宗问三名翰林学士李德裕、元稹、李绅，都说："诚如文昌所言。"穆宗就令录取者进行复试，结果只有 4 人进士及第，而其中的 10 人落选。为此，主考官钱徽、杨汝士都受到了贬斥的处分。这样，牛、李两党的矛盾更尖锐了。

牛李两党在唐文宗时代，斗争最为激烈。皇帝有至高无上的地位，再就是一人之下、万人之上的宰相了。因此，牛李两党都竭力争夺宰相之位。唐文宗大和六年（公元 832 年）西川节度使李德裕奉调到朝廷，文宗准备用为宰相。时任宰相的李宗闵（牛党骨干）百般阻挠，但没有奏效。这时京兆尹杜综也是牛党，献计道：李德裕做官没有经过科举，这是他的一大憾事，是否可以让他当主考官，他就不会争宰相了。对此，李宗闵也不同意。后来牛党商量让他当御史大夫。可是，由于某种机缘，李宗闵反而外调为江南西道节度使，这样李德裕很顺当地当上了宰相。

　　唐代后期，翰林学士的地位日益提高，不仅接近皇帝的机会多，而且对朝廷的决策起重要作用。因此，牛李两党又在翰林学士问题上争吵不休。大和八年（公元 834 年）文宗欲以李仲言为谏官，进入翰林。李仲言是牛党成员，过去犯过错误受到了处罚。这次宰相就拿此事大做文章。李德裕对文宗说："李仲言这个人的可恶，陛下都是知道的，怎么可以置之近侍？"文宗说："那些我都知道，但不允许人家改过也不行啊！"李德裕说："李仲言这个人本性极坏，怎么能改？"文宗说："宰相李逢吉推荐的，我已经答应了，我不想食言。"李德裕说："李逢吉身为宰相，怎么可以荐这样的坏人，连他也应该革职。"文宗用商量的口气问："翰林不行，做其他官职总该行罢？"李德裕说："这个人坏透了，干什么都不行！"文宗感到李德裕太不给自己面子了，很不高兴，最后将他外放了。李德裕不愿外放，文宗也奈何不得他。当时的皇帝实在是有名而无实。

　　牛李党争，多侧面地反映了晚唐社会的面貌。一面是官场明争暗斗，一面是百姓的受苦受难，同时中央的权威丧失殆尽，连皇帝也为牛李两党所左右。唐帝国在风雨飘摇中挣扎着。

唐武宗灭佛 /

唐武宗

　　会昌年间（公元 841—846 年），唐武宗下诏禁绝佛教，大刀阔斧地在全国拆除寺庙，下令僧尼还俗，这就是历史上著名的"武宗灭佛"。

　　唐朝的中后期，佛教信徒日益增多。由于寺庙有免交赋税、僧尼有免出赋役的特权，以致寺庙的耕地日益扩大、僧尼的数量日益增多，极大地影响了国家的财政收入。唐代的出家人有了"度牒"才算合法，有的地方官吏利用颁发"度牒"的职权大发横财。唐敬宗时，徐州节度使王智兴以庆祝皇帝诞辰为由，在泗州置僧尼戒坛，百姓只要交纳一定数额的银两，就可得到一张"度牒"。这样，一些意在避免王徭、荫庇资产的人，就纷纷来交钱领牒，有了"度牒"，也就有了免出赋役的特权。当时任淮南节度使的李德裕为了弄明真相，亲自在算山渡口进行察看，一日中有百余人为了取得"度牒"而经过此渡，而其中只有 14 人曾当过僧尼，其余都是苏、常二州的百姓。这样一来，国家的日子怎么也过不下去了。唐武宗大张旗鼓地实施"灭佛"，目的就在于去除这种祸国害民的社会现象。

唐武宗灭佛大致上分三个阶段。

第一阶段是会昌二年（公元 842 年）十月，唐武宗下令：过去有犯罪记录的僧人，为逃避兵役而入佛门的人，以及入了佛门但并不修戒行的人，都要勒令还俗。没收其所有的财产，包括田地、庄园、粮食、钱物。但是，主动还俗者则可以免收。于是，有很多的僧尼都纷纷还俗了，编为两税户，说明这一法令是收到了实际效果的。

第二阶段是会昌三年（公元 843 年）二月，唐武宗又下令：拆毁天下所有的寺庙、佛堂。这是个大观模的行动，据说当时单单长安城里拆毁的佛堂就有 300 余所。佛堂拆毁了，那些僧尼就得一律还俗。当然，在当时的社会条件下，真要"拆毁天下所有寺庙、佛堂"是不可能的。

第三阶段是会昌五年（公元 845 年）三月，唐武宗又下令：长安、洛阳两都两街各留二寺。长安左街留慈恩、荐福二寺，右街留西明、庄严二寺。长安各寺留僧 30 人，洛阳每寺则只能留 20 人。天下各节度使的治所以及同、华、商、汝四州，可以各留一寺。寺分三等，上等留 20 人，中等留 10 人，下等留 5 人。其余限期拆毁，拆下的建筑材料，充作为官舍的修缮，铜像等熔化后铸成钱币。这可以看出，会昌五年的命令是对会昌二年、三年命令的调整，在一些重要的地区，都可以合理合法地留存少量的寺庙了。这种调整，在当时也许是完全必要的。

经过会昌二年、三年、五年的灭佛，据说，天下毁寺庙 4600 余所，归俗僧尼有 26 万人，拆毁天下馆州县的招提、兰若 4 万多所，合计各类僧尼共 30 余万，收回良田也在千万顷以上。

应该说，唐武宗的灭佛是有一定的社会意义的。它针对的不是一种宗教，而是一种腐败的社会现象。但是，灭佛只是短暂的现象。会昌六年（公元846年），唐武宗一死，唐宣宗即位，第二年就放宽了佛禁。

黄巢大起义 /

　　唐朝末年，相继爆发了多次农民大起义，其中规模最大、历时最长、影响最深远的当首推黄巢农民大起义了。

　　僖宗乾符元年（公元874年），河南连续数年发生水灾旱灾，民众痛苦不堪。可是，唐政府还是用兵不息，横征暴敛，弄得民不聊生。在这种情况下，王仙芝聚众数千人在长垣（今河南长垣县）揭竿而起，号称"天补平均大将军"。第二年六月，王仙芝军攻陷了河南的一些地区，大败官军，这时黄巢在冤句（今山东菏泽）聚众响应王仙芝，两人立誓共同推翻腐朽的唐统治。在农民起义军的沉重打击下，各地州县官吏都闻风丧胆。唐政权准备授王仙芝大官，王仙芝也准备接受招安条件，黄巢为此大怒，斥责

敦煌45窟壁画。图为商人遇盗，反映通西域之艰难

王仙芝："当时共立大誓，横行天下，今独自当官去，让五千多将士怎么办？"于是，黄巢与王仙芝分道扬镳。

　　黄巢的军队发展很快。王仙芝被唐军所杀后，其余部已并入黄巢军，黄巢也接过了"天补平均大将军"的大号，起义军纵横中原。在中原地带沉重打击了唐军。接着起义军向唐王朝势力相对薄弱的南方地区进攻，从浙江，到福建，一直打到岭南，还占领了广州。沿途烧官府，杀官吏，唯主张保护儒者。后来，又离开广州，一路向西北进发，攻取广西桂林后，又攻下湖南衡阳、长沙，然后进军江浙，挥师北上。僖宗广明元年（公元880年）十二月，黄巢军克洛阳，破潼关，胜利进入长安城，唐僖宗西逃成都，起义军实现了"冲天香阵透长安，满城尽带黄金甲"的夙愿。十二月十二日，黄巢进入太清宫，第二天即皇帝位，国号"大齐"。黄巢宣布："黄王起兵，本为百姓，百姓可安居无恐。"他

西安唐大食人陶俑

们把土地和财产分给贫困的人们，而那些唐宗室、官吏、地主、土豪被打翻在地，有不少被起义军杀了。老百姓扬眉吐气了。⑨

　　当然，黄巢军在战略和战术上是缺乏经验的。进长安后，没有及时追击敌人，使僖宗为首的唐王朝有了从容组织力量反击的时间；此外也没有多少安定人心的实际措施出台，又没有建立革命的根据地。在四面受敌的情况下，起义军退出长安。坚持到中和四年（公元884年）黄巢行至泰山狼虎谷身亡。

　　黄巢从揭竿而起到失败身亡，历时10年之久。他的活动范围北起山东，西至陕西，转战南北，纵横全国12省，沉重打击了唐朝腐朽的统治。黄巢打着"天补平均大将军"的旗帜，表明了农民朴素的平均主义思想，对最终摧毁世家大族的统治也起了不可估量的作用。在黄巢起义军的打击

下，唐王朝的末日也就不远了。

注释:

① 唐高祖李渊读了孙伏伽的奏折后，下诏曰:"秦以不闻过而亡，汉高祖反正，从谏如流。"二年，高祖谓裴寂曰:"隋末无道，上下相蒙，主则骄矜，臣则谀佞。上不闻过，下不尽职，至使社稷倾危，身死匹夫之手。朕拨乱反正志在安人。"(《旧唐书·孙伏伽传》)当时的大臣姜谟曰:"唐公有霸王之才，必为拨乱之主。"(《册府元龟·将帅部·佐命六》)"拨乱反正"成为唐初的一个核心口号。

② 太宗曰:"设官分职，以为民也，当择贤才而用之，岂以新旧为先后哉! 必有新而贤，旧而不肖，安可舍新而取旧乎! 今不论贤不肖而直言嗟怨，岂为政之体乎?"(《资治通鉴·唐太宗贞观三年》)

③ 贞观十一年，太宗手书答魏徵曰:"省频抗表，诚极忠款，言穷切至。披览忘倦，每达宵分。……公之所陈，朕闻过矣。当置之几案，事等弦、韦。必望收彼桑榆，期之岁暮，不使康哉良哉，独盛于往日，若鱼若水，遂爽于当今。"(《贞观政要·君道》)

④ 贞观元年，太宗谓黄门侍郎王珪曰:"中书所出诏敕，颇有意见不同，或兼错失，而相正以否? 元置中书、门下，本拟相防过误。人之意见，每或不同，有所是非，本为公事。或有护己之短，忌闻其失，有是有非，衔以为怨。或有苟避私隙，相惜颜面，知非政事，遂即施行。难违一官之小情，顿为万人之大弊。此实亡国之政，卿辈特需在意防也。……卿等特须灭私徇公，坚守直道，庶事相启沃，勿上下雷同也。"(《贞观政要·政体》)

⑤ 太宗曰:"夷狄亦人耳，其情与中夏不殊。人主患德泽不加，不必猜忌异类。盖德泽洽，则四夷可使如一家; 猜忌多，则骨肉不免为仇敌。"(《资治通鉴·唐太宗贞观十八年》)

⑥ 《新唐书·武后传》:"上元元年，进号天后，建言十二事:一、劝农桑，薄赋徭; 二、给复三辅地; 三、息兵，以道德化天下; 四、南北中尚禁浮巧; 五、省功费力役; 六、广言路; 七、杜谗口; 八、王公以降皆习《老子》; 九、

父在为母服齐衰三年；十、上元前勋官已给告身者无追核；十一、京官八品以上益禀入；十二、百官任事久，材高位下者得进阶申滞。"

⑦ 司马光对唐代的两代贤相作了十分精到的对比和评述，他说："崇（姚崇）善应变成务，璟（宋璟）善守法持正；二人志操不同，然协心辅佐，使赋役宽平，刑罚清省，百姓富庶。唐世贤相，前称房、杜，后称姚、宋，他人莫得比焉！二人每进见，上辄为之起，去则临轩送之。"（《资治通鉴·唐玄宗开元四年》）

⑧ 白寿彝著《中国通史》以为："长安城在唐代的正式户口有八万余户，以一户五口计，大约四十万人。再加上贵族、官吏、僧道、胡商等，长安城的人口当不下百万。"而美国加州大学教授谢弗在《唐代的外来文明》一书的估计，认为"长安城的纳税人口将近二百万人，其数量相当于位于这条漫长的水道和运河网络另一端的广州的纳税人口的十倍。"

⑨ 黄巢建大齐政权后，有人写诗道："自从大驾去奔西，贵落深坑贱出泥。扶犁黑手翻持笏，食肉朱唇却吃齑。"

第二十九卷 两宋格局

唐朝灭亡以后，中国陷入了五代十国分裂割据的混乱局面。中原地区先后出现了后梁、后唐、后晋、后汉、后周五个朝代，史称"五代"。各代历史很短，最长的 16 年，最短的只有 4 年，总共 54 年。在山西和南方先后出现了北汉、前蜀、吴、闽、吴越、楚、南汉、南平、后蜀、南唐等十个割据政权，史称"十国"。

公元 960 年，后周的大将赵匡胤发动兵变，夺取了政权，建立了宋朝，定都于东京（今河南开封），史称北宋。公元 1127 年，原居于我国东北地区的女真族建立了金政权，攻破宋的东京，掳走徽、钦二帝，北宋灭亡。宋钦宗的弟弟赵构在南方建立宋的新政权，定都临安（今浙江杭州），史称南宋。

两宋政权连绵 300 余年，在实施改革的基础上，政治、经济、军事、文化等方面都出现了一系列新格局。宋代实施"重文轻武"的国策，使宋代的士大夫拥有前所未有的优越地位，"弃武学文"成为一时的社会时尚。宋代文化的繁荣和兴盛也是值得大书的，一度出现了新的"百家争鸣"的局面，与汉、唐一起被史家称为"后三代"。随着农业经济的进一步发展，商业为社会普遍重视了起来。宋代还出现了世界上最早的纸币。宋代的科技也达到了前所未有的水平，中国"四大发明"中的三大发明就出现在宋代。

这种种新格局的出现，深刻地影响着整部中国历史。

吴越王钱镠 /

公元 907 年，盛极一时的大唐政权灭亡。从此，到公元 960 年宋朝建立的 54 年间，中原地区先后出现了梁、唐、晋、汉、周五个政权。另外，还出现了十国割据的局面。这十个政权，除北汉在北方外，其他前蜀、后蜀、吴、南唐、吴越、闽、楚、南汉、南平等九个政权都在南方。这些政权的首脑人物中，吴越王钱镠可谓是佼佼者。

钱镠原为唐末杭州刺史董昌的部将。后来，董昌据越州（绍兴）称帝，唐以钱镠为浙东招讨使讨伐董昌，董昌兵败自杀，钱镠遂据有两浙，所辖区域大致相当于今浙江省及上海市、江苏省苏州地区。后来他被封为越王、吴王，最后定为吴越王，建元为天宝。

钱镠据两浙共 41 年，他一生活了 81 岁，这在当时乱世为王者中是少有的。他为后世人传诵不忘，在"五代十国"的统治者中也可说是第一人。

钱镠的功业在于兴修水利，发展农耕。

天宝三年（公元 910 年），他主持了筑捍海塘的大业。钱镠当时已年届 60，为了筑海塘，他还亲自参与谋略。浙江临海，怒涛汹涌，决塘是常有的事。开初试行版筑法，用泥土为塘，结果很容易就被冲决。于是，钱镠就改为竹笼法。史载："以大竹，破之为笼，长数十丈，中实巨石，取罗

农耕图（甘肃
嘉峪关画像砖）

山大木长数丈，植之，横为塘，依匠人为防之制，又以木立于水际，去岸二九尺，立九木，作九重，由是潮不能攻。"

钱镠治海的成功，使老百姓得到了实利，老百姓称颂他，给了他一个雅号，叫做"海龙王"。

过了5年，65岁的钱镠为了进一步落实水利事业，专门建立了主管水利的"水营使"。这是一个军事性质的机构，有近万人。这支军队，平时"常为田事"，自己生产，自给自足，不让百姓增加负担。一旦有事，就"治河筑堤"。这支队伍做了许多实事，最大的有三件事：一是治理吴淞江；二是治理淀山湖；三是开通了东府南湖，也就是今天天下闻名的西子湖。

钱镠的功业为后人传诵不已。他曾经在百忙中回老家一次，作《还乡歌》："三节还乡兮挂锦衣，父老远来兮相追随。斗牛无孛兮人无欺，吴越一王兮驷马归。"诗中有几分得意，但更多的是一颗坦荡的爱民护民之心。

词坛才子李后主

在五代十国时期，除了钱镠值得一书外，南唐末王李后主也是足以著之竹帛的。

李后主本名李煜，原本该是个政治人物。他的父亲李昪在战乱中夺取了一块地盘，因与原先李唐政权的国主同姓，就在金陵（今南京）建立了唐政权，史称南唐。其人称为南唐前主。他主政时，政治清明，经济得以发展，所建庐山白鹿洞书院成为后世著名书院。李昪死后，其子李璟即位，号为中主，其人一无所为，史书上只是说他"好读书，多才艺"。最倒霉的当是后主李煜了。

南唐先是臣服于后周，后又对北宋称臣纳贡。李煜25岁任南唐国主，史称李后主，一共做了14年的小皇帝。在位期间，对北宋卑躬屈膝，不断以金帛珠宝巴结宋朝皇帝。他小心翼翼，但宋统治者对他还是不放心。

史传，宋太宗派人日夜监视在李后主的住处。李后主没有什么办法，只得以作词自娱。一日，监听者听到李后主在唱"小楼昨夜又东风"和"一江春水向东流"，报告了宋太宗，宋太宗大怒，不久，就把他毒死了。

李后主虽说在政治上无所作为，可在词的创作上却可谓是一颗耀眼的星辰。王国维在《人间词话》中说："词至李后主而眼界始大，感慨遂深，遂变伶工之词为士大夫之词。"这个评价是极为精当的。以往的填词只是为了戏曲，为了演唱，而从李后主开始，作词多与社会生活紧联一起了。无论从形式到内容，都冲破了"花间派"的樊篱，走向现实，开创了词史上的一个新时代。

李后主的词，相当部分表现了他对"故国""江山"的恋念，感情强烈，撼人心魄，催人泪下，正如王国维所言："后主之词，真所谓以血书者也！"

李后主的《浪淘沙令》写道：

"帘外雨潺潺，春意阑珊。罗衾不耐五更寒。梦里不知身是客，一晌贪欢！

独自莫凭阑，无限江山！别时容易见时难。流水落花春去也，天上人间！"

李后主的《虞美人》写道：

"春花秋月何时了？往事知多少！小楼昨夜又东风，故国不堪回首月明中！

雕阑玉砌应犹在，只是朱颜改。问君能有几多愁，恰似一江春水向东流。"

历史是无情的，"浪淘尽千古风流人物"，一时的"风流"可能很快会被历史的尘埃所埋没。历史又是有情的，只要你真的对历史作出过某种贡献，你就会在青史上留下永不褪色的笔墨。李后主就是这样。他的政治生涯是可悲的，也是不足道的，但是有了"流水落花春去也，天上人间""问君能有几多愁，恰似一江春水向东流"这样的千古丽句，有了为有宋一代开清新词风的无可争议的贡献，人们就永远记住他了。

陈桥兵变 /

后周显德七年（公元 960 年），后周掌握禁军大权的赵匡胤，在陈桥（今开封市郊陈桥镇）黄袍加身，发动兵变，逼后周的幼帝让位，建立了宋王朝，这就是中国历史上著名的"陈桥兵变"事件。

这差不多是 9 年前郭威发动的澶州（今河南濮阳）兵变的复制。那时，大将郭威执掌着后汉的军权。他谎称辽军南侵，便率军北上。大军行至澶州，一些将士把黄袍加在郭威的身上，拥立郭威为帝。郭威便率军回后汉京师开封，即皇帝位，建立后周。在那次事变中，身为年轻将领的赵匡胤和杨光义、石守信、李继勋等人结为"义社十兄弟"。这些年轻将领因拥立有功，都开始步步高升。

可是，过了没几年，郭威即染病身亡，帝位传给只有 7 岁的幼子，封宰相范质、王溥为顾命大臣，统领军国大事全局。可是，范、王两人无军权，不为军界所服，后周的政局出现了不稳的迹象。于是，赵匡胤为首的"义社十兄弟"开始密谋，试图效法郭威，以拥有军权而自立。

赵匡胤

赵匡胤先是买通了宰相和顾命大臣之一的王溥，许诺他如能自立，当委以重任。王溥表示愿意效忠。显德七年（公元 960 年）正月初一，赵匡胤指使他人谎报军情，说契丹大军南下，京都危在旦夕。后周宰相范质与王溥商议后，决定由赵匡胤率大军前去应战。在出军之前一天，在京城散布流言："将以出军之日策检点为天子。""检点"是"殿前都检点"的简称，当时担任此职的正是赵匡胤。士兵和民众听到这一流言，怕京城又要大乱，纷纷出逃，只有皇宫内还不知外面发生了什么。

正月初三，赵匡胤率大军北上，当晚到达离开封约 40 里的陈桥驿，部队突然驻足不前了。一些军士聚于驿门，一会儿，这些人马上又排列成整齐的队伍，高呼："我们要检点当天子！我们要检点当天子！"不少将士也都加入了那个队伍。赵匡胤的心腹幕僚李处耘即向赵匡胤的二弟赵匡义报告进展情况，表示一切满意。兵变的预谋者之一赵普，还不放心，夜间专门到各营寨察看了一番，感到问题不大后，才向赵匡胤本人汇报，派心腹官员急驰入京，通知石守信等做好内应准备。

当大军刚出城门时，有个号称通晓天文的军校苗训指着天上说，他看到了两个太阳在相互搏斗，并对赵匡胤的亲信楚昭辅说："此为天命所归。"这类说法无非是改朝换代之际惯用的伎俩而已，然而，这场煞有其事的谈话迅速在军中传开，军中将士议论纷纷："当今皇上年幼，不懂朝政。我们冒死为国家抵抗外敌，也没人知道我们的功劳。倒不如先立赵点检为天子，然后再北征。"当日夜里，赵匡胤喝得醉意朦胧，拥被大睡。到了清晨时分，一夜未眠的将士们握刀持剑，早已环立帐前，呼声四起。有些将士全副披挂，准备径直入帐。守在帐外的赵匡义和赵普见状，连忙进帐唤醒赵匡胤，拥他出帐。帐外将士一见赵匡胤出来，便大声高喊道："诸军无主，愿奉太尉为天子。"赵匡胤来不及回答，一件黄袍已披在他身上。众将士一齐跪拜在地，三呼"万岁"，呼喊声震耳欲聋，数十里外也能听到。赵匡胤假装推辞，连声说道："岂敢！岂敢！"

众将士不依，扶他上马南行。

赵匡胤佯装无奈，又对将士们说："不得贪图富贵！"

将士们说："此为天意，不可违抗！"

赵匡胤说："既强我为天子，你们就得听我指挥！"

众将士都答允。这时，赵匡胤便得意洋洋地穿上了黄袍，率军向京城进发。

在石守信的策应下，大部队很快进入开封。只有不知好歹的城防司令韩通抵挡了一阵，但马上被另一名守城的将官杀了。赵匡胤顺顺当当地夺取了政权。赵匡胤把事情的经过告诉了范质、王溥两位宰相。王溥早已知情，范质无可奈何，两人都表示赞同。赵匡胤于正月初五，颁定国号为宋，改后周显德七年为宋建隆元年。宋朝正式建立，这一年是公元 960 年。

赵匡胤一开始就显现出了王者风范。在兵变这一点上，他与前朝的多次兵变没有什么两样。但是，他的目光比前人要远大，他的心胸比前人要开阔。在即位前，他讲了三条："我如果即皇帝位，一不得凌辱后周太后、少帝及公卿大臣；二不得抢劫市民；三不得抢劫政府的仓库。这三个"不得"，正是他赢得军心民心的基石。

"一切照旧"

留用后周时期的旧官僚，尤其是信任甚至重用原先的后周朝廷重臣，是宋太祖赵匡胤稳定政局的重要一着。

赵匡胤是穿着黄袍进入京城的。但是，为了不刺激三朝元老、首相范质，在面见他的时候，赵匡胤马上脱掉了黄袍。范质当面质问他："先帝养太尉如养儿子一样，现在尸骨未寒，为什么要做篡位之事？"

赵匡胤只得假装哭丧着脸说："我蒙周世宗的厚恩，哪里敢忘？现在是受六军将士的压迫。走到这一步，实在愧负天地，叫我怎么办呢？"

这时，赵匡胤的卫队如狼似虎地站立在一旁，大有要抓人之势。而副相王溥则早已与赵匡胤串通一气，马上出来相劝，并表示自己愿追随顺从赵匡胤。

王溥说："范宰相，有道是，识时务者为俊杰，事已至此，还是顺从了赵天子吧！"

范质一看大势已去，就提出条件，要赵匡胤不杀后周天子及其亲属，要他行禅让之礼。赵匡胤满口答应，并真的举行了隆重的禅让大典，安置好了后周皇族。

新政权建立一个月以后，为了表示对像范质这样的三朝元老的真心重用，赵匡胤特下诏令：范质可依前守司徒，兼侍中。[①]王溥可守司空，兼门下侍郎。这一任命非同小可。范质原任的司徒，名位虽高，但缺乏实权，只是管理教化事务而已，而现今授予的"侍中"一职，不仅位极人臣，同时可随皇帝左右，出入禁中，应对顾问朝中一切大事。至于王溥，原担任的"司空"一职，主管土地、水利、工程，虽说有实权，但说不上权力很大，现又兼以"门下侍郎"一职，那权力要大得多了。

还有一大批重臣都加了官、晋了爵，最次等的也能保住原先的官职。

中央稳住了，地方才能稳。据说，当时宋太祖派出大批使者到各地去通报情况，以告"去周代宋"的实情。那些州吏首先要问的是："宰相是哪一位啊？""枢密使是哪一位？""担任军职的是谁？"使者告诉他们："一切照旧！"

这时，那些地方长官放心了，因为没有危及自己，于是，纷纷下拜称臣。

杯酒释兵权 /

其实，赵匡胤怕的倒不是那些旧朝重臣，而是那些方镇大将。他们手中有着强大的军权，退可守一方之土，进可威胁中央政权。唐中叶一直到五代末100多年间兴风作浪以至于引起王朝频繁更替的，就是这些兵权在握的方镇。

北宋建隆二年（公元961年）闰三月，宋太祖首先废除了掌管精锐部队禁军的殿前都点检这一要害军职，将任殿前都点检的慕容延钊外放任节度使，迈开了皇帝亲掌禁军的第一步。不久，又采纳赵普的建议，对禁军重要将领"收其精兵"，将石守信等人解除了禁军军职。接着就是"杯酒释兵权"了。

建隆二年七月初七日晚，宋太祖留石守信等武将晚宴。酒过三巡，宋太祖以神秘而又亲切的语气，对石守信等低声说："我能当上皇帝，全靠你们出了大力，我非常感谢你们。可是，你们哪里知道，当皇帝也难得很，我天天睡不着觉呐！"

石守信等是他的"义社十兄弟"成员，即便不是其中的成员，也是赵匡胤夺取政权的铁哥们，他们根本不知是计，都说："皇上有什么难处，说出来听听！"

杯酒释兵权

赵匡胤用锐利的目光扫视了一下在座的各位，一字一顿地说："难就难在我这个皇位怕难以坐稳啊！要知道，谁人不想当皇帝呢？你们说呢？"

这时，石守信等才知道赵匡胤葫芦里卖的是什么药，吓出了一身冷汗，莫不是皇上怕自己篡位？他们纷纷向赵匡胤表忠心，说自己是会永远永远效忠于皇上的。石守信更是信誓旦旦，说："皇上当上天子，是天意所在，我决不会有异心。"

赵匡胤假意地叹一口气说："我也相信你们不会有异心，但是，谁能保证你们的部属不会为了荣华富贵，将黄袍加在你们的身上？"

听赵匡胤这么一说，石守信等都觉得十分害怕，忙说："我们可都没想到这一层，还望陛下为我们同生死共患难的兄弟指一条出路！"

赵匡胤沉吟片刻，说："人生在世，无非是荣华富贵几个字，这也是为子孙造福。我为你们设想，最好的办法是放弃军权，离开京城这个是非之地，到外地去当个闲官，享清福，买田造屋，以享天年。那样，我与你们之间，也不用猜疑，上下相安，岂不乐哉！你们想想，这样做行不行？"

石守信等听了赵匡胤这番话，知道再也不能执掌军权了。第二天，武将们一个个都称病，要求解除自己的军职。赵匡胤马上爽快地批准了他们的"请求"，改命石守信、高怀德、王审琦、张令铎、周彦徽等人为节度使，并给予重赏。

中央禁军问题解决后，赵匡胤又着手解决地方武装问题。他召王彦超等掌军权的地方藩镇入朝赴宴。席间，赵匡胤对他们说："你们都是功臣宿将，长期在地方忙于公务，非常辛劳，我对你们也照顾不周。今后，我要让你们少管事、多享福！"

王彦超等心领神会，马上答应愿依石守信等的做法。他们说："我们这些人本没多少功劳，全靠皇上的提拔重用。如今我们也老了，还是告老归乡吧！"于是，他们交出兵权，原先的职官由文官来充任。

宋太祖的"杯酒释兵权"是个伟大的创举，他没有以武对武，而是以喝酒谈心的方式解决了一个唐中叶以来长期没解决的拥军自重、藩镇乱政的问题。此举，保证了有宋一代 300 多年的内部统一和安定。自宋以后，少有拥军割据混战的现象发生。宋太祖赵匡胤的这一聪明绝顶、深谋远虑的做法，值得大书。

赵普的"方镇三策" /

当时的方镇——主要指节度使，权力很大，他们集军、政、财、监权力于一身，那绝对不是一次酒会所能解决问题的。宋太祖赵匡胤为此常忧心忡忡。建隆二年（公元 961 年），他在与谋臣赵普的一次闲谈中提出："赵普啊，你是跟我一起打天下的人。你我都知道，唐朝末年以来的数十年间，帝王变易了八姓，民众实在受苦不少，你看那是什么原因？"

赵普似乎早已成竹在胸，他说："皇上，事情是很清楚的，那完全是因为地方势力太强大，而君主实权太少的缘故。"

赵匡胤又问："我想平息天下的战事，为国家立长久之计，你看有什么办法？"

赵普说："臣有方镇三策：一是一点点削弱其权力；二

赵普

是切断这些人的经济命脉；三是将其精兵收归中央所有。"②

赵匡胤仰身大笑，高兴地说："有了这'三策'，看来天下太平不会成问题了！"

赵普"方镇三策"中的第一策是："稍夺其权"。自唐代以来，节度使除治本州外，兼领"支郡"，也就是旁边较小的州。现在，所谓"稍夺"，首先不让他染指"支郡"。具有讽刺意味的是，赵普提出的"稍夺"的第一个对象竟是他自己。开宝六年（公元973年）八月，赵普罢相，出为三城（今河南孟州）节度使，按例带"孟、怀等州观察处置使"，但这时，却宣布怀州直隶京城，这明显是一种"稍夺"。到宋太宗时，所有节镇的支郡三十九州全直隶中央。

赵普"方镇三策"中的第二策是："制其钱谷"。这是一种经济制裁。以前财权归于节度使，所有赋税收入全归节度使，每年的"贡奉"只具有象征意义。建隆二年以后，赋税收入，除地方用去部分外，要全数交中央。

赵普"方镇三策"中的第三策是："收其精兵"。中央的禁军从哪里来？就从地方的精兵强将中选拔而来。皇上平时派人对此督责，有时则亲自实行抽查，查到如有将精兵藏匿起来不上报的，定当重罚。节度使手中的"役兵"只是备治安之用，要想谋反，也是办不到的！

五代后晋的成德军节度使安重荣曾经感叹说："天子，兵强马壮者当为之，宁有种耶！"那个时代一去不复返了。经宋太祖整饬，节度使只是成了礼遇很高的州级行政长官，与刺史在职权上没有本质区别。

"宰相须用读书人"

宋王朝实行"重文轻武"的国策。文化人和有真才实学的士大夫受到空前的尊崇。政府的高级官员几乎都由文人担任，连中央主管军事的枢密使也多半是文人。武将出征时还常以文官做"监军"，其目的是彻底铲除军人乱政的根子。

宋太祖重用翰林学士窦仪就是一个例证。窦仪出身于世代书香之家，其父禹钧和其伯父禹锡都是著名的词学家。窦仪 15 岁即举进士，周太祖郭威时即召为翰林学士。宋太祖赵匡胤即皇帝位的第一年，就将这位"宿儒"召到朝中来，升任为工部尚书，并要他到中央最高审判机关大理寺去就职，负责重定《刑经》，把制定刑法的重任也交给了这位大文人。当时的大理寺有职有权，在大理寺、刑部、都察院的"三司会审"中，窦仪都起了极为重要的作用。

当时，翰林学士王著刚巧因为喝醉酒后闹事，被宋太祖知道后贬官。宋太祖把德高望重的宰相范质找来，对他说："翰林学士处于禁中，专掌内命诏敕，人称'内相'，地位太重要了，应当让窦仪这样的宿儒来充任。"范质大概心中另有人选，便回答说："窦仪清介重厚，人是不差的，但已经走出翰林院任外官，重入翰林院是没有先例的。"太祖十分坚定，说："我想定了，非此人不能善处禁中，你要理解朕的心意，马上让他就职吧！"范质还想说什么，这时宋太祖一挥手，示意他闭嘴。就这样，一锤定音，当天让窦仪再进入翰林院。

太祖即位的头三年，一切进展得很顺利。用兵不多，但荆南、南汉、南唐、吴越等国相继投降。当建隆三年（公元 962 年）十一月，投降后被任命为荆南节度使的高继冲来朝进贡万两白银时，宋太祖心花怒放，决定改元。他征求了一些官员的意见后，决定用"乾德"这个年号。当时，翰林学士窦仪外出，未及垂问。宋太祖兴高采烈地说："这个年号好，天乾地坤，'乾德'即是天降大德的意思。"百官听太祖说好，就谁都不说什么了，众官员还在当天奉献上了书有"应天广运仁圣文武至德皇帝"的玉册。但是，不久灭了后蜀，看到蜀宫女用的镜子背后有"乾德四年铸"字样，宋太祖忙问翰林学士窦仪。窦仪回答道："这个年号在后蜀时用过，现在再用也未尝不可。"宋太祖闻言，感叹道："看来，宰相须用读书人啊！"

每有大事，宋太祖总要垂询于窦仪。乾德二年（公元 964 年），范质等三相并罢。过了三天，宋太祖任命赵普为平章事，相当于副宰相。当时有位名叫陶谷的尚书建议可以晋升赵普为相，太祖得到这一奏章后，拿不定主意，便问窦仪，窦仪回答说："陶谷的建议不利于天下太平，皇上的弟弟赵匡义现在是开封尹，同平章事，可以升任为宰相。"太祖说："窦仪的话是对的。"过不多久，提升窦仪为礼部尚书。

窦仪全家五兄弟都是大学问家，被世人称为"丹桂五枝芳"，也有人称其为"窦氏五龙"的。他们也多次受到宋太祖的青睐。可惜窦仪一代大才，只活到 53 岁就死了。宋太祖听到消息，大哭道："老天爷为何要那样快地夺走我的窦仪啊！"

"儒将"曹彬

曹彬

有宋一代，除了重用文人外，也鼓励武人要学一点文化。被誉为"宋代第一良将"的曹彬，就是一员为朝廷重用的"儒将"。

曹彬出身于武人门第，父亲曹芸曾任成德军节度都知兵马使。在这样的家庭氛围中熏染长大的孩子，从小就具有武人的气质。据传，曹彬周岁时，父母让他"抓周"。面前摆上百件好玩的物品，只见曹彬左手持干戈，右手取俎豆，还取了一颗大印。这个将门之子，既喜武，又喜文，还对象征国家权势的印章感兴趣呢！

曹彬长大后，在成德军中充牙将，后在北周柴世宗身边办事，干得十分出色。后来他出使吴越，事情办理完了，就走人，吴越君王送给他诸多礼品，他一件都不取。吴越人用轻舟追赶他，他推辞再三不肯受。吴越人强行把礼品留下后走了。他归京后，把这些礼品全数送交官府，自己分文不留。

宋朝建立后，曹彬以他的良好名声留在禁军中。他表现得很大气，没有公事，从不到宋太祖赵匡胤那里去，有什么宴会之类，他能不参加就不参加。一次，宋太祖问他："我常想亲近你，你为什么故意疏远我？"曹彬说："我是前朝周室的近亲，现在能忝列于禁军之中，已了不得了，怎还想交结皇上？"他这样说，太祖就更加器重他。太祖也常以"武人学文"之道教诲他，他也很用心地记下。

宋太祖对这个年轻将军特别有好感，有意培养其为文武全才。乾德二年（公元964年），封他为左神武将军，接着又马上兼枢密承旨。当时，按宋制主管军事的枢密院都由文人任职，让曹彬到枢密院去是为了让他学点文事。同年，攻伐后蜀，又让曹彬为监军，这也是文人的差事。在征蜀中，曹彬这个监军干得很出色。当时，攻占了三峡地区的一些郡县后，绝大多数将领主张屠城以煞其威风，曹彬坚决制止。两川平定后，主帅王全斌等日夜宴饮，部下的人则到处抢掠，使蜀地人苦不堪言，造成了叛乱的发生。曹彬多次建言早日班师，诸将就是不听。后来平乱后，诸将都取玉帛女子，唯独曹彬分文不取，独选了一些有用的图书资料。回到京城后，其他将官都受到宋太祖的惩处，唯独曹彬受到了表彰。曹彬对皇上说："其他将士都获罪，唯独我受赏，恐怕不妥。"宋太祖说："有什么不妥的？你这个监军立了大功，又不自夸，我不奖励你，还可奖励谁？"

在攻伐江南的南唐政权的战役中，曹彬也是立了大功的。围困金陵达数月，诸将欲速攻，曹彬只是主张围而不攻，以等待时机。城马上就要攻破时，曹彬突然称病不能视事。诸将急了，都来问候，曹彬说："我这个病不是药石所能治愈的，只有大家在此诚心立誓，城攻破之日，决不妄杀一人，则我的病自然痊愈了。"诸将许诺，一起焚香为誓。金陵攻破后，宋军秋毫无犯，南唐李后主也就心悦诚服地投降了。

雍熙三年（公元986年），当时曹彬已年过半百，却依旧辗转战地。这一年，他奉命北伐，败契丹于固安，破大都市涿州。当时有戎人来助契丹，大破之于城南。有趣的是，素以清廉闻名的曹彬被人告发侵吞战利品。当时在位的宋太宗赵光义派人查处此事，曹彬也坦然以对。结果大出人所料，在曹彬沉重的箱子里无一件珠宝之类的贵重物品，而是一满箱一满箱的书籍，书籍上写满了他的心得。从此，"儒将"的雅号就不胫而走了。

可惜，宋王朝的当政者虽时时提醒武人要读书，可应者寥寥。像曹彬这样的"儒将"只是屈指可数的极少数人。

经太祖、太宗两朝的整顿，宋代文人政治的大格局已经形成，武人只是冲锋陷阵、奋勇杀敌者而已，在政治上、军事上都是无足轻重的了。这个格局极其深刻地影响了中国之后的 1000 多年。

"半部《论语》治天下"

赵普是与宋太祖赵匡胤一起夺天下、定天下的名臣。自乾德二年（公元 964 年）范质等三相同日罢去后，他就实际掌握了相权，一直到宋太宗时代。他没有多少武功，是个十足的书生宰相。宋太祖曾当着他的面说："国家事皆由你这样的书生裁决吧！"

赵普也的确是书生气十足，自己认定了的事，就敢于坚持。一次，他荐某人为官，太祖说："此人不可用！"赵普第二天还奏，得到的答复还是那句话。第三天，赵普再奏，太祖勃然大怒，说："你这个人怎么搞的，我说不用就不用了么！"把赵普的奏章撕得粉碎，掷在地上。赵普把地上的纸一片片拼起来，补好后又递上。宋太祖还是不答应，怒而离座，赵普紧随其后，立于宫门久久不走，最终感动了宋太祖，起用了赵普推荐的人。后来证明，这是一贤能之人。

赵普是个真正肯读书和能读书的人。他早年曾受到宋太祖的鼓励，叫他要好好读书，以先圣之精神治国。对此，赵普一直铭记在心，直到晚年都手不释卷。每天公事办完回家后，就把书房的门一关，打开书箱认认真真地读起书来，有时一直读到深夜。

赵普每天打开那个书箱读的那部书，是什么了不得的宝书呢？一次，他的夫人在整理书房时，发现那书箱

宋人科举考试图

刚巧没有锁上，好奇地打开一看，原来是一部已经读烂了的《论语》20篇。这事写在了《宋史·赵普传》中。

后来，有人在太宗面前毁谤赵普，说："赵普这个人啊，人家都说他有学问，其实，这个山东人，只是读了一本他山东老乡孔子的《论语》罢了。"

宋太宗常到赵府闲坐，一次，宋太宗以打趣的口吻问赵普："人家说你平生只是读了一部《论语》，是这样的吗？"

赵普点点头，平静而坦然地回答道："说得是不错的，我只是读了部《论语》。"

宋太宗吃惊了，追问道："人家是闲言碎语，我不信，你自己怎么也这样说呢？"

赵普回答道："臣平生的智慧和才能，都出自于《论语》。往日，我是以半部《论语》辅助太祖定天下，现在，我是在以另半部《论语》帮陛下治太平。天下发生任何事，我以半部《论语》应付之，足够矣！"

从此，"半部《论语》治天下"之说传开去了。这也说明，宋代所谓的"文人政治"，实际上是以儒家的思想治理天下。

吕端"大事不糊涂"

太祖、太宗共统治天下38年，奠定了大宋王朝300年统治的基石。可是，当宋太宗因高梁河之战的箭伤复发即将不治时，帝位继承之争又差一点动摇了社稷江山。这时，向来似乎办事糊涂的宰相吕端站了出来，他力挽狂澜，避免了一场一触即发的宫廷政变，保住了政治格局的平稳过渡。当时，如果没有吕端的"大事不糊涂"精神，宋代的历史将会重写。

吕端的父亲吕琦是位军人，在后晋时官至兵部侍郎，因此吕端稍稍长大后以门荫充任了"千牛备身"之

宋太宗

职，成为君主身边的侍从。可是，自从实行"文人政治"以后，其父也决定把他培养成为一员文臣。吕端历任国子主簿、太仆寺丞、秘书郎、直弘文馆、著作佐郎、直史馆、右谏议大夫、枢密直学士、参知政事，起起落落，但干的基本上是文事，最后到宋太宗时，成为一人之下的宰相。

吕端的官声一直很好。他曾出使高丽，使命完成后，归来途中，突然暴风折断了船樯，全船的人都惊恐不已，可吕端却稳坐在船头读书，像在书阁中一样闲适舒展。他的镇定自若，给全船人以信心，安然度过了一难。

由于他的耿直，也得罪了不少人，他的官位一直升降不定，但他从不介意，只是一心为民办实事。向来与他关系不佳又长期任相职的赵普也不得不称赞道："我看吕公这个人实在了不起，他得了嘉奖并不大喜，受了抑挫也从不惧怕，他真是当朝找不出第二人的大才！"赵普对吕端"荣辱不惊"的评述是有道理的。

到宋太宗中期，吕端真正得到了重用，被拜为参知政事，即副相。当时寇准也是副相，吕端主动请太宗把自己的位置安排在寇准之下。太宗说："不行，还是你居上！"后来，太宗想提升吕端为宰相，有人对太宗说："那是不行的，吕端为人太糊涂。"太宗马上纠正说："不，我了解他，吕端这人小事上糊涂，可在大事上不糊涂！"坚决地把他提上了相位，并告诉中书省（也就是政事堂），以后凡是有关决策性的文件，必须由吕端过目后才能公布。在这种情况下，吕端反而更加谦让。

在宋太宗晚年，继位问题成了宋王朝的一个焦点。当时在确定太子问题上就一波三折。先是定长子赵元佐为太子。但这个长子与太宗政见不合，被废为庶人。后立次子赵元禧为太子，可不幸他突发暴病而死。最后，才确定赵元侃为继承人，并于至道元年（公元995年）八月，册立为太子，此时，离太宗之死只有两年不到的时间了。

太宗病危时，当年帮助太宗夺位的大宦官王继恩串通副相李昌龄、知制诰胡旦谋立已被废为庶人的赵元佐为帝。太宗的李皇后动摇不定，最后由王继恩通知宰相吕端前去李皇后处议事。

吕端对王继恩的阴谋早有察觉，他知道如果推翻太宗的成命而另立新帝，必然造成天下大乱。吕端决定先下手为强，把前来通知去李皇后处议事的王继恩扣了下来，自己前去面见李皇后。经过一番劝说后，李皇后同意了按太宗的原计划办，立太宗三子赵元侃（即赵恒）为帝，这就是宋真宗。

吕端的确是个大事不糊涂的人。当时真宗尚年幼，因此，由李皇后扶持着垂帘接见群臣。吕端深知宫中之事变化莫测，若有人"调包"，群臣一拜，一呼"万岁"，就难以更改了。于是，当司仪官宣布朝拜开始时，吕端却平立殿下不拜。吕端不拜，谁人敢拜？他要求司仪官将帘子掀起，待他看个明白，殿上坐的究竟是谁。司仪官只得卷起帘子，吕端看明白殿上坐的果真是赵恒，然后才率众臣下拜，高呼："万岁，万万岁！"吕端可谓是宋代文官之首，史官给予其极高的评价。③

范仲淹与庆历新政

宋代文明是在一波又一波的改革浪涛中推进的。宋仁宗庆历年间实施的改革，史称"庆历新政"。变革的最主要人物是被时人称誉为"一世之师"的范仲淹。

范仲淹出生在一个十分贫困的家庭中。2岁丧父，母亲无以为生，就改嫁了一个姓朱的人。范仲淹长大后，知道了自己的身世，便发奋苦读，立志成才。当时门第制度和门第观念已大为削弱，在26岁时，他以优异的成绩考中了进士，同时也上表恢复了范姓。38岁那年，他以一个读书人的纯朴之心，写成了洋洋万言的《上执政书》，认为武备不坚、内外奢侈、国用不足、缺乏贤能，必使天下危机四伏，生灵涂炭。他的改革意见虽未被采纳，但给当时的宰相王曾留下了深刻

范仲淹

的印象。

在此之后，范仲淹先后在亳州、泰州、河中府、睦州、苏州、锐州、润州、越州等地任地方官。他当官以养民为先，十分同情民间的疾苦。在泰州任上，筑了一条 150 里长的捍海堤，使千里潟卤之地变为良田。在苏州任上，他导太湖之水入海。范仲淹在地方兴学育才更是多措。理学家张载年轻时爱谈兵事，希望在疆场有所作为。范仲淹在陕西时与之一席长谈，使张载懂得真正的才能不在武功，而在儒学。张载从此发愤学习，建立了自己的学派。在御夏战斗中，小将狄青作战勇敢，范仲淹十分赞赏，亲赠《春秋》《汉书》，在范仲淹的精心培育下，狄青后来成长为一代名将。

尤其在他以文人身份赴西北边陲任军事长官期间，在反击西夏进犯过程中，确定了以防为主、攻守结合的正确方略。一方面加固边城，作为屏障，另一方面选将练兵，招募善骑射的当地百姓当兵，又招募流民兴垦营田，还亲自巡视诸羌，与之约法三章共同对付西夏。范仲淹居边三年，国防力量大为增强，终于在庆历四年（公元 1044 年）达成了宋夏和议，夏还对宋称臣。

庆历三年（公元 1043 年），明智的宋仁宗开放言路，重用欧阳修、余靖为谏官，任名扬边陲的范仲淹、韩琦为枢密副使，后又命范仲淹为参知政事，开始实行改革。宋仁宗很有信心，希望范仲淹尽快拿出方案。这年的九月，范仲淹拿出了《十事疏》，作为改革的基本方案，十事包括：明黜陟、抑侥幸、精贡举、择官长、均公田、厚农桑、修武备、减徭役、覃恩信、重命令。仁宗看了这十条，说："十事都很好，可颁行全国。"于是，一项项以诏令的形式颁布出去，"新政"也就开始了。

这十条，涉及政治、经济、军事各个方面，但中心是限制恩荫，惩办贪官，严格按政绩考核官员。事情办得雷厉风行，九月颁新政，十月即派张昷之、王素、沈邈分别作为河北、淮南、京东的都转运按察使，分赴各路考察官吏。当时就罢免了一批贪浊不才的官吏，对整个官僚集团震动很大。十一月，诏令大臣不得为子弟、亲戚陈乞官职。第二年，又诏令天下州县立学，更定科举法。

　　新政受到了阻力，上上下下都攻击改革派，甚至有人令女奴临摹石介的笔迹，仿造了一封石介写给富弼的信，还伪造石介代富弼草拟的废皇帝的诏书。这给范仲淹他们造成极大的精神压力，仁宗皇帝也知难而退了。一度火热的"庆历新政"不到两年时间便消退了。

　　庆历六年（公元1046年）范仲淹降知邓州时，撰写了一篇传世之作《岳阳楼记》，表达了"不以物喜，不以己悲。居庙堂之高，则忧其民，处江湖之远，则忧其君"的宽阔胸怀，其中"先天下之忧而忧，后天下之乐而乐"的千古佳句充分表现了作为一个真正的读书人的高洁情怀和志趣。

"包青天"

　　"包青天"指的是活跃于仁宗时期政坛上的清官包拯（公元999—1062年），他的作为显示出文人政治下官吏层自洁自励和严惩贪官赃吏的一线生机。包拯有两个最能体现他为官品格的外号：一为"包弹"；二为"阎罗包老"。

包拯

　　"包弹"之称，是说他容不得贪官污吏，不管什么人，只要被他抓住污点，必加弹劾。他在任监察御史及知谏院时，为肃正纲纪，惩处了一大批贪官。他弹劾贩卖私盐以牟取暴利的淮南转运按察使张可久，弹劾了役使兵士为自己织造1600余匹驼毛缎子的汾州知州任弁，弹劾了监守自盗的仁宗的亲信太监阎士良，这些人都纷纷落马。

　　包拯弹劾案中影响最大的是王逵。王逵曾数任转运使。转运使可是个肥差，他负责一路的财赋收入，并考察该路的地方官吏和民情风俗，也就是说，他管得着别人，别人可管不着他。可作为监察御史的包拯偏要管一管这些人。王逵利用转运使的职权，巧立名目盘剥百姓财物，激起民变后，又派兵捕捉，滥用酷刑，惨遭杀害者不计其数。此人民愤极大，旁人又奈何不了他。王逵是宰相陈执中的好友，且得到仁宗皇帝的青睐，有恃而无恐。可是，包拯偏要在太岁头上动土，他一再上书弹劾王逵，到了第七次他直接指责皇帝，在上书中写道："正是皇上的纵容，王逵才敢冒天下之大不韪，才敢动用酷吏对付民变。天下如只有一个王逵倒没什么，如果天下人都如此，那天下将成怎样的天下？"大家都为包拯捏着一把汗，可仁宗皇帝反而决定罢免和处分王逵。这件事使朝野为之震动，从此，皇帝也要惧怕包拯三分了。

"阎罗包老"是说包拯在执法上的铁面无私，可谓"六亲不认"。包拯的铁面无私在他知庐州时得到了充分的反映。庐州（今安徽合肥）是包拯的故乡。他出任知州时，他的亲朋故友认为可得到他的庇护，因此干了许多仗势欺人的不法之事。包拯决心大义灭亲，以示警戒。恰在这时，包拯有一堂舅犯法，包拯不以"不近亲情"为忌，在公堂上将其依法责挞一顿。自此以后，亲旧皆屏息收敛，再也不敢胡作非为了。

包拯在当开封府长官的时候，做了件大快人心的事。当时惠民河常常涨水为患，危及沿河数万人家的身家性命。包拯到那里一调查，原来河的两岸都被一些皇亲国戚、达官显贵非法占有了。他们在河两岸建造了许多楼台馆所，这样使河道一年狭似一年，泛滥在所难免。包拯了解清楚后，就贴出告示，要求在河两岸边，甚至非法跨河所建的所有楼台馆所在十日内全部拆除。人们都知道包拯的名声，有些胆小一点的赶忙拆除了，但还有不少权贵顶着不拆，他们还拿出伪造的地券与包拯相争。包拯也不让步，他根据官府持有的地券存根，到河边实测、验证。对这些抗拒、作伪的达官显贵，哪怕你是皇亲国戚，一律上朝弹劾，加以严惩。这样，惠民河水清了、流畅了，民众的心中也舒畅了。

包拯知端州时，不仅革除了前任在贡砚数额之外加征数十倍以饱私囊的做法，而且任满后"不持一砚归"。1973 年，合肥清理包拯墓地时，在其墓及其子孙墓中仅发现一方普通砚台而无端砚，佐证史载之确。

人们是极其爱戴这位"包青天"的。从南宋开始，以包拯为主题的故事、戏曲就广为流传。现藏的宋《开封府题名记》碑上刻 183 位开封知府的姓名和上任年月，而包拯的名字已被磨去。据说，这是因为人们在观赏碑记时，由于敬仰包拯而都去用手抚摸它，天长日久，竟将碑字磨去了。

从死刑犯到枢密使的狄青 /

狄青是北宋中叶的一员虎将。他出身于一个普普通通的农民家庭。他从军后，偶因触犯军法，被判死刑。有幸的是，在临刑前，刚巧被河南府的长官范雍发现，见他体魄雄健、相貌堂堂，便极力营救。最后以面部刺字免死，促其戴罪立功。后来，他在军中屡建战功，不断得到提升，直到升为枢密使，也就是副宰相级的军事主管，相当于国防部长。

一个贫家儿，后来沦落为死刑犯，后又因军功被提升为枢密使，这说明宋朝政治上曾一度还比较宽松、清明。

宋仁宗宝元元年（公元 1038 年），西夏的统治者不断骚扰宋的西北沿边州县，宋的驻边将帅一再战败。这时，正当而立之年的狄青应诏从边，先后在军中任三班差使、殿侍、延州指挥使。前后四年，在大里、清化、榆林、木匦山、浑州川、白草、南安、安远等地英勇杀敌，大小二十五战，中流矢 8 次。有一次，战斗中头盔都丢失了，他披发战斗，所向披靡，激励将士。

狄青的才略深得经略判官尹洙的赏识，并以"良将之才"向当时当政的韩琦、范仲淹推荐。范仲淹一见，赞为"奇才"，并授以《春秋》《汉书》，对他说："当将官的人，如果没有文化，不懂得古今战事，只是一勇猛的匹夫罢了。"从此，狄青用心读书，认真研究了秦汉以来的将帅法。后在多次战斗中又屡建奇功。庆历二年（公元 1042 年），他被提拔为最高军事机构枢密院的副使。

当时的宋仁宗对狄青可说是恩宠备至。一次，宋仁宗望着狄青年轻时犯死罪所刺的字，心痛地说：

狄青

"我可以请御医为你脸上敷药，消除掉那些字。"狄青却说："这我断断不敢奉诏。陛下以军功提升我，不问门第，又不计前科，我已感恩不尽了。我之所以有今天，很大原因是脸上刺有那些字，我想到自己以前的耻辱，就更不敢懈怠了。留着脸上的这些字，也可教育军中的将士啊！"由此，宋仁宗更敬重狄青了。

后来狄青率军平定了南方的叛乱，被升为最高军事机关的首长枢密使。在枢密使任上 4 年，一直勤勤恳恳，办事缜密寡言。至和三年（公元 1056 年）受谣言中伤，罢为护国节度使，同中书门下平章事。第二年，病死在陈州，年仅 48 岁。过了 11 年，宋神宗即位，他考察近世将帅，认为狄青以出身于平民之家，从一个士兵开始屡立战功而成为全军统帅，威震夏夷，而且能谨慎终始，实为奇才、伟才，于是，命画家绘狄青像挂在皇宫中，并由皇上亲撰祭文，以为永远的纪念。

宋、辽、夏"三国鼎立"

宋王朝建立以后，是否统一了全国呢？没有。

早在大宋王朝建立前 40 余年，中国北方的契丹族就建立了辽国。后周显德七年（公元 960 年）宋朝代周，这样就与辽对峙成为南北朝。宋初经过 20 多年的经营，消灭了不少汉族的割据势力，但辽国还是作为强大的势力存在着。此外，中国境内还有一些地方民族政权的存在。北宋宝元元年（公元 1038 年），西北的党项族建立了夏国。这样，中国境内宋、辽、夏"三国鼎立"的局面就正式形成了。

鼎立局面形成后，打打斗斗是不可免的。辽原是内蒙古地区古老的民族，后来强盛起来，就向中原地带进攻，从后晋石敬瑭那里割得了燕云十六州，并进而欲入主中原。宋王朝建立后，为了这燕云十六州打得你死我活。西夏长期活动在黄河河曲一带。宋初想乘建国之势消灭西夏，辽统治者也想吞并西夏。处于宋辽两大政权之夹缝中求生存的夏政权无奈地东摇西摆，战事也绵绵不断。

　　但战事只是表象，像 800 年前的魏、蜀、吴"三国鼎立"一样，隐藏在充满血腥味的战事后面的是比和平时期更迅猛、更深刻的宋、辽、夏之间的文化交融。

　　宋建立后，就与辽开展了 40 多年的龙虎斗。须知，这是整整一代人（中国古代一般以 30 年为代）之间的火拼啊！人员的伤亡不计其数，财产的损失难以统计。到后来，双方的厌战情绪都上升了，终于理性战胜了情感。公元 1004 年，辽国的具有雄才大略的承天太后率军亲征，南下攻宋。而宋国的真宗也御驾亲征，率大军北上澶州（今河南濮阳）抗辽。似乎一场恶战即将爆发。后来，发生了一件意外之事——辽主将萧挞凛在观察地形时中了宋军伏弩而亡。照理宋军可以大举进攻了。可是，就是这样一个关头，辽军再无心恋战，而宋真宗亲率的宋军也无意追杀。在宋使曹利用与降辽将军王继忠的周旋下，开始了和谈，而且很快达成了中国历史上著名的"澶渊之盟"。如果不是单纯站在宋国的立场上，而是站在中华民族的整体利益立场上看问题，应该说这是一个结为"兄弟之国"的友好盟约，开拓了宋辽两国长达 100 多年的既对峙又和平相处的局面，从辽国来说，经济得到了很大的发展，而且在大量使用汉人的基础上吸纳了先进的汉文化，提高了文明程度。

　　宋朝建立后，党项李氏政权（即西夏）周旋于宋辽两国之间，"向背不常"。李氏政权有时"献地"，有时抗宋；有时附辽，有时顺宋。宋辽"澶渊之盟"议和后，李氏政权也顺乎时势，与辽、宋交好。第二年即与宋议和，之后"逾 30 年，有耕无战"，宋还册封党项首领李德明为夏国王。辽也对夏示好，将宗室女嫁与李德明之子，同时也学宋的模式封李德明为夏王。

　　北宋末年，西夏进入了崇宗（乾顺）的鼎盛时期。乾顺帝十分热衷于汉文化。他采纳汉官御史中丞薛元礼的建议，在蕃学之外，特设"国学"。何为"国学"？原来就是汉学，乾顺帝是把自己当中国人看的。设置了教授，派皇亲贵族子弟 300 人进行学习。当时有许多党项贵族反对，乾顺帝却不改初衷。

宋、辽、夏"三国鼎立"过程中的又战又和，又互相抗争又互相融会，生动地体现了历史的辩证法。

谏官欧阳修 /

欧阳修及其手迹

为了让知识分子有机会发表己见，谏进君主，议论时政得失，宋代专门成立了"知谏院事"，下设若干谏官。谏官的官秩虽然不高，但对国家却十分重要。因此，谏官在宋代的政治生活中影响重大。

欧阳修可说是北宋最为出色的谏官。

欧阳修出身于一个贫苦家庭。从小父母双亡，依靠叔父抚养成长。他刻苦自励，23 岁便中进士，不久便与尹洙、梅尧臣、苏舜钦等名士交游，开始发动古文运动。

他 27 岁入朝为馆阁校勘，是个标准的文职官员。当时，范仲淹因言事被贬，朝中的尹洙等纷纷上书论救，独有谏官高若讷落井下石，以为可贬。欧阳修愤而作《与高司谏书》，在这篇文稿中，大声斥责高若讷作为一个谏官既不能明辨是非，又随波逐流，诋毁刚直忠良之士，认为高氏所为真可谓"不复知人间有羞耻事"，不配当一个谏官。这是年轻的欧阳修发出的第一声狮吼，也是对谏官品格的第一次评述。

庆历三年（公元 1043 年），范仲淹提为副相，施行新政，欧阳修同时被提拔为谏官。他在《上范司谏书》中，对当宰相与当谏官作了比较，认为宰相位虽高，谏官位虽低，但自己更愿意成为一个谏官，"立殿陛之前，与天子争是非者，谏官也"。④谏官的职责是神圣的，没有很高的才干和高尚道德的人，不能为谏官。

欧阳修在谏官任上，连上奏疏，对内政外交，无不极谏。现存的《奏议集》中，当谏官的三年间的奏疏多达 10 卷，都是针对时弊和当务之急所发的议论。他对西北边患，多次上书。在出外考察中，他广泛接触了民众，也对当时的官僚层有了更真切的了解，在为官之道方面，他也有许多高论。

庆历五年（公元 1045 年），范仲淹、杜衍、韩琦、富弼等相继罢官，新政失败。当时，欧阳修还在谏官任上，他义正词严地写了《论杜衍范仲淹等罢政事状》，正面与此前不久皇帝下的诏书相抗衡。在此期间，他还写了著名的《朋党论》，引古证今，从汉献帝、唐昭宗所谓的"朋党"而"乱亡其国"，说到当今的所谓"朋党"，实为"同道"。他的谏议，震动了朝野。

以后，欧阳修的官位起起落落，嘉祐五年（公元 1060 年），欧阳修曾任枢密副使，掌握了最高军事权力。嘉祐六年（公元 1061 年），欧阳修又任参知政事，为副宰相。位高而权重，但他仍不失当年谏官本色，"平生与人尽言无所隐"，仍不时与皇上对着干，这种"耿直"精神一直坚持了终生。

王安石变法

"庆历新政"夭折以后，要求变革的声浪仍不绝于耳。20 年后，宋神宗慨然思革流弊，以实现"富国强兵"之计，终于促成了"王安石变法"的改革新浪潮。

王安石在文化上和政治上是早熟的，21 岁时就进士及第，任淮南节度判官厅公事。当时，文坛领袖欧阳修不仅积极创导古文（散文），还与范仲淹、胡瑗、石介等人一起对传统的儒学——"汉学"进行革新，是创立新儒学——"宋学"的先行者，王安石也投身其中。开始了"宋学"三大学派中最早形成的"新学"学派的创建工作。

王安石

　　嘉祐三年（公元 1058 年）十月，王安石在历任常州知州、江南东路提点刑狱之后，任财政机构三司中管理财政收支的主要属官度支判官，这使他能进一步了解当时的国家财政状况及其弊端。这时他向宋仁宗上了著名的万言《言事书》，全面阐述了改革思想，虽未被采纳，但引起了执政大臣的重视。

　　嘉祐七年（公元 1062 年），王安石任知制诰，参与起草诏书，并兼纠察在京刑狱，复审判处徒刑的误判案件。当时发生饲养鹌鹑者被盗，饲养人追赶盗贼时误将盗者打伤致死事件。开封府处鹌鹑主人死刑，王安石认为此为错判，主人追盗贼，乃属"捕盗自卫"，虽将人过失打死，也不应抵命论死。这是宋律明文规定的。可是，后经审刑院、大理寺复议，以开封府所判死刑为准，而要追究王安石。宋仁宗下诏支持大理寺的审判结果，同时又下诏对王安石之过免予追究。按惯例，王安石要到殿前认错、谢恩，可他认为自己按律办事，无错可认，坚决不去谢恩。宋仁宗也没说什么，执政的宰相以为王安石名气大，也就不追问了。这可见当时的民主空气。

　　宋仁宗去世后，英宗即位，四年后，英宗去世，宋神宗即位。神宗为太子时，韩维为太子庶子。每逢太子称赞其言论时，韩维就说："这不是我的见解，是我好友王安石的说法。"说得多了，神宗对王安石有了深刻的印象。熙宁元年（公元 1068 年）九月，王安石赴京任翰林学士，担负起草重大诏令。第二年，出任参知政事（副宰相），着手实施改革。

　　宋神宗对王安石提出："本朝祖宗守天下，能百年无大变，大致上是太平的，道理何在？"其实是要王安石拿出维持太平局面的方略来。于是，王安石进奏了《本朝百年无事札子》，表面上是顺着神宗的话说，实际上重在革除弊端。他着重分析了仁宗之世科举、教育、吏治、农田水利、军事、宗室、财政诸方面的问题，结论是："大有为之时，正在今日！"

　　于是，成立变法的专门机构"制置三司条例司"，隶属于中书门下。随即派遣王广廉、程颢等八人分赴诸路考察，改革祖宗之法，因被称为"新法"。然而，这个工作班子一开始就矛盾重重。王安石深知改革的艰难，提出"三不足"之说："天变不足畏，祖宗不足法，人言不足恤！"

变法主要有十项内容。一为"均输法"。它首先在全国最富庶的东南六路实行，发运使根据"就近、就贱原则"进行购买、均输，产生了很好的经济效益。二为"青苗法"。在青黄不接之时，由政府给贫困者以借贷，以打击高利贷者。三为"农田水利法"。鼓励各地开垦荒地、兴修水利，政府予以一定的资助。四为"免役法"。原先实施的是民户按户轮流赴州、县当差，现改为官府出钱募人充役。五为"保甲法"。规定每十家为一保，五十家为一大保。所有主户、客户两丁以上，出一丁为保丁。每一大保每夜轮差五人，在保内巡逻，实际上实行民兵制度。六为"市易法"。为的是平易市场、稳定物价，保证民生。七为"方田均税法"。丈量土地，衡定田赋。八为"保马法"。为解决军马缺乏，而令民户养马，主要在于增强军事力量。九为"免行法"。

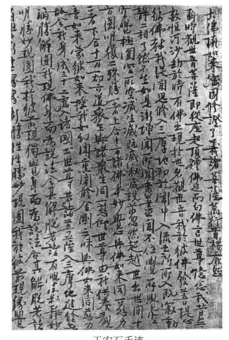

王安石手迹

原先官府所需物品强行低价供给，现只要交一定的"免行钱"后，各行不再低价向官府供应物品。十为"将兵法"。将辖区内的军队分成若干部，由固定的将官训练，使兵将相知，提高军队的战斗力。

新法取得了一定的成就。比如均输法，在北宋一些财经人才的支持下，基本上是成功的。农田水利法也广受民众欢迎，各地的水利事业从来没有像变法那些年兴旺。保甲法开拓了民兵的新时代，至熙宁九年（公元 1076 年），已编排的保丁有 700 万人，其中有 56 万人经受了军事训练，形成了一支有相当实力的民兵队伍。但是，阻力也是巨大的。尤其是青苗法，它剥夺了豪民放高利贷的机会，因而受到官僚层中豪民利益代表者的猛烈攻击。可叹的是，原先进入变法阵营的苏辙等人，也反过来说变法的坏话。在保守派的攻击下，神宗皇帝动摇不定，有时显得无所适从。

熙宁二年（公元 1069 年）九月，推行青苗法后，不仅在朝的司马光、范镇等大臣不赞同，就是在外的三朝元老韩琦、富弼也群起反对。当时在大名府任职的韩琦，在自己的管辖区内拒不推行青苗法，还放言青苗法是官府放高利贷之措，遇到荒年会亏蚀官本。王安石据理力争，宋神宗还是动摇不定。

迫不得已，王安石只得在熙宁七年（公元 1074 年）四月，恳辞宰相，出知江宁，想以所谓的"护法善神"吕惠卿代自己继续变法。哪里知道吕惠卿有自己的算盘，只想按自己的一套办，把王安石的改革宗旨抛在一边，弄得整个国家上下骚动。10 个月后，神宗又只得起用王安石为宰相。那时王安石已 57 岁，他想投入自己余年的全部精力大干一番。但是，事与愿违，这次阻力更大，连他的亲信也与他离心离德，神宗皇帝也没有改革初期那样起劲了，再加上王安石痛失爱子，熙宁九年（公元 1076 年）十月，王安石第二次罢相。王安石退出改革行列以后，由神宗自己主持了一段时间的改革活动。

神宗去世后，年仅 10 岁的哲宗即位，政权完全控制在祖母、太皇太后手中。她重用保守派首领司马光，主持废除新法，所谓的"母改子之政"，即"元祐更化"。但是，新法是废不尽的，正如苏轼在一篇奉诏撰写的制词中说的，变法是应"天命"而行的"非常之大事"，而王安石是行此大事的"希世之异人"。

"宋学"

宋代是中国历史上少有的思想、学术文化繁荣，学派林立的时代。宋学——新儒学的产生，对中国以后的历史产生了重大的影响。在中国历史上，以一个王朝的名字来定义其学术文化的，除了汉代的汉学外，只有宋代的"宋学"了。

儒学在汉代，重师承，重章句训诂。据说，当时有些老师为了注释经文，竟至于一字的经文训义有数万言。魏晋迄隋，老、佛显行，儒道不兴。到唐代的韩愈，将《孟子》提到与《论语》相近的地位，并推崇《大学》。其弟子李翱又推崇《中庸》，这为宋学的产生创造了条件。在宋代300年间，政治上比较宽松，知识分子都比较敢讲话，而且讲的是自己的话，以"新儒学"面貌出现的宋学就应运而生了。

宋学名为"新儒学"，它究竟"新"在何处呢？

一是"新"在疑经上。汉人读经，立足点在于信经，所谓诠释，只是"代圣人立言"罢了。把圣人的微言大义阐发出来，这是读经、解经者的要务。而宋人读经，其立足点在于疑经。宋代的陆游就说过："自庆历以来，诸儒发明经旨，非前人所及；然排《系辞》，毁《周礼》，疑《孟子》，讥《书》之《胤征》《顾命》，黜《诗》之序，不难于议经，况传注乎！"有人作过统计，宋代知名士人130多人，分别对13部经书进行了疑改。宋人不仅疑传，还疑经；不仅疑经，还以己意解经。怀疑精神是宋学的灵魂。如果说汉学的经典之词是"为圣人立言"的话，那么宋学的经典之词是"人皆可以为尧舜"了。

二是"新"在重践行上。学是为了用，这在孔子的《论语》中有所论述，而宋人将这一思想大为发扬。宋代的大学问家张栻说得最透彻，他在《论语解》中说："圣门实学，贵在践履。"把儒学称为"实学"，本身是一大创新，而认为它的主旨在于"践履"，更是一大创新。这里所说的"践履"，不是一般意义上的生活实践，更多的是关心社会、关心时事、关心民生的大事，因此，像王安石、范仲淹等文化人，既是学派的首领，又是改革事业的急先锋。

三是"新"在开放性上。宋学是一个开放的体系。它较少门户之见。不少宋儒虽然表面上是排斥佛、道的，但事实上他们在形成自己的思想和学术体系的时候，吸收了不少佛家和道家的思想和观念。宋学学派林立，而学派与学派之间又常常交流、辩论、研讨，在这过程中又相互交融。学派之间有论争，但又常常不是全盘否定对方。二程对王安石之学多所批评，但又承认王学大大"高于世俗之儒"。朱熹对王学批评有时显得有点过火，但他又说，要学到王学的好处，需花毕生之力。宋学的开放性，正是它繁荣昌盛的反映。

荆公新学 /

庆历之际，学派林立，有识之士都贡献出自己的学术主张，其中最有影响、并居于主导地位长达近半个世纪的，就是王安石的"新学"，因王安石曾封为荆国公，又世称"荆公新学"。它的学术地位，直到宋王朝南渡以后，才让位于理学。

王安石曾对神宗皇帝说："变风俗，立法度，最方今之所急也。"认为当今最急的是两条：一条是"立法度"，这里的法度显然是指新法，立法度就是变法。二是"变风俗"，这里的风俗特指学术文化领域里的浮滑而不切实际之风。在王安石看来，"立法度"与"变风俗"两者是互为表里的。要使变法成功，必须改变经学的面貌。为推行新法，一定得建设新学，为变法造舆论。

王安石花了相当大的精力亲自撰写《周礼新义》，又让他的儿子王雱起草撰写了《诗经新义》《尚书新义》，自己再加以训义，予以定稿。最后，把这《三经新义》读本立于学宫，颁发于天下，先儒的传注，一律废而不用。还排斥《春秋》一书，认为这些只是"断烂朝报"而已，没有任何价值。对于《三经新义》，当时的学者没有人敢不传习的，因为主管部门考试取士用的就是《三经新义》上的传注。

"荆公新学"有些什么特色呢？下面三个故事大约可以给人一些启示。

第一个故事发生在熙宁二年（公元 1069 年），王安石任参知政事。一次，神宗皇帝找王安石谈心。神宗皇帝笑着对王安石说："别人大约很难理解你，外头有人说你只知经术，但并不懂得世务，你自己以为如何？"王安石也笑了起来，反问道："这些人是不是把我看成书呆子了？"神宗皇帝说："看来是这样的。"王安石摆摆手，说："真正的书呆子不是我，而是长期以来的那些读经注经的所谓儒者。他们不只是书呆子，还是庸人呢，他们除了咬嚼和生吞活剥经文外，什么世务都不懂，这样就形成了一个错误的观念，似乎经术不可施行于世务。"神宗皇帝问："那你的高见呢？"王安石明确地说："后世人为何要研读经术，正是为了世务。我的《三经新义》，新就新在世务上。"神宗皇帝点头称是。

第二个故事也是发生在熙宁二年。胡瑗的一位高足刘彝去见神宗，神宗问："你说说看，你们的老师胡瑗与王安石相比，哪个更优秀一些？"刘彝说："臣的老师胡瑗以道德仁义在东南教育学生时，王安石还在场屋中修进士业呢！"神宗说："朕要你回答的不是先后，而是优劣。"刘彝回答道："吾师讲述的都是从经文中直接阐释出来的有用于当世的学问，可称为明体达用之学；而王安石是只讲'用'，不太讲'体'。王安石哪里比得上吾师胡瑗呢？"应当说，刘彝所言是有一定道理的。客观地看，王安石的学问比胡瑗更通脱，更面向现实。

第三个故事发生在大约十余年后。作为后起之秀的二程兄弟举起了"洛学"大旗，公然与已经兴起许多年的荆公新学相抗衡。在某一场合，王安石与程颐发生了一场针锋相对的争辩。当时，王安石首先发难，说："你那一套理啊、气啊、道啊，难以实现，我好用一个比喻，公之学如上壁。"程颐年少气盛，马上反唇相讥，说："你是为世务而附会经义，我也有一比喻，参政之学如捉风。"这话说得实在好，道出了荆公新学的特点。为了自圆其说，有些评价还引入佛老思想，苏辙说："新学以佛老之似，乱周孔之实。"此说符合实际。

苏氏父子创立"蜀学"

蜀学是北宋中叶独树一帜的学派，它为苏洵所创，其子苏轼、苏辙继成。苏氏父子为蜀眉山（今属四川）人，史称"三苏"。

苏洵年少时没有好好学习，到 25 岁时才开始认真读书。布衣身份的苏洵曾得到欧阳修的赏识，亲自推荐给皇上。庆历新政失败后，苏洵仕途灰心，决定闭门读书，深入研究六经及百家之说，晚年尤好《易》，写成了《易传》的初稿。临终，嘱两子继续研究《易》学。元丰二年（公

苏东坡

元 1079 年）苏轼被贬于黄州，筑室于东坡，号东坡居士，开始进一步整理父亲遗稿。这时，苏辙亦将自己的读《易》心得寄给苏轼。苏轼就集父子三人的心得正式出版了《易传》，这标志着"蜀学"学派的基本形成。

"三苏"创导的"蜀学"，熔儒、墨、兵、纵横家于一炉，形成了自己独特的思想体系，在宋儒中独树一帜。

"三苏"把《易》的思想与礼治结合起来。圣人观天地之象、阴阳之变、鬼神之情而作《易》，那样才能把握天下之心。但常人非圣贤，每每失于流俗，因此必须以礼加以制约，才能使大道不废。礼治为仁政，而仁政又必须辅以法家的权、术。"三苏"主张仁政要与威政熔为一炉，那样才可能出现真正的太平盛世。这实际上是在批评宋王朝的诸君，仁则有余，其威不足。

有趣的是，"三苏"中的苏辙曾批评王安石"新学以佛老之似，乱周孔之实"，可是，后期的苏辙本人却将佛老融入了自己的思想体系之中。他在强调老、佛之道与儒道有异的同时，也承认"老、佛之道与吾道同"。这多少与他的经历有关。他说自己在元丰年间受到贬斥后，"既涉世多艰，知佛法之可以为归也"。于是，他得到了这样的感悟："老、佛之道，非一人之私说也，自有天地而有是道矣！"这样，蜀学的思想境界，自比韩愈、欧阳修的简单而凶猛地辟佛要深刻得多。这也体现了中国思想界的一大进步。

"洛学"的兴起

程颢

理学，在宋代又称为道学，学术界一般以程颢、程颐、周敦颐、张载、邵雍为北宋理学五子。而洛阳人"二程"兄弟所创导的、又主要在洛阳一带活动的学派被人们称之为"洛学"。

学界常将儒家传统文化称为"四书"、"五经"。"五经"的提法可说是古已有之，至少到汉代已被广泛认同，而"四书"却是宋代才有的新概念，把《论语》《孟子》，再加上从《礼记》中抽出来的《大学》《中庸》，合为"四书"，肇始者当推儒学大师"二程"兄弟了。

　　为什么"二程",尤其是"大程"(程颢),要把这四部书硬凑在一起呢?"小程"(程颐)的一番话道出了真情。"大程"亡故后,"小程"在怀念他兄长时说过,孔子死了以后,圣人之道由孟子来传授,孟子死了以后,圣人之学中断,圣人之道无人传授了。直到孟子之后 1400 余年后,才有一人站出来发掘久已不传的遗经,以兴盛孔孟之道为己任。这里所说的"一人",就是他的兄长程颢。⑤

　　事情很清楚了,程氏二兄弟在"四书"中看到了"圣人之道",这个"圣人之道",就是"理",就是"天理",或者说是"定理"。程颢毫不掩饰地说:"吾学虽有所受授,天理二字却是自家体贴出来的。"

　　"理"与"道"的意思基本上是一致的,合称为"道理"。二程以为,"天有是理,圣人循而行之,所谓道也。"后来,朱熹说得更直接,认为"道即理也"。天下的万物为何能生长、发展?是因为"理"在起作用。一物有一物之理,但是,一物之理最终还得归结为万物之理,那就是天理、定理。"天下之定理",就是宇宙的秩序、世界的秩序、社会的秩序,直至人与人之间的秩序。二程的归结点是:"人伦者,天理也。"

　　怎样维护"人伦"这一"天理"呢?就要去"私欲"。程氏兄弟认为:"不是天理,便是人欲。无人欲,即皆天理。"由此,他们以为,要"存天理",即需"去人欲",甚至走向极端,提出"饿死事极小,失节事极大"的命题。程氏学说浓厚的伦理色彩,是其一大特点。当然,这一伦理观现在看来是有偏颇的。

　　上面说的"存天理,去私欲",与二程力荐的《大学》《中庸》有什么关系呢?在程氏兄弟看来,无论是"存天理"也好,"去私欲"也罢,对人来说都有一个态度问题,态度好才能"存天理,去人欲"。什么叫态度好呢?就要"主敬",对"天理"取"敬"的态度,才能"知"。为此,必须学习《大学》中说的"格物致知"。程氏兄弟对"格物致知"作了新解,认为"格物"就是穷究事理,"致知",就是达到明道的境界。"主敬"就是要不断反省,不断自新,不断去欲。

　　程氏有时为了成全自己的学说,对孔子的圣人之言也作修正。有弟子问："愚的人可以变得聪明些吗？"程氏答："当然可以。"弟子又问："孔子不是说'唯上知与下愚不移'吗？程先生怎么又说可变呢？"程氏没有去否定孔子，只是说："一个人肯学时，就有可移之性。"其意是，孔子说"不移"也是对的，那是指那些不好好学习的人。对肯认真学习的人来说，还是可移的。程颐论学道时指出："君子之学，必日新。日新者，日进也。"这些看法也是很有积极意义的。

宋神宗后期，洛学继新学而兴。据说，当时是四方师之，以东南地区为最兴盛，后来连科举考试也一度用程氏对经典的注释了。

张载与"关学"

北宋时期的理学，主要是"洛学"与"关学"两支。"洛学"传道于洛阳一带，"关学"活跃于陕西关中地区。洛学强调"天理"，而关学提出了"太虚即气"的命题。

关学的创始人是张载。

张载出生在一个清寒之家。少年时代，兴趣广泛，尤喜言兵。21 岁时，上书谒见范仲淹，呈述《边议》九条，范仲淹仔细阅读了文稿，认为一个有为青年，不应该只言兵，还要好好读书，劝他读《中庸》。张载回家去，不只读《中庸》，还读释、老之书，但没有多少收获，于是，又回过头来读"六经"，并与当时的二程相互交往、问难。嘉祐元年（公元 1056 年），张载至京师，恰巧程颢亦在京师，两人同在兴国寺设坛论道，为一时之盛事。从年岁上讲，张载比二程大十余岁，从辈分上讲，张载是二程的表叔。但一谈到学术，就毫不客气，从善如流。

《宋史·张载传》中记述了这样一则故事：张载在京师坐虎皮椅上说《周易》，来听讲的人很多。一天，张载突然发现二程也来了，讲说的也是《周易》。第二

张载

天，张载马上撤去虎皮座椅，对门生们说："我以前给诸位讲的只是一得之见，皮毛得很，算不了什么的。现在二程到这里了，他俩深明《易》道，我无论怎么也比不上，你们还是拜他们两人为师吧！"于是，打点行装，回老家去了。

虽说是故事，可能与事实有出入，但由此可见张载好学不倦、虚怀若谷的精神。

张载在自己的故乡凤翔郿县（今陕西眉县）横渠镇苦读6年有余。他说自己学习的目标是："为天地立心，为生民立命，为往圣继绝学，为万世开太平。"

其志向不可谓不宏阔，其追求不可谓不高远！他的追求和探索精神，不知打动了多少人，尤其是年轻人。一批学人纷纷师事张载，在关中形成了一个相当有实力的学术群体。吕大忠、吕大钧、吕大临，"三吕"兄弟为之执弟子礼，苏丙、游师雄、种师道等，先后列门墙。关学由是大盛。

张载的关学强调一个"理"字，他说："万事只一天理。"但是，"理一分殊"，各物有各物之理，不能混同。更为重要的是，张载把"理"字具体化为"太虚即气"说。天体是一个"太虚"，但太虚不虚，其本体为"气"。太虚不能无气，气聚而为万物，万物散而为太虚。总之，气是万事万物的本源，万事万物的变化是气的变化。世界上的事物都有对立、不可分割的两个方面，称为"一物两体"，这才促成了事物的发展，这里显现出了张载的辩证运动观。

宋、金、夏的新"三国鼎立"

公元1115年，辽东部的女真族建立金，10年后（公元1125年）灭辽，再二年灭北宋，宋王朝南迁，建立南宋王朝，这样，就形成了宋（南宋）、金、夏（西夏）新一轮"三国鼎立"的局面。离前面"三国鼎立"的局面将近百年。

西夏文写本药方残页

辽亡后，夏出使与金结盟，并得到了愿将原为辽侵占地的"阴山以南"大片土地转让给夏的承诺，之后又趁战乱掠取了不少土地。但总体上宋夏关系和谐。1139年，夏仁孝皇帝即位，夏国达到了它的鼎盛期。在仁孝在位的半个多世纪里，对宋实施了亲和政策，双方也相安无事。仁孝帝在政治制度上模仿宋朝，实行的"新法"大多借鉴于宋廷。并仿宋实行科举制度，在国内普遍设立"太学"、"内学"，"尊孔子为文宣帝"，尊崇儒学比中原更甚，也仿宋实行文官制度。这对我国西部地区的文明进化是大有益的。

面对衰亡的辽国，宋金之间有过一段短暂的结盟史。1120年，宋金互遣使节，商议夹攻辽朝事宜，决定辽燕京由宋攻取，金兵攻取辽中京大定府（今内蒙古宁城），辽亡后燕云十六州归宋，宋将原纳给辽的岁币转给金，这就是史称的"海上之盟"。可是，辽亡后不久，金便找种种借口发动战争。很快金军便占领燕山府（今北京），进围重镇太原，宋朝的昏君徽宗就带领群臣南逃，并把帝位传给太子，是为宋钦宗。靖康二年（公元1127年）金军攻占宋首都开封，掳去徽、钦二帝，标志着北宋的灭亡，这就是所谓"靖康耻"。而南逃的赵构在当年宋太祖起兵的南京应天府（今河南商丘）即帝位，这就是历史上的宋高宗。他建立的宋，史称南宋。

南宋建立后，金兵发动了一波又一波的南侵军事行动。赵构由应天府逃扬州，又由扬州逃镇江，再由镇江逃杭州。金兵还是紧追不舍，目的当然是为了彻底消灭宋王朝。但是，南宋的皇室虽不中用，而南宋朝廷中的李纲、宗泽等坚决的抗金派却表现出了非凡的英勇气概，他们与两河、两淮地区的人民抗金武装（称"义军"）联合起来，出演了可歌可泣的斗争活剧。在这场斗争中，涌现出了抗金名将岳飞。在收复失地的口号下，岳飞举兵北伐，一举收复了颍昌（今许昌）、陈州、郑州、中牟等地，距金军的指挥中心开封只有 60 多里了。然后又攻占洛阳。韩世忠、岳飞等名将在柘皋（今安徽巢湖市）一战中击败金兀术的 10 万精兵，接着又挥师北上。在有利的情势下，宋高宗为了保住自己的帝位，重用主和派秦桧，以"莫须有"的罪名杀害了岳飞及其子岳云，成为千古之哀。

岳飞等的抗金义举是值得称道的。一是正是这种斗争使南宋王朝得以不亡，二是这种斗争重挫了金兵的锐气，为后来的宋金和解提供了条件。公元 1164 年，整整打了 40 年的宋金之战告一段落，"隆兴和议"在宋孝宗与金世宗之间达成了。

"隆兴和议"的达成，对宋、金都有利。宋孝宗在位期间，是有宋一代政治上最清明，经济、文化最繁荣的时期，号称"孝宗中兴"。这在后面还要说到。

有趣的是，金统治者一面大肆侵吞中原土地和财物，在战争中实施烧杀抢掠政策，一面又是不断地自省，在金统治区内融入大量的汉文化。早在公元 1123 年，金就开科取士，之后没有中断过。会试题在《诗》《书》《易》《礼》《春秋》以及《论语》《孟子》的内容范围内。对科举的监检极严，常派遣军队监督和巡护。金代吸纳汉文化，但不抛弃女真文化，还以女真文字译儒家经典呢！金熙宗（公元 1119—1150 年）时在政治上走得更远，还断然实施汉官的"三省六部制"。

金还大办学校和书院。学校分为汉人学校、女真学校和官学、私学。在朝廷还设太学。地方则有府学、州学、县学和乡学四级。在州县，都有孔庙，1190 年，还"诏修曲阜孔子庙学"。金还允许一些名士大夫创办书院。

公元 12 世纪的宋、金、夏"三国鼎立"，是中国历史发展中的重要一环。从唐末，到元一统中华，中间以南北对峙、三国鼎立的形式分裂了370 年。这段时间，一面是战乱和苦难，一面又是融会和交往，中华民族正在走向更高层次的统一。

为岳飞昭雪

岳飞

绍兴十年（公元 1140 年），岳飞大败金将兀术，锐不可当，欲乘胜收复中原，直捣黄龙府。可是被金兵吓坏的宋高宗与秦桧一心想求和，对主战派横加打击，先令张俊、杨沂中出师，使岳飞失去左右翼，继而高宗下诏，一日传十二金字牌，让岳飞迅速回师。岳飞对此很是气愤地说："十年之力，废于一旦！"岳飞还师时，民众拦马恸哭，挽留岳家军，岳飞悲泣不已。宋高宗与秦桧为了与金议和，将岳飞投进牢狱问罪后杀害。岳飞在狱中曾拉开上衣露出背上所刺的"精忠报国"，以示忠诚；还写下"天日昭昭！天日昭昭！"八个大字。抗金名将韩世忠质问秦桧何以将岳飞下狱。秦桧说："其事体莫须有（即大概有之意）。"韩世忠又质问道："'莫须有'三字何以服天下？"后世以"十二金牌"作为紧急命令的代称，又以"莫须有"指凭空捏造罪名。

宋孝宗赵眘（公元 1127—1194 年），南宋皇帝。为宋太祖赵匡胤第七世孙。其父为秀王赵子偁。高宗赵构无子，将其立为皇子。先后被封为普安郡王、建王等。1163 年即帝位。即位初年起用抗金将领张浚。

当时宋孝宗召见张浚时说：金人又遣使者来求割地与岁币，如此下去，不堪承受！宁抗不可顺！

张浚说：抗金者被害了，谁人再敢抗金！

宋孝宗说：彼一时，此一时。如今当与金决一雌雄。

张浚就顺其话题：彼时岳飞被害，有碍今时。

宋孝宗说：可昭雪！

于是，宋孝宗为了表示抗金雪耻之意，特为岳飞平反昭雪，追复岳飞、岳云父子官爵，给岳飞加谥号武穆，将其遗骨改葬于杭州西湖畔栖霞岭南麓。后来又在北山智果院修建岳王庙，大殿正门上悬"心昭日月"巨匾。

南宋孝宗时的"百家争鸣"

宋孝宗

宋高宗赵构建都临安后，毫无斗志，只想保住半壁江山，任用投降派秦桧，杀害了主战派岳飞，在对金的关系中一直处于屈辱的状况，直到宋太祖赵匡胤的七世孙赵昚即皇帝位才有所改变。

宋孝宗在中国历史上可说是个有为之君。他加强军备，不愿对金称臣，主张宋、金间应平等相处。他还注重民生，发展经济，屡次下诏减轻民众负担，亲自督促地方官兴修水利，重农而不抑商。此时是南宋时期经济最发达的阶段。当时的社会政治、经济、文化状况被称为"孝宗中兴"。孝宗还主张学术平等，兼收并蓄，共同发展，可争鸣而不可互相攻击，更不允许利用权势抬举一派、压抑一派，在中国历史上是继战国时期的又一次名副其实的"百家争鸣"。

宋孝宗对新学有些看法，并时有微词，但当理学派对新学进行肆无忌惮的攻击时，却又不予以支持。乾道四年（公元1168年）在太学中任职的魏掞之，上书攻击新学，说什么："王安石父子当年以邪说迷惑了皇上，游移了人心，造成不小的祸害，请皇上废除王安石父子从祀孔子的尊荣，而追爵程颐，列于祀典。"孝宗一看，气得把奏章抛于堂下，贬除了此人在太学中的职官，将他外放到当时相当落后的台州去了。

乾道六年（公元1170年），蜀学派重要人物员兴宗提出："今苏、程、王之学，未必尽善，未必尽非，执一而废一，是以坏易坏，宜合三家之长以出一道，使归于大公至正。"孝宗认为这个观点甚好，在学术上就得"大公至正"。沉寂了30多年的苏氏蜀学，在孝宗即位后逐步重新兴起了。宋孝宗还为《苏轼文集》作序，并追赠其为太师，追谥其为"文忠"，这对苏氏蜀学的发展起了推动作用。

当时，在学界执牛耳的朱熹要兴"诸子之学"。在他提出的诸经注疏中，除理学派的之外，还有王安石的《易》《书》《诗》《周礼》四经的注疏，也有苏轼的《诗》《书》二经注疏。在孝宗那种平和的社会环境中，朱熹是主张"博采众长"的。

孝宗时除宋学三大派别外，理学派中还分化出由陆九渊创建的心学，陆九渊是江南西路金溪（今江西金溪）人，因此称为江西学派。还有以张栻为代表的湖湘学派。与此同时，两浙东路还形成了观点庞杂的不少学派，如以陈亮为代表的永康学派，以叶适为代表的永嘉学派，以吕祖谦为代表的吕氏婺（今浙江金华）学派和以唐仲友为代表的唐氏婺学派。还有著名的文学家陆游、范成大、杨万里、尤袤，著名词人辛弃疾，他们都活跃在宋孝宗构建的"大公至正"学术平台上。说当时是"百家争鸣"时期，一点也不过分。那个时代学术的繁荣，比之先秦时期的战国时代，一点也不逊色。

"东南三贤" /

朱熹

朱熹（公元 1130—1200 年），是中国历史上的大思想家、大教育家。徽州婺源（今江西婺源）人，后居建阳考亭（今属福建）。绍兴十八年（公元 1148 年）18 岁时便中进士，之后做过一些小官，在任内置义仓，兴学校、明教化，主持救荒除弊，宋孝宗称赞他"政事可观"。但他的主要功业还是在学术文化上。他广招门徒，"四方学者毕至"，一生所教弟子在千人以上。

朱熹早年无所不学，禅、道、文章、楚辞、诗、兵法，事事都学，而且都相当有成效。后来主要学习二程学说，兼学周敦颐、张载诸说，集宋代理学之大成，建立起了完整的理学体系，即所谓"程朱理学"。朱子学被称为"闽学""婺学"，或"考亭学派"，与陆九渊的"心学"及浙东的事功学派并兴，影响要大于其他学派。

朱熹把先儒的"理"和"气"之说，糅合起来，形成浑然一体的"理""气"之说。他认为："天地之间，有理有气。理也者，形而上之道也，生物之本也。气也者，形而下之器也，生物之具也。"他最有名的比喻是"月映万物"，说：天体中客观上只有一个月亮，正像天底下只有一理一样，但月光映在每一块水面和每一条河流之中各不相同，这就是物象。各种水面和河流的气象并不相同，但都是以月光为本体的。

朱熹吸收发展了北宋诸子对事物内部有"对"或"耦"的认识，提出"天下之物，未尝无对""至微之物，也有个背面"的明确观点。他举例说，东与西，南与北，上与下，寒与暑，昼与夜，生与死，卑与尊，阴与阳，都是"对"。他不仅看到有"对"，还看到"对"之间的互相关联又互相包孕。比如阴阳，阴中有阳，阳中有阴，阳极生阴，阴极生阳，"所以神化无穷"。这是朱子学中的辩证观念。他还有"一分为二"之说，"一分为二，二分为四，四分为八，又细将分去"。"一分为二，节节如此，以至于无穷，皆是一生二尔！"用于太极说，就是一生两仪，两仪生四象，四象生八卦，这样生化而成万物。

"格物致知"是理学的重要命题，朱熹在这点上也颇有建树。他在《大学章句》中说："所谓'致知在格物'者，言欲致吾之知，在即物而穷其理也。盖人心之灵莫不有知，而天下之物莫不有理，惟于理有未穷，故其知有不尽也。"这个观点无疑是十分正确的。"理有未穷"，不论是天体万物之大理，还是具体事物之理，都是"有未穷"的，"知有不尽"，人的认识也是怎么也不能说"到顶"了。用哲学的语言说，就是真理的绝对性和相对性。

张栻

"体用"两字，在宋以前的儒学中不多用，而朱熹多处使用。他认为："性者，心之体，情者，心之用也。"他打了个十分朴素的比喻说，如扇子，有骨，有柄，有纸糊，则此体也。人摇之，则用也。主体与用处之间是统一的，朱熹的"体用论"在哲学上也有一定的价值。

朱熹进一步强化了儒家的伦理色彩。董仲舒在《春秋繁露》中提出了"三纲"之说，要求规范君臣、父子、夫妇之关系，朱熹进一步提出"三纲五常"说："张之为三纲，纪之为五常。"所谓"五常"就是君臣、父子、兄弟、夫妇、朋友五种伦理关系：所谓"三纲"则指"君为臣纲，父为子纲，夫为妻纲"。按照"未尝无对"的理论，要求对双方都有规范。朱熹还从"四书"中的《大学》中，抽象出"三纲领"（明明德、新民、止至善）和"八条目"（格物、致知、诚意、正心、修身、齐家、治国、平天下），集中了儒家"内圣外王"之道的蕴旨。

朱熹作《四书集注》，被统治者列为科举必读书。因此被封为"信国公"。到元代时，正式规定"四书"与"五经"并行取士。明清时，不仅规定"四书"与"五经"并立科场，而且"四书"更受重视。而将"四书"真正经典化的第一人，当然要数朱熹其人了，这是儒学发展史上的重要变迁。

与朱熹齐名的还有张栻、吕祖谦，三人合称为"东南三贤"。

张栻的理论上最为重视一个"心"字，认为它与"理"字具有同等的重要性。在这点上，可以说他为陆九渊的"心学"打开了一个窗口。张栻在上孝宗的奏折中，大谈"心"与"理"。他在一份奏章中说道："先王为何能建大功立大业？还不是因为胸中有诚信，足以感动天心人心。现在看来，想要恢复中原，先应有得中原之心，要想有得中原之心，先有以得吾民之心。而要得到吾民之心，事情也很简单，就是不竭尽其力，不伤害其财罢了。今日的事情，只有以明大义、正人心才是根本。"孝宗听了，点头称是。

张栻提倡"言理如一"，他自己就是个榜样。史书称他"表里洞然"，他是敢于把心掏在外面让人看的。一段时间，他在朝当官不满一年，倒有

七次被召对，说的都是"修身务学，畏天恤民"的心
里话。

吕祖谦

吕祖谦兼收并蓄，无所不学，尤其喜好儒学经典。
据说，吕祖谦原先是个性格十分峻急的人，对人的要
求很严格，稍不如意，就会与人闹翻。一次，读《论
语》，诵读孔子的"躬自厚而薄责于人"时，突有所
悟，觉得平时对人多所有求，因之就多所愤然，问题
全在没有做到"薄责于人"这一点上。通过学习，他
发生了气质性的变化，从此遇事就能心平气和，更多
的是从要求自身上下功夫。由此，他对圣人之"理"
也有了更深一层的体味，"理能化人"，"理"能改变人的品格和气度。

由孔子的"躬自厚而薄责于人"，吕祖谦发挥了孟子的"良知良能"
说。他强调，人不必过于外求，只要保养好先天固有的"良知良能"即可，
他在认识论上走的是一条内心探索的路子。他说："圣门之学，皆从自反中
来。凡事有龃龉，尽反求诸己，使表里相应而后可。"在为学上，靠"顿
悟"是不够的，还需"涵泳渐渍，玩养之久，释然心解，平贴的确，乃为
有得。"

吕祖谦学问的特色在于平和中庸，"兼收众长"。有人对并时的朱（熹）
学、陆（九渊）学和吕（祖谦）学作了比较，认为朱学重在格物致知，陆
学要在明心自励，而吕学"兼取其长，而复以中原文献之统润色之"。后
来，孝宗时期有过几次学派之间的讨论会，都是吕祖谦当牵线人，这与他
的学说为各派认可有关。

陆九渊的"心学"

陆九渊是南宋心学理论体系的创建人。

陆九渊读书十分用"心"。他是在自学和聚徒讲学过程中形成自己的心
学体系的。陆九渊凡是遇到不明白的事，一定要问个究竟。4 岁时，就向

陆九渊

大人发问："天的边在哪里？地的极在何处？"因得不到满意的答案，竟然数日废寝忘食，四处请教。稍长，就与兄长们一起学《论语》，时常别有见识。五哥问他对《论语》中的《有子》一章有什么看法，他出人意料地说，这一章是有子的话，不是孔子的话。五哥问他何以见得？他说："夫子之言简易，有子之言支离，是不能混同的。"这是一个异乎寻常的孩子。

　　陆九渊从 24 岁到 54 岁的 30 年间，主要活动是聚徒讲学，在这过程中渐次形成了他的心学体系。乾道八年（公元 1172 年）在试进士时，他作《天地之性人为贵》，为考官吕祖谦所赏识。吕祖谦说："一见高文，心开目明，知其为江西陆子静（九渊）也。"这篇文稿说的"人为贵"，实际上是说"人心为贵"，可看作是心学的奠基之作。陆九渊中进士后，名声大振，学者络绎不断前来求教，据说有连续 40 多天不能休息的。后来他在象山讲学，连自己的名也改成了"象山居士"，那时他真是尽心竭力、一丝不苟。史书记载：每天清晨，鸣鼓为号，开始了一天的学习生活，作为先生，陆九渊总是比学生还准时到达，风雨无阻。不管天有多热，他自己总是衣冠整肃、精神炯然，学生形容说是"望之如神"。数百学子坐在堂下，齐肃无哗。先是一个个点名，然后或是观书，或是抚琴。如天气晴朗，就带学子一起去观瀑，边观瀑边高诵经文，有时也歌楚辞，颂古诗文。在 30 年的教学中，他真正领悟到了"心"是怎么回事。

　　陆九渊认定"心"与"理"不可分，而根本的是"心"。他最精粹的说法是："心即理。"他说的"心"，是一种伦理性的实体，他说："仁义者，人之本心也。"还说："四端（仁义礼知）者，人之本心也，天之所以与我者，即此心也。"上天是公平的，给了每个人一颗善心，问题看你是否能保持这颗善心，所谓学习，归根到底，就是为保善心。有了这个"心"，人便知事物、断是非、履道德、治天下，人的才能自然而然地就发挥出来了。

　　陆九渊作为心学的代表人物，与朱熹的朱学相对立，但他主张在学术上可"争鸣"，但不可"立门户"，不可有"门户之见"。他说："后世言学者须立个门户。此理所在，安有门户可立？学者又要各护门户，此尤鄙陋。"这里说得很明白，立门户是没有道理的，护门户更是丑陋不堪的事。他与朱熹辩论归辩论，但心底里还是仰慕朱熹的道德文章的。

永康学派和永嘉学派

　　主要活跃在宋孝宗淳熙年间的陈亮，原名汝能，后因仰慕诸葛亮的为事和为人，更名为亮，号龙川，婺州永康（今浙江永康）人。因其学派中人多为永康人，故以陈亮为首的事功学派称为"永康学派"。

　　淳熙十一年（公元 1184 年）四月，42 岁的陈亮因偶发事件而入狱，后经友人辛弃疾的奋力解救而出狱。在即将出狱之时，朱熹写信给陈亮，希望他"绌去义利双行、王霸并用之说，而从事于惩忿窒欲、迁善改过之事，粹然以醇儒之道自律"。陈亮出狱后看到此信马上写了一封回信，慷慨陈词地坦陈自己的心迹，说自己不想当什么"醇儒"，坚持自己的"王霸义利"之论。

　　陈亮与朱熹的争鸣，涉及怎样看待整部中国历史的问题，朱熹坚持认为，"三代专以天理行，汉唐专以人欲行"。陈亮却不同意此说。他认为，汉高祖、唐太宗的功业，可与天并立，因为他们使民众得以生息。刘邦、李世民的"禁暴戢乱，爱人利物"，正是为了推行"仁政"，他们有的是"大功大德"的"救民之心"，并非一味的出自人欲、私欲，结论是："其道固本于王也。"意思是，王道中本身就夹杂着霸道。他指出，三代也有征伐，也就是霸道，王道之治正是通过霸道来实现的。

　　既然王霸该并用，那么，义利也就不能两分了。陈亮说，我说的利，非一己之私利，乃生民之公利。

叶适

这个"利"同"功"一样，不能为三代所无。他以为，大禹如果无功，怎么服天下之人？大禹如果无利，如何拯生民于水火？他明确指出，利与欲，是"生民的自然需要"，在社会活动中，也只有在利欲面前，才能"察其真心"。

应该说，在"王霸义利"之争中，陈亮的正确面更大。

永康学派的陈亮，和永嘉学派的叶适，都主张事功。在事功这一点上，两者是一致的。但两者也有差异。陈亮主张"义利双行，王霸并用"，强调面在于"利"和"霸"。而叶适更着重于"就事论理，步步着实，言之必使可行"。在反对空谈性命、强化践行这一点上，叶适更有个性。

叶适幼时家境贫寒，竟至难以维持生计。他居无定处，20 年间先后迁居 21 次。颠沛流离的生活，并没有使他对生活失去信心，相反使其更加明白、更加坚定信念：只有依靠自身的努力，才能改善生活，这也许是他在日后更重于事功而反对空谈的缘由吧。

叶适充分肯定仁义的重要性，但是，他以为仁义如果没有在功利上表现出来，就会成为没有内容的空话。他说："仁人正谊不谋利，明道不计功，此语初看极好，细看全疏阔。古人以利与人，而不自居其功，故道义光明。后世儒者，行仲舒之论，既无功利，则道义者，乃无用之虚语耳！"

朱熹只讲仁义，而不讲利欲，叶适则仁义与利欲并重。永康学派的陈亮专言事功，而在理论上较多随意性，主张"义理之学不必深究"，而永嘉学派的叶适重经典，重致用，又重改革。

叶适的学说具有鲜明的实用性。其学说虽根柢在于《六经》，并且广泛吸收了诸子百家的理论精华，但学说的旨向还是很清楚的，就是变革现实。他所说的功利，也是指功在当世，利在万民。宋孝宗应该说是一个有为之君，但叶适比宋孝宗更具有革新时局的决心和激情。他甚至向宋孝宗坦言，说孝宗虽力图精实求治，但少有尺寸之效。叶适还提出不可因循守旧，要革除弊政，要收复失地。孝宗之后是光宗、宁宗当政，改革的风气大不如前了，言论也比以前更有顾忌了，但叶适还是一往无前，献计献策。这些可以说都是永嘉学派所谓的"功利"的最好注脚。

"中兴四大诗人"

宋孝宗中兴时期,不只学术上出现"百家争鸣"的兴旺景象,在诗、词等领域也是成绩斐然。中国历史上极具名望的大诗人陆游、范成大、杨万里、尤袤,以及豪放派词人辛弃疾,取得巨大成就的主要活动期都是在孝宗一朝。

大诗人陆游到孝宗即位时,已年届不惑。在这之前,虽有一些文名,几乎没有什么可以传世的作品。而乾道六年(公元1170年)到淳熙五年(公元1178年)间,才是其创作的黄金期,这期间的诗作后来汇编在《剑南诗稿》中。诗人杨万里,自己说到"戊戌(淳熙五年)三朝时节赐告,少公事,是日作诗,忽若有悟",从此走上了诗歌创新之路,创作出许多清新而雅俗共赏的诗章。范成大乾道六年(公元1170年)出使金国,不辱使命,写下了72首充满爱国情怀的诗篇。后任蜀地统帅,直至晋升为副相,多所作为,写下了诸多反映民众生活的田园诗,被认为是我国古代田园诗的典范。尤袤也是当时的著名诗人,他创作的旺盛期在孝宗淳熙年间。

宋代是词的旺季,"中兴四大诗人"外,闻名最著、影响最深远的莫过于孝宗时期的辛弃疾了。辛弃疾历任封疆大吏,弯弓杀敌,驰骋于沙场,歌吟于战地,他的大量词作慷慨豪放,气势冲天。其间数度罢官,但当时的政治气候宽松,他得以借此机会抒发怨艾,并利用较为悠闲的时日与郑汝谐、陈亮、韩元吉等名士交往,极论世事,或长歌相答,终夜不归,朝廷也不加干预。在"庆元党禁"时期,他也不顾禁令,常到武夷山看望朱熹。在这样的环境中,迎来了他创作的最旺盛季节。

书院的勃兴

学术的繁荣,必然带来教育的发达。宋孝宗时代,除了国家办的府学、州学、县学外,书院也大量兴建。

宋孝宗淳熙六年（公元 1179 年），著名理学家、南康知军朱熹，亲临白鹿洞勘查书院遗址，见这里山水清秀，四面环合，是个讲学读书的好地方，便决心重建白鹿洞书院。到第二年三月，书院修复告竣，朱熹亲率军、县官吏及社会贤达赴白鹿洞，举行开学庆典仪式，自己也登台讲"中庸首章"，并即兴赋诗。朱熹自任白鹿洞洞主，亲自执教，委德高老成的杨日新为堂长，邀好友刘清之、彭龟，学生林用中、黄榦、王阮一同讲学，使白鹿洞书院成为一时名望最高的"书堂"。

在宋孝宗年间私人创办的书院也不少。乾道二年（公元 1166 年），年仅 29 岁的宋学大师吕祖谦因母丧，回到故乡婺州，并在那里出私资创办了丽泽书院。与吕祖谦一起办学的还有其弟吕祖俭。他们常邀永嘉学派的薛继宣、陈傅良、叶适和永康学派的陈亮等来书院切磋学问，探讨学术，一时学者都倾心向往，于是，天下人称婺州为"小邹鲁"。丽泽书院也由此与岳麓、白鹿洞、象山并称为南宋四大书院。

淳熙十年（公元 1183 年），朱熹在武夷山下创办了武夷精舍。朱熹与妹夫刘彦集、隐士刘甫共游武夷时，见其地曲溪旋绕、云气流游，顿觉耳目一新，当时就许愿日后要在此建造学舍。淳熙十年他在政治上受挫后，便毅然决然地到这里自己出钱办学舍了。初建时为一小建筑群落，中为"仁智堂"，为师生授课处，左为"隐求堂"，为朱熹本人起居室，右为"止宿寮"，为接待宾朋居住的客室。他广收门徒，四方学者来者有200 余人。

淳熙十三年（公元 1186 年），心学大师陆九渊被免职回老家贵溪办学。先是在贵溪应天山讲学，他嫌"应天山"之名与佛教多所纠葛，就根据山形更名为"象山"，自称为"象山居士"，又称"象山翁"。自己又在象山建造茅屋数间，广收学徒，名为"象山书院"。这是陆九渊心学发展中极为重要的阶段。当时，书院能环坐两三百人，而在陆象山讲演时，坐下齐肃无哗。而主讲者也神气十足，有时一讲就是半天，毫无倦色。在陆九渊居象山书院的五年中，有人估计，投在其门下的学子有 3000 人之多。

程门立雪 /

　　宋代学习气象极盛，师生之间的互学，各学派之间的争鸣、辩论、交融，蔚成风气。程门立雪的故事，反映了当时尊师重道、诚恳求教的学风。

　　位于河南登封的嵩阳书院，在宋代是我国新儒学的发祥地之一。新儒学的奠基人程颢、程颐曾长期在此著书讲学，创立了洛学。当时嵩阳书院实行的是"门户开放"，二程在此讲学，司马光、范仲淹也在此讲学，双方都把这里视为最好的研究学问的地方。在嵩阳书院，有很多的学子既是程颢的弟子，又是程颐的弟子。但是，要成为他们中的哪一人的入室弟子都不是件容易的事。

　　杨时、游酢两人拜在程颢的门下是很早的事。到程颢去世的时候，两人都已过了 40 岁大关，且各自设帐招徒，成为社会知名的学者，还是想拜程颐为师，但迟迟得不到程颐的认可。

　　这一天，杨时、游酢两人，带了见面礼，来求见程颐，希望程颐确认自己为弟子。走到室外，只见程颐正在那里闭目养神。其实，程颐早已看到两人的到来，但为了考验两人的诚意，故意不言不动，不予理睬。杨、游两人怕打扰先生的休息，只好恭恭敬敬，肃然侍立于门外。如此等了大

程门立雪（雕塑）

半天。偏偏天公不作美，纷纷扬扬地下起大雪来了，杨、游两人站在雪地里一动也不动。雪越积越高，盖没他们的脚板，慢慢一直埋到两人的膝头，两人仍一步都不曾移动。过了大约有两个时辰，程颐才睁开双眼，见杨、游两人还站在雪地里，大为感动，说："啊！啊！贤辈尚在此乎！"忙将两人请入堂内，并当天就举行了收徒典礼。

这个典故告诉人们，在宋代收徒和拜师都是相当郑重其事的。

"朱张会讲"

宋孝宗乾道三年（公元 1167 年），同被时人称为"东南三贤"的理学家朱熹和张栻在著名的岳麓书院举行会讲，史称"朱张会讲"。这是南宋时期最早的书院会讲。

当时，岳麓书院毁于战火后重建完成，书院特聘张栻主教。张栻的名声很大，由于他的到来，岳麓书院马上成为人文荟萃之地，一时从学者人数多达千人以上，为岳麓书院历史上所未见，大大弘扬和完善了胡宏创办的湖湘学派体系。当时的学子甚至"以不卒业湖湘为恨"。这一消息也传到了远在万里之外的朱熹耳中，他不辞辛劳地从福建跋山涉水来到长沙，住下来与张栻一起探讨学问、切磋学术，且一住就是两个多月。

朱熹与张栻就《中庸》中的诸多问题进行讨论，据历史记载，有时，为了一个问题，连续三天三夜进行讨论，虽然两人在学术上争得面红耳赤，但一下论坛，又相好如故了。经过两个多月的交流，湖湘学派与闽学相互之间取得了不少的共识，朱熹就说过，张栻的"先察识后持养"的观点是可以接受的。当然，争辩更多的是为了交流和相互促进，引起各自的更深入的思考。朱熹回到福建后说："张敬夫（张栻字）爱予甚笃，相与讲明其所未闻，日有学问之益。"其意是说，学问不辩不明，这样一交流，大家就更明白对方在坚持什么、反对什么了，这对增进学问是大有益处的。

湖湘的学子对远道而来的朱熹持热诚欢迎的态度。据传，当时朱熹设讲的处所，车舆都快停不下了，路被堵塞了，庭中的池水也被喝干了。朱熹与张栻的讲座设在湘江的两边，为了方便学子们渡江去听对方的讲座，湘江边上专设了一个渡口。有些学子听了一半，又想去听听另一个的讲座，于是再摆渡去江的对面听。那些天，渡口的人接连不断，有时还排起了长队！为了纪念这一盛事，后人在湘江边的当年遗址上建起了一个"朱张渡"。

"朱张会讲"首开了不同学派自由讲学的先河。"会讲"对朱熹的理学思想的形成和发展，对湖湘学的发展都产生了深刻的影响。岳麓书院经朱熹和张栻两位大师的调教，进入了它的鼎盛期，也名扬海内外了，从此享有"潇湘洙泗"之誉，造就了一大批经世致用的人才，仅《宋元学案》所列的"岳麓诸儒"就有 33 人之多。

"鹅湖之会"

"鹅湖之会"是中国学术史上的又一件大事，它讲的是朱熹、吕祖谦、陆九渊、陆九龄"四贤"聚会于鹅湖书院的鹅湖寺，在那儿举行学术讨论会的故事。

朱熹的"朱子学"与陆九渊的"心学"之间一直存在着诸多分歧，双方争辩不已，比较折中的吕祖谦一直想调和两派，使朱陆观点"会归于一"。宋孝宗淳熙二年（公元 1175 年）春末夏初，吕祖谦从浙江东阳，经信州（今江西上饶），到福建崇安拜访朱熹，相与研读二程、张载之书，采 600 余条，在"寒泉精舍"编辑成著名的《近思录》一书。事后，朱熹送吕祖谦归去。因为将会途经鹅湖，吕祖谦就事先写信约请陆九渊、陆九龄兄弟前往鹅

鹅湖书院故址

湖与朱熹相会讲学。接信后，二陆为了统一思想，对付朱熹，一直讨论到深夜方止。看来，一场互不相让的争辩在所难免。

"鹅湖之会"的辩论围绕治学方法而展开，然后论及教人。双方各抒己见，朱熹提出，学习首先要"泛观博览"，然后才能归之于"简约"。二陆则认为，首先要"发明人之本心"，然后才能"博览"。二陆作诗申述心学的基本观点，抨击朱学太"支离"，而朱熹则坚持"旧学"要"商量"，"新知"要"培养"，学问根柢最重要，讥二陆教人"太简"。辩论三整天，双方终不能合，但气氛始终是十分友好的。

"鹅湖之会"是一次盛会。百余人聚会鹅湖，相当热闹。时值春末夏初，风景宜人。而讲学诸公，衣冠森列，齐肃无哗。讲台上讲演者才思敏捷，宏论连篇。与会者除朱、吕、二陆四人外，还有"江浙诸友"、"福建学者"，其中有刘清之、赵景明、赵景昭、朱泰卿、邹斌、詹仪之、蔡元定、何叔京、潘景愈、范念德、傅一飞、连崇卿等学界名流。

"鹅湖之会"虽没有调和与折中朱、陆两派，却起到了交流和切磋的作用，后人建立"四贤祠""会元堂"，就是为了纪念这一历史性的盛事。

学术分歧并没有影响朱陆之间的友谊。"鹅湖之会"后，朱陆之间频频通信，探讨学术。6年后，朱熹邀请陆九渊到白鹿洞书院讲学。陆九渊在书院讲"义利之辩"，朱熹大加赞扬，认为陆九渊所讲"切中学者隐微深痼之病"，朱熹为之离席，深深一鞠躬，道："熹当与诸生共守，以无忘先生之训。"朱熹还以自己"不曾说到这里"，而感到"负愧"。

朱熹访陈亮于"五峰"

在宋孝宗一朝，学者之间的互访是常有的事。在"鹅湖之会"后七年（即淳熙九年），又有了观念极不同的学派首领之间的互访。朱熹大谈性命之学而免谈功利，而陈亮大谈功利而很少"理义之精微"。但是，就是这样两个人，也会走到一起来共同研究学问，而且双方都无意气之争。

陈亮是一个锋芒毕露、不合时趋的人，他主张事功，深念国事。在多次碰壁后，就回到家乡永康的寿山石室（即五峰书院）设帐授学。由于他的学问涉及时事，切中时弊，引起了人们广泛的兴趣。寿山石室声名鹊起，渐成气候。

淳熙九年（公元 1182 年）陈亮首先采取了主动，南下婺州，专访了理学的大师级人物朱熹。40 岁的陈亮向年过半百的朱熹虚心地陈述了自己的学术观点，朱熹除称赞其论为"新论"和"创见"外，也毫不客气地指出其不足。朱熹也并不倚老卖老，而是客气地征询这位比自己年轻十多岁的学者的意见。此次两人相处十余天，应该说是十分快意的。通过这次访问，陈亮更了解朱熹了，盛赞其为"人中之龙"，像孔子称赞他的老师老子一样。

同年，朱熹乘巡游之便，到五峰山书院回访了陈亮。在巡游之余，陈亮特请朱熹在五峰书院代自己主持讲席大半月有余。当时朱熹的名声很大，陈亮又广为他宣传，因此，四方学子趋之若鹜，来五峰听讲者常在三四百人之间。每当朱熹主讲之时，陈亮就悄悄地搬一条板凳，在某一角落里正襟危坐听讲，宛如一个小学生一样谦恭。有一次，听到入神处，他情不自禁地惊叫起来，称"极言"，此时，朱熹这才发现陈亮坐在下面。

五峰相会后，朱、陈之间一直书信不断，虽说不能调和两派的学术观点，但相互吸收取优补缺，还是有的。在此以后，陈亮还邀吕祖谦、叶适、潘文叔、吕云溪、时少章等名流来五峰讲学，五峰书院更加兴旺了。

辛陈"鹅湖之会"

说到南宋孝宗年间的"鹅湖之会"，一般都是指孝宗淳熙二年（公元 1175 年）的朱陆之会。殊不知，过了 13 年之后，也就是孝宗淳熙十五年（公元 1188 年），另有一次同样称得上学术盛会的辛陈"鹅湖之会"。

这里的"辛"，指的是辛弃疾；这里的"陈"，指的是陈亮。他们两人同是爱国热忱极高的事功学派思想家，同时又同是著名的诗词学家。他们想"仿鹅湖故事"，在鹅湖"长歌相答，极论世事"。为了使这次"鹅湖之会"更具理论色彩，他们还约请了在学界声望极高的朱熹与会。

这年的初冬，陈亮由永康出发前往鹅湖之前，写信给朱熹和辛弃疾，约请正在武夷山闲居的朱熹到紫溪和辛氏相聚，然后同往鹅湖论学。当时辛弃疾正在病中，接到陈亮来书，就答应在紫溪家中等候，会合后一同前往。陈亮到来那天，辛弃疾早早起身，抱病凭栏远眺陈亮。陈亮加鞭策马，眼看辛府在望，兴奋异常。坐骑行至小桥头，不料，陈亮欲跃而马三却，陈亮大怒，挥剑斩马，徒步而进。相见后的辛陈两人，激昂不已。现在留存的"斩马桥"，记录下了一段辛、陈友情的佳话。

在紫溪，两人等候朱熹多日，后来接到书信，说他不能来了。朱熹的失约不至，使辛、陈两人引为终身遗憾。

辛弃疾与陈亮在鹅湖相处十余天，白天或议论国事，抒发爱国情怀，或共游鹅湖，寄情于湖光水色之中。夜晚杯酒相聚，夜半方休。谈及收拾祖国大好山河之事，两人有时又不免伤心泪落。有时两人即席唱和，写下了许多慷慨忧时之作。辛、陈的"鹅湖之会"在南宋词坛上是一大盛事。

相聚终有相别时，半月后，陈亮告别东归，辛弃疾恋恋不舍。别后的第二天，辛弃疾似有未尽之言，想再挽留陈亮几日，又急忙前去追赶，无奈大雪封山，道路被阻，辛弃疾只得怅然返回。晚上，他宿于泉湖吴姓人家，当夜半听到悲鸣的笛声时，怎么也不能入寐了，挥笔写下《贺新郎》词一首，表达"佳人重约还轻别"的情怀。陈亮收到词后，马上寄出了他的回赠词一首。在此后的一段岁月里，两人赠答之词不断，表达的都是"了却君王天下事，赢得生前身后名"的情怀。

第二次"鹅湖之会"的影响和价值不低于首次。

商业大都市的勃兴

宋代300年的统治，政治上相对宽松，这也使长期受压抑的商业有了较快的发展，一批商业大都会兴起了。

宋代人描绘本朝都市生活和商贾交易热闹繁华情景的长卷《清明上河

图》，可谓是千古绝唱。这是一幅宋代东京开封都市生活的写实图。开阔的京畿交通大动脉汴河从这座城市的身边流过。河中横七竖八地航行着大大小小的货船，有的巨型货船用 8 名船夫摇橹，还有些大货船得由 5 名纤夫拖行。靠岸的货船正忙着起货和卸货，岸上鳞次栉比地排列着茶坊和酒肆，还有肉店、药店、布店、香铺、旅社。彩楼高耸，商店门前的招牌迎风飘扬。大街上各式人物你来我往，有歇脚喝酒饮茶的行者，有骑驴外出的老人，有包着头巾的农妇，有背着包袱的少

清明上河图（局部）

年，有肩挑物件的壮汉，也有豪奴喝道的扫墓人。街边摆满了饮食摊、杂货摊、修车铺、打卦算命铺……

有人作过统计，《清明上河图》中描绘有各色人物 500 多人，有士、农、工、商、医、卜、僧、道、胥吏、农妇、篙师、缆夫等；有驴、马、牛、骆驼等十余种牲畜；还有 20 多艘船舰、20 多辆形状各异的车、轿，图中的情节有赶集、买卖、闲逛、饮酒、聚谈、推舟、拉车、乘轿、骑马，等等。把宋代以东京开封为代表的大都市的生活描摹得生动活泼、淋漓尽致。

北宋时的东京开封，当时已发展成世界上最大最繁华的大都市，人口在百万以上。据记载，当时在这座大城市，已形成了几个极繁华的商业街区，宫城正南门前的南北大街称御街，是主要的饮食业中心，既有来自各地的特色小吃，又有名重一时的酒楼饭馆。御街东货行巷的丰乐酒楼，高达五层，是千年前的"超高层食府"，那里的营业要到深夜十二点方休。在内城有正店 72 户，除食府外，还有生活必需的百货供应，据说，这也是白

昼及通夜营业。内城的潘楼街，有珍珠、匹帛、香药等铺席。南通一巷相当于金融区，是当时的金钱彩帛交易之所，屋宇雄伟，门面广阔，望之森然，也兼买卖书画、珍玩、犀玉等物。民间宰猪一律由南薰门入京，这样在那一带屠宰业大为发展起来，据记载，京城当时一天要宰杀生猪万头以上，数目是很惊人的。仅此一端，足见大都市之繁荣。

南宋王朝建立后，临安（今浙江杭州）发展成了世界上首屈一指的百万人的大都市，而开封府昔日的繁华景象不再了。

中国最早的商标 /

中国商标起于何时？学界比较一致的看法是起于宋代。宋代的商品经济有了相当的发展，同类商品中涌现出了一批出类拔萃的优质产品。这批优质产品的制作者或拥有者，为了证明自己的身份和身价，或为了防止别人假冒，就在自己的商品的某个部位标上一个特殊的标记，这就是商标了。

北宋末年，人们到东京开封御街繁华地段的一家鞋店去买靴子的话，铺主在你选中了某一双靴子后，就会帮你轻轻地用刀片割开靴子衬里的一角，搜出一张上面写着"宣和某年某月某日铺户任一郎造"字样的精致纸条来。临行，铺主千叮万嘱，要你保存好这张纸条，若有质量问题可凭这纸条调换靴子。

这张纸条真的那样重要吗？是的，它真的太重要了，因为它实际上起到了商标的作用。"宣和"是宋徽宗一个的年号，"宣和某年某月某日"，是具体的生产日期，相当于后来的保质期的起始点。如果发生商品质量的交涉，这一生产日期是一个重要的依据。最重要的是纸条上的"铺户任一郎造"，这是一块真正的金字招牌，也是防伪标志。纸条的色泽、文字书法、画面的设计，在当时的条件下，都是难以仿造的。

更为奇妙的是，任一郎家为了严防伪劣假冒，在铺中特设了一本"坐簿"。无论是官府中定做的靴子，还是来往过客在铺店购买的，都在"坐簿"中写得明明白白。每一双皮靴里的纸条与"坐簿"中的纸条一模一样，谁都休想偷天换日。

这就是商标。商标是用来维护商家声誉的，只有名牌产品才看重商标。商标又是维护消费者权益的，消费者可以以商标为凭证与商家交涉。

当时有自己的商标的名牌产品也真不少，如陈家彩帛铺、舒家纸扎铺、童家柏烛铺、凌家刷牙铺、孔家头巾铺、徐茂之家扇子铺、徐官人幞头铺、钮家腰带铺、张家铁器铺、张古老胭脂铺、香家云梯丝鞋铺、陈妈妈泥面具风药铺、保和大师乌梅药铺、戚家犀皮铺、彭家温州漆器铺、归家花朵铺、陈家画团扇铺，等等。这种以姓氏或名字为商标的现象，在宋代已是相当普遍了。

"鬼市子"

在宋代之前，实行的都是"坊市制"。"坊"，是居民区，这是城市的主体；"市"是工商业区。一般城市设一两个"市"，多的设三个。"坊"与"市"用围墙严格分开。经唐末、五代，到了宋代，"坊市制"破坏无遗，商业渗入了一切地域，人们不受地域的限制，到处可以开设商店。

在宋代以前，首都和少数大城市可以全日营业，州、县商店的营业时间限在下午。傍晚，有管理人员击鼓八百下，市门关闭，也就闭市了。到宋代，这个规矩也取消了，饮食业、酒楼、茶坊，自早晨五更开张，一直要到半夜三更才休业，有的甚至通宵营业，名之为夜市。夜市的开拓，形成了城镇居民新的生活状态和生活习俗，意义十分重大。

随着夜市的被普遍认可，还出现了一种特别的"鬼市子"。它是夜市的一种特别形态。这种"鬼市子"适应早市的需要而开。不少行业往往在清晨时就起来做营业的准备工作了，还有些人一大早就外出了。在商业发展的情况下，还有相当的数量夜行人，于是，一些有心计的商者，就别出心裁地开设了一种每日五更时开业，到天明以后歇业的特别时间段的"市"，这就是所谓"鬼市子"。

据史书记载，"鬼市子"大多是服务性的行业，有粥饭点心的，有卖茶酒的，有卖洗面水的，也有经营一点旧物、古玩之类的。这些营业者，与白天无缘，始终在灯烛下劳作，实在"鬼"得很。这一时间段起来营业的人不多，但收利比较可观，因此，能够在社会各行各业中得以生存和发展。

宋人的夜生活 /

宋代，由于商品经济的发展，夜生活也蓬勃起来。官府能开禁承认夜生活的合法性，这是宋代的一大文化亮点。

夜生活的一个内容是逛夜市。其实，夜市十分吸引人。昏暗的灯光下，琳琅满目的商品，购物自有一番情趣。再说，夜市，尤其被称为"鬼市"的市场上，多旧货假货，也多奇货。许多来路不明（有的是偷来的，有的是从他处转移来的）的物品，包括文物，由于夜间管理较松懈都在"鬼市"上出手，逛"鬼市"一度成为一种时尚。许多人在"鬼市"上可以淘到不少价廉物美的东西。

夜生活的又一内容是茶馆消闲。茶业起于唐代，到宋代已十分兴旺，在民居中设茶座、开茶铺以吸引茶客的很是普遍。宋代还把茶铺十户编为一保，严格管理起来呢！就是档次较高的茶楼也不在少数，尤其在大运河的两岸，茶楼更是兴旺。宋人戴复古作的《临江小泊》诗中有"舣舟杨柳下，一笑上茶楼"句，说明当时的文人墨客、政客商贾，作客茶楼是常事。茶楼中的茶客来自天南海北，彻夜长谈是常有的事。茶楼中又有精美的茶食助兴，更是消闲的好地方了。

夜生活的另一个极为重要的内容是听说书。听书、说书，大盛于宋代。从宋话

宋皇宫仪仗队

本的内容看，有说时事的，有说民情风俗的，更多的是说史的。中国的四大奇书——《三国演义》《水浒传》《西游记》《金瓶梅》——都起于宋代的民间话本，到元明时期才得以加工和完备。当时的民间艺人，根据自己对生活的观察和理解，演义着历史故事，重塑着历史人物。诸葛亮、刘备、张飞、关羽、曹操，以及宋江、李逵、林冲、鲁智深这样一些人物形象，大部分塑造和定型于宋代。艺人们走进商场，走进民居，走进茶楼，在灯光月影下大讲"三国"和"水浒"，得到了民众的欢迎，改变了整个时代的人们的生活习俗，这不能不说是一个伟大的变革。

"团行"和行首

商业、手工业和其他服务性行业发展到一定程度，自然而然就有了组织起来的要求。宋代，商业的同行组织称"行"，手工业同行组织称"作"，统称为"团行"。团行都有自己的行头，进行自治性管理。

行首是行会公推出来的文化水准较高、最有威望的同行领袖。其职责大致为：一是维护本行业的利益。当时，行业与行业之间的竞争十分剧烈，如有非法侵害本行业利益的行为，行首就出面加以维护和交涉。二是平抑物价。在当时，某一行业的物价都由行首对市场进行调查并加以平衡以后公布，这样，某一物品在一段时间内有一个相对一致、相对公平的价格。三是督促本行业的业主遵守法纪，包括按时向政府缴纳税收和尽其他应尽的义务。

在当时条件下，行首在商业运行中起的作用还是很大的，尤其在维护本行业的权益方面起的作用十分突出。

宋神宗熙宁六年（公元 1073 年）春，东京开封府的肉行行首徐中正，广泛搜集了同行经营过程中的困顿，代表本行向官府提出请求："希望免除肉品行业人员每年都要服劳役的定规，希望免除肉品行业须经常向官府提供肉品实物的习俗。"这一来自民间的诉求，经广泛宣传，最后得到了以神宗皇帝为首的最高统治者的充分重视，当年七月，朝廷就作出了反应，同意从当月起免除肉品行业人员所服的劳役，这在历来以办事拖沓著称的古代社会中也是不多见的。尤为难能可贵的是，在处置这件事时，朝廷竟将立法范围由生猪行业推延到商业的各行各业，从而产生了一部具有历史意义的《免行法》。

新颁布的《免行法》规定：各行各业此后再也不要强行服劳役了，也不要再向官府交纳实物了，只要各行根据实际情况按月或按季交纳"免行钱"，就可以安心心地干本行的事了。这种以赋税形式代替劳役和实物贡品的政策，明显是一大进步。

一个微不足道、名不见经传的肉类行业的代表人物徐中正的申诉，能得到最高当局的如此重视，并且由此引发出一种新制度和新政策，是历史上不多见的。

北宋的"交子"

交子

宋真宗大中祥符四年（公元 1011 年），在相对偏远而商品流通又相当发达的蜀地，发生了一件足以著之竹帛的大事：蜀地的 16 户富豪聚首于一豪华的酒家，商量怎样解决铁钱笨重，难以在商品流通中携带这个长期困扰商家的难题。讨论进行了一天一夜，其间有剧烈的争议，但最后还是达成了共识：以 16 富户雄厚的资金为保障，以私家名义发行一种名为"交子"的纸币。"交子"一发行，大家都感到方便，加上这 16 户富豪又有很大的可信度，于是，"交子"广为流通起来。"交子"的"交"字，有交接、交通、交流之意，它是货物交流中的一种凭据。

这是中国经济发展史上的一件大事。

这 16 户富豪很有经商经验，他们想得很周全：为了防止这种交子在流通过程中的大量损坏，印制交子选用最上等的楮树皮纸，因此交子初行市时，又被人们普遍俗称为"楮币""楮券"。交子的票面上印有精美的图画，大致是屋木人物，在屋木人物的间错处，刻印有水印一类的记号，"以为私记"，这明显是为了防伪。为了担保和信誉，在票面上 16 主户都要"押子"。交子的票面不印有面额，是由某一富豪临时写上去的。人们持有交子以后，可以向接受交子的人提取现钱，还可以向发行人兑换现金。

这种由富豪发行的交子，由于它的轻捷方便，受到了广泛的欢迎。但是，问题也随之出现了。几年后，某些富豪衰败了，但大额的票面还在源源不断地发行，"不能偿所负，争讼不休"，在这种情况下，官府不得不出来干预，最后导致了私人交子铺的取消和官办交子的推行。

宋真宗天禧四年（公元 1020 年）十一月，也就是第一张民营的交子发行整整 10 年后，益州官府采取令私家交子户"收闭交子铺"的政策。

收闭私人交子铺的政策一出台，引起了社会上巨大的震动。

"私人交子铺有弊端，那不假，但 10 年来私人交子铺方便了交易，繁荣了市场，总的来说，是利大于弊。"有人向官府上书。

"私人交子铺不行，能不能官办呢？"有人提出建议。

在民众的催促下，天圣元年（公元 1023 年）十一月二十八日，世界历史上第一个发行纸币的官办"益州交子务"设立了，一种更有权威的"官交子"也就应运而生。⑥

"官交子"的一大特点是，它不只以政府信誉作为担保，更为重要的是交子要"备本钱"，即要有"发行交子准备金"。这种准备金越是充足，交子的保值可能性越大，信誉度也越高。可见，当时的"官交子"的发行已相当地成熟，与近代"金本位制"纸币的发行情况已十分相类似了。

南宋的"见钱关子"

交子主要解决了本地流通中的问题，但是，如果要携带着大宗钱财远行可怎么办呢？南宋时发明的"见钱关子"大致解决了这个问题。"关子"

的"关"通"贯"，转义为流通的意思，"见钱"的"见"通"现"。也就是说，有了这种"关子"，等于手中持有了"现钱"一样。

"见钱关子"的起始颇具喜剧性质。宋高宗绍兴元年（公元1131年），婺州（今浙江金华）地区急于屯兵十万，以防叛乱。俗话说："兵马未动，粮草先行。"可是，当时由于时局不稳，要在短时间内筹足急用的粮草简直是不可能的事。军队到了一地，没吃没用，弄不好会铸成兵变。正在焦急之中，有个聪明人想出了个妙招：由首都临安的主管贸易的"榷货务"作担保，并出具"见钱关子"，再动员当地的商人认领"见钱关子"，同时当地的商人马上拿出钱财供军队使用。这样，用不了多少时间，十万大军的种种开销不都全有了吗？事毕，这些商人可到首都临安的"榷货务"凭相关的"见钱关子"领取铜钱或一切补偿。

这真是一个妙招，也是一个绝招。

看来，当地的大贾巨商一是迫于政府的压力，二是这样做也有利可图——现今帮了政府的忙，日后政府反过来会帮你的忙的。出于这样的考虑，认领的情形令政府相当满意。原先成为燃眉之急的婺州军务，一下子奇迹般地解决了。临安的"榷货务"因此而得到重重的嘉奖！

后来，"见钱关子"走出了军务领域，凡是经济方面的运行都可运用此法。不只政府部门用此法，民间交易也用此法。南宋中末期，"见钱关子"被推广到了浙西地区、江淮地区，以及江东、江西。此时"见钱关子"的性质也不再单是一般意义上的信誉证券，而类似于后世的汇票了。

指南针的发明 /

政治的开明，经济的发展，商业的繁荣，很大程度上促进了科学的昌盛。中国古代的所谓"四大发明"，三项出现在宋代。

北宋杰出的科学家沈括曾对指南针进行了全方位的研究，这在《梦溪笔谈》一书中有所反映。他曾用一小滴黄蜡把磁针的中部粘在很细的蚕丝上，然后把它悬挂在没风的地方，这样，磁针的一端指着南方，另一端指着的就是北方了。

　　指南针发明以后，在宋代得到了广泛的运用。宋代的曾公亮在一本名为《武经总要》的书上写道，当时军队前进时，就有人骑在平稳的老马上，走在队伍的最前列，怀中揣着的就是指南针。当时是，先将木头刻成鱼的形状，再把鱼肚挖空，装上磁石，然后用黄蜡封死，让它浮在水面自由转动，鱼头指着的就是南方，鱼尾指着的就是北方。按这方法辨别方向，就不会失误。

　　在宋代，指南针也已经用于航海。北宋宣和五年（公元 1123 年），将军徐兢奉命从宁波坐船到朝鲜去，就为他专门配了懂得指南针技术的人。为了正确地辨别方向，当时在船头和船尾各置了一只指南针（称为"罗盘"），这在阴雨天和黑夜中，作用尤大。指南针运用于航海，这在航海史上也具有划时代意义。

司南——中国古代发明的指南仪器

　　宋代对指南针的研究达到了很高的科学水平。沈括是个富于实际经验的科学研究者。根据他的测量，指南针所指的不是正南，而是稍微偏东一点，这叫"磁偏角"。"磁偏角"不会太大，而且各地不完全相同。这些结论被后来的科学发展所证明了。西方人是在哥伦布发现"新大陆"的 1492 年才发现"磁偏角"的，沈括的发现要比哥伦布早400 多年，而且精确度也要高得多。

毕昇发明活字印刷

　　印刷术是中国古代的四大发明之一。印刷术的出现，对人类科学文化的传播、发展有着重要的作用。而中国的印刷术，又是与宋代紧密相连的。宋代是中国印刷术得到长足发展的历史时期。

　　在 1300 年前的隋朝时期，中国就在长期使用印章和拓石的基础上，发明了世界上最早的印刷术——雕版印刷。这种印刷术是直接把反手字雕刻在木板上，用刷子把墨刷在凸起的字上，铺上纸，就印下来了。我国的印刷术起于隋朝，发展于唐朝，完善于宋朝。宋代的雕版印刷是十分兴旺的。留存至今的宋刻本书籍就有700多种，不但刻得多，而且刻得精美。每一部宋版书实际上就是一件珍贵的艺术品。张徒信在成都雕刻《大藏经》，费时12年之久，计有1046部、5048卷，雕版达13万块之多，这样的水平就是在现代也是难以想象的。

最为重要的是，宋人发明了活字印刷。活字印刷的首创者，乃是一个被称为布衣的普通的刻字工人毕昇。

毕昇对雕刻工艺很有兴趣和研究。他大约花了八九年的时间，终于发明了活泥字，他先用胶泥（黏土）造成小方块，干后刻上单字，然后放入火中煅烧，使它坚硬得像瓷块一样。每个字用纸袋装好，按韵律排列起来。印书时，将字拣出，排在铁板上，围以铁框，再放在松脂、蜡和纸灰的混合物上，加热后，使得松脂等熔化，再用平板将一个版面的泥活字压平，冷却以后，字就固定在铁板之上了，只要刷上墨汁，铺上纸，就可以印刷了。印完，再将蜡加热熔化，将活字取下，下次还可以再用。

毕昇的印刷术包括三个相互联系的方面：制活字、排版、印刷，这是一套相当完整的印刷工艺，是了不起的发明创造。

大约14世纪时，中国的活字印刷技术传到了朝鲜、日本，而欧洲的活字印刷技术是到中国的元代才传过去的。

火药与火器 /

宋代，火药的制法和性能逐步为人们所熟悉，而且被广泛地应用于军事工业，创造出了各种类型的火器，从而引起武器装备和战争形式的重大变革。正是在宋代，中国进入了一个冷兵器和火器并用的新时代。

把硝石、硫黄、木炭三样东西，研成粉末，按照一定的比例（一般为75%、10%、15%之比）混合起来，就制成了火药。用火点着，或用力敲打，火药就会发生化学反应，产生大量气体。气体的体积大约比原来火药的体积大到千倍或几千倍，这就是爆炸。大约在 1300 年前，唐代的大医药家就在《丹经》中明确地记载了火药的制作和成分，这是世界上最早的有文字记载的火药配方。到宋代，火药大量地被应用于军事。

改革家王安石推行"富国强兵"之国策，为此设置了"军器监"，以管理和制造兵器，尤其是火药武器。在有志之士的倡导下，从 11 世纪到 13 世纪，我国的火药武器发展很快。在北宋京都开封的兵工厂里，有专门制造火药武器的工场。宋神宗元丰六年（公元 1083 年）在兰州的一次战斗中，宋军一次就领用了 25 万枝火箭，可见当时火药武器数量之多。

据记载，南宋末年寿春（今安徽寿县）有人发明了"突火枪"，枪管是用粗毛竹筒做的，火药装在枪管里，燃烧后射出去。这可能是最原始的子弹了。宋高宗绍兴二年（公元 1132 年），在德安（今湖北安陆县）的一次战斗中，一名叫陈规的将领发明的"长竹竿火枪"大显威力，临阵点放，杀伤力极大。据记载，喷出的火焰有数丈远。再过后，又发明了金属管（铜铸的或铁铸的）的枪筒，火药武器又大大跨前一步。

火箭

宋代时的火器已有了三个基本的要素：管身、火药和弹丸，可以把它看成近代枪炮的始祖。

注释：

① 范质是宋王朝首位以侍中为职衔的宰相，看重"侍中"一职这是继承五代时的旧制。宋初编撰《册府元龟》时所撰的《宰相部·总序》认为，自唐中叶以来，"唯侍中、中书令及平章事，是为正宰相之职，五代相承，未之或改"。

② 《续资治通鉴长编·建隆二年七月》："太祖曰：'天下自唐季以来，数十年间，帝王凡易八姓，战斗不息，生民涂地，其故何也？吾欲息天下之兵，为国家长久计，其道何如？'赵普对曰：'此非他故，方镇太重，君弱而已，今所以治之，

亦无他奇巧，惟稍夺其权，制其钱谷，收其精兵，则天下自安矣！'"

③《宋史·吕端传》评述："端姿仪瑰秀，有器量，宽厚多恕，善谈谑，意豁如也。虽屡经摈退，未尝以得丧介怀。善与人交，轻财好施，未尝问家事。"李惟清欲中伤端，端曰："吾直道而行，无所愧畏，风波之言不足虑也。""端不蓄赀产，（其子）藩兄弟贫匮，又迫婚嫁，因质其居第。真宗时，出内府钱五百万赎还之。"

④"士学古怀道者，仕于时，不得为宰相，必为谏官。谏官虽卑，与宰相等。天子曰不可，宰相曰可。天子曰然，宰相曰不然。坐于庙堂之上，与天子相可否者，宰相也。天子曰是，谏官曰非。天子曰必行，谏官曰必不可行，立殿陛之前，与天子争是非者，谏官也。宰相尊，行其道。谏官卑，行其言。言行，道亦行也。"（《欧阳修文集》）

⑤《宋史·程颢传》："（程颐曰）周公没，圣人之道不行。孟轲死，圣人之学不传。道不行，百世无善治。学不传，千载无真儒。先生生于千四百年之后，得不传之学于遗经，以兴起斯文为己任。辨异端，辟邪说，使圣人之道焕然复明于世。盖自孟子之后，一人而已。"所谓"一人"，指其兄程颢。

⑥据《宋朝事实·财用》载，"官交子"首次印刷为"天圣二年二月二十日起首书"，以公元算，则是 1024 年 3 月 19 日。

第三十卷　百年蒙元

　　阴山山脉之北，大兴安岭以西，阿尔泰山以东，北与西伯利亚相接的广袤土地，地理学上称作蒙古高原。这里自古以来便是中国历史上北方游牧民族活动的广阔舞台，这些民族有自己独特的发展史，又与中原王朝保持着密切的关系，构成了中国历史发展中生动多彩的篇章。崛起于公元13世纪的蒙古族，在被后人称为"一代天骄"的成吉思汗和他的子孙们的征战下，建立起了疆域辽阔的元帝国，在中国历史上被称为元代。

　　百年元朝，对中国历史影响重大。

　　元朝是蒙古族以一个少数民族完成对中国的"大一统"，并对中国各民族进行直接统治的王朝。经元朝百年统治，不只中华民族各族间密不可分的兄弟关系进一步发展，同时也加深了少数民族对中国这一大家庭的主人翁感情。

　　元朝大体上确定了中国疆域的规模。《元史·地理志》说，元之幅员"北逾阴山，西极流沙，东尽辽左，南越海表"。契丹族和女真族在元代被视为汉人。回族这个新民族在中国大地上形成。藏族地区正式列入中国版图，畏吾儿（维吾尔族）成为蒙古统治者的主要助手，共同占据统治者的上层。

　　"胡汉一家"的观念正式形成了。

　　元朝的百年，是中国真正走向世界的百年。元朝不只与毗邻的高丽、安南、日本以及南海诸国建立了密切的关系，还与欧洲、非洲的众多国家有了交往，到了元代，中国开始真正融入世界。

成吉思汗统一漠北 /

成吉思汗原名铁木真（公元1162—1227年），出生于蒙古一个强有力的贵族之家。他的父亲也速该，号把阿秃儿，意为勇士。成吉思汗出生时，适逢与塔塔儿人（塔塔儿在汉文中又常译作鞑靼）作战获胜，俘获其首领铁木真兀格，为纪念这次胜利，父亲便将新生儿名之为"铁木真"。

铁木真9岁时，他的父亲被塔塔儿人所杀，原领部众纷纷离去，于是，铁木真兄弟随其母亲在斌儿罕山一带颠沛流离，艰难度日。铁木真还一度被强大的泰赤乌氏贵族所抓获，幸得他人救助，才幸免于难。为了恢复自己家族昔日的显赫地位，铁木真开始了艰苦卓绝的斗争。

12世纪后期，蒙古高原上还分布着大大小小100多个氏族部落。蒙古族内部即有乞颜氏和泰赤乌氏两大族，铁木真出生的孛儿只斤氏部属于乞颜氏。蒙古族外，还有塔塔儿（鞑靼）、克烈、乃蛮、篾儿乞、汪古等强大部落群体。蒙古族当时并不算强大，它处于这些强大部落群体的包围之中。

铁木真长大以后，首先投靠邻近的克烈部首领王罕，尊其为父。在王罕的帮助下，开始积聚力量。但不久又遭到篾儿乞人的袭击，妻子家人都被俘去。他只得再求救于王罕，在王罕的助力下，夺回了妻子和家人。后来，他悄悄地积蓄力量，成立了自己的武装，虽几经挫败，但总的来说逐渐强大起来。

金承安元年（公元1196年），金朝丞相完颜襄统兵征塔塔儿部，铁木真以报父仇为名，请求王罕出兵助金。铁木真部人马与王罕部会合后，大败塔塔儿军，并杀死其首领。铁木真趁胜攻打另一比较弱小的部落，收编了那里的部众，进一步壮大了自己。铁木真壮大后，目标渐大，一些部落联合起来攻打他，他一面继续与王罕联盟，一面收编各方残部，使自己立于不败之地。

王罕见铁木真力量一点点壮大，担心于己不利，于是，向铁木真发动了突然袭击。铁木真仓促应战，终因寡不敌众，队伍败退至哈拉哈河之北，对部队进行整顿。王罕以为铁木真这一败就一蹶不起了，放松了警觉。这

成吉思汗

时，铁木真出其不意，偷袭王罕，经三天三夜大战，王罕大败，并于外逃中被杀，强大的克烈部灭亡，余部进入了铁木真部。

克烈族的灭亡，在蒙古草原上引起了极大的震动。乃蛮部首先发难，联合篾儿乞、札木尔等部共同进攻铁木真。这时的铁木真已今非昔比，他在哈拉哈河边整顿了队伍，建立了强大的护卫队，一路西行，与乃蛮部为首的联军决一死战。结果联军大败，乃蛮族首领太阳罕受伤被擒，不久死去。铁木真进军阿尔泰山，乃蛮族彻底被征服，其他各族相继败亡。漠北统一。

金泰和六年（公元 1206 年）春，铁木真主持召开"忽里台大会"，他被各族贵族推举为蒙古国大汗，号"成吉思汗"。"成吉思"是蒙古语"海"的意思，"汗"相当于皇帝，合起来就是"四海之内的皇帝"。

漠北高原的统一，为蒙古族的进一步发展奠定了基础。

大蒙古国 /

铁木真统一蒙古高原后，发起举行了"忽里台大会"，会上被推为"成吉思汗"。同时，树立起一面高高的旗帜，宣告大蒙古国的成立。

大蒙古国成立后，成吉思汗一举封了 95 个千户，分别授予追随自己的贵族、功臣、统领。千户之下，又设百户、十户，实际上是一种相当严密的军事和地方行政单位，取代了先前的氏族部落体制。国家就是按千户征派赋役和签发军队的。15 岁到 70 岁的男子，从理论上讲都有服兵役的义务。而被封为千户的人，既是一种荣耀，又有护卫大汗之责。为了防止不测，千户之子一般都是京中的质子，是不能轻举妄动的。现代史学家黎东方在《细说元朝》中说，"成吉思汗一举而封 95 千户，此举气魄之大，远在汉武、唐宗之上，而对功臣的掌握上，'雄才大略'四字，可谓当之无愧。"

　　千户之上，又有万户。成吉思汗一共封了 4 个万户：木华利被封为左手万户，管理东部直到大兴安岭一带的千户；博尔术被封为右手万户，管理西部直到阿尔泰山一带的千户；纳牙阿被任命为中军万户；豁儿赤也领十余千户，起直接协助成吉思汗的作用。所有千户万户，都必须效忠于成吉思汗。成吉思汗又将各地百姓和土地分封给诸子、诸弟，让他们一起来藩卫以大汗为首的"黄金家族"。

　　为了强化自己的统治，成吉思汗组建了一支万人的卫队，其成员都是万户、千户、百户、十户之子中有技能、身强力壮的年轻人。成吉思汗的亲信博尔忽、博尔术、木华利、赤老温等先后被任命为侍卫大臣。这支队伍不单是侍卫的坚强力量，在对外战争中也有着巨大的作用。

　　大蒙古国建立以后，成吉思汗凭借其强大的军事力量，发动了一系列扩张战争。他多次发动对西夏的战争，迫使西夏纳女请和。又发动对金的战争，威逼金的都城中都（北京）。元太祖九年（公元 1214 年），金被迫迁都南京（今河南开封），第二年，蒙古军攻占中都，逐步控制了华北地区。此后，成吉思汗的大军直指中亚，元太祖十三年（公元 1218 年）攻灭西辽。第二年，成吉思汗又率二十万大军西征花剌子模，攻占了中亚广大地区，部分蒙古军攻入了俄罗斯南部，沿黑海北岸进入克里米亚半岛。直到元太祖十九年（公元 1224 年），成吉思汗才率军回国。

　　成吉思汗把新征服地区分封给他的儿子们：花剌子模及康里国故地，分封给长子术赤，术赤死后归他的儿子拔都所有，建立起了钦察汗国。阿尔泰山以西至阿姆河一带，原西辽和畏兀故地，分封给次子察合台，后来形成察合台汗国。鄂毕河上游以西，至巴尔克什湖以东，原乃蛮故地，封给窝阔台，后来形成窝阔台汗国。蒙古故土，分封给了幼子拖雷。后来，拖雷的第六个儿子旭立兀西征，攻占了波斯广大土地，前锋攻入叙利亚，建立了伊利汗国。这样，四大汗国，再加上蒙古本土，组建成了庞大的蒙古帝国。

　　元太祖二十一年（公元 1226 年），成吉思汗又一次攻西夏，第二年，西夏亡，同年夏历七月十二日，成吉思汗病逝于六盘山，终年 66 岁。

蒙古大汗和耶律楚材 /

耶律楚材

元太祖十年（公元 1215 年），成吉思汗率军攻占了金之都城中都（北京），马上着手寻访故辽国的宗室和谋臣才士。找来找去，发现了一个了不起的人物，他就是年方而立的耶律楚材。耶律楚材是契丹人，其母亲是有教养的汉人。他从小受到过良好的中华传统教育，其母文化底蕴极其深厚，她除了让自己的孩子学习经史外，还让他学了天文历法和卜算之道。成吉思汗不拘一格用人才，耶律楚材以被征服者的身份而被两代蒙古大汗赏识，并成为蒙古帝国的第一任中书令。

耶律楚材受到了成吉思汗的特别器重。成吉思汗常把耶律楚材带在身边，当时也没封什么官，只是每做一件事前先让他进行占卜。常常是成吉思汗先有一个想法，再让耶律楚材占卜一下，看看是否相符，最后才作出决定。事实证明，耶律楚材的占卜一般都是灵验的。成吉思汗身边需要这样一个人。

成吉思汗辞世前，对自己的儿子窝阔台作过这样的交代："耶律楚材这个人，是老天爷赐与我们家的，他可是个奇才啊！你以后凡是军国大事，都不妨交给他管理。"对这段话，不少史家表示怀疑，但却明明白白地写在《元史》和《新元史》上。后来窝阔台也对耶律楚材言听计从，耶律楚材甚至比在成吉思汗时代更得到重用。

窝阔台登上大汗宝座，与耶律楚材有极大的关系。当时人心不稳，礼仪制度也还没有建立起来。窝阔台当大汗，得举行一次隆重的仪式，这一仪式按规定由已亡大汗的小儿子担任。成吉思汗的小儿子拖雷面对复杂局势有点犹豫，打算改变原先定下来的日子。耶律楚材闻知，坚决予以制止，不顾他人的反对，如期举行登极典礼。当时，蒙古人还无跪拜之礼，耶律楚材主张力行汉族先进的礼仪，并说服察合台应以兄长的身份首先跪拜。事实上，在仪式举行时，察合台一下拜，谁还敢不下拜？连其叔父帖木格也不得不下拜。这对大蒙帝国的统治秩序的建立多么重要！后来，窝阔台对耶律楚材凡事无不听从，道理也在于此。

据说，窝阔台即位后，耶律楚材建言"十八事"，事事都得到了落实。其中最有影响的几件事是：设立地方文官制度，使之与千户、万户相互牵制，并实施军民分治；下级官吏非奉上级批准，不许私自巧立名目增加百姓负担；死罪必须申报，得到获准后，方可执行；当官者监守自盗的，处以死罪；蒙古人与回回人地位虽高，但如耕种国有土地而又拒不纳税的，极端的也要处以死刑；可汗应该是清廉的，任何人都不许向可汗贡献礼物。可以说，这些措施，对稳定局势和巩固统治起了决定性作用，就这些，耶律楚材可说是立下了盖世之功。而提出这些建议的又是一个非蒙古人。

耶律楚材最大的功绩是很大程度上改变了元人民族压迫和民族屠杀的国策，可谓是一语兴邦。

当时，有一个走极端的蒙古贵族向窝阔台建言："占领一个地方，就将汉人杀光，将中原的田地一概改为牧场，以供蒙古人游牧。"

耶律楚材听到此言，连夜面见窝阔台，对大汗说："汉人留下不杀，对蒙古帝国有利无害。可以让他们劳作，然后抽他们的税，约略计算起来，单是黄河以北，每年可抽50万两银子、8万匹绢、40万石粟，这比杀了汉人一无所得岂不是好得多？况且，可汗还想渡河灭金，正需要巨大的资源作为军费呢！"耶律楚材本身是汉人之后，他这样说是冒着杀头的风险的。为了整个汉族人的利益，为了民族国家，他敢于"冒死"进言。[①]

窝阔台大汗同意了耶律楚材的建议，第一件事就要耶律楚材设计抽税的事。耶律楚材委任了20人，分十路安排民众生产，同时实行税务。十个月后，窝阔台大汗到了西京（今大同），十路所收的银子、绢、粟都放在行宫的院子里。大汗见了，十分高兴，任命耶律楚材为中书令，负责筹建帝国的中央行政机构——中书省。中书省成立后，耶律楚材保荐了镇海为左丞相，粘合重山为右丞相，加上他自己，成为行政三主持。

有趣的是，中央行政的三巨头，一为契丹人，一为女真人，一为更少为人知的少数民族——客列亦惕人，可见当时的成吉思汗和继任的窝阔台大汗气魄之宏大和心胸之宽广。元代虽立世不到百年，但在中国历史上有着它的一席之地，这与成吉思汗与他的子孙们的雄才大略密切相关。

大札撒

成吉思汗身后留下了一部法典，汉文称为"青册"，在蒙古文中则称为"札撒"，欧洲人称其为"大札撒"。

这部"大札撒"用文字形式肯定了蒙古族的若干习惯法，其更多的是成吉思汗的一些上升到法律的训言、敕令，要臣民无条件地去遵守。这部"大札撒"的制定与一个叫失吉刊·忽秃忽的人关系甚密切。他是成吉思汗的从弟。此人打仗不行，可审案子却非常内行，而且好学，成吉思汗就让他研究并创立法典事宜。在他的下面，还设有若干书记员，相当于法典的起草小组。

严格是"大札撒"的精神。马是蒙古人日常生活、出行和战争的命根子，因此，法律明文规定，偷马的，不管你是蒙古人还是汉人，都得处以死刑。法典还规定，蒙古治下的每一个壮丁，永久属于某一十户、百户、千户、万户，私自离开的人，都要被处死。首领（包括军事首领和行政首领）如果贸然接受不属于自己的壮丁，也要被处死。

最有意思的是，这部"大札撒"还规定：一个人一生中允许他破产一次、两次，但如果破产第三次，那就要被处死。这个规定看来有点野蛮，但其中蕴含的意思是清楚的：要求人人都奋发图强，人人都积极向上，不得游戏人生。

"大札撒"规定，蒙古人称呼可汗，只要在名字后加"可汗"一词即可，不必加长长一串赞词和颂词，如果是皇室成员，对大汗可以直呼其名，连"可汗"之称呼也不必加。这多少体现了原始民主制度的某些残存。

忽必烈建元"中统"

　　成吉思汗创立的大蒙古国，在其死后，传位给其子窝阔台；窝阔台死后，又传位给儿子贵由，贵由只做了3年大汗，就传位给其堂弟蒙哥了；蒙哥当了8年大汗后，在征途中因病死去，继位的是蒙哥的四弟忽必烈。

　　忽必烈的雄才大略一点也不亚于其祖父成吉思汗，在中统元年（公元1260年）四月的即位诏里，忽必烈对祖父成吉思汗以来的50年的发展作了深切的检讨，他布告天下：

忽必烈

　　"我的祖宗用武力平定各路诸侯，使四方都臣服，才有了今天这样广漠的天下。综观50年来的发展，祖宗的武功赫赫，可说是纵横天下无人敌。可是，在文治上少有建树，这叫'武功迭兴，文治多缺'。这也不能怪罪于列祖列宗。应该说，时有先后，事有缓急，天下的大业，不是一代圣人所能全部完成的。列祖列宗打下的天下，当今之世有谁来承继祖业？我以为我是当仁不让的！在太祖成吉思汗的嫡孙中，我理应建功立业，既继承祖宗传统，又有所变通，'祖述变通'是我最高的建国纲领。"

　　这里有两句话很有价值：一句话是"武功迭兴，文治多缺"，显然是对此前50年朝政的反思，又是对今后治国方略的认定，这也就是说要在"文治"上下大力气、大功夫。另一句话是"祖述变通"，其意是说，既要继承祖宗的传统，又要有所变通和革新，显然，这话的主旨在于变革和创新。

　　在同年五月的一份诏书中，忽必烈作出了一项更具历史意义的决定：自这年的五月十九日起，"建元为中统元年"。对此，忽必烈说得很清楚，建元是为了"示人君万世之传"。这"万世之传"，指的单单是蒙古族的传统吗？显然不是。蒙古族怎么也算不上"万世"，他所说的"万世"明确是指历史悠久的中华万世。"中统"之"中"，指的是中原、中国，"中统"之

"统"，指的是正统。忽必烈的建元"中统"，明确宣言：自己建立的王朝是中华正统，是中原王朝的传承。这一点，后来也受到了历代史家和人们的认可。

国师八思巴 /

公元 1260 年，忽必烈称帝，建元中统。为了国家的统一，他实行了一系列封赏，其中被封为"国师"大号的是八思巴。"国师"地位崇高，也有很大的权力，"授以金印，任中原法主，统天下教门"。而这时的八思巴还只是个 25 岁的年轻人。忽必烈为何不选择别人，偏偏选中了他呢？

忽必烈此举，是有道理的。

八思巴是乌思藏萨斯迦（今西藏自治区萨迦县）人。父母都是藏族的教职人员，尤其引人注目的是，他的叔父就是西藏地区最有势力的教派萨斯迦派的首领萨班。萨班非常喜爱聪明伶俐的八思巴，视同己出。常带他在身边，使他从小熟悉宗教事务，并接触上流社会人士。1244 年，镇守凉州的蒙古王子阔端曾邀萨班前去商讨西藏地区归附蒙古事宜，当时萨班就刻意带只有 9 岁的八思巴同行。一路上真是历尽艰难，2 年后才到达凉州。双方一拍即合，很快就商定了吐蕃（西藏）正式归附大蒙古国的条款，由萨班负责通告藏族僧俗首领。商讨这些时，八思巴都是在场的。之后的一段时间，八思巴学习了蒙古语和汉语，为他后来的事业打下了基础。叔侄两人一起研究了蒙古文，认为蒙古文有不完备之处，无法标注、翻译梵文、藏文，便发明了一套新的蒙古文字母。公元 1251 年，萨班不幸在凉州去世，只有 16 岁的八思巴就接任了叔父的萨斯迦教派首领的职务。

1253 年，忽必烈初会八思巴于凉州。两人一见如故，十分投缘。八思巴以为忽必烈有国君之相，就特意为他做了隆重的灌顶仪式。当时忽必烈还未登王位，为他做"灌顶"仪式本身就有祝愿的意思。第二年，两人又相会于六盘山畔。忽必烈又一次接受了八思巴的"灌顶"，同时赐给八思巴一道诏书，宣告寺院受到保护。这以后八思巴就长期从事宗教活动，并到佛教圣地五台山朝拜。尤其在开平城举行的一次大辩论中，他以雄厚的佛学知识和善辩的口才，赢得了僧俗人士的一致赞誉，一些不通佛学的人的伪经被毁，八思巴在佛学界的地位确立起来了。在这个基础上，忽必烈封他为国师已是水到渠成的事了。他一下成了全国佛教界的精神领袖。

1264 年，不到 30 岁的八思巴回到了故乡西藏，着手建立西藏佛教的行政系统。西藏地区自 9 世纪中叶吐蕃王国崩溃以来的四个世纪中，政治和宗教都一直处于分裂状态中，各地区教派林立，互不相属。八思巴在西藏建立了塔庙，用金汁写制了佛学经典 200 余部，同时还向各地名师请教，完善了教义。

八思巴的最大贡献在于使藏传佛教有了一个严密的管理系统。他首创设置了司礼之官、掌内室和服饰之官、司宗教仪式之官、司礼宾之官、主文书官、司库官、司厨官、司引见官、司座位官、掌运输之官、掌马官、掌犏牛官、掌犬官等。完善的管理系统的建立，有利于宗教的发展和统一。

八思巴十分热爱自己的故乡西藏，十分热爱中华大家庭。他支持忽必烈率军进藏，还为撤换地方官员、登记户籍出力。但是，他不主张武力的征服。八思巴回到西藏拉萨，在大昭寺向元世祖献辞遥祝新年时说的第一句话是"行善止杀"，他给元世祖多次写信时说的最重要的一句话也是"行善止杀"，当他面见元世祖时说的还是"行善止杀"这句话。他只活了 45 岁，但他为加强蒙古、藏、汉等民族之间的友谊和维护国家统一所作的贡献，人民永远不会忘记。

"帝中国当行中国事"

忽必烈在即位诏以及之后的一系列诏令中，一再强调了"祖述变通"的建国和建政纲领。"祖述"是要继承"列圣之洪规"，也就是承继成吉思汗以来蒙古诸大汗的传统；"变通"是要"讲前代之定制"，所谓"前代"，当然是指唐、宋等中原王朝。忽必烈推行的制度，基本上是以中原王朝仪文制度为主干，参考了辽、金制度，又糅合和保存了大量蒙古旧制的成分而成的。

在具体的建国政纲的实施中，书生徐世隆给予了深刻乃至关键性的影响。忽必烈任大汗后，徐世隆以名士的身份归附，时时加以垂问。一次，忽必烈想出征云南，在日月山召见徐世隆。忽必烈问："怎样才能使天下人信服？"

徐世隆回答道："孟子说过：'不嗜杀人者能一之。'就是说只有不以杀人为能事的人才能一统天下。爱护老百姓，天下可定，哪里还会怕西南夷平定不了呢？"

忽必烈听了很高兴，频频点头说："按照你的话去做，我的事业一定是可以成功的。"

后来，在忽必烈的亲自关照下，徐世隆的官位节节上升。先是当燕京一带的行政长官，后任翰林侍讲学士，兼太常卿，朝廷的大事都要咨访他后方可施行。徐世隆上了许多奏章，在中国历史上最有影响的是至元元年（公元 1264 年）的一个短章，他说道："陛下，帝中国当行中国事！"

这是一个大原则、总方针。其实，在徐世隆明确提出这个大原则前，忽必烈在一些读书人的劝说下，早已推行此方略了。

早在建立中书省时，忽必烈就考虑到了中原人才的利用问题。他命史天泽为中书右丞相，忽鲁不花、耶律铸（耶律楚材之子）为左丞相。廉希宪、塔察儿为平章政事，张文谦为左丞，张易行为右丞，杨果、商挺为参知政事，以史天泽、王文统、廉希宪、张易行来统管京城燕京的日常事务。从这些朝政要员的名单中，人们可以清楚地看到，忽必烈在政治上依靠的是一批汉族为主体的知识分子，当然也包括一部分汉化了的契丹人和女真人，而蒙古人在其中倒不占优势。这也可以看做是"帝中国当行中国事"的一个注脚吧！

吸收和继承中原地区的传统礼仪制度，是忽必烈的一大成就。至元六年（公元 1269 年）忽必烈派专人寻访前代知礼者，由当时的大儒许衡、徐世隆，还有亡金故老乌古伦居贞等人"稽诸古典，参以时宜，沿情定制"，到至元八年（公元 1271 年）时，始制定朝仪，并设置了侍仪司，掌管仪礼——包括日常的上朝礼仪和诸王、外国来朝的礼仪。

至元元年（公元 1264 年）忽必烈着手整理雅乐，下令修八佾乐舞，以备郊庙之用，并搜检金朝遗散于民间的乐器，在燕京等地先后搜集到数百件乐器。数年后，由耶律铸负责制成宫悬乐，诏赐名"大成乐"。为制礼作乐，单是专业的乐工就有 800 多人。

蒙古人向来重祭天，从忽必烈始，根据徐世隆的建议，把祭祖当成首要大事。在燕京建立了太庙，定八室神主，进行隆重的祭祀。还加封孔子为"大成至圣文宣王"，派人去曲阜祀孔。

《大学衍义》获奖 5 万贯

元世祖、成宗、武宗等皇帝都力行"汉法"，成效显著。一方面严处不法旧官吏，整顿中央政府的机构；另一方面广罗汉儒人才，强化吏治。公元 1313 年，颁布《行科举诏》，规定"举人宜以德行为首，试艺则以经书为先，词章次之"；考试采用程朱理学的《四书章句集注》，并鼓励编纂供儒生和官员学习的教材。

元英宗，名硕德八剌（公元 1303—1323 年）。1316 年被立为皇太子。他自幼深受儒学教育，即位后，在左丞相拜住的辅助下放手推行改革，实行新政，颁布《振举台纲制》，提倡"举善荐贤"，大胆起用汉族官员与儒臣；罢免冗员，精简机构；推行助役法，减轻徭役；颁行《大元通制》等。他认为，人要有榜样，文要有典范。1320 年 12 月，翰林学士忽都鲁都儿迷失向英宗硕德八剌献上他翻译的书——宋朝儒生真德秀写的《大学衍义》，一贯热爱汉文化的英宗阅后甚为高兴，下诏奖励忽都鲁都儿迷失钱 5 万贯。

当时，大臣大吃一惊：一本书何值 5 万贯？

英宗说：岂止一本书？

《大学衍义》书影

　　大臣指着《大学衍义》道：明明就是一本书！

　　英宗说：跟在《大学衍义》后面的有成百上千的好书！

　　此时，大臣才明白："此为引饵也！"

　　为了推行汉文化，英宗随后又下令将《大学衍义》印发给儒生和大臣们认真学习，广推儒学，使儒学进一步流传。

大元帝国的建立

　　在蒙古国的征战和扩张过程中，一直存在着对被征服地区，尤其是汉族地区民众取何态度的问题。一些蒙古贵族宣扬："虽得汉人，亦无所用，不若尽去之，使草木畅盛，以为牧地。"而受领漠南军国事务的忽必烈采纳刘秉忠、姚枢的建议，下令禁止杀戮，与被征服民众和平相处，发展生产，繁荣经济。这一政策曾受相当一部分蒙古贵族和蒙哥大汗的责难，甚至一度被强令解除了漠南地区的统军权。直到忽必烈开平确立大汗地位后，局势才有所好转。

　　忽必烈即大汗位后，很自然地以金为蓝本建政定制。忽必烈一开始就让属臣编辑《大定政要》，以金世宗这个被当时人誉为"小尧舜"的帝王作为自己的政治楷模。中统二年（公元 1261 年），《大道政要》编定，至元二年（公元 1265 年），《大定治绩》编就，这两部记述金世宗治国政事和政绩的书，成了忽必烈重要的政治参考。

　　忽必烈为了控制中原和推进对宋战争，把政治中心南移到了燕京，至元元年（公元 1264 年）改燕京为中都，三年后，大建中都城。

　　至元四年（公元 1267 年），蒙古大军开始南下灭宋。忽必烈根据南宋降将刘整的建言，先攻江汉之间的军事重镇襄、樊二城。由于襄、樊军民的抵抗，战争时断时续，整整打了 4 年多，直到至元九年（公元 1272 年）正月，方才攻下。襄樊失守，南宋大门顿开，至元十一年（公元 1274 年），蒙古军大举攻宋，以伯颜为统帅，分东西两路南下，对南宋都城临安形成了包围之势。至元十三年（公元 1276 年），蒙古军攻占临安，俘宋帝而去。

宋臣文天祥等拥立新帝，继续抗击，直到 1279 年南宋最后灭亡。

在大势已定的至元八年（公元 1271 年），忽必烈按照中原历代王朝制度，建国号为"大元"。在建国诏书中，忽必烈豪情万丈地说，在中国历史上，秦朝和汉朝的国号，只是起于初起时的地名，而隋朝和唐朝也只是以封邑之名为国名罢了。现在，我们建立的这个国家，地域比历代都大，国力比往昔都强，起于北土，受于天命，因此"国号曰大元，盖取《易经》'乾元'之义"。

"大元"比"中统"又大踏步地前进了一步。它取义于中华经典，光大了汉唐文明，是少数民族的头面人物领军中华民族大家庭的一次盛大的尝试和演习。

把人分"四等"

忽必烈的采用汉法、重用汉人是有限度的，他的另一面是防止汉化和限制汉人。尤其他曾经重用的大臣王文统卷入叛逆集团后，他对汉人的信任感明显减退了。元灭宋后，以民族分等的痕迹更明显了。虽然，在官方文书上，忽必烈时期从无蒙古、色目、汉人、南人四种人的明确记载，但实际上四种人的划分是存在的。忽必烈之后的一些大汗，把"四等"的界限进一步明确化了，而且在法律上有了明文规定。

第一等人是蒙古人。元人称之为"国族"，指蒙古高原各蒙古氏族，主要有 72 种，其中也还有级差，相当复杂。第二等人是色目人，西域乃至欧洲各地来华者，都统称为"色目人"。第三等人是汉人，或称为汉儿，指淮河以北原金朝境内的汉族和契丹、女真、高丽等族，还指云南、四川两地的人。第四等人是南人，又称蛮子、新附人，指原南宋统治下的汉人和其他族人。

忽必烈以后，中书左右丞相、平章政事，都由蒙古和色目人担任，汉人最高只能充当右左丞或参知政事。汉人不得干预军事，南人的地位更低，在元朝中后期拜行省参政的仅王都中一人。

元代到仁宗时始行科举。蒙古人与色目人一榜，汉人与南人一榜。考试内容难易不同，所取人数则相同，可是，汉人与南人在人数上要比蒙古人多千万倍，这样等于机会少了千万倍。中考后，蒙古人授官六品，色目人授官正七品，汉人仅从七品。在弟子承荫上也明显不同。

在刑事方面的不平等更明显。蒙古人与汉人争吵，如殴打了汉人，汉人不得还手，如违犯，定当严惩，甚至被杀。汉人杀死蒙古人要处死罪，相反，若蒙古人杀死汉人则只是赔偿或流放。甚至同是囚徒，在狱中的待遇也大不同。

汉人乘马和用马来驾车、耕地都有禁令。汉人百人以上执弓箭狩猎者处极刑，百人以下流放远方。汉民学习枪棒，聚众迎神赛会，乃至集市卖买，都在禁绝之例。江南地区夜间灯火也受到限制。

当然，这些主要是针对广大民众的，那些依附蒙古统治者而对他们有功的人，则同样被视为"国人"。

伯颜被逐

元顺帝

在元代历史上有两个伯颜。第一个伯颜曾助元世祖忽必烈马上打天下，征战南北，戎马倥偬，在临安城下受宋代末代皇帝之降的就是他。第二个伯颜身处元代末世，早年为稳定局势也曾作出过些许贡献，后来大权在握，独掌军政大权后，专横跋扈，把一个民族大家庭搞得鸡犬不宁，实为民族的大罪人。②此处所指的伯颜是后者。

伯颜是元朝末年文宗、宁宗、顺帝三代的重臣，长期当枢密院长官，兼右相，左右着那个时代的政治。当时，各地人民的反抗斗争风起云涌，以伯颜为首的元廷重申不准汉人、南人、高丽人执兵器，凡家有马者，都得拘之入官。为了实施民族隔离，不准汉人和南人学习蒙古文字。当时民族等级和民族虐杀可以说已经升到了极点。而在这一逆天行事的恶流中，扮演最不光彩角色的是身为最高军事和行政长官的伯颜。

元顺帝至元五年（公元 1339 年）秋天，在河南发生了谋杀省臣的事件，负责处理此事的伯颜乘机大做民族压迫文章，把罪责一股脑儿推到汉臣段辅身上，说汉人不能当廉访使，怎么段辅当了？应当重重治罪。他给朝廷上了一奏章，可是连那些蒙古籍臣也不愿把这一奏章递上去，因为这样做会犯上添乱。尤其是伯颜的亲侄子、御史大夫脱脱，更是对其伯父的行为十分不满，坚决不愿上呈奏章，最后在无奈的情况下，脱脱才十分委婉地向元顺帝讲出了这件事，并明确表示，这件事不应追究汉人的责任，元顺帝同意了脱脱的意见。伯颜听到了这个消息后，暴跳如雷，找到了皇上，愤怒地说："脱脱虽然是我的侄子，但他的心一直在护卫汉人，应当治罪！"顺帝说："那都是我的主意，不关脱脱的事。"伯颜没有办法，只得悻悻而去。

把谋杀省臣事件加在汉臣头上这件事没办成，伯颜实在于心不甘。不久，他变本加厉，又向皇上奏了灭绝人性的"杀灭章"，伯颜在奏章中称：

"汉人太猖獗了，非屠杀不能收其威。请杀张、王、刘、李、赵五大姓汉人。"

元顺帝看了奏章，大书写下两字："不允！"

正是伯颜的这一奏章，引起了全国民众的大愤怒，以及满朝文武的大背离，也让元顺帝和伯颜的亲侄子脱脱最后下了决心：除掉这一离间汉蒙关系、杀人如麻的恶贼！

脱脱等人在等待机会。

元顺帝至元六年（公元 1340 年）二月的一天，伯颜请太子燕帖古思一起去柳林打猎。脱脱觉得这是个好机会，就马上与掌握京城宿卫的世杰班、阿鲁两人商量，把京城的门钥扣下，最后再收拾他。他们几人虽说都是蒙古人，但良知告诉他们不能那样对待汉人。这天夜里，元顺帝也一夜未睡，在玉德殿听候消息。

　　直到深夜，伯颜才回城，但城门不开，伯颜遣骑士问为何不开城门，这时，脱脱坐在城楼上，大声宣读了皇帝的诏书，历数伯颜的罪状。伯颜原指望所带兵丁会帮他攻城，哪知他的大队卫兵一听到皇上有诏书，马上就一哄而散了。伯颜还指望相府和他的属官会出来反抗，哪知那些人听到皇上诏令后，个个偃旗息鼓，垂头丧气，有的偷偷溜走了。

　　这个以虐杀汉人为能事的恶魔伯颜，后来成了真正的孤家寡人。他想求助于皇上，得到的指令是："逐出京城！"

　　伯颜久久地呆立在城下，只听城楼上脱脱在说："你现在是什么官儿都没有的罪人，走吧！"在警官的押解下，伯颜被放逐到边远的南恩州，最后死于途中。

民族融合的大趋势 /

　　在元代，虽然也有民族之间的虐杀和仇恨，但在生活实践中，不管是汉民族，还是蒙古等少数民族，都懂得了一个最基本的道理：只有民族的和解和民族的融合，才是我们这个民族大家庭的出路。伯颜败亡后的汉蒙同心，正好说明了这一点。

五代彩绘
浮雕散乐图

　　元代的大统一，为民族杂居营造了一个大舞台。不少汉人进入了少数民族的世居地，不少少数民族的要员和民众也迁居内地，最后出现了这样的奇迹：空前的灾难和空前的民族融合同步前行。

　　公元 1214 年，成吉思汗攻金，兵分三路掠夺华北的广大地区。当时，劳动力特别珍贵，成吉思汗掠走了十万汉民，想把他们安置在漠北的土拉河上。那里本身有蒙古人生活在那里，十万汉人就融入其中。当时刚巧有一降服的汉将史秉直无事可做，就让他负责管理这些汉人，让他们慢慢熟悉漠北生活。元伐南宋，又有一大批汉人被掳到北方去，融入了蒙古包。蒙古人对汉人中的工匠和手工艺人特别看重，俘获后就把他们分到各部属去，久而久之，界限就淡化了。

　　在蒙、夏、金、宋的混战中，老百姓的生命安全受到极大的威胁，为了生存下去，他们常常越界逃跑。尤其是蒙古亡金时，北方的汉人（此时的北方汉人已融入了大量少数民族的血统）、女真人，常常是举家南逃。可以说，终元之世的 100 年，一直是北方人口南流的趋势，这个数字达百万人以上。

　　军事驻屯也是民族融合的一大途径。在宣化以至大同一线，是回回、阿尔浑、康里、阿速、钦察等部属的军人驻守的地方。南阳、襄阳是畏吾儿、合剌鲁军驻守的地方。合肥是唐兀军驻守的地方。云南是蒙古军驻守的地方。驻守日久，这些人都成了当地民众的一部分。不少汉军归附后，被发往漠北、新疆，他们后来也成了那里的人了。蒙古各支（或皇族之间的皇位之争）在争斗中失败的一方，归附后一般不杀，常常被流徙到炎热的南国去，这个数量也不少。

　　当时蒙古人人数虽然不多，但重要官职都得由蒙古人（也包括色目人）担当。这些人仕于内地后，往往便是世居那里了。

　　有人对元代镇江地区人口状况作了一个统计，发现这里简直是个融为一体的民族大家庭。这里有汉人，有蒙古人，还有回族等其他少数民族，还有被蒙古军从其他地方掳来的所谓"驱口"，即贵族的家内奴隶。这里可列一表：

畏吾儿人户	14	口	93	驱口	107
蒙古人户	29	口	163	驱口	429
回回人户	59	口	374	驱口	310
也里可温人户	23	口	106	驱口	109
河西人户	3	口	35	驱口	19
契丹人户	21	口	116	驱口	75
女真人户	25	口	261	驱口	224
汉人户	3671	口	9407	驱口	1675

这是汉族聚居区的情况，具有很大的典型意义。当时镇江的总人口为13533人，其中汉人为9407人，各种少数民族1178人，驱口2948人。至少可以得出这样的结论：一，由于汉人在人口上的优势，在蒙古人统治下的民族融合，总是以汉人为主体的。从比例看，汉人占69.5%，各少数民族占8.7%，驱口占21.8%。二，蒙古人是统治者，但在整个人口中只占1.2%，要求长久统治，除了靠其他少数民族外，非得与汉人协同一致不可。三，从被征服区的汉人的生活状况来看，也远不如某些文献记述的那样凄苦，汉人与驱口之比是1：5.6，即平均一个五口之汉人之家，有一个驱口（奴隶）。

历史就是这样，民族融合的过程往往给人带来苦难，而历尽苦难最后结出的却是民族团结的甜果。

修"三史"议"正统"

为前朝修史，也是元代的一件大事。元世祖忽必烈中统二年（公元1261年）时，大臣王鹗就曾请修辽、金两史，世祖认为这是一件大事，令左丞相耶律铸监修。南宋灭亡后，又令史臣通修"三史"。但因义例问题，修史一直时断时续。所谓"义例"，在少数民族统治的元代，实际上就提出了一个以谁为正统的问题，或者说，少数民族的统治是否可以称得上正统的问题。

这件事在当时似乎一直在做，但一直难以了结。

从元世祖忽必烈主张修史，到元顺帝时代，一拖就是 80 多年。直到元顺帝至正年间，成功地驱逐和罢免了大权臣伯颜，器宏识远、好贤礼士的脱脱继任宰相，在稳定了政局以后，元顺帝才下决心修辽、金、宋三史，而被任命为"三史"都总裁官的，正是脱脱其人。

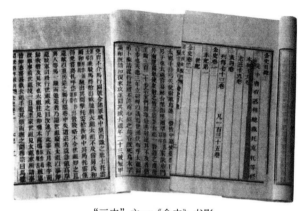

"三史"之一《金史》书影

脱脱正式上任是至正三年（公元 1343 年）三月，也意味着"三史"的编纂正式开始了。除了脱脱总其事外，平章政事铁木儿塔式、右丞太平、御史中丞张起岩、侍御史吕思诚、翰林学士欧阳玄、翰林侍讲学士揭傒斯等大学者、大官僚也都参与其事。阵营不可谓不庞大。但是，争论还是有的。

有的说："汉族一直居于中原，从传统角度看，历代是以中原王朝为正统的，修三史当然要以中原王朝为正统了。"

有人马上反驳："如果都得以中原王朝为正统，那么大元王朝也不能算正统了。"这似乎是一个瓶颈，一论及此，就谁也不敢说什么了。

对此，脱脱经过长久的深思熟虑，又与一些友人进行了深入探讨后，最后果断地作出决定："天命无常，正统是一个可变的因素，今天我是正统，明天可能你是正统。辽、金、宋三国各有各的发展轨迹，也可以说各有各的正统。既然这样，就按照各自的年号写下去吧！那样处置，我看是不会错的。"

脱脱一锤定音，就按照三国自己的正统写出了自己的历史。事实证明，这样写是对的，也是科学的。思路定了以后，具体的编纂是不难的，经过两个寒暑的协力编纂，三部文稿都完成了。

马可·波罗来华 /

由于欧亚交通的开通，元朝时到中国来的欧洲人数量大为增多。欧洲旅行家来华最负盛名的，当然要数意大利人马可·波罗了。

元世祖至元八年（公元 1271 年），刚满 17 岁的马可·波罗随着父亲尼科罗·波罗和叔父马泰奥·波罗，从家乡意大利的威尼斯出发，经黑海、伊拉克、波斯、帕米尔高原，进入中国境内的莎车、和田、罗布泊、甘肃、宁夏，历时四年，来到元帝国的上都（今内蒙古的多伦）。开始时忽必烈不愿接见，说是"妖人"。

大臣进谏说："此人其实与国民无异！"

忽必烈回话："不远万里，有图吾宝。"

大臣谏说："不是的，此人实其有技艺，值得仿效。"

忽必烈又问："有何技艺？"

大臣一一道来。说马可·波罗这个年轻人了不起，能讲多种语言，能制造多种器械，是个能工巧匠。他是仰慕东方文化才历尽艰险来到大元帝国的。忽必烈将信将疑，但终于把他留下了。

事实证明，马可·波罗是个好学又对中国充满着友好感情的人。马可·波罗在上都期间很快就学会了蒙古语，学会了骑射，懂得了蒙汉的生活习俗。由于聪明好学，又善于言辞，渐渐地博得了忽必烈的信任。他多次奉命到大元帝国的各地去办理公务，到过今内蒙古、山西、陕西、四川、云南、河北、山东、江苏、浙江、江西、福建等省区，出使过安南、爪哇、苏门答腊、印度等国。他还自称在扬州当过三年的行政长官，还说颇有政绩呢！

马可·波罗十分怀念他的祖国，约于至元二十八年（公元 1291 年）从泉州出发返国，经过两三年的途程，才回到了家乡威尼斯。第二年，他参加了威尼斯与热那

马可·波罗

亚的作战，在战争中被俘。在狱中，他把自己在亚洲的极为丰富的见闻授权作家鲁思梯谦记录下来，这就是闻名世界的《东方闻见录》，俗称《马可·波罗游记》。这时他已 42 岁。后来获释回家后，他一直健康地在家乡生活，直到 70 岁。

《东方闻见录》被称为"世界第一奇书"，书中记载了马可·波罗在东方的所见所闻，其中对大都、上都、京兆、成都、昆明、大理、济南、扬州、苏州、杭州、福州、泉州、襄阳等城市的记述，对元代重大政治事件、典章制度、风土人情、物产建筑的记述，都与中国史书的记载吻合，当然也有少部分夸大失实之处。这部奇书，使西方真切地感受到了中国幅员之广大、人口之众多、物产之丰富。

马可·波罗给西方人带去了中国许多先进的奇闻。如，马可·波罗说："中国人用一种黑色的石头作燃料。"对还不懂得使用煤的西方人说来，简直是天方夜谭。马可·波罗又说："元朝的大汗用树皮所造的纸币，通行全国。"对根本还不知纸币为何物的西方人来说，简直形同玩笑了。而这些，正好十分生动地说明了，当时的中国在生产、科技、文化诸方面都是居于整个世界文明前列的。

鲁思梯谦记述成书的《东方闻见录》，初版用的是法文，成为此后 700 年的世界畅销书。此书有冯承钧的中文译本。前后有过拉丁文译本 4 种，意大利文译本 27 种，英文译本 12 种，德文译本 9 种，俄文译本 2 种，葡、西、荷、丹、捷克、瑞典文译本各 1 种，法文的各种译本 10 种，手抄本 85 种。影响之大，居世界之首。哥伦布当年最爱读的书，就是这部《东方闻见录》。

元曲 /

元代最具创造性的文艺形式是元曲。唐诗、宋词、元曲分别代表着中国文化的几个巅峰。词是诗的解放，曲又是词的解放。元曲比之唐诗和宋词更为自由，更具创造性，更能自由地表达民众的思想情感。元曲标志着

《梧桐雨》插图

中国戏曲艺术达到了成熟阶段。

元曲以北方流行曲调演唱，又以动作、念白来配合表述剧情，大致具备了唱、念、做、白几种基本表演形式。生、末、旦、净、丑等角色行当也逐步形成。每本元曲的杂剧一般分为开端、发展、高潮、结局四折，情节特别复杂的，还可以加一个短小的"楔子"。

元曲作家有名可稽的现有五六十人，他们大多是今北京、河北、山西人。被推为元剧四大家的是关、马、白、郑。关汉卿是河北人，剧作多达65种，现在留存下来的也有30多种。马致远是北京人，他曾任江浙省务提举，代表作是《汉宫秋》。白朴是山西人，剧作有《墙头马上》《梧桐雨》等。郑光祖，山西平阳人，曾以儒补杭州路吏，作的元曲吸收了南戏养料。此外与四大家齐名的还有作《西厢记》的王实甫和被誉为"天下夺魁"的钟嗣成。到了元后期，元剧作者除了北方人，也有不少南方人。其中还有不少少数民族的剧作家，他们能用汉语进行剧作，他们的作品也具有相当高的造诣。

在众多元曲作家中，最值得大书的当然首推关汉卿了。

关汉卿多才多艺，器乐歌舞都十分在行。他不只自己创作，还与杂剧演员交朋友，甚至与他们一起粉墨登场，因而在演艺圈中有很高的声望。元代曾长期罢除科举考试，知识分子的地位不高，从事元曲创作的人常被轻视，还得冒触犯当局的危险。关汉卿对这些都不在乎，他痴迷于自己的事业，他曾宣称："我是颗蒸不烂、煮不熟、捶不扁、炒不爆、响当当的铜豌豆。"这种坚韧的品质，集中体现在他的代表作《窦娥冤》中。《窦娥冤》

《西厢记》邮票

《汉宫秋》插图

是一出悲剧，窦娥受了极大的冤屈而死，临死，她说道："为善的受贫穷更命短，造恶的享富贵又寿延，天地也做得个怕硬欺软，却原来也这般顺水推船。地也，你不分好歹何为地，天也，你错勘贤愚枉为天！"这出剧 700 年来盛演不衰，足见其魅力！

"漆黑"的元末吏治

元朝末年，吏治已是一团漆黑，贪贿横行。叶子奇在《草木子·杂俎篇》中说："元朝末年，官贪吏污。始因时人罔然不知廉耻之为何物。其向人讨钱，各有名目：所属始参曰拜见钱；无事白要曰撒花钱；逢节曰追节钱；生辰曰生日钱；管事而索曰常例钱；送迎曰人情钱；勾追曰赍发钱；论诉曰公事钱。觅得钱多曰得手；除得州美曰好地方；补得职近曰好窠窟。漫不知忠君爱民为何物。"

为了制约官吏的行为，从元顺帝至正五年（公元 1345 年）起，元王朝中央派出一批批名为"奉使宣抚"的官僚到各地去巡视，目的当然是十分明确的，一是为了"询民疾苦"，使民愤得以宣泄；二是为了"体察官吏贤否"。当然，两者又是联系在一起的，凡是民愤大的地方，都是贪官污吏造成的。然而，这时的元廷，已经到了无官不贪的绝境，这些名为"奉受宣抚"的人，其贪欲比之一般官吏来，真是有过之而无不及。当时人就说是"漆黑的吏治"，民间有歌谣云：

> "奉使来时惊天动地，
> 奉使去时乌天黑地，
> 官吏都欢天喜地，
> 百姓都啼天哭地。"

按照元代的惯例，廉访使官员分巡各地州县，各地应以金鼓迎送，其音节为二声鼓一声锣。而元代起解"杀人强盗"时，亦用金鼓，音节为一声鼓，一声锣。因为元末那些廉访使官吏本身贪赃胡来，在民众看来与"杀人强盗"没有什么两样，于是，有人为诗嘲之曰："解贼一金并一鼓，迎官两鼓一声锣。金鼓看来都一样，官人与贼不争多（意为差不多）。"

政治益趋糜烂，剥削沉重，加上天灾人祸的纷至沓来，民众已无法承受。从内部的京城畿甸到荒山野岭，再到天高皇帝远的边陲，到处都燃起了民众反抗的烈焰。庞大的元王朝的时日不多了。

注释：
① 耶律楚材的"蒙人不杀汉人"的建言，史家给以极高的评价。黎东方在《细说元朝》中说："耶律楚材这几句话，救了河北、山东、山西千百万人的性命。"
② 史书记载："伯颜独秉国钧，专权自恣，变乱祖宗成宪，虐害天下，渐有奸谋。势焰熏天，天下之人惟知有伯颜而已。"（《元史·燕铁木儿传》）这里说的"变乱祖宗成宪"，指的是元世祖忽必烈定下的"祖述变通"的建国纲领，"虐害天下"主要指对汉人和南人的暴虐、残杀行为。

第三十一卷　专制皇权

　　元朝末年，政治腐败，经济凋零，民不聊生，农民起义风起云涌。朱元璋崛起于反元群雄之中。他率兵扫平群雄，北伐中原，最后于公元1368年建立起了大明政权。

　　中国历史上长期实行丞相制度。丞相居于"一人之下，万人之上"，辅佐帝王实行中央集权的统治。汉代的萧何、曹参，唐代的房玄龄、杜如晦，都是在中国历史上产生过重大影响的千古名相。可是，朱元璋一登上皇帝的宝座，为了加强专制皇权，断然废除了延续1000多年的丞相制度，使政府机关直接听命于皇帝，大大强化了皇帝的专制独裁统治。

　　明、清两朝专制独裁政治的确立，也就标志着中国的封建王朝走到了它的末路。

朱元璋崛起 /

在整个农民起义的浩大队伍中，朱元璋的加入和崛起，具有决定性的意义。

朱元璋是濠州钟离（今安徽凤阳）人，出身于佃农家庭。小时曾进私塾读过书，后因家贫辍学。不久，父、母、兄长都亡故，他孤苦无靠，只得给地主家放牛牧羊。17岁那年，在天灾人祸的双重逼迫下，朱元璋入家乡的皇觉寺当和尚，干些杂活聊以为生。当时，寺中无粮，他入寺两个月就被遣散，无处栖身，只得当个云游僧。流浪三年，20岁的朱元璋走遍了淮西与豫南地区。那已是至正十一年（公元1351年）间的事了。

朱元璋

这一年起，天下大乱。五月，白莲教首领韩山童、韩福通利用元政权征集大批民工堵修黄河缺口的时机，率先发动数万民工在淮河流域举起义旗。义军头系红巾，故被称为"红巾军"。八月，徐寿辉等在江苏徐州起义。第二年春，郭子兴等在凤阳起义，无牵无挂的朱元璋马上加入了郭子兴部，由于他的英勇善战，深得郭子兴的赏识，并将自己的养女马氏嫁给他。

但是，朱元璋发现郭子兴目光短浅，不足以共成大业，一段时间后，决定自己拉出一支队伍来。他以徐达、汤和、花云、郭英等24个贴身将士为核心，壮大自己。他在南征中，收编了不少民兵和地方武装，队伍一下发展到数万人。攻克定远后，当地儒生冯国勇、冯国胜兄弟向他进献"取天下"之大计：金陵（今江苏南京）虎踞龙蟠，乃帝王之都，宜取金陵为根据地，然后四出征伐，倡仁义，收人心，天下不难平定。朱元璋听后大喜，将兄弟两人留在军中，参议军机大事。从此以后，朱元璋注意整饬军纪，严明赏罚，使自己拥有的这支队伍大大超于他人，为统一天下作了准备。

至正十五年（公元1355年）春正月，朱元璋派大将张天佑攻取和州（今安徽和县），一些有旧习气的将士乘机大掠民众妻女。朱元璋下令将所掠人员全数放回，并严惩违纪将士，百姓大喜。元军十万来进攻，朱元璋坚守三月，城中一度缺粮。朱元璋下令禁酒节食，固守勿乱。

这时，大将胡大海的儿子触犯禁酒令，朱元璋准备依法处理。有人提醒说："胡大海正在浙江前线统兵作战，杀其子恐不妥。"

朱元璋回答："军中无戏言，谁都违不了军令。"

那人又说："杀胡大海的儿子，如果胡大海由此而

胡大海

叛，奈何？"

朱元璋却斩钉截铁地说："宁可胡大海叛我，也不可坏我军法！"

说毕，立命将其子斩杀。由于执法严明，又注意安抚百姓，很快突破了元军重围。不久，郭子兴病死，朱元璋成为这支大部队的统帅。

不久，朱元璋收附了巢湖水师廖永安，猛将常遇春也归附了朱元璋，于是，决定渡江作战，攻取集庆（今江苏南京）。朱元璋指挥大军乘胜横渡长江。当时，诸将见江东富庶，都想取财物而归老家和州。有的说："携物而归以作酬劳。"朱元璋对将士说："今举军渡江，幸而克捷，即当乘胜前进。若听任诸将携财物而归，再要有所为就难了。"于是，就将渡江用的千艘船只统统砍掉，并将这些船推入江心，让它顺流冲走，这样就彻底断绝了将士返回北岸和州的念头，大家只有奋力一心冲杀向前了。

朱元璋攻占集庆的当天，就将集庆更名为应天府。同时，又派大将徐达攻取镇江，派邓愈攻占广德，应天的安全得到了保障。这年的7月，朱元璋被推为吴国公，置江南行中书省，名义上归红巾军领袖韩林儿领导（之前已称帝），朱元璋兼总省事，设置了一整套军政、刑狱、司法、监察、屯田、水利等事宜。这样，大致上形成了以朱元璋为首的江南政权的模式。

浙东文人和礼贤馆

在扩大自己势力的过程中，朱元璋十分重视文人的作用。在未渡江前，有李善长、冯国用等一批文人参加他的起义军。渡江以后，尤其是进军浙东以后，更有一大批文人向他靠拢，他也礼贤下士，招纳文人为之出谋划策。

叶琛、章溢、刘基等浙东名士一到应天，朱元璋马上放下手中的事务，亲切地接见他们，待若上宾，与他们共论经史及时事，有时通宵达旦。刘基等人马上献上了《时务十八策》，详论统一方略。朱元璋觉得这些人大才可用，就专门为他们盖建了一座"礼贤馆"，让这些人可以集中精力研究兴国大略。

至正十七年（公元 1357 年）七月，大将胡大海攻占了徽州。朱元璋听说老儒朱升正隐居在石门山中，便不辞艰辛亲赴石门山拜访，咨询夺取江山、统一天下之计。这位老儒虽身居深山，但对世间的形势了然于胸，他对朱元璋说了九字方略："高筑墙，广积粮，缓称王。"

朱元璋听了这九字箴言，顿觉眼前一亮。他明白了，朱升是要他做三件事：第一件事是扩充兵力，巩固后方基地，尤其是牢牢把握住应天（南京）这块风水宝地，这就是所谓的"高筑墙"。第二件事是发展生产，储备粮食，解决民生，要作长期战斗的准备，这就是所谓的"广积粮"。第三件事是不图虚名，缩小目标。不要过早地摆脱农民起义领袖"小明王"，而是要依附于他来发展自己。

朱元璋听罢，对着朱升深深一鞠躬，说："先生的话我都记在心头了，我一定会照着先生所说的去做的。"为了便于时

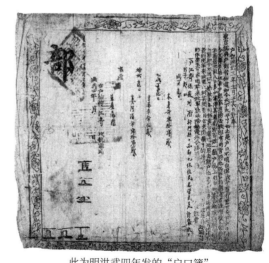

此为明洪武四年发的"户口簿"

时垂询，朱元璋把朱升请出了深山，置于自己的身边，待若上宾。

此后，朱元璋更加注重于应天周边的开拓。至正十七年（公元 1357 年）十月，常遇春克池州；第二年三月，邓愈克建德；十二月，朱元璋亲率大军克婺州（今金华）；至正十九年（公元 1359 年）初，胡大海克诸暨；九月，常遇春克衢州；十一月，胡大海克处州。每解放一处，朱元璋就让百姓安居乐业，发展生产。这些都既是为了"高筑墙"，又是为了"广积粮"。

在之后的相当长一段时间里，朱元璋一直不称王，而是遥尊"小明王"为王，表明自己只是其部属。直到至正二十三年（公元 1363 年），北方红巾军失败，朱元璋仍然迎小明王韩林儿于滁州，大有"挟天子以令诸侯"的气派。到了至正二十四年（公元 1364 年），朱元璋才在应天府即吴王位，这时离朱升提出九字箴言整整过去了 8 个年头，真可谓"缓称王"了。

明王朝的建立 /

朱元璋的统一战争，是以扫平群雄为始点，以北伐中原、攻下元王朝的大都（今北京）为结束的。

刘基

扫平群雄是一个相当艰难的任务。朱元璋在应天府虽然建立了政权，但总体而言，仍处于几个割据势力的包围之中。其东北有张士诚，西南有陈友谅，东南有方国珍，南方有陈友定，这些割据势力，不只限制了朱元璋的进一步发展，甚至威胁到应天府的安全和存在。尤其是，张士诚财力雄厚，陈友谅兵力强盛，对朱元璋的威胁最大。每念及此，朱元璋就彻夜难眠。

一天清晨，朱元璋来到了礼贤馆，就形势事向群儒讨教。大谋士刘基说："张士诚虽然财力雄厚，但不足惧。此人目光短浅，只要暂不触动他，他不会进犯。"

朱元璋问道:"不动张士诚,那动谁?"

刘基回答:"陈友谅兵强马壮,时时蠢蠢欲动,又地处于长江上游的有利地位,没有一日忘记要吃掉我们。看来,统一中国,要走好的第一步必定是消灭陈友谅。陈氏灭,张氏势单,其他各股势力也无能为力,然后北向中原,霸业可成!"

朱元璋十分满意地说:"就照你说的做吧!"

以后若干年,朱元璋所做的一切都是准备首灭陈友谅,只是为了把战争的罪名加在对方头上,不愿打响第一枪罢了。

至正二十年(公元 1360 年),陈友谅打破了长期的沉寂,挑起了对朱元璋的战事。他占领太平,驻军采石,对应天府取包围之势。又要张士诚联合攻朱。张士诚只求过太平日子,平时朱元璋对他又不错,因此只是与陈友谅敷衍,事实上按兵不动。朱元璋识破天机,就放心大胆地对付陈友谅。

朱元璋利用部将康茂才与陈友谅的故友关系,设计诱使陈友谅进入埋伏圈,大败陈友谅,乘势收获了太平、安庆、信州、袁州等地。第二年,陈友谅又一次进犯,又大败而归。于是,朱元璋转守为攻。到了至正二十三年(公元 1363 年)七月,鄱阳湖大会战中,陈友谅军损失惨重,陈友谅在退回武昌途中被流矢射中而亡,到第二年春,陈友谅部出降,朱元璋在那里设立了湖广行中书省。

至正二十六年(公元 1366 年),朱元璋派大将徐达、常遇春率众二十万讨伐张士诚,先后攻下湖州、嘉兴、杭州、绍兴,从四面八方包围了平江城。张士诚在困守孤城十个月后自缢身亡。接着朱元璋率部一举消灭方国珍、陈友定。南方平定了。

至正二十七年(公元 1367 年)十月,以徐达为大将军、常遇春为副将军,率军二十五万,由淮河进入河北,开始了夺取中原的北伐。当时,元政权已如风中残烛。到第二年的八月初二,北伐大军就攻克了大都(今北京)。

朱元璋在北伐进军途中，于至正二十八年（公元 1368 年）正月初四即皇帝位，国号大明①，建元洪武，以应天府为京师，册封马氏为皇后，李善长、徐达为左右丞相，其他文臣武将也授予不同官职。

丞相制的取消 /

胡惟庸这个人有点特殊。他早年既没有追随朱元璋投身红巾军，也没有任何的文韬武略，在开国的诸多文臣武将中，他根本排不上位。只是因为投身名相李善长而青云直上，直至位极人臣。洪武三年（公元 1370 年），入中书省，拜参知政事。洪武六年（公元 1373 年），右丞相汪广洋罢相，一直到洪武十三年（公元 1380 年）的七年间，中书省的大权实际上一直由胡惟庸一人独揽。

胡惟庸独揽大权后为所欲为。追随朱元璋几十年的功臣刘基，先前在太祖面前说过"胡惟庸其人不能为相"，胡就一直记恨在心，后来利用职权把刘基排挤出中央政府，然后将其毒死。朱元璋一度想提拔杨宪为相，只因为杨宪不是胡氏一党的人，胡硬是横加罪名，把杨宪杀了。

史书上说，杨宪死后，朝廷大臣谁也不敢说什么了，胡惟庸从此"放肆为奸"，有恃无恐，什么坏事都敢干了。到后来，下面上报的奏章，不先送皇帝，都要先送丞相府，由胡惟庸检阅后再选送给皇上。下面的人要打通上头的关节，就争走交好丞相府，谁要是对胡惟庸说个"不"字，马上会引来杀身之祸。胡惟庸的炙手可热，恩威震主，对君权构成了极大的威胁。

朱元璋感觉到了事情的严重性。他作出了两项带有决定性的变革：一是取消地方的行中书省设置，改为承宣布政使司，设布政使一员。不论是承宣布政使司也好，还是布政使也好，直接与皇帝联系。这样，中书省成了空架子。二是奏章都直接呈送皇帝，不用中书省转。这些都是直接针对胡惟庸的。

这时的胡惟庸自以为羽翼已丰，一意孤行，对他的同党说："我们要动手在皇上前面，不然只能是束手就擒，死路一条。"他制造了种种舆论，说什么胡家旧宅的井中，忽然生出石笋，高出水面数尺。胡家祖坟上夜间火光烛天。这些"异象"，都被说成是胡家的"瑞兆"。并积极与同党准备谋反，甚至与某些日本人勾结，想借助外力篡位。

这时，发生了两件事，使朱元璋下定决心除掉胡惟庸。第一件事是，胡惟庸的儿子驰马于市，使一市民死于马蹄之下。朱元璋知道后，大怒，命杀其子抵命。胡惟庸知道事态重大，请求以金帛赔偿。皇帝不允，最后，还是将其子杀了。

第二件事是，洪武十二年（公元 1379 年）九月，占城来贡，胡惟庸不向皇上报告，自说自话把贡品纳下了。恰被太监看到，向皇帝作了报告，朱元璋大怒，虽然胡惟庸忙去谢罪，但朱元璋决定借这件事开刀。洪武十三年（公元 1380 年）初，根据其同党的告发，将胡惟庸捉拿归案。朱元璋亲自审理此案，最后将胡惟庸定为"谋逆"之罪，并"夷三族，尽诛其僚党"。朱元璋顺势宣布：取消中书省，废除丞相一职，朝廷命官直接听命于皇帝。中国历史上实行了 1000 多年的丞相制度终结了，专制皇权得到了极大的强化。

胡、蓝大狱 /

随着明王朝的建立和巩固，昔日与朱元璋一起枪林弹雨、风雨同舟的将领，成了新王朝的显贵。他们以战功封公侯，拥有大量的土地、佃户、奴仆，享有种种特权。这些人中的大部分渐渐我行我素起来，恃功犯法的也不在少数，一些元勋重臣甚至向皇上要名要利要权。这就使朱元璋产生了疑虑：这些人到了一定时候，会不会夺走他的皇帝宝座呢？考虑到日后的大明江山，子孙功业，朱元璋向他昔日的弟兄们大开杀戒了。

洪武十三年，以"专权枉法""通虏谋反"大罪杀了胡惟庸以后，进而清除"胡党"。凡是不满于皇权的人，都被罗织为胡党罪犯，处死抄家。五年后，也就是洪武十八年（公元 1385 年），有人告李善长的弟弟李存义与胡惟庸关系密切，实为胡党，于是李存义被处以极刑。李善长亦受牵连被贬，数年后赐死。洪武二十三年（公元 1390 年），也就是胡惟庸被杀十年后，太师韩国公因为平时不主张皇权至上而被戴上了"胡惟庸余党"的帽子。但公开的罪名是"知逆谋不发举，狐疑观望怀两端，大逆不道"。有吉安侯陆仲亨一家，延安侯唐胜宗一家，平凉侯费聚一家，南雄侯赵庸一家，荥阳侯郑遇春一家，宜春侯黄彬一家，河南侯陆聚一家，也因胡党案受牵连治罪。受胡惟庸案牵连及坐诛的，达 3 万多人。

洪武二十六年（公元 1393 年），胡党案还没有了结，又兴了"蓝党"大狱。

开国大将蓝玉，是洪武后期的主要将领，他麾下有骁将十余人，威望都很高。洪武二十一年（公元 1388 年），蓝玉率大军 15 万打蒙古，一直打到捕鱼儿海（即贝尔湖），俘获男女 7.7 万余人，大胜而归，被封为凉国公。徐达、常遇春死后，他是总军征战的大将。在屡立战功后，他骄横起来，霸占东昌民田。百姓告到御史那里，御史依法提审，他一顿乱棍把御史派来的人打跑了。他对皇上也时有不敬。洪武二十六年（公元 1393 年），锦衣卫告发蓝玉谋反。于是，大兴蓝党狱，把军中骁勇之将，几乎杀了个干净。

蓝党案中遭诛者共有 1500 余人。

经过前后 14 年"胡、蓝大狱"的清洗，一共杀了 4.5 万多人，元勋宿将基本上被杀尽，连开国时最大的功臣徐达都未能幸免。

明太祖训子

明太祖朱元璋为何要如此丧心病狂地杀戮功臣呢？有一则明太祖训子的故事，道出了其中的奥秘。

对于朱元璋如此滥杀功臣，皇太子朱标极力反对。一次，他对朱元璋说："父皇杀人太多，恐怕会伤了君臣和气。难道君臣之间不可以仁慈、宽大、和睦相处吗？"朱元璋听完，一言不发。

到了第二天，朱元璋故意把一根长满刺的荆棘放在地上，对太子说："你把它拿起来吧！"

太子面有难色，不敢拿。

朱元璋催促他："拿啊！"

太子往后退了一步，说："不能拿，太刺人了。"

朱元璋顺势开导太子："你说对了，长那么多刺的荆棘是难以拿在手里的。那些当年有功的文臣武将，现今都变得不听话起来了，就像这根长满硬刺的荆棘，随时都会刺伤你的手。现在，我把这些刺都给你去掉了，再交给你，难道不好吗？我要杀的，都是对我朱家天下有危害的人，除掉这些人，你将来才能当好这个家啊！"

朱元璋睁着双大眼，期待地逼问太子："你说是不是？"

出乎朱元璋意料之外的是，太子没有点头，而是哭丧着脸重重地摇了摇头。

朱元璋惊异了，追问道："怎么，你不以为这样？"

太子再也克制不住自己了，狠狠地说了一句："有什么样的皇帝，就会有什么样的臣子！从此怕天下不得太平了！"

朱元璋听太子这么说，气得差点儿晕过去。他勃然大怒，拿起一把椅子朝太子扔了过去，太子只好赶紧逃走了。

这个故事再生动不过地告诉人们，处于封建末世的明代的皇帝，已经完完全全地把社稷江山看做是自己一家一姓的私产。为了保住这一份"私产"，让他的子孙后代稳坐江山，不惜把几万名功臣及其家人的人头作为祭品。

可以这样说，一种制度行将就木时，处于落日余晖中的统治者，是必然会出演一出历史悲剧的。

锦衣卫

朱元璋对历史经验向来十分重视，经常阅读历史书籍，并从中吸取经

锦衣卫印

验教训。建都南京后，对六朝兴亡事特别注意，他把唐人李山甫的《上元怀古诗》置于屏间，不时吟念："南朝天子爱风流，尽守江山不到头。总是战争收拾得，却因歌舞破除休。尧将道德终无敌，秦把金汤可自由。试问繁华何处在，雨苔烟草石城秋。"他知道，单靠战争是保不住江山的，也不能在和平环境中被升平歌舞冲昏了头脑。他要依靠强势巩固自己的统治，其中重要的一招，就是设立特务机构——锦衣卫。

朱元璋要他的臣僚对他绝对忠诚，不允许臣僚对他有所隐瞒和不满。为此，他往往派人侦察臣僚的私下活动和言行。当时以伺察搏击为能事的最著名的四大员是：高见贤、夏煜、杨宪、凌说。这四个人，像四条凶猛的鹰犬一样，到处为朱元璋察听在京大小衙门官吏不公不法之事，他们只对朱元璋一人负责。朱元璋得意地说："有了这四人，譬如家里养了四条恶犬，让人害怕！"甚至连李善长那样的一等开国元勋都畏惧不已，整天提心吊胆。最后，李善长干脆不管事，说："我老了，不中用了，谁都不要来问我什么了。"但是，你想退出也不行，李善长最后还是不得善终。

钱宰，在当时算是个才子，被征编写《孟子节文》，罢朝回家路上，随口吟诗："四鼓冬冬起着衣，晨间朝见尚嫌迟；何时得遂田园乐，睡到人间饭熟时。"不意这也被锦衣卫知道了，马上告诉了朱元璋。钱宰第二天上朝，朱元璋劈头就问他："昨天你作得好诗！但是，我并没有'嫌'你啊，何不用'忧'字？"吓得钱宰忙不迭地磕头谢罪，这才没事。

吴琳，是个有着深厚文化底蕴的文化人，曾经当过国子助教，后来长期在皇帝身边办事，一段时间还为朱元璋写过"起居注"，了解内情不少，再后来当上了兵部尚书、吏部尚书。告老回到自己的老家黄冈后，朱元璋对这个深知内情的老臣怎么也放心不下，派人去察看他的行迹。派去的人并不认识吴琳。此人在吴琳所在村住下。一次，一大早就看到一老农在田间劳作。老农坐在一小机上，弯腰在那里神貌端谨地拔稻秧。朱元璋派去的使者凑上去问："这里有一个叫吴尚书的人吗？"农人直起身来，恭敬回答："小人就是。"那使者回到京城如实汇报了，朱元璋又是敬重又是赞叹地说："那样就好！"

国子祭酒宋讷一段时间病了，朱元璋表示关怀，让他一边养病一边教学，还说："宋讷这个人有寿骨，那病是不用担忧的。"一段时间后，宋讷病也差不多好了。一天，那些学生在煮茶时把茶具给打碎了，为此，宋讷勃然大怒。第二天上朝时，朱元璋问他："昨天在国子监为何怒？"宋讷作了回答，并说："发怒不是斥责学生，而是一种自责，觉得自己没有管教好弟子。"接着，宋讷问："皇上您怎会知道的呢？"朱元璋拿出一张画有宋讷怒容的画片，说："我让人画下了。"可见，朱元璋的监察人员无孔不入。

洪武十五年（公元 1382 年），锦衣卫成立，下设镇抚司，有监狱和法庭，从事侦察、逮捕、审问、判刑等活动。锦衣卫办的大案，都由皇帝直接受理。锦衣卫在加强皇权、形成帝王个人独裁上起了十分恶劣的作用。

明太祖大兴文字狱 /

明太祖朱元璋为了强化皇帝的独裁统治，实行中国历史上前所未有的高度文化专制主义，其集中表现就是大兴文字狱。

随着权力的高度集中，朱元璋的猜忌之心也越来越重。他当过和尚，一看到"僧"字就感到特别的刺眼。他早年投身于红巾军，当了皇帝后最恨人说到"贼"、"寇"这样的字眼，以致后来，连与这些字音相近的字也不准用了。杭州教授徐一夔，在作贺表中有"光天之下，天生圣人，为世作则"等语，这本是讨好皇上之言，近乎拍马谀词。可是，早已成为独夫的朱元璋另有一种解读法，他览读后大怒，说："'生'者，僧也。以我尝为僧也。'光'者剃发也，'则'字音近贼也。"于是，本是颂扬皇上功德的美言，成了刻毒诅咒皇上的隐语，徐一夔自是难逃一死。朱元璋此为之目的就是钳制人口，让人再也不敢开口说话。②

对硬是不肯合作、逃避入仕的士人，朱元璋坚决地施以严刑，格杀勿论，目的当然是杀一儆百。洪武十九年（公元 1386 年），朱元璋在亲撰的《大诰三编》中记述了他亲审广信府（今上饶市）贵溪县儒士夏伯启一案的情形。夏伯启为不入朝做官，自行截去了手指，朱元璋知道真有此事后，就命人将他捉到京城，亲自审问。

朱元璋问："在以往乱世的时候，你住在哪里？"

夏伯启回答："红寇（指红巾军）乱时，避兵乱于福建、江西两界的山间。"

朱元璋问："带了家小吗？"

夏伯启答："侍奉父亲一起走的。"

朱元璋问："在高山峻岭中穿行，你扶持他吗？"

夏伯启答："扶持的。"

朱元璋问："自后居住何处？"

夏伯启答："红寇张元帅退守香州后，我回老家去了。"

朱元璋问："以何业为生？"

夏伯启答："教学为生至今。"

朱元璋问："你要学叔齐、伯夷不为当今所用，为何不学他两人'不食周粟'？"

夏伯启无言以对。这时，朱元璋大声地、恶狠狠地说："你不是我所教化得了的子民，你该死，你该杀，看来只有杀了你才可杜绝狂夫愚夫仿效之风。"随后，残忍地将夏伯启全家都杀了。

朱元璋统治时，有翰林编修张某，敢于在朱元璋面前直言，因此被黜为山西蒲州学正。一次，为庆贺撰表，表中有"天下有道"，又有"万寿无疆"之句。朱元璋阅后，还记得这个人，说："这家伙在谤我。"下属不解这究竟是怎么回事，朱元璋解答说："'万寿无疆'的'疆'应作'强'读，'天下有道'的'道'，应作'盗'读，他是在骂我'强盗'。"随即命司法机关将其人捉拿归案。朱元璋问："白纸黑字，你更有何说？"张某朗声回答："臣有一言，言毕就死。陛下有旨，表文不许杜撰，务出经文，臣谓

'天下有道'，乃孔子格言；臣谓'万寿无疆'，乃《诗经》臣子祝君之至情。今说臣诽谤，不过如此而已。"朱元璋听了张某说的，似懂非懂，沉思良久后，骂了一句："这老家伙还嘴犟！"听说那是孔子《诗经》的话，不好随意处置，张某这才侥幸逃过一死。

文字狱从洪武十七年（公元 1384 年），一直闹到洪武二十九年（公元 1396 年），前后达 13 年之久。其间，造成朝野文人莫敢提笔作文，出现了人人自危的恐怖局面，为后世的文化恐怖主义开了个恶劣的先例。

靖难之役

明太祖朱元璋想通过高压手段，求得万世的天下太平。孰料，洪武三十一年（公元 1398 年）朱元璋刚病逝，第二年就祸起萧墙，一场为争夺帝位的战争打响了。从建文元年（公元 1399 年）到建文四年（公元 1402 年），明成祖朱棣为从自己的侄子手中夺取帝位，发动了一场持续四年的战争，名为"靖难之役"。

朱元璋死后，皇太孙（皇太子朱标早于其父朱元璋去世）朱允炆即位，年号建文。当时的诸王都是他的叔父。几位年长的亲王都久经战阵，根本不把建文帝放在眼里，违法之事不断出现。尤其是燕王朱棣，在宫中私制兵器，偷印宝钞，招兵买马，收罗人才；对皇权构成了极大的威胁。

当然，16 岁的建文帝也绝非等闲之辈。他与兵部尚书齐泰、太常寺卿黄子澄一商量，决定先削废周、齐二王，剪除燕王的手足，然后再向燕王开刀。在不到一年的时间里，一下子削除了周、湘、齐、代、岷五个藩王的爵位，除湘王合家自焚外，其他一些藩王有的迁往边远地区，有的遭幽禁。在这种情况下，燕王朱棣决定先发制人。

朱棣于建文元年（公元 1399 年）七月起兵反抗

明成祖

朝廷。为了证明自己行动的正当性，便援引朱元璋在《祖训》中说的"朝无正臣，内有奸逆，必举兵诛讨，以清君侧"的训示。朱棣指齐泰、黄子澄两人为奸臣，言必须加以诛讨，"以清君侧"。他把自己的行动称为"靖难"，也就是靖除祸害的意思。

建文帝组织力量征讨。可是，燕军势大，起兵不久就拔居庸、破怀来、取密云，克遵化、降永平，扫平了北京外围，不久就占领了北京城。在随后的两年战斗中，建文帝三易主帅。一以长兴侯耿炳文为大将，结果被燕军中秋夜偷袭成功，丧失将士十余万。建文帝招回耿炳文，换以李景隆为帅。李景隆为膏粱子弟，只会纸上谈兵，一败再败，几十万大军丧失大半。最后，又以左都督盛庸为帅。在盛庸的努力下，曾在东昌（今山东聊城）会战中大败燕军，阻止了燕军急速的南下之势，迫使燕军回军北方。建文三年（公元 1401 年）十二月，朱棣根据南京城中宦官提供的可靠情报，决定直取金陵。燕军渡淮水、攻扬州、抵六合，出其不意地出现在大江北岸。这时建文帝无可奈何地要求割地议和，朱棣不允。建文四年六月十三日，金陵城被攻陷。

这时，朱棣跃马入城，只见皇宫中火焰弥天。火灭后，搜遍皇宫，就是不见建文帝。于是，日后就有了种种猜测。有的说那么大的火，建文帝肯定自焚而死。有的却说，建文帝自有地下通道出走，流落民间，隐姓埋名，成了游僧，流浪四方。还有一种说法是，建文帝到了国外，为洋人所尊崇，终有一日会东山再起。种种猜测让朱棣怎么也放心不下，于是就有了郑和七下西洋之举。[③]

入城不久，朱棣在南京奉天殿即皇帝位，改翌年为永乐元年（公元 1403 年）。朱棣就是统治中国达 22 年的明成祖。

方孝孺案和"瓜蔓抄"

明成祖朱棣在南京登上帝位，便大开杀戒，对不肯投诚的建文帝遗臣以及持不同政见者，进行了残酷的屠杀和镇压，并且发明了株连九族乃至十族的、以斩尽杀绝为宗旨的所谓"瓜蔓抄"。

"方孝孺案"就是突出的一例。

方孝孺是明初正统儒家思想的代表人物，他曾以文章著述闻名海内，当时是"孝孺文章每出一篇，海内争相传诵"。洪武二十五年（公元 1392 年），方被荐为汉中府教授。建文帝即位后，召为翰林侍讲，后迁为侍讲学士。凡有国家大政事，建文帝都要向其咨询，方孝孺因而成为建文帝的近臣。"靖难之役"爆发后，朝廷所有的诏檄都出自方孝孺之手。他的才干使天下人都敬仰，包括站在敌对阵营中的燕王朱棣。

方孝孺

朱棣攻下南京后，对方孝孺也恩宠有加，要他起草《登极诏》，可是，方孝孺却毅然决然地拒绝了。

据《明史·方孝孺传》记载，方孝孺来到朱棣面前，放声大哭，朱棣走下一步安慰他，说："先生不要那样自苦了，你可以效法周公辅助成王么！"

方孝孺问道："我面前哪里有什么成王。我要问，现在建文帝在哪里？"

朱棣回答："建文帝自焚而死了。"

方孝孺问："为何不立建文帝之子？"

朱棣支支吾吾。

方孝孺又问："为何不立建文帝的弟弟？"

朱棣答非所问："那是我的家事，外人不用管了。"随后回首对左右说："快准备笔墨，诏天下，非先生草不可！"

方孝孺投笔于地，且哭且骂。朱棣以死相威胁，方孝孺硬是不从。朱棣大怒，马上将方处以割舌和寸割（即割身上的肉）的磔刑，并诛灭其九族，再加其门生，称为"灭十族"，此案一下杀了 873 人。

此后，方孝孺的书籍被禁绝。甚至谁藏了方孝孺的书，也要被杀头。在成祖当政期间，因方孝孺案被杀的在千人以上。

朱棣在南京城中大量张贴"奸臣榜"，以造成一种恐怖气氛。第一批就有齐泰、黄子澄等 50 余人，兵部尚书铁玄、礼部尚书陈迪、大理寺少卿胡闳、刑部尚书暴昭、右副都御史练子宁、左佥都御史景清等均因不肯屈从而被处以残酷的剥皮、凌迟等极刑，而且以"瓜蔓抄"的形式株连六族到九族不等。

"东厂"的创立 /

为了控制臣民，尤其是为了镇压建文帝一派的官僚，明成祖朱棣在其父朱元璋创办"锦衣卫"的基础上，又创办了特务机关——"东厂"，使明代的特务政治和恐怖统治又大大进了一步。

永乐十八年（公元 1420 年）八月，在北京东安门北设立了东厂，由宦官掌管，直接听命于皇帝，其官衔的全称为"钦差总督东厂官校办事太监"。皇帝给这些太监方章一枚，只要盖封有此章的，不必经过任何手续，可直接送到皇帝那里。

主管东厂的太监称"督主"或"厂公"，其下设掌刑千户 1 名，理刑百户 1 名，又有掌班、领班、司房 40 余名及 12 名管事，权力大，而且机构也精干。东厂的职责很明确，就是"缉访谋逆妖言大奸恶"等。所谓"缉访"云云，就是搞特务阴谋活动。负责缉访的头目称为役长（又称挡头）。每月的初一这一天，役长掣签庭中，率领干事们分赴各官府考察。打探到事件后，先报厂公的心腹内官审阅，然后送皇帝。遇有重大事件，即便在深夜，东华门关了，也要将密件从门缝里塞进去，立即送皇帝。除东厂外，若干年后，又成立一个西厂，其势力更大，不只霸道朝廷，还横行乡里，把特务政治推行到了全国，不断罗织人罪，把整个社会搞得乌烟瘴气。

"厂"和"卫"的不同点是，"厂"由皇帝最宠信的司礼太监提督，"卫"则由皇帝的亲信武将掌管。一般来说，"厂"权高于"卫"权。如果两者同时介入同一案件，"卫"必须让位于"厂"。当然，两者的利害是一致的，关系也是十分密切的，"厂"中的番役都是从"卫"中选拔出来的精粹。两者的分工是，"厂"主侦察，"卫"主诏狱，厂卫相倚，构成了专制皇帝自己的独立的司法监察系统。

明代厂、卫横行，造成了极大的社会恶果。它对社会法制是一种挑战。朱元璋主持制定《大明律》时，说是要给子孙留下一部"一字不可改易的法典"。可是，朱元璋和他的子孙们亲自把法律的尊严打得粉碎。在整个明代，恐怖气氛弥漫，特务猖獗横行，告密之风极盛，这不只使当时的民众深受其害，也给后世留存下了沉重的历史包袱。这恐怕是当时的统治者始料未及的。

迁都北京 /

迁都北京，是永乐皇帝处心积虑的一个大动作，对中国社会应该说起了积极的作用。

永乐元年（公元 1403 年）正月，朱棣即下了一道特诏：改北平为北京。北平是朱棣的一块福地。他 10 岁时，就被朱元璋封为燕王，王府就设在北平。20 岁时，就藩北平，成为威震一方的亲王。此后，他几度征战漠北，受到了其父朱元璋的器重。朱棣深知北平这座城市的重要性。他的夺位成功，人力、物力、财力上都依仗于北平。

同一年，朱棣改北京为应天府，意在说明他的即位是顺应天意的，并在北京设立了行部。北京实际上成了第二首都。

永乐二、三年（公元 1404、1405 年），迁徙直隶、苏州等十郡和浙江等九省大量的商民和居民到北京，以促进北京经济的发展。

永乐四年（公元 1406 年），下诏扩建九门、六部、诸司公廨。所谓"公廨"，就是官吏的办公大楼和办公人员的宿舍。这次是仿照南京的格局大造官舍，说明是在为迁都作准备。

永乐七年（公元 1409 年），朱棣借北巡之名，长期住在北京。他命太子监国南京，日常庶务都由太子处理，六科每一个月向皇帝上奏一次。但是，重要的奏章必须急送北京，由朱棣亲自处置。这时，北京成了实际的政治中心。

永乐十四年（公元 1416 年），朱棣又下令大规模兴建北京官舍，尤其是"作北京西宫"。一直到永乐十八年（公元 1420 年）正式落成。于是，朱棣立即下令以北京为京师，将国都迁往了北京。

迁都是一件大事，明成祖朱棣单是准备工作就做了 15 年，但还是有人反对。永乐十九年（公元 1421 年），初建成的北京奉天殿等三大殿毁于大火，当时又有人出来反对迁都。朱棣大为震怒，杀主事萧仪，并说："北平之迁，是我与大臣长期商议的结果，你们这些书生，哪里懂得我的英雄大略！"

朱棣的"英雄大略"是什么呢？原来，北京是他的"龙兴之地"，以北京为中心，可以讨个吉利。同时，更主要的，北京"山川形胜，足以控四夷，制天下"，达到"君主华夷"的目的。他还是从民族大家庭角度考虑问题的。

历史证明，明成祖朱棣迁都确为"英雄大略"。

郑和下西洋 /

永乐三年（公元 1405 年）到宣德五年（公元 1430 年）间，明政府派遣著名航海家郑和率领庞大的船队出使西洋诸国，史称"郑和下西洋"。这是世界航海史上空前的壮举，是中外关系史上值得大书的重大事件。

郑和，本姓马，名和，小字三保，回族，云南昆明人。明太祖十四年（公元 1381 年），明军征服云南，10 岁的三保被明军俘获至南京，阉割后成为一名太监，不久，被赐给了燕王朱棣。在"靖难之役"中，三保追随于朱棣的鞍前马后，又英勇善战，深得朱棣的欢心。后赐姓"郑"，晋升为内官监太监，成为明成祖麾下的得力人物。明成祖想遣使南洋，物色人才。郑和父辈曾朝觐过伊斯兰教圣地麦加，郑和又是回教徒，因此，郑和被选为出使西洋的正使。

永乐三年（1405 年）六月十五日，郑和率领 62 艘大船，水手、船师、卫士、工匠、医生、翻译 2.5 万人由苏州刘家港起航。当时，明朝拥有世界上最大的"宝船"——能容纳 1000 多人，小的也能乘 400 多人。船队带着大量瓷器、茶叶、铁器、农具、丝绸、金银等物品。航船先到达占城

（越南南部），然后到爪哇的苏鲁马益（泗水），再到苏门答腊南部的旧港。以后又由旧港，到马来亚半岛的满剌加（今马六甲），郑和在那里修了仓库，作为日后的中转站。稍事休整后，向北到苏门答腊北部的苏门答腊国，又西航到锡兰山，由印度半岛南端而北，到大印度西南沿海一带。郑和每到一地，就将中国物产赠送给当地国王，表示愿与他们建立友好邦交关系。首航历时三年有余，直到永乐五年（公元 1407 年）九月才圆满返回。

此后，郑和在永乐年间先后六次下西洋：第二次是永乐五年到七年；第三次是永乐七年到九年；第四次是永乐十年到十三年；第五次是永乐十五年到十七年；第六次是永乐十九年到二十年；第七次，也就是最后一次是在明宣宗宣德六年到八年。船队历经占城、爪哇、旧港、马六甲、苏门答腊、锡兰、古里、阿巴斯港等 17 国。郑和还派遣一部分船只，入红海到达伊斯兰教圣地麦加朝圣，在那里朝觐了天方，画了"天堂图"。

郑和

郑和七下西洋总航程达 10 万余里，访问 37 国，大约马来半岛以东地区 15 国，马六甲地区 3 国，苏门答腊地区 7 国，印度地区 6 国，阿拉伯地区 5 国，非洲地区 3 国。还有一些现今难以查考的地方。

郑和远航亚非各国，在政治、经济、文化和科学各方面都产生了深远的影响。郑和的航海比哥伦布发现新大陆早 87 年，比迪亚斯发现好望角早 83 年，比达·伽马发现新航路早 93 年，比麦哲伦到达菲律宾早 116 年。可以说，郑和是中外历史上最早的、最伟大的航海家。

编修《永乐大典》

明成祖朱棣以武力得天下，又以高压治国家，却锐意标榜"文治"。他喜欢聚众编书，其中以《永乐大典》最为著名。

永乐元年（公元1403年）七月初一，正是明成祖朱棣夺取政权的一周年。这一天，他把翰林侍读学士解缙找来，说："刊载天下古今事物的书籍，实在太多了，不容易检阅。"

解缙问道："是啊，皇上有何圣旨？"

明成祖朱棣说："朕有一个想法，把各书所载事物聚集在一起，以韵编排，这样，要查考寻找时，就像探囊取物般容易了。你看如何？"

解缙唯唯称是道："圣旨高明！"

明成祖朱棣又说："凡是书契以来，经、史、子、集，百家之书，至于天文、地志、阴阳、医、卜、僧、道、技艺之言，备辑为一书，不要怕浩繁。"

解缙问道："圣务谁来担当？"

明成祖朱棣说："这件事就交给你去办了，一定要办好！"

永乐皇帝交的差，解缙哪敢怠慢？第二天，就列出了编书者名单，送皇上亲自批准后，随即投入编纂。整个编书班子共147人。全班人马，日夜兼程。先是到各处征集书籍，然后依次编排。花了一年多时间，到永乐二年（公元1404年）十一月编集成书，上呈皇上，朱棣虽说不怎么满意，但为了不扫解缙等人的兴，还是赐名为《文献大成》。

问题出在解缙等人都是儒家，他们这里集其"大成"的，无非是儒家的作品，儒家之外的书籍都被删除了。这在明成祖朱棣看来当然是不能允许的。因此，明成祖接下去的一步首先是改组编写班子。他让太子少师姚广孝、刑部侍郎刘季篪和解缙三人当总负责，还让翰林学士王景、王达，祭酒胡俨，洗马杨溥，还有布衣而为名士的陈济等人当总裁官，组成相当于今天的编审。整个编书班子也大为扩充，多达2169人。开工的那天，明成祖朱棣还亲自到场为编者鼓劲。

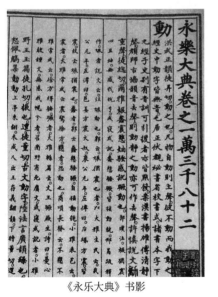

《永乐大典》书影

　　这部书一直到永乐五年（公元 1407 年）十一月才编成，离解缙初次接手编写刚好花去四年半时间。

　　这部书辑录了上自先秦、下讫明初的各种书籍近 8000 种。全书以洪武正韵分部，以正韵中的字为纲，依韵排列。每字之下，抄录原书。虽说是将原书支离了，但却直录原文，不曾擅减片语，这样，保存了大量的文献，这可算是一大功业。明成祖朱棣亲为作序，言编该书目的在于"有齐政治而同风俗。序百王之传，总历代之典"，并赐名为《永乐大典》。

　　书成之时，明成祖想将这部书刊印，可后来考虑到工费太大而作罢。到百多年后的嘉靖年间才有重录之事。嘉靖皇帝动用了书手 180 人，每天抄 3 张纸，每纸 30 行，每行 28 字，大约花了二三十年的时间才抄成。可惜，这部书的正本毁于清军入关之时，副本后来也渐次散失，八国联军入侵北京时，所存副本再遭劫毁。人类文明的瑰宝就这样被人为地毁坏了，这不能不说是人类文明的一大浩劫！

仁宣之治

　　永乐以后，仁宗和宣宗采取了宽松治国、息兵养民的新政策，取代了明初以来的严猛政治。仁、宣二代的 12 年，成为明代历史上少有的政治宽松、吏治清明的时期，历史上称为"仁宣之治"。

　　明成祖朱棣于永乐二十二年（公元 1424 年）七月病死于榆木川，遗诏由皇太子朱高炽继位。

　　朱高炽八月即位，到第二年五月病死，在位只有短短 10 个月。但就在这 10 个月中，他一反其父的所作所为，采取了"与民休息"的政策。一上台，他就宣布四个"停止"：一、

明宣宗

停止北征，二、停止宫使外出采买物品，三、停止营建大型工程，四、停止建造西洋宝船。这一系列的"叫停"，大大节省了人力、财力、物力，被称为"恤民之政"。

明太祖朱元璋废丞相制后，置殿阁大学士。但是，朱元璋是个猜忌心极重的人，这些大学士除了"以备顾问"外，很少有参政决政权，官秩也仅有五品而已。仁宗皇帝以杨荣、金幼孜、杨士奇、黄淮为大学士，都是正三品官员。后来仁宗又复以官品高达一品的公孤官为内阁大学士，使阁臣的地位大大高于部臣。这也可以看成仁宗想恢复宋代当年的文官政治，只是他在位年月太短，未能如愿。

仁宗的皇太子朱瞻基即位，称宣宗。宣宗即位一年，就面临明皇室的内乱。汉王朱高煦仿其父的"靖难"之役，指责仁宗任用的文臣都是奸臣，于是在其封地起兵。宣宗听从大学士杨荣的意见，亲征汉王，很快就平定了这一叛乱，稳定了大局。

宣宗被后人认为是能任人唯贤、息兵养民的开明君主。史称："仁宣之际，惩吏道贪墨，登进公廉刚正之士。"宣德三年（公元1428年），宣宗进行了第一次人事大调动。一方面把一批年事已高的元老级人物请下台，同时严惩墨吏，任用廉洁之士，一下新任用了9人，其中有政声卓著的顾佐、邓启、程富。而因贪墨被黜的有都御史刘观、杨居正等20余人。这样，官吏的贪浊之风有所收敛。宣德五年（公元1430年）六月，况钟等9位知府上任，九月，于谦、周忱等6位巡抚登台，这样，官场的面目为之大变，百姓也受益匪浅。

明宣帝时还有一件值得称道的事是，放弃了交阯。自永乐年间以来，年年为征战交阯伤透脑筋，最多时用兵80万人。交阯战事成了明王朝一大历史包袱。宣德一、二年（公元1426、1427年），征战交阯都告败绩。当时的成山侯王通私自接受交阯王的请求，立坛为盟，并从交阯退兵。宣宗不但没有责难成山侯，相反"罢兵息民"，承认交阯复国。宣德二年十一月，宣宗派出使节到达交阯，宣告了明朝廷的圣旨。就这样，明宣宗明智地彻底卸掉了这个历史包袱。

仁、宣两帝以隋炀帝、唐玄宗为鉴，注意节俭，反对奢侈，撰有《臣鉴》。明宣宗即位时，有一个工部尚书向他提出，宫中的御用器物不足，必须到民间去采办。宣宗制止道："汉文帝的衣服帷帐没有文绣，史称其恭俭爱民。朕也须以俭约率下。"

宣宗保持着皇祖朱元璋亲民的形象。他十分注意了解和关心民间的疾苦，宣德五年，在拜谒皇陵的路途，看到几个农民在耕地，便下马与农民交谈。

宣宗问："一年可收成多少？"

农夫道："只可糊口！"

宣宗问："辛苦吗？"

农夫道："粒粒皆辛苦！"

宣宗问："真若如此？"

农夫道："试试即有体验！"

宣宗问了年成和生活后，便亲自扶犁躬耕，片刻便气喘吁吁、上气不接下气了。他深有体会地说："朕只推三下，就已经不胜劳累。更何况常年劳作。人说老百姓最苦，真是如此。"

于是，给每个农夫赏钞 60 锭。回去写了体察民情的《耕夫记》，后又写了姊妹篇《织妇词》赐给朝臣，并让人画成图画挂在宫中，以使臣僚和妃嫔深知并牢记百姓的艰辛，也借此来炫耀自己体察民情。

但是，好景不长。从接任宣宗的英宗开始，明王朝就走上了中衰之路。

大宦官王振专权

明宣宗十年（公元 1435 年），年仅 9 岁的明英宗朱祁镇即位，第二年改元正统，从此以后，明王朝走上了中衰之路，其标志之一就是宦官专权局面的出现，其代表人物就是臭名昭著的大宦官王振。

明代的宦官专政，始于王振。王振年少时就入宫为宦官，曾就读于内书堂，并在英宗为太子的时候侍奉东宫。英宗少年即位时，王振以"狡黠得帝欢"，马上就任宦官的头号职位司礼监太监。为了独揽大权，王振极力怂恿英宗苛责大臣，要皇帝以"重典御下"，这样他就可以弄权用事了。

英宗执政的前几年，王振还不能为所欲为。一方面，朱元璋曾明确规定宦官机构由吏部掌管，并立铁碑，碑铸圣旨："内臣不得干预政事。"祖宗家法的威势还在。另一方面，英宗的祖母太皇太后张氏委政于内阁，不少权力无法得到，而且大学士杨士奇、杨荣、杨溥（俗称"三杨"）为前朝元老，严威尚存，王振一时还不敢触动。尤其是"三杨"一发话，王振只得假意顺从了。

正统七年（公元 1442 年），张太后病故。当时，阁臣"三杨"或已逝，或老病，新任的阁臣人微势轻。这时，王振就肆无忌惮起来。他先是将朱元璋亲自立的"内臣不得干预政事"的铁碑盗出，然后销毁。这是十分大胆的妄为，目的在于测试一下群臣的态度。结果无一人敢说什么，王振就更加专擅朝政，凌辱公卿，竭民钱财。当时，英宗皇帝呼之为"先生"，公卿勋戚呼之为"翁父"，王振本人则以"周公辅成王"自视。

王振大行"顺之者昌，逆之者亡"之道，对那些敢于反抗或对己不恭者进行残酷的迫害。侍讲刘球上疏言事，其中建议英宗"别贤否以清正士"，王振认为刘球是暗中诋毁自己，遂将其下狱，并指使爪牙夜半将刘球残杀于狱中。大理寺少卿薛瑄、国子监祭酒李时勉都不愿投靠王振，前者被诬为死罪，后者被戴枷示众。当时百官见王振都得"跪门俯首"，监察御史李俨却偏偏不跪，遂被捕入锦衣卫，后流放到边远的铁岭去。王振如此倒行逆施，连同为太监的人也看不惯，就写匿名信上告，事发后，告发者全被王振杀害，连向皇上例行的奏请手续都不办。

正统十四年（公元 1449 年）蒙古族瓦剌部大举南侵。明英宗在王振的鼓动下，仓促亲征。但是，半途中王振在还未交战的情况下惊恐撤退。撤退途中，为了夸耀乡里，企图携英宗临幸他的家乡蔚州。结果大败于土木堡，明英宗也被瓦剌所俘，这就是历史上著名的"土木之变"。

在"土木之变"中，王振死于乱军之中。时人对王振恨之入骨。王振死后，明军将士及百姓仍捶击他的尸体，表示为天下人"共诛此贼"。消息传到北京，王振的党羽皆被愤怒的朝臣所击杀，王振的家族成员也被尽数斩首处死。

于谦和"北京保卫战"

明英宗被俘的消息传到北京，朝廷内外一片恐慌，但没有一个拿得了主意，出现了"群臣聚哭于朝"的可笑局面。侍讲徐珵甚至提出南迁京师的逃跑主张。此时，兵部侍郎于谦却挺身而出，他大义凛然地说："言南迁的人，是可以斩首的！京师，乃是天下的根本，根本一动就大势去了。你们没有看到宋朝南渡所造成的恶果吗？"

于谦的言论引来了一片赞同声。吏部尚书王直、内阁学士陈循表示坚决支持于谦的说法，并力主杀掉以王振为首的奸党以谢天下。当时王振的死党、锦衣卫指挥马顺还不死心，当堂叱骂群臣。愤怒的人们再也忍耐不了，当堂击毙马顺，又打死王振同党宦官毛贵、王长随。当时，已被孙太后命名为监国的朱祁钰怕得要命，想一

于谦

逃了之。于谦推开众人向前，拦住朱祁钰说："事关国家存亡，监国当宣布王振及其党徒当死！"事已至此，朱祁钰只得宣布王振一党死罪。稳定了大局后，孙太后又立朱祁钰为帝，他就是明代宗。于谦坦诚地说："臣等立王为帝，诚爱国家，非为私计。"

这里得说一说于谦其人。

于谦是明代杰出的英雄人物。他从小研讨古今治乱兴衰的道理，"慨然有天下为己任之志"。自进入官场以来，一直以清正廉洁闻名于世。宣德五年（公元 1430 年），明廷设立巡抚，明宣宗亲点于谦为河南、山西两省巡抚，并将于谦的官品从七品一下提到三品。他也不负众望，足迹历遍所部，延访父老，视察政事的利弊兴革。一年之间，连续数次上疏。平反冤狱，赈济灾荒。当时的内阁"三杨"都十分器重他。于谦任二省巡抚 9 年，威

惠流行，百姓拥戴，呼之为"于龙图"（比之大宋的"包龙图"），二省流行的一首歌颂他的歌谣，长达 154 个字。贪官污吏听到于谦的名字，胆战心惊，连"盗贼响马"也为之避匿。

宦官王振专权的局面形成后，贿赂之风横行。可于谦每次入京，从不向王振送礼，更不去拜见王振。有人劝他礼还是要送，哪怕送点土产也行，于谦笑着说："我是带着清风来，随着清风去！"

"土木之变"后，瓦剌大举南下。被晋升为兵部尚书的于谦沉着冷静、有勇有谋，担起了北京保卫战的重任。当时，在土木堡战役中明廷的五十万精兵尽失，于谦不得不重新组织军队，有不少是临时训练起来的民兵。他还举荐了一大批有军事才干的青年将领，守卫在京城的重要关隘。

这一年的十月初九，瓦剌军在叛变的宦官喜宁的引导下，攻破了紫金关，大军直抵北京城下。十三日，瓦剌军从德胜门猛攻。明军早有防备，埋下了伏兵，结果瓦剌军大败，瓦剌军主将的弟弟"铁元帅"也在这次战斗中被火炮击中身亡。瓦剌军又从西直门猛攻，守将孙镗背靠城池英勇奋战。这时，于谦急调二路大军增援，在三路军队的夹攻下，瓦剌军只得退却。在彰义门的战斗中，守城将军武兴战死。瓦剌军连攻五天不下，前来增援的明军又纷纷而至，瓦剌军生怕退路被切断，只得退往塞外去了。北京保卫战在于谦领导下取得了胜利，明王朝度过了一次严重的危机。

不久，瓦剌军提出与明廷议和，并愿送还俘去的英宗，明廷同意了。之后，明廷内部又发生变故，景泰八年（公元 1457 年）石亨等人发动"夺门之变"，让英宗"复辟"，并诬于谦谋逆，处其以极刑。于谦的一生正如他早年写的《石灰吟》诗中所说："千锤万凿出深山，烈火焚烧若等闲。粉身碎骨浑不怕，要留清白在人间。"

十年后，明宪宗亲自为于谦平反昭雪。于谦葬于杭州三台山麓，与大忠臣岳飞并卧于风光秀丽的西子湖畔。后人有"赖有岳于双少保，人间始觉重西湖"诗句予以歌颂。

"宦官更酷烈" /

　　明朝从英宗以后，总的趋势是一代不如一代。中间虽有孝宗的求治，一度形成了"朝多君子"的难得局面。但那也只是光焰一闪，接下去的武宗更是荒嬉无度，明王朝江河日下之势不可挽回。英宗以后明王朝的败亡，与宦官势力的进一步猖獗大有关系。前面说到明英宗时期大宦官王振的专权，而宪宗时期的宦官汪直，武宗时期的宦官刘瑾，其专横跋扈的程度，又比前者高出一筹，谓"宦官更酷烈"。

　　明宪宗时期的宦官汪直的专权，是与建立西厂的特务政治直接联系在一起的。汪直原为御马监太监，后来得到明宪宗宠信后，提督西厂。西厂比东厂更酷烈，动不动就置人于死命。西厂比东厂管辖的范围更大，从官僚层一直管到民间琐事。④西厂初建的数月间，就屡兴大狱。建宁卫指挥杨晔、吏部主事杨士伟、郎中武清、参政刘福、正通政方贤、太医院判蒋状武，都被西厂无缘无故地收案。汪直每次出行，公卿百官避之唯恐不远。兵部尚书不肯对汪直叩头礼拜，被认为不恭，除当堂受辱外，还削职为民。西厂的胡作非为，弄得士大夫不得安其职，商贾不得行其业，庶民不得居其所。百姓恨之入骨，可一些无耻之徒却吹拍其作其为"不独可为今日法，且可为万世法"。

　　汪直喜特务活动外，还特别"喜兵"。他常出外巡边或监军。每到一军，要军事首领放弃军事公务而到百里之外迎候，稍有不周，就会受到重责。且一到军中就瞎指挥，甚至轻启边衅，使边防不得安宁。

　　明宪宗的儿子孝宗朱祐樘，力求整治，宦官势力一度削弱。但是，到了他的继任者武宗时，宦官势力变本加厉了。以刘瑾为代表的宦官势力进一步扩张。这个宦官头目，简直是把皇帝玩于股掌之中。他想出多种把戏让明武宗尽情玩乐，从而把批阅奏章的大权牢牢地掌握在自己的手中，有时甚至将奏章拿回家去，然后"旨批"。朝廷上下都知道，事实上的皇帝就是这个刘瑾。

　　最令人发指的是"匿名信案"。正德三年（公元 1508 年）夏，在朝廷的御道中发现一封严厉斥责刘瑾专横的信，号召天下人共讨刘贼。刘瑾见信后恼羞成怒。他竟然矫诏令：所有的文武官员集体罚跪于奉天门下反省。当时正是酷暑天气，在烈日下长跪怎么吃得消？不少年老的官员在长跪中中暑死去。刘瑾亲自监督在旁，看人死了，毫不在乎，把死去的官员拖出去埋了就了事了。经过一整天的体罚以后，刘瑾见无人出来招认，傍晚又将三百余朝官下"诏狱"，不少官员死于狱中。过了几天，才弄清楚原来这封匿名信是忌恨他的太监所写，这时刘瑾才把关在诏狱中的官员放了，而自己毫无自责之心。经过这一番折腾，明王朝的元气大受损伤。

刘瑾网罗党羽，严密控制朝政。后来，内阁焦芳、刘宇，吏部尚书张綵，兵部尚书曹元，锦衣卫指挥杨玉、石文义，都是刘瑾的心腹。不仅如此，各部门的属官的升迁，也要一一通过刘瑾。刘瑾批了的，不得更改。刘瑾还擅自增加他的原籍陕西的乡试名额，为的是拉拢亲信和党羽。

刘瑾的作恶多端，为其自身的灭亡创造了条件。正德五年（公元1510年）四月，安化王起兵号召诛杀刘瑾，在檄文中历数刘瑾的十七大罪状。明武帝闻安化王起兵，马上命都御史杨一清、宦官张永带兵去镇压。出征途中，杨、张两人经过密谋，决定返兵请皇上诛刘瑾以谢天下。他们见明武宗后，出示了安化王声讨刘瑾的檄文，并列举了刘瑾其他种种恶行。经在身旁的臣僚的再三劝说，明武宗才决定逮捕刘瑾，在抄没其家产时，抄出财物中有金24万锭又57800两，元宝500万锭又1583600两，宝石2斗，金甲2副，金钩3000，玉带4000，其他财物不计其数。还发现有私刻的皇帝印章，在随身携带的扇子中发现匕首1把，明武宗这时才下定决心杀掉刘瑾，以结束这恶贯满盈的宦官的一生。

刘瑾一生害死忠良在万人以上。刘瑾死后，被害人家属纷纷割刘瑾身上的肉食之，以解心头之恨。

严嵩揽权 /

明武宗死时只有31岁，无子继位，就立宪宗孙朱厚熜为帝，这就是嘉靖皇帝。这位 15 岁即位的少年天子，起先也想有所作为，实行了一段时间的"新政"，在革除积弊上也取得了一定的成效。但是，中年以后，嘉靖皇帝即移居西内，信奉道士方术，日夜寻求长生不老之术，这样就为严嵩揽权提供了条件。

严嵩

严嵩出生于寒士家庭，从小十分聪慧。18 岁中乡试，25 岁中进士，列二甲第二名。27 岁时即授翰林院编修。不久，因病回老家隐居读书，打下了十分深厚的国学根底。直到正德十一年（公元 1516 年）36 岁时，才还朝复官，开始了真正的政治生涯。

真正成为严嵩政治生活中转折点的是嘉靖七年（公元 1528 年），这一年他被任命为礼部右侍郎，步入了上层官僚的行列。他善迎合帝意，撰醮词（祭礼、祈祷用词）、青词（道教做道场用词）。他被嘉靖皇帝派往湖广安陆（今湖北钟祥）监立显陵碑石。还朝后，严嵩上了两道奏疏。一道奏疏叙述了河南灾区的情况，称"所在旱荒，尽食麻叶、树皮，饥殍载路。人相残食，旬日之内报冻死二千余人"。另一道奏疏叙述途中所见祥瑞，说立碑时，灵风飒然。一呈祥瑞，一报灾变，都使嘉靖皇帝对他产生极好印象。前者说明严嵩的体察民情、体恤民生，后者则预示着国运将兴。

此后几年，严嵩官运亨通，并且得以不断地接触嘉靖皇帝，有时一日三四次。嘉靖二十三年（公元 1544 年），64 岁的严嵩成为首辅，先后加太子太傅兼礼部尚书、谨身殿大学士、少傅、太子太师、少师，获得了文臣所能得到的最高荣誉职位，且官位一大堆。但当时他在朝廷的地位还没有真正巩固，其间一度还因有人弹劾而被罢相。这以后，严嵩用种种手段铲除了政敌夏言、仇鸾，才使朝中无人与之匹敌。

这时，严嵩开始对弹劾他的人进行残酷的报复。名士沈錬以为人正直著称，曾上疏罗列严嵩的十大罪状，说他是"擅宠害政"。严嵩由此大恨，反说沈錬在知县任上时犯有过失，将其谪至口外保安。沈錬刚性不改，在口外天天大骂严嵩。严嵩大怒。过了一些年，严嵩派儿子严世蕃去嘱咐新上任的巡按御史和总督，一起合计除掉沈錬，答应积极参与其事的，"大者侯，小者卿"。事有凑巧，当时白莲教徒多人被捕，招供出来参与谋反的人也不少，其中就有"沈錬"其人。其实，此"沈錬"绝非彼"沈錬"，但这些人为了自己的所谓前程，竟借机把作为名士的沈錬杀了。

任兵部武选司郎中的杨继盛，也是个十分正直的人，他曾上疏弹劾，论严嵩十罪五奸，主要是说他贪贿纳奸、结党营私、打击异己。严嵩专权后，就将杨继盛抓入狱中，后又故意把杨继盛的名字附在就要被杀头的原御史张经和李天宠之后，一并上奏给皇上。嘉靖也没细看，以为只是御史张经案，糊里糊涂地批了"可"字。杨继盛临刑赋诗明志："浩气还太虚，丹心照千古。生平未报恩，留作忠魂补。"等到嘉靖皇帝发觉时，杨继盛早已人头落地了。

严嵩的权势超过了明代在他之前的任何一个阁臣。他在位时，"江右士大夫往往号之为父，其后，外省亦稍稍有效之者"。晚年的严嵩对嘉靖皇帝也多有傲慢不恭，这是皇上所不能容忍的。严嵩83岁时，徐阶等状告严嵩及其子不法。结果严嵩被勒令致仕（退休），家产被抄没，其子严世蕃以通倭罪被杀。严嵩回到江西老家后，过着凄苦的生活，到嘉靖四十四年（公元1565年）死去，终年86岁。

戚继光抗倭 /

嘉靖中叶以后，东南沿海一带的倭寇活动愈演愈烈，尤其是浙江、福建两省，由于官兵征剿不力，倭寇出入无常，如入无人之境，引起了百姓的恐慌和朝廷的担忧。嘉靖三十四年（公元1555年）七月，朝廷将开国元勋戚祥之后戚继光调防东南，任浙江都司金书，管理那里的屯政，主要负责倭寇经常出没的宁波、绍兴、台州一带的防务。戚继光自幼立下了"封侯非我意，但愿海波平"的宏愿，这次调动正合他的心意。

戚继光上任以后，一连上了好几道《练兵议》，向上司请求创立新兵。

起初，不少人都嘲笑他"多管闲事"。戚继光严词以对："防务无闲事！"

在他的一再请求下，浙江巡抚才答应另拨三千绍兴士兵，让戚继光训练。不出半年，这支军队就发挥了很大的作用，舟山一带的倭寇大为减少，后来在防守台州中也发挥了极大的作用。

嘉靖三十八年（公元 1559 年），戚继光进一步向朝廷提出练兵计划，得到朝廷批准后，九月，前往义乌募兵，一时应募者如云。戚继光选拔士兵有其标准，他不要"城市游滑之徒，只是用乡野老实之人"。他选士兵的综合素质有四条：体态丰伟、武艺精熟、聪明伶俐、力大如牛。在很短的时间内，戚继光招募到了四千合格士兵，并将这些人集中到绍兴进行训练，这就是后来所称的"戚家军"的第一批骨干。

"戚家军"除十分重视武艺训练外，特别重视思想教育。戚继光对士兵说："你们在家都是耕种的百姓，你们知道种地的艰难。现在你们吃了老百姓的粮食，能不为老百姓好好打仗吗？"

士兵齐声回答："要为百姓打仗！"

戚继光又谆谆教导说："你们切切记住我一句话：你们是从百姓中来，又为解除百姓祸患而战。"还问："你们知道岳家军吗？"

士兵齐声道："知道岳家军纪律严明！"

戚继光说："军队就是靠严明纪律打胜仗！我们要像岳家军那样，'冻死不拆屋，饿死不掳掠'。"

戚继光自己每战身先士卒。这样教育出来的军队自然战斗力极强。戚家军成了抗击倭寇的"无不以一当百"的名闻天下的铁军。

"戚家军"只组建几个月，倭寇就大举来犯，有倭船数百艘，倭兵近 2 万人。当时，有大批倭寇由象山海口侵入奉化、宁海之间，并准备直攻台州。戚继光在台州布置了足够的兵力，然后进剿宁海倭寇。敌人以为得计，大举进犯台州。哪知戚继光火速回师，与来犯之敌展开决战。台州之战历时 1 个多月，斩杀倭寇 1400 余人，溺海而死的倭寇有四五千人。这是抗击倭寇史上的首次大胜。

浙江倭患终告解除，福建的倭患活动却越来越猖獗。嘉靖四十一年

（公元 1562 年）七月，戚继光奉命率六千人的"戚家军"，由温州渡海至平阳，再由平阳抄小道抵达福建。戚家军"号令金石，秋毫无犯"，民众说："今始见仁者之师矣！"所至箪食壶浆，争相馈饷。戚继光率军歼倭寇数百，后追至林墩（今莆田），又在那里全歼倭寇，落水淹死的倭寇就有1000 余人。戚继光班师回浙后，倭寇还不死心，私自庆幸道："戚老虎去，我又何惧？"一月后又卷土重来。于是，戚继光又第二次率师援闽，使倭寇再也不敢动弹。

在浙江、福建倭患平息后，广东的倭患又严重起来了。嘉靖四十四年（公元 1565 年）春，戚家军又开赴广东。戚家军水陆两路并进，大败倭寇于梅岭。九月，戚继光选了一个有利的日子，分左、中、右三路攻进南澳，几乎全歼岛上倭寇。

经过几十年的努力，东南沿海的倭患终于平息了。

"海青天"

所谓"海青天"，指的是历经嘉靖、隆庆、万历三朝的中国历史上著名的大清官海瑞。

海瑞出身于"海南望族"。他自幼聪颖好学，有用世之志。17 岁入琼山郡学学习，经常与二三好友一起研究学问，纵谈古今，并作《训诸子说》以抒发自己的非凡抱负。他立志：为人在世，惟务识真，要学圣贤，不做乡愿！他屡试不中，后来家居不再追求功名。嘉靖三十二年（公元 1553 年），海瑞被授以福建延平县教谕，也就是延平县县立中学的一校之长。到校以后，他立《教约》，作《规士文》，整顿纪律，严肃校风。他强调教官要为人师表，尽心教好学生，"若索取生员一钱，并为生员改洗文卷，决无轻贷"。

嘉靖三十七年（公元 1558 年），海瑞被授予浙江严州府淳安县知县，由此步入政界，那时他已 44 岁。淳安是地瘠民贫之处，海瑞上任以后，立即定出《兴革条例三十六项》，悉心规划，认真丈量土地，度田定税，均平赋役。同时雷厉风行，清查积弊，革除一切陋规，裁冗费，革冗役，惩贪官，肃吏治。他自己清苦度日，为母亲做寿，只买肉两斤，别无他物。淳安百姓颂之曰："爱民如子，视钱如仇。"后来海瑞离开淳安到江西兴国任职，淳安百姓人人放声大哭，如丧父母。

　　当时，浙直总督胡宗宪的儿子过淳安时，仪仗盛装而行，以淳安不备供应、照应不周为由，吊打驿吏。海瑞得讯，当即下令拘禁了这位盛气凌人的公子，并将他所带的 4000 两银子没收充公。接着写信给胡宗宪，在信中故意说：逮得一人，胡作非为，还敢冒充贵公子，真不敢相信。胡宗宪接信后，有苦说不出，只得偷偷托人把自己的儿子接走了事。

　　海瑞在兴国县任上一年有余，因功被荐，应召入京，升为户部云南清吏司主事。当时的嘉靖皇帝崇信道教，一意修仙，大兴土木，劳民伤财。海瑞为求万世之治安，上奏《直言天下第一疏》，这就是当时震动朝野、后人所言的"海瑞骂皇帝"。疏中明确写出"嘉靖者，言家家皆净而无财用也"，又写道，"大臣持禄而外为谀，小臣畏罪而面为顺，陛下诚有不得知而改之行之者，臣每恨焉，是以昧死竭忠，惓惓为陛下一言之"。此疏一出，上自九天，下及海内外，无不知有海瑞其人。在那个时代，触犯皇上，是罪该万死的事。海瑞买了棺材，告别妻子，遣散僮仆，从容赴朝。嘉靖皇帝当然大怒，只是迫于舆论的压力，才没有杀他。

海瑞

　　嘉靖皇帝去世后，其第三子继位，这就是隆庆皇帝。这时，海瑞出任江南巡抚。他主持颁行《督抚条约》《考语册式》等，重在斥黜贪吏，搏击豪强，厘正宿弊。当时，应天十府强宗巨室数量很多，土地高度集中。海瑞到江南，告乡绅夺小民田产者不计其数。他下令退田，以调和社会矛盾。这一举措由于受到大官僚徐阶等的反对而推行不下去。海瑞也不得不回老家退居林下，达 17 年之久，这就是所谓的"海瑞罢官"。

　　到了万历年间，当其 72 岁高龄时，又一度出山，任南京吏部右侍郎，官阶由正四品升为正三品。他一上任，就像当年一样，首先抓官员扰民问题，主张用重刑严惩贪官污吏。在任上，海瑞因病去世，享年 74 岁。

张居正改革 /

张居正

隆庆六年（公元 1572 年），纵欲无度的隆庆皇帝朱载垕死去，年仅 10 岁的朱翊钧即皇帝位，这就是有名的万历皇帝。当时的朝政由首辅张居正主持，万历皇帝的生母李贵妃也参与协理。每当万历皇帝不听话时，李贵妃会说："要是张先生（指张居正）听到你那样不听话，会怎样？"万历皇帝听了很害怕。当张居正因父丧归乡里江陵时，朝廷大事专门派人"驰驿之江陵，听张先生处分"。张居正还朝，一路上守臣率众长跪，抚按大使越界迎接，身为前驱。张居正自己也以天下为己任。

张居正在万历初柄政的十年，可以说是"权侔帝王"了。正是凭借着这样一种权势，张居正雷厉风行地推行了一系列改革措施。

张居正强调改革应首抓读书。明朝诸帝中，除太祖朱元璋之外，基本上是不读书的，而万历皇帝在张居正的倡导下，自少年起坚持读书，一直到他的晚年。每天太阳升起的时候，万历帝就驾幸文华殿，听儒臣讲读经书。读一个时辰后，少息片刻，又开始学习史书，至午饭后才返回宫中，隆冬盛暑也从不间断。少年皇上差不多有一半的时间是在读书学习。张居正有时也以大臣的身份参与学习。一段时间中，明廷读书氛围甚浓，多少应归功于张居正的倡导。

政治改革的主要措施，是万历元年推行的奏章"考成法"，它是针对官僚作风和文牍主义而提出的，意在提高朝廷的办事效率。按照"考成法"的要求，事必专任，立限完成；层层监督，各司其职，其特点是改变国家机器的运作机制。以内阁监控六科，以六科监控部院，以部院监控地方抚按。这样，一改明初"一切权力全归皇帝"的政局，而将相当大的一部分实权交给了内阁。这不能不说是一种进步。

而经济领域的改革，一是清丈全国的田亩，二是推广"一条鞭法"。这是万历初年整个社会改革的中心环节，也是最有成效和意义的。

清丈田亩，又称"清振田粮"，目的是为了纠正田制混乱。这是继洪武朝之后进行的又一次全国性的土地大清丈。当时下令在福建行试点，中心问题是为了改变有田者不交纳税粮，无田者苦于交纳的怪现象。由于张居正态度坚决，万历帝又全力支持，福建的试点很成功，两年便完成了。接着是趁热打铁，立即通知全国清丈。户部就清丈的范围、职责、政策、方法、费用、期限等制定了八项规定。历三年之久基本完成，一下清丈出140 余万顷土地，有些地方还新编了"鱼鳞图册"。

推广"一条鞭法"是当时经济改革的又一出重头戏。一条鞭，又称"一条边""条边""一条编""条编"等。其要点在于变通赋与役的征收方法。这种方法，起于嘉靖，推广于万历。唐代杨炎作"两税法"，将赋与役完全分开，到万历年间，张居正根据当时的实际情况，一是将赋、役、土贡方物完全合并成一项，以家庭人丁状况和占有的田地实际状况来分担役银。徭役一律征银，取消力役，由政府雇人应役。二是除苏、杭、松、嘉、湖地区继续征收"本色"（即粮食）以供皇室和官僚食用外，其余地区一律征收折色银。三是政府计算赋役额，以州县为单位。四是烽役收银后，方便多了，因此征收可直接由地方官吏收取，不必借助里长等民间人士，即所谓"丁粮毕输于官"。

变法阻力重重。先是有人威胁："如此变法，触犯官绅，将一败涂地。"

张居正回答："愿以深心奉尘刹，不予自身求利益！"

有人主张："应因地所宜，听从民便。不该不分人户贫富，一例摊派，更不便江北。"这里所说的"民便"，实际上代表着有钱有势一族的利益。

张居正明言："一条鞭法，圣旨尽理，皆为方便，何分南北。"

张居正扫除思想障碍，使变法得以推进。据记载，"一条鞭法"到万历九年（公元 1581 年）时，已在全国各地"尽行之"，这标志着整个改革取得了重大胜利。

"一条鞭法"是中国赋役制度史上的一件大事。统一的赋役，简化了征收项目和手续，一定程度上抑制了豪强漏税和官吏的贪污，有利于减轻贫民的负担。尤其是赋役征银，既是商品经济发展的必然，又促进了商品经济的发展。

张居正为国事夜以继日地奔忙，连19年未得见面的老父去世，他都未能服丧守制。万历九年（公元1581年），57岁的张居正终于劳累病倒。万历皇帝为了表彰张居正的功绩，在这一年，赐伯爵禄，加上柱国、太傅，后又进为太师。文臣生前没有加"三公"的，只有死后才能赠与。而张居正在生前一人独享"三公"之殊荣，这是一个特例。就在这一年的六月二十日，张居正病逝。一代名相谢世，皇上悲痛万分，下令辍朝一日，举国哀悼，赐祭九坛。

但是，一个正在走向没落的王朝是无法人为加以挽救的。万历皇帝亲自写下的对张居正的赞词墨迹未干，第二年就开始制造反张居正的舆论。张居正逝世后的第四天，御史雷士桢等7名言官弹劾张居正荐臣潘晟，不久，言官把矛头指向张居正。神宗于是下令抄张居正家，并削尽其官秩，迫夺生前所赐玺书、四代诰命，以罪状示天下，还差点开棺戮尸。

万历皇帝的自毁改革成果，加速了明王朝的灭亡。然而国衰而思良臣。直到天启二年（公元1622年），明熹宗为激励臣下，又想起昔日的大功臣张居正，予以复官复荫。然一切俱已晚矣！

"古代中国的百科全书"

中国古代药物学巨星李时珍陨落两个世纪后，进化论的奠基人、英国学者达尔文在读了李著《本草纲目》的英译本后，感叹地说："这是一部古代中国的百科全书，它的价值是无与伦比的。"达尔文在论证他的进化论理论时，还引述了《本草纲目》中的相关资料。

其实，李时珍的学识和医术，在古代中国早已名声在外。有这样两则故事很能说明问题。

一是他 20 来岁时，远行于楚地，忽传楚王之子得了一种莫名其妙的"暴厥症"，一厥过去，久久不省人事。正在楚王府的众多名医束手无策之时，年轻的李时珍出现在楚王府。他为王子号了脉，然后用祖传的草本之药治愈了王子的病，而且不再复发。为此，他一度被征为楚王府的奉祠正，专门从事药物医疗。

另一个故事是说：有个叫王太仆的官员，患了一种难言其苦的久痢溏泄之病，就是在接待客人时说便就便，既不雅又大伤元气。李时珍住到了这个官员的家里，了解他的饮食、起居、脾气等，最后用巴豆丸 50 粒驱邪的大胆医方，结合生活起居的改善，竟奇迹般地把该官员的病治好了。

其实，李时珍的更大贡献在于他花 30 年的时光著述了 200 万言的药物学巨著《本草纲目》。为此，他翻遍了古今的医书，踏遍了祖国的山山水水。他是医学界"读万卷书，行万里路"的典范。

老子骑牛图（明张路绘）

有人说，李时珍的《本草纲目》是本草学的空前总结。《诗经》中可供药用的植物只有 50 多种，到汉时的《神农本草经》上记载的可入药的本草只有 100 多种。唐时出版的《新修本草》，也只有 360 多种。宋时有一些增加，但无大的突破。李时珍著《本草纲目》参考历代读物 800 多种，载本草 900 多种，把农夫、猎人、手工业者、矿工等人的实践经验加以总结，形成了自己在药物学方面的观点。

李时珍已有了生物进化的思想萌芽。在动物类药物中，他把动物依次分成为虫、鳞、介、禽、兽和人等部。这是极为了不起的见识，大致上与动物由单细胞到多细胞、由无脊椎到有脊椎进化的规律相合。

李时珍对人体的了解也是超乎寻常的。中国人一直以为"心"是主宰人体的中枢。在中国，正是李时珍首先提出了"脑为元神之府"的说法。

与李时珍同时代的画家张路所绘的《老子骑牛图》中的"老子"，实际上是一个寻访真知的老人的形象，与孜孜以求于百科知识的李时珍是相通的。

利玛窦来华 /

随着新航路的开辟，欧洲与中国之间的交往日益频繁起来。明朝末期，不少欧洲传教士纷纷漂洋过海来到中国。他们在传播天主教的同时，也把西方文明带到了中国。利玛窦就是其中的杰出代表人物之一。

利玛窦出身于意大利的贵族家庭。少年时代在家乡求学，后进入罗马神学院学习，20 岁时加入耶稣会。葡萄牙人占领澳门后，澳门成了西方耶稣会来华传教的一个据点。万历十年（公元 1582 年），30 岁的利玛窦来到了澳门，第二年，他和另一个传教士一起到广东肇庆传教，并征得两广总督郭应聘的同意，建立了教堂。

利玛窦为了传教的需要，到中国以后，就穿起了中国服装，并刻苦学习中国的语言文字，在念、写、说三方面下了很大的功夫。他还深入地学习中国的儒家文化，努力把天主教义与中国的儒家学说融合起来。万历二十一年到万历二十四年，他用中文写成了通俗易懂的《天主实义》一书，其中许多宗教知识就是中国化了的，有的还用的是儒家的语言。为了进一步中国化，他给自己取了个中国名字，姓"利"，名"玛窦"。后来，一些熟悉他的士大夫就叫他做"利先生"，或者叫做"利子"。其他来华的传教士也纷纷学他的样，取中国名字。

利玛窦在广东、南京、南昌等地传教时，在教堂里陈列了从欧洲带来的自鸣钟、三棱镜、天文仪器，还有他亲自绘制的世界地图。他发现，

利玛窦（明游文辉绘）

来教堂参观的士大夫对这些"西洋奇器"十分好奇，甚至产生了浓厚的兴趣。这就使他开始有意识地把传教与传播西方科技文化结合起来。这样，经过利玛窦和其他传教士的努力，欧洲的天文学、数学、地理学、物理学、生物学、医学，以及音乐、绘画、建筑等知识传播到中国来了。由于他是个真正的"中国通"，万历二十四年（公元1596年），他被任命为耶稣教会在华首任会长。

万历二十八年（公元1600年）五月，利玛窦与西班牙传教士庞迪我起程北上，第二年一月，到达北京，万历皇帝在便殿召见了他。利玛窦进献了天主、圣母像及珍珠镶嵌的十字架一座，自鸣钟两架，《万国图志》一册，并向万历皇帝提出改革历法的建议，这些都深得万历皇帝的欢心，准予他在宣武门内居住。就这样，利玛窦得以在北京堂堂正正地传教和生活，教徒也日益多起来。

利玛窦赠送给万历皇帝的《万国图志》，实际上就是世界地图册，是利玛窦亲自绘制的。这本地图册让中国人大开眼界，大大改变了原先狭隘的"天下"观念。有趣的是，为了迎合中国人的老大心理，利玛窦把地图上第一条子午线的投影的位置转移，把中国放在了地球的正中。这样，"中国"成了名副其实的中央之国。他担心，如果不把中国放在地图的中心，会招来种种责难——应该说，他的担心还是有道理的。这一幅世界地图，使中国人初步了解了地圆、地球大小、地心说、五大洲、气候五带这些闻所未闻的说法，一些经典的译名，如亚细亚、欧罗巴、亚美利加、加拿大、古巴、罗马、大西洋、地中海、北极、南极等，也一直沿用至今。

利玛窦在华将近30年，他的传教成就是巨大的。从万历十一年在广州收第一个教徒起步，万历十三年发展到20个人，万历十七年发展到了80个人，万历三十一年发展到500个人，到万历三十三年发展到大约1000多人，到利玛窦离开中国的万历末年，已发展到有1.3万名教徒了。但比传教意义更大的是传播西方的先进的科学文化知识，他和他的同事们在这方面做出的贡献是怎么也不能抹煞的。

当然，他在北京最大的收益是得以与早已结识、当时当上了宰相的徐光启合作。他们的精诚合作，在中国历史上，以至于中外文化交流史上，都有着重大的意义。

东林党人 /

名相张居正去世以后，明王朝的形势更是江河日下。万历十一年（公元 1583 年）起，万历皇帝一面不择手段地搞臭张居正，一面"日夜纵饮作乐"，开始了所谓的 30 年"晏处深宫"的万事不理的腐化生活。当时人形容这个万历皇帝是"每夕必饮，每饮必醉，每醉必怒"。明王朝处于风雨飘摇的危急境地中。

对时势最为敏感的当数读书人。议论风生的东林党人，是那个时代有责任心的读书人的杰出代表。

创建东林党的代表人物是顾宪成。万历八年，顾宪成考中进士，授户部主事，那时正是张居正革新时期。张居正死后，申时行、王锡爵等内阁首辅在朝中拉帮结派，排斥异己，败坏吏治，而万历皇帝荒淫好色，不理朝政，这些都深深刺伤了顾宪成的心。顾宪成坚决主张罢黜奸佞之徒，起用正直大臣。万历二十一年（公元 1593 年）京察之时，顾宪成被任命协助考察京官，裁革了一批有权势而又不合格的官吏。不久，顾宪成迁吏部文选司郎中。身为内阁首辅的王锡爵示意他的密友礼部尚书罗万化入阁。顾宪成不能同意，上疏揭露其阴谋，并使其阴谋没有得逞。

万历二十二年（公元 1594 年），顾宪成受命会推阁臣。在顾宪成推荐的名单中，有沈鲤、孙龙、孙丕扬、王家屏等，都是些敢于犯颜直谏的骨鲠之臣。当时的万历皇帝见推荐这些人入阁，心中很是不快。这时，王锡爵趁机在朝中散布流言，说顾宪成在朝中徇私植党。糊涂的万历皇帝先是把顾宪成降职问罪，后又废籍，斥为民。

顾宪成回到了自己的家乡无锡。无锡东门有一座东林书

顾宪成

院，原是宋代著名理学家杨时讲学之地，经岁月磨蚀，早已坍塌。顾宪成便斥资复修。万历三十二年（公元 1604 年）书院修成。顾宪成与同乡好友高攀龙、钱一本（世称"东林三先生"）在此讲学，广结天下的同仁，造成了极大的声势。

顾宪成为东林书院立下了这样的训词："风声雨声读书声，声声入耳；家事国事天下事，事事关心。"东林学子讽议朝政，裁量人物，指陈时弊，锐意图新，使书院以一个教育学术中心而兼具政治舆论中心之职。

东林书院实行门户开放政策，广泛吸收各地有志之士。会约规定，东林书院每年大会一次，每月小会一次，来者不拒。会议之间，有问有答，有商有量，可说"四书"某章，可论时事某件，可说朝中某人，纵意而论，毫无约束。而与会者往往借此讲坛抨击朝政，訾议权贵，在社会上影响越来越大。尤其是在顾宪成讲演时，常常是高朋满座，甚至还有从千里之外赶来听讲的。一些在朝的正直的官吏也与之遥相呼应，并加以支持。于是，后来它的政敌就名之为"东林党"。这样，"东林君子"的人数就越来越多。顾宪成后来虽然人没有再入朝，但与他持同一观点的在朝官员当不在少数，他们朝野配合呼应，成为一股具有相当社会影响的政治势力，而朝中的保守势力，以至于反动势力，一到时机成熟，定然是要消灭这些"东林君子"而后快的。

宦官魏忠贤　/

宦官的专权，是明朝政治的一大特点。而天启年间大宦官魏忠贤的专权达到了登峰造极的地步，其残忍性和腐败性也是前所未有的，并直接导致了明王朝的灭亡。

宦官魏忠贤猖獗于明朝末年的天启年间（公元 1621—1627 年）。为了主宰朝政，左右时局，魏忠贤用阴谋手段组建了庞大的、盘根错节的阉党集团。其时，内宫宦官王体乾、李朝钦等 30 多人，均系魏忠贤死党。外廷文臣崔呈秀、田吉、吴淳夫、李夔龙、倪文焕等为其出谋划策，号为"五虎"。武臣则有田尔耕、许显纯、孙云鹤、杨寰、崔应元为其充当杀手，号为"五彪"。吏部尚书周应秋、太仆少卿曹钦程等10人，号为"十狗"。除此之外，还有什么"十孩儿""四十孙"，其徒子徒孙可说是不计其数。辽东、宣府、大同等各个军事要冲，亦有魏忠贤的同党把持。

魏忠贤遭到杨涟的弹劾，但幸免于难，于是开始借熊廷弼事件，诬陷和迫害东林党人。当时东林党人在朝中有相当势力，魏忠贤在作了充分准备后，就予其以无情打击。魏忠贤把反对派百余人开列名单，称为邪党。又将阉党60余人称为正人。给事中阮大铖别出心裁，作《点将录》，以《水浒传》中聚义领袖名号排东林党人，如天罡星三十六人，有托塔天王李三才、及时雨叶向高、浪子钱谦益等；又排出地煞星72人，有神机军师顾大章、青面兽左光斗等。经过一番舆论运作后，魏忠贤就对东林党人大开杀戒了。天启五年（公元1625年）在朝中的一些东林党领袖杨涟、魏大中、左光斗、顾大章等都相继被投入牢狱。魏大中被押解吴县时，吴县人、吏部主事周顺昌正在家中，挽留其在家中住了几天，这对魏忠贤是公然的蔑视，魏忠贤马上作出反应，派人抓捕周顺昌。这时，苏州发生民变，他们与前来抓捕的人发生冲突，后来苏州五市民被处死，葬于虎丘，名为"五人之墓"。这说明，东林党与魏忠贤的斗争已超出了朝廷的范围，成为名副其实的社会斗争。

终熹宗一朝，权阉魏忠贤的势焰已到了无以复加的地步。熹宗有个嗜好，爱干木工活，每当他兴致勃勃地做木工活计时，魏忠贤就拿出奏章文件请他审批，故意惹其不耐烦，便随口说："我都知道了，你就看着办吧！"魏忠贤就此掌管朝政大权，举凡天下之事，如宫廷营建、边隘工程、军事奏捷、境内捕盗，都归于魏忠贤门下。天启六年（公元1626年），宫内三大殿建成，这本与魏忠贤无关，但其党徒却奏称此为魏忠贤之功，因此被晋爵上公、加恩三等。明代名将袁崇焕镇守辽东，在前线打了大胜仗，魏忠贤也因此而受封，而真正建功的袁崇焕却被排斥在表彰名单之外。当时皇帝称万岁，而魏忠贤称"九千岁"。

一般建立祠堂是在身后，可魏忠贤却七奇八怪地热衷于建"生祠"。天启六年（公元 1626 年），浙江巡抚潘汝桢首先上疏，请为魏忠贤建生祠。此疏竟然得到了熹宗皇帝的同意，于是，在全国随即刮起了一股为魏阉大建生祠的歪风，谁要在这问题上略有怠慢，就会招来灾祸。蓟州道胡士容因"不具建祠文"，就马上下狱论死。遵化道耿如杞因入祠不拜，也被立即处死。有人因在魏忠贤的生祠中说了句不中听的话，也莫名其妙地被砍了头。

魏忠贤特务政治的触角一直伸向民间。在《明史》上记述了这样一件事：一天，有四个人夜饮于一密室。酒饮到一定程度，其中一人微微有点醉了，就开口大骂魏忠贤，而其他三人一声不响。骂声未了，就有人将四人抓入魏忠贤住所，将其中骂魏忠贤的那人用酷刑杀死，而其他三人奖励其金子。三人吓得魂不附体，哪还敢去拿那金子。

当然，这样的高压统治是不会牢靠的。

天启七年（公元 1627 年）八月，明熹宗朱由校病死，其弟朱由检即位，他就是明代末帝崇祯。魏忠贤的靠山一倒，全国上下马上群起而攻之，纠劾奏章交相迭至。嘉兴贡生钱嘉征在疏文中，列数了魏忠贤十大罪状，其中有无视圣上、玩弄兵权、滥封爵位、虚邀边功、伤害民财。朱由检即位前，对魏忠贤也深知明了，因此对其十分戒备警惕。即位三个月后，朱由检下诏将魏忠贤发配凤阳。发配途中，又下令将其逮捕治罪。魏忠贤自知难逃一死，遂在途中自缢身亡了。死后，朱由检还不放过，下诏将其"磔尸枭首"。磔尸，是把尸体肢解撕裂的一种酷刑；枭首是把头割下来示众。对魏忠贤这种恶贯满盈的人来说，怎样处置都不为过，老百姓闻之，个个拍手称快。

崇祯二年（公元 1629 年），朱由检又下诏，将魏忠贤案钦定为逆案，尽逐魏忠贤党羽，案中列名者有数百人之多。

魏忠贤

闯王李自成 /

明朝末年的政治腐败、经济衰竭、民不聊生，直接引发了农民大起义。明末农民大起义是从陕西开始的。当时，陕北地区发生大灾荒，而明朝官吏仍然作威作福，要钱要粮，广大贫苦农民忍无可忍，纷纷举起义旗。在起义的各路队伍中，闯王李自成领导的大顺军特别引人注目。

李自成是陕西米脂县人。他出身于农民家庭，幼时曾出家为僧，还做过牧羊奴，十余岁时父母双亡。成年后，当过驿卒，初步显现了他的勇谋和才气。崇祯三年（公元 1630 年），李自成在米脂起义。第二年，起义队伍在"闯王"高迎祥的领导下进入山西，并渐渐向全国发展。在高迎祥领导的各路起义军中，李自成的军事才能最为突出，被称为"闯将"。

崇祯七年（公元 1634 年），朝廷为镇压起义军，特设山西、陕西、河南、湖广、四川五省总督，任命延绥巡抚陈奇瑜专力用各个击破的手法，对起义军实施围剿。高迎祥的队伍转战于山西、陕西、河南一带，屡遭挫败。一次，他们误入汉南兴安车厢峡，被官军包围，人马死伤过半。在这关键时刻，李自成机警地提出"诈降"之计，贿赂陈奇瑜部将，走出栈道，摆脱包围圈，使部队得以生存和发展起来。自此，李自成的名声大振。

崇祯八年（公元 1635 年），各路主要起义军被明朝的五省总督洪承畴的官军包围在河南。为了打破包围，各路军首领在荥阳举行军事联席会议，号称 13 家、72 营大会。会上讨论如何对付官兵，意见分歧，难成决议。这时，作为高迎祥部下的李自成站起来，大声

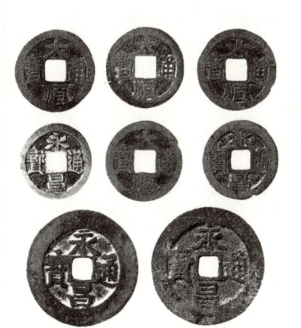

李自成、张献忠建立农民政权时所铸造的货币

说："在当前形势下，我们有十万大军，官军奈何得了吗？现在的出路是分兵出击，使官军首尾不能相顾，那样不只突围能成，就是彻底击败官军也是可能的。"李自成互相策应、协同作战、分兵突围的战略方针，得到了一致赞同。会后，起义主力在高迎祥带领下，兵分三路，向东猛进，10 天内转战千里，突破重围，直指安徽凤阳。

崇祯八年（公元 1635 年），义军一举攻克凤阳，烧毁了皇陵，在政治上给明王朝以沉重的打击。休整三天后，先是西进，接着南入湖广。第二年，在黑水谷伏击战中，高迎祥被俘后遇害。李自成被拥立为闯王。他接过绣着"闯"字的战旗，率领七万战士继续战斗。后由于起义军各派之间意见不一，有的还投降了官军，形势一度很不利。李自成在整顿队伍后，等待时机东山再起。

崇祯十三年（公元 1640 年），各地起义又呈发展势头，李自成又在商雒山区高举闯王大旗，东出河南，饥民加入起义队伍者几十万人。这时，参加起义军的两位河南文士牛金星、李岩向李自成献策，提出"均田免粮"的口号。这个口号一提出，农民像潮水般涌向李自成的起义军。民间到处在唱："吃他娘，穿他娘，开了大门迎闯王，闯王来了不纳粮。"李自成的队伍几天内增至上百万。

崇祯十四年（公元 1641 年）一月十八日，起义军攻破洛阳，杀死民愤极大的福王朱常洵，接着又进军开封。第二年五月，在朱仙镇会战中，歼敌十余万，缴获马匹两万余和其他大量军事物品。从此官军再也无力主动进攻了。

崇祯十六年（公元 1643 年）正月，李自成建立了大顺农民政权，改襄阳为襄京，自称"奉天倡义文武大元帅"，还任命了各级官员。三月，李自成被推举为"新顺王"。

崇祯十七年（公元 1644 年）正月初一，李自成正式在西安建国，国号大顺，年号永昌，造甲申历。二月，李自成亲率精兵强渡黄河。三月十七日，大军进围北京，崇祯帝眼看大势已去，自缢于煤山（今景山）。十九日，李自成大军进入北京。

明王朝灭亡了。

注释:

① 中国历史上历朝称号的定名各不相同,有的依初起事的地名,如秦、汉等;有的依初封的爵邑,如隋、唐等;有的取义于经书,如元代取义于《易经》"大哉乾元";而朱元璋选定"大明"国号源于韩山童父子之"明王",明王出典于明教经典《大小明王出世经》。以"明"为国号,象征着光明和真理。

② 《明史·文苑传》中说徐一夔曾参与修礼书,后有人荐其修《元史》,辞而不至。任杭州教授后,皇上将授以翰林院官职,他又以足疾固辞,可以看成是个与当局不合作的士人。《明史》是清朝初年修撰的,对徐一夔的结局避而未书,原因当然是因为清初文字狱正盛,怕有影射之嫌。而在黄溥的《闲中今古录》中有原原本本的记述,从朱元璋的为人为政看,相信是真实的。

③ 《明史·郑和传》:"成祖疑惠帝亡海外,欲踪迹之。且欲耀兵异域,示中国富强。永乐三年六月,命和及其侪王景弘等通使西洋,将士卒二万七千八百余人。"永乐三年六月派郑和下西洋,刚巧是建文帝下落不明的两周年。在这敏感时日有这样的大举动,很可能与寻找建文帝下落有一定关系。

④ "西厂分命诸校,广刺督责,大政小事,方言巷语,悉采以闻。自诸王府边镇及南北河道,所在校尉罗列,民间斗殴鸡犬小事,辄置重法,人情大扰。"(《明史·汪直传》)

第三十二卷　帝国末路

　　16—17 世纪的中国，正处于社会剧变的前夜，即所谓的"山雨欲来风满楼"的时期。除了民众和作为社会脊梁的志士仁人继续用自己的血汗书写着历史外，一切都在说明着，这个封建帝国已经走上了它的末路。它的灭亡和新的社会制度的产生，是必然之势。如果没有清一代，新制度的到来会更快些。清代 300 年，延续了行将就木的这种制度的寿命，加剧了旧制度下呻吟着的民众的痛苦。清代的康乾盛世的"强大"，只是这种制度的稍纵即逝的回光返照而已。

　　前所未有的严酷到了毫无人性和人道可言的"文字狱"，把人们推向了苦难的深渊，折射出了这一王朝的无比虚弱和不可终日的惶恐。"八股取士"制度，既桎梏了人心，又摧残了人才，使多少人成为这一制度的殉葬品。闭关锁国，除了说明整个统治层的无知与自大外，只能表明它面对世界时的虚脱和不安。和珅巨贪案的披露，雄辩地说明了这个王朝的官僚层已经腐败到了何等田地，它的骨架子全都散了，只等待着愤怒的民众给予致命的一击。

　　清代的历史还在延续着痛苦，而新的思想、新的观念、新的制度、新的治世方略，也正在历史的阵痛中孕育。

清帝国的建立 ╱

　　清人的前身是女真族人。女真人长期居住在我国的东北地区。女真各部分裂涣散，派系林立，互相杀掠。据《满洲实录》所记，女真族有三大系统：建州女真、海西女真、野人女真。各系统又分为若干部，各部人丁多少不一、地域广窄不等。大大小小数百部族城寨的女真，人丁总共只有六七万。

　　努尔哈赤是建州女真族人，他领导着一个只有 30 丁的微弱小部。可是，在群雄争长、兼并盛行、四面皆敌的险恶形势下，努尔哈赤却在 30 年的时间里，力挫群雄，完成了几百年没有完成的女真各部统一的伟业，创造了历史的奇迹。

　　女真族长期处于落后和被欺压的地位，一旦强盛起来，自然会有一种复仇心理。努尔哈赤 25 岁的时候，父亲和祖父统统被明朝的辽东总兵李成梁杀害。作为一个小小的部族头领，面对拥兵百万的明王朝，能有什么作为呢？努尔哈赤只得把仇恨深埋在心里。他表面上竭力效忠于明王朝，从万历十八年到万历二十六年的九年之间，他竟五次亲自入京朝贡，足以说明他的谋略之深。在此同时，他又在招兵买马，创建"八旗"制度，网罗能人才士，招徕机智忠贞、武艺超群之人，积极准备待时而起。

　　经过数十年的苦心经营，女真族成了辖地广阔、绵延数千里的大邦。明万历四十四年（公元 1616 年），在八旗贝勒大臣集会上，努尔哈赤坐上了"承奉天命覆育列国英明汗"的宝座，简称"英明汗"，相当于汉人所说的"英明领袖"。同时宣布建国，定国号为"后金"，年号为天命，这一年就是后金天命元年（公元 1616 年）。同时，30 多年的血战带来了另一重大后果：古老的女真族孕育出了新的民族共同体——满族，而满文的创制，就是一个明显的标志。

　　努尔哈赤再也按捺不住了，后金天命三年（明万历四十六年，公元 1618 年），他以"七大恨"誓天，发军征明。"七大恨"的核心是：明王朝欺凌女真，尤其是杀害其祖父、父亲；明王朝反对女真族统一，维持"各自雄长，不相归一"的局面。这是有极大号召力的，三军将士个个奋勇杀敌。而此时的明王朝已是日薄西山，气息奄奄了，在满族大队人马的冲击下，庞大的明王朝不堪一击。

明万历四十七年（公元 1619 年）三月，明军与努尔哈赤的大军会战于萨尔浒（今辽宁抚顺市东大伙房水库所在地），明军 20 万人马全军覆没，主帅杜松也被斩首。从此，明弱满强之势已成。

天命十一年（明天启六年，公元 1626 年），战马劳顿的努尔哈赤去世，皇八子皇太极立为新汗，尊称为"天聪汗"，第二年称为天聪元年。

天聪三年（明崇祯二年，公元 1629 年），皇太极巧施离间计，借明崇祯皇帝之手，杀掉了明名将袁崇焕。后金军第一次突破长城，千里奔袭，大军直抵北京城下。明崇祯九年（公元 1636 年），皇太极又改元崇德，这是他称帝之始。

努尔哈赤

崇德五年（明崇祯十三年，公元 1640 年），皇太极发动了松锦之役，以消灭明主力。明王朝号称第一勇将的祖大寿投降，明廷差不多全军覆没，吴三桂等六镇残兵败将分别逃入杏山、宁远。明王朝的灭亡指日可待了。

崇德八年（明崇祯十六年，公元 1643 年），皇太极于八月初九病逝，在多尔衮提议下，六龄童皇九子福临继位，他就是清世祖顺治皇帝，第二年，即是顺治元年（公元 1644 年）。这时，明王朝也在起义军李自成的打击下，灭亡了。

顺治皇帝在摄政王多尔衮的扶持下，以五万满洲兵丁为核心，加上数万蒙古军，又利用较早归顺的吴三桂等汉军，先后消灭了大顺、大西、南明政权，到顺治十八年（公元 1661 年），基本统一了全国。

骇人听闻的大屠杀

努尔哈赤以"七大恨"誓天发兵出征明王朝，再加上落后部族历来残杀成性，这就决定了清在统一全国过程中，充满着血腥的屠杀。史称，清廷统治者从努尔哈赤、皇太极，到多尔衮，都以凶悍残忍著称。

清初的统治者，一遇抵抗，破城之后不分军民，不论参与抵抗与否，通通屠杀或掠取为奴婢。努尔哈赤势力发展以后，大杀辽民，除少数逃回关内的外，关外的汉人被努尔哈赤全数杀戮。皇太极围攻军事重镇锦州之时，围而不攻达一年之久，破城之后，斩杀明军五万余人，并公然命官兵搜杀三日，妇孺也未能幸免。清军攻占济南城，城中积尸 13 万具，运河的水也被染红了。

顺治二年（公元 1645 年），多尔衮率军南下，即开始大肆杀戮汉人，演出了一幕幕惨绝人寰的屠城悲剧。多尔衮曾代表满洲贵族发布"屠城令"，并带领大军血洗江南、岭南。屠江阴，屠昆山，屠嘉兴，屠常熟，屠海宁，屠广州，屠赣州，大军一路前行，就一路地杀戮过去。当时，清军几乎将四川人杀尽，于是后来才有"湖广填四川"之说，大屠杀后实行前所未有的大移民。

清军围扬州，督师史可法固守孤城。清军先后五次致书实行诱降，史可法不为所动，后来连续来信都不启封。扬州军民奋斗七昼夜，城破之后，实行巷战。清军占领以后，改三日屠城为"十日不封刀"，是见人就杀，80 万城民成为刀下之鬼。史可法被俘，敌人还是劝降，史可法大义凛然，说："我中国男儿，安肯苟活，城存我存，城亡我亡，我头可断而志不可屈！"由是，英勇就义。

清军攻破昆山城，在城内实施了大屠杀，有千余妇孺逃出城去，藏匿于昆山山顶之上。入夜，清军实行搜山，一时没有发现这些妇女。但是，这时有一孩童不知是害怕还是什么的，放声哭了起来。清军听到哭声，循声而上，硬是把这千余妇孺杀了个干干净净，文献记载说，"血流奔泻，如涧水暴下"。

清军转战烧杀 30 余载，才初步平定了中国。这短短的 30 多年间，使中国的人口从明朝天启三年（公元 1623 年）的 5160 万，锐减到顺治十七年（公元 1660 年）的 1900 万。整个中国可以说是"县无完村，村无完家，家无完人，人无完妇"，鲁迅叹道，"满清杀尽了汉人的骨气廉耻"。

"剃发"弊政

多尔衮

被称为清初"五大弊政"的是"剃发、易服、圈地、投充、逃人"五事，而弊政之首就是强行按满人习惯"剃发"。

满洲习惯，男子将顶发四周边缘剃去寸余，中间保留长发，分三绺编成长辫一条，垂于脑后，名为辫子。而汉人在头发上的文化观念完全不同。从孔夫子起，就有"身体发肤，受之父母，不得损伤"的观念。在人的一生中，除非犯了罪被强行剃发外，头发是不能随意剃去的。汉人将自己的全部头发束成一束，垂于身后。"剃发"不只被认为是奇耻大辱，而且被认为是辱没了祖宗成法。

多尔衮入主中原以后，被胜利冲昏了头脑。他竟强行下令汉人剃发。顺治二年（公元1645年）的六月十五日，他以礼部的名义下了一道谕令：在被征服的各省区的所有汉人，一律要按满族的规矩剃发，不剃的人，要按逆命罪处死。[①]

这是一道极端伤害广大汉族民众感情的野蛮政策，马上激起了全民的愤慨，人们纷纷起来反抗。

清军攻克南京后，江阴知县林之骥、参将张宿早已逃之夭夭。清政府派来的知县方亨，一到衙署便清查户口、传令军民三日内一律剃发，此举引起了江阴民众的公愤。顺治二年（公元1645年）闰六月初一，江阴的士人召集百姓汇集在孔庙明伦堂前，誓言："头可断，发决不可剃！"当时吼声如雷，群情激愤，他们冲向县府，乱刀把方亨砍杀了，还推参与起事的典史陈明遇为城主，宣布反清。商人尽献资财，支持反清义军，附近的乡民也荷戈负粮入城备战。清廷命七王、八王、十王率步、骑兵十万，分十六营围城。清军先是由七王率众攻城，结果七王被守军刺中喉头身亡。清军的十王在城外垒起高台坐镇指挥，守城将军阎应元在负伤的情况下，匍匐前进，亲自点燃炮火的引线，将高台炸毁，清十王等五员大将即刻身亡。清军入城后，恶狠狠地宣布，屠城三日，"满城杀尽，然后封刀！"计被杀者在 17 万人以上，幸存者仅几十人。在这次由剃发引起的战斗中，清军也付出了巨大的代价，清军死亡 7.5 万人，"三王十八将"也被击毙。

由剃发令而引发的反抗斗争还发生在嘉定。当时，清廷派张维熙任嘉定知县，强令数日内一律剃发。这年的闰六月十九日——也就是江阴民众起事的 18 天后，嘉定民众举起了反清的义旗。清廷调集十万大军前往镇压。三日后城破，清军命令屠城三日，被杀者不可计数，护城河中浮尸多得船行竟无处下篙。七月初十后，士民幸脱者渐渐入城，江东朱瑛自称游击将军，率 50 人入城，重新举起义旗。二十六日，清军第二次入城，再一次屠城。八月十六日，清军第三次屠城。这就是历史上有名的"嘉定三屠"，民众坚持 43 天，被杀人数在 2 万人以上。

反剃发斗争如此激烈，抗清烽火燃遍了大江南北。多尔衮大羞大恼，实施更加疯狂的屠杀政策，但收效甚微。直到多尔衮死去，反剃发斗争仍风起云涌，全国统一的局面至少推迟了十四五年。

顺治帝亲会达赖五世

1644 年十月初一，爱新觉罗·福临祭告天地，成为清朝入主中原后的第一代皇帝，他就是顺治帝。

顺治帝登极时，只是个 6 岁的娃娃皇帝，由大臣多尔衮摄政。在多尔衮的主持下，顺治帝击败了李自成、张献忠两支强大的农民起义军；决策江南，击溃了南明小朝廷的抵抗，实现了全国的基本统一。

顺治七年（公元 1650 年），摄政王多尔衮病逝，14 岁的顺治帝雄心勃勃地踏上了亲政之路。

顺治是个有能耐、有心计的皇帝。他懂得，要使国家长治久安，善处民族问题是极重要的一着，因此，他在宣布"满、汉之人，均属一体"这样的大政方针的同时，马上提出了"召达赖来京"的战略步骤。他懂得，西藏之事，关系到统一大局啊！

强化与西藏的联系这步棋，早在顺治亲政之前就已在走了。崇德八年（公元 1643 年）皇太极就遣使赴藏，向达赖"表示敬意"。顺治二年（公元 1645 年），多尔衮就以顺治之名颁发"恩诏"，"准予藏人进京朝贡"。顺治三年（公元 1646 年），达赖等西藏的政教领袖派代表来京，向皇帝"上表请安"。顺治四年（公元 1647 年），多尔衮又遣使赴藏，作为对达赖来使的回访。顺治五年、六年双方也都有往来。

顺治亲政后的当年就做出了大动作。在数月间接连两次向达赖发出来京的邀请书。在顺治帝的盛情邀请下，达赖率一个庞大的 3000 人的代表团上京。在当时的条件下，从西藏的拉萨到北京大约要一年的时间，顺治帝马上大兴土木，在安定门外为达赖建造黄寺，作为其来京后的居所。另拨 9 万两白银，作为达赖在京的供养费。

"我要亲自到边远地去迎接他。"豪气冲天的顺治帝在朝会时宣布。

"不可，一个达赖来京，用不得惊动圣驾。"几个大臣异口同奏。

"为何不可？达赖不远千里而来，我难道'恕不远迎'吗？"顺治帝还是坚持着。

这时，大学士洪承畴站了出来，说："皇上要去远迎，可见皇上对达赖的格外恩宠。但是，臣昨夜观察星象，发现天象昭示人主近日不可远行，望皇上三思。"

顺治帝还是迷信的，被洪承畴这么一说，沉默良久说："天命不可违，那就让身壮体健的大臣为朕代劳罢。"

顺治十年（公元 1653 年）1 月 14 日，达赖一行人马来到京城，顺治帝亲自到郊外的南苑迎候，并举行了盛大的宴会。之后的两个月里，顺治帝每临朝，不管达赖是否上朝，都为他设了专座。到第二年二月，达赖因水土不服，请求回藏。顺治帝批准，令全体文武百官为之送行，临行，还赐以封号、金册、金印，印文为汉、蒙、藏三体。

从此，"达赖喇嘛"的名号正式由中央政府确定下来了。

达赖五世的进京是中华民族发展史上的一件大事，也是一件盛事，值得大书。

郑成功收复台湾

郑成功是泉州南安（今福建南安县）人。顺治三年（公元 1646 年），清兵南下入闽，郑成功起兵反清，一度在西南地区和长江流域拥有很大的势力，给清兵以沉重的打击。顺治十六年（公元 1659 年），郑成功与张煌言联合，自任招讨大元帅，率十七万大军大举北上，克长江门户镇江，围困南京。但因郑成功的轻敌以及战略错误而战败，大军退守厦门。顺治十七年（公元 1660 年），在厦门大破清军。为了立住脚跟，郑成功决定收复台湾，作为抗清基地。

清顺治十八年（公元 1661 年），郑成功亲率三万大军，分乘 200 余艘船只，从金门起航攻打荷兰殖民军。经过一年多的战斗，荷兰殖民军向郑成功投降，被荷兰殖民者侵占长达 37 年的祖国宝岛台湾胜利收复。

郑成功

郑成功收复台湾后，在台湾建立了政权，推行积极开发的政策，颁布开垦土地条例，并鼓励沿海人民移居台湾。经过一段时间的努力，台湾的社会经济得到了恢复和发展。在战斗中身心俱瘁的郑成功，在收复台湾后去世了，年仅 39 岁。

郑成功死后，其子郑经继位，郑氏集团内部的种种矛盾日益加深，郑经与其叔父郑袭为争夺权力而发生火并，政治上越来越走下坡路。许多士兵和将领感到没有出路，都渡海归降了清朝。郑氏政权也在内部矛盾中一再易主，而原先使用的"反清复明"的口号已失去了它的现实意义，郑氏政权的倒台也就成为自然之事了。

康熙二十二年（公元 1683 年），由福建提督施琅为主帅，率战船 300 艘，水师 2 万，自福州出海进攻澎湖、台湾，郑氏大将刘国轩率 2 万人马抵抗。开战后，双方炮火矢石交攻，有如雨点，烟焰蔽天，咫尺难辨。后突然南风大作，大火刮向刘国轩军一边，使刘军不战自乱，施琅趁势发起总攻。刘国轩大败，只得退守台北。施琅派人前去劝降，刘国轩见大势已去，就首创降议。其时，当政的是郑成功的孙子，见主帅言降，无其他出路，遂向清廷上表求降。这年的八月，清军很顺利地进驻台湾全岛，台湾与大陆复归统一。台湾平，捷报传至清廷，清廷加封施琅为靖海将军，封靖海公。

康熙二十三年（公元 1684 年），为了加强对台湾地区的行政管理，在台湾设台湾府，下设台湾、诸罗、风山三县，隶属于福建省，并派兵 8000 人驻防，设总兵 1 员，副将 2 员，在澎湖派副将 1 员，统兵 2000 人驻防。

"乾纲独断"的君权

康熙

清统治者入主中原、统一全国后，也觉得单靠原先那种相当粗野的，甚至原始的方式要统治偌大一个中国是不行的。他们从被灭亡的明代的统治术中汲取养料，形成了比明代有过之而无不及的君权专制统治机构。皇帝"乾纲独断"，一切都得以其意志为转移。皇帝诛杀异己，不断削弱八旗旗主的权力，增添新的有利于强化皇权的机构，使君主独裁比明代更进一步。说"清承明制"，毫不为过。

康熙皇帝亲政后，设立了内阁制度，这一制度一直延续到清末。内阁设有大学士、协办大学士、学士、侍读学士、中书等官员。大学士加"三殿"（保和殿、文华殿、武英殿）和"三阁"（体仁阁、文渊阁、东阁）名称，各有不同的职责和分工。内阁的任务是辅佐皇帝处理国家的政务，居六部之上。清初，官员的奏折必须通过内阁的票拟，才能送到皇帝手中。康熙帝觉得内阁的权力过大，于是实行避开内阁的奏折制度。即凡有奏折权的官员（不是所有官员都有这种权限），由皇帝发给折匣，匣加锁，钥匙由皇帝和官员本人各执一把。官员具奏时，奏折直送御前，皇帝亲览批示后派专人将奏匣送回，这样在奏事上完全避开了内阁的牵制，皇权大为强化了。

雍正

康熙十六年（公元 1677 年）十月，康熙在皇宫内乾清门左阶下设置了"南书房"，在翰林等官员中"择词臣才品兼优者"入值。值者称"南书房行走"，除陪伴皇帝赋诗填词、写字作画外，还兼秉皇帝旨意起草诏令，这样，又把内阁原先的起草诏书的权力收到了皇帝身边。

到雍正皇帝时，君主权力达到了登峰造极的地步。

雍正年间，由于连年对西北准噶尔部用兵，往返军报频繁，而内阁办公地点在太和门外，距内廷相当远。雍正十年（公元 1732 年）以此为借口创设了处理军机事务处，简称"军机处"。这个机构权力渐渐扩大，成为凌驾于内阁和议政大臣会议之上的最高权力中枢。这样，内而六部卿寺，及九门提督，内务太监之敬事房，外而十八省，无事不汇总于军机处。军机处直接由皇帝本人控制，皇帝有要事召见军机大臣时，连太监也不许在侧。军机处有官无吏，全部工作由军机大臣主持，军机章京办理，职官简练，办事迅速。其地位极显赫，但如果皇帝不满，随时可以罢职。因此，它实际上仍是皇帝一人专权的附庸。

《明史》案

清代实施前所未有的高度的君主专制独裁统治，必然导致文化专制主义，大兴文字狱就是文化专制主义的最集中表现。清代文字狱次数之多，处罚之严，株连之广，实为历代之罕见。从康熙到乾隆，前后 120 年，据不完全统计，大小案件有 90 多起，大部分集中在雍正、乾隆年间，其中乾隆四十三年到四十七年的五年间，就有将近 40 起，对文化的破坏是空前的。

康熙二年（公元 1663 年）的《明史》案，可称为有清一代的第一冤案。

当时浙江湖章富商庄廷鑨，是个出了名的儒商，除了经商有道外，还喜欢舞文弄墨，尤喜搜集各种有价值的稿本，有时为了附庸风雅，还在自己修订过的别人写的文稿上署上自己的名号。明末大学士朱国祯的家，至清顺治时已衰落不堪，其子孙不能守祖宗之书稿，于是，将一部朱国祯写的记述明朝历史的稿本以千金售予庄氏。此时，庄廷鑨已是个双目失明的瞎子，但为了沽名钓誉，他请当时的名士茅元铭、吴炎、吴楚、吴之铭、张隽、唐元楼、严云起、韦全佑、蒋鳞征等 16 人增补了朱国祯书稿中所缺的崇祯朝和南明的那段历史，书稿修订完成后，改书名为《明史辑略》，请当时的大儒李令哲作序，并署上了自己的大名。但是，未等此书刊刻出版，庄廷鑨就去世了。

庄廷鑨在这部书中如实地写了满族先祖与明王朝之间的隶属关系，说清先世曾臣服于明廷，受官袭爵，闻命即从。字里行间多忌讳之处，如称孔有德、耿精忠降清为反叛，称后金（清）太祖努尔哈赤为建州都督，写天命、崇德史事不用后金年号，而对南明唐王隆武、桂王永历等年号则大书特书。其实，诸如此类在清廷朝野一直讳莫如深，有涉此项内容的书刊也被严加禁毁，经过 20 年的粉饰，年轻人不知道这些，年长的不敢对此说三道四。此书一出，颇有一点社会影响。

当时，有归安知县吴之荣因事罢官，他于闲散无事中读了此书，读着读着，他忽然心生一念：若将此书中的反清言辞加以告发，岂不可以将功赎罪，官复原职？于是，便向当地的一位将军松魁告发，但是，庄氏家族中人先走了一步，庄氏纳重贿买通官府，使之一时免于受灾。并马上请人修改文稿，将有损清廷形象的词句全数删去，重新刊印。吴之荣还是不肯罢休，在市中购得初版书，直寄清廷当局。因告密有功，吴被擢升为右佥都御史。当时康熙还未亲政，主政的鳌拜即兴起了文字大狱。

清廷命立即将此书销毁，民间有收藏的即日上交，拒交者格杀勿论。当时，庄廷鑨已死，于是实施剖棺戮尸。凡是参与编纂或在卷首列名者（有许多人其实仅是个虚名，并未参与其事），以及为庄书作序、刻字、校对、印刷、售卖的，甚至买到此书者，无一幸免，被处死者 70 余人，发边地充军者数百人，妇女亦不幸免。庄家当然是诛灭全族了。

《南山集》案

康熙五十年（公元 1711 年），又发生了震惊士林的文字大案《南山集》案。这也是因涉及清的早期历史而遭祸的。

翰林院编修戴名世（公元 1653—1713 年），安徽桐城人。喜读《左传》《史记》，在未中进士和担任编修以前，曾着意网罗佚文，搜求明朝野史，访问遗老，著成了《南山集》一书。当时，事实上也无意于反清，只是出于书生的学问之道而已。

在《南山集》中，当论及南明史事时，用了南明的弘光、隆武、永历这样一些年号。这也不是他的发明，他在读方孝标所著的《滇黔纪闻》一书时，发觉书中就是以此为三帝立本纪，他觉得这样处理比较妥当，就原封不动地将方书中的论述录入了。而且戴名世还有这样一种主张：清朝应从康熙元年算起，在这之前，南明还存在，顺治朝是不能算做中国王朝之正统的。

戴名世对这些观点是否拿得准心中不太有数，于是请友人尤云锷、方正玉、汪灏、朱书、余生等过目，大家都说好。于是，尤云锷、方正玉、汪灏、朱书、刘岩、余生、王源等作序，而尤云锷、方正玉两人捐资，将这部书刊印了。刊行后，书版藏于大文学家方苞家中。

事情已经过去许多年了。到康熙五十年（公元 1711 年）时，左都御史赵申乔告发了戴名世，言其所著《南山集》"语多狂悖"。康熙皇帝把书找来看后，认为问题很严重，定为"罔视君亲大义"。经九卿合议，定为"大逆"。

戴名世被处以最残酷的寸磔之刑。家族成员全都被杀头示众，没有及冠的少年和婴儿，全都充军到边远地区去。

尤云锷、汪灏、方正玉、刘岩、余生，因为为这本书作序，被处以绞刑。

方苞私自收藏书版，同样处以绞刑。

当时作《滇黔纪闻》一书，并有很多资料被戴名世所转引的方孝标已死，但仍以戴名世之罪罪之，将尸体取出腰斩。其子方登峄、方云派，孙方世樵，一律处死。这些人真是死得不明不白，冤哉枉哉！戴名世获罪，与方家何干？清廷当局哪管这些，为了稳住政局格杀勿论。

与戴名世案相关的一些官僚也倒了霉，尚书韩炎、侍郎赵士麟、御史刘灏、淮扬道王英谟、庶吉士汪份等32人，分别降谪。

这一文字狱单是被株连而死的就有百来人，还不包括受到这样那样处分的人。

康熙设"千叟宴" /

清圣祖爱新觉罗·玄烨（公元1654—1722年）是福临第三子。顺治十八年（公元1661年）正月福临病死，遗诏在其祖母孝庄文皇后亲自主持下即帝位，时年8岁，年号康熙。即位后由索尼、遏必隆、苏克萨哈、鳌拜四大臣辅政。鳌拜乘其年幼，广植党羽，排斥异己，擅权跋扈。他提出"率循祖制，咸复旧章"的口号，废内阁、翰林院，恢复内三院。继续推行圈地，反对满族学习汉文化和任用汉臣。

康熙六年（公元1667年），14岁的玄烨开始亲政，鳌拜集团仍把持朝政，并杀苏克萨哈。康熙八年（公元1669年）五月，康熙出其不意逮捕鳌拜，宣布其罪状30条，革职拘禁，其党一网打尽，为被鳌拜害死的辅政大臣苏克萨哈昭雪，甄别官吏。并立即下诏永停圈地，宣称满汉军民应一律对待，凡所圈旗地，立即退还汉民。改三院为内阁，奖励百官上书言事。同时奖励垦荒，推行轻徭薄赋与民休息政策。还大力惩治贪污，整饬吏治。

从康熙十二年开始，先后平定了降清的明将领吴三桂、耿精忠、尚之信等"三藩之乱"。康熙二十二年（公元 1683 年）出兵进攻台湾，置设一府三县，并派兵屯守，防御西方殖民主义者的侵略。康熙二十九年（公元 1690 年）起，康熙三次亲征，出兵漠北，平定蒙古准噶尔部首领噶尔丹勾结沙俄发动的叛乱，巩固多民族国家的统一。开博学鸿儒科，笼络汉人士子。下令设馆纂修《明史》，绘制《皇舆全图》，编纂《全唐诗》《佩文韵府》《朱子全书》《康熙字典》等。在提倡孔孟程朱理学的同时，下令严禁结社，曾兴《明史》《南山集》等文字狱，强化思想统治。康熙六十一年（公元 1722 年）康熙帝病死，时年 69 岁。

康熙五十二年（公元 1713 年）康熙帝六十大寿，版图归一，景象升平，官绅为感"恩泽"，不少老者进京朝贺。康熙帝为显示皇恩浩荡，并庆其六十大寿，决定在"万寿节前于畅春园宴赏众叟"。三月二十五日，在紫禁城设宴招待各省现任或退休文武官员、士庶年满 65 岁以上 1800 余人。三月二十七日宴赏八旗满、蒙、汉军大臣等 65 岁以上 1000 余人。此宴准备月余，耗银万两，服务者万余人。康熙即席作"千叟宴"诗，以记其盛，赴宴之臣亦作诗奉和，其乐融融。

有人说，席间，康熙皇帝举杯敬了三杯酒，"这第一杯酒，朕要敬给太皇太后"。康熙作为爱新觉罗的后裔，首先想到列祖列宗的在天之灵，想到自己 8 岁丧父，9 岁丧母，是太皇太后带着他，冲破艰难险阻，才赢得今天的大清盛世。所以他的第一杯酒思念亲人，敬给太皇太后实乃人之常情。这第二杯酒，他敬的是在座诸位文武大臣和天下的子民。俗话说：红花还得绿叶扶。再英明的君主，天下的大事还得靠文武大臣们去操办。那时康熙在位已经 50 年了。50 年来，是数以千计的文官武将辅佐他，南征北战、效命沙场；百姓辛勤耕种、俯首农桑，才有了天下太平。因此，这杯酒也算是庆功酒。第三杯酒敬献给谁呢？有人认为第三杯酒，康熙敬的竟然是已经故去的那些"死敌们"。在康熙眼里，鳌拜、吴三桂、郑经、噶尔丹，还有朱三太子，他们都是英雄豪杰！也许是猜想，不过这是符合情感逻辑的。

"千叟宴"无定期。

"千叟宴"始于康熙，盛于乾隆时期，是清宫中的规模最大、与宴者最多的盛大御宴。康熙五十二年（公元 1713 年）是首次。乾隆五十年（公元1785 年）于乾清宫举行"千叟宴"，与宴者 3000 人，即席用柏梁体选百联句。嘉庆元年正月再举"千叟宴"于宁寿宫皇极殿，与宴者 3056 人，即席赋诗 3000 余首。后人称谓"千叟宴"是"恩隆礼洽，为万古未有之举"。

康熙帝是中国历史上一位功勋卓著的皇帝，在位 60 余年，殚心竭虑，励精图治，开创了"康乾盛世"。他执政期间，1673 年平定吴三桂等三藩势力，1684 年统一台湾，从 1688 年又开始用了 11 年的时间平定准噶尔汗噶尔丹叛乱，并成功地驱逐沙俄对黑龙江流域的侵略。他还在京师东北的热河营建了避暑山庄，将其作为蒙古、西藏、哈萨克等部王公贵族觐见的场所。

雍正朝的吕留良案 /

由于康熙末年诸皇子争夺皇位斗争的影响，雍正即位以后，极力镇压异己势力，所以文网更加严密，动辄罗织罪名，甚至望文生义，无中生有，置创新思想的文化人于死地。

雍正四年（公元 1726 年），江西主考官、礼部左侍郎查嗣廷，出了道"维民所止"的试题，这本是《诗经》中的一句话，无丝毫恶意。可是，被人告发后，雍正皇帝解释道："维""止"两字为"雍正"两字去头，问题出在"心怀怨望，讽刺时事"上，于是，不问缘由地将查嗣廷处死，其儿子连坐而死，家族全部流放。同时，因查嗣廷是浙江人，竟停止浙江会试。

雍正六年（公元 1728 年），发生了重大的吕留良案。

吕留良是清初著名的理学家，誓不事清，隐居山林，削发为僧。吕留良去世后，其遗稿留存于其子处。雍正五年（公元 1727 年），湖南学人曾静访问吕留良家，得其遗稿。日夜攻读，颇有心得。对吕诗中说的"清风虽细难吹我，明月何尝不照人"这种情怀，很有同感。于是，令其弟子张熙投书川陕总督岳钟琪，实施策反。曾静以为，岳钟琪为岳飞之后人，而清是金人之后，岳与金世代为仇，要岳钟琪起兵反清是不成问题的。不意岳钟琪迫于时局，不但不反，还向朝廷告发了此事。

雍正皇帝即命将曾静、张熙等"押解来京"，并传令马上抄封吕留良家，在其家中抄出日记等"逆书"。雍正十年（公元 1732 年）十二月，将吕留良开棺戮尸，吕留良的长子吕葆中、弟子严鸿逵戮尸枭首，其另外一个儿子吕毅中被斩，其孙辈全部发遣边远地为奴，为吕留良建祠、刻字的人也都受到了牵连，有的被杀，有的被流放。

而对于曾静、张熙，却出人意料地"免罪释放"。雍正皇帝亲自迫其写了自白书，表示悔过自新，并反过来颂扬清代皇上的"圣德"。曾、张两人是作为坦白从宽的典型处理的。为了批倒批臭吕留良的"华夷有别"论，雍正帝亲自撰文批判，并将他所撰文章、历次谕旨、曾静口供、悔改之词，一并刊刻出版，名之为《大义觉迷录》。吕留良以"华夷有别"作为反对清政府的理论依据，而雍正则以"华夷无别，满汉一家"立论。雍正的立论并没有错，但他以此作为文字狱的由头是完全不可取的。

这里还得说一句的是，雍正帝树立的反省自新的典型曾、张两人，最后还是被刚登极半年的乾隆帝匆匆忙忙地凌迟处死了，《大义觉迷录》也作为"禁书"予以收缴。

"文网更密"的乾隆朝

乾隆盛世时期，文网之严密、罗织之苛细，是前所未有的。一字一语，即可锻炼成狱。以致一时形成了"吹毛求疵、深文周纳"的极为恶劣的社会风气。有案可存的文字大狱有 80 余次之多，而其中真正算得上反对清朝统治而罹祸的极少。

乾隆

一类是属于触犯禁忌的。有些皇帝专用的词儿，一般人用了，也要掉脑袋或被重责。湖南乡绅黎大本为其母亲祝寿，以其母"比之姬姜、太姒、文母"，并说"可称为女中尧舜"。这种比乾隆认为是极为不妥的，于是"罚充军"。江苏地主韦玉振为其父亲刊刻行述，文中有"于佃户之贫者，赦不加息"语。"赦"是帝王专用语，因此被皇上斥为"狂妄"，其全家贬为奴仆。河南人刘峨，刊刻《圣讳实录》，专门销售给应考的童生。原本是为了讨好当今皇上，结果吃力不讨好，莫名其妙地被处极刑。江西举人王锡侯，认为《康熙字典》收字太多，字义又零散不贯，于是作《字贯》，结果在书的凡例中忘了对玄烨、胤禛、弘历三帝名字的避讳，被斥为"大逆不道"，结果惨遭杀害。

另一类是属吟诗作文时用字不慎而被曲解后陷入文网的。当时有位浙江举人名叫徐述夔的，其人说不上有什么政治倾向，就是喜欢随意写点什么，后来结集为一本《一柱楼诗集》，其中有"明朝期振翮，一举去清都"、"方明天子重相见，且把壶儿搁半边"之类的诗句。有人检举了，乾隆认为是有"反清复明之意"，莫名其妙地将他杀了。浙江人士方芳，在《涛浣亭诗集》中，有"乱剩有身随俗隐，问谁壮志足澄清""蒹葭欲白露华清，梦里哀鸿听转明"这样的诗句，乾隆也认为此为"复明之意"，御批："该死。"结果被处死，还连累了家人。

还有一类，本意在歌功颂德、曲意逢迎，但因文字不当而致罪。顺天生员在科举考试的试卷上作诗，内有"恩荣已千日，驱驰只一时。知主多宿忧，能排难者谁？"这个年轻人"原要竭力称颂"，但根本不会做诗，词不达意，竟然说了一些糊涂话，结果被文墨精通的乾隆定为"语涉讥讪"，意思说你是在讥讽本朝，要不是有人如实道出，脑袋都保不住了。直隶人智天豹，编了本《大清天定运数》，本是歌颂清朝国运长久，只因为其中写乾隆只写到五十七年，又未避讳玄烨的庙号，被乾隆认定是"罪大恶极"，结果身首异处。

乾隆十六年（公元 1751 年），曾发生一起涉及面极广、影响极其深、株连人数极其多的文字狱案。

当时，社会上秘密流传着一份伪托工部尚书孙嘉淦名义的奏稿，长达万言。奏稿指责乾隆帝有"五不可解，十大过"，并弹劾许多在朝的权贵重臣。"伪稿"案发生后，乾隆谕令各部门和大批官员在全国范围内进行追查。一年半之内，在全国 17 个行省，都发现有许多传抄者，因"伪稿"案而被缉捕者达千人以上，有十几名督抚这样的一、二品大官被牵涉进去，从而被申饬、降职、革职。而结果还是莫名其妙地拉上两个替死鬼作为"伪稿"人而遭杀，算是不了了之了。

狂士、狂生和狂官

在严酷的文化轭和周密的文网控制下，一些清醒而对世态有深邃识见的社会人士，不得不在装疯卖傻中度日。康熙、雍正、乾隆年间的郑板桥就是一个终生以"狂士、狂生、狂官"名世的文化人。

郑板桥先世也算是殷实的书香门第，可到他这一代时已经破落不堪，经济上已经是家无余粮了。但是，他从小受着极好的家教，3 岁时就识字、写字，五六岁时就读诗背诵，6 岁以后，读"四书""五经"，八九岁就作文联对，可以说是无师自通。直到十七八岁才入学读书，他读书强调独立思考，反对"眼中了了，心下匆匆"的读书法，力求"反复诵观"。他反对闭门读书，在《板桥自序》中说："板桥非闭门读书者，长游于古松、荒寺、平沙、远水、峭壁、墟墓之间，然无之非读书也。"他在 40 岁中举之前，三次出游。32 岁出游江西，结识无方上人于庐山。33 岁出游燕京，写下了著名的《燕京杂诗》。40 岁那年出游杭州，在西子湖上怀古吟诗。这样的

郑板桥手迹

读书法，终于养成了他的一种少受束缚的"狂"劲。

而这种"狂"劲，与束缚人的思想的"八股取士"是格格不入的。他自己很想成为匡时济世的才士，可是一再赶考，每每落第。他自己说是"康熙秀才，雍正举人，乾隆进士"，像他这样有才气的人，晋升的速度如此之慢，是少有的。这大约与他的落拓不羁和作文的"独特"发挥有关。

乾隆元年（公元 1736 年）郑板桥考中进士时，已经 44 岁，由于种种原因，迟迟没有派官，直到乾隆六年（公元 1741 年）49 岁时，他才被派到地处黄河北岸的鲁西的一个小县去当七品县令。到了那里，他的"狂"劲就上来了。上任的第一天，他就叫人把县府衙门的墙壁上打了百来个洞，大家都感到莫名其妙，他解释道："此为出气洞，可出前官恶习俗气耳！"他要与外界声气相通。以前的"父母官"外出，鸣锣开道，大张旗鼓。而他却不张声势，穿着芒鞋，步入寻常百姓家，百姓有什么难处，马上解决。

郑板桥不习坐轿，老是骑着毛驴，带着书童、一捆行李、几包图书、一张琴来到县衙。到后无事时，就作画看花，饮酒解闷。醉后激奋，就引吭高歌。声音传到门外，有人说这个县令实在太疯癫。他的夫人劝导他说："历来只闻狂士、狂生，未闻狂官。"他的回答是，"我就是要既当狂士、狂生，又当狂官。"后来他写《范县署中寄郝表弟》一文，风趣地说到了这件事。

郑板桥为官主持公道，反对礼教。一个李姓的四川籍学生，县试考了第一名，因不是本地人被起哄，且不准其应考。李生在郑板桥面前大哭一场，诉说了自己的困境。板桥负责向州府反映，上司反说板桥"乖违公义"，板桥就收李生为画徒，使之成才。范县有崇仁寺和大悲庵两座，两名年轻和尚、尼姑相爱，村里人以为犯了"清规戒律"，抓去见官。板桥见其真心相爱，年龄又相仿，就"令其还俗，结为夫妇"。

郑板桥秉性耿直，12 年的官场生活，两袖清风。他从不给上司送礼献媚拍马，终于为人所陷害，最后去官，结束了他那狷介的"狂官"生活。他回到阔别多年的扬州，靠卖画为生，继续过他那清贫而本色的"狂士""狂生"生活。

时代造就了郑板桥。

"大厦似倾灯将尽"

正当人们对所谓的"康乾盛世"歌功颂德的时候，出身于名门望族、与清皇族有着十分密切关系的大文化人曹雪芹却清醒地以他的皇皇巨著《红楼梦》告诉人们：当今之世正处于"忽喇喇似大厦倾，昏惨惨似灯将尽"的封建"末世"。

"才自清明志自高，生于末世运偏消。"《红楼梦》是封建末世的一曲哀歌，也是一曲葬歌。

曹雪芹的曾祖曹玺是曹家成为望族的创业人，曹玺的妻子孙氏是康熙帝的奶母。因为这层关系，康熙二年（公元 1663 年）曹玺被派到江南，任江宁织造郎中。后来康熙帝赐曹玺正一品衔，荣誉非凡。其子曹寅是康熙帝的奶兄弟，少年时伴君读书，长大后，子继父业，任江宁织造。康熙帝六次南巡，曹寅四次接驾。曹寅的女儿嫁给平郡王纳尔苏，成为王妃。曹寅的妻子是苏州织造李煦的堂妹。曹寅时期是曹家的鼎盛时期。曹寅死后，康熙帝命其子曹颙（曹雪芹的生身父亲）继任父职，可惜不久死去。康熙命曹宣之子曹頫继为曹寅之子，继任江宁织造之职。哪知到雍正五年（公元 1727 年）时，雍正帝以"行为不端"为由，抄了他的家，罢了他的官，从此家业凋零，一蹶不振。曹家于是离开任所，回到北京。那时的曹雪芹是个 13 岁的少年。

曹雪芹一生只活了 48 岁，他的大部分光阴是在北京的西郊山区度过的。"爱将笔墨逞风流，庐结西郊别样幽。门外山川供绘画，堂前花鸟入吟讴。"他是个文人，世家子弟，不会治生，生活过得苦巴巴的，"举家食粥酒常赊"。他曾请求过亲朋的帮助，但不可得，由此产生了"劝君莫弹食客铗，劝君莫叩富儿门"之感叹。与清代皇家的特殊关系，使他看清了一个王朝的"末世"已经到来。当时文字狱正盛，因此曹雪芹采用"将真事隐去"的写法，以反映封建末世的社会现实。

《红楼梦》以神采之笔，写出了贾、史、王、薛四大家族兴衰境况。作者在第四回"葫芦僧乱判葫芦案"里，通过葫芦僧之口，介绍了书中的四大家族："贾不假，白玉为堂金作马。阿房宫，三百里，住不下金陵一个史。东海缺少白玉床，龙王来请金陵王。丰年好大'雪'，珍珠如土金如铁。"这四大家族的主子们，吃的是山珍海味，穿的是绫罗绸缎，过的是骄奢淫逸的日子。表面看来，似乎兴旺得很，实际上"骨架子散了"，上上下下、内内外外，"一个个不像乌眼鸡似的？恨不得你吃了我，我吃了你！"虽然暂时是"百足之虫，死而不僵"，但"自杀自灭"的趋势是谁也无法挽救的。作者借探春之口说："可知这样的大族人家；若从外头杀来，一时是杀不死的。必须先从家里自杀自灭起来，才能一败涂地呢！"整个清王朝不也正是这样吗？

在曹雪芹看来，他所处身的那个社会真是没有希望的了。有些人虽然"机关算尽"，到头来"反害了卿卿性命"。作者说自己"无材补天"，反衬出那个时代的无可救药。作者在写官场的黑暗时，借用了门子的一番极

《红楼梦》插图

为精彩的话："如今凡作地方官者，皆有一个私单，上面写的是本省最有权有势、极富极贵的大乡绅姓名，各省皆然；倘若不知，一时触犯了这样的人家，不但官爵，只怕连性命还保不成呢！所以绰号叫'护官符'。"作者在行文中特地加上"各省皆然"一语，显然意在提醒读者，这可是整个社会的普遍现象啊！正如贾府的下人说的，在这里"除了那两个石狮子干净"外，什么都不干净。结果必然是大厦崩坍，"只落得个白茫茫一片真干净"。

从一定意义上说，《红楼梦》是一部预言书，它预示了封建"末世"行将就木的前景。在"康乾盛世"的当时，曹雪芹就发出"忽喇喇似大厦倾，昏惨惨似灯将尽"的预言，除了让人钦佩其魄力和勇气外，还让人心服其眼光和视野。

广开科举

为了加强思想控制，清朝统治者采取了镇压与怀柔的两手政策。一手是大兴文字狱，残酷镇压杀害有头脑、有个性的知识分子，另一方面广开科举②，以网罗愿意为其政权效犬马之劳的士人。

清初早在全国未统一之前，即已采取了科举办法，考选秀才、举人。顺治年间科举制度已经基本定型。全国统一后，于康熙初年，科举制度在全国范围推行。

清代的科举，大致分为四级，即童试、乡试、会试、殿试。尚未取得生员资格的都叫童生，童生经过县试、府试、院试，统称为童试。童试考中者叫秀才。经过乡试被录取的，叫做举人。举人可参加由京城礼部主持的三年一试的会试，会试考中者称为进士。然后，皇帝亲自对进士进行殿试。

殿试是最为关键的，中式的分为三甲：一甲取三人，称状元、榜眼、探花，赐进士及第，其中状元授翰林院修撰，榜眼、探花授翰林院编修。二甲取若干人，赐进士出身。三甲也取若干人，赐同进士出身。殿试中试者，除一甲三人外，还须进行一次朝考，试毕分别授职。考中者授翰林院庶吉士，再入院读书，然后取得高官厚禄。未中者，分别用为主事、中书、知县等。

为了达到控制人心的目的，清沿明制，在顺治元年（公元 1644 年）二月，就制晓示生员卧碑，立于太学门外。顺治九年（公元 1652 年），又颁发卧碑文于直省儒学明伦堂。序文除冠冕堂皇地要学子留心"利民爱国之事"外，着重要求生员不许纠合成党，不许立盟结社，不许武断乡曲，违者治罪。为了防止学员走向异端，顺治十七年（公元 1660 年）专门制定了《严申植党订盟禁令》，而且规定："学臣徇隐，事发一体治罪。"这样可使老师一起来监督学生的行为。

说到科举对读书人的毒害，清代大作家吴敬梓在《儒林外史》中反映得最全面、最深刻。书中的人物如周进、范进、马二先生、匡超人，乃至于杜少卿诸人，都给人们提供了对科举制度进行反思的资料。那个范进，一次又一次地考，考到 50 来岁，还是个"老童生"，生活上也穷困潦倒。好不容易中了举，却不料闻到喜报后，急火攻心，疯了！这可以说是有清一代读书人命运的一种极为传神的速写。有更多的读书人的命运比范进要更差，更可怜，他们终生徘徊于功名富贵的大门之外，而又终生不得入门。闲斋老人在《儒林外史》序中写得好："其书以功名富贵为一篇之骨。有心艳功名富贵而媚人下者；有倚仗功名富贵而骄人傲人者；有假托无意功名富贵，自以为清高，被人看破、耻笑者；有终以辞却功名富贵，品第最上一层，为中流砥柱。"

身为清代康、雍、乾世人，而能如此深刻地批判科举制度，反对八股取士，实属不易。吴敬梓自己一生不求功名富贵，雍正十四年（公元 1736年），正当盛年（36 岁）的他开始了《儒林外史》的创作。18 年后，他寄居扬州，旅况也相当贫窘，于十月二十九日猝然而逝，年仅 54 岁。而他奉献给中国历史的是一部鞭笞封建末世的不朽名著。

桎梏人心的八股文 /

在古代社会，可以说考试决定一切。因此，统治者在考试的内容、形式上特别注意。从明宪宗开始，就使用"八股取士"的办法。到了清代的康乾年间，这种制度已流行百年，也渐趋成熟。清统治者努力使八股文的格局更机械化、形式更死板、内容更空泛。颂联套语，千篇一律，把八股文完完全全变成桎梏人心的工具。

八股文大致上有四大特点：一是题目一律要用"四书""五经"的原文。二是对"四书""五经"的诠解必须以程朱理学家的注释为准，不得自由发挥，只要是独特发挥的，不管是否符合情理，一律不予理睬，如果触及政治的，还要追究责任。三是结构体裁有一套硬性的格式。每篇文章均由破题、承题、起讲、入手、起股、中股、后股、束股这样八部分组成。破题，就是将题目意义释译出来。承题，承接破题中紧要之处而下。起讲，浑写题意，笼罩全局。入手，紧接起讲，转入正文。自起股至束股，为正式议论，每段都有两股排比对偶的文字。合共八股，称"八股文"。四是规定字数和书写款式。明代规定会试"五经"义一道，限 500 字；"四书"义一道，限 300 字。清代逐步增加到 550 字、650 字、700 字。试文要求点句，勾股（标明段落），书法端正。文中避庙讳、御讳、圣讳。不合规格的，一律取消。

这里很值得一议的是八股的文题。据说，八股初起时，文题皆明白正大，或一句，或数句，或一节，或全章，明明白白。后来，为了所谓的增加作文的"难度"，想出了偏全、承上、冒下、截上、截下等名目，使受试者有时看都看不懂。比如，《论语》中有这样一些话：

"子所雅言，诗书执礼，皆雅言也。"

"叶公问孔子于子路，子路不对。子曰：女奚不曰，其为人也，发愤忘食，乐以忘忧，不知老之将至。"

"子曰，我非生而知之者，好古，敏以求之者也。"

这是《论语》中的三章，大家知道，《论语》记述的是孔子与弟子或与他人交谈的片言只语，不具有连贯性。把这样没有什么必然联系的三章，串起来，组成一个题目，你叫考生怎么作文？当时的考官自己也不一定能考好，这些出题者都不管。硬是要翻来倒去地组合成各种类型的题目。

有学者对八股考题作了分解：将这样三章或两章连在一起的，叫"连章题"。

取其中任何一章为题的，叫"全章题"。

"叶公"章分上下两节，上节为"叶公问孔子于子路，子路不对"，下节为"子曰，女奚不曰，其为人也，发愤忘食，乐以忘忧，不知老之将至"。不管是取上节或下节为题，叫"一节题"。

如单取"子所雅言"为题，叫"冒下题"。

如取"子所雅言诗书"，称为"上全下偏题"。

如取"执礼皆雅言也"为题，称为"上偏下全题"。

如取"皆雅言也"为题，称为"承上题"。

如以"子曰：女奚不曰，其为人也"，称为"截上下题"。

如以"发愤忘食，乐以忘忧"为题，称为"两扇题"。

如以"其为人也，发愤忘食"为题，称为"半面题"。

如以"我非生而知之者"为题，称为"截下题"。

如以"好古敏以求之者也"为题，称为"截上题"。

如以"我非生而知之者，好古"为题，称为"截搭题"。

如以"不知老之将至云尔，子曰我非生而知之者"为题，称为"隔章有情搭题"。

如以"皆雅言也，叶公问孔子于子路"为题，称为"隔章无情搭题"。字句少者为短搭，字句长者为长搭。

这样一来，所谓八股文的文题（包括作八股文本身），简直成了文字游戏。"四书"，再加上"五经"，单是读通，非得花大半辈子的工夫不可，再加上这"截题"、那"搭题"，简直把人搞得晕头转向了。其实，清统治者就是要你晕头转向，那样，再有头脑的人也无多少精力造反了。

出八股题的人和作八股文的人都知道，那玩意儿只是"士子之进身之阶"，"一当如愿以偿，即复弃去"，因此时人戏称八股文为"敲门砖"。当官的门敲开了，还要它有什么用？但是，它对民族国家的危害是怎么估计也不为过的，自从八股取士后，民族的锐气被灭掉了一大半，顾炎武夫子认为，其灾其难，甚于秦火！③

劣生闹场案 /

科举考试考中了可以当官，可以发财，可以出人头地。于是，就有那么多人涌向科场。可是，官场比科场要小得多，"千军万马过独木桥"，最后还是落水的多，过桥的少。为了能另辟蹊径，涉险过河，一些人甘愿冒杀头之危险，作案于科场，可以说，自有科场以来，科场案就绵绵不绝，而又以清代最甚。

清代的科场可以说是黑幕重重。从童试起，最普遍的弊端就是作弊，作弊的最通常手法就是雇用能文之人顶替本人入场，这样，应试者、代试者（当时俗称"枪手"）、主考者都可得到好处，何乐而不为呢？为了防范，顺治年间，清廷规定，每府各州县应在同一天考试，府试亦汇齐一日，以防重冒。而且让同一考房的五人"互结"，说白了也就是互相监督，五人中的哪一个出了问题大家都没好果子吃。如有代试等弊，互结的五名考生要受到连坐，保结的廪生黜革重办。雍正十三年（公元 1735 年），进一步规定："枪手代试，为学政之大弊。嗣后凡有代笔之枪手，照诓骗举监生员人等财物、指称买求中式例，枷号三月，发往烟瘴之地充军。其雇请代笔之人，照举监生员夹浼营干买求中式例，亦发往烟瘴之地充军。知情保结之廪生，照知情不报例，杖一百。"这个规定不能说不严格，动不动就是充军。但功名利禄实在太诱人了，因此，科场作弊还是禁绝不了。

另外，考官阅卷衡文，很少亲览，往往委托幕友办理，本人并不过目，草率录取，甚至有任听幕友书投勾通舞弊之事。有清一代，童试中枪替、冒籍、滥送、贿买等弊端，始终未曾禁绝，甚至愈演愈烈。

乾隆二十三年（公元 1758 年），发生了震惊朝野的"劣生大闹考场案"。之前，这里的童考一直松松垮垮，作弊之风视若等闲。而这次学政庄存与将场规定得极严，场中考生不能传递条子，于是就在拥挤中出现闹堂现象，一时局面难以控制。此事由御史汤世昌参奏后，乾隆皇帝决定亲提复试——当然，外人并不知道皇上亲自坐在科场中进行复试。那些劣生一听说是"复试"，以为考官被他们一闹让步了，因此招摇得更厉害。科场的门卫等打杂人员的关节早已被打通，不少人挟带着应考的经典大摇大摆地进入科场，只等到科场里半明半暗地抄就是。为首的童生海成在科场中放鸽传递信息，包揽受贿。乾隆一切都明白了，立即下令捉拿海成一宗劣生和舞弊的科场管理人员。在审问中，获得了确实的罪证。乾隆认为，不杀这些恶少年，不足以平定科场的种种事态，于是，将闹科场的首犯海成押赴刑场正法，这在科场案中还是第一人。保罗等其他四名主犯发配边远地区为奴，还有乌拉苏等随从闹场的 40 人就地劳改，永远取消科考的资格。

谁都知道，乾隆这样做不仅是为了平息这场科场的恶性案件，更主要是为了杀一儆百，使那些劣生再也不敢效尤为非作歹。但是，这样做一时的震慑作用是有的，从根本上来说不起什么作用，因为科场腐败的根子在科场自身。

房考官纳贿案

不只科场中人将童试视作儿戏，就是乡试、会试这样的重头戏，也充斥着权钱交易、明里暗里的种种勾当。顺治十四年（公元 1657 年）的顺天乡试房考官纳贿案，就是其中的一例。

这场考试的房考官是大理寺评事李振邺、张我朴等人。按照惯例，那些考生的家长探得考官是谁后，就早早地通过各种门道送物送钱。李振邺给其心腹定下了一条"规矩"：录取的名额有限，对行贿者必须细加推敲——爵高者必录，可爵高而党羽少的摈弃之；财丰者必录，可财丰而名声不佳者摈弃之；还要录取一两名贫寒家庭的，以装门面。"规矩"已定，李、张两人就派人四出活动。

派谁出去主管活动呢？李振邺家的邻居有个叫张汉的人。张汉家境贫穷，但外头结交颇广，人也机灵。张汉听说李振邺当了房考官，知是个发财的位子，正想结交他。两人一拍即合，张汉答应按李振邺定下的"规矩"外出物色对象，事成后李振邺当按规矩给张汉不小的好处。这一切，可以说都在考前安排停当。谁中谁不中，李振邺心中明明白白。但在试卷上难做手脚，又怎么知道哪些人是应"录取"的对象呢？

李振邺又想出一法，就是让心腹名叫灵秀的，用蓝笔书一纸，递与每科考房中应"录取"的五个对象，再让此五人在蓝纸条上做上记号，并在考卷的下方做上同样的记号，那阅卷官不就心中明白了！

一切似乎做得很机密，也很顺当。发榜后，考方、受贿方都称满意，但没有录取而花了不少钱的人却众情汹汹，愤愤不平。可李振邺却没在意，反而有点得意忘形起来，一次喝醉了酒竟大言不惭地说某某之中，全是自己的力量，其家还应好好孝敬于他。这一说可不要紧，马上有人去告发了。再加上受贿的连档码子张汉没有摆平，把事情真捅了出去。顺治皇帝知道后，大为恼火，传旨拿捉各人犯，并组织审讯，作为大案，会审了行贿、受贿、作弊事项，案情查明。顺治皇帝下旨："贪赃坏法，屡有严谕禁饬。科场为取士大典，关系最重，况辇毂禁地，系各省观瞻，岂可恣意贪墨行私？所审受贿用贿过付种种实情，可谓目无三尺，若不重加处治，何以惩戒将来？李振邺、张我朴、蔡元禧、陆贻吉、项绍芳、邬作霖等俱著立斩。家产籍没，父母兄弟妻子俱流徙尚阳堡。"这一案件中主考官曹本荣、宋之绳属于不知情，但太糊涂，连降五级。这案还涉及不少官僚，涉及考生家长，顺治帝都逐一作了处分。此次被斩首 7 人，流放 108 人。

之后，顺治帝将当科的新举人全数集中到京城，由皇帝亲自实施复试。复试时十分严格，每一举人身边有一士兵伴着，行动自由受到极大限制。最后考试不及格的，文理不通的，都被革去举人资格，永不录用。

可是，科场之案还是不断发生。科考本是一种没落的文化制度，靠行政手段，又怎么能禁绝弊端呢？

"贪污之王"和坤 ╱

清代的康熙、乾隆时期，史称"康乾盛世"，当时疆域庞大，经济发展，财政好转，但就其本质而言，它既不同于汉代文、景、武、昭、宣的盛世，也不同于唐代李世民时期的"贞观之治"。它是一个王朝、一种制

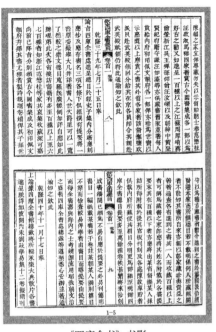

《四库全书》书影

度的短暂的落日余晖。乾嘉时期大贪官和珅的出现，明明白白地告诉人们：这个王朝和这种体制已经日薄西山了。

乾隆十五年（公元 1750 年），和珅出生在一个显赫的正红旗满洲人家中。其父曾任福建副都统，后又被赠一等云骑尉。和珅少年时就被选入咸安宫官学读书，学习和掌握了满、汉、蒙、藏等文。乾隆四十年（公元 1775 年），25 岁的和珅被乾隆发现，从此青云直上。乾隆四十五年（公元 1780 年），云贵总督李侍尧贪污案发，正当而立之年的和珅，被派往那里清查，他不只查清了李侍尧贪赃的种种事实，还查出了云南吏治腐败，各府州县财政亏空严重等各项问题。和珅精明敏捷，善伺帝意，深受倚重，回京后，乾隆升他为御前大臣，兼镶蓝旗都统。后又任《四库全书》正总裁，兼办理藩院尚书事，累官大学士兼军机大臣，真正是位极人臣。

和珅利用乾隆对他的高度信任和手中的权力，以各种手段收敛钱财。他一度独揽清朝政府和皇家财政的主管权，拼命向地方官吏和富商大贾索取钱财，最后成为中国历史上的第一大贪官。

和珅经常利用职权，任用私人，把一些有实权、好捞钱的差使分给自己的党羽和亲信，然后再让他们"报效"自己；有时一次纳贿就是几十万两银子。这笔收入在他当政的 20 多年中占有相当比重。

和珅疯狂地掠夺土地，利用大量的土地收取高额的地租，再转而放高利贷，收取高额利息。

和珅还从事工商业活动，开当铺、钱铺、印局、账局、药铺、瓷器铺、古玩铺、粮食铺、酒店、煤窑，等等。由于身份和地位的原因，他不一定出面经营，多在幕后进行操作，可人们知道那店那铺有和珅的背景，谁还敢说什么。

和珅柄朝政日久，作威作福，结怨满朝文武。但由于他颇得乾隆的欢心，因此谁也不敢非议。继位的嘉庆皇帝早已对和珅的种种恶行有所耳闻，但碍于太上皇乾隆，亦不敢有所动作。

嘉庆四年（公元 1799 年）正月初三，一代雄主乾隆病逝，嘉庆皇帝亲政。不久，嘉庆皇帝迅即下令逮治和珅，宣布其二十款罪状，革去其军机大臣、九门提督等要职，然后又将他逮捕下狱，查抄其全部家产。据说抄出的财产相当于国家五年的财政收入。④嘉庆采取速战速决的方略，在一月内就把和珅案了结，50 岁的和珅本人赐死自尽，财产全部没入国库。于是，民间有"和珅跌倒，嘉庆吃饱"的谣谚。

闭关锁国 /

当大清帝国的统治者们还沉浸在"天朝上国"的甜美之梦中的时候，西方的工业革命已经轰轰烈烈地开始了。在蒸汽机的轰鸣声中，处于上升时期的、朝气勃勃的欧洲资产阶级，开始漂洋过海，向他们早已向往的、带有神秘色彩的东方进发。而这时，孤陋寡闻、妄自尊大的清政府对世界上发生的巨大变化仍然茫然无知，对发展海外贸易没有半点儿的兴趣。

大约在清王朝建立的前 100 年，西方资本主义国家的冒险家们，就纷纷把他们的触角伸向中华帝国。明正德九年（公元 1514 年），一个叫阿尔发勒斯的葡萄牙人奉命来到中国广东的屯门（今广东东莞）。他是第一个来到中国的西方商业冒险家。在之后的 100 年中，来自葡萄牙、西班牙、荷兰、英国的商队数十次地来华，要求建立通商关系，但都没有成功。清政府建立全国性政权前夕，英国女王伊丽莎白为了打开中国的大门，在写给中国皇帝的信中甚至卑恭地称中国皇帝为"最伟大及不可战胜之君主陛下""伟大的中华之国最为强力的主宰者，亚洲各部及附近诸岛最为主要之皇帝陛下"，要求中国皇帝给予"吾人在与贵国居民贸易中所需之特权"。这样的花言巧语，也打动不了显得相当顽固的中国统治者的心。西方资产阶级冒险家原始积累时的粗鲁掠夺性行为，更增强了中国统治者对他们的极大不信任感。

清政府建立后，干脆来了个闭关锁国。

顺治四年（公元 1647 年），也就是清朝建国的第四个年头，清廷明确发布禁令：不准一切夷船进入中国贸易，拒绝佛郎西国（即法国）提出的互市请求。

顺治十二年（公元 1655 年），又下圣旨：不准沿海居民开展对外交易。既不准建造出洋的大船卖给洋人，也不准向洋人提供违禁物品，违者重处。

顺治十三年（公元 1656 年），以立法形式明确规定："凡沿海地方口子，处处严防，不许片帆入口，不准一贼登岸。"这就是著名的、影响深远的"闭关锁国"令。清王朝完全断绝了与外国的联系和交往。

康熙十一年（公元 1672 年），清政府又一次宣布：对"官员兵民私自出海贸易者，皆拿问治罪"。就是对知情不报者、同谋故纵者、隐匿者、擅给印票者、通商漂海者，上自总督、巡抚，下至道府州县各级官吏，分别给予处分。

清初严密的"闭关锁国"政策，持续了整整 40 年。

马嘎尔尼祝寿使团

马嘎尔尼

也许是为形势所迫，康熙二十四年（公元 1685 年），清朝宣布有条件地解除海禁，开放闽、江、浙、粤四口通商。但是，到乾隆二十二年（公元 1757 年），清王朝又宣布关闭闽、江、浙三处海关，广州成了中西贸易的唯一口岸。乾隆五十八年（公元 1793 年），英国政府为了进一步打开中国的贸易大门，马嘎尔尼以祝乾隆八十寿辰为名，组建起了庞大的外交使团来到中华大地。

英国政府对打开对华通商大门高度重视，作为政府使团，马嘎尔尼率领的这一外交使团空前庞大，使团仅正式成员及士兵、水手、工役就多达 700 多人，再加上勤杂人员、翻译人员、医务工作者，全体人员在千人以上。该使团分乘 5 艘精美华贵的大船，经过 10 个月的海上航行，于乾隆五十八年（公元 1793 年）七月二十五日到达了大沽口岸。当时的清政府对世界大势基本处于无知状态，错以为这是"西夷"对泱泱大国的顺从。为了表示礼仪之邦的大国风度，乾隆派长芦盐政徵瑞以钦差大臣的身份迎候，名之为"优恤接待"。直隶总督梁肯堂由保定至天津接待。清王朝破例让英使团从天津进口。为能在热河避暑山庄接见英国外交使团，乾隆取消了每年例行的围猎，对使团的餐饮供应也十分丰盛，并早作准备。

这样热情又高规格的接待，使马嘎尔尼踌躇满志，以为势在必成。但是，在接见前夕，在觐见的礼仪上就发生了冲撞和不快。清政府坚决要求马嘎尔尼行三跪九叩大礼，而英国使团代表的是英王和英首相，怎能行此辱没国格之礼？经过反复磋商，最后定为行单腿下跪礼，双方都算是妥协。

马嘎尔尼有他的两手：一手是丰盛的礼品，一手是怀有通商目的的国书。

觐见礼毕，马嘎尔尼恭恭敬敬地送上了多达 600 箱的大礼，其中有天文仪器、地理仪器、机器设备、枪炮、车辆、图册、乐器，等等。乾隆照单全收，一一过目后，结论却是："不过如此！"⑤

马嘎尔尼参加完盛大的乾隆万寿大典，返回北京。清王朝认为英国使团的使命已完，拿着乾隆回送的礼品后便可以回国复命了。可是，英国使团却一厢情愿地认为，参加庆典只是序幕，真正的事情还没有开始。马嘎尔尼在北京向清廷递交了国书，竟然提出了六项要求：

请中国允许英国商人在珠山（舟山）、宁波、天津等处登岸，经营商业。

请中国按照从前俄罗斯商人在中国通商的规矩，允许英国商人在北京设立洋行，用以买卖货物。

请于珠山（舟山）附近划出一个小岛，归英国商人使用，以便英国商船有歇脚之地，并可存放货物，居住商人。

请于广州附近给以同样之权利，且听英国人自由来往，不加禁止。

凡英国商货，自澳门运往广州者，请优待免税或减税。

英国船货按中国所定税率交税，不额外加征，请将所定税率公布，以便遵行。

应该说，这六条中有合理的通商要求，也有不合理的帝国主义扩张野心。乾隆看了这六条后，十分生气，他的回答是，除逐条加以驳回六条外，再加上第七条："不得在华妄行传教。"他对西方文明取了一种十分轻蔑的态度，在给英王的信中称道："天朝物产丰盈，无所不有，原不藉外夷货物以通有无。"

马嘎尔尼乘兴而来，扫兴而去。

经受了这次冲击后，乾隆重又把国门关闭得严严实实的。

罪恶的鸦片贸易 /

帝国主义多次尝试用商品打开中国的大门，都没有成功，相反中国的国门越关越紧。于是，他们就利用一种特殊的商品——鸦片，来荼毒中国民众，以获取大额利润，进而强行敲开中国的大门。

鸦片，俗称大烟，原产地在南欧和小亚细亚，后传入阿拉伯、印度和东南亚等地。鸦片作为药用，早在唐代就自阿拉伯输入中国，当时数量极少。明代以来，中国关税则按例将鸦片列入药材征税。17世纪，吸食鸦片之法从南洋传入中国。而从药用转化为嗜好毒品，则始于18世纪上半期的乾隆朝。

鸦片中含有大量麻醉性毒素，吸食上瘾，会使人精神萎靡、骨瘦如柴，如同废人，直至死亡。鸦片能使所有不同体质的人都走上自我毁灭的道路，这是一种慢性的、杀人不见血的毒药。

在18世纪以前，葡萄牙、荷兰、英国等国向中国输出的鸦片的数量不算很大，每年在200箱上下（每箱100斤，后增至120斤）。乾隆二十二年（公元1757年），英国占领印度鸦片产地孟加拉以后，向中国出口鸦片数量剧增，十年后增至每年1000箱。特别值得注意的是，乾隆三十八年

（公元 1773 年），英属印度政府确立了鸦片侵华政策，英国首任印度总督哈斯丁斯公然宣称，要把鸦片这种毒品作为对华侵略、牟取暴利的有力工具。为了保证这一侵略政策的充分实现，乾隆三十八年（公元 1773 年）和嘉庆二年（公元 1797 年），英属印度政府又先后给予英国东印度公司在印度的鸦片专卖和制造特权。东印度公司则利用这一特权，强迫孟加拉地区的农民种植罂粟，垄断了全部毒品的制造权。又改造鸦片制作法，使鸦片的制造适合于中国吸食者的口味，从中获取暴利。

上文说到，乾隆二十二年（公元 1757 年），当时每年输入鸦片 1000 箱。到了乾隆三十八年（公元 1773 年）增至 1500 箱，到乾隆五十一年（公元 1786 年）突破 2000 箱，乾隆五十五年（公元 1790 年）则超过 4000 箱；到嘉庆五年（公元 1800 年），增至 4570 箱；道光元年（公元 1821 年）增至 6000 箱，道光四年（公元 1824 年）骤然增至 1.26 万箱，道光十年（公元 1830 年）增至 2 万箱，道光十八年（公元 1838 年）增至 4 万余箱。英国在鸦片战争前 40 年间，偷运进入中国的鸦片总计有 42.02 万箱。这样，使中国对外贸易从出超变为入超，而帝国主义分子从中国掠走银元高达 4 亿之巨。道光九年（公元 1829 年），英国的鸦片税收达 100 万英镑，约占英国国库全年收入的 1/10。

清政府从雍正七年（公元 1729 年）第一次公布禁烟令起，多次下令禁烟。可是，屡禁不止，鸦片走私越来越猖狂。这是因为，英国鸦片走私贩子采取武装走私、收买贿赂清政府官员等手段，破坏禁烟；同时，腐败的清政府官员恃法求贿，只知中饱私囊，不管国家社稷安危，致使一切禁烟条款都成了一纸空文。

林则徐召对禁烟 /

在外来的鸦片侵略造成的深重国难面前，清政府内部逐步形成了两种截然不同的态度：一种主张消极弛禁，甚至主张开禁，任其泛滥，国家只收取税收了事，太常寺少卿许乃济荒诞地说："百姓吸食鸦片不仅无伤政

林则徐

体，且有利财政。"另一种主张严禁，鸿胪寺卿黄爵滋是这一派的主将，他指出："以中土有用之财，填海外无穷之壑，易此害人之物，渐成病国之忧。"他力主官民共遵一法，具结互保，严惩走私者，严办吸食者。他的奏章引起朝野震动，在内阁会议上，终于使首席军机大臣穆彰阿、肃亲王敬敏等也支持禁烟，并通过了《查禁鸦片烟章程三十九条》。在激烈的斗争过程中，林则徐是始终坚定站在禁烟派一边的一个重要人物。

林则徐出身于一个清贫的知识分子之家。嘉庆十六年（公元1811年）中进士。道光十一年（公元1831年）任河东道总督，十二年改官江苏巡抚。十七年升任为湖广总督。他为官一贯清廉自守，关心国计民生。道光十八年（公元1838年）九月，林则徐在一份奏章中大声疾呼："当鸦片未盛之时吸食者不过害及其身，故杖徙已足蔽其辜。迨流毒于天下，则为害甚剧，法当从严。若犹泄泄视之，是使数十年之后，中原几无可以御敌之兵，且无可以充饷之银。兴思及此，能无股栗？"

道光皇帝是这年的九月二十三日接到这份奏章的，当他读到"数十年之后，中原几无可以御敌之兵，且无可以充饷之银"时，竟激动得差点流下泪来。他马上下诏："宣林则徐入京！"

道光十八年（公元1838年）十月初七，林则徐在湖广总督任上接到了宣召进京的谕旨，不敢怠慢，稍稍交代了一下政务后，便于十月十一日从武汉动身，迅速进京。十一月初十，林则徐抵达京师，这件事让朝野为之震动，各方都在静候道光皇帝召对林则徐的最后结果。

道光皇帝有点迫不及待，十一日大清早就召见林则徐。这天清晨6时左右，中朝已毕，众臣散去，道光让林则徐坐在毡垫上，垂问政事。在召对过程中，道光皇帝表露了厉禁鸦片的决心，并要林则徐前往禁烟的要冲广东，主持禁烟大计。林则徐深知此事步履维艰，要求道光仔细考虑。道光表示，主意已定，林则徐便答应就任。

十二日，第二次召对。君臣共同讨论禁烟与"外夷"挑衅动武的问题。林则徐的回答是，要杜绝烟毒，就不怕外国人动武打仗，只要有备就可以无患。召对时间为半小时。

十三日，第三次召对。还是讲外夷动武问题。林则徐说，关键还在于加强武备、整顿边防，并提出了具体的看法。道光皇帝深为满意。最后，道光问林则徐是否会骑马？林回答：会。于是，道光当场赐林则徐可以在紫禁城内骑马，这是一种少有的特许。这次召对的时间也是半小时。

十四日，第四次召对。这天一早，林则徐身着绣有仙鹤的一品大臣文官朝服，腰系镶有红玉石的朝服，颈挂一串珊瑚朝珠，骑着饰满彩缨的高头大马，缓步入宫。道光没有见过臣子骑马入宫的场面，早早来到殿前恭候。林则徐是福建籍人，不习惯骑马，所以骑马时，双手紧勒缰绳，显得很紧张。道光见了，关心地说，看来你不习惯于骑马，以后可以坐椅子轿进宫。这次召见气氛宽松，只是谈了些家常。

十五日，第五次召对。晨6时，林则徐坐在8人抬的肩舆上。这次召对1小时，继续讨论广东的防务、对外贸易、税务等。这次召对的尾声是皇上给林则徐颁发了"钦差大臣关防"，也就是一方金属铸的印章，其权威仅次于皇帝的玉玺，由一个文官统领水师去广州禁烟。

十六日，第六次召对。林则徐晨5时进宫。这次召对的时间为三刻钟，君臣间讨论的是禁烟的具体条例。

十七日，第七次召对。林则徐晨5时坐大轿进宫，召对时间为半小时。研究的具体问题不详。

十八日，第八次召对。林则徐晨6时进宫，召对时间为三刻钟。林则徐向皇上行三跪九叩大礼，向皇上辞行。

十一月二十三日，林则徐轻车简从，焚香九拜，正式启用"钦差大臣关防"，发传票起程。由正阳门出新仪门南下，奔赴禁烟运动的前哨阵地——广州。

虎门销烟 /

道光十九年（公元 1839 年）正月十九，林则徐过梅岭、入广东，当晚从南雄州城外乘舟，连日昼夜兼行，经韶关、英德、清远、三水、黄鼎、佛山、花地，于二十五日抵达目的地广州。大船舶靠天字码头后，他从容登岸，在接官亭与邓廷桢、怡良、关天培等文武官员见面。林则徐到任后，把钦差大臣行辕设在越华书院。

林则徐到达广州后的第二天，就开始操办实际事务。他与关天培等一起乘舟视察虎门、澳门等地的形势，抓获了一大批鸦片吸食者，在短短的几天内，就捉拿烟犯 1600 人，缴获鸦片 46.15 万两，烟枪 2700 多杆，烟锅 300 多口。

二月初四，林则徐召集十三行洋商会议，要他们立即转告外商，必须限期交出鸦片，并保证今后来华贸易，永不夹带鸦片，如再夹带，则货物没收，人即正法。林则徐大义凛然地宣布："若鸦片一日未绝，本大臣一日不回，誓与此事相始终，断无中止之理！"洋商们在接到缴烟命令以后，一直观望了三天，最后不得不交出鸦片 1037 箱，企图以此搪塞过关，等风头过去再说。

林则徐看洋商根本没有诚意，遂准备采取进一步行动，逮捕英国大烟贩子颠地。颠地长期在广州从事鸦片走私，存有鸦片最多，他自己不仅不交，还阻拦别人缴烟，所以林则徐准备从他开刀。英国商务监督义律得知这一消息后，马上由澳门赶到广州商馆，企图利用自己的权力掩护颠地出逃。早有准备的林则徐待义律一进入商馆，立即将义律和 320 名拒绝执行中国法律的鸦片贩子困在商馆中。之后的事态颇具戏剧性：义律放纵颠地夜半出逃，最后反而落入了人民战争的汪洋大海之中，狼狈不堪地落水被捕。义律无奈，于二月十四日通过商行向林则徐表示，愿意呈交英商所有的鸦片 2 万多箱。同时，为了鼓励和奖励外商缴烟，经清道光皇帝批准，外商每交出一箱鸦片，即赏给茶叶 5 斤，共需茶叶 10 万多斤，由林则徐、邓廷桢、怡良在广东捐办解决。

二月二十八日缴烟开始。这天，22艘满载鸦片的趸船，从零丁洋驶向指定地点虎门外龙穴洋面。数千民夫驾着小船穿梭于趸船与洋面之间，把一箱箱鸦片运上岸。岸上有12名文官负责接收、检验、入库、上账、看守等工作。另有10名武官率清兵昼夜值班。经过1个月零8天的日夜清点，英商所属鸦片全数缴出，共19187箱又2119袋，比义律承报的数字还多1023箱。

道光十九年（公元1839年）四月二十二日，林则徐在广东巡抚怡良等人的陪同下，一起来到虎门，监督销烟。虎门山丘，人山人海。下午2时，三声炮响，震惊世界的虎门销烟开始了。500名壮健的民夫一拥而上，把一箱箱鸦片扔向销烟池。顿时，销烟池中沸滚如汤，浓烟升腾……

整个销烟过程经历了23天（其中端午节暂停一天），全部鸦片销毁完毕，只留下公班、小公班、白皮、金花鸦片各2箱，准备作为样品解送京师。五月十五日，林则徐、邓廷桢等满怀胜利的喜悦，登舟离开虎门，返回广州。

英国发动鸦片战争 /

清道光二十年至道光二十二年（公元1840—1842年），英国对中国发动了罪恶的战争。因战争的导火线是英国强行向中国推销鸦片，毒害无辜的中国人民，因此，这次战争史称"鸦片战争"。

1839年7月31日，中国严厉禁绝鸦片的消息传到了英国伦敦的印度事务所。8月5日，印度英商和逃离中国的英国鸦片贩子也把这一消息传送到了伦敦。8月6日，一批英国下议员、银行家、进出口商人和鸦片走私船只的船长们，联合致函英国外交部，7日，外交大臣帕麦斯顿接见了他们，表达了英国政府的强硬立场。30日，曼彻斯特等39家英商公司联合上书英国政府，声称中国的禁烟使他们"失去了这个市场，而遭受巨大的损失"。同一天，伦敦的98家商行也上书外交大臣，要求英国政府采取行动。

1839 年 10 月 1 日，英国内阁会议作出决定："派遣一支舰队到中国海去，并训令印度总督对于我们兵船司令所采取的任何必要的行动予以合作。"11 月 4 日，英外交部就发动侵华战争的计划和指令通知英国海军部。为了使战争合法化，1840 年 3 月 19 日，英国政府在议会公开宣布了远征中国的决定，并提议国会通过对华战争军费案。经过 3 天的辩论，结果是 262 票反对，271 票赞同，对华军费案仅以 9 票的极其微弱的票数获得通过。对华战争的一切都准备就绪了。

从 1840 年 6 月 11 日起，英国的所谓"东方远征军"陆续到达了中国海岸。侵略军由好望角和印度调集，有军舰 16 艘、武装汽船 4 艘、运输舰 28 艘，合计船舰 48 艘。共载大炮 540 门，陆海军 4000 人。陆军由布尔布利指挥，海军由伯麦统帅，懿律为陆海军的最高司令长官。

1840 年 6 月 21 日，英国侵略军海军司令伯麦乘载炮 74 门的旗舰"威里士厘"号抵达澳门湾外。22 日，伯麦从"威里士厘"号上发出公告："现奉英女王陛下政府命令，本司令特此公告：从本月 28 日起，对广州口岸所有河道一律进行封锁。"就这样，英国资产阶级蓄谋已久的鸦片战争，终于爆发了。

三元里的抗英斗争

清道光二十一年（公元 1841 年）四月初五，英军攻占了广州城北四方炮台后，四处骚扰，无恶不作。尤其是常到泥城、西村、三元里、萧冈一带的村落去，杀人放火，奸淫妇女，抢劫粮食和牲口，甚至盗掘坟墓。城乡各部绅民便利用旧有的社会组织为纽带，集众会盟，誓死抗击英军，保卫家园。

四月初九清晨，一小股英军窜入距城北约 6 公里的三元里村东华里，适遇菜农韦绍光的妻子李喜外出拜神，被英军拦截，恣意侮辱。韦绍光见到了，忍无可忍，与敌人展开了肉搏，乡人马上前去相助，当场杀死英军士兵八九人，其余的英军一看势头不对，都抱头逃窜。

　　三元里人民料定敌人必来报复，立即在三元古庙（道教庙，道教称天、地、水为"三元"）前齐集，愿齐心合力，共同御敌。他们取出古庙中的"三星神旗"，共同举手对着神旗宣誓："旗进人进，旗退人退，打死无怨。"下午，附近 103 乡的群众代表聚会于南海、番禺交界的牛栏岗，共商联合抗英的大政方针。除把老弱病残撤走外，从 15 岁的少男到 60 岁的老人，都要参加战斗。

　　四月十日清晨，经过繁忙的准备，组建起了各乡义勇军 1 万多人，打着各色旗号，手持大刀、长矛、鸟枪、锄头、铁锹、木棍、石锤等器械，浩浩荡荡向英军占据的四方炮台挺进，实际上只是佯攻和诱敌"出洞"。英军司令卧乌古认为形势严重，就亲率手持新式武器的 1000 多名士兵投入战斗。而抗英义勇军且战且退。义勇军按原定计划退到了牛栏岗附近。突然间，螺号、战鼓齐响，伏众四起，漫山遍野，猛冲下来，包围了敌人。义勇军勇士颜浩手持长矛冲杀在前，一下把英军少校毕霞刺死，英军大乱，由是转入守势。抗英义勇军的包围圈也越缩越小。

　　十日下午 2 时，天突然下起了大雨，英军陷在泥潭中难以动弹，枪炮都淋湿了不能使用。而义勇军本是农民，在泥泞中行走是惯常的事，因此越战越勇，把敌人分割成几股歼灭之，真是"杀之如切瓜"。直到晚上 9 时，在四方炮台援兵的救助下，英军才冲出重围。

　　在这场围歼战中，"三元里前声若雷，千众万众同时来"，"妇女齐心亦健儿，犁锄在手皆兵器"，"少壮争御侮，老弱争运粮"，组成了一幅人民战争的壮丽画面。牛栏岗围歼战，杀死英军 5 人，击伤英官兵 23 人，义勇军牺牲 20 余人。三元里抗英斗争，是近代中国人民武装反抗外国侵略者的第一声，表明伟大的中国人民开始站到了历史舞台的前台。

三元里

全无斗志的清军

与人民大众昂扬的斗志形成鲜明对照的是清军官兵。他们在根本说不上有多少强大的英军面前，一触即溃。道光皇帝原先倒是很想背水一战的，当清军溃退的消息不断传到他的耳朵里时，他也不得不表现出极大的无奈和悲愤。⑥

清朝的那些文臣武将也真腐败到了无以复加的地步。除了林则徐、邓廷桢、江继芸、谢朝恩、葛云飞、陈化成等忠贞为国的将领外，从总体上看，正像道光皇帝评述的那样，"临阵逃脱几成习惯"。

当懿律率军北上，直抵天津白河口时，身为直隶总督的琦善不但不抵抗，反而立即派人为英军送去牛羊等食物，以示友好。以如此卑躬的态度对待凶狠的入侵者，这在世界史上也是绝无仅有的。

侵略者在致清皇帝、宰相书中，攻击林则徐的不"友好"。清大臣穆彰阿、琦善马上说"夷兵之来，系由禁烟而起"，并强迫道光皇帝革了林则徐的职，禁烟大计就此告终。

琦善以专办广东事务钦差大臣、文渊阁大学士、两广总督身份到达广东，第一件事就是拆除那里的防御工事，解散兵丁，未经皇上同意，就擅自答应英国人的无理赔偿鸦片烟价的要求。难怪乎后来道光要严厉惩处他了。

琦善被革职查办后，清帝派皇侄、御前大臣奕山为靖逆将军，此人先是按兵不动，后来被迫应战，一待英军大炮轰鸣的时候，他马上在广州城头挂起了白旗，向英军投降，清军如此不经一击，使得英国人也一时弄不明白是真投降还是假投降。

英军直逼镇海，毫无作战经验的钦差大臣裕谦看到全城一片火海，急得投水自杀，被人捞起后，已是气绝身亡了。

英军进犯宁波，宁波提督余步云、知府邓廷彩，以及2000余名清兵，早已在先一日逃走。英军未放一枪，就占领了浙江重镇宁波。当时攻打宁波的英军还不到清军的一半，可清军官兵连抵挡一阵的信心都没有！

这时，道光皇帝又命协办大学士、吏部尚书奕经为扬威将军，带兵赴浙。十月，到苏州，这个扬威将军一点也"扬"不了"威"，慢慢吞吞地到十二月中旬才到嘉兴前线。当时嘉兴的清军有 4 万人，还有义勇、乡勇 9 万人。毫无作战经验的奕经组织了三路进攻英军，结果三路皆被击败。

在上海吴淞战役中，英军碰上了硬钉子，他们早已说了，"不畏江南百万兵，只怕吴淞陈化成"。英军不敢怠慢，调集大军攻打陈化成军。陈化成在坚守吴淞中壮烈牺牲，上海的守官一看形势不妙，还没等英军赶到，马上弃城而去，上海不战而陷。而两江总督牛鉴在不发一枪一炮的情况下，早已逃之夭夭。

道光二十二年（公元 1842 年）七月初四，英国舰队 80 艘抵达江宁海面。初六，英军在没有遇到任何抵抗的情况下，在观音门附近登岸。英军兵临南京城下，此时的清政府，只有举手投降这一条路了。

鸦片战争，把清朝官僚集团的腐败无能和外强中干昭示于天下，把清王朝纸老虎的画皮彻底戳穿了。

《南京条约》

《南京条约》，即《江宁条约》，是道光二十二年（公元 1842 年）英国强迫战败的清政府在南京签订的中国近代史上第一个不平等条约。

其实，当时英军的兵力有限，战线又拉得很长，总共也只有三四千兵员，打了两年仗，已经显得筋疲力尽。又加上时处盛夏，江南一带瘟疫蔓延，英军死伤日多。如果清廷再支撑一阵子，可以说英军必定不战自退，这一点，连英军的一位高级将领也承认。但是，腐败的清政府根本不想抵抗，为了示好英军，派了一个荒淫无耻的昏官德珠布

签订《南京条约》

做广州的城防将军，他一点也不设防，只是在那里吃喝玩乐。

七月六日，英军在观音门附近登岸，同日，道光任命的钦差大臣耆英也到达江宁。先期在江宁的两江总督牛鉴、协办大学士伊里布，都是投降派。三人一拍即合，决定全力结好英人。

主持这次侵略战争的璞鼎查是个老奸巨猾的家伙。七月十五日，他邀请耆英等人到英舰"皋华丽"号上去"参观"，以展示其船坚炮利，这实际上是一次军事恫吓和威胁。登上船，就是一队队"列队挎刀"的士兵，一个个如怒目金刚那样站立在那里。船上布满着大炮、机枪。看到这一切，耆英等人被吓得魂飞魄散，连一句话都说不出。"参观"回来后，马上向道光写奏报："该夷船坚炮猛，初尚得之传闻，今既亲上其船，目睹其炮，益知非兵力所能制伏也。"璞鼎查的目的就此达到了。

七月二十一日，中英双方的代表耆英、璞鼎查在江宁城外的一个名为静海寺的大庙中谈判。名为谈判，实际上根本就无判可谈。璞鼎查将一份早已拟好的书面文件交给耆英。耆英因为接到道光皇帝的"应行筹酌"的训令，就在无关痛痒处提出一些修改意见。可是，这个璞鼎查根本不买账，一点也不让步。最后，耆英还是全数接受了璞鼎查拿出的实际上是英国政府早已定下的条款。

七月二十四日，谈判和签字仪式移到了英舰"皋华丽"号上。这本身是为了侮辱中国。清朝的代表耆英、伊里布、牛鉴等与英方代表签订了中英《南京条约》。《南京条约》共13款，主要内容有：中国割让香港；中国向英国赔款2100万元；开放广州、福州、厦门、宁波、上海五处为通商口岸，简称"五口通商"；英商可以自由与中国商人贸易；英商应纳的进口、出口货税，"均应秉公议定则例"；为英国办事而获罪者，全部免罪。中国民众奋起搏斗，进行不屈的反抗。三元里民众的抗英斗争，是近代中国民众反侵略斗争的第一面光辉旗帜。

三元里纪念碑

《南京条约》破坏了中国的领土完整和关税、司法等主权，开创了用条约形式使资本主义掠夺和奴役中国合法化的先例。从此，西方资本主义打开了中国的大门，各国侵略者接踵而至。《南京条约》签订后，西方列强趁火打劫，相继强迫清政府签订了一系列不平等条约。从此，中国逐步沦为半殖民地半封建社会。

中国历史自此掀开了浸透血和泪的空前黑暗的一页，而在这黑暗的背面正透着绚烂的光明与希望的明天。

注释：

① 《清世祖实录》卷十七："京城内外限旬日，直隶各省地方，自部文到日，亦限旬日，尽令剃发，遵依者为我国之民，迟疑者同逆命之寇，必置重罪。如不随本朝制度者，杀无赦。"

② 科举因分科取士而得名。隋炀帝大业二年（公元 606 年）设进士科，这可以说是科举之始。随着社会的发展，科举制度的取消势在必行。清光绪三十一年（公元 1905 年），清政府发布上谕："从丙午科（公元 1906 年）起，所有岁科考试、乡试、会试，一律停止。"至此，在中国古代实行了 1300 年之久的科举制度正式废止。

③ 顾炎武《日知录》云："八股之害，等于焚书。而败坏人才，有甚于咸阳之郊。"是说"八股"比焚书坑儒还厉害。

④ 和珅是清王朝一切贪官污吏的总后台，他的财产总额十分巨大。除大量房产外，计有田地 80 万亩、银号 42 座、赤金 580 万两、沙金 200 余万两、金元宝 1000 个、元宝银 940 万两，其他珍珠、白玉、玛瑙、珊瑚、钟表、宝石、绸缎、古鼎、人参、貂皮，不计其数。当时国库总年收入为 4000 多万两，而他家抄出的财产达 22000 万两，比五年的国库收入还要多。

⑤ 对 600 箱礼品大致浏览后，乾隆帝曰："其所称奇异之物，只觉视等平常耳！"

⑥ 当宁波等地轻易失守的消息传到京师时，道光皇帝气得差点发昏，他悲愤地说："何以英人一到，遽而失守？可见将懦兵疲，全无斗志，非英人凶焰竟不可挡，实我兵弁临阵逃脱几成习惯。"（《清宣宗实录》卷三六二）

第三十三卷　振兴中华

历史总是按照它自身的辩证法前行的。明、清两朝，一方面，走向末路的专制皇权，实施着近乎疯狂的残酷统治，对内是失去人性的虐杀和空前绝后的文化专制主义，对外则是盲目的自大，一旦凶残的敌人露出狰狞真面目，就走向屈辱投降，甚至认贼作父，反过来与入侵者一起搜刮民财，鱼肉百姓。另一方面，在没落帝国铁蹄下呻吟着的广大民众日益觉醒着，寻找着救国救民的良方。

一些人把目光投向了更加广阔的天地，产生了新的"天下观"。他们开始用世界的眼光来看待中国和世界。

一些人"大觉大悟"，试图通过自己的不懈努力，在中华大地上构筑起人间的"天国"。

一些人"采西学"，"制洋器"，把这看做是"今日救时之第一要务"。

一些人出于民族的义愤和个体的英雄主义，以自己的血肉之躯去直面鬼子的洋枪洋炮，并大义凛然地献出了自己宝贵的生命。

一些人从西方引进了自由、民主、平等的先进思想，提出了"振兴中华"的伟大口号，竖立起了建设"新中国"的伟大旗帜。

中国几乎所有的阶级、阶层都站到了历史的前台，导演了一出出悲壮雄伟的历史活剧。但是，一切的努力最后都归于失败。不屈的中国人民在继续探索，不倦奋进。到了1921年，有了中国共产党，中国才有了真正的希望。当1949年第一面五星红旗升起在天安门广场的时候，中国人民才能自豪地说：中国人民从此站起来了！

"倡异端之言"的李贽 /

　　嘉靖年间，明王朝正处于由盛而衰的变化之中，严格地说，这不是一个王朝的衰败，而是在中国延续 2000 年的一种陈旧、落后的制度的衰败。专制、独裁、闭塞、自大、腐败、虐杀，都已经达到了登峰造极的地步。时代正处于剧变之中，深切地感受到这种剧变的先进分子，毅然举起了开放、改革、自由、解放和个性发展的大旗。被称为"大叛逆"和"大异端"的李贽，就是反对专制主义的启蒙运动的先驱。

　　李贽的家世和早年的生活境遇赋予了他特别开阔的视野。他生于福建泉州，这是一个最早对外交往的口岸，而他家又是商贾世家。一世祖林闾（李贽本姓林），是个眼界开阔的大商人，经常扬帆航行于海外。二世祖林驽，不仅是国内经商的好手，还兼营海外贸易。洪武中，还受命于朝廷，奉旨下西洋。三世祖林通衢亦有经营四方之志，可明代实行海禁，不能如愿。高祖林易庵是个精通外语的人，曾奉简书出使国外。曾祖林琛做过"通事官"，相当于外交官，还到过琉球！祖父林义方、父亲林白斋，都是名商大贾。这样的家庭，造就了他的宽阔胸怀和叛逆性格。青年

李贽

时代在南京三次会见意大利传教士利玛窦，更使他眼界大开，称为"我所见之人，未有其比"。

　　而立之年以后，李贽当过一段八九品的小官，但都不得意。第一次当河南卫府共城的教谕，就与县令等人闹翻。后来到南京当国子监博士，丁父忧，东归奔丧。后到北京任国子监博士，到任不多日又与国子监祭酒等人抵触。且家庭的不幸又接连而至，祖父病丧的同时，他的次男、二女、三女相继死去，料理完丧事后，他在北京找了小得不能再小的礼部司务做，有人对他说："那样穷那样苦的活你也干？"

　　他回答说："吾所谓穷，非世穷也。穷莫穷于不闻道。"

有人又劝他说："何必留在京师？"

他理直气壮地说道："我听说京师多才学之士，可以随时请来问道！"

李贽在北京求师访友、研讨学问。后又到陪都南京，结交了一批名人学士。由是他渐次明白，"道"非玄虚，而是人们日常生活的"当下自然"。50 岁后，研究佛教，主张众生平等。官宦生涯的最后一段时间是在云南姚安知府任上，也与上司闹得不可开交而离职，并决心退出官场。他于万历九年（公元 1581 年）54 岁时，回到黄安家中，立志著书立"异端"了。

李贽被称为在中国历史上第一个举起反孔旗帜的人。他说："天生一人，自有一人之用，不待取给于孔子而后足也。若必待取足于孔子，则千古以前无孔子，终不得为人乎？"后来，他到麻城芝佛寺暂住时，专门在佛寺中挂了一幅孔子像，还写了小品文《题孔子像于芝佛寺》，否认孔子是什么"大圣"，说孔子本人也反对称自己为"圣人"。

李贽在黄安讲学时，突破封建礼教的束缚，破例招收了女弟子，引来了道学家的毁谤和谩骂，一些朋友也为他担心。

有人劝他说："古来没有招收女弟子的先例，你何必破这个先例呢？"

李贽回应道："女人也是人，为何不可以上学读书呢？招女弟子没有错！"

那人进一步劝说道："人言可畏，若有人说你招收女弟子有伤风化，你怎么办？"

李贽响当当回答："只要我的心是正的，什么都不用怕！"

李贽对道学家给予了无情的揭露和批判。指出这些人口头上说得好听，其实这些人"种种日用，皆为自己身家计虑，无一个为人谋者"。认为其"反不如市井小夫"。他公然站在"市民"的立场上，提倡"私有""图利"，反对"无私"，认为"夫私者，人之心也"。

李贽的一切行为和言论，都被一些人视为"异端"，他明确说："此间无见识人，多以异端目我，故我遂为异端，以成彼竖子之名。"还说："我平生不愿属人管，头可断而身不可辱也！"他的言论行为是不容于那个社会的。最后，在他 76 岁高龄时，有人以"不知遵孔子家法""倡异端之言"

为由诬告他，万历皇帝不分青红皂白，将他"严拿治罪"。李贽坚强不屈，夺刀自刎而死。

李贽的种种不同凡响的"异端"言论，可以看做是发自中华民族心灵深处的第一声虎吼！

"引进西学"的徐光启

明代末年，敢于面对世界、面对现实的除了李贽外，另一个具有划时代意义的人物是徐光启。如果说李贽主要是在思想和意识领域里发聋振聩的话，那么，在时间上稍稍靠后的徐光启则已经把自己探究的触角伸向了科学和生产领域。为了使中国人"丰衣足食，绝饥寒"，他立意引进西法。

徐光启是明代南直隶松江府上海县（今属上海市）人。他出身于商人兼小土地所有者的家庭。20 岁时，考中了秀才，在家乡教书，也参加一些农业生产。35 岁时，在赵凤宇家教私馆，并随之由韶州到广州浔州。这是一次不畏万里的长途跋涉，可能对他毕生的发展都有影响。在韶州时，他遇见了耶稣会传教士郭居静，第一次听到西洋的自然科学知识。万历二十六年（公元 1598 年），徐光启去北京应考途经南京时，结识了利玛窦，两人深情交谈，一致认为耶稣教可以"补儒易学"，在此时，徐光启也就加入了天主教，成为当时中国仅有的百来名天主教徒之一。利玛窦虽说比徐光启年长 10 岁，但由于志趣相合，两人在感情上还是十分投机的。当然，从根本上说，两人的终极目标是很不同的。利玛窦宣传科学为传教，而徐光启吸收西学是为了强国。①

万历三十年（公元 1602 年），43 岁的徐光启再一次上京应礼部试，以第 88 名中进士，殿试三甲，列第 52 名，授翰林院庶吉士。这时，利玛窦也在北京，两人已算是故交了，就一起投入了把欧洲科学文化介绍到中国来的艰辛工作。两人一直合作到万历三十八年（公元 1610 年）利玛窦去世。

徐光启

　　利玛窦发现中国士大夫中很多人对数学很感兴趣，于是想将古希腊欧几里得的经典作品《几何原本》翻译成中文，可是，与中国士大夫的几度合作都失败了。利玛窦感叹地说："东西文理，又自绝殊，字义相求，仍多阙略，了然于口，尚可勉图，肆笔为文，便成艰涩矣！"看来，他是想打退堂鼓了。可就在此时，他遇到了徐光启。两人反复商量后，决定于万历三十四年（公元 1606 年）秋开始合作翻译《几何原本》。利玛窦深明西学，对中国文化亦有一定了解，而徐光启对中国文化有很深的造诣，对西方文化也有一定了解，于是两人一拍即合。利玛窦口述，徐光启笔录，两人反复审视，日以继夜，三易其稿，经过一年多的努力，终于完成了《几何原本》的 6 卷。《几何原本》共有 15 卷，徐光启本想趁热打铁，把余下的几卷翻译完，可是，利玛窦忙于教务，一拖再拖，后成终身之憾。

　　把欧几里得的《几何原本》介绍给中国，对改造和提高中国的传统数学大有好处。从此，"几何"一词成了中国数学上的专用名词。徐光启在这本书中使用的一些数学术语，成为中国近代数学的科学术语，诸如点、线、面、平行线、直角、钝角、锐角、三角形、四边形等，都已成为学人的通识。

　　利玛窦到北京后，在天主教堂里陈列有千里镜、地球仪、简平仪等天文仪器。徐光启怀着极大的兴趣参观了这些仪器，并认真阅读了系统介绍西方天文学知识的《浑盖通宪图说》一书。当时的崇祯皇帝命徐光启督修历法。徐光启冲破极大的压力，决定以西法为基础制定改历方案。从崇祯二年到七年，整整花了 6 年时间，完成了百余卷的《崇祯历书》。该书采用丹麦天文学家第谷所创立的宇宙体系和几何学的计算方法，其中明确地引入了地球和地理经纬的新概念，这对中国人观念上的冲击也是划时代的。

　　在徐光启的支持下，利玛窦第一次向中国人展出了一幅世界地图。这幅地图大大开阔了中国人的眼界，使中国人第一次看到了整个世界的缩影，知道中国之外世界上还有那么多国家，还有五大洲，还有东西半球，还有赤道、南北极，除陆地外还有大片的海洋。在这方面，身为东阁大学士、礼部尚书的徐光启起了很大的作用。

万历三十四年（公元 1606 年），同样有着科技背景的意大利人、耶稣会教士熊三拔来到北京。这时，利玛窦已年过半百，垂垂老矣！他把熊三拔介绍给徐光启。后来，熊三拔在徐光启的帮助下，编著了《泰西水法》一书。这是第一部系统介绍西方农田水利的书籍。徐光启著《农政全书》，其中的水利部分，吸收了《泰西水法》中的不少内容。

中国最早的"人权宣言" /

顺治十四年（公元 1657 年），与封建统治阶级苦苦周旋了半辈子、一再被清廷通缉的大思想家顾炎武，深感江南已无容身之地，"浩然有山东之行"，开始了终其后半生的漫游生涯。这一年，他 44 岁。

这是一次无人陪伴的孤独之行。

在以后的 25 年中，他遍历了山东、河北、山西、陕西等地。他一人北行，唯一伴随他的是驮在二马二骡背上的沉甸甸的书卷。表面看来，他是在遍历祖国山川，其实，他是在其中寻找精神的灵气，在那些书卷中发掘思想的源泉，每有心得，就笔录下来，后来汇聚成册，就是传世的《日知录》。

作为思想者，顾炎武最为重要的是在寻找思想的同道。他深知，要拯救中华，单靠一个人的力量是办不到的。

顾炎武不倦地寻觅着。

到了康熙二年（公元 1663 年），顾炎武已是 55 岁的老人了。

这一年，是他极为悲愤的一年。受《明史》案的株连，他的两个朋友被朝廷所杀。他怀着满腔的悲愤，在旅途中遥祭亡友。

这一年，也是他寻觅到真正的同道的一年。在旅途中，友人赠以浙江余姚人黄宗羲的一部著作。一开卷，他就手不释卷地拜读了起来。他太兴奋了，一连几天几夜都在废寝忘食地阅读。读了一遍，又读第二遍、第三遍。他决定给黄宗羲先生写封信，以表述自己的心情。他在信中激情满怀地写道："读之再三，于是知天下之未尝无人，百王之敝可以复起，而三代之盛可以徐还也。炎武以管见为《日知录》一书，窃自幸其中所论，同于先生者十之六七。"

令顾炎武如此兴奋，并引为同道的黄宗羲的那部大著，就是被世人誉为中国最早的"人权宣言"的《明夷待访录》。

黄宗羲比顾炎武年长三岁。他也长年在黑暗中摸索、寻觅。17岁那年，父亲被明代奸相魏忠贤兴的冤狱所杀，于是，年少气盛的他便上京申冤。后来，他又带头声讨阉党余孽阮大铖，并参加"复社"，志在复兴中华。在抗清斗争中，他多次差点献出了自己的生命，后曾以四明山为据点与对手周旋。兵败后，坚持招徒讲学，创立浙东学派，思想也一步步深化。他由反对一朝一代的统治者，进而到反对整个封建专制统治，于是就有了《明夷待访录》。

"明夷"是《周易》中的一卦，象征"明入地中"，其意是说，中华大地上不是没有光明，而只是隐伏在地下而已。现在是要把光明发掘出来，让人们都看到。

黄宗羲深刻地批判了封建独裁的君权。他写道："为人君者，以为天下利害之权皆出于我，我以天下之利尽归于己，以天下之害尽归于人。"他指出，正是这种君权，"敲剥天下之骨髓，离散天下之子女"。他得出结论："今天下之人，怨恶其君，视之如寇仇，名之曰独夫，固其所也。"

黄宗羲要求建立"兴天下之公利，除天下之公害"的国家制度。为此，他要求恢复"古道"。他说："古者以天下为主，君为客。凡君之所毕生经营者，为天下也。"为君之人，"不以一己之利为利，而使天下受其利；不以一己之害为害，而使天下释其害；此其人之勤劳必千万于天下人"。

黄宗羲的"民为主，君为客"的思想，比孟子的"民贵君轻"思想大大前进了一步。

黄宗羲的掌天下大权者"勤劳必千万于天下人"的思想中，隐含着官僚应为民公仆的观念。

黄宗羲的天下人"为天下，非为君也；为万民，非为一姓也"的思想，包含着某种民主的观念。

黄宗羲的去"一家之法"而建立"天下之法"的思想，实际上已经触及了"以法治国"这个深层次的问题。

在当时，把黄宗羲引为同道的还有一个比他小 9 岁的王夫之。

王夫之是湖南衡阳人。他曾举兵抗清。兵败后，隐居山林，潜心著述，世人甚至很少有人知道他。然而，他在学习与观察、思索中得出的结论，大致上与黄宗羲相同。他的《读通鉴论》可谓是传世之作。他认为，历史的发展，既是"势因理成"，"势之所趋，岂非理而能然哉？"同时，历史过程中又是"理"随"势"变，所谓"势相激而理随以易"。历史在不断进化，人的思想、观念，以及治国的方略也应随之而变。他认为"君主任独断"的时代即将过去了。在这点上，又与黄宗羲的"民为主，君为客"思想暗通。

从明末清初三大思想家那里，人们看到了民主主义思想正在冲破地平线（这正是黄宗羲"明夷待访"的本意），而展现出它那绚丽的曙光。

"采访夷情"的林则徐

林则徐的主动了解世界事务，尤其是西方世界的实情，是与他的禁烟事业紧密联系在一起的。他给系统地了解西方世界起了个十分别致的名称，叫做"采访夷情"，意思是说，要像记者采访人物事件一样积极主动地去了解西方世界。说林则徐是"睁眼看世界的第一人"，一点也不过分。

为了"采访夷情"，林则徐到达广州这个禁烟前哨以后，就找到了当时十分稀少的几个通晓外文的人才，让他们从外国报刊上摘编和搜寻关于外国政治、经济、文化等方面的信息，并根据这些信息定期编译出版《澳门新闻纸》，分送给大小官员参阅。这对开阔人的眼界起了很大的作用。从他到广州直到被革职的两年间，由他组织的编译西书、西报的工作一直没有停止过。

林则徐把"采访夷情"的工作做得相当的细致。他让人编译了瑞士人瓦特尔关于国际法的著作，编成《各国律例》，基本弄懂了西方人心目中的法律是怎么回事。他请人翻译了关于大炮瞄准法等武器制造方面的应用书籍，以改进清军的装备。这个大炮瞄准法曾在广东的防务中得到了应用。道光十九年（公元 1839 年），中英关系日趋紧张，义律多次率英军挑衅。当时，林则徐已经购买了一批西洋的先进武器，同时也已经大致掌握了这些西洋先进武器的使用方法，在英舰对清阵地的 6 次战斗中，清军赢得了全胜。消息传到伦敦，英国举国为之震惊。

尤为难能可贵的是，为了知己知彼，林则徐通过译文了解了不少外国人怎么看中国人的资料，辑成了《华事夷言》一书，这对于讳疾忌医成性、不肯也不敢面对现实世界的绝大多数清廷中人来说，是怎么也办不到的。他还让属下摘译了英国人池尔洼的《对华贸易》一书，用以明白帝国主义分子是怎样看待这种罪恶的鸦片贸易的。林则徐被革职后，还向来接任他的靖逆将军奕山推荐这些来自国外的情报，说："其中所得夷情，实为不少，制驭准备之方，多由此出。"

为了了解世界的全貌，林则徐还组织人力根据英国人慕瑞的《地理大全》一书，编译整理成《四洲志》一书。《四洲志》是中国第一部系统的世界地理大观，它介绍了世界五大洲 30 多个国家的地理和历史概况，比之利玛窦带到中国来的世界地图更为精确，也更为全面。这本书后来成为魏源编写《海国图志》的蓝本。

林则徐这样做的目的很明确，就是为了"尽得西人之长技，为中国之长技"。他首先能坦诚地承认中国是落后了，外国人手中有"长技"，这与清廷中绝大多数官员的闭目塞听、抱残守缺、盲目自大形成了鲜明的对照。这一点，连当时的外国人也不得不赞誉他。[2] 更为了不起的是，他明确指出，"尽得西人之长技"，最后还是"为中国之长技"，变西方人的长技为中国人自己的长技，让中国尽快地强大起来，这是林则徐"采访夷情"的初衷。比起徐光启的"欲求超胜，必先会通"更实在了。

"师夷长技以制夷"的魏源

亲历了鸦片战争的硝烟、一贯主张经世致用的思想家魏源，经过认真的思索，提出了"师夷长技以制夷"的响亮口号，开辟了反抗外国侵略、学习西方文明的新方向。

魏源

道光二十年（公元 1840 年），鸦片战争爆发，正在扬州治河的魏源立即赶到了宁波前线，参与钦差大臣伊里布率军的抗英斗争。在一次战斗中，俘获了英军军官安突德，魏源略懂英语，就参加了对这名俘虏的审讯工作。在笔录安突德的供词时，魏源学到了不少西方的人文、地理、历史方面的知识。后来，又参与了对多名战俘的审讯工作，收益都很大。魏源是个聪明人，也是个有心人，他将这些零零星星的材料辑合起来，第二年写成了在当时来说颇有资料价值的《英吉利小记》一文。

道光二十一年（公元 1841 年），魏源在两江总督裕谦幕中筹办浙江防务。裕谦是一个坚定的抗击派，但他部下的绝大多数将士都无心抗战，他的部将余步云等贪生怕死，清军的武器装备又落后，一遇敌军，必然溃败。裕谦独木难支，最后浙江海防失守，裕谦自杀身亡。目睹这一切，魏源真是思绪万千。当然，魏源也亲眼看到了沿海民众的忠勇抵抗和不怕牺牲的大无畏精神，这又使他把希望转向民众。

《海国图志》

道光二十一年（公元 1841 年），一度主战的道光皇帝转向投降派一边，钦差大臣林则徐被革职，并被遣戍边，发往伊犁。林则徐比魏源长十来岁，但当年在北京时两人志同道合、意气相投。这次途经镇江，两人相会，推心长谈。林则徐将他在广州前线所译的《四洲志》《澳门月报》和"粤东奏稿"，以及有关西方枪炮、地理图样悉数交给魏源，语重心长地嘱道："您年轻，前途正无可限量。把这些资料贯串起来，制作一部《海国图志》，这可是件前无古人的头等大事，真可称为'前驱先路'，功德无量啊！"魏源激动地从林则徐手中接过这些沉甸甸的资料，回答道："林公，您是我的良师长辈，您所说的我都听懂了，我一定下功夫把《海国图志》撰写完成。"

魏源没有辜负林则徐的殷殷期望，马上着手编纂。他与他的助手一起，查阅了大量历代史志，并与林则徐所得的地理图样相映衬和对照，以证明中国在明清之前的开放岁月里，对世界其实早有相当的了解，只是由于历史的局限不太清晰罢了。魏源还查阅了明初以来的岛志，从岛的名称，到人文地理，一一加以探讨，又寻找出了许多西方人并不知晓的岛屿和国度来。魏源还在短时期内搜寻出了不少"夷图""夷语"，填补了原先的某些不足。他在《海国图志》中引述的西方著作有 20 多种。经过一年半的努力，到道光二十二年（公元 1842 年）底，终于编成了 50 卷本的《海国图志》。4 年后，又增订成 60 卷本。在为这本书写的序言中，魏源明确坦言："欲制外夷者，必先悉夷情始。不善师外夷者，外夷制之。"最后的结论是："师夷长技以制夷！"

自明清以来，封建统治者历来唯我独尊，视外国为夷狄，视外交为来贡，魏源提出"师夷"的命题，本身具有开创意义。

魏源并没有停步和满足。在以后的岁月里，他又搜寻到了葡萄牙人玛吉士所著的《地理备考》一书，并译得美国人高理文所著的《合省国志》一书，将这些资料补充进去，就成了中国第一部系统地介绍各国历史、地理、经济、文化、军事的作品。咸丰二年（公元 1852 年），刊刻问世的是100 卷本的《海国图志》。从林则徐委托他编写是书，已经过去了整整 11个年头。

咸丰八年（公元 1858 年），兵部侍郎王茂荫奏请将此书广为刊刻，使亲王大臣每家一编，并令宗室八旗作为教材学习。然而麻木僵化的王公大臣、贵胄子弟们已经失去了接受任何新鲜事物的能力和兴趣，《海国图志》在清廷上层没有什么反响，倒在先知先觉的知识层中引起轰动。

耐人寻味的是，道光三十年（公元 1850 年），第一部《海国图志》传入日本，马上引起日本朝野的密切关注。到明治维新前夕，日本学人摘译和雕刻的版本在 22 种以上，可以说对日本的明治维新产生了重大的影响。

"天国"之梦 /

洪秀全

　　洪秀全是近代中国做着"天国"之梦而为之奋斗终生的杰出人物。

　　洪秀全出生在与海外声气相通的广东花县（今广州市花都区）的一个农民的家庭中。洪秀全 7 岁时入本村学堂读书，极为聪明，五六年间竟熟读"四书""五经"，还读了不少中国的传统古文。由于他的思想和观念与封建的传统观念格格不入，从 15 岁科考一直到 31 岁，连个秀才都没考上。于是，就转向阅读反映西方思想的一些书籍。

　　道光十六年（公元 1836 年），23 岁的洪秀全在广州应考，结果还是名落孙山，但却获得了一个意外的收获。有人送给他一本宣传基督教的名为《劝世良言》的小册子。这本小册子是摘引了新、旧《圣经》中的某些片断，加以中国化的讲解，宣传拜上帝、敬耶稣，大事宣扬"天堂永乐，地狱永苦"的思想观念。这对洪秀全产生了深刻的影响。由于贫困潦倒，第二年回到故乡，他生了一场大病。

　　洪秀全病中连续产生了一系列模糊的幻觉，似乎有人迎接他到一处十分华丽而光明的地方，有一个老人对他说，世人都是他生的，但都忘记了他，反而去拜事妖魔，那样天下怎么能太平？这位老人授予洪秀全一柄斩妖的利剑和一枚征服邪神的大印，要他放胆去做。这明显是《劝世良言》中上帝、天堂、邪神片断印象在他脑中经过加工后的再现。从此，他说："由此，我大觉大悟，如梦初醒了。"他还向乡里乡亲宣传，自己的灵魂曾经升天，见过上帝，他自己就是上帝所派的拯救世人、使世人回到敬拜上帝之路的使者。在他绘声绘色的宣传下，有不少人相信了他说的那一套。后来，洪秀全与冯云山等一同进入广西紫金山，组建了"拜上帝会"，书写了《原道救世歌》《原道醒世训》等宣传革命的文稿，系统地编织起了美妙的"天国"图景。受苦受难的工人、农民以及无业游民，都来参加他的组织，队伍也发展到了数千人。这时，"拜上帝会"的宗旨也由一般的传道转向反对清政府的暴虐统治。

道光三十年（公元 1850 年），洪秀全 38 岁生日的那一天，他们在广西金田村宣布起义，成立了太平天国。洪秀全称天王，随即以杨秀清、萧朝贵、冯云山、韦昌辉、石达开 5 人为五军主将，稍后又封 5 人为"五王"。以东王杨秀清总理军政，节制其余四王。经过广西、湖南、湖北等地两年多的战斗，终于在咸丰三年（公元 1853 年）初攻占了南京，在南京建立起了太平天国的首都，称为天京。

建都天京后，洪秀全马上颁布了《天朝田亩制度》，着重绘画了他们理想中的"天国"的美好图景。在"天国"中，"凡天下田天下人同耕"，田分 9 等，不论男女照人口均分，15 岁以下减半。每户养 5 只母鸡、2 头母猪，25 家组成一个居民群体、群体中的陶、冶、木、石等匠工，由这 25 户中的人员在农业的间隙时间担任。25 家设一国库，收获物归库，再进行公平分配。每两段（50 家）设一礼拜堂。礼拜天各至礼拜堂颂祭上帝、听讲道理。而儿童则每天都必须到礼拜堂听两司马（负责儿童教育的官）讲解太平天国刻印的《圣经》和洪秀全的各种著作……

《天朝田亩制度》所描绘的是一个理想中的、平均的、自给自足的、公有的小农社会。③这一制度规定的"人人不受私，物物归上主""人人饱暖，处处平均"，虽然难以真正推行，但它在太平天国的初期一定程度上起了凝聚人心和鼓舞斗志的作用。

然而，农民阶级自身的弱点马上暴露出来了。建都南京后三年，太平天国的最主要的领导洪、杨、韦、石四人之间的内讧导致了太平天国事业的严重挫折。

洪秀全是拜上帝会的教主，起义后为太平天国的天王，本应是太平天国的第一人。但颇有心计的杨秀清在定都一整年后，用迷信的方式，让大家承认他是天父的代言人。这样，一开始在太平天国内部就形成了实际上的两个中心。随着杨秀清权力的进一步扩大，矛盾也更加尖锐化了。洪秀全称"万岁"，而杨秀清称"九千岁"，最后发展到"逼天王亲到东王府封其万岁"，在大权旁落的特殊情况下，咸丰六年七月十五日（公元 1856 年 8 月 15 日），洪秀全不得不同意杨秀清的要求，同时密令在外督师的北王韦昌辉和翼王石达开迅速来京，以制裁权欲日盛的杨秀清。

以后的一切使太平天国大伤元气，韦昌辉和秦日纲回京后，立即包围东王府，袭杀了杨秀清及其亲属部众。次日，洪秀全以韦昌辉和秦日纲杀戮过多，处之以鞭刑，当时观者如云，中间多为东王府人。当晚，韦、秦部队又与东王府部队交火，杀东王府兵众万余。这时，石达开赶回天京，他本来对杨秀清的专权就很不满，现在看到韦昌辉、秦日纲滥杀无辜，当晚带兵出城，要求洪秀全杀掉韦昌辉、秦日纲以谢天下。在这种情况下，洪秀全又不得不杀了韦昌辉、秦日纲。

这时，众将士都认为石达开做得对，纷纷推举石达开提理政务。洪秀全是个心地狭隘的人，他表面上同意众将的意见，心里却很不快，重用的是同姓兄弟，而这些同姓兄弟一无军功，二无才干，众人都不服。而石达开的威信却越来越高，于是洪秀全越发不高兴，就努力设法牵制他。最后两人矛盾激化。

咸丰七年（公元 1857 年）四月底，石达开率军外逃，脱离天京。这样一折腾，太平天国至少失去了十万精兵，太平天国的全盛时期过去了。后来，洪秀全虽然重建了以陈玉成、李秀成、李世贤、韦志俊、蒙得恩等青年将领为核心的新的领导群体，但一是杨、韦事变造成的创伤太重，二是洪秀全猜忌外姓、重用宗室，使天国日趋没落。

同治三年（公元 1864 年）的四月十九日，50 岁的洪秀全病故。10 多天后，天京城破，转战 13 年的太平天国起义最终失败了。

"中学为体，西学为用"的洋务派

鸦片战争以后，尤其是太平天国失败以后，清廷开始向西方资本主义国家屈服，出现了所谓"中外和好"的局面。一些清廷官员提出了"洋务"这个新概念，把"采西学""制洋器"看成是"今日救时之第一要务"。冯

李鸿章

桂芬这样有头脑的思想家还强调"始则师而法之，继则比而齐之，终则驾而上之，自强之道，实在乎是"这样一些说法，在一段时间内，的确使朝廷上上下下人心振奋。

主张举办洋务的官员中，清廷中枢有恭亲王奕䜣，军机大臣桂良、文祥，地方总督、巡抚有曾国藩、李鸿章、左宗棠和张之洞等。由于他们在兴办洋务上，思想主张基本一致，在清政府内部形成了一股相当强大的势力，被称为"洋务派"。

洋务派的最基本主张是"中学为体，西学为用"。洋务派办洋务的指导思想是"中学为体"，也就是维护封建旧制度和纲常名教。所谓"西学为用"，就是用船坚炮利的西学来使古老帝国得以苟延残喘。

洋务派着力最多的是建立军用工业。较早又规模较大的军事工业是建于同治四年（公元 1865 年）的江南制造局。这一年，李鸿章购买了上海的美商旗记铁厂，又将上海洋炮局并入，并增添了从美国购买来的机器设备，合组成了"江南制造总局"。同治六年（公元 1867 年），该厂由虹口迁往上海城南高昌庙，规模大为扩大，设立了机器厂、轮船厂、枪厂、炮厂、炮弹厂、水雷厂、炼钢厂、栗色火药厂、无烟火药厂等 16 个分厂，还附设了学堂和翻译馆，这在当时是国内最大的兵工厂。此后，一直到光绪二十年（公元 1894 年）中日甲午战争，30 年间，洋务派设立的大小兵工厂有 21 个，较大的除江南制造总局外，还有金陵机器局、福州船政局、天津机器局。

洋务派在兴办军用工业的同时，还训练新式陆军和建立新式海军。咸丰十一年（公元 1861 年），清廷批准了练兵章程，随即成立神机营，从京营八旗中挑选精壮兵丁，演练洋枪洋炮、洋人阵式。两年后，在此基本上建立"威远队"，队伍有 5000 人，融马队、步兵、炮兵于一体，后又从绿营中选练军队，名为"练军"，有 1.5 万人。到光绪二十年（公元 1894 年），全国绝大多数省都有了"练军"。李鸿章的淮军和左宗棠的湘军，也都有了新式武器。这些军队都聘英、法、德国军人为教练。

除整编陆军外，洋务派还建立了新式海军。光绪元年（公元 1875 年）清廷任命直隶总督李鸿章和两江总督沈葆桢分别筹建北洋、南洋海军事宜。在南洋、福建、北洋三支水师中，南洋水师起步早，但发展慢，到中法战争时也只有舰艇 14 艘。福建水师共有船舰 11 艘。北洋水师起步晚，到光绪十四年（公元 1888 年）才正式成军，那时共有船舰 25 艘，并参照英国舰船制度，制定了《北洋海军章程》。

洋务派为了供应军用工业需要的原料、燃料和运输，从同治末年开始，也陆续兴办了一些民用的工矿业和交通运输业，到光绪二十年（公元 1894 年），共创办民用企业 20 多个。轮船招商局、开平矿务局、电报总局、汉阳铁工厂、上海机器织布局等，在中国近代工业中都有一席之地。

中日甲午战争

1894 年 6 月 10 日，日本侵略者以不宣而战的无耻手段发动了这场不义之战。当时，日军以"保护"使馆和侨民为名大量进入当时在清政府保护和管辖下的朝鲜，并击败清军，迅速占领了朝鲜京城汉城。7 月 25 日，日军又在牙山口外的海面上击沉了装有中国军队的英国商轮。在这种情况下，8 月 1 日，清政府被迫对日宣战。

一方是不宣而战，一方是主动宣战，而最后书写在战表上的"业绩"却令人悲叹和气短——

1894 年 8 月中旬，日军 1 万人进攻朝鲜北部的平壤，而聚集在那儿的装备并不逊色的清军有 1.4 万人，当日军攻城时，除部将左宝贵英勇奋战并以身殉职外，其他一律率部逃遁。主帅叶志超一看形势不好，就在城头竖起白旗，把大小炮 40 尊、枪 1 万支、粮无数留给了敌人，自己跑得比追的敌人还快，狂奔数百里一口气退回到鸭绿江以北。有人形象地说，日军是由这位主帅引到中国国境内来的。

9月17日，黄海海战。海战刚开始，敌人的第一炮打向北洋舰队旗舰"定远号"时，就把"定远号"的飞桥震断。当时北洋海军的统帅丁汝昌正在飞桥上，一下从空中坠落，身负重伤。当时双方都有12艘战船，可是，除了邓世昌英勇抗击外，清军又是一败涂地。李鸿章被吓破了胆，他命令舰队全都躲进威海卫港内。

10月中下旬，日军进攻北洋海军的基地旅顺。这是个李鸿章经营了15年的海军基地，驻军有1.3万人之多，港外炮台林立，敌军只有数千人。可是，日军只用2天时间就攻下大连，4天时间攻下旅顺。

1895年，日军进攻北洋海军的最后基地威海卫。清朝当局根本没有组织抵抗。在那里任海军副提督的英国人马格禄和担任顾问的美国人浩威唆使士兵哗变。到1895年2月，北洋海军尚存的11艘兵船全都成了敌人的战利品。

拿到这样的战表，已经亲政5年的光绪皇帝，其心头的苦涩是可想而知的。当然，当他读到有关邓世昌的战报时，心头还是为之一振的。他凝神静思，写下了这样的一副挽联：

此日漫挥天下泪，
有公足壮海军威。

邓世昌的事迹真让天下人潸然泪下：开战不久，北洋舰队的旗舰"定远号"中炮，帅旗被打落，总指挥丁汝昌身负重伤。这时，作为"致远号"管带（舰长）的邓世昌当机立断，下令挂起了帅旗，吸引敌人火力。他命令首尾的所有大炮向敌舰开炮，重创敌方"比睿""赤城""西京丸"三舰。后来，疯狂的敌舰集中所有火力打击"致远号"。在寡不敌众的情况下，"致远号"多处中弹，内舱进水，船体也开始倾斜，甲板上烈火熊熊，浓烟滚滚，弹药也所剩无几。在这种危急的情况下，邓世昌决定率全体将士与不可一世的日舰同归于尽。他向全体官兵说："我们从军的目的，就是保家卫国，应将生死置之度外。人谁不死？但愿死得其所。今天，我们就要誓死一拼！"这时，全舰呼声如雷，愿随邓管带血战到底。于是，惊天地、泣鬼神的一幕出现了——"致远号"像一条火龙，朝日舰"吉野"号怒驶而去。敌舰慌忙掉头而去，并发射鱼雷。邓世昌亲自掌舵，急速前行。眼看逼近"吉野"，不幸被鱼雷击中，"致远号"沉没了，全舰 250 人壮烈殉国！

邓世昌和战士们的英勇殉国，可歌可泣，他们的业绩在民族史上永放光芒！

中日甲午战争的失败，可以看做是清廷推行的"洋务新政"的完结。"中学为体"前提下的"新政"，并不能使中国走向独立和富强。而后签订的《马关条约》规定：割让辽东半岛和台湾给日本，"赔偿"日本军费 2 万万两，开放沙市、重庆、苏州、杭州为通商口岸。这一空前的不平等条约，进一步激起了民愤，一场大的变革运动提前发生了。

"百日维新" /

1894 年中日甲午战争后，英、俄、美、法、日、德等国掀起了瓜分中国的狂潮。中华民族处于危亡中。

这时，以康有为、梁启超、严复、谭嗣同为代表的一批知识分子，提出通过维新变法的途径，来挽救民族危亡、实现国家独立富强的主张。为了达到这一目的，他们甚至想借助于君主的权威和力量，即所谓的"以君权变法"。

变法的主帅是康有为。他为了让当时的光绪皇帝参与变法，曾六次亲上北京，递交《上清帝书》。他要求光绪帝采天下舆论，取万国良法，实行新政。为此，"皇帝亲自在乾清门举行大誓群臣仪式"，使每一个大

康有为

臣懂得不变法不足以救中国的道理；必须改革政治体制，开制度局于宫中；必须广揽人才，让"天下通才"参与其事。康有为的上书，有几次虽然没有直达皇帝手中，但通过民间的传抄，通过天津、上海的公开见报，产生了极大的影响，有些观点竟至于家喻户晓，也通过曲曲折折的途径传到光绪皇帝的耳中。

光绪皇帝一方面为了摆脱国家的危机，另一方面也是为了挣脱慈禧太后的束缚，争回君权，决定实施变法。光绪二十四年四月二十三日（公元1898 年 6 月 11 日），光绪帝颁布"明定国是"诏书，正式宣布变法。任命康有为为参赞新政，并任命谭嗣同、刘光第、杨锐、林旭在军机处帮助主持变法事务。从这一天开始，到八月初六变法失败，历时 103 天，史称"百日维新"。

在百日维新期间，维新派通过光绪皇帝颁发了一系列变法诏令，主要内容是：一、经济方面：设立农工商总局，保护工商业，奖励发明创造，设立铁路总局，修筑铁路，开采矿产，举办邮政，改革财政，编制国家预算。二、政治方面：改革行政机构，裁汰冗员，提倡官民上书言事。三、军事方面：裁减旧式军队，训练陆海军，推行保甲制度。四、文教方面：改革科举制度，废除八股文；成立学堂，学习西学；设立译书局，翻译外国新书；准许自由创立报馆和学会；派留学生出国。

在百日维新过程中，斗争十分剧烈。首先，慈禧撤去了支持变法的帝党领袖翁同龢的军机大臣等一切职务，接着又把用人大权牢牢地抓在自己手中。慈禧还任命她的亲信荣禄署直隶总督，直接控制京、津一带的兵权。她还加强了北京城内外的警备，密切监视光绪帝和维新派的活动。

七月中下旬，京津一带开始盛传慈禧太后与荣禄密谋，将乘光绪去天津阅兵之机，以武力逼他退位。光绪帝深感事态严重，密令康有为等设法应对。维新派毫无实力，在这紧要关头，只得把希望寄托在统率新建陆军的袁世凯的支持和帝国主义的干涉上面。日本首相伊藤博文在七月二十九日到达北京，原先他表示过支持中国维新派，而此时看到维新派败局已定时，就再也不说什么了。袁世凯是个十分油滑的家伙，当八月初三深夜谭嗣同去访问他，并希望他杀掉荣禄时，他信誓旦旦地说："诛荣禄，如杀一狗耳！"初四，慈禧突然把光绪帝严密控制了起来。初五，袁世凯回天津，就向荣禄告密。荣禄随即带兵入京，向慈禧报告了维新派"锢后杀禄"的计划。慈禧太后马上囚禁了光绪皇帝，并下令大捕维新派的重要人物。

谭嗣同

　　政变发生后，康有为和梁启超分别在英国和日本有关人士的帮助下，逃往国外。在此千钧一发之际，谭嗣同的密友、义侠王五愿作为保镖，护送他出京城。日本公使馆也派人会见谭氏，愿设法加以保护。谭嗣同却大义凛然地说："大丈夫不做事则已，做事则磊磊落落，一死亦何足惜！"并说："各国的变法，无不从流血而成，今日中国未闻有因变法而流血者，此所以国之不昌也。有之，则请自嗣同始！"他被执入狱。八月十三日，在刑场上，他不顾监斩官的拦阻，高呼："有心杀贼，无力回天。死得其所，快哉快哉！"谭嗣同死时，年仅34 岁！

　　与谭嗣同一起被杀的，还有刘光第、杨锐、林旭、杨深秀、康广仁5 人，史称"戊戌六君子"。

声势浩大的义和团运动 /

　　"百日维新"失败后一年，又爆发了以农民为主体的震撼中外的义和团反帝爱国运动。义和团原是活动在山东、直隶（河北）一带的义和拳、梅花拳等民间秘密结社和习拳练武的组织。在民族危机加深、大批农民和手工业者破产的情况下，这些组织逐渐由反清的秘密组织转变为具有广泛群众性的反帝斗争组织，他们最终将口号定格在"扶清灭洋"上。

　　义和团运动首先在山东发动。在甲午战争中，山东惨遭战火浩劫，之后，德国强占了胶州湾，英国又强占了威海卫。在山东，外国教会势力最

义和团

大，民众和教会之间纠纷也最多。再加上黄河连年溃决，民众流离失所，各地教堂又趁火打劫，高利盘剥。民众长期郁积在心头的仇恨之火终于通过义和团运动喷发出来了。

光绪二十三年（公元 1897 年），冠县梨园村的村民在阎书勤的率领下，拆毁教堂，驱逐教民，反抗教会压迫。梅花拳首领赵三多率拳众前来支援，声势很大，队伍很快发展到了千余人，蔓延十几个县。光绪二十五年（公元 1899 年），拳民在朱红灯的领导下，规模发展得更大，他们不只打击了帝国主义势力，还打败了前来镇压的清军。后来，义和团的主力从山东转移到了直隶，声势更大，以至达到城市乡镇遍设神坛的地步。

义和团声势浩大，清廷就想加以利用和控制，再加上清廷与帝国主义之间存在一定矛盾，于是清廷决定承认义和团的合法地位，默许其进入北京。光绪二十六年（公元 1900 年）初春，义和团进入北京后，民众发展到十几万，满、汉士兵也纷纷参加。他们焚毁教堂，打击侵略势力，还不断示威游行。同时义和团进入了天津城。义和团运动还发展到了山东、直隶以外的山西、陕西、河南、内蒙、东北等地，南方各省也纷纷响应。

外国侵略者马上出面干涉。这年的五月初十，各国驻华公使议定的联合侵华方案得到其本国政府批准，英、俄、日、美、德、法、意、奥八国组成了 2000 人的侵略军，号称"八国联军"。这支侵略军从大沽口登陆后，由天津向北京进犯，并不断增兵到 2 万人。

"八国联军"在镇压义和团的过程中，到处烧杀抢掠，犯下了滔天罪行。在攻陷大沽后，连日纵火，将繁华的市区夷为平地。攻入天津后，联军对着逃难的民众任意开枪、放炮，使成千上万的民众死于非命，正如一个日本人的记述所说："但见死人满地，房屋无存。"其占领北京以后，更是进行疯狂的屠杀和掠夺。他们肆意杀戮义和团的团民，单在庄王府一处，就虐杀、烧死了 1700 多个团民。任八国联军总司令的德国元帅瓦德西放纵官兵大掠三天，三日后继以私人劫掠。日本军队乘乱抢去库存的白银 300 万两，并放火烧库房，企图毁灭罪证。各官衙所存库款都被抢劫一空，损失约计 6000 万两。堆满金银和历代宝物的皇宫、颐和园等处也遭洗劫。④

光绪二十七年（公元 1901 年）七月二十五日，俄、英、美、日、德、法、意、奥、比、荷、西 11 国迫使清廷签订了屈辱的《辛丑条约》，条约使中国政府丧失了除田赋以外的主要财政来源，使列强进一步强化了对清政府的控制，造成了中国人民更加深重的灾难。条约签订后，慈禧太后完全投入帝国主义怀抱，宣称要"量中华之物力，结与国之欢心"。这里说的"与国"，实际上就是侵略中国的帝国主义国家。

轰轰烈烈的义和团运动，在中外反动派的联合镇压下，失败了。但义和团的英勇斗争，捍卫了民族的独立和尊严。"还我江山还我权，刀山火海爷敢钻，哪怕皇上服了外，不杀洋人誓不完"，"好男儿，要灭洋。好女儿，要保国。灭了洋，保了国，我们才能活"。这样一些铮铮豪言，永远铭刻在人们的心碑上。义和团的斗争粉碎了帝国主义灭亡中国的梦想，就连联军司令瓦德西也不得不承认："无论欧美、日本各国，皆无此脑力和兵力，可以统治此天下生灵四分之一。"

改良？革命？

在祖国处于危亡之际，爱国的人们都在为拯救祖国而出谋划策，但各人所走的道路是很不相同的。归结起来，一些人是想走改良的道路，另一些人是要走革命的道路。

改良派的领袖是康有为。"百日维新"失败以后，康有为流亡国外。1898 年 10 月 24 日，康有为经由吴淞、香港到达日本，他在途中发表公开信，称慈禧太后是"伪临朝"，是"罪大恶极"，说光绪帝是"勤政爱民，大开言路"的"圣明之君"，自己外出就是为了"奉诏出外求援"。康有为的弟子梁启超写信给日本首相伊藤博文，要他联合英美反慈禧，康有为又致信日本文部大臣犬养毅要求予以支持。他们主张依靠开明君主光绪帝和某些同情中国的人，对中国实行改良。

这时，比康有为早到日本并在中国的旅日留学生中有着广泛群众基础的孙中山主动向康有为伸出了友谊之手。孙中山曾托日本友人宫崎寅藏、平山周等向康有为致意，表示如果有必要，孙中山将亲往康有为住处表示慰问。可是，康有为却回答说："我身怀皇上的密诏，是不便于与革命党人接触的。"实际上是拒绝合作。

孙中山和另一位著名的革命党人陈少白并没灰心，又通过日本友人建议组织一次孙、陈、康、梁会谈，会谈的目的是共商合作大计。康有为勉强同意，但康有为自己却拒绝到会，只派他的弟子和代表梁启超出席。会谈无果而终。

孙中山还是不甘心，再一次派陈少白为代表去访问梁启超，梁启超又引陈少白去见康有为。两人的辩论足足进行了 3 小时，毫无结果。最后，陈少白规劝道："请先生改弦易辙，共同实行革命大业！"这等于下了最后通令。而康有为一点也不妥协，硬生生地作答："今皇上圣明，必有复辟之一日，余受恩深重，无论如何不能忘记，惟有鞠躬尽瘁，力谋起兵勤王，脱其禁锢瀛台之厄，其他非余所知！"意思是说，他的立场是无论怎么也不能改变的。

面对革命形势的空前发展，连康有为的大弟子梁启超等也有些动摇。康有为十分焦虑，作为对革命派的应对，他发表了一系列系统论述改良的文稿。在《答南北美洲诸华侨论中国只可行立宪不可行革命书》中，斥革命是"求速灭亡"，而立宪可以避免"革命之惨"，他强调："保皇为宗旨，无论如何万不变。"

在此情况下，1903 年，革命党人章太炎发表了著名的《驳康有为论革命书》一文，把康有为等人奉为神圣不可侵犯的光绪皇帝斥为"载湉小丑"，而强调革命是不可阻挡的历史潮流，"公理之未明，即以革命明之；旧俗之俱在，即以革命去之；革命非天雄、大黄之猛剂，而实补泻兼备之良药也。"沉重地打击了改良主义。

"革命军马前卒"

在革命事业的发展过程中，有无数志士仁人为了中华民族的复兴，冲锋陷阵、奋勇向前，甚至献出了自己最可宝贵的生命。自命为"革命军马前卒"的邹容，就是民主革命历程中极为杰出的一个。

邹容从小熟读"四书""五经"，对《史记》《汉书》中的某些篇章背诵如流。维新运动兴起后，他逐步接触到了以"新学""西学"为主的一些书刊，萌发了反封建思想。在深重的民族危机面前，他深感忧虑。

邹容

光绪二十七年（公元 1901 年），四川省首次选派学生赴日留学，在成都举办考试。邹容坚决要求应考，最后被录取。正当他欢欣鼓舞准备出发时，又被某些顽固分子诬为"聪颖而不端谨"而被取消公派。邹容毫不气馁，他从亲戚处借得路费，乘船自重庆，穿过三峡，顺流东下，到达上海，在"广方言馆"补习日语后，于1902 年 9 月到达了日本，这时他 17 岁。

当时，在日本的中国留学生有 500 人之多，思想较国内不知要活跃多少。邹容一到日本，变得更加激进。"凡遇留学生开会，邹必争先演说，犀利悲壮，鲜与伦比。"在留日学界，他很快成为大家熟悉的革命分子。

光绪二十九年（公元 1903 年）春，邹容将他的革命激情和爱国赤诚凝聚到笔端，开始全神贯注地撰写《革命军》一书。不久，因发生邹容、张继闯入清廷派往日本管束留学生的监督姚文甫家剪去其辫子的事件，清廷驻日公使闻讯照会日本外务省要求引渡邹、张两人，于是，两人离日回国，返抵上海。邹容除积极参加上海的革命活动外，还写完了《革命军》一书，署名"革命军中马前卒邹容"。从此，"革命军马前卒"的名声响彻中外。

该书出版前，特请革命前辈章太炎先生修改。章太炎读后，击节称赞，认为这种直率豪放、通俗易懂的文字，能够发挥广泛的宣传作用。因而不作任何的修改，提笔就写了一篇序文，称许《革命军》一书是"义师先声"。随即由柳亚子等筹集印刷费用，交大同书局排印，于1903年5月初出版。

正当《革命军》问世之时，上海的《苏报》由章士钊接任主笔，并宣布"大改良"，言论更趋激进。不久刊登《读〈革命军〉》一文，将该书誉为"今日革命教育之第一教科书"，又在新书介绍栏内说《革命军》如能普及于四万万人之脑海，中国当兴也勃也"，接着又登出章太炎的《驳康有为书》。《苏报》迅即成为举国瞩目、独步一时的革命报纸。这为中外反动派所不许，上海租界当局封杀了《苏报》，抓捕了章太炎等人，而邹容自赴捕房，以示与章太炎共患难。这就是轰动清末的"苏报案"。

租界当局判章太炎监禁3年，邹容监禁2年，罚作苦工。邹容自入狱的第一天起，即抱定了为革命牺牲的决心。他同章太炎在狱中赋诗明志，互相砥砺。不幸，在离出狱2个月时，邹容即被折磨而死，年仅20岁。

噩耗传出，以蔡元培为首的中国教育会立即为邹容开了追悼会，遗骸则由革命志士刘三（季平）冒险运出，安葬于上海华泾乡。南京临时政府成立后，临时大总统批示："照陆军大将军阵亡例赐恤。"也就是说，自称为"革命军马前卒"的邹容，被孙中山晋封为"革命大将军"。

当时，邹容的《革命军》风行国内和海外华侨中，销售量达110万册，在当时所起的鼓动作用难以估量。自《革命军》发行后，革命思想深入民众。孙中山看到《革命军》后，赞赏不已。后来他改组兴中会，建立"中华革命军"，为的就是"记邹容之功也"。

为"振兴中华"而奋斗

进入20世纪以后的中国，推翻封建专制统治渐渐成为时代的主流，一般志士仁人都有一个明确的观念："革命固不得不行！"顺乎时代之潮流，孙中山先生早在檀香山成立革命组织"兴中会"、决定推翻封建帝制时，就明确地打出了"振兴中华"的大旗，作为立会的宗旨，以后一直为此奋斗了终生。

1840 年鸦片战争以后，中国由积贫积弱而渐次沦入半殖民地半封建的深渊，民众处于水深火热之中。以林则徐、洪秀全、康有为、梁启超、谭嗣同等为代表的广大志士仁人，心中都藏着"振兴中华"这四个光彩夺目的字眼，只是没有明确地表述出来罢了。代表广大有志之士响亮地呐喊出"振兴中华"这一伟大口号的第一人，是中国近代最伟大的民主主义革命家、思想理论家孙中山先生。

孙中山是广东香山县（今中山市）翠亨村人，生于 1866 年 11 月 12 日。名文，幼名帝象，号日新、逸仙，后来旅居日本时曾化名"中山樵"，"中山"之名因此而来。孙中山幼年家境贫困，其兄到檀香山为雇工数年后，12 岁的孙中山也远涉重洋来到了檀香山，在那里的学校中接受了初步的民主主义教育，接触了广大劳苦大众，有了"改良祖国，拯救同群之愿"。

20 岁那年，孙中山进入广州博济医院附属的华南医学堂学习，第二年又转入香港的西医书院学习。他学习勤奋，成绩优秀，又博览了政治、军事、历史、物理、农业方面的书籍，眼界大开，结识了陈少白、尤列、杨鹤龄等有志之士，成为志同道合的革命同志，时人称为"四大寇"。他在给友人的一封信中，提出"振兴农桑"，可以说是孙中山第一次运用"振兴"两字。

1894 年，28 岁的孙中山在檀香山创立了中国第一个革命小团体——兴中会。20 多余名热血青年聚于一堂，"大声疾呼：亟拯斯民于水火，切扶大厦之将倾"。由孙中山亲自起草了《兴中会章程》。兴中会的会名，本身就隐含有"振兴中华"的意思。《兴中会章程》在斥责列强企图"瓜分豆剖"中国的同时，又揭露了清廷"涂毒苍生，一蹶不兴"的本质，呼吁"中外华人"联合起来，同心协力"振兴中华"。⑤

1895 年，清政府与日本订立了屈辱的《马关条约》，中国处于更严重的危急关头。孙中山回国，与陆皓东、郑士良等赴广州成立兴中会组织，陆续加入者有数百人之多。先后建立秘密机关数十处，联络防营、水师附近的一些会党、绿林、游勇，购买了军械，决定在重阳节起义。并商定由孙中山拟定攻取方略，另由朱淇起草声讨清王朝的檄文和安民告示，何启等起草英文本的对外宣言。但是由于谋事不密，事先被清政府察觉。广州的清军大批出动，封闭革命机关，搜捕起义人员，孙中山领导的第一次起义未及发难即遭失败，革命党人陆皓东，会党领袖朱全贵、丘四等被捕后英勇就义。陆皓东在就义前豪气冲天地说："今事虽不成，此心甚慰。但一我可杀，而继我而起者不可尽杀！"孙中山后来称赞他是"中国有史以来为共和革命而牺牲者之第一人"！

广州起义失败后，清政府以花红银 1000 元悬赏通缉孙中山，并通电亚、欧、美各国使馆相机缉拿。孙中山逃出广州，经唐家湾到澳门，又抵香港，去日本。然后从檀香山到美国旧金山，经芝加哥抵纽约，不久又从纽约赴英国伦敦。在伦敦被清驻英使馆绑架，囚禁在英使馆中准备押运回国杀害。清使馆的女工、英国人贺维得知后向外界透出消息。世界舆论为之大哗。在强大舆论压力下，英政府不得不要求清使馆释放私捕人员。孙中山获释后，写了著名的《伦敦蒙难记》。又从伦敦赴加拿大，后又来到日本。

孙中山周游世界，一路宣传着"振兴中华"的道理，他告诫世人："中国全体人民正准备着迎接一个变革，有大多数的诚实的人们准备着而且决心要进入公共民主的生活。"这是他告别伦敦时的预言。

帝制的终结 /

当新的世纪——20 世纪到来的时候，中国民主革命的伟大先行者孙中山先生信心满怀。1900 年 7 月 16 日，他自西贡乘轮抵香港海面，港英官员上船盘问，孙中山坦然作答："我们党现在正努力颠覆北京政府，我们将在中国南部建立一新政府。没有这一行动，中国将无法改造！"

这以后，进行了一系列武装夺取政权的准备和实践。

革命形势在发展，由各革命团体分头活动的斗争形式，已经不适合于现实的需要。革命党人深切地感到有必要组建一个统一政党来领导革命斗争。深孚众望的革命领袖孙中山理所当然地站到了历史的前台。1905 年 7 月 30 日，孙中山约集倾向革命的留学生 70 余人举行会议，决定成立"中国同盟会"。8 月 20 日，孙中山在日本东京主持了 100 人的同盟会成立大会，大会推举孙中山任总理，并有了一个坚强的领导核心。10 月，同盟会机关报《民报》在东京创刊，孙中山在发刊词中提出了"民族""民权""民生"的三民主义理论，中心观念是要在中国建立民主共和制度，以取代君主专制统治。

孙中山

从此，中国的民主革命运动有了一个指导中心。

1907 年 3 月，孙中山在越南河内市建立了领导武装起义的总机关。孙中山在 1907 年和 1908 年两年间，在祖国的西南边境发动了 6 次武装起义，均告失败。但孙中山的意志越发坚强，他说："吾党经一次失败，即多一次进步。"

1911 年 4 月 27 日，革命领袖黄兴率百余革命先锋战士在广州起事，与敌人浴血奋战一昼夜，终因寡不敌众而失败。事后收得 72 具烈士遗骸，安葬于黄花岗，史称"黄花岗之役"。孙中山在美国芝加哥听到黄兴起义失败的消息，一面对殉难烈士深切哀悼，一面又对起义予以高度评价，认为："革命之声威从此愈振，而人心更奋发矣！"

1911 年 10 月 10 日，震惊中外的武昌起义爆发。革命军在 3 天内占领了武汉三镇。一个月后，南方已有 12 个省脱离清廷宣布独立。年底，光复省份更增加到 17 个。这场遍及全国的革命风暴发生于旧历的辛亥年，史称"辛亥革命"。

这年的 10 月 12 日，孙中山在美国中部得悉革命军占领武昌，喜出望外。他立即中止了在美国各地的演说筹款活动，决定马上回国。同时，他也一再接到革命党人催促他回国的电文，于是，于 1911 年 11 月 24 日从马赛启程回国，12 月 25 日抵达上海，12 月 29 日被 17 省代表选举为中华民国临时大总统。当时是一省一票，孙中山得 16 票，黄兴得 1 票，可见孙中山在革命队伍中有着绝对的威信。

1912 年 1 月 1 日，中华民国宣告成立。当天晚上，孙中山在南京举行临时大总统就职典礼，颁布临时大总统宣言书，宣告临时政府的施政方针是："扫尽专制之流毒，确定共和！"1 月 5 日，发表对外宣言书，纲领很明确，就是"平等睦谊"四个大字。

1912 年 1 月 11 日，孙中山宣布北伐，自任北伐军总指挥，制定了六路进军计划。北伐军在津浦线上首战告捷，占领了军事重镇徐州。在进军中一面又与北方实力派人物袁世凯达成和议，要其敦促清帝退位。

1912 年 2 月 12 日，清宣统皇帝下诏退位。至此，宣告了统治中国 268 年之久的清王朝的灭亡，也宣告了在中国延续数千年的君主专制制度的终结。

历史不可逆转。此后，谁试图逆历史潮流而动以复辟帝制，谁就是历史的千古罪人，其污浊是永远也洗刷不清的。

"革命尚未成功，同志仍需努力"

清帝退位的第三天，根据与北方实力派人物袁世凯的事先约定，孙中山即向南京临时参议院提出辞职，4 月 1 日，正式辞去临时大总统的职务。孙中山是有警觉心的，为了防范袁世凯背弃民主共和原则，于卸职前主持制定了《中华民国临时约法》，规定"中华民国之主权属于国民全体"。袁世凯将中华民国临时政府迁往北京，继任临时大总统。袁世凯玩弄政治权术夺取最高权力后，就迫不及待地进行颠覆共和体制的阴谋活动。

1912 年 8 月，同盟会与另四个小党在北京合并，组成国民党，孙中山被选为理事长。因孙中山正忙于在国外考察实业，由宋教仁担任代理事长。宋教仁迷信议会，他为争取成立"政党内阁"而积极活动，并使国民党在国会选举中获胜。袁世凯视宋教仁为眼中钉，于 1913 年 3 月 20 日派刺客在上海火车站刺杀了他。同时，袁世凯又不惜出卖主权，同五国银行签订"善后大借款"，企图用作镇压南方革命党人的军费。

袁世凯

　　正在日本访问的孙中山，惊悉宋教仁被杀的消息，马上于 3 月 25 日赶回上海，并发动武力讨袁。7 月 12 日，江西都督李烈钧在湖口誓师，宣布独立，揭开了"二次革命"的序幕。接着，江苏、上海、安徽、广东、福建、湖南、重庆等省市也先后宣布独立。但是，在短短的一个月内，南方讨袁各省相继失败。大势已去，孙中山不得已，只得于 8 月再度流亡日本。

　　1914 年 7 月，孙中山在东京成立了由他担任总理的中华革命军，继续开展反袁斗争。1915 年，袁世凯一面接受日本提出的灭亡中国的"二十一条"，一面梦想当什么"中华帝国"的皇帝。他不顾全国人民的反对，宣布 1916 年为"洪宪"元年。而反袁护国运动的激流冲毁了袁世凯的"洪宪帝制"，袁世凯只当了 83 天的皇帝，随即殒命。继任北京中央政权的军阀头子段祺瑞仍然推行卖国独裁政治，并毁弃《约法》。1917 年，孙中山南下广州，成立中华民国军政府，并被推为大元帅，发起"护法运动"。但他没有自己的军队，被桂系军阀排挤后，不得不于次年再到上海，完成了《孙文学说》的写作。1919 年，他将中华革命党改组成了中国国民党，担任总理。1920 年重回广州，任非常大总统，开始准备北伐。1922 年陈炯明广州叛变，孙中山再次退居上海，将陈炯明逐出广州后，第三次回到广州，建立革命政权，任陆海军大元帅，重新准备北伐。其间，孙中山与俄国共产党和中国共产党接触，1924 年 1 月召开中国国民党第一次全国代表大会，重新解释三民主义，并确立了"联俄、联共、扶助农工"的三大政策。创办了黄埔军校。

1924年11月，应北京政变领导人冯玉祥之邀，孙中山抱病北上商谈国是，发表宣言，主张废除不平等条约，召开国民会议，"以谋中国之统一和建设"。一路上他受到社会各界的热烈欢迎。到北京后，病势加重，1925年3月12日，不幸与世长辞。

在最后的年月里，孙中山先生一再强调："革命尚未成功，同志仍需努力！"要求同志们："联合世界上以平等待我之民族，共同奋斗！"在弥留之际，他支撑着喊出：

"和平……奋斗……救中国……"

开天辟地的大事变

从洋务运动，戊戌变法，到辛亥革命，当时的中国人基本上都是以美、英、法等西方国家为蓝本，探求救国救民的道路的。可是，从1840年到20世纪初叶，差不多80年的时间里，一次又一次的斗争，都悲壮地失败了。人们开始疑惑，开始思索，开始新的求索。

这种新的求索首先发生在一批接受了世界新思想的新知识分子中。

曾留学过日本、参加过辛亥革命的陈独秀一直在思索：辛亥革命为什么会失败？帝制为什么会复辟？中国的出路何在？他认为，问题的关键在于要创造一种新文化，要唤醒国民，培植国民的民主和科学精神。他把希望寄托在青年一代身上，因此于1915年在上海创办了《新青年》。这本杂志在青年中产生了极大的影响，毛泽东、周恩来、朱德等人都说过，自己年轻时受过陈独秀的影响。1917年蔡元培任北京大学校长，

《新青年》

以"思想自由""兼容并包"为办学方针，北京大学成为中国新文化运动的堡垒，而《新青年》是新文化运动的最主要阵地。

列宁领导的1917年十月革命胜利以后，中国的新文化运动逐渐发展为马克思主义的宣传运动。中国第一个马克思主义者李大钊在1918年发表的《庶民的胜利》，热情赞颂了十月革命。经过五四运动，一批经过新文化运动洗礼的爱国知识分子转向了马克思主义，走上了依靠工农改造中国的道路，促成了中国共产党的成立。

1920年，在共产国际的帮助下，陈独秀在上海成立了中国共产党发起组。接着李大钊在北京、毛泽东在长沙、董必武在武汉等地建立起了共产党的早期组织，为建立中国共产党在组织上作了准备。

1921年7月23日，中国共产党第一次全国代表大会在上海法租界望志路（今兴业路）106号的一排普通石库门二层楼房中召开。这是一间不到20平方米的客厅，透亮的玻璃门窗，光洁的红漆地板，厅的正中是一张在当时看来相当洋气的长方形会议桌，在会议桌上方悬挂着一盏形状别致的电灯。当年，来自全国各地的毛泽东、董必武等13名代表，还有共产国际代表马林和赤色职工国际代表尼克尔斯基，就是在这盏灯下共商建党大计的。

中共"一大"期间，突然遭到法国巡捕房便衣的探察，为了防止不测，会议转移到嘉兴南湖的一艘游船上继续进行。当时陈独秀在广州，没能出席会议，但仍被大家推选为中央局书记。中共"一大"的召开，是中国共产党成立的标志。一年后，在上海召开的中共"二大"上，提出了中国共产党的纲领，即打倒军阀以实现国内和平，推翻帝国主义压迫以实现民族独立，统一

中共一大会址

中国为真正的民主共和国。

毛泽东指出："中国产生了共产党，这是开天辟地的大事变。"孙中山先生一再提出要建设"新中国"，可是，这一宏愿在他生前没有实现，也不可能实现。中国共产党的成立，掀开了中国革命的新篇章，开辟了中国革命的新道路。

中国出了个毛泽东

东方红，

太阳升，

中国出了个毛泽东。

…………

70多年来，这首对中国人民来说耳熟能详的陕北民歌，从祖国的大西北，唱到了全国各地，唱到了旅居四海的华人世界，唱到了神州大地上升起的人造卫星上。每当吟唱这首歌曲时，人们自然都会想："中国出了个毛泽东"，它意味着什么呢？

人们也许可以做这样那样不同的解释，但有一点是不能否认的。作为一个伟大政党和伟大国家的领袖，毛泽东，他的地位和作用，是其他人难以取代的。中国如果没有毛泽东，整部中国的近现代史可能就得重写。

正是毛泽东，在1921年7月23日以湖南共产主义早期组织代表的名义参加了在上海召开的中国共产党第一次全国代表大会。他是中国共产党的缔造者之一。

正是毛泽东，在1927年大革命失败后，发动了"秋收起义"，并率领工农武装向农村进军，把革命红旗插上了井冈山，创建了井冈山革命根据地，成功地把斗争重点由城市转向农村。在井冈山，敌人常来进

青年毛泽东

犯。毛泽东主张打打走走，有时见了强敌还得撤，不要硬打。一些人不服气，说："我们是革命军，要有大无畏精神，见了敌人就撤，成何体统？"毛泽东一时无法说服他们，只得让他们打。茶陵一战，城市丢了，又夺回，最后还是丢了。战后清点，伤亡超过 1/3。毛泽东战后问大家："想一想，这仗该不该打？"大家谁都不说什么。最后毛泽东说："我们付学费了，而且是血的代价。打仗要避实就虚。打仗如同做买卖，蚀本不干，赚钱就来。打得赢就打，打不赢就走嘛！""打得赢就打，打不赢就走"这十字方针，后来成了毛泽东军事思想的重要原则。

正是毛泽东，在"左"倾冒险主义使革命遭受重大损失的危难关头，为了保存实力，北上抗日，毅然率红军实行战略大转移，进行了举世闻名的两万五千里长征。冲出重围后，"左"倾领导人准备把剩下的三万红军拉到湘西去，而实际上湖南敌人已在那里布下了重兵。如果硬拼，势必全军覆没。在这紧急关头，毛泽东明确提出："掉头向西，到山高、谷深、流急、人稀的贵州去。"毛泽东此举，真正挽救了红军，挽救了党。遵义会议确定了毛泽东在全党、全军的领导地位后，他的作用就更突出了。

正是毛泽东，在 1936 年 12 月 12 日发生"西安事变"后，审时度势，及时派出以周恩来为团长的中共代表团，通过与张学良、杨虎城和蒋介石的会谈，促成了"西安事变"的和平解决，实现了抗日民族统一战线的形成。

正是毛泽东，在与国民党的谈判中，达成了共识，将西北主力红军改名为"八路军"，南方八省的红军游击队改编为"新四军"。改编后的八路军和新四军，在毛泽东直接领导下，马上开赴抗日前线。1937 年 9 月，日军精锐部队板垣师团大队人马正向长城要口平型关进发，八路军一一五师得到情报后，马上向党中央和毛泽东同志汇报。毛主席指示："以全师主力伏击敌人。"经过一昼夜的激战，歼敌 1000 多人，击毁敌人汽车 100 多辆，缴获了大量的武器和军用品。这是中国抗战开始后的第一次大捷。在整整十四年的抗战中，毛泽东领导下的人民军队起了举足轻重的作用。

正是毛泽东，在抗日战争最困难的岁月里，领导陕北人民渡过了难关。

毛泽东还亲自题写了"发展生产，保障供给"八字，鼓舞大家开展大生产运动。南泥湾是延安东南 100 多里的一片山林茂密的荒草地。1943 年毛泽东命三五九旅开进南泥湾，到 1934 年底，这里变成了"到处是庄稼，遍地是牛羊"的陕北好江南。

正是毛泽东，在抗日战争取得胜利后，接受蒋介石的邀请，毅然来到"陪都"重庆。当时人们都认为，蒋介石那样高姿态，是否真有诚意？毛泽东贸然而去，是否有危险？毛泽东却认为："个人安危是小事，国家命运、前途才真正是大事。既然蒋委员长有请，我是一定要去的。"到了重庆，著名民主人士张澜在面见毛泽东时还说："我不相信蒋介石有诚意，是假戏。"毛泽东笑着说："我们就来一个假戏真做，让全国人民当观众，看出真假，分辨是非，这场戏就大有价值了。"在毛泽东的努力下，终于签订了国共两党的《双十协定》。

正是毛泽东，当蒋介石撕毁"停战协定"后，于 1949 年 4 月 21 日发布了《向全国进军的命令》。百万雄师分三路强渡长江。4 月 23 日，人民解放军占领南京，宣告了蒋家王朝的覆灭，也宣告了一个新时代的即将到来。

如果说孙中山是提出建设新中国的第一人，那么，毛泽东则是为建设新中国绘制蓝图的第一人。从这个意义上讲，毛泽东是孙中山事业的继承者。

忻口会战中的国共携手

在国共两党的共同努力下，1937 年下半年，国共合作、全民抗战的格局渐次形成。在中央军委的统一部署下，八路军三个师在誓师后渡过黄河，向东进发……

9 月，八路军——五师就在平型关打响了抗日第一战，给正面战场作战的国民党军队以巨大的鼓舞。

10 月，中国军队第二战区司令长官阎锡山决定死守东起平型关、雁门关，西至阳方口这一线，以阻止向太原气势汹汹地逼来的日军。阎锡山把自己的行营设在雁门关前线。

阎锡山领导的晋军虽然武器远不如日军，但打得十分的勇敢。敌军的飞机一天到晚的狂轰滥炸，把晋军简单的工事炸毁了。晋军战士趁不太长的战斗间隙，重新又筑起了防御工事，甚至将泥浆装进麻袋垒成掩体，继续守住阵地。日军向谷地发动冲锋，晋军沉着应战，待日军冲到壕前时，用手榴弹大量杀伤敌人。在近距离间，晋军还与敌人拼刺刀，大量杀伤日军。

毛泽东在重庆谈判期间和蒋介石、赫尔利等合影

正当晋军在正面战场上吃紧的时候，八路军有关部队得到指令，从侧面和后面展开游击战争，配合国民党的晋军战斗。

深秋的一天，八路军一二〇师716团团长贺炳炎奉师长贺龙之命，率部到雁门关打击敌人。经过三天三夜的急行军，部队来到了靠近雁门关的一个四面环山的小山村老窝村。村后有条公路，天天有日军的汽车经过。战士们准备就地伏击。10月18日清晨，战士们就进入了埋伏地。到了上午10时，公路上腾起了尘土，敌人的一个300多辆的车队来了。"打！"一声令下，把敌人的车队打得人仰马翻。

打完了就走，八路军走了，走得无影无踪。敌人的大队人马到了，气得嗷嗷大吼。

八路军一二九师的769团，为了配合国民党军队的忻口大战，开赴忻口北面100多里的一个小山庄。指战员到了那里，老百姓告诉战士们，河隔岸就是日军阳明堡飞机场，这个机场的飞机每天起飞去轰炸中国军队的阵地。八路军的这支部队在陈锡联同志的带领下，乘着夜色，出其不意地冲进机场，把那里的 24 架敌机都轰掉了。

在忻口战斗的国民党晋军，亲眼看到八路军战士英勇配合作战的情景，又听到新四军开展游击战、有力地牵制了日军，个个都激动地说："八路军、新四军真是我们的好兄弟！"

事实上，正是这种全民同心协力的抗战，才取得了抗日战争的最后胜利。

跳出历史的"周期律"

黄炎培

1945 年夏，抗日战争的胜利已成定局，社会各方正在为建设一个怎样的"新中国"而积极筹划。在这关键时刻，中国民主同盟的负责人、著名爱国民主人士黄炎培先生于 1945 年 7 月 1 日由重庆来到了革命圣地延安。

为了了解延安的风土人情、民风民俗、政情党情，黄炎培在短短的数日间走遍了延安的大街小巷、乡村市镇、机关学校，甚至进入了这里的一些寻常百姓家。所见所闻，使这位年过花甲的老人感慨万千。

7 月 2 日下午、3 日晚上、4 日下午，黄炎培被毛泽东盛情邀去促膝长谈。

"任之（黄炎培字任之）啊，这些天您好忙啊，请您谈谈感想，如何？"毛泽东把坐椅往黄炎培身边挪了挪，带着征询的口吻用浓重的湖南普通话说。

黄炎培说："这里的一切，您润之先生比我清楚得多。以我的粗略的观感，可用'生意盎然、生机勃勃'八字来形容，有许多都是我见所未见、闻所未闻的。这些我都不想多说了。"

毛泽东笑了，笑得很坦然："不想多说就不说也罢，我看还是说些任之先生想说的罢，先生意下如何？在下当洗耳恭听！"

黄炎培说出一番"治国安邦"的高论来。

黄炎培神态严肃、语气庄重地说:"我生六十多年,耳闻的不说,所亲眼看到的真所谓'其兴也勃,其亡也忽焉'。无论是一人、一家、一团体、一地方,乃至一国家,不少单位都没有能跳出这'周期率'的支配力。大凡初时聚精会神,没有一事不用心,没有一人不卖力,也许那时艰难困苦,只有从万死中觅得一生。既而环境渐渐好转了,精神也渐渐放下了。有的因为历时长久,自然地惰性发作,由少数演为多数,到风气养成,虽有大力,无法扭转,并且无法补救。也有为了区域一步步扩大了,它的扩大,有的出于自然发展,有的为功业欲所驱使,强求发展,到干部人才渐见竭蹶、艰于应付的时候,环境倒越加复杂起来了。控制力也不免趋于薄弱了。一部历史,'政怠宦成'的也有,'人亡政息'的也有,'求荣取辱'的也有。"⑥

毛泽东为黄炎培又添上一杯清茶,说:"任之先生今天是在为我上历史课,我当铭记在心。"

黄炎培又说:"当年陈胜起事,初起时只有900人,斩木为兵,揭竿而起,'王侯将相宁有种乎',豪气逼人,数月之间,义军百万。后来忘乎所以了,还斩杀故人,结果只半年时间,兵败身亡。闯王李自成,拥百万大军,横扫十六省,可一旦率军进京,自身懈怠,部属离心,士无斗志,结果走向悲剧。这种种教训,值得人人记取。"

毛泽东说:"是啊,值得人人记取,更值得我记取啊,我也是农民起义军的首领啊!您说是不是?"

黄炎培真心实意地说:"希望中共诸君能找到一条新路,来跳出这'周期率'的支配。"

毛泽东自信地作答道:"我们已经找到新路,我们能跳出这周期率。"

黄炎培追问:"怎样的新路?"

毛泽东说:"这条新路,就是民主。只有让人民来监督政府,政府才不敢松懈。只有人人起来负责,才不会人亡政息。"

黄炎培满意了,连连点着头,肯定地说:"您说的是对的。"

这可能是真正决定中国命运的一次谈话。

后来，毛泽东《在中国共产党第七届中央委员会第二次全体会议上的报告》中又指出："因为胜利，党内的骄傲情绪，以功臣自居的情绪，停顿下来不求进步的情绪，贪图享乐不愿再过艰苦生活的情绪，可能增长。"他要求全党和全国人民务必继续地保持谦虚、谨慎、不骄、不躁的作风，务必继续地保持艰苦奋斗的作风。

两个"十一"

毛泽东在开国大典上讲话

回首近代中国的历史，自然而然地会使人想到两个"十一"。

第一个"十一"，意味着中国人民的厄运。那是 1839 年的 10 月 1 日，英国的内阁会议作出决定："派一支舰队到中国海去！"去干什么呢？历史已经写得明明白白。正是英国议会"十一"的这一个决定，引发了罪恶的鸦片战争，引发了中国人民的百年苦难。

从此，开始了灾难深重的屈辱历史；从此，开始了强权即是公理的时代。一个又一个"刺刀尖下"订立的不平等条约，使中国经济、政治、文化上的权益一步步丧失殆尽，中国由一个独立的封建国家沦为半殖民地半封建国家。

有压迫就有反抗。在帝国主义铁蹄下备受煎熬之苦的中国人民，是不屈的勇于抗争的人民。为独立、自由、民主和富强而斗争，成为近代中国的主题。失败，斗争。再失败，再斗争，直至胜利，这是中国人民的伟大信念。

正是这种伟大的坚定不移的信念，迎来了整整 110 年后的第二个

"十一"。

第二个"十一"，意味着中国人民的福祉。那是 1949 年的 10 月 1 日。中国的历史揭开了新的一页。一个崭新的时代开始了，占世界人口四分之一的中国人从此站起来了！毛泽东在这一天显得十分的激动，他说："中国的命运一旦操在人民自己手中，中国将如初升的太阳那样，以自己辉煌的光焰普照大地，迅速地荡涤反动政府留下的污泥浊水，治好战争的创伤，建设起一个崭新的名副其实的人民共和国。"

10 月 1 日下午 2 时，毛泽东在中南海勤政殿召开中央人民政府委员会第一次会议，中央人民政府宣告成立。

随后，毛泽东和中央人民政府全体委员驱车驶向天安门。

下午 3 时，30 万军民聚集在北京天安门广场，举行隆重的开国大典。在雄壮的国歌声中，中华人民共和国主席毛泽东按动电钮，第一面五星红旗冉冉升起，礼炮齐鸣 28 响，象征着中国共产党领导中国各族人民艰苦奋斗 28 年的历程。毛泽东向全世界庄严宣告：

"中华人民共和国成立了！"

"中国人民从此站起来了！"

为了这两句扬眉吐气的话，中国人民奋斗了一个多世纪。

毛泽东讲话后，是盛大的阅兵式。中国人民解放军陆海空三军组成的方队，通过主席台，由东而西行进。阅兵式进行了整整 3 个小时。

接着是群众游行。一队队怀着激动心情的群众拥向主席台，高呼着："人民共和国万岁！""毛主席万岁！"毛泽东以洪亮的声音回答："同志们好！同志们万岁！"

晚上 9 时 25 分，游行结束。这一天，毛泽东在天安门城楼上整整站了 6 个多小时，他的精神始终十分饱满。回到中南海住处，他对身边的卫士说的第一句话就是："胜利来之不易！"并连续说了两遍。

是啊，的确是来之不易啊！

两个"十一"，相隔整整 110 年，它给人以多么丰富的遐想啊！

注释:

① 徐光启在对人解说为何自己那样热衷于研究和引进西学时说道:"欲求超胜,必先会通。"(王重民辑:《徐光启集》,第374页)直白地说,就是学习西方,超越西方,这是作为早期启蒙思想家徐光启的远见卓识。

② 当时的外国人有这样的评述:"中国官府全不知外国之政事,又不询问考求,故至今中国仍不知西洋。中国人果真要求切实见闻,亦甚易,凡老洋商之历练者,及通事、引水人,皆可探问。无如(清官员)骄傲自足,轻便各种蛮夷,不加考究。惟林总督行事,全与相反,署中养有善译之人,又指点洋商、通事、引水二三十位,官府四处探听,按日呈递。亦有他国夷人,甘心讨好,将英吉利书籍卖与中国。林(则徐)系聪明人,不辞辛苦,观其知会英吉利国王第二信,即其学识长进之效验。"(《鸦片战争》第二册,第526页)

③ 《天朝田亩制度》规定,"盖天下皆是天父上主皇上帝一大家,天下人人不受私,物物归上主,则主有所运行,天下大家处处平均,人人饱暖矣。此乃天父上主皇上帝特命太平真主救世旨意也。"

④ 柴萼著《庚辛纪事》:"联军入侵,使中国自元明以来之积蓄,上自典章文物,下至国家珍奇,扫地遂尽。"

⑤ 《兴中会章程》中明确指出:"是会之设,专为振兴中华、维持国体起见,以申民志而扶国宗。"

⑥ 黄炎培:《八十年来》,中国文史出版社1982年版。

后　记

　　写作一部既通俗又符合科学的记述中国悠久历史的书，是我们的一个美丽的梦。为此，早在很多年前，我们就开始阅读、搜寻、研究相关资料，也怀着敬畏之心瞻仰了不少先人的遗址，受到的心灵的震撼是可想而知的。我们还拜访了学有所成的一批老学者、老专家。个中艰辛，是难以与他人言表的。我们把这看成是寻梦的心路历程，也看成是圆梦的艰难跋涉。

　　中华一万年之说，起于 20 世纪的六七十年代，到八九十年代达到了一个高峰。1997 年 8 月，"海峡两岸史学家合撰中华民族史第四次学术研讨会"召开，会上有人明确提出了"中华文明可追溯到一万年前"的论点，受到与会学者普遍关注。会后，台湾史学家黄大受教授同大陆学者史式先生共同起草了《重写中华古史建议书》，主张中华古史应从一万年前写起。此建议书很快受到海内外百余名历史学家、考古学家、人类学家、民族学家、民俗学家的签名赞同，并公开发表。笔者虽然没有参加这次盛会，但对与会者提出的观点，深表赞赏。

　　在此前后，我们还整理了采访笔记，发现我们采访的诸多考古学家、历史学家，都有一个共识，都认为人类对自身历史的认识有一个渐进过程，在相当长的一段时间里总体上是估计不足的，往往把人类的历史看得比较的短暂，后来由于科学发展了，人们的认识深化了，才有了对历史的一定程度的改写。这就好像日前公布一条重大信息：原来我们的老祖宗"北京人"早在距今约 77 万年前就在周口店繁衍生息了，较此前历史教科书上的"约 50 万年前"的估计"老"了 20 多万岁。这是科学家运用目前最先进的加速器质谱测年方法精确测定的。面对我们的采访，不少考古学家、历史学家明确指出，中国的文明历史走过了很长很长的一段路程，这个路程如果包含它的孕育期的话，那绝不是几千年，而是上万年。

　　笔者多次采访中国考古学会理事长苏秉琦先生时，他反复强调这样一种观点：中国古史的框架、脉络可以概括为："超百万年的文化根系，上万年的文明启步，五千年的古国，两千年的中华一统实体，这就是我国的基本国情。"此观点新颖且有根有据。1983 年初，笔者在北京采访考古学元老夏鼐先生时，他也认为苏老的观点"言之有理也有据"，还说："把文明的起源放在新石器时代是理所当然的，因为不管怎样，文明确实是由'野蛮'的新石器时代的人创造出来的。至少文明史在 6000 年以上。"根据山东大汶口遗址的发现，考古学家唐兰也说："现在看来，中国有 6000 年的文明史是不成问题的。"

笔者还专门采访了《中国通史》总主编白寿彝先生，他认为，中国历史有万年以上，因为近代中国考古学取得的成果，促使通史编纂发生根本性的变化，从中华一万年的原始社会开始写中国通史的做法已为史界普遍接受。

专家们的教诲，给了我们极大的启迪。接着，我们又参观考察了半坡遗址、裴李岗遗址、磁山遗址、河姆渡遗址、大地湾遗址、大汶口遗址等远古文化遗址，一件件文物震撼着我们。特别是对 7000 年前的河姆渡遗址的发掘，使我们了解到，我们的先民"饭稻羹鱼、断发文身"的百越族群在那时已经轻舟出海，是世界上最早出现的海洋民族之一。

不少学者认为，大约距今一万年前后，原始种植业成为人类自觉的社会生产活动。这是人类的一大进步，是从旧石器时代进入新石器时代的一个重要标志。新石器时代是中华文明的奠基期和孕育期。凡事都有一个孕育阶段，人类历史更是如此。有的学者认为，一万年是文明史，是中华文明从起步到逐步形成的历史。大约一万年前，我们的祖先逐渐从渔猎、采集生活转入农耕生活，开始定居，进入母系社会。南北各地都发掘出许多古文化遗址，充分说明华夏大地的农耕文明已经开始传播。南方的主要农作物是稻，北方是粟。我们何时进入文明社会，有大量的出土文物可以证明，不需要别人来为我们鉴定。

这些见解，都是撰写《中华一万年》的支撑点，同时也打开了我们的撰写思路。

是否进入文明社会，不应从某一所谓"权威"的概念出发，而是要从实际出发。我们看到的一万年前的华夏先民，至少已经有了五个"懂得"：一是懂得发明创造，他们用自己的双手，创造了地球上原本不存在的物品（陶器）；二是懂得了民生民计，不是单纯依赖于自然界，而是以自己的有别于其他一切动物的生活方式生活（地面建筑、五谷的培植、六畜的圈养、熟食的广泛食用、缝制衣服）；三是懂得了优生优育（族外婚），这样，人口大为优化，数量和质量都有所提高；四是懂得了社会组合，中国远古时代社会组合（家族、宗族）的严密程度是举世无双的，远古中华人的交往面之广也是世所罕见的（"东西南北人"概念的形成）；五是懂得了攻守之道，从体力角度看，人在大自然的众生中算不得是强者，比人强有力者至少还有数十种类，但人的一大长处是其为万物之灵，能够攻守自如。攻有火器，有弓箭，守有人工构筑的沟壑，有城垣。这在一万年前都能看到了。当时的人不说他是文明人，至少该说他是正在向文明迈进的人吧！

于是，我们开始搜集、撰写《中华一万年》。其间断断续续，不完全是公务在身之故，而是确实相当难写，纲目体例就是个难题，是以专题为顺，还是以时间为序，可谓十易其稿，最后定为按时间先后，从华夏第一陶写起，每一时期概其特点，苦心列为33卷。

接着，如何写得通俗？又是一关。说真的，资料浩如烟海，不难寻找。难就难在"既通俗又要符合科学"上。如今，讲历史可说是空前的大行其道，不只史学家讲历史，文学家也讲，社会学家也讲。打着读史、品史、演义历史旗号的作品充斥着书铺、报刊、讲演厅，以及电视节目。通俗吗？有些似乎通俗了，但其中的某些观点，不敢苟同。我们一直在思忖：如何把这一万年历史活龙活现地推向听众和读者的书房、客厅和餐桌前。

通俗当然是要的，但首要的是"通"，然后才可说"俗"。我们把万年史的上上下下反复进行梳理。在我们的脑中跳出了"中国历史的源和流"这样一个问题。过去伦敦大学的一位教授写过一本《中国古文明西来说》的书，说中国文明源自巴比伦，中华文明最多只有4000来年的历史，颇为影响了一些人。现在当然没人听他的了，但属于中国人自己的圆通的说法，始终没有。还有，起始于辛亥革命时的"中华文明五千年"之说，究竟靠不靠得住？在当今世界上一些通史作者都在争说一万年的时候，作为文明古国的中国学者如果还固守于五千年之说，是否有点滞后？这是个科学问题，我们在本书中谨慎地用史实把它端了出来。

此外，还有中华文明的发源地问题，中华文明是否像一些人所断言的那样只是"大陆文明"的问题，现今中国的文化、经济、政治基本格局的来龙去脉问题，我们都作了些探究，答案当然不是概念化的，而是蕴含在史料的运用中。

在撰写《中华一万年》过程中，我们始终没有忘记苏秉琦先生"超百万年的文化根系，上万年的文明启步，五千年的古国，两千年的中华一统实体"的教诲，也没有忘记史式先生的大声呼喊："新世纪写新史书，自是一件盛事。此时不写，更待何时！"我们这部书稿，算是对史学家的一个回应吧。如果能在盛世的盛事中添一点有用的笔墨的话，将是我们莫大的光荣。

郭志坤　陈雪良

图书在版编目(CIP)数据

中华一万年:全2册/郭志坤,陈雪良著. —上海:
上海书店出版社,2019.5
ISBN 978 - 7 - 5458 - 1800 - 0

Ⅰ.①中… Ⅱ.①郭… ②陈… Ⅲ.①中国历史-通
俗读物 Ⅳ.①K209

中国版本图书馆 CIP 数据核字(2019)第 070777 号

责任编辑 张　冉　俞芝悦
封面设计 陈绿竞

中华一万年(上下)
郭志坤　陈雪良　著

出　　版　上海人民出版社
　　　　　上海书店出版社
　　　　　(200001　上海福建中路 193 号)
发　　行　上海人民出版社发行中心
印　　刷　江阴金马印刷有限公司
开　　本　710×1000　1/16
印　　张　56.25
版　　次　2019 年 5 月第 1 版
印　　次　2019 年 5 月第 1 次印刷
ISBN 978 - 7 - 5458 - 1800 - 0/K·343
定　　价　138.00 元